D1666035

Wireless LANs

Jörg Rech, Jahrgang 1968, arbeitet heute als Projektleiter bei der DLoG GmbH und ist dort für den WLAN-Bereich verantwortlich. Er plant dort komplexe WLAN-Infrastrukturen für den Logistik-Bereich, die sich über große Flächen erstrecken und auf einer Vielzahl von Access Points basieren.

Seinen Weg zur Netzwerk- und WLAN-Technologie fand er 1993, nach dem Abschluss seiner Ausbildung zum staatlich geprüften Techniker der Informationstechnologie, bei der Compu-Shack GmbH. Dort war er nach mehrjähriger Tätigkeit in der Entwicklungsabteilung als Senior Consultant beschäftigt.

Seit 1998 schreibt Jörg Rech nebenberuflich als freier Fachautor Artikel zum Thema Wireless LANs und Ethernet-Netzwerke, die in namhaften Zeitschriften publiziert werden. Im Februar 2002 wurde sein erstes Fachbuch unter dem Titel »Ethernet-Technologien und Protokolle für die Computervernetzung« im Heise-Verlag veröffentlicht. Darüber hinaus hält er regelmäßig Fachvorträge und Seminare über Wireless LANs und Ethernet-Netzwerke.

Jörg Rech

Wireless LANs

802.11-WLAN-Technologie und praktische Umsetzung im Detail

- 802.11a/h
- 802.11b
- 802.11g
- 802.11i
- 802.11n
- 802.11d
- 802.11e
- 802.11f
- 802.11s

2., aktualisierte und erweiterte Auflage

 Heise

Jörg Rech
joerg.rech@t-online.de

Lektorat: Dr. Michael Barabas
Copy-Editing: Annette Schwarz, Ditzingen
Satz & Herstellung: Birgit Bäuerlein
Umschlaggestaltung: wsp-design, Heidelberg
Druck und Bindung: Koninklijke Wöhrmann B.V., Zutphen, Niederlande

Bibliografische Information Der Deutschen Bibliothek
Die Deutsche Bibliothek verzeichnet diese Publikation in der Deutschen Nationalbibliografie;
detaillierte bibliografische Daten sind im Internet über <http://dnb.ddb.de> abrufbar.

ISBN 3-936931-29-1

2., aktualisierte und erweiterte Auflage 2006
Copyright © 2006 Heise Zeitschriften Verlag GmbH & Co. KG, Hannover

Vorwort zur zweiten Auflage

Der große Erfolg der ersten Auflage hat mich besonders darin bestärkt, das vorliegende Werk zu überarbeiten und zu erweitern. Bedanken möchte ich mich in diesem Zusammenhang für die vielen Zuschriften von Professoren und Studenten – sie ehrten mich durch ihre fachliche Anerkennung meines WLAN-Buchs.

Die zahlreichen Verbesserungen und Erweiterungen, die seit der ersten Auflage in den WLAN-Standard eingeflossen sind, haben sicherlich ausreichendes Potenzial für den Ausbau dieses Werkes geboten. Zudem hat mir meine kontinuierliche und berufliche Nähe zur WLAN-Technologie viele Anregungen und Ideen für die Neuauflage geliefert. Somit wird dieses Werk hoffentlich wieder meinem Anspruch gerecht, für den deutschsprachigen Buchmarkt einen anerkannten und geschätzten WLAN-Leitfaden für technisch interessierte Leser geschaffen zu haben, die in die Tiefen der WLAN-Technologie eintauchen möchten.

Der Überarbeitungsschwerpunkt dieser Auflage liegt in Kapitel 8, in dem detailliert auf die WLAN-Sicherheitsverfahren eingegangen wird. Die WLAN-Sicherheit war bislang ein kritisches Thema, da den per Funk übertragenen Daten ein sicherer Schutzmechanismus als Bordmittel fehlte. Hier greift die 802.11i-Standarderweiterung, die eine zeitgerechte Sicherheit bietet, jedoch für die richtige Umsetzung Detailwissen verlangt. Des Weiteren geht die Neuauflage auf die nächste WLAN-Generation ein, die derzeit durch die 802.11n-Arbeitsgruppe definiert wird und Datenraten von bis zu 600 MBit/s verspricht. Eine Vielzahl eigener, aktueller und praxisrelevanter Erfahrungen sind ebenfalls in das Werk eingeflossen.

Jörg Rech
Mai 2006

Vorwort zur ersten Auflage

Der Bedarf an einem Informationsaustausch steigt in der heutigen Gesellschaft stetig. Flexibilität und Mobilität sind dabei die neuen Schlagwörter der modernen Kommunikationswelt. Haben einst drahtgebundene Netzwerklösungen wie Ethernet die Vernetzung von PCs ermöglicht und somit den Datenaustausch revolutioniert, so bahnt sich ein neuer Trend an. Daten werden heute nicht mehr ausschließlich über Draht transportiert, sondern zunehmend über das Medium Luft. Funknetzwerke oder so genannte Wireless LANs (WLANs) etablieren sich zunehmend sowohl im gewerblichen als auch im privaten Bereich. Die Vorteile liegen klar auf der Hand: Ein fester Netzwerkanschluss wird nicht mehr benötigt, und der Datenaustausch kann innerhalb des vom WLAN ausgeleuchteten Bereichs ortsunabhängig erfolgen. So ist beispielsweise das Surfen vom Sofa aus heute keine Fiktion mehr, sondern Realität geworden.

Wegen des breiten Einsatzspektrums und der Vorteile, die sich durch den Einsatz der WLAN-Technologie ergeben, verwundert es auch nicht, dass der WLAN-Bereich als Wachstumsmarkt der derzeit krisenbehafteten IT-Branche betrachtet wird. Führende Marktforschungsinstitute prognostizieren für die kommenden Jahre stetig ansteigende Verkaufszahlen für WLAN-Komponenten. In naher Zukunft werden immer mehr Geräte durch WLAN-Interfaces erweitert, um die Vorteile des drahtlosen Datenaustausches zu nutzen. Zudem ist das Thema »Hotspot« zurzeit in aller Munde, wodurch der drahtlose Internetzugang in öffentlichen Bereichen per WLAN ermöglicht wird. Auch hier ergeben sich neue Möglichkeiten für Dienstleistungsanbieter und Internet-Provider.

Die unbestreitbaren Vorteile der WLAN-Technologie konnte ich am eignen Leib erfahren, als ich an diesem Werk gearbeitet habe. Musste ich mein erstes Fachbuch noch brav im Arbeitszimmer schreiben, wobei ich – ungeachtet des Wetters draußen – an den Schreibtisch gefesselt war, so sah es beim vorliegenden Buchprojekt bereits anders aus. Dank WLAN konnte ich meine Arbeit wesentlich flexibler und vor allem ortsunabhängig gestalten. Im Sommer konnte ich sogar im Garten sitzen und während der Arbeit die Sonne genießen – ein wirklich angenehmer Vorteil der WLAN-Technologie.

Erste Erfahrungen mit WLAN konnte ich bereits 1998 sammeln. Die Funktechnologie hat mich – trotz anfänglicher Schwierigkeiten – im wahrsten Sinne des Wortes fasziniert. Damals waren Datenraten von 2 MBit/s das Maximum dessen, was die damaligen WLAN-Produkte zu bieten hatten. Nur wenige Hersteller boten in den Anfängen entsprechende Produkte an. Zudem war das Produktportfolio der ersten WLAN-Hersteller sehr klein. So war es beispielsweise sehr schwer, WLAN-Antennen zu erwerben, mit denen sich die erzielbaren Reichweiten steigern ließen. Trotz aller Hürden war die Faszination, die in mir geweckt wurde, so groß, dass ich mich seit dieser Zeit intensiv mit der WLAN-Technologie beschäftigt habe. So konnte ich in den letzten Jahren die WLAN-Evolution detailliert verfolgen. Heute sind die WLAN-Produkte so weit herangereift, dass selbst Datenraten von 54 MBit/s problemlos realisiert werden können. Es gibt kaum noch Netzwerkhersteller, die keine WLAN-Produkte anbieten. Somit steht eine Vielzahl von WLAN-Komponenten zur Verfügung, die je nach Ausführung für den Einsatz im Privatbereich oder für den Einsatz im Büro- oder Industriebereich konzipiert sind.

Wer ein WLAN fachgerecht installieren möchte, muss sich natürlich mit der WLAN-Technologie vertraut machen und sich mit neuen Fachbegriffen wie Access Points, Antennengewinn, EIRP, SSID etc. auseinander setzen. Dies betrifft den Netzwerkeinsteiger wie den gestandenen Netzwerker gleichermaßen. Zudem gibt es relevante Unterschiede zwischen drahtgebundenen und drahtlosen Datenübertragungen, so dass ein generelles Umdenken in den technischen Betrachtungsweisen gefordert ist. Der zukunftsorientierte Netzwerkplaner, Consultant und Netzwerkadministrator sollte sich der drahtlosen Herausforderung stellen und sich mit der WLAN-Thematik vertraut machen, um den zukünftigen Anforderungen gerecht zu werden. Ein solides WLAN-Fachwissen ist für diese Personengruppe der Schlüssel zum Erfolg.

Das vorliegende Werk soll Ihnen eine solide Grundlage für den Einstieg in die WLAN-Technologie liefern. Wer sein WLAN nach dem Motto »Karton auspacken, Stecker einstecken und alles wird schon laufen« in Betrieb nehmen möchte, wird sich allerdings nicht in diesem Buch wiederfinden. Auch typische Mausschiebeorgien – klicke hier und klicke dort für den Weg zum Erfolg – werden in diesem Buch nicht abgehandelt. Ich habe mich bewusst gegen ein solches Anleitungsbuch entschieden, wobei ich allerdings nicht die Aussage treffen möchte, dass solche Bücher keine Daseinsberechtigung haben. Dieses Werk widmet sich vorwiegend den wirklich technisch interessierten Lesern, die wissen möchten, wie ein Datenaustausch per Funk ermöglicht wird. Das Buch ist als Arbeitsbuch zu verstehen, das zwar nicht alles Wissen, aber jenes, das für das Verständnis der WLAN-Technologie von Bedeutung ist, zusammenfasst. Der Inhalt dieses Buches spiegelt die Erfahrungen wider, die ich in den letzten fünf Jahren mit WLAN sammeln konnte. Bei der Erstellung des Werkes haben mir nicht nur technische Erfahrungen geholfen, sondern auch viele Anregungen, die ich während meiner zahlreichen Vorträge zum Thema WLAN sammeln konnte. Anhand der Fragen und Diskussionen mit meinen Zuhörern habe ich erfahren, was ein Netzwerker wissen muss, um die drahtlose Netzwerktechnologie zu verstehen und ein WLAN in die Praxis umzusetzen. Der Inhalt ist so gegliedert, dass sich sowohl der Einsteiger als auch der fortgeschrittene Leser, der bereits einige Erfahrungen mit dem Einsatz von WLAN sammeln konnte, in dem Werk wiederfindet. So hoffe ich, ein Arbeitsbuch für den WLAN-Bereich geschaffen zu haben, das bislang auf dem deutschen Buchmarkt gefehlt hat.

Eines möchte ich aber keinesfalls vergessen, bevor es endlich in medias res geht: Ganz besonderer Dank gilt dem Heise Verlag für seine Unterstützung während der Arbeit an diesem Buch, besonders Herrn Dr. Michael Barabas und Herrn Steven Steinkraus. Ebenfalls möchte ich mich für die Kommentare und Vorschläge von Herrn Prof. Jörg Roth und Dirk von Suchodoletz bedanken, die das Buch technisch Korrektur gelesen haben. Frau Annette Schwarz danke ich für die sorgfältigen Lektoratsarbeiten und Frau Birgit Bäuerlein für die Erstellung des Layouts. Bedanken möchte ich mich auch bei Marko Kaufmann – er sorgte dafür, dass viele Abbildungen überhaupt den Weg in dieses Buch fanden.

Jörg Rech
Dezember 2003

Inhaltsverzeichnis

1   Einführung in Funknetzwerke

Lokale Netzwerke (LAN) sind heutzutage ein unverzichtbarer *Einleitung*
Bestandteil der modernen Kommunikationswelt. Daten und Informationen lassen sich unabhängig von ihrer Größe problemlos und komfortabel zwischen den Systemen austauschen. Haben drahtgebundene Netzwerklösungen, wie beispielsweise Ethernet, schon seit längerem in Büros, in der Industrie und im Privatbereich Einzug gehalten, so bahnt sich seit der Jahrtausendwende ein neuer Trend an. Denn zunehmend kommen drahtlose Netzwerklösungen zum Einsatz, die eine Datenübertragung völlig losgelöst vom Datenkabel ermöglichen. Für den Anwender ergibt sich dadurch eine große Flexibilität, Mobilität und eine Vielzahl von Möglichkeiten. Mit der drahtlosen Netzwerktechnik wird man letztendlich auch der Tatsache gerecht, dass man heute nicht mehr mit rein stationären Systemen arbeitet, sondern zunehmend mit mobilen Systemen, wie beispielsweise Notebooks, Tablet PCs oder PDAs (Personal Digital Assistants). Diese Systeme erhalten durch die drahtlose Netzwerktechnik ihre tatsächliche Mobilität, da für den Datenaustausch keine drahtgebundene Anbindung an ein Netzwerk mehr notwendig ist. Befindet sich das System innerhalb einer bestimmten Reichweite, so ist der drahtlose Datenaustausch möglich, wobei das System während der Datenübertragung auch seinen Standort verändern darf.

Wireless-LAN-Lösungen (WLAN) bieten die Möglichkeit, die Pro- *Anwendungsbeispiele*
duktivität zu steigern und Kosten zu sparen. Durch die drahtlose Netzwerkanbindung ist ein flexibler Zugriff auf vorhandene Netzwerkressourcen möglich, E-Mails können beispielsweise unabhängig vom Standort empfangen beziehungsweise versendet werden. Außendienstmitarbeiter benötigen keine festen Arbeitsplätze mit Netzwerkanschluss, sondern können sich innerhalb der Firma von jedem beliebigen Standort aus im Netzwerk anmelden und Daten austauschen. Dynamische Arbeitsgruppen auf Kongressen, Messen, Workshops

oder während Meetings lassen sich temporär auf einfachste Art und Weise kurzfristig realisieren, da man durch den Einsatz eines WLANs auf eine Verkabelung verzichten kann.

Mobile Lagerverwaltung

Prozesse, bei denen die Mobilität eine unverzichtbare Voraussetzung darstellt, wie beispielsweise Inventuren und Lagerverwaltung, lassen sich durch WLAN-Lösungen problemlos umsetzen. Ältere, unter Denkmalschutz stehende Gebäude, bei denen eine herkömmliche Netzwerkverkabelung undenkbar ist, lassen sich über WLAN-Lösungen vernetzen. Auf diese Weise lassen sich diese Gebäude problemlos erschließen und gewerblich nutzen. Schulen, bei denen eine herkömmliche Netzwerkverkabelung fehlt, können mit WLAN-Lösungen versorgt werden, damit von den Klassenzimmern aus der Zugriff aufs Internet möglich ist.

Gebäudeanbindung

Des Weiteren lassen sich Gebäude auf einem Firmengelände oder Campus über eine WLAN-Lösung drahtlos miteinander verbinden, wodurch die Anmietung einer kostspieligen Standleitung nicht mehr nötig wird. Generell erzielt man eine hohe Kostenersparnis, da man auf herkömmliche Verkabelung verzichten kann, die bislang einen großen Kostenanteil innerhalb der Netzwerkinfrastruktur darstellte.

Drahtloser Internetzugang

Aber auch im privaten Bereich halten WLAN-Lösungen verstärkt Einzug. Mit der Hilfe von WLAN-Lösungen lässt es sich beispielsweise vom Sofa aus bequem surfen oder man kann im Garten E-Mails abrufen und beantworten. Eine Netzwerkverkabelung innerhalb des privaten Gebäudes wird nicht mehr benötigt, damit der Internetzugang der ganzen Familie in den verschiedenen Räumen zur Verfügung steht. Dies ist besonders in Mietwohnungen vorteilhaft, bei denen eine nachträgliche Kabelinstallation generell problematisch oder sogar nicht erlaubt ist.

Hotspots

Auch Hotspots werden immer beliebter, die in Ballungsgebieten den drahtlosen Internetzugang bereitstellen. Hotspots sind Internetzugänge, die über feste Zugangspunkte (Access Points) über WLAN-Clients zugänglich sind. Flughafengebäude, Bahnhöfe, Cafés, Restaurants oder Hotels sind nur einige Beispiele, in denen man heute bereits Hotspots im großen Stil vorfindet. Hier hat man die Möglichkeit, gegen eine bestimmte Gebühr für eine gewisse Zeit drahtlos auf das Internet zuzugreifen.

Die Anwendungsbereiche für die WLAN-Technologien und das Einsatzspektrum sind theoretisch unbegrenzt. Es ist zu erwarten, dass WLAN einen ähnlichen Hype auslöst wie die Handys in den 90er Jahren.

1.1   Einteilung der Funklösungen

Grundsätzlich werden bei der drahtlosen Datenübertragung die Lösungen in Abhängigkeit zu der erzielbaren Ausdehnung oder Distanz in drei Gruppen, das WPAN (Wireless Personal Area Network), das WLAN (Wireless Local Area Network) und das WWAN (Wireless Wide Area Network), unterteilt.

WPAN

WPAN dient der Datenübertragung über geringe Distanzen bis etwa 10 m. Bestes Beispiel hierfür ist ein Datenabgleich zwischen einem PDA und einem Rechner. Die am weitesten verbreiteten WPAN-Lösungen sind Bluetooth und IrDA. Bei Bluetooth handelt es sich um eine Funklösung und bei IrDA in der Version 1.x um eine Lösung im infraroten Frequenzbereich. Bluetooth bietet eine Datenrate von 1 MBit/s und IrDA in der Version 1.1 eine Datenrate von 4 MBit/s. Großer Nachteil der IrDA-Lösung ist, dass die Datenübertragung einen direkten Sichtkontakt voraussetzt, weshalb sich diese Lösung nicht gerade als benutzerfreundlich erweist.

WLAN

In einem WLAN ist die räumliche Ausdehnung begrenzt, wobei sich die erzielbare Ausdehnung durch die verwendete Netzwerktechnologie ergibt. Dabei stehen die erzielbare Datenrate und Reichweite in einer Wechselbeziehung. Je höher die Datenrate, umso niedriger ist die Reichweite, die erzielt werden kann. Ein WLAN erstreckt sich in der Regel über ein Gebäude oder ein Firmengelände, wobei die Abgrenzung des WLANs eher technisch geprägt ist und eine genaue Abgrenzung per Definition eher Sache des Betreibers ist. Die heute am weitesten verbreiteten WLAN-Lösungen sind die IEEE-802.11-Lösung, HiperLAN und HomeRF, die später in diesem Kapitel noch detailliert betrachtet werden. Bei den drei Kontrahenten kann man jedoch gleich vorweg festhalten, dass heute im WLAN-Bereich die IEEE-802.11-Lösung eine dominierende Rolle eingenommen hat. Der Schwerpunkt dieses Buches ist deshalb auf die WLAN-Lösung nach dem IEEE-802.11-Standard ausgerichtet.

WWAN

Ein WWAN erstreckt sich im Vergleich zum WLAN über eine größere Entfernung, wobei sich diese über mehrere Städte hinweg ausdehnen kann. Bedingt durch die großen Entfernungen und die geringen Bandbreiten, die zur Verfügung stehen, sind nur geringe Datenraten erzielbar. Die bekanntesten WWAN-Lösungen sind GPRS (General Packet Radio Service) und UMTS (Universal Mobile Telecommunication System). GPRS steht heute bei den meisten Mobilfunk-Providern als Dienstleistung zur Verfügung. Mobilfunknetze für UMTS befinden sich hingegen noch im Aufbau und können zur Zeit nur in den Großstädten genutzt werden. GPRS bietet eine maximale Datenrate von

171,2 kBit/s, wobei die meisten Mobilfunk-Provider den Anwendern nur ein Drittel dieser Datenrate bereitstellen. Die maximale Datenrate von UMTS beträgt 2 MBit/s, hierbei wird allerdings vorausgesetzt, dass sich das Mobilfunknetz in der Endausbaustufe befindet und man sich bei der Datenübertragung an einem festen Standort aufhält. Bewegt man sich während der Datenübertragung, z.B. in einem PKW, sinkt die erzielbare Datenrate auf etwa 384 kBit/s. Neben den geringen Datenraten haben die WWAN-Lösungen den großen Nachteil, dass, anders als bei den WPAN- und WLAN-Lösungen, die Datenübertragung gebührenbehaftet ist. Hier bezahlt der Anwender mit jedem übertragenen Byte eine bestimmte Gebühr an den Betreiber des Mobilfunknetzes.

1.2   Geschichte der drahtlosen Kommunikation

Drahtlose Historie

Die Idee der drahtlosen Datenübertragung ist nicht neu, sondern eigentlich ein relativ alter Hut. Denn betrachtet man die Historie von Ethernet, der heute am weitesten verbreiteten drahtgebundenen Netzwerktechnologie, so basiert dessen Entwicklung auf einem experimentellen Funknetzwerk namens Aloha. Das Aloha-System wurde Ende der sechziger Jahre an der Universität von Hawaii entwickelt, um einen Datenaustausch zwischen den Hawaii-Inseln zu ermöglichen. Mit Hilfe von Aloha wurden sieben Campus-Standorte auf vier Inseln mit dem Zentralrechner aus Oahu vernetzt, wodurch auf die Nutzung teurer Telefonleitungen verzichtet werden konnte. Erste kommerzielle Funklösungen für den WLAN-Bereich wurden Anfang der 90er Jahre auf den Markt gebracht. Diese Lösungen hatten jedoch drei gravierende Nachteile. Die erzielbare Reichweite und die Datenrate waren sehr gering, und wollte man ein Funknetzwerk aufbauen, so musste man auf Produkte eines einzelnen Herstellers zurückgreifen, da es sich ausschließlich um proprietäre Lösungen handelte. Letzteres hemmte auch in den 90er Jahren die Marktdurchdringung. Dieser Problematik widmete sich das IEEE (Institute of Electrical and Electronical Engineers) mit der Zielsetzung, einen weltweit anerkannten Standard zu veröffentlichen. Dieses Ziel wurde auch 1997 mit der Verabschiedung des IEEE-802.11-Standards umgesetzt.

1.2.1   Das IEEE-Konsortium

IEEE-Konsortium

IEEE steht für »Institute of Electrical and Electronical Engineers«, auch ausgesprochen als »I-triple-E«. Das IEEE ist eine Vereinigung von Ingenieuren mit Sitz in USA, deren Mitgliederzahl mittlerweile auf

über 380.000 Personen aus etwa 150 verschiedenen Ländern ange-
wachsen ist. Die Mitglieder kommen primär aus den Entwicklungs-
abteilungen größerer Firmen, die entsprechende Netzwerkprodukte
oder Chipsätze herstellen. Die Hauptaufgabe des IEEE liegt in der Aus-
arbeitung, Verabschiedung und Veröffentlichung von Standards im
Netzwerkbereich. Das IEEE wurde 1980 in New York gegründet. Seit
dieser Gründung wurde an der Standardisierung verschiedener Netzwerklösungen gearbeitet.

Bedingt durch die Tatsache, dass das Netzwerkprojekt im Jahr   *802-Netzwerkstandards*
1980 (80) im Monat Februar (2) ins Leben gerufen wurde, wurde als
Oberbegriff aller kommenden Netzwerkstandards der Name 802
gewählt. So erhielt beispielsweise der Ethernet-Standard die Bezeichnung 802.3, der Token-Ring-Standard die Bezeichnung 802.5 und der
WLAN-Standard die Bezeichnung 802.11. All diese 802-Standards
haben gemeinsam, dass sie auf den unteren zwei Schichten des OSI-
Referenzmodells angesiedelt sind. Hierbei handelt es sich um die Bitübertragungsschicht, die vom IEEE als PHY benannt wird, und die
Sicherungsschicht. Die Sicherungsschicht ist wiederum vom IEEE in
zwei Teilschichten, LLC (Logical Link Control) und MAC (Media
Access Control), unterteilt. LLC wird von allen IEEE-Netzwerktechnologien gleichermaßen verwendet, wodurch der Datenaustausch
zwischen verschiedenen Netzwerktechnologien vereinfacht wird.
MAC definiert primär den Medienzugriff, wobei dieser in Abhängigkeit von der Netzwerktechnologie unterschiedlich ausgeführt ist.

1.2.2   Der IEEE-802.11-Standard

Für die Standardisierung des WLANs griff das IEEE auf den 802.3-   *IEEE-802.11-Standard*
Standard zurück, der die heute am weitesten verbreitete drahtgebun-
dene Netzwerktechnologie (Ethernet) spezifiziert. Dies wird deutlich,
wenn man das WLAN-Zugriffsverfahren CSMA/CA (Carrier Sense
Multiple Access / Collision Avoidance) betrachtet, welches dem Zugriffsverfahren von Ethernet, dem CSMA/CD (Carrier Sense Multiple Access /
Collision Detection) sehr ähnlich ist (siehe Kap. 4). Wie beim Ethernet
erfolgt bei der IEEE-WLAN-Lösung die Verwaltung des Medienzugriffs dezentralistisch. Jede Station steht dabei in Konkurrenz zu den
anderen Stationen und ist für den Medienzugriff selbst verantwortlich.
Über das Zugriffsverfahren CSMA/CA wird dennoch für einen gere-
gelten Medienzugriff gesorgt, bei dem jede Station die Chance hat, auf
das Übertragungsmedium zuzugreifen, um Daten zu übertragen. Sehr
oft wird deshalb die 802.11-WLAN-Lösung auch als Wireless Ethernet bezeichnet. Man muss an dieser Stelle jedoch deutlich hervorhe-

ben, dass es sich beim WLAN nicht um eine drahtlose Variante von Ethernet handelt, sondern um ein eigenständiges Protokoll, das durch einen eigenen Standard spezifiziert ist.

802.11-Grundstandard   Der am 26. Juni 1997 verabschiedete 802.11-Standard definiert einen MAC-Layer und drei PHY-Layer (siehe Abschnitt 1.7), mit denen der drahtlose Datenaustausch ermöglicht wird. Die verschiedenen PHY-Typen definieren unterschiedliche Übertragungsverfahren, mit denen Datenraten von 1 und 2 MBit/s realisiert werden. Grundsätzlich kommen zwei Funklösungen oder eine optische Lösung in Frage. Bei den Funklösungen wird als Übertragungsmedium auf elektromagnetische Wellen zurückgegriffen, die in einen Frequenzbereich des 2,4-GHz-Frequenzbandes übertragen werden. Bei dem im 2,4-GHz-Band genutzten Frequenzbereich handelt es sich um das so genannte ISM-Band (Industrial, Scientific, Medical). Das ISM-Band darf weltweit lizenz- und genehmigungsfrei für industrielle, wissenschaftliche und medizinische Anwendungen genutzt werden, wobei beispielsweise in Deutschland die Sendeleistung auf 20 dBm (100 mW) begrenzt ist. Durch die Nutzung des ISM-Bandes ergibt sich der Vorteil, dass für den Betrieb eines WLAN keine Genehmigung erforderlich ist und dass keine lizenzbehafteten Betriebsgebühren anfallen. Die beiden Funklösungen arbeiten entweder nach dem Verfahren des Frequency Hopping Spread Spectrum (FHSS) oder dem des Direct Sequence Spread Spectrum (DSSS) (siehe Kap. 3). Die optische Lösung ermöglicht die Datenübertragung über Licht im infraroten Wellenlängenbereich von 850 bis 950 nm. Dieser optischen Lösung wird heute jedoch keine große Aufmerksamkeit gewidmet, da es keine WLAN-Produkte auf dem Markt gibt, die mit Infrarottechnologie arbeiten.

802.11b   Da man im WLAN-Bereich stetig höhere Datenraten anstrebt, wurde der IEEE-802.11-Grundstandard entsprechend erweitert beziehungsweise modifiziert. Dafür bildet das IEEE immer wieder Arbeitsgruppen, die die technische Erweiterung umsetzen. Eine Weiterentwicklung auf der PHY-Ebene stellt die IEEE-802.11b-Standarderweiterung, auch 802.11/HR (High Rate) genannt, dar, die am 9. Dezember 1999 verabschiedet wurde, wobei IEEE auf Entwicklungen von Harris und Lucent aufbaute. Im IEEE 802.11b ist ein entsprechender PHY definiert, der nach dem DSSS-Verfahren arbeitet und im 2,4-GHz-Frequenzband eine zusätzliche Datenrate von 5,5 und 11 MBit/s definiert. Somit konnte man jetzt brutto betrachtet dieselbe Datenrate erzielen wie in der Grundversion des drahtgebundenen Ethernets, das eine Datenrate von 10 MBit/s hat.

802.11a   Eine weitere Arbeitsgruppe verabschiedete am 16. September 1999 die IEEE-802.11a-Standarderweiterung, die ein WLAN mit einer

Datenrate von 6, 9, 12, 18, 24, 36 und 54 MBit/s im 5-GHz-Band spezifiziert. Hierbei wird allerdings nicht mehr nach dem DSSS-Verfahren gearbeitet, sondern nach dem Orthogonal-Frequency-Division-Multiplexing-Verfahren (OFDM).

Hatten sich die Lösungen laut IEEE 802.11 und IEEE 802.11b seit der Jahrtausendwende in Europa schnell verbreitet, so verlief die Verbreitung von Produkten laut IEEE 802.11a dort eher schleppend. Zwar ist in Deutschland seit dem 13. November 2002 das 5-GHz-Frequenzband für die Nutzung einer breitbandigen Datenübertragung durch die RegTP (Regulierungsbehörde für Telekommunikation und Post) freigegeben, jedoch sind hierfür bei der 802.11a-Lösung gewisse Anpassungen erforderlich, um die Produkte in vollem Leistungsumfang betreiben zu können. Diese geforderten Anpassungen werden durch die 802.11h-Standarderweiterung umgesetzt, die am 11. September 2003 verabschiedet wurde. Wesentlicher Bestandteil der Standarderweiterung ist die Implementierung von TPC (Transmit Power Control) und DFS (Dynamic Frequency Selection). Da diese Standarderweiterung erst 2003 verabschiedet wurde und die Hersteller mit der Implementierung von TPC und DFS erst nachziehen mussten, ist die Verbreitung von 802.11a/h-Produkten bei uns heute eher noch gering. Zwar können 802.11a-Produkte auch ohne die genannten Anpassungen seit dem 13. November 2002 in Deutschland betrieben werden, jedoch nur mit drastischen Einschränkungen in der zulässigen Sendeleistung und der Anzahl der nutzbaren Kanäle (siehe Abschnitt 3.4.11). Erst durch die 802.11h-Erweiterung können die 5-GHz-WLAN-Produkte in vollem Leistungsumfang bei uns in Europa genutzt werden. Werden heute 802.11a-Produkte eingekauft, so sollte man sich beim Hersteller vergewissern, dass diese Produkte TPC und DFS unterstützen beziehungsweise sich durch einen Treiber oder ein Firmware-Update auf 802.11h erweitern lassen. Andernfalls läuft man Gefahr, dass diese Produkte nur mit eingeschränkter Leistung betrieben werden können.

802.11h

Eine weitere Standarderweiterung erfolgte am 12. Juni 2003 durch die 802.11g-Arbeitsgruppe. Mit 802.11g wurde ein weiterer Wireless Highspeed PHY definiert, der ebenfalls Datenraten von 6, 9, 12, 18, 24, 36 und 54 MBit/s ermöglicht. Wesentlicher Vorteil bei der 802.11g-Lösung ist die Tatsache, dass man hierbei nicht im 5-GHz-Frequenzband, sondern im 2,4-GHz-Band arbeitet. Diese Lösung kann demnach ohne die Implementierung von TPC und DFS betrieben werden. Einzige Voraussetzung hierbei ist, dass die Sendeleistung die zulässige Grenze des ISM-Bandes von 20 dBm (100 mW) nicht überschreitet. Demnach können die Produkte ohne Problem in Europa

802.11g

betrieben werden. Das IEEE wollte mit der 802.11g-Lösung die schleppende Einführung der 802.11a/h-Lösung kompensieren und den Marktanforderungen einer WLAN-Highspeed-Lösung zeitlich gerecht werden. Es hat sich bestätigt, dass die 802.11g-Lösung besonders in Europa eine große Marktverbreitung erfahren hat.

Die Tabelle 1–1 zeigt die technische Gegenüberstellung der auf den PHY-Layer bezogenen Implementierungen des Grundstandards und der Erweiterungen.

Tab. 1–1
Übersicht
802.11-PHY-Layer

(Teil-)Standard	Datenraten	Übertragungs-verfahren	Frequenzband
IEEE 802.11	1 und 2 MBit/s	Optisch	Infrarot
IEEE 802.11	1 und 2 MBit/s	FHSS	2,4 GHz
IEEE 802.11	1 und 2 MBit/s	DSSS	2,4 GHz
IEEE 802.11a	6, 9, 12, 18, 24, 36 und 54 MBit/s	OFDM	5 GHz
IEEE 802.11b	5,5 und 11 MBit/s	DSSS	2,4 GHz
IEEE 802.11g	6, 9, 12, 18, 24, 36 und 54 MBit/s	OFDM	2,4 GHz

Neben den Erweiterungen auf der PHY-Ebene gibt es noch zahlreiche Standarderweiterungen, die der Sicherheit, der Implementierung von QoS (Quality of Service) sowie der Kommunikation zwischen den Access Points dienen. Teilweise sind diese Standarderweiterungen bereits verabschiedet oder werden zur Zeit von verschiedenen Arbeitsgruppen noch erarbeitet.

802.11d   Die 802.11d-Erweiterung wurde am 14. Juni 2001 verabschiedet und ermöglicht einen Informationsaustausch zwischen den WLAN-Stationen und Access Points, mit deren Hilfe sich die Stationen automatisch auf die länderspezifischen Gegebenheiten, wie beispielsweise zulässige Sendeleistung und nutzbare Kanäle, einstellen können (siehe Abschnitt 4.8). Die 802.11d-Funktion ist besonders für international Reisende praktisch, deren WLAN-Karten sich automatisch anpassen können. Man spricht in diesem Zusammenhang auch von internationalem Roaming.

802.11e   Durch die am 22. September 2005 verabschiedete 802.11e-Erweiterung werden Ergänzungen auf der MAC-Ebene vorgenommen, die QoS-Fähigkeit und eine Performanceverbesserung implementiert, die für die Unterstützung zeitkritischer Anwendungen, wie beispielsweise die Sprachübertragung, notwendig sind (siehe Abschnitt 4.9).

Die 802.11f-Standarderweiterung wurde am 12. Juni 2003 verabschiedet und definiert ein so genanntes Inter Access Point Protocol
(IAPP), das die Kommunikation zwischen den Access Points verein-
heitlicht (siehe Abschnitt 2.3).

802.11f

Die 802.11i-Standarderweiterung wurde am 24. Juni 2004 verabschiedet und sorgt für eine verbesserte und zeitgerechte Sicherheit für
die per WLAN übertragenen Daten (siehe Kap. 8).

802.11i

Im September 2003 nahm die so genannte High Throughput Study
Task Group ihre Arbeit auf. Diese Arbeitsgruppe soll die 802.11n-
Standarderweiterung erarbeiten (siehe Abschnitt 3.8). Ziel der
802.11n-Arbeitsgruppe ist es, einen neuen PHY- und MAC-Layer zu
definieren, der Datenraten bis 600 MBit/s ermöglichen soll. Die
genaue Festlegung der maximal erzielbaren Datenrate ist allerdings
noch nicht erfolgt. Das IEEE plant, die neue 802.11n-Lösung im ersten
Halbjahr 2007 zu verabschieden.

802.11n

Die 802.11p-Arbeitsgruppe arbeitet an Erweiterungen auf der
PHY-Ebene, die den drahtlosen Datenaustausch von Endgeräten, die
auf Fahrzeugen montiert sind, optimieren soll.

802.11p

Die 802.11r-Arbeitsgruppe arbeitet an Erweiterungen auf der
MAC-Ebene, die das Roaming, also Wandern zwischen verschiedenen
Access Points verbessern sollen, was sich primär für VoIP-Anwendun-
gen positiv auswirken soll. Einbußen in der Sprachqualität und
Gesprächsunterbrechungen sollen vermieden werden.

802.11r

Die 802.11s-Arbeitsgruppe definiert den Aufbau von so genannten
Wireless Mesh Networks. Sie werden beispielsweise bei der drahtlosen
Gebäudevernetzung eingesetzt oder ermöglichen einfach den Verzicht
drahtgebundener Verbindungen zwischen den Access Points. Mittelpunkt der 802.11s-Erweiterung wird die Definition eines Routing-Pro-
tokolls sein, das den Datenaustausch zwischen den redundanten Ver-
bindungswegen des Mesh-Netzwerks regelt und optimiert (siehe
Abschnitt 2.7).

802.11s

Tabelle 1–2 zeigt in der Übersicht die wichtigsten 802.11-Arbeits-
gruppen und Standarderweiterungen.

Tab. 1–2

*802.11-Arbeitsgruppen
und -Standard-
erweiterungen*

Arbeitsgruppen	Beschreibung
IEEE 802.11d	Bietet länderspezifischen Informationsaustausch für internationales Roaming
IEEE 802.11e	MAC-Erweiterung für die Implementierung von Quality of Service und einer Performanceverbesserung
IEEE 802.11f	Definition des Inter Access Point Protocols (IAPP)
IEEE 802.11i	MAC-Erweiterung zur Verbesserung der Datensicherheit
IEEE 802.11n	Neuer MAC- und PHY-Layer für Datenraten von 108 bis 600 MBit/s
IEEE 802.11p	Optimierung für Datenaustausch auf Fahrzeugen
IEEE 802.11r	Optimierung des Roaming (Fast Roaming)
IEEE 802.11s	Definition eines drahtlosen Mesh-Netzwerks

1.3   Weitere Funklösungen

Neben der WLAN-Lösung, die durch das IEEE spezifiziert ist, gibt es weitere Funklösungen, die einen drahtlosen Datenaustausch ermöglichen. Hierbei handelt es sich um HiperLAN, HomeRF, Bluetooth, ZigBee und WiMax die nachfolgend im Überblick beschrieben werden.

1.3.1   HiperLAN

HiperLAN

HiperLAN steht für High Performance Radio Local Area Network, dahinter verbirgt sich eine weitere WLAN-Lösung, die von ETSI (European Telecommunications Standards Institute) ins Leben gerufen wurde. Die erste Version von HiperLAN wurde 1996 von ETSI durch den EN-300652-Standard spezifiziert und bot eine maximale Datenrate von 23,529 MBit/s. HiperLAN/1 arbeitet im 5-GHz-Frequenzband. Als Modulationsverfahren nutzt HiperLAN/1 das GMSK (Gaussian Minimum Shift Keying), das ebenfalls bei GSM-Mobilfunknetzen verwendet wird. Das Zugriffsverfahren ist dezentralistisch und basiert auf einem ständigen Informationsaustausch aller benachbarten Stationen. Hierbei ist vorgesehen, dass Routing-Tabellen dynamisch aufgebaut werden und eine Datenweiterleitung über mehrere Stationen hinweg ermöglicht wird.

HiperLAN/2

Im Jahr 1998 wurde eine neue Projektgruppe namens BRAN (Broadband Radio Access Network) ins Leben gerufen, um das Hiper-LAN/2 zu entwickeln. Der HiperLAN/2-Grundstandard wurde im Februar 2000 als ETSI Dokument TR 101 683 verabschiedet. Hiper-LAN/2 arbeitet ebenfalls im 5-GHz-Frequenzband und stellt eine maximale Datenrate von 54 MBit/s zur Verfügung. HiperLAN/2 unterscheidet sich grundsätzlich von HiperLAN/1, wobei beispielsweise QoS unterstützt wird. Man bezeichnet HiperLAN/2 deshalb auch oft als Wireless-ATM (Asynchronous Transfer Mode). HiperLAN/2 verwendet denselben PHY wie die IEEE-802.11a-Lösung und arbeitet nach dem OFDM-Verfahren. Anders als bei HiperLAN/1 wird bei HiperLAN/2 die Zugriffskontrolle über einen Access Point zentral verwaltet. Die Zugriffskontrolle basiert auf dem Time Division Multiple Access (TDMA) und dem Time Division Duplex (TDD) Verfahren, welche erlauben, dass mehrere Stationen gleichzeitig einen einzelnen Kanal ohne Interferenzen nutzen können (siehe Abschnitt 1.5.1). Dies wird ermöglicht, indem jede Station einen so genannten Zeitschlitz, bei HiperLAN/2 MAC-Rahmen genannt, vom Access Point zugeteilt bekommt. Diese Zuteilung findet unter der Berücksichtigung der einzelnen Dienstgüten (QoS) statt, wobei darauf geachtet wird, dass Verbindungen mit hohen Dienstgüteanforderungen begünstigt werden können. Jeder Rahmen wird sowohl für den Downlink als auch für den Uplink benutzt und weist eine Länge von 2 ms auf. Pro Rahmen werden in diesem Zeitraum bei einer OFDM-Symbollänge von 4 µs genau 500 OFDM-Symbole übertragen.

Entsprechende Schnittstellen zu Ethernet, IP und der dritten ATM-Version sind bei HiperLAN/2 zwecks Anbindung an drahtgebundene Infrastrukturen vorgesehen. Innerhalb geschlossener Gebäude können Distanzen von bis zu 30 m und außerhalb bis 150 m überbrückt werden. Als Verschlüsselungsverfahren sieht HiperLAN/2 das DES (Data Encryption Standard) oder 3-DES vor (siehe Kap. 8).

Neben HiperLAN/2 arbeitet BRAN zur Zeit an weiteren Lösungen, die die »Hiper-Familie« ergänzen sollen. Bei den beiden Lösungen handelt es sich um HiperACCESS und HiperLINK. HiperACCESS soll zukünftig die Überbrückung großer Entfernungen ermöglichen und ist technisch ein Verteilungsnetzwerk. Hierbei wird über eine Punkt-zu-Mehrpunkt-Verbindung eine Datenrate von bis zu 27 MBit/s ermöglicht. HiperACCESS arbeitet im 42-GHz-Frequenzband und soll dabei Entfernungen von bis zu 5 km überwinden können. *HiperACCESS*

HiperLINK soll Punkt-zu-Punkt-Verbindungen sowie im 17-GHz-Frequenzband eine Datenrate von 155 MBit/s unterstützen, wobei Distanzen von über 150 m überbrückt werden können. Hierdurch sollen sich beispielsweise zwei HiperLAN/2-Knoten miteinander verbinden lassen. *HiperLINK*

Auch wenn HiperLAN/1 ein großer Flop war und sich im Markt nie durchgesetzt hat, ist die Euphorie bei HiperLAN/2, HiperACCESS und HiperLINK derzeit noch erstaunlich groß. Firmen wie beispiels-

weise Philips, Panasonic und SONY setzen auf HiperLAN/2, Hiper-
ACCESS sowie HiperLINK und arbeiten an ersten Produkten.

1.3.2   HomeRF

HomeRF HomeRF (Home Radio Frequency) ist eine weitere WLAN-Lösung,
die auf einem proprietären Industriestandard basiert und speziell für
Privatanwender konzipiert ist. HomeRF zeichnet sich durch eine einfache Installation und preiswerte Produkte aus. Diese Lösung spielt
jedoch heute keine große Rolle mehr, da sich die IEEE-802.11-Lösun-
gen auch im Privatbereich durchgesetzt haben. Firmen wie Intel und
Hewlett Packard haben deshalb ihre Aktivitäten im HomeRF-Bereich
zugunsten von WLAN eingestellt. Bei HomeRF erfolgte eine asynchrone Datenübertragung im lizenzfreien 2,4-GHz-ISM-Band. Für
Sprachübertragung wurden die Echtzeitmerkmale der gängigen DECT-
Telefonie (Digital Enhanced Cordless Telecommunication) genutzt.
Als Übertragungsverfahren stützte sich HomeRF auf das FHSS-Ver-
fahren (siehe Abschnitt 3.2), wobei innerhalb des 2,4-GHz-Frequenz-
bandes 75 Kanäle im Abstand von 1 MHz genutzt werden. Die erste
HomeRF Version 1.2 bot eine Datenrate von 1,6 MBit/s. Die zweite
Version von HomeRF unterstützte bereits eine Datenrate von
10 MBit/s, wobei eine weitere Steigerung auf 20 MBit/s geplant war.
Die 20 MBit/s sollen durch eine Kanalbündelung realisiert werden.
Hierzulande gibt es nur wenige HomeRF-Produkte, die eine Zeit lang
von der Deutschen Telekom oder Siemens vertrieben wurden.

1.3.3   Bluetooth

Bluetooth Bei Bluetooth handelt es sich um eine Nahbereichsfunktechnologie, für
kleinere Übertragungsstrecken bis etwa 10 m, die sich problemlos in
Geräte jeglicher Bauart integrieren lässt. Der Grundsatz von Bluetooth, der bei den Bluetooth-Entwicklern im Vordergrund stand, war
die Funkanbindung von mobilen oder feststehenden Geräten über
geringe Distanzen. Bluetooth soll die Kabelanbindung zu den Peripherien ersetzen, wobei dies über eine robuste, wenige komplexe und
kostengünstige Lösung erfolgen soll. Die eigentliche Bluetooth-Hard-
ware ist somit sehr kompakt und zeichnet sich durch eine geringe Leistungsaufnahme aus, weshalb sich Bluetooth in portablen Geräten wie
beispielsweise PDAs oder Handys problemlos implementieren lässt.

Special Interest Group Bluetooth wurde im Jahr 1994 ins Leben gerufen, indem die Firma
Ericsson eine Studie initiierte, mit dem Ziel, eine kostengünstige und
stromsparende Lösung für die drahtlose Anbindung zwischen Mobil-

telefonen und deren Zubehör zu finden. Die eigentliche Entwicklung von Bluetooth begann dann 1998, als sich fünf Unternehmen (Ericsson, Nokia, IBM, Intel und Toshiba) zusammenfanden und die Bluetooth Special Interest Group, kurz SIG, gründeten. Der Name Bluetooth wurde übrigens von einigen an der Entwicklung beteiligten Ingenieuren gewählt, die Fans von Harald Blåtand (Blauzahn) waren. Harald Blauzahn war im 10. Jahrhundert Wikingerkönig von Dänemark und hatte das Land mit Norwegen vereint. Die Namensfinder assoziierten die Vereinigung mit der nahtlosen Integration von Peripheriegeräten, die durch Bluetooth letztendlich ermöglicht werden soll.

Die Bluetooth SIG veröffentlichte im Juli 1999 die erste Bluetooth-Spezifikation mit der Version 1.0. Erste Bluetooth-Geräte kamen im Jahr 2000 in kleinen Stückzahlen auf den Markt. Im Februar 2001 folgte dann eine überarbeitete Spezifikation mit der Version 1.1 und im November 2003 die Version 1.2, auf der heute die meisten Bluetooth-Geräte basieren. Mittlerweile ist auch das IEEE auf Bluetooth aufmerksam geworden und hat einen zu Bluetooth kompatiblen IEEE-802.15.1-Standard verabschiedet. Dabei wurde der untere Bereich von Bluetooth, der im OSI-Referenzmodell in etwa mit der Bitübertragungsschicht vergleichbar ist, spezifiziert, damit sich dieser in die übrigen IEEE-802-Netzwerkstandards einordnen kann. Des Weiteren wurde von der SIG im November 2004 die Bluetooth-Spezifikation 2.0 + EDR (Enhanced Data Rate) verabschiedet, die Bluetooth zu einer Bruttodatenrate von bis zu 3 MBit/s verhilft.

802.15.1-Standard

Bluetooth unterstützt Punkt-zu-Punkt- und Punkt-zu-Multipunkt-Verbindungen. Bluetooth-Geräte, die zueinander in Reichweite stehen, können eigenständig eine Kommunikationsverbindung aufbauen, ohne dass eine Konfiguration notwendig ist. Die Kommunikationspartner bilden dabei ein so genanntes Piconet, das die einfachste Form einer Bluetooth-Kommunikation ist und räumlich betrachtet ein kleines Netzwerk darstellt. Innerhalb des Piconets übernimmt ein Bluetooth-Gerät die Rolle des Masters und das andere die Rolle als Slave. Grundsätzlich kann jedes Bluetooth-Gerät die Rolle als Master oder Slave übernehmen. Die Rollenzuteilung erfolgt zufällig und kann gegebenenfalls während einer laufenden Verbindung getauscht werden. Solange sich innerhalb eines Piconets nur ein Master und ein Slave gegenüberstehen, arbeitet Bluetooth im so genannten Mono-Slave-Modus. Jedoch können bis zu sieben zusätzliche aktive Bluetooth-Geräte innerhalb eines Piconets als Slave aufgenommen werden. Sind mehr als ein aktiver Slave innerhalb des Piconets vorhanden, so arbeitet Bluetooth im Multi-Slave-Modus. In diesem Fall wird der Kanal auf meh-

Piconet

rere Slaves aufgeteilt. Die Kommunikation innerhalb des Piconets erfolgt grundsätzlich über den Master, eine direkte Verbindung zwischen den Slaves ist generell nicht möglich.

FHSS-Verfahren

Bluetooth arbeitet, wie der Großteil der WLAN-Lösungen, im lizenz- und genehmigungsfreien 2,4-GHz-ISM-Band. Als Übertragungsverfahren wird bei Bluetooth das FHSS-Verfahren angewendet. Die Sendeleistung von Bluetooth ist in drei Klassen unterteilt:

Klassen

- Klasse 1 mit 20 dBm (100 mW)
- Klasse 2 mit 4 dBm (2,5 mW)
- Klasse 3 mit 0 dBm (1 mW)

Heutige Bluetooth-Lösungen arbeiten in der Regel mit einer Sendeleistung von 0 dBm, wodurch eine Reichweite zwischen 10 cm und 10 m erzielt werden kann. Es gibt jedoch bereits auch Bluetooth-Lösungen für den Internetzugang, die nach der 1. Klasse arbeiten und Reichweiten von 100 m erzielen können. Diese Lösungen werden von den Herstellern auch gerne zur Vernetzung von PCs oder Notebooks angepriesen, jedoch bleibt hierbei trotz der 100 m der Nachteil, dass die maximal erzielbare Datenrate auf 1 MBit/s oder 3 MBit/s begrenzt ist. Eine wirkliche Konkurrenz zu WLAN stellt somit Bluetooth aus heutiger Sicht nicht dar. Es war natürlich auch nie die Absicht der Entwickler, Bluetooth als Netzwerklösung einzusetzen, sondern Bluetooth sollte ausschließlich eine ideale Lösung sein, um Peripherien an Geräte drahtlos anbinden zu können.

Zugriffsverfahren

Als Zugriffsverfahren nutzt Bluetooth das Time-Division-Duplex-Verfahren (TDD) mit einer Slotlänge von 625 µs. Die Daten werden als Pakete übertragen. Wobei bei der Paketübertragung, je nach Pakettyp, entweder ein Slot oder fünf Slots durch ein Bluetooth-Device belegt werden können.

Bluetooth-Bandbreite

Bluetooth überträgt die Daten entweder symmetrisch mit 433,9 kBit/s in beiden Richtungen oder asymmetrisch mit unterschiedlichen Bandbreiten für den Downstream und Upstream. Die unterschiedlichen Datenraten werden über bestimmte Kanäle bereitgestellt, wobei eine Verbindung entweder leitungs- oder paketorientiert sein kann. Bluetooth kann den Anwendungen entweder einen asynchronen Datenkanal oder bis zu drei simultane synchrone Sprachkanäle zur Verfügung stellen. Es besteht jedoch auch die Möglichkeit, einen asynchronen Datenkanal mit einem synchronen Sprachkanal zu kombinieren. Ein Sprachkanal kann eine Bandbreite von 64 kBit/s in beide Richtungen bereitstellen. Der asynchrone Datenkanal kann in zwei unterschiedlichen Varianten zum Einsatz kommen. In der asymmetrischen Ausführung liefert er einen Downstream mit einer Bandbreite von 723,2 kBit/s und einen Upstream mit 57,6 kBit/s. Diese Ausführung lässt sich beispielsweise zum Surfen nutzen, bei dem man via DSL sowieso nur einen Downstream mit hoher Bandbreite und einen Upstream mit geringer Bandbreite bereitgestellt bekommt. In der symmetrischen Variante stellt der asynchrone Datenkanal eine Bandbreite von 433,9 kBit/s in beiden Richtungen bereit. Diese Variante eignet sich beispielsweise für Netzwerkanwendungen, bei denen ein Datenaustausch zwischen zwei Rechnern realisiert werden soll, um kleine Datenmengen auszutauschen.

Bluetooth-Geräte, die der Spezifikation 2.0 + EDR entsprechen, erzielen die höhere Bruttodatenrate durch die Verwendung der PSK-Modulation anstelle der GFSK-Modulation (siehe Kap. 3). Für die Datenrate von 2 MBit/s nutzt EDR pi/4DQPSK und für 3 MBit/s 8DPSK, wobei die Symbolrate mit 1 Millionen Symbole pro Sekunde, wie bei Bluetooth 1.0, 1.1 und 1.2, beibehalten wird. Auf diese Weise bleiben die wesentlichen Eigenschaften der älteren Bluetooth-Versionen erhalten und somit auch die Abwärtskompatibilität zu den bisherigen Bluetooth-Geräten.

1.3.4   ZigBee

Als Funktechnik für Steuerungs- und Überwachungssysteme sowie für die Vernetzung von intelligenten Sensoren bahnt sich eine neue Funktechnologie an, die den Namen ZigBee trägt. Mit Hilfe von ZigBee lassen sich WPANs realisieren, deren Anwendungsspektrum von der Heim- und Gebäudeautomatisierung, Industrie und Automatisierungstechnik, Spedition und Logistik, Medizintechnik bis hin zur Bedienung von Computer-Peripherie und Unterhaltungselektronik reicht. ZigBee baut auf der IEEE-Spezifikation 802.15.4 auf und zeichnet sich durch eine hohe Zuverlässigkeit, geringe Kosten, geringe Leistungsaufnahme, geringe Datenrate und hohe Sicherheit aus. Für die Datenübertragung kommen verschiedene Frequenzbereiche in Betracht, wobei in Europa das 2,4-GHz-ISM-Band genutzt werden kann, auf dem 16 Kanäle und eine Datenrate von 250 kBit/s bereitgestellt werden können und zusätzlich ein 868-MHz-Band, bei dem über einen Kanal die Bandbreite von 20 kBit/s zur Verfügung stehen. ZigBee ist in der Lage automatisch nach freien Kanälen zu suchen, wodurch eine Koexistenz zu anderen Funktechnologien gewährleistet werden soll. Die Netzwerktopologie stützt sich vornehmlich auf eine Mesh- und Tree-Topologie, über die redundante Übertragungspfade bereitgestellt werden können, wodurch die Datenübertragung besonders zuverlässig sein soll. Die Reichweite liegt je nach verwendeter Sendeleistung zwischen

ZigBee

10 m und 75 m, wobei über ein ausgeklügeltes Powermanagement mit kurzen Aktivitätszeiten eine hohe Lebensdauer für die Batterie erreicht wird, sodass beispielsweise batteriebetriebene Sensoren eine lange Betriebszeit aufweisen können. ZigBee zeichnet sich weiterhin dadurch aus, dass für eine fehlerfreie Datenübertragung nur ein geringer Signal-Rausch-Abstand benötigt wird, sodass ZigBee auch in rauen Industrie-umgebungen eine zuverlässige Datenübertragung bietet.

1.3.5   WiMax

WiMax   Wireless Interoperability for Microwave Access (WiMax) steht für eine weitere Funktechnologie, die in der Grundversion unter dem IEEE-802.16a-Standard spezifiziert ist. Die Umsetzung von WiMax ist in verschiedenen Ausbaustufen geplant. Die erste Ausbaustufe sieht die Versorgung von Gebäuden mit schnellen Internetzugängen über externe Antennen vor. Die zweite Ausbaustufe soll den Einsatz von Indoor-Antennen ermöglichen, und in der dritten Ausbaustufe soll WiMax die Anbindung von mobilen Endgeräten wie Notebooks und Mobiltelefo-nen ermöglichen. Die verschiedenen Ausbaustufen werden über ent-sprechende 802.16-Standarderweiterungen spezifiziert. WiMax ent-spricht also einer Weitverkehrsfunktechnik, über die breitbandige und drahtlose MANs (Metropolitan Area Networks) aufgebaut werden können, die es den Netzbetreibern ermöglichen, die letzte Meile zum Verbraucher abzudecken. Die neue Funktechnologie könnte somit zukünftig besonders in ländlichen Gegenden interessant sein, in denen drahtgebundene Internetanbindungen fehlen, aber zukünftig sich auch als mögliche Konkurrenz zu UMTS etablieren. WiMax verspricht Datenraten von bis zu 70 MBit/s und maximale Reichweiten von bis zu 50 km. Hierbei handelt es sich um theoretische Spitzenwerte, die nur bei stationären Endgeräten und direkten Sichtverbindungen erzielt werden können. Bei mobilen Endgeräten sieht es gänzlich anders aus, denn WiMax unterliegt ebenfalls den Gesetzen der Physik. Bei so genannten Non-Line-of-Sight-Verbindungen, also ohne direkte Sicht-verbindung, verringert sich die erzielbare Datenrate auf 20 MBit/s und die Reichweite auf etwa 600 m. Als Frequenzbereich ist in Deutsch-land der Bereich von 3,4 bis 3,6 GHz und von 2,5 bis 2,69 GHz vorge-sehen.

1.4 WLAN-Rechtsgrundlagen

Der Einsatz von funkbasierten IEEE-WLANs erfolgt in der Regel im 2,4-GHz-ISM-Band oder 5-GHz-Frequenzband, die von IEEE 802.11 festgelegt sind. Die Nutzung von Frequenzen beziehungsweise Frequenzbändern ist international durch verschiedene Stellen geregelt. Der verwendete Frequenzumfang der einzelnen Frequenzbänder ist international festgelegt und steht nicht überall im gleichen Umfang zur Verfügung: Von Nation zu Nation variieren die nutzbaren Unterbänder. Folgende Institutionen oder Regulierungsbehörden sind für Freigabe und Aufteilung der 2,4-GHz- und 5-GHz-Frequenzbänder innerhalb Europas, den USA und Japan zuständig (siehe Tab. 1–3).

WLAN-Rechtsgrundlagen

Standort	Frequenz band	Institution	Norm
Europa	2,4 GHz	European Telecommunications Standards Institute (ETSI)	EN ETSI 300-328
Frankreich	2,4 GHz	European Telecommunications Standards Institute (ETSI)	SP/DGPT/ATAS/23, EN ETSI 300-328
Spanien	2,4 GHz	European Telecommunications Standards Institute (ETSI)	EN ETSI 300-328
Europa	5 GHz	European Telecommunications Standards Institute (ETSI)	EN ETSI 301-893
USA	2,4 GHz	Federal Communications Commission (FCC)	CFR47, Part 15, Sections 15.205, 15.209, 15.247
USA	5 GHz	Federal Communications Commission (FCC)	CFR47, Part 15,sections 15.205 and 15.209; and Subpart E, sections 15.401–15.407
Japan	2,4 GHz	Association of Radio Industries and Businesses (ARIB)	RCR STD-33A
Japan	5 GHz	Ministry of Post and Telecommunication (MPT)	MPT Ordinance for Regulating Radio Equipment, Article 49.20

Tab. 1–3
Institutionen, die standortabhängig für die Freigabe der Frequenzbänder zuständig sind

In Deutschland ist die Bundesnetzagentur unter anderem für die Frequenzordnung und für die Überwachung der Frequenzbänder zuständig. Die Bundesnetzagentur erhielt am 13. Juli 2005 ihren Namen, als die Regulierungsbehörde für Telekommunikation und Post (RegTP), die am 1. Januar 1998 aus dem Bundesministerium für Post und Telekommunikation (BMPT) und dem Bundesamt für Post und Telekom-

Bundesnetzagentur

munikation (BAPT) hervorging, umbenannt wurde. Die Bundesnetzagentur ist unter folgender Adresse erreichbar:

▨ Bundesnetzagentur für Elektrizität, Gas,
Telekommunikation, Post und Eisenbahnen
Tulpenfeld 4 · 53113 Bonn
http://www.Bundesnetzagentur.de
Tel.: 0228/14-0
Fax: 0228/14 8872

Verfügung 89/2003   Für die Bundesrepublik ist innerhalb des ISM-Bandes der WLAN-
Betrieb genehmigungs- und gebührenfrei. Mit der Verfügung
122/1997 im Amtsblatt 14/1997 vom BMPT wird der Betrieb von
drahtlosen 2,4-GHz-Datenfunkanlagen seit dem 21. Mai 1997 geregelt. Im November 1999 ist diese Amtsblattverfügung durch die Verfügung 154/1999 im Amtsblatt 22/1999 abgelöst worden, die durch die
RegTP veröffentlicht wurde. Aktuell gilt die Verfügung 89/2003, die
am 17. Dezember 2003 im Amtsblatt 25/2003 von der RegTP veröffentlicht wurde. WLANs gelten als nichtöffentliche Anwendungen; die
eingesetzten 2,4-GHz-Systeme müssen lediglich dem 1994 durch das
europäische Standardisierungsinstitut für Telekommunikationsangele-
genheiten ETSI (European Telecommunications Standards Institute)
verabschiedeten Standard ETS 300-328 entsprechen. Für die 5-GHz-
Produkte muss der ETSI-Standard EN 301-893 berücksichtigt werden.
Das 5-GHz-Frequenzband ist durch RegTP mit Verfügung 35/2002 im
Amtsblatt 22/2002 seit dem 13. November 2002 für die breitbandige
Datenübertragung ebenfalls freigegeben worden. Die Regulierung der
5-GHz-Bänder ging allerdings bislang innerhalb der EU nur schleppend voran. Dies soll sich durch einen Beschluss ändern, der am 14.
Juli 2005 in Brüssel gefasst wurde. Laut diesem Beschluss wurden die
Mitgliedsstaaten aufgefordert, den 5-GHz-Bereich (5150-5350 MHz
und 5470-5725 MHz) bis zum 31. Oktober 2005 nun endlich EU-weit
einheitlich zu regulieren.

Zulässige Sendeleistungen   Die beiden Standards ETS 300-328 und EN 301-893 regeln jeweils
die technischen Voraussetzungen und Zulassungskriterien für Daten-
funksysteme im entsprechenden Frequenzband. Im Wesentlichen betrifft
dies die Aufteilung des vorhandenen Frequenzbandes in einzelne
Kanäle und die maximal zulässige Sendeleistung, die im 2,4-GHz-ISM-
Band auf 20 dBm (100 mW) und im 5-GHz-Frequenzband auf 23 dBm
(200 mW) oder 30 dBm (1 W) begrenzt ist. Damit im 5-GHz-Band die
maximalen Sendeleistungen verwendet werden dürfen, ist jedoch die
Implementierung von TPC und DFS vorausgesetzt (siehe Abschnitt
3.4.11, 4.6.8 und 4.6.9). Um eine Zulassung zu erhalten, muss ein Her-

steller die Einhaltung der in ETS 300-328 beziehungsweise EN 301-893 vorgeschriebenen Kriterien durch ein Zeugnis eines unabhängigen und zugelassenen Testlabors nachweisen. In Deutschland unterliegen die WLAN-Einrichtungen allgemein den Gesetzen über Funkanlagen und Telekommunikationseinrichtungen (FTEG) und den Gesetzen über die elektromagnetische Verträglichkeit von Geräten (EMVG).

1.4.1 Grundstücksübergreifende Datenübertragung

Die geltenden Verfügungen ersetzen die bisher gültige Allgemeingenehmigung für Funkanlagen bei der Breitband-Datenübertragung innerhalb der Grenzen eines Grundstücks durch eine allgemein gültige Zuteilung. Sie regelt sowohl die Anwendung solcher Datenfunkanlagen im grundstücksübergreifenden Bereich als auch für den Betrieb innerhalb eines Grundstücks. Bis dahin war es nicht erlaubt, Daten über die Grenzen privater Grundstücke hinweg zu übertragen. Mit dem Erlass dieser Verfügungen ist es nun jedermann gestattet, solche grundstücksübergreifenden Übertragungen zu installieren und zu nutzen. Die Installation der Anlagen geschieht durch den Betreiber selbst, eine Abnahme durch die Bundesnetzagentur oder andere Stellen ist nicht vorgeschrieben. Nach der bisherigen Verfügung 154/1999 war für die Errichtung einer grundstücksübergreifenden 2,4-GHz-Übertragungseinrichtung eine formlose Mitteilung an die RegTP notwendig, die Angaben über den Standort und technische Eckdaten beinhaltete. Die Meldepflicht wurde in Deutschland mit der Veröffentlichung der Verfügung 89/2003 aufgehoben. Somit ist eine Meldung heute nicht mehr notwendig.

Grundstücksübergreifende Datenübertragung

1.4.2 Rechtgrundlage für Hotspots

Innerhalb Deutschlands ist die Telekommunikationsdienstleistung durch das aktuelle Telekommunikationsgesetz (TKG) vom 22. Juni 2004 geregelt. Laut § 6 des TKGs besteht eine Meldepflicht, wenn gewerblich öffentliche Telekommunikationsnetze oder gewerblich Telekommunikationsdienste angeboten werden. Unter diesen Paragrafen fallen auf jeden Fall auch WLAN-Hotspots, die öffentlich mit gewerblichen Absichten betrieben werden. Früher war die Meldepflicht daran gebunden, ob eine Telekommunikationsdienstleistung grundstücksübergreifend angeboten wird, diese Festlegung ist nach aktueller Gesetzeslage gänzlich entfallen. Die Einstufung als gewerblich erfolgt unabhängig von der Gewinnerzielungsabsicht, sondern es reicht aus, wenn die Telekommunikationsdienstleistung mit der Absicht

Rechtsgrundlage für Hotspots

der Kostendeckung der Öffentlichkeit angeboten wird. Als Öffentlichkeit wird jeder unbestimmte Personenkreis betrachtet. Nach der Gewerbeverordnung handelt jemand gewerblich, wenn er eine Tätigkeit selbständig, regelmäßig und in der Absicht betreibt, einen Ertrag oder sonstige wirtschaftliche Vorteile zu erzielen. Somit kann die Bindung der Meldepflicht an die gewerbliche Gewinnerzielungsabsicht gegebenenfalls Grenzfallbetrachtungen hervorrufen. Einem Bistrobetreiber könnten beispielsweise streng genommen Gewinnerzielungsabsichten unterstellt werden, wenn er einen gebührenfreien Hotspot betreibt und dadurch die Verweildauer seiner Gäste erhöht, um den Umsatz an Getränken und Speisen entsprechend zu steigern.

Meldepflicht   Die Meldepflicht dient dazu, der Bundesnetzagentur die Möglichkeit zu geben, ein Verzeichnis der Betreiber öffentlicher Telekommunikationsnetze und der Anbieter gewerblicher Telekommunikationsdienste zu erstellen und für die Öffentlichkeit anzubieten. Des Weiteren dient die Meldepflicht der Regulierungsbehörde für die Überwachung der Tätigkeit auf dem Telekommunikationsmarkt und die Auferlegung von Verpflichtungen nach dem TKG. Laut TKG sind die Aufnahme, Änderung und Beendigung der Tätigkeit sowie Änderungen der Firma unverzüglich und schriftlich bei der Regulierungsbehörde zu melden. Für die Meldung stellt die Bundesnetzagentur auf ihrer Homepage ein achtseitiges Meldeformular bereit, das als PDF-Datei unter folgendem Link zum Download bereitsteht:

▪ http://www.bundesnetzagentur.de/media/archive/2601.pdf

Das ausgefüllte Meldeformular ist an folgende Dienststelle zu senden:

▪ Bundesnetzagentur für Elektrizität, Gas,
   Telekommunikation, Post und Eisenbahnen
   Referat 513-7
   Liselotte-Herrmann-Straße 20a · 09127 Chemnitz

Die Meldung selbst ist für den Betreiber erst einmal nicht mit Kosten verbunden. Eine unterlassene, nicht rechtzeitige oder unvollständige Meldung kann jedoch nach § 148 (1) Nr. 2 TKG mit einem Bußgeld von bis zu 10.000 € geahndet werden.

Des Weiteren kann dem WLAN-Hotspot-Betreiber laut § 144 TKG von der Bundesnetzagentur ein jährlicher Telekommunikationsbeitrag in Rechnung gestellt werden. Der Telekommunikationsbeitrag soll einen Beitrag für die Finanzierung der Bundesnetzagentur liefern. Derzeit gibt es hierzu allerdings noch keine Gebührenverordnung, jedoch beabsichtigt die Bundesnetzagentur zukünftig den jährlichen Telekommunikationsbeitrag einzufordern. Die Höhe des jährlichen

Telekommunikationsbeitrags ist im Moment also noch völlig unklar, soll aber voraussichtlich umsatzgebunden sein.

Betreibt man einen meldepflichtigen Hotspot, so ist es jedoch mit der Meldepflicht und den eventuell jährlich anfallenden Telekommunikationsgebühren alleine nicht getan, denn der Betreiber muss zusätzlich technische Schutzmaßnahmen gemäß § 109 TKG treffen. Die Schutzmaßnahmen müssen sicherstellen, dass personenbezogene Daten geheim gehalten, unerlaubte Netzzugriffe verhindert und Störungen, welche die Netzfunktionsfähigkeit beeinträchtigen können, abgewehrt werden. Hierzu muss der Betreiber alle erforderlichen, ihm möglichen und zumutbaren technischen Vorkehrungen treffen. Inwieweit technische Vorkehrungen und sonstige Schutzmaßnahmen als angemessen betrachtet werden können, lässt das TKG allerdings offen. Im TKG ist lediglich der Passus verankert, dass die Vorkehrungen und sonstigen Schutzmaßnahmen als angemessen betrachtet werden, wenn der dafür erforderliche technische und wirtschaftliche Aufwand in einem angemessenen Verhältnis zur Bedeutung der zu schützenden Rechte und zur Bedeutung der zu schützenden Einrichtungen für die Allgemeinheit steht. Ein WLAN-Hotspot-Betreiber sollte in diesem Zusammenhang auf jeden Fall sicherstellen, dass die Daten über aktuell verfügbare Sicherheitsverfahren wie beispielsweise WPA(2) geschützt sind. Eine WEP-Verschlüsselung wird heute sicher nicht mehr als ausreichende Schutzmaßnahme betrachtet.

Schutzmaßnahmen

Des Weiteren schreibt das TKG vor, dass derjenige, der Telekommunikationsdienste für die Öffentlichkeit anbietet, eine(n) Sicherheitsbeauftragte(n) zu benennen hat und ein Sicherheitskonzept erstellen muss. Welche Qualifikationen ein(e) Sicherheitsbeauftragte(r) haben muss und welche Aufgaben mit der Benennung verbunden sind, ist im TKG allerdings nicht geregelt. Aus dem Sicherheitskonzept muss jedoch hervorgehen, welche Telekommunikationsanlagen eingesetzt und welche Telekommunikationsdienste für die Öffentlichkeit erbracht werden, von welchen Gefährdungen auszugehen ist und welche technischen Vorkehrungen oder sonstigen Schutzmaßnahmen zur Erfüllung der Verpflichtungen aus dem TKG getroffen oder geplant sind. Das Sicherheitskonzept ist der Bundesnetzagentur unverzüglich nach Aufnahme der Telekommunikationsdienste vom Betreiber vorzulegen, verbunden mit einer Erklärung, dass die darin aufgezeigten technischen Vorkehrungen und sonstigen Schutzmaßnahmen umgesetzt sind oder unverzüglich umgesetzt werden. Werden von der Bundesnetzagentur anhand des Sicherheitskonzeptes Sicherheitsmängel festgestellt, so kann sie vom Betreiber die unverzügliche Beseitigung verlangen.

Sicherheitskonzept

Da die aktuelle Gesetzeslage einige Interpretationsfreiräume zulässt, sollte man die Meldepflicht und die Notwendigkeit der Schutzmaßnahmenimplementierung auf jeden Fall prüfen, falls man einen öffentlichen Hotspot betreiben möchte. Dasselbe gilt für die aktuellen Entwicklungen über die mögliche Erhebung der jährlichen Telekommunikationsgebühren.

Internetzugang

Auch sollte man im Vorfeld prüfen, welcher Internetzugang für die Umsetzung eines Hotspots auch tatsächlich geeignet ist. Viele Restaurantbetreiber möchten beispielsweise ihren Gästen eine Zusatzdienstleitung in Form eines Hotspots anbieten. Dahinter steht die Überlegung, eine DSL-Flatrate anzumieten, diesen preisgünstigen Internetzugang mit einem Wireless Router zu erweitern und auf diese Weise den Hotspot kostengünstig bereitzustellen. Jedoch muss man hierbei berücksichtigen, dass es heute noch Internet-Provider gibt, die in ihren Nutzungsbestimmungen die Bereitstellung des Internetzugangs für die Öffentlichkeit oder eine Mehrfachnutzung verbieten. Diese Einschränkung kann bei der Anmietung des Internetzugangs auf Basis einer kostengünstigen Flatrate vorhanden sein. Hier verfahren die Internet-Provider jedoch sehr unterschiedlich, weshalb auf jeden Fall eine Prüfung der Vertragsbedingungen im Vorfeld erfolgen sollte. Die genannte Einschränkung entfällt in der Regel bei der Anmietung eines Profitarifes.

Ein weiterer zu berücksichtigender Aspekt bei der Einrichtung eines Hotspots ist die Tatsache, dass der Vertragspartner eines Internet-Providers für den Inhalt der über den bereitgestellten Internetzugang übertragenen Daten gegenüber dem Provider erst einmal verantwortlich ist. Nach § 9 TKG ist der Betreiber eines geteilten Netzzuganges zwar nicht für das rechtliche Fehlverhalten der übrigen Benutzer verantwortlich, jedoch muss der Betreiber im Zweifelsfall nachweisen können, dass eine andere Person den Netzzugang missbraucht hat. Hackerangriffe sowie die Übertragung von rechtsradikalen und pornografischen Inhalten sind hier denkbar. Dies ist besonders kritisch, wenn der Internetzugang über den Hotspot lange zur Verfügung steht und unbeobachtet genutzt werden kann, wie beispielsweise in Hotelzimmern. In diesem Fall kann eine personenbezogene Protokollierung der Zugriffszeiten bei einer späteren strafrechtlichen Verfolgung durch die Staatsanwaltschaft im Sinne des juristischen Schutzes hilfreich sein. Bisher sind zwar noch keine Präzedenzfälle bekannt, die strafrechtlich verfolgt und gerichtlich entschieden wurden. Jedoch hat uns das Zeitalter des Internets schon viele Fälle aufgezeigt, und es ist nicht auszuschließen, dass auch Hotspots ein Potenzial für kriminelle Handlungen bieten. Technisch lässt sich die personenbezogene Protokollierung über eine Authentifizierung realisieren, bei der bestimmte

Accounts zugrunde gelegt werden, die vorher personenbezogen verteilt werden.

1.5 Drahtlos versus drahtgebunden

Vergleicht man die drahtgebundene mit der drahtlosen Datenübertragung, so muss man allgemein festhalten, dass der drahtlose Datenaustausch in der Umsetzung technisch aufwändiger ist. Dies liegt darin begründet, dass die Daten während der Übertragung gewissen Randbedingungen ausgesetzt sind, gegen die die übertragenen Daten geschützt werden müssen. Weiterhin gibt es bei der drahtlosen Datenübertragung keine Abgrenzung, wohingegen bei dem drahtgebundenen Datenaustausch eine fast hundertprozentige Abgrenzung über das Datenkabel erfolgt. Unterschiede sind im Wesentlichen in der Störanfälligkeit, der Sicherheit und der erzielbaren Datenrate vorhanden.

Drahtlose Datenübertragung

Die Daten sind bei der drahtlosen Übertragung wesentlich störanfälliger, denn jede elektromagnetische Störung kann das übertragene Signal nachhaltig beeinflussen. Als Störungen kommen elektromagnetische Störquellen in Frage, die beispielsweise durch größere Maschinen mit hoher Leistungsaufnahme generiert werden können. So können laufende Elektromotoren oder Schaltkontakte in Relais oder Schütze Störungen hervorrufen. Aber auch benachbarte Datenübertragungseinrichtungen, die auf demselben oder benachbarten Frequenzband arbeiten, können die Datenübertragung negativ beeinflussen. Demnach müssen bei den drahtlosen Übertragungseinrichtungen entsprechende Fehlererkennungsmechanismen implementiert sein, die Übertragungsfehler erkennen oder sogar beseitigen können. Fehlerhaft übertragene Daten müssen unter Umständen erneut übertragen werden, wodurch die Performance sinken kann.

Störungen

Durch die fehlende Abgrenzung kann theoretisch jeder, der sich in der Reichweite eines drahtlosen Datenübertragungssystems befindet, die Daten abhören, manipulieren oder fremde Daten in das System einbringen. Deshalb müssen bestimmte Mechanismen greifen, um dieses Sicherheitsrisiko zu minimieren oder gänzlich auszuschließen. In der Praxis werden die Daten deshalb in der Regel verschlüsselt übertragen, wodurch die Daten zwar weiterhin abgehört werden können, jedoch ohne Kenntnis des geheimen Schlüssels nicht ausgewertet werden können. Die Sicherheitsmechanismen benötigen in der Regel eine Rechenleistung, wodurch eine gewisse Prozessorleistung des Systems benötigt wird. Weiterhin kann durch die Sicherheitsmechanismen bei der Datenübertragung ein Overhead entstehen, wodurch die Nettodatenrate sinkt.

Datenraten   Bei der drahtlosen Datenübertragung lassen sich gegenüber der drahtgebundenen Datenübertragung vergleichsweise nur geringere Datenraten erzielen, da man in den vorhandenen Frequenzbändern nur geringe Bandbreiten zur Verfügung hat. Die geringen Bandbreiten ergeben sich aus der Tatsache, dass die vorhandenen Frequenzbänder auf mehrere Nutzer beziehungsweise Dienste aufgeteilt werden müssen. Möchte man hohe Datenraten erzielen, so erfordert dies in der Regel komplexere Verfahren, die aufwändiger in der Implementierung sind und einen höheren Leistungsverbrauch mit sich führen. Der höhere Leistungsverbrauch wirkt sich bei mobilen Systemen nachteilig aus, da diese meistens mit Akkus oder Batterien betrieben werden, deren Kapazität begrenzt ist. Die im Verhältnis zu den drahtgebundenen Lösungen geringen Datenraten, die bei der drahtlosen Datenübertragung erzielt werden können, sind der Preis für Mobilität und Flexibilität. Deshalb werden WLAN-Lösungen bis auf weiteres kein 100 %iger Ersatz für die drahtgebundenen Netzwerklösungen. Jedoch stellen die WLAN-Lösungen eine sinnvolle Ergänzung dar, die immer dann eingesetzt werden sollte, wenn Mobilität und Flexibilität gefragt sind. Des Weiteren gibt es genug Standorte, an denen eine herkömmliche Netzwerkverkabelung nicht installiert werden kann und man somit diese Standorte gewerblich nicht erschließen kann. Typisches Beispiel hierfür sind denkmalgeschützte und historische Gebäude.

1.5.1   Multiple-Access-Problematik

Multiple-Access-Problem   Bei der drahtlosen Datenübertragung muss man die Tatsache berücksichtigen, dass das Funkmedium innerhalb eines Empfangsbereichs ein Shared Media darstellt, woraus sich zwangsweise ein Multiple-Access-Problem ergibt. Der Unterschied zu dem drahtgebundenen Shared Media liegt jedoch darin, dass viele potenzielle Anwender auf das Funkmedium zugreifen können. Bei drahtgebundenen Netzwerken können nur die Komponenten auf das Medium zugreifen, die direkt an das Netzwerk angeschlossen sind. Die Anzahl der potenziellen Benutzer ist jedoch beim Funkmedium theoretisch unbegrenzt, eine Einschränkung kaum möglich. In der Nachrichtentechnik kennt man vier grundsätzliche Verfahren, um dem Multiple-Access-Problem entgegenzuwirken:

TDMA   ■ Time Division Multiple Access, kurz TDMA. Über ein Zeitmultiplexverfahren wird jedem Benutzer für eine bestimmte Dauer das Übertragungsmedium zur Datenübertragung zugeteilt. Die Dauer richtet sich nach einer festgelegten Zeitscheibe.

■ Frequency Division Multiple Access, kurz FDMA. Mit Hilfe des *FDMA*
Frequenzmultiplexverfahrens wird die Bandbreite des zur Verfügung stehenden Frequenzbandes in disjunkte Kanäle unterteilt.
Jedem Benutzer steht dauerhaft ein eigener Kanal für die Datenübertragung zur Verfügung.

■ Code Division Multiple Access, kurz CDMA. Bei diesem Verfahren *CDMA*
werden die Daten beim Senden über einen Code verschlüsselt, um
eine Abgrenzung zwischen unterschiedlichen Systemen zu erzielen.
Nur die Empfänger mit demselben Code können die empfangenen
Daten wieder entschlüsseln. Bei der Verschlüsselung handelt es sich
jedoch nicht um eine Datenverschlüsselung im Sinne der Krypto-
graphie, sondern um ein Verfahren, das dem Multiple-Access-Problem entgegenwirken soll.

■ Space Division Multiple Access, kurz SDMA. SDMA ist ein Raum- *SDMA*
multiplexverfahren, bei dem die beschränkte Reichweite der übertragenen Signale zugrunde gelegt wird. Ab einer bestimmten Reichweite ist beispielsweise das Signal einer elektromagnetischen Welle
so stark abgeschwächt, dass ein System auf demselben Kanal
betrieben werden kann, ohne das andere System zu stören.

Zudem ist bei der drahtlosen Datenübertragung die Anzahl von potenziellen Störungen relativ groß. Bei einem drahtgebundenen Übertragungsmedium können Störungen bereits wirkungsvoll verhindert werden, indem man Störern den Zugang zum Netzwerkkabel verweigert.
Da das genutzte Frequenzband des WLANs lizenz- und genehmigungsfrei ist, ist die Wahrscheinlichkeit relativ hoch, dass Störungen allein
durch andere technische Einrichtungen entstehen, die dasselbe Frequenzband nutzen. Ein klassisches Beispiel dafür sind die Mikrowellengeräte, die mit relativ hoher Leistung ebenfalls im 2,4-GHz-Fre-
quenzband arbeiten. Demnach müssen für die technische Umsetzung
von WLANs Lösungen angewendet werden, die eine fehlerfreie Datenübertragung dennoch gewährleisten.

   Die Lösung dieses Problems liegt in der so genannten Spread-Spec- *Spread-Spektrum-*
trum-Technologie (SST). Ursprünglich hatte das Militär die Spread- *Technologie*
Spectrum-Technologie mit dem Ziel entwickelt, eine störunempfindli-
che und verschlüsselte Datenübertragung zu realisieren. Mittlerweile
wird sie aber in großem Ausmaß in der zivilen Nachrichtentechnik eingesetzt. Über die Spread-Spectrum-Technologie wird das schmalbandige Nutzsignal gespreizt, wodurch man die Informationseinheiten
über einen größeren Frequenzbereich überträgt, als für die eigentliche
Informationsübertragung nötig wäre. Hierdurch wird das übertragene
Signal unempfindlicher gegen Störer, da diese über einen größeren Frequenzbereich auftreten müssten, um die Information zu vernichten.

Störer sind allgemein schmalbandig, demnach können sie nur einen Teil der gespreizten Nutzinformation nachhaltig beeinflussen.

FHSS und DSSS

Auf der physikalischen Ebene der IEEE-WLAN-Lösungen wird vorwiegend entweder die Frequency-Hopping-Spread-Spectrum-Technologie (FHSS) oder die Direct-Sequence-Spread-Spectrum-Technologie (DSSS) angewendet. Bei diesen beiden Verfahren handelt es sich letztendlich um eine Kombination von TDMA, FDMA und CDMA. Zudem wird im WLAN-Bereich mit den geringen Sendeleistungen das SDMA-Verfahren ausgenutzt, um eine wiederholte Kanal- beziehungsweise Frequenznutzung zu ermöglichen.

> In Kapitel 3 wird ausführlich auf das FHSS- und DSSS-Verfahren eingegangen.

1.5.2   Modulationsverfahren

Modulationsverfahren

Bei der drahtlosen Datenübertragung werden die Nutzinformationen nicht direkt übertragen, sondern sendeseitig durch eine Modulation in einen Frequenzbereich verschoben, den eine Antenne abstrahlen kann. Empfangsseitig wird die Information über eine Demodulation wieder in den ursprünglichen Frequenzbereich verschoben. Die Modulation auf eine hohe Frequenz – der so genannten Trägerfrequenz – ist notwendig, damit das eigentliche Nutzsignal über größere Entfernungen überhaupt drahtlos übertragen werden kann. Die Darstellung von Informationen kann durch die Änderung von Amplitude (Amplitudenmodulation), Frequenz (Frequenzmodulation) oder der Phasenlage (Phasenmodulation) realisiert werden.

Amplitudenmodulation

Amplitudenmodulation

Bei der Amplitudenmodulation wird einem Trägersignal mit fester Frequenz die gewünschte Information als Amplitudenänderung aufmoduliert und übertragen. Die Amplitudenmodulation ist störanfällig, weil die Information in der Amplitude steckt. Störer treten allgemein in der Amplitude auf, wodurch die Information relativ einfach verfälscht werden kann.

Frequenzmodulation

Frequenzmodulation

Bei der Frequenzmodulation bleibt die Amplitude des Trägers konstant. Für die Darstellung des Nutzsignals wird die Frequenz des Trägers verändert. Die Frequenzmodulation ist relativ unempfindlich gegenüber Störern, da diese in der Regel in der Amplitude auftreten.

Phasenmodulation

Bei der Phasenmodulation bleibt ebenfalls die Amplitude des Träger- *Phasenmodulation*
signals konstant. Das Nutzsignal bewirkt eine Veränderung der Phase
des Trägers um einen bestimmten Bereich. Wie bei der Frequenzmodulation ist auch eine phasenmodulierte Übertragung sehr unempfindlich
gegen äußere Störungen.

Bei der Modulation von digitalen Signalen kommen, wie bei der
analogen Modulation, Verfahren wie die Amplituden-, Frequenz- und
Phasenmodulation in Frage. Jedoch muss man hierbei berücksichtigen,
dass die digitalen Signale nicht wertkontinuierlich sind, d.h. es wird
nur zwischen einer bestimmten Anzahl unterschiedlicher Kennzu-
stände gesprungen. Deshalb spricht man hierbei nicht mehr von einer
Modulation, sondern von Umtastung oder dem englischen Begriff
Shift Keying. Im WLAN-Bereich kommen vorwiegend die Verfahren
Frequency Shift Keying (FSK) und Phase Shift Keying (PSK) zum Einsatz. Bei FSK und PSK handelt es sich um ein digitales moduliertes Signal.

> Die Qualität eines demodulierten Signals wird über die so genannte Bitfehler-
> rate (BFR, engl. Bit Error Rate, BER) beschrieben, die das Verhältnis der ver-
> fälschten zu den übertragenen Bits beschreibt.

1.5.3   Die Frequenz

In der Elektrotechnik werden zwei verschiedene Spannungsarten *Frequenz*
unterschieden, die Gleichspannung und die Wechselspannung. Bei der
Gleichspannung ist die Höhe und die Polarität der Spannung unabhängig von der Zeit stets gleich. Betrachtet man hingegen eine Wechselspannung, so ändert sich die Höhe und die Polarität der Spannung
periodisch. Die Wechselspannung aus unserem Spannungsversor-
gungsnetz verändert sich beispielsweise in der Polarität und in der
Höhe periodisch nach einer Sinusfunktion. Für den periodischen Span-
nungsverlauf wird eine bestimmte Zeit beansprucht, die als Periodendauer bezeichnet wird. In der Elektrotechnik gibt man über die Frequenz die Anzahl von Schwingungen pro Sekunde an, wobei die
Frequenz und die Periodendauer reziprok zueinander im Zusammenhang stehen: Je niedriger die Periodendauer, desto höher ist die Frequenz. Man errechnet demnach die Frequenz nach der Formel Frequenz = 1/Periodendauer und gibt sie in der Einheit Hertz (Hz) an.
Dabei entspricht 1 Hertz einer Schwingung pro Sekunde. Unser Wech-
selspannungsversorgungsnetz arbeitet beispielsweise mit einer Frequenz von 50 Hz (siehe Abb. 1–1).

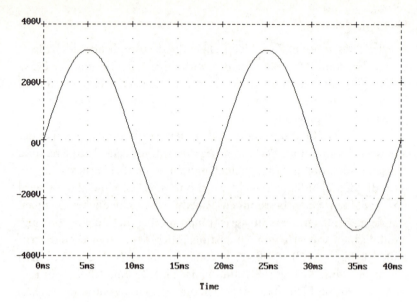

Abb. 1–1
*Verlauf einer 50-Hz-
Wechselspannung*

1.5.4   Exkurs Pegelwerte und Dezibel

Pegelwerte und Dezibel   In den vorangegangenen Abschnitten sind bereits häufig Wertangaben in dB und dBm aufgeführt worden. Da diese Einheiten nicht jedem Netzwerker gebräuchlich sind, möchte ich sie an dieser Stelle kurz beschreiben.

Pegelverhältnis   Anstelle von direkten Leistungen rechnet man in der Nachrichtentechnik allgemein mit logarithmierten Größen, da in der Regel die Leistungsangaben über viele 10er-Potenzen variieren. Ein Leistungsverhältnis errechnet sich aufgrund der Rechenregeln für den Logarithmus aus dem Pegelverhältnis P_1/P_0. Eine Pegeldifferenz wird dabei definiert als Pegeldifferenz = $10 \log P_1/P_0$. In dieser Pegeldifferenz bezeichnet log den Logarithmus zur Basis 10. Aus der Umkehrung der Pegeldifferenz ergibt sich demnach das dazugehörige

$$\text{Leistungsverhältnis} = 10^{\text{Pegeldifferenz}/10}$$

Die Pegeldifferenz ist einheitslos. Um anzudeuten, dass die Angabe durch eine Rechenvorschrift entstanden ist, erhält die Pegeldifferenz die Pseudoeinheit dB (Zehntel-Bel, benannt nach Alexander Graham Bell). Die 10 in der Angabe der Pegeldifferenz ($10 \log P_1/P_0$) ergibt sich aus der Tatsache, dass man mit der Einheit dB und nicht Bel arbeitet (1 Bel = 10 dB). Im Folgenden sind einige Leistungsverhältnisse als Beispiel aufgeführt:

- Leistungsverhältnis 1 $\leftrightarrow$ 0 dB ($10^0 = 1$)
- Leistungsverhältnis 10 $\leftrightarrow$ 10 dB ($10^1 = 10$)
- Leistungsverhältnis 100 $\leftrightarrow$ 20 dB ($10^2 = 100$)
- Leistungsverhältnis 2 $\leftrightarrow$ 3 dB ($10^{0,3} = 2$)

In der Praxis ist es hilfreich, wenn man sich die dargestellten Beispielwerte merkt. Bei der Übertragung von elektromagnetischen Wellen erfahren diese Dämpfungen oder gegebenenfalls auch Verstärkungen. Möchte man diese Effekte mathematisch betrachten, ist eine Multiplikation und Division einzelner Leistungsverhältnisse notwendig. Nach den Rechenregeln für den Logarithmus wird eine Multiplikation zur Addition und eine Division zur Subtraktion, wie es in den folgenden Beispielen dargestellt ist:

- Leistungsverhältnis 8 = $2 \times 2 \times 2$ $\leftrightarrow$ 3 dB + 3 dB + 3 dB = 9 dB
- Leistungsverhältnis 0,5 = 1/2 $\leftrightarrow$ 0 dB - 3 dB = - 3 dB

Aus den beiden Beispielen ist ersichtlich, dass Leistungsverhältnisse größer 1 positive dB-Werte annehmen und Leistungsverhältnisse kleiner 1 negative dB-Werte annehmen. Positive dB-Werte entsprechen einer Leistungssteigerung und negative dB-Werte eine Leistungsreduzierung. In Tabelle 1–4 sind die wichtigsten Leistungsverhältnisse (Werte gerundet) dargestellt.

Steigerung	Faktor	Reduzierung	Faktor
0 dB	x 1	0 dB	x 1
1 dB	x 1,25	-1 dB	x 0,8
3 dB	x 2	-3 dB	x 0,5
6 dB	x 4	-6 dB	x 0,25
10 dB	x 10	-10 dB	x 0,1
12 dB	x 16	-12 dB	x 0,06
20 dB	x 100	-20 dB	x 0,01
30 dB	x 1000	-30 dB	x 0,001

Tab. 1–4

dB-Leistungsverhältnisse

Sendeleistungsangaben

In der Nachrichtentechnik ist es gebräuchlich, für die Angaben der Sendeleistungen auf die Sendeleistung von 1 mW Bezug zunehmen. In diesem Fall wird die Einheit dBm verwendet. Demnach sind zum Beispiel 20 dBm = 10 log (100 mW / 1 mW).

Die Leistung von 1 Watt entspricht beispielsweise dem Wert von 30 dBm (1 Watt = 1000 mW = $10 \times 10 \times 10 \times 1$ mW $\leftrightarrow$ 10 dB + 10 dB + 10 dB + 0 dB= 30 dBm). Tabelle 1–5 zeigt verschiedene Leistungsangaben mit der Einheit dBm.

dBm	Leistung [mW]	dBm	Leistung [mW]
0 dBm	1 mW	0 dBm	1 mW
1 dBm	1,25 mW	-1 dBm	0,8 mW
3 dBm	2 mW	-3 dBm	0,5 mW
6 dBm	4 mW	-6 dBm	0,25 mW
7 dBm	5 mW	-7 dBm	0,20 mW
10 dBm	10 mW	-10 dBm	0,10 mW
12 dBm	16 mW	-12 dBm	0,06 mW
13 dBm	20 mW	-13 dBm	0,05 mW
15 dBm	32 mW	-15 dBm	0,03 mW
17 dBm	50 mW	-17 dBm	0,02 mW
20 dBm	100 mW	-20 dBm	0,01 mW
30 dBm	1000 mW	-30 dBm	0,001 mW
40 dBm	10000 mW	-40 dBm	0,0001 mW

Werden zu den Leistungsangaben in dBm bestimmte Leistungsverhältnisse in dB addiert oder subtrahiert, so ergibt sich für das Ergebnis die Einheit dBm, zum Beispiel 30 dBm - 10 dB = 20 dBm.

1.5.5 Bitrate und Datenrate

Datenrate

Die Bitrate oder Datenrate gibt die Anzahl der Bits an, die während einer Zeiteinheit von einer Sekunde übertragen werden. In der Netzwerktechnik ist es allgemein üblich, die Übertragungsgeschwindigkeit in Bits pro Sekunde anzugeben, wobei man als Präfix die entsprechenden Zehnerpotenzen kBit/s (kilo = 10^3), MBit/s (Mega = 10^6) und GBit/s (Giga = 10^9) verwendet.

In der Netzwerktechnik werden bei der Umrechnung der Bitrate oder Datenrate immer die Zehnerpotenzen zugrunde gelegt, d.h. 1 MBit/s entspricht 1000 kBit/s oder 1000000 Bit/s. In vielen anderen Bereichen der EDV (Elektronischen Daten-Verarbeitung) wird hingegen mit Zweierpotenzen gerechnet. So entspricht beispielsweise eine 1 KByte große Datei dem Datenvolumen von 1024 Bytes (zur Unterscheidung häufig mit großem »K«).

1.5.6 Paketvermittlung versus Leitungsvermittlung

Paketvermittlung

Bei den Computernetzwerken wird für die Datenübertragung die gesamte Bandbreite des Übertragungsmediums jeweils für eine relativ kurze Zeit in Anspruch genommen. Das Übertragungsmedium verfügt in der Regel über eine hohe Bandbreite. Betrachtet man hingegen den Datenaustausch über eine ISDN-Leitung, so wird hier bei einer geringen Bandbreite die gesamte Bandbreite für einen gewissen Zeitraum dauerhaft in Anspruch genommen. Praktisch sieht dies in der Form so aus, dass man eine dedizierte Punkt-zu-Punkt-Verbindung zwischen den Verbindungspartnern für die gewünschte Dauer des Datenaustauschs schaltet; man spricht in diesem Fall von einer verbindungsorientierten Verbindung. Nachteilig ist natürlich bei diesem Verfahren, dass für die Dauer der geschalteten Verbindung die Leitung bzw. der Kanal für andere Verbindungen nicht genutzt werden kann.

In einem lokalen Netzwerk wird ein vorhandenes Medium gemeinsam verwendet (Shared Media), dies verhält sich ähnlich wie bei einer Unterhaltung von mehreren Personen, die sich in einem Raum befinden. Um die Daten zielgerichtet zum gewünschten Empfänger übertragen zu können, werden die Daten, die als Datenpakete zusammengefasst sind, mit Adressinformationen versehen. Die Datenpakete werden demnach ähnlich wie Briefe oder Pakete beim Versand über die Post verschickt. Diese Art der Kommunikation bezeichnet man als Paketvermittlung. Dafür muss keine dedizierte Verbindung zwischen den Kommunikationspartnern aufgebaut werden; deshalb spricht man hier von einem verbindungslosen Dienst.

Shared Media

1.6 Gesundheit

Immer dann, wenn Daten und Informationen per Funk übertragen werden, kommt das Thema Gesundheit und Gesundheitsrisiken auf den Tisch. Hierbei stellt sich vornehmlich die Frage, inwieweit sich die elektromagnetischen Wellen auf den menschlichen Organismus auswirken. Seit längerem ist bekannt, dass Funkwellen Wärme erzeugen, wobei die Wärmewirkung von der Frequenz und von der Leistung der abgestrahlten Funkwellen abhängig ist. Hierbei ist auch die Entfernung zur Sendeeinrichtung entscheidend, da die Leistung mit dem Quadrat der Entfernung abnimmt. Vergrößert man beispielsweise den Abstand von 10 cm auf 1 m, so beträgt die eingestrahlte Leistung nur noch ein Hunderstel der Sendeenergie.

Gesundheitsrisiken

Allgemein kann man festhalten, dass WLAN-Einrichtungen weitaus harmloser sind als Mobilfunkeinrichtungen. Diese Aussage lässt sich anhand der Sendeleistung belegen. Die Sendeleistung von WLAN-Einrichtungen beträgt gegenüber der von Mobilfunktelefonen maximal ein Zwanzigstel. Bei handelsüblichen Mobilfunktelefonen kann die Sendeleistung bis zu 2 Watt betragen. Zudem werden Mobilfunktelefone sehr oft unmittelbar am Kopf betrieben, wohingegen sich

Sendeleistung

WLAN-Adapter in der Regel in einem Abstand von etwa 60 cm befinden, falls diese beispielsweise in einem PCMCIA-Slot eines Notebooks betrieben werden. Die Unbedenklichkeit wird in der Praxis durch die Tatsache unterstrichen, dass WLANs in Krankenhäusern betrieben werden dürfen, wohingegen der Betrieb von Mobilfunktelefonen grundsätzlich verboten ist.

DIN VDE 0848 und
26. BlmSchV

Elektromagnetische Felder rufen eine elektrische Feldstärke, magnetische Feldstärke und eine Leistungsflussdichte hervor. Primär entscheidend ist aus heutiger Betrachtungsweise die Leistungsflussdichte der hochfrequenten elektromagnetischen Strahlung, die die thermischen Effekte hervorruft. Hierbei berücksichtigt man, dass die Absorption elektromagnetischer Strahlung in biologischen Geweben zu einer Erwärmung dieser Gewebe führt. Für Deutschland gilt als gesetzlicher Grenzwert im 2,4-GHz- und 5-GHz-Frequenzband für die Leistungsflussdichte der Wert von 10 W/m², der in der DIN VDE 0848, Teil 2 und nach der 26. Verordnung zum Bundes-Immissionsgesetz (26. BlmSchV) der Strahlenschutzkommission festgelegt ist. Beide Normen stützen sich auf die Empfehlungen der ICNIRP (International Committee on Non-Ionizing Radiation Protection) und legen Grenzwerte im Frequenzbereich von 10 MHz und 300 GHz fest.

WLAN-Gutachten

Am 2. Oktober 2001 wurde von der Universität Bremen beim Nova-Institut für Ökologie und Innovation (http://nova-institut.de) ein Gutachten in Auftrag gegeben, das die Belastung durch hochfrequente elektromagnetische Strahlung eines 2,4-GHz-WLANs beleuchten sollte. Nach diesem Gutachten ruft ein WLAN-Netzwerkadapter im Notebook im Abstand von 60 cm eine mittlere Leistungsflussdichte von lediglich 3,15 mW/m² hervor. Selbst bei einem minimalen Abstand von 20 cm wurde eine maximale Leistungsflussdichte von 158 mW/m² und bei 10 cm von 49,9 mW/m² gemessen. Bei einem Access Point wurde im Abstand von 2,5 m eine Leistungsflussdichte von 0,66 mW/m² gemessen. Hierbei ist zu berücksichtigen, dass ein Access Point nicht ständig ein Signal aussendet. Erst bei der Volllastsituation kann man von einem dauerhaften Sendefall ausgehen, bei dem im WLAN ein Signal kontinuierlich ausgesendet wird. Im Vergleich dazu führen DECT-Telefone im Schnitt, bei einem Abstand von 40 bis 60 cm, bereits zu einer Leistungsflussdichte von etwa 170 mW/m². Die Basisstation einer DECT-Einrichtung sendet ständig Signale aus, unabhängig davon, ob gerade telefoniert wird oder nicht, wobei mit einer kurzen Pulsleistung bei einer Sendepause von 10 Millisekunden gearbeitet wird. Diese Ergebnisse zeigen deutlich auf, dass sämtliche Messwerte weit unterhalb der von der DIN VDE 0848, Teil 2 und der 26. BlmSchV vorgegebenen Grenzwerte liegen. Die Sicherheit von Personen im Umfeld der WLAN-Einrichtungen sollte demnach aus heutiger Betrachtungsweise gewährleistet sein, da genug Reserven vorhanden sind.

Das Nova-Institut geht zudem einen Schritt weiter und hat so *nova-Vorsorgewerte* genannte nova-Vorsorgewerte definiert, die bei einem Hundertstel der gesetzlichen Grenzwerte liegen. Hierdurch sollen nachteilige Auswirkungen für den Menschen ausgeschlossen werden. Dies wird damit begründet, dass man sich bei den Auswirkungen der elektromagnetischen Strahlung nicht ausschließlich auf thermische Effekte stützen sollte. Man geht davon aus, dass dauerhafte elektromagnetische Strahlungen auch Schädigungen des Immunsystems hervorrufen können, die die Entstehungen von Krankheiten begünstigen können. Wissenschaftlich sind diese Betrachtungen jedoch heute noch umstritten. Richtet man sich allerdings vorsorglich nach dem nova-Vorsorgewert für die Leistungsflussdichte von 100 mW/m², so wurde dieser im erstellten Gutachten nur bei einer Messung im geringen Abstand überschritten. Wird der übliche Abstand von 60 cm eingehalten, so liegt der gemessene Wert von 3,15 mW/m² deutlich unter dem nova-Vorsorgewert. Um allen Diskussionen aus dem Weg zu gehen, sollte man vorsorglich die WLAN-Anwender darauf hinweisen, dass ein typischer Abstand von 50 bis 60 cm (übliche Schreibtisch-Entfernung) zum WLAN-Adapter eingehalten werden sollte. Vorzugsweise sollten die Access Points mit zusätzlichen Antennen ausgestattet werden, und bei den WLAN-Stationen sollte auf den Einsatz von zusätzlichen Antennen verzichtet werden, falls die WLAN-Stationen mit einem größerem Abstand zum Access Point arbeiten. Falls an den WLAN-Stationen dennoch mit externen Antennen gearbeitet werden muss, sollten diese so ausgerichtet werden, dass sie nicht in Richtung der Anwender abstrahlen. Diese Empfehlungen sollen lediglich dazu beitragen, dass neben dem weit unterschrittenen gesetzlichen Grenzwert auch der nova-Vorsorgewert eingehalten wird, um allen Bedenken beim Einsatz von WLAN aus dem Weg zu gehen. Somit ist man auf der sicheren Seite, auch für den Fall, dass heutige gesetzliche Grenzwerte zukünftig durch neue wissenschaftliche Erkenntnisse nach unten korrigiert werden.

1.7   OSI-Referenzmodell

Die Kommunikation innerhalb eines Netzwerks wird anhand eines *OSI-Referenzmodell* Netzwerkmodells beschrieben, wobei man sich das so genannte Open Systems Interconnection Referenzmodell (OSI Reference Model) zugrunde legt. Das OSI-Referenzmodell wurde zwischen 1977 und

1984 (1984 in der ISO-Norm 7498 festgeschrieben) entworfen und ist in sieben Teilschichten unterteilt, die auch als Layer bezeichnet werden. Jede Schicht des OSI-Referenzmodells stellt eine bestimmte Funktion zur Verfügung, die als Dienst bezeichnet wird und einen funktionellen Beitrag für den Ablauf der Kommunikation zwischen zwei Computern leistet.

In den Anfängen der Netzwerktechnologien gab es viele firmenspezifische Standards. Zu dieser Zeit war es undenkbar, dass ein Datenaustausch zwischen Einrichtungen unterschiedlicher Hersteller möglich war. Man erkannte rechtzeitig diese Problematik und entwarf deshalb eine entsprechende Netzwerkarchitektur, die als Basis für die heutzutage offenen Plattformen dient. Aus dieser Intention heraus entstand das OSI-Referenzmodell, das heutzutage allgemein als Grundlage für die Definition von Standards für offene Systeme im Kommunikationsbereich dient. Bei dem OSI-Referenzmodell handelt es sich allerdings ausschließlich um ein Modell, das eine Standard-Netzwerkarchitektur beschreibt und wesentlich zum Verständnis der funktionellen Zusammenhänge im Netzwerk beiträgt.

Abb. 1–2

Zeigt das siebenschichtige OSI-Referenzmodell

7	Anwendungsschicht
6	Darstellungsschicht
5	Kommunikations-steuerungsschicht
4	Transportschicht
3	Vermittlungsschicht
2	Sicherungsschicht
1	Bitübertragungs-schicht

Sieben Schichten Jede Schicht im OSI-Referenzmodell, mit Ausnahme der untersten Schicht, hat eine darunter liegende Nachbarschicht und jede Schicht, außer der obersten Schicht, hat eine darüber liegende Nachbarschicht. Die Schichten stellen jeweils ihre Dienste der darüber liegenden Schicht zur Verfügung und nutzen ihrerseits die Dienste der darunter liegenden Schicht. Die Kommunikation zwischen den Schichten erfolgt über definierte Schnittstellen.

Dienste Durch die Funktion beziehungsweise den Dienst einer Schicht wird in der Gesamtbetrachtung die Funktion einer darunter liegenden Schicht erweitert. Jede Schicht folgt beim Ausführen ihrer Funktion gewissen definierten Regeln, die als Protokolle bezeichnet werden. Die Kommunikation zwischen zwei Computern findet immer nur nur zwischen den Schichten der gleichen Ebene statt und wird als virtuelle Kommunikation bezeichnet. Damit die virtuelle Kommunikation zwischen zwei Computern stattfinden kann, müssen auf den gegenüberliegenden Schichten der gleichen Ebene jeweils dieselben Protokolle implementiert sein. Die Schichten derselben Ebene werden als Peers und die korrespondierenden Protokolle derselben Ebene als Peer Protocol bezeichnet. Die Peers tauschen während der Kommunikation ihre Informationen in einem Format aus, das auf beiden Seiten verstanden wird und als Protokoll-Dateneinheit (PDU = Protocol Data Unit) bezeichnet wird. Eine PDU ist in zwei Teile aufgeteilt, den Header für Protokollinformationen (Protocol Control Information, PCI) und die Dateneinheit (Service Data Unit). Der Dienst, der von einer Schicht zur Verfügung gestellt wird, wird durch eine oder mehrere Arbeitseinheiten (Entities) umgesetzt. Der Zugriff auf die Arbeitseinheiten erfolgt über so genannte Service Access Points (SAP); sie stellen quasi eine Adresse dar, über die auf die verschiedenen Funktionen zugegriffen werden kann.

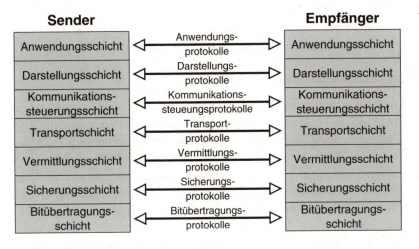

Sender		Empfänger
Anwendungsschicht	Anwendungs-protokolle	Anwendungsschicht
Darstellungsschicht	Darstellungs-protokolle	Darstellungsschicht
Kommunikations-steuerungsschicht	Kommunikations-steuerungsprotokolle	Kommunikations-steuerungsschicht
Transportschicht	Transport-protokolle	Transportschicht
Vermittlungsschicht	Vermittlungs-protokolle	Vermittlungsschicht
Sicherungsschicht	Sicherungs-protokolle	Sicherungsschicht
Bitübertragungs-schicht	Bitübertragungs-protokolle	Bitübertragungs-schicht

Abb. 1–3

Die virtuelle Kommunikation findet immer auf derselben Ebene statt

Wie bereits erwähnt, findet bei der Kommunikation zwischen zwei Computern die virtuelle Kommunikation jeweils auf derselben Ebene statt. Die Daten bewegen sich dabei von dem einen Computer vertikal nach unten bis zur untersten Schicht im Referenzmodell, der Bitübertragungsschicht. Auf der Bitübertragungsschicht bewegen sich die Daten horizontal zum Computer, mit dem kommuniziert werden soll. Auf diesem Computer laufen die Daten dann wieder vertikal nach oben in die einzelnen Schichten. Die Daten erreichen auf diese Weise

Virtuelle Kommunikation

die jeweils gleichen Schichten (Peers) auf dem gegenüberliegenden Computer, zwischen denen auch die Kommunikation jeweils stattfindet (siehe Abb. 1–4).

Abb. 1–4
Zeigt die
Kommunikationswege
innerhalb des
OSI-Referenzmodells

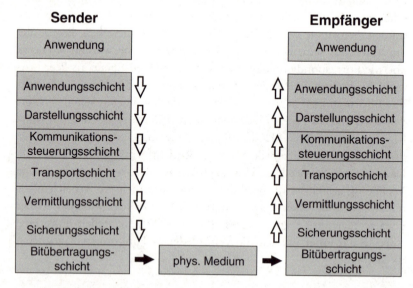

Jede Schicht des OSI-Referenzmodells stellt unabhängig von den anderen Schichten bestimmte Funktionen oder Dienste zur Verfügung.

Die Bitübertragungsschicht

Bitübertragungsschicht

Die Bitübertragungsschicht, auch physikalische Schicht genannt (engl. Physical Layer), ist die unterste Schicht des OSI-Referenzmodells. Die Bitübertragungsschicht stellt einen Dienst bereit, mit dessen Hilfe die Daten als Bitstrom physikalisch über ein Übertragungsmedium von einem Computer zu einem anderen Computer übertragen werden können. Es handelt sich in dem Fall um eine ungesicherte und physikalische Verbindung, die nach Bedarf auf dem Übertragungsmedium auf- und abgebaut wird. Auf der Bitübertragungsschicht sind beispielsweise das Übertragungsmedium und damit verbunden die physikalischen Eigenschaften der Datensignale definiert, über die der Datenstrom auf dem jeweiligen Medium übertragen wird. Dazu gehören die Art und Größe des Datensignals, die Bit- oder Bytesynchronisation, die Codierungs- und Modulationsverfahren. Des Weiteren ist auf der Bitübertragungsschicht das Interface definiert, d.h. der physikalische Anschluss und welche Art von Verbindungselementen verwendet werden. Man kann zusammengefasst sagen, dass auf der Bitübertragungsschicht die elektrische und mechanische Definition des Interface und das Übertragungsmedium definiert werden.

Die Sicherungsschicht

Die Sicherungsschicht (engl. Data Link Layer) ist die zweite Schicht des OSI-Referenzmodells. Aufgabe der Sicherungsschicht ist es, einen fehlerfreien Datenaustausch zu gewährleisten. Dazu werden die Daten zu Einheiten zusammengefasst, die als Datenpakete oder Frames bezeichnet werden. Die Datenpakete haben ein bestimmtes Format und werden in der Regel durch eine Prüfsumme ergänzt, über die eine Fehlererkennung möglich ist. Des Weiteren wird auf der Sicherungsschicht der Zugriff auf das Übertragungsmedium durch ein entsprechendes Zugriffsverfahren durchgeführt.

Sicherungsschicht

Die Sicherungsschicht wird in der Praxis in zwei Teilbereiche unterteilt, wobei der untere Teilbereich durch die verschiedenen standardisierten Netzwerktechnologien wie Ethernet oder Wireless LAN abgedeckt wird. Der obere Bereich umfasst Logical Link Control laut Standard IEEE 802.2. Der obere Teilbereich wird von allen IEEE-Netzwerktechnologien gleichermaßen verwendet, wodurch der Datenaustausch zwischen verschiedenen IEEE-Netzwerktechnologien vereinfacht wird.

Die Vermittlungsschicht

Die nächste Ebene im OSI-Referenzmodell ist die Vermittlungsschicht, auch Netzwerkschicht genannt (engl. Network Layer). Sie sorgt für den eigentlichen Datentransfer zwischen den Computern, indem sie die Wegfindung (Routing) zwischen den Computern übernimmt. Stellen die unteren beiden Schichten nur eine Kommunikation zwischen zwei angrenzenden Computern innerhalb eines Netzwerks zur Verfügung, so bietet die Vermittlungsschicht eine Möglichkeit zur Kommunikation über die Grenzen eines Netzwerks hinaus. Die Daten werden dazu mit entsprechenden Ziel- und Quelladressen versehen, über die das zielgerichtete Routing durchgeführt werden kann. Die Adressierung auf der dritten Ebene ist von den darunter liegenden Schichten unabhängig; das Routing kann sich auf diese Weise über mehrere logisch strukturierte Netzwerke erstrecken. Erst durch die Adressierungsmöglichkeiten auf der dritten Ebene ist eine Bildung von hierarchisch untergliederten Teilnetzwerken möglich, zwischen denen ein Datenaustausch ermöglicht wird.

Vermittlungsschicht

Die Transportschicht

Transportschicht   Die Transportschicht (engl. Transport Layer) ist auf der vierten Ebene platziert und vermittelt zwischen den drei obersten Schichten des OSI-Referenzmodells und den unteren vier Schichten, die das Transportsystem darstellen. Im Grunde tauschen zwei Programme untereinander Daten aus, wenn zwei Computer miteinander kommunizieren. Die Transportschicht sorgt dafür, dass die Daten der Vermittlungsschicht an die richtigen Programme auf dem Computer ausgeliefert werden. Diese Schicht sorgt so für die Zuverlässigkeit des Datentransfers und den gleichzeitigen Zugriff mehrerer Dienste oder Anwendungen auf dieselben Transportmechanismen. Die Transportschicht stellt damit für die übergeordneten Instanzen einen transparenten Datenkanal zur Verfügung.

Auf der Transportschicht werden die Daten in kleine Teileinheiten aufgeteilt, wie sie von der Vermittlungsschicht weitergeleitet werden können (Fragmentierung). Auf der anderen Seite, der Empfängerseite, werden die Daten von den Diensten der Transportschicht wieder zu einem gesamten Datenblock zusammengesetzt. Dabei wird von den Diensten der Transportschicht dafür gesorgt, dass die Daten empfangsseitig in der richtigen Reihenfolge ankommen, damit sie wieder eine logische Dateneinheit bilden.

Die Kommunikationssteuerungsschicht

Kommunikations-
steuerungsschicht   Die Kommunikationssteuerungsschicht, auch Sitzungsschicht genannt (engl. Session Layer), ist die fünfte Schicht im OSI-Referenzmodell. Sie stellt einen anwendungsorientierten Dienst zur Verfügung und sorgt für einen Verbindungsauf- und -abbau sowie die Darstellung der Übertragungsdaten in einer von der darüber liegenden Ebene unabhängigen Form. Der Anmeldevorgang wird im Fachjargon als Aufbau einer Sitzung (Session) bezeichnet. Eine Sitzung stellt die Grundlage für eine virtuelle Verbindung zwischen zwei Prozessen dar, die auf räumlich getrennten Computern ausgeführt werden. Für den Sitzungsaufbau, die Sitzungsüberwachung und das Beenden einer Sitzung kommen unterstützende Funktionen zum Tragen, wie zum Beispiel die Echtheitsbestätigung und die Sicherheitsmechanismen für den Zugriff auf Ressourcen.

Die Darstellungsschicht

Darstellungsschicht   Die Darstellungsschicht (engl. Presentation Layer) ist die sechste Schicht innerhalb des OSI-Referenzmodells. Sie ist für die Kommunikation und das Weiterreichen von Daten zwischen der Sitzungsschicht und den Anwendungen verantwortlich und beinhaltet bestimmte Funktionen, die für die Kommunikation innerhalb eines Netzwerks benötigt werden. Dazu gehören Schnittstellen zu Netzwerkressourcen wie beispielsweise Drucker oder Speichermedien. Auf der Darstellungsschicht wird festgelegt, in welcher Form die Daten dem Anwender präsentiert werden. Hierzu gehören beispielsweise die Art und die Länge des Datentyps. Ebenfalls kann auf der Darstellungsschicht eine Komprimierung oder Verschlüsselung von Daten eine Rolle spielen.

Die Anwendungsschicht

Die Anwendungsschicht (engl. Application Layer) ist die oberste und siebte Schicht des OSI Referenzmodells; sie bildet das Bindeglied zwischen dem Anwender und den Anwendungsprozessen über das Netzwerk. Auf der Anwendungsschicht sind die anwendungsspezifischen Protokolle angesiedelt, wobei Details zu Programmen oder Anwendungen, die von den Netzwerkbenutzern während ihrer Arbeit im Netzwerk genutzt werden, auf der Anwendungsschicht enthalten sind. Zu den Protokollen gehören beispielsweise das File Transfer Protocol (FTP), mit dem Dateien über ein Netzwerk übertragen werden können, oder TELNET, mit dem remote auf einen Computer zugegriffen werden kann und Befehle ausgeführt werden können.

Anwendungsschicht

Die Unterteilung des OSI-Referenzmodells

Betrachtet man die Dienste, die von den sieben Schichten bereitgestellt werden, so fällt auf, dass man das OSI-Referenzmodell in zwei Bereiche aufteilen kann. Die eigentlichen Transportmechanismen, die für die Datenübertragung über ein Netzwerk sorgen, sind auf den untersten vier Schichten angesiedelt. Die unteren beiden Schichten entsprechen dabei der Netzwerktechnologie, wie beispielsweise Ethernet oder Wireless LAN. Die dritte und vierte Schicht beinhaltet die Protokolle wie TCP/IP oder IPX/SPX.

Unterteilung des OSI-Referenzmodells

> Die folgenden Kapitel dieses Buches werden sich im Wesentlichen mit den unteren zwei Schichten des OSI-Referenzmodells beschäftigen.

Die oberen drei Schichten des OSI-Referenzmodells sind anwendungsorientiert, sie bilden die Schnittstelle zu den Netzwerkanwendungen und den Netzwerkanwendern.

1.8 Ein Überblick über den Inhalt dieses Buchs

Inhalt dieses Buchs Das Buch wurde mit dem Ziel geschrieben, theoretisches und praxisnahes Wissen für den Aufbau sowie die Einrichtung eines WLANs zu vermitteln. Neben dem praxisnahen Inhalt wird auch detailliert auf den 802.11-Standard eingegangen und aufgezeigt, wie die drahtlose Datenübertragung technisch umgesetzt wird. Dabei werden primär die unteren zwei Schichten des OSI-Referenzmodells abgehandelt. Diese beiden Schichten beziehen sich auf die technische Implementierung von WLAN. Abgerundet werden diese Informationen durch die Darstellung aktueller WLAN-Produkte und der praktischen Umsetzung eines WLANs. Zudem werden Aspekte der Netzwerksicherheit und Fehleranalyse betrachtet, wobei auf die gesteigerten Anforderungen, die bei der drahtlosen Datenübertragung auftreten, explizit eingegangen wird.

Kapitel 2 Kapitel 2 bietet einen Überblick über die realisierbaren WLAN-Netzwerkformen.

Kapitel 3 Kapitel 3 geht intensiv auf den Physical Layer des IEEE-802.11-Standards und dessen Erweiterungen ein und beschreibt, wie es heute bei der drahtlosen Datenübertragung technisch möglich ist, Datenraten von 1 bis 54 MBit/s zu realisieren. Des Weiteren wird auf die zukünftige 802.11n-Erweiterung eingegangen, die Datenraten bis zu 600 MBit/s ermöglichen soll.

Kapitel 4 Kapitel 4 beschreibt die Implementierung des WLAN-MAC-Layers und erklärt, wie das Zugriffsverfahren und die Sicherungsmechanismen im IEEE-802.11-Standard implementiert sind, mit deren Hilfe eine sichere Datenübertragung per Funk überhaupt möglich ist.

Kapitel 5 Kapitel 5 setzt sich mit der Antennentechnologie auseinander, die im WLAN-Bereich zum Einsatz kommt. In diesem Kapitel wird aufgezeigt, welche Antennenparameter relevant sind und welche Antennen eingesetzt werden können, um die Reichweite oder Zuverlässigkeit der Datenübertragung zu erhöhen. Des Weiteren wird die Reichweitenkalkulation am Beispiel einer Richtfunkstrecke betrachtet.

Kapitel 6 Kapitel 6 zeigt auf, welche WLAN-Komponenten beim Errichten eines WLANs eingesetzt werden können und welche Lösungen es für die Einbindung von PCs, Notebooks oder PDAs gibt.

Kapitel 7 Kapitel 7 widmet sich der praktischen Umsetzung eines WLANs. Hier wird aufgezeigt, wie ein WLAN geplant wird, wie eine professionelle Funkausleuchtung durchgeführt werden kann. Praktische Tipps helfen dem Netzwerkadministrator bei der Umsetzung oder Optimierung eines WLANs.

Kapitel 8 geht auf die Sicherheitsaspekte eines WLANs ein. In diesem Kapitel werden die Gefahren und Risiken durchleuchtet, die bei der drahtlosen Datenübertragung entstehen können. Zudem werden aktuelle Sicherheitslösungen auf der Basis von 802.11i beziehungsweise WPA(2) detailliert betrachtet, mit denen eine sichere drahtlose Datenübertragung realisiert werden kann.

Kapitel 8

Kapitel 9 ist das abschließende Kapitel dieses Buches, in dem auf die Fehleranalyse eingegangen wird. In diesem Kapitel wird beschrieben, wie man bei einer eventuell notwendigen Fehleranalyse vorgehen sollte, um diese möglichst effektiv zu gestalten. Anhand von Beispielszenarien werden die Möglichkeiten der Protokollanalyse aufgezeigt.

Kapitel 9

2   WLAN-Netzwerkformen

Nachdem im ersten Kapitel die Grundlagen der drahtlosen Datenüber-tragung vermittelt wurden, geht das folgende Kapitel auf die IEEE-802.11-Netzwerkformen eines WLANs ein, die sich realisieren lassen. Hierbei werden WLAN-Lösungen aufgezeigt, mit denen ein direkter Datenaustausch zwischen zwei und mehreren Stationen erfolgen kann, die in unmittelbarer Reichweite zueinander stehen. Zudem werden Lösungen dargestellt, mit denen eine flächendeckende Versorgung beziehungsweise Ausleuchtung eines Gebäudes realisiert werden kann, deren Ausdehnung theoretisch unbegrenzt ist. Des Weiteren werden WLAN-Formen aufgezeigt, mit denen ein Datenaustausch zwischen zwei oder mehreren Gebäuden möglich ist und WLAN-Einrichtungen, mit denen im öffentlichen Bereich ein drahtloser Zugang ins Internet gewährleistet werden kann. Außerdem wird in diesem Kapitel darge-stellt, was bei WLANs in Verbindung mit dem TCP/IP-Protokoll zu beachten ist.

2.1   Ad-hoc-Netzwerk

Oft reichen schon ein paar Wireless-Netzwerkkarten aus, um ein ein-faches drahtloses Netz zu realisieren: WLAN-Karten einbauen, Treiber installieren, fertig. Die einfachste Form eines WLANs besteht aus zwei Rechnern, in denen jeweils ein entsprechender Adapter eingebaut ist. Das Schöne dabei: Eine Erweiterung dieses Grundnetzes ist einfach durch Zukauf einer weiteren WLAN-Karte möglich. WLANs benöti-gen auch für den Einsatz von mehr als zwei Stationen keinen Hub, im Gegensatz zu drahtgebundenen Netzen mit Twisted-Pair-Kabeln oder einer Kabelverlängerung wie bei einer Bus-Struktur auf Basis von Koax-Leitungen.

Jeder Rechner mit drahtloser Netzwerkkarte bildet eine so genannte Zelle oder Funkzelle. Solange die Computer sich in derselben

Netzwerkformen

Zelle aufhalten, können sie miteinander kommunizieren. Voraussetzung dafür ist, dass die Stationen innerhalb einer bestimmten Reichweite zueinander stehen und auf demselben Kanal arbeiten.

Basic Service Set Der IEEE-802.11-Standard definiert gewisse Topologien und Verbindungsstrukturen für den Aufbau eines drahtlosen Netzwerks. Dabei gibt es einfache Topologien, die unabhängig sind und eine kleine Fläche abdecken, oder komplexe Strukturen, die über Verbindungssysteme theoretisch unbegrenzt ausgedehnt werden können. Ein Wireless LAN nach IEEE 802.11 hat eine zellulare Struktur, wobei das gesamte System in einzelne Zellen aufgeteilt ist. Jede Zelle definiert sich durch den von einer Station ausgeleuchteten Bereich. Nach 802.11-Nomenklatur bezeichnet man die Zelle als Basic Service Set (BSS).

Independent Basic Ein BSS deckt in etwa eine ovale Fläche ab, innerhalb der die
Service Set befindlichen Stationen untereinander Daten austauschen können. Entfernt sich eine Station aus dem Bereich der BSS, so kann diese nicht mehr mit den anderen Stationen des BSS oder nur noch mit einen Teil der Stationen des BSS kommunizieren. Ein allein stehendes BSS stellt die einfachste Form eines drahtlosen Netzwerks dar, für das in der Regel keine Planung notwendig ist. Alle Stationen, die innerhalb ihrer Reichweite zueinander stehen, bilden die Zelle und werden Bestandteil der BSS. Das Hinzufügen weiterer Stationen oder das Entfernen von Stationen ist problemlos möglich und bedarf keiner nennenswerten Planung. Da die Zelle für sich allein steht, bezeichnet man diese Konstellation als Independent Basic Service Set, kurz IBSS. Da ein IBSS keiner Planung bedarf und schnell umgesetzt werden kann, wird das IBSS laut IEEE-802.11-Standard auch als Ad-hoc-Netzwerk bezeichnet.

Abb. 2–1
Aufbau eines IBSS, das als
Ad-hoc-Netzwerk
bezeichnet wird

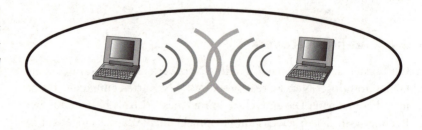

Das Ad-hoc-Netzwerk ist die erste Betriebsform, die im WLAN auftreten kann. Möchte man einen direkten Datenaustausch zwischen zwei oder mehreren Stationen ermöglichen, so muss man auf den WLAN-Stationen den Betriebsmodus Ad-hoc-Modus auswählen. Die Reichweite eines Ad-hoc-Netzwerks ist innerhalb von Gebäuden auf zirka 30 bis 50 m und außerhalb von Gebäuden auf etwa 300 m begrenzt.

Viele WLAN-Adapter bieten in den Einstellmenüs zwei Ad-hoc-Betriebsmodi zur Auswahl an, einen so genannten 802.11-Ad-hoc-Modus und einen Pseudo-Ad-hoc-Modus. Dies ist historisch bedingt, da es am Anfang der WLAN-Ära proprietäre Lösungsansätze für den Ad-hoc-Modus gab. Der 802.11-Ad-hoc-Modus entspricht dem Ad-hoc-Modus, wie er im IEEE-802.11-Standard beschrieben ist. Man sollte nach Möglichkeit diesen Betriebsmodus auswählen. Es muss auf jeden Fall sichergestellt sein, dass alle WLAN-Stationen eines IBSS denselben Ad-hoc-Modus verwenden.

2.2 Infrastruktur-Netzwerk

Für viele Netzwerke ist es notwendig, eine größere Reichweite zu erzielen. Dazu können über ein Verteilungssystem, das als Distribution System, kurz DS, bezeichnet wird, mehrere BSS miteinander verbunden werden, um eine größere Fläche abzudecken. Das Distribution System bildet in diesem Fall eine Art Backbone, über den die Kommunikation zwischen den BSS stattfindet. Für die Bildung eines DS kann entweder ein drahtloses oder ein drahtgebundenes Übertragungsmedium zum Einsatz kommen. Kommt ein drahtloses DS zum Einsatz, so spricht man von einem Wireless Distribution System, kurz WDS. Alternativ dazu kommt auch der Einsatz von allen IEEE-802.x-Netzwerktechnologien in Frage, um ein drahtgebundenes DS zu bilden. Die Verbindung zu der IEEE-802.x-Netzwerktechnologie wird in diesem Fall über ein so genanntes Portal realisiert. Das Portal stellt auf logischer Ebene ein Gateway bereit, über das eine Anbindung zwischen den verschiedenen Systemen erfolgen kann, bei der z.B. eine Anpassung der Frameformate und eine Fragmentierung notwendig sein kann. Auch wenn der Standard als drahtgebundene DS alle IEEE-802.x-Netzwerktechnologien zulässt, gibt es heute nur Produkte auf dem Markt, die als drahtgebundenes DS IEEE 802.3 Ethernet in der 10-MBit/s- oder 100-MBit/s-Variante verwenden. Man greift also in der Regel auf die vorhandene Netzwerkinfrastruktur zurück, um einzelne BSS miteinander zu vernetzen. Oft entfacht die Tatsache, dass man auf drahtgebundene Netzwerkstrukturen zurückgreift, die Diskussion, dass ein WLAN gar keine drahtlose Netzwerklösung sei. Diese Aussage ist in der Regel auch richtig, jedoch geht es in einem WLAN primär darum, die Anbindung zu den Clients drahtlos auszuführen, wodurch sich die Flexibilität der Anwender ergibt. Dass ein Teil der Infrastruktur drahtgebunden ist, wird zugunsten der Client-Flexibilität allgemein vernachlässigt und in Kauf genommen.

Distribution System

Ein BSS kann für sich nur eine geringe Fläche abdecken. Die Kombination aus DS und mehreren BSS dagegen erlaubt den Aufbau eines

Extended Service Set

WLANs mit beliebiger Ausdehnung und Komplexität. In diesem Fall spricht man von einem Extended Service Set, kurz ESS. Wesentlicher Bestandteil bei der Anbindung an ein DS stellt ein so genannter Access Point dar. Ein Access Point ist eine spezielle Form einer Station, die einen Zugang zu einem DS bietet, indem sie zu den Funktionen einer Wireless-Station zusätzlich einen DS-Service bereitstellt, die über eine Bridging-Funktion gekoppelt sind. Müssen Daten von der Wireless-Seite auf die Seite des Distribution Systems übertragen werden, so werden die Daten über die Bridge weitergeleitet.

Abb. 2–2
Extended Service Set
erlaubt die Ausdehnung
eines WLANs

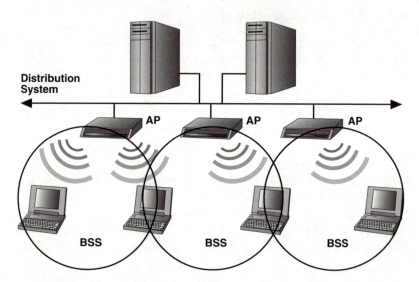

Access Points Durch Einsatz mehrerer Access Points kann man die gesamte Fläche, auf der ein Netzzugang möglich sein soll, mit überlappenden Zellen bedecken. Dadurch können die Anwender sich zum Beispiel mit ihren Notebooks innerhalb des ausgeleuchteten Bereichs frei bewegen, ohne den Kontakt zum WLAN zu verlieren. Das Überlappen von Zellen wird ermöglicht, da auf der physikalischen Ebene der IEEE-80211-Komponenten auf unterschiedlichen Kanälen gearbeitet wird. Somit werden Störungen mit einer relativ hohen Wahrscheinlichkeit vermieden und die einzelnen Funkzellen können unabhängig voneinander betrieben werden. Man hat natürlich hierfür keine unbegrenzte Anzahl von Kanälen zur Verfügung. Deshalb nutzt man hierbei das SDMA-Verfahren aus, damit ab einer bestimmten Entfernung dieselben Kanäle wiederholt verwendet werden können, ohne dass eine gegenseitige Beeinflussung der Funkzellen stattfindet.

Mit Hilfe eines Access Point lässt sich nicht nur die Ausdehnung eines Funknetzes erhöhen, sondern auch der Übergang zu einem bestehenden drahtgebundenen LAN bewerkstelligen. Dadurch können Ressourcen eines drahtgebundenen Netzwerks, wie zum Beispiel Datenbankserver, Print-Server oder breitbandige DSL-Internet-Zugänge für die Stationen eines WLAN bereitgestellt werden.

Eine Gruppierung aus Verteilungssystem, Access Point und Portalen wird laut IEEE 802.11 als Infrastruktur-Netzwerk bezeichnet. Dabei muss ein Verteilungssystem vorhanden sein, zu dem zwangsläufig ein oder mehrere Access Points und keine oder mehrere Portale in Verbindung stehen. Fälschlicherweise wird oft behauptet, dass ein Infrastruktur-Netzwerk vorliegt, sobald ein Access Point innerhalb einer Zelle platziert ist. Diese Aussage ist allerdings zu relativieren, denn ein Infrastruktur-Netzwerk zeichnet sich durch das vorhandene Verteilungssystem aus. In der Praxis kann ein Infrastruktur-Netzwerk aufgebaut werden, in dem mehrere Access Points platziert sind, die über ein Verteilungssystem miteinander verbunden werden. Die überlappenden Zellen der Access Points sorgen für eine flächendeckende Versorgung von Stationen, die sich innerhalb eines größeren Areals befinden können.

Portale

Ein BSS ist normalerweise innerhalb eines Gebäudes auf eine Ausdehnung von ungefähr 30 bis 50 Metern beschränkt; durch den Einsatz eines Access Points kann man die Ausdehnung einer Funkzelle erweitern und Entfernungen von bis zu 100 m erreichen. In diesem Fall bildet der Access Point das Zentrum des BSS, um das alle anderen Stationen angeordnet werden. Die Stationen stehen alle in Reichweite zum Access Point, jedoch müssen die Stationen untereinander nicht alle erreichbar sein. Der Datenaustausch erfolgt nicht direkt zwischen den Stationen, sondern grundsätzlich indirekt über den Access Point (siehe Abb. 2–3).

Der Infrastruktur-Netzwerkmodus ist die zweite Betriebsform, mit der man innerhalb eines WLANs konfrontiert werden kann. Soll ein Datenaustausch innerhalb eines Infrastruktur-Netzwerks realisiert werden, muss auf den WLAN-Stationen der Infrastruktur-Modus ausgewählt werden. Innerhalb eines Infrastruktur-Netzwerks wird es den Stationen ermöglicht, von Funkzelle zu Funkzelle zu wandern und mit dem jeweiligen Access Point in Verbindung zu treten, ohne dass der laufende Datenaustausch abbricht. Das Wandern zwischen den Funkzellen wird durch die so genannte Roaming-Funktion ermöglicht. Die Roaming-Funktion sorgt für einen automatischen Funkzellenwechsel, sobald sich eine Station von einem Access Point entfernt und sich in die Reichweite eines anderen Access Points begibt (siehe Abschnitt 2.3). Die Anwender können sich auf diese Weise während des Datenaus-

Infrastruktur-Netzwerk

tauschs frei im Raum bewegen, ohne den Kontakt zum drahtlosen Netzwerk zu verlieren, wie man es vom Mobilfunknetz her kennt.

Abb. 2–3
Über einen Access Point kann die Ausdehnung eines BSS vergrößert werden.

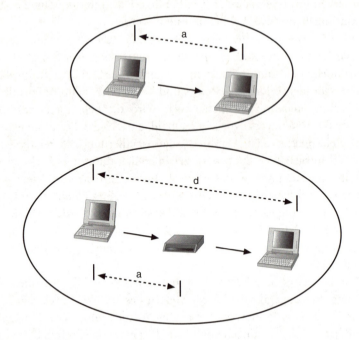

2.3   Roaming

Roaming

Die Fähigkeit einer Station, sich innerhalb eines Infrastruktur-Netzwerks zu bewegen, wird als Roaming bezeichnet. Beim Roaming durch das WLAN wechselt eine Station transparent den zuständigen Access Point respektive die Funkzelle. Die Funkverbindung zum WLAN ist permanent gewährleistet und bleibt auch bei Wechsel der Funkzelle bestehen, einzig und allein die Funkverbindung zu einem der vorhandenen Access Points muss sichergestellt sein.

Die Roaming-Funktion basiert auf dem Empfang so genannter Beacon-Frames (siehe Abschnitt 4.5.5), die ein Access Point in regelmäßigen Abständen aussendet, um das Vorhandensein seiner Funkzelle bekannt zu geben. Die WLAN-Stationen scannen wiederum in regelmäßigen Abständen alle Kanäle nach Beacon-Frames ab. Empfängt eine Station mehrere Beacon-Frames, die von unterschiedlichen Access Points desselben WLAN stammen, so entscheidet die Station anhand der Signalstärke, mit welchem Access Point sie bevorzugt in Verbindung treten sollte. Hierbei wird der Access Point bevorzugt, dessen Beacon-Frame mit der besten Signalqualität empfangen wurde, denn die Station kann davon ausgehen, dass sich dieser Access Point am nächsten zu ihr befindet und zu diesem Access Point die besten Sende- und Empfangsbedingungen vorliegen. Die Station wird automatisch einen Access-Point-Wechsel initiieren, sobald sich die Station von einem Access Point entfernt und sich in die Reichweite eines anderen Access Points begibt, ohne dass der Anwender etwas davon mitbekommt. Hierbei sollte der bestehende Datenaustausch nicht beeinflusst werden. Abbildung 2–4 zeigt den Wechsel zwischen zwei Access Points, nachdem eine Station ihren Standort wechselt.

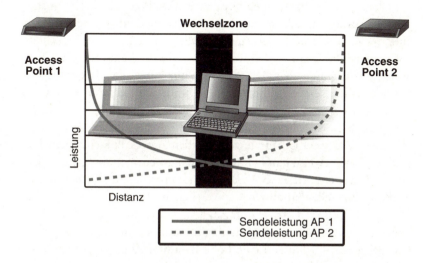

Abb. 2–4
Access-Point-Wechsel via Roaming

Der 802.11-Standard hält offen, wie das Roaming im Detail umgesetzt werden soll, sodass einige Hersteller eigene Wege bei der Umsetzung und besonders in der Optimierung verfolgen. So gibt es beispielsweise WLAN-Clients, die erst die Umgebung nach einem besser geeigneten Access Point scannen, falls der Empfangspegel eine gewisse Schwelle unterschritten hat oder die Verbindungsqualität selbst bei der Verwendung der niedrigsten Datenrate für eine fehlerfreie Datenübertragung zu schlecht wird. Andere Clients handeln hingegen präventiv, scannen also die Umgebung in regelmäßigen Abständen ab und kennen so immer alternative Access Points. Das hat den Vorteil, dass bei Bedarf das Roaming schneller vonstatten gehen kann, da nicht erst nach einem geeigneten Access Point gesucht werden muss. Einige Hersteller optimieren das Roaming, indem die Access Points den Clients mitteilen, welche Kanäle überhaupt im WLAN genutzt werden. Dann müssen die Clients nicht alle Kanäle, sondern lediglich die genutzten Kanäle abscannen, d.h., die jeweilige Scandauer wird wesentlich reduziert. Ebenfalls bieten einige Hersteller Konfigurationsmöglichkeiten

Roaming-Implementierung

für die Funkzellengröße, zum Beispiel die Festlegung zwischen Groß oder Klein. Über diese Konfiguration wird letztendlich die Signalschwelle definiert, ab wann ein Client roamen soll. Die Access Points teilen dazu den Clients die von der Konfiguration abhängige Signalschwelle mit.

Roaming-Initiierung   Bei den verschiedenen Produkten ist auch die Roaming-Initiierung unterschiedlich implementiert. Bei einigen Herstellern ist lediglich die Signalstärke oder Signalqualität ausschlaggebend, wohingegen andere Hersteller auch die Datenrate berücksichtigen. Letzteres bedeutet, dass ein Client erst versucht, einen besseren Access Point zu finden, anstatt seine Datenrate zu reduzieren, um zum derzeit genutzten Access Point eine fehlerfreie Datenübertragung sicherzustellen. Man verschiebt somit quasi die Roaming-Schwelle innerhalb der Funkzelle. Auf diese Weise soll verhindert werden, dass sich am Rand einer Funkzelle Clients aufhalten, die mit geringer Datenrate arbeiten und damit die Gesamtperformance einer Funkzelle reduzieren. Einige Hersteller gehen noch einen Schritt weiter, indem die Access Points den Clients mitteilen, wie viele Clients jeweils an den Access Points angemeldet sind. Auf diese Weise kann ein Client sich gegebenenfalls entscheiden, zu einem weiter entfernten Access Point zu roamen, um vielleicht eine größere Funkzellenbandbreite zur Verfügung zu haben.

Produktabhängiges Roaming-Verhalten   In zeitkritischen Anwendungsfällen, wie beispielsweise VoIP, in denen es auf geringe Latenzzeiten ankommt, oder in Anwendungsfällen, bei denen fortlaufend eine hohe Bandbreite benötigt wird, kann die Roaming-Implementierung für die Erzielung der gewünschten Performance entscheidend sein. So werben viele Hersteller mit ihrer Optimierung des Roaming-Verhaltens ihrer WLAN-Produkte. Hierbei ist zu berücksichtigen, dass alle zuvor dargestellten Roaming-Optimierungen in der Regel nur genutzt werden beziehungsweise zur Performanceverbesserung beitragen können, wenn in einem WLAN Access Points und Clients vom selben Hersteller verwendet werden. In einer heterogenen Umgebung mit Access Points und Clients unterschiedlicher Hersteller ist zu klären, inwieweit die Roaming-Optimierungen generell oder wenigstens noch teilweise greifen können.

802.11f   Weitere Roaming-Verzögerungen können entstehen, wenn die Access Points untereinander keine Informationen über eine gewanderte Station austauschen. Dieses Problem kam in der Vergangenheit besonders zum Tragen, wenn eine WLAN-Infrastruktur mit Access Points von unterschiedlichen Herstellern aufgebaut wurde. Abhilfe hiergegen bietet die 802.11f-Erweiterung, die das so genannte Inter Access Point Protocol (IAPP) definiert. Das IAPP bietet ein einheitliches Protokoll für die Kommunikation zwischen den Access Points, für

den Fall, dass eine Station von der Funkzelle eines Access Points zur
Funkzelle eines benachbarten Access Points wechselt. Das IAPP setzt
entweder auf TCP/IP oder UDP/IP auf.

Sobald eine Station in die Funkzelle eines anderen Access Points   *IAPP*
gewechselt und sich bei diesem assoziiert hat, informiert der neue
Access Point via IAPP den alten Access Point darüber, dass er jetzt für
die Datenübertragung dieser Station verantwortlich ist. Falls der alte
Access Point für die gewechselte Station noch Frames zwischengespeichert hat, wird er daraufhin die zwischengespeicherten Frames an den
neuen Access Point weiterleiten, damit dieser die Frames an die Station
schicken kann. Damit ein Access Point erkennen kann, an welchen
Access Point die Station zuvor assoziiert war, ist es wichtig, dass die
Station beim Roaming eine Reassoziierung durchführt. Eine Reassoziierung verläuft ähnlich wie eine normale Assoziierung (siehe Abschnitt
4.6.5). Der entscheidende Unterschied ist in diesem Fall, dass eine Station im Reassoziierungsframe die BSSID des alten Access Points mit
aussendet. Der neue Access Point erfährt auf diese Weise, an welchen
Access Point die Station zuvor assoziiert war. Über das IAPP kann der
Access Point dem alten Access Point mitteilen, dass er jetzt die Station
in seiner Funkzelle aufgenommen hat.

2.4   Datenadressierung

Die Daten, die über das WLAN übertragen werden, werden in kleine   *Basic Service Set*
Einheiten aufgeteilt, die als Datenframes oder Frames bezeichnet wer-   *Identification*
den. Innerhalb eines WLANs sind bei der Kommunikation und Adres-
sierung der Datenframes neben den MAC-Adressen der einzelnen Stationen die Adressen der BSS und der Netzwerknamen von großer
Bedeutung. Ein BSS wird über die Basic Service Set Identification
(BSSID) eindeutig identifiziert. Die BSSID ist 6 Byte lang und hat dasselbe Adressformat wie die IEEE-802.x-MAC-Adressen. In einem BSS,
in dem ein Access Point platziert ist, entspricht die BSSID der MAC-
Adresse des Access Points. In der Regel verfügt ein Access Point über
zwei MAC-Adressen, eine für das WLAN-Interface und eine für das
Ethernet-Interface. In diesem Fall entspricht die BSSID der MAC-
Adresse des WLAN-Interfaces. Ist innerhalb der BSS kein Access Point
vorhanden, so wird von einer Station innerhalb der BSS die BSSID
über eine Zufallszahl gebildet. Auf diese Weise soll sichergestellt werden, dass die BSSID eindeutig ist. Über die BSSID können die übertragenen Daten innerhalb einer Funkzelle eindeutig zugeordnet werden.
Die Datenframes werden gegebenenfalls verworfen, falls die BSSID des
Datenframes nicht mit der BSSID der Funkzelle übereinstimmt. Auf

diese Weise wird verhindert, dass Daten einer anderen Funkzelle irr-
tümlicherweise empfangen werden, falls sich Funkzellen überlappen,
die auf demselben Kanal arbeiten.

Service Set Identifier   Das gesamte WLAN, unabhängig davon, ob es sich um ein ESS
oder IBSS handelt, wird über den Service Set Identifier (SSID) identifiziert, der den Netzwerknamen eines WLAN darstellt. Die SSID kann
zwischen 0 und 32 Byte lang sein und wird als Netzwerknamen mit
einer maximalen Länge von 32 alphanumerischen Zeichen dargestellt.
Innerhalb eines Infrastruktur-Netzwerks erhalten alle Access Points,
die logisch zu einem WLAN gehören, dieselbe SSID (siehe Abschnitt
4.6.1). WLAN-Clients können anhand der SSID erkennen, ob ein in
der Reichweite befindlicher Access Point zum gesuchten WLAN
gehört. Über unterschiedliche SSIDs kann hingegen eine Segmentie-
rung eines WLANs oder logische Trennung durchgeführt werden. Dies
ist beispielsweise notwendig, wenn innerhalb eines Empfangsbereichs
mehrere WLANs unabhängig voneinander betrieben werden sollen. In
diesem Fall können die WLAN-Stationen mit einer festen SSID konfiguriert werden. Eine WLAN-Station sucht dann nach einem bestimmten WLAN, das durch die festgelegte SSID repräsentiert wird und tritt
nach dem Auffinden mit dem gesuchten WLAN in Verbindung.
Möchte man auf eine bestimmte Zuordnung der WLAN-Clients verzichten und grundsätzlich mit dem nächsten WLAN in Verbindung
treten, so wird auf den WLAN-Stationen keine feste SSID eingestellt.
Bei den meisten WLAN-Stationen ist in diesem Fall als SSID »Any«
eingetragen.

Maximalanzahl   Bei der Konzeption eines WLANs stellt sich immer die Frage, wie
WLAN-Stationen hoch die maximale Anzahl der WLAN-Stationen ist, die sich innerhalb
einer Funkzelle befinden können. Die logische Grenze der WLAN-Stationen liegt bei 2007, da ein Access Point maximal 2007 WLAN-Stationen verwalten kann (siehe Abschnitt 4.6.2). Diese Anzahl ist jedoch
nicht praxisrelevant, da das Funkmedium einer Funkzelle ein Shared
Media darstellt, dessen vorhandene Bandbreite sich auf die Anzahl der
WLAN-Stationen aufteilt. Demnach muss die maximale Anzahl der
WLAN-Stationen an den Nutzdaten festgemacht werden, die innerhalb des WLANs übertragen werden sollen. Wird ein WLAN ausschließlich für den drahtlosen Internetzugang genutzt, so verlagert sich
natürlich der Flaschenhals auf den Internetzugang, der heute in der
Regel eine maximale Bandbreite von 1 bis 6 MBit/s aufweist. Werden
hingegen Nutzdaten zwischen den WLAN-Stationen oder auf Server-
systeme übertragen, die sich innerhalb des Netzwerks befinden, so ist
die Bandbreitenanforderung weitaus höher. In diesem Fall sind eine
maximale Grenze von 20 bis 25 WLAN-Stationen innerhalb einer

Funkzelle eine realistische Größe. Sollte innerhalb eines Infrastruktur-Netzwerks die vorhandene Bandbreite nicht ausreichen, so sollten weitere Access Points innerhalb eines Empfangsbereichs platziert werden. Auf diese Weise können sich die WLAN-Stationen auf die Access Points aufteilen, damit sich die Anzahl der WLAN-Stationen innerhalb der Funkzellen reduziert. Gegebenenfalls können hierfür auf den Access Points und WLAN-Stationen unterschiedliche SSIDs vergeben werden, damit eine feste Aufteilung sichergestellt ist.

2.5   Drahtloser Internetzugang

Access Points, die als Wireless Gateway ausgeführt sind, bieten zusätzlich die Möglichkeit, für die WLAN-Stationen ihrer Funkzelle einen drahtlosen Internetzugang bereitzustellen. Ein Wireless Gateway ist ein Access Point, der zusätzlich über eine Routing-Funktion, DHCP (Dynamic Host Configuration Protocol) und NAT (Network Address Translation) verfügt. Des Weiteren muss für den Betrieb an ein DSL-Netz in Deutschland das Protokoll PPPoE (Point to Point Protocol over Ethernet) unterstützt werden und für Österreich PPTP (Point to Point Tunneling Protocol). Somit kann man eine Wireless Gateway direkt an ein DSL-Modem anschließen und den drahtlosen Zugang ins Internet realisieren. Die Routing-Funktion sorgt dafür, dass die Daten gegebenenfalls von der Funkzelle zum Internet oder in umgekehrter Richtung weitergeleitet werden können. DHCP ermöglicht eine automatische Zuteilung der IP-Adressen für die WLAN-Stationen, die sich innerhalb der Funkzelle des Wireless Gateways aufhalten. Zudem sorgt die NAT-Unterstützung dafür, dass die zugeteilte IP-Adresse des Internet-Providers auf die IP-Adressen der Wireless-Stationen abgebildet wird, so dass sich mehrere Wireless-Stationen innerhalb der Funkzelle aufhalten können, obwohl vom Internet-Provider nur eine IP-Adresse zugeteilt wurde. Des Weiteren schützt NAT die WLAN-Stationen vor Bedrohungen aus dem Internet, da die eigentlichen IP-Adressen versteckt werden und von der Seite des Internets nicht ersichtlich sind. Diese Form des Internetzugangs wird vorwiegend für kleinere Netzwerke im SoHo-Bereich (Small Office Home Office) oder Privatbereich umgesetzt (siehe Abb. 2–5).

Wireless Gateway

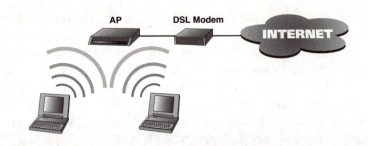

Abb. 2–5
Drahtloser
Internetzugang

> Die drahtlose Lösung für den Internetzugang ist heute auch für den Privat-
> bereich erschwinglich. Denn WLAN-Adapter nähern sich immer mehr dem
> Preisniveau der drahtgebundenen Fast-Ethernet-Adapter. Zudem entfallen
> notwendige Investitionen für eine Netzwerkverkabelung und die dazugehöri-
> gen Anschlussdosen, was zu einer zusätzlichen Preiskompensation beiträgt.
> Der Internetzugang lässt sich problemlos für die ganze Familie bereitstellen
> und lässt sich von jedem Zimmer aus nutzen.

2.6   Drahtlose Gebäudeanbindung

Gebäudeanbindung   Die Netzwerkverbindung zwischen zwei oder mehreren Gebäuden lässt sich mit der WLAN-Technologie ebenfalls kostengünstig realisieren, da hierbei laufende Betriebskosten für eine WAN-Verbindung in Form einer Stand- oder Wählleitung entfallen. Einzige Voraussetzung ist eine direkte Sichtverbindung zwischen den Gebäuden. Für die technische Umsetzung kommen Access Points zum Einsatz, die eine Bridging-Funktion oder Repeater-Funktion unterstützen. Access Points, die in diesen Betriebsmodus geschaltet sind, bilden keine normale Funkzelle, in der Clients aufgenommen werden, sondern leiten ausschließlich die Daten von Access Point zu Access Point weiter. Hierüber können entweder Verbindungen zwischen zwei Gebäuden (Point-to-Point-Verbindung) oder mehreren Gebäuden (Point-to-Multipoint-Verbindung) umgesetzt werden. Müssen hierbei größere Distanzen überbrückt werden, so kommen zusätzlich spezielle Antennen, in der Regel Richtfunkantennen, zum Einsatz (siehe Kap. 5). Reichweiten von 300 m bis 1000 m können mit einfachen Antennenlösungen überbrückt werden. Es gibt zudem spezielle Antennenlösungen, mit denen sogar Distanzen von mehreren Kilometern erzielt werden können. Abbildung 2–6 zeigt eine Point-to-Point-Verbindung zwischen zwei Gebäuden.

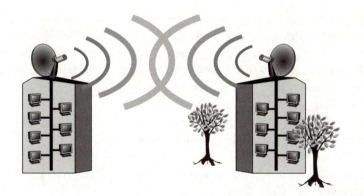

Abb. 2–6
Point-to-Point-
Verbindung

In Abbildung 2–7 ist eine Point-to-Multipoint-Verbindung dargestellt, mit der eine Netzwerkanbindung zwischen drei oder mehreren Gebäuden möglich ist.

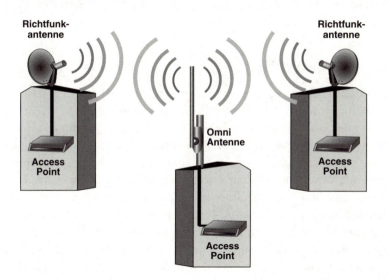

Abb. 2–7
Point-to-Multipoint-
Verbindung

Es gibt Hersteller, die für die Umsetzung der Point-to-Point- oder Point-to-Multipoint-Verbindungen Access Points anbieten, die über zwei unabhängige WLAN-Interfaces verfügen. Die beiden Interfaces sind in diesem Fall über eine interne Bridging-Funktion gekoppelt, so dass die Daten zwischen den beiden Wireless-Interfaces weitergeleitet werden können. Idealerweise arbeiten die beiden Interfaces des Access Points auf unterschiedlichen Kanälen, damit eine Beeinflussung der beiden Interfaces vermieden wird. Diese Lösung entspricht der Bridging-Funktion.   *Bridging-Funktion*

   Ein alternativer Lösungsansatz sind Access Points, die ausschließlich über ein WLAN-Interface verfügen. Hierbei werden die Daten-   *Repeater-Funktion*

frames erst komplett eingelesen, an den nächsten Access Point umadressiert und danach ausgesendet. Dieses Verfahren entspricht der Repeater-Funktion. Bei dem Repeater-Modus entstehen natürlich Latenzzeiten, woraus sich logische Grenzen in der Anzahl der Access Points ergeben, die quasi hintereinander geschaltet werden können, um größere Distanzen zu überbrücken. Die meisten Hersteller dieser Access-Point-Lösungen geben die maximale Anzahl von Access Points, die hintereinander geschaltet werden können, mit sechs an.

Bei der Repeater-Funktion muss man allerdings berücksichtigen, dass diese in der Regel nur genutzt werden kann, falls man auf Access Points eines Herstellers zurückgreift.

Innerhalb geschlossener Gebäude kann die Briding-Funktion oder Repeater-Funktion auch dazu genutzt werden, ein Wireless Distribution System aufzubauen. Die Access Points werden hierbei quasi hintereinander geschaltet, wodurch größere Distanzen drahtlos überbrückt werden können.

2.7   Mesh-WLANs

Mesh-WLANs
Die 802.11s-Arbeitsgruppe arbeitet derzeit an einer neuen Netzwerkform, die als Mesh-WLAN bezeichnet wird. Durch die 802.11s-Erweiterung soll ein Wireless Distribution System (WDS) endgültig realisierbar werden und dadurch zwischen den Access Points ebenfalls ein drahtloser Datenaustausch. Eine drahtlose Vernetzung mehrerer Gebäude kann so ermöglicht werden oder die Investitionskosten einer herkömmlichen WLAN-Infrastruktur können deutlich reduziert werden, indem man in einer WLAN-Installation auf die bisher notwendige Ethernet-Verkabelung von Access Points verzichten kann. Bei dem Mesh-WLAN kommen drei neue Stationsformen zum Tragen, so genannte Mesh Access Points (MAPs), Mesh Points (MPs) und Mesh Portals (MPPs). Die MAPs verhalten sich gegenüber den WLAN-Clients erst einmal wie ein herkömmlicher Access Point, dienen also als Zugangspunkt zum Netzwerk. Des Weiteren bieten die MAPs den drahtlosen Datenaustausch zu anderen MAPs, MPs oder MPPs. MAPs verfügen über zwei WLAN-Interfaces, die entweder im selben Frequenzband arbeiten oder in unterschiedlichen Frequenzbändern. Die MPs bieten aber keinen Zugangspunkt für die WLAN-Stationen, sie erlauben lediglich einen Datenaustausch zu anderen MPs, MAPs und MPPs. MPs dienen demnach für die Erhöhung der Mesh-WLAN-Ausdehnung. MPPs haben eine vergleichbare Funktion wie das bereits im 802.11-Grundstandard beschriebene Portal, das eine Gateway-Funktion bietet und eine Verbindung zu einem Nicht-802.11-Netzwerk

oder einem anderen Mesh-WLAN bereitstellen kann. Innerhalb eines Mesh-WLANs können ein oder mehrere Mesh-Portale vorhanden sein. Abbildung 2–8 zeigt den typischen Aufbau eines Mesh-WLANs. Für die Verbindungen zwischen den MAPs, MPs und MPPs zeichnet sich vornehmlich das 5-GHz-Frequenzband aus, da es mehr unabhängige Kanäle zur Verfügung stellt als das schon weit genutzte und ausgelastete 2,4-GHz-Frequenzband.

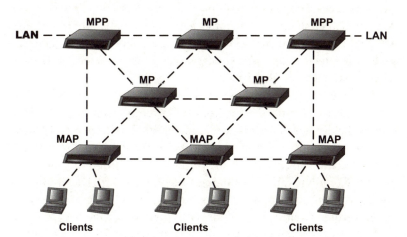

Abb. 2–8

802.11s-Mesh-WLAN

Die 802.11s-Arbeitsgruppe geht momentan von einer Mesh-WLAN-Größe mit 32 Mesh-Knoten aus. Ein Mesh-Netzwerk zeichnet sich generell durch mehrere Verbindungsknoten aus, die untereinander redundante Verbindungswege bereitstellen. Demnach muss die 802.11s-Arbeitsgruppe für den Datenaustausch einen geeigneten Routing-Algorithmus entwickeln, der sicherstellt, dass der Datenaustausch immer über die günstigste Verbindungsstrecke erfolgt. Diese zeichnet sich aus durch die größte Bandbreite, geringe Anzahl von Übertragungsfehlern und die kleinste Latenzzeit, also die Verbindungsstrecke mit der geringsten Anzahl von Verbindungsknoten. Das Routing soll auf der MAC-Ebene erfolgen und für die WLAN-Stationen sowie die höheren Protokollschichten transparent sein.

Routing-Algorithmus

Nach den Vorstellungen der 802.11s-Arbeitsgruppe soll sich ein Mesh-WLAN eigenständig verwalten beziehungsweise aufbauen. Dazu sollen die Mesh-Knoten eigenständig ihre Nachbarknoten ermitteln, eine Kanalwahl durchführen und entsprechende Verbindungen zu den Nachbarknoten aufbauen. Die Anpassung soll dynamisch durch automatisch vorgenommene Änderungen erfolgen, falls ein Mesh-Knoten ausfällt oder wieder zur Verfügung steht. Hierzu senden alle Mesh-Knoten in regelmäßigen Abständen Informationen aus, anhand derer

Mesh-Verwaltung

die benachbarten Mesh-Knoten die Existenz des Nachbarknotens in Erfahrung bringen können. Auf Basis des Informationsaustausches soll das Mesh-WLAN gebildet und das Routing optimiert werden.

2.8   Hotspots

Hotspots

Immer wichtiger werden drahtlose Internetzugänge für Anwender, die viel unterwegs sind, da so die unproduktiven Auszeiten reduziert werden können. Deshalb werden auf vielen Flughäfen, Bahnhöfen, Hotels, Kongresszentren und Messegeländen so genannte Hotspots bereitgestellt, die einen drahtlosen Zugang ins Internet oder individuelle Dienstleistungen gewährleisten.

E-Garten®.Net

Bekannteste Pilotprojekte für Hotspots sind der Münchner Flughafen und der Hotspot im Englischen Garten in München. Der Hotspot im Englischen Garten ist seit Sommer 2002 in Betrieb und ermöglicht den drahtlosen Internetzugang bei einer deftigen Brotzeit und einer frischen Maß, wodurch die bayerische Tradition mit moderner mobiler Kommunikationstechnologie verbunden wird. Dieser Hotspot wurde von einigen Sponsoren als so genanntes E-Garten®.Net ins Leben gerufen (weitere Infos unter: http://www.e-garten.net). Ziel dieses Pilotprojektes war es primär, die Akzeptanz der WLAN-Technik zu fördern und Möglichkeiten, auch außerhalb des Büros das Internet für geschäftliche und private Zwecke zu nutzen, zu propagieren. Zielgruppe hierbei sind vornehmlich Außendienstmitarbeiter, Freiberufler, Geschäftsreisende, Spielbegeisterte, Studenten und Touristen. Die Nutzungsgebühr für den Internetzugang beträgt zur Zeit 2 Euro pro Stunde. Zudem sind verschiedene Dienste wie Anwender-Foren, diverse Chat-Räume, Newsletter oder der Zugang auf Webseiten der Sponsoren kostenfrei. Die technische Umsetzung erfolgt über zwei 802.11b Access Points, die über eine 1,5 MBit/s Standleitung miteinander verbunden sind. Ein Access Point ist am Chinesischen Turm platziert und deckt in etwa 75 % der Biergartenfläche ab. Der zweite Access Point ist am Seehaus installiert und deckt 50 % der Biergartenfläche ab. Der Internetzugang erfolgt über einen DSL-Zugang am Chinesischen Turm mit 2,3 MBit/s Downstream und 192 kBit/s Upstream. Auch wenn das E-Garten.Net-Projekt auf dem ersten Blick eher einen spielerischen Charakter aufweist, wird dieses Projekt sicherlich zukunftsweisend sein und den Ansporn für weitere öffentliche Hotspot-Projekte liefern.

Hotspot Münchner Flughafen

Unumstritten ist die Hotspot-Lösung am Münchner Flughafen, die von September 2001 bis Anfang 2003 als Pilotprojekt gefahren wurde und bis zu dieser Zeit den kostenlosen Internetzugang gewährleistet hat. Bei dieser Hotspot-Lösung sind besonders die Geschäftsreisenden angesprochen, die nun ihre Wartezeiten am Flughafen sinnvoll nutzen können, um aktuelle Informationen wie beispielsweise E-Mails abzurufen. Mit Beendigung der Pilotphase hat der Betreiber des Münchner Flughafens die bestehende Infrastruktur des Hotspots an verschiedene Provider vermietet, die jetzt den Internetzugang kommerziell vermarkten. Hierbei handelt es sich um die Provider Monzoom, Swisscom und T-Mobile, die heute den Internetzugang für eine Nutzungsgebühr ab 8 Euro pro Stunde anbieten. WLAN ist jedoch am Münchner Flughafen nicht neu, sondern wird seit 1999 für operative Anwendungen wie beispielsweise die Steuerung der Busse für Passagier-, Crew-, Hotel- und Personalfahrten, der Enteisungsflotte, der Frischwasserversorgung und des Gepäckdienstes genutzt. Hierfür wird der gesamte Außenbereich von 1500 Hektar Fläche mit einer 802.11b-WLAN-Infrastruktur durch mehrere Access Points versorgt. Für die Hotspot-Lösung wurde im Terminal 1 eine weitere WLAN-Infrastruktur errichtet, die für die öffentliche Nutzung bestimmt ist. Für die Hotspot-Lösung werden von der Flughafen München GmbH Mechanismen für die Steuerung des Internetzugangs und ein Bandbreitenmanagement bereitgestellt, sodass für eine gleichmäßige Verteilung der verfügbaren Bandbreite gesorgt werden kann. Zudem werden Zugangszeiten und die genutzte Bandbreite protokolliert. Die gewonnenen Informationen lassen sich von den Providern für die Rechnungserstellung oder für statistische Zwecke nutzen.

Seit neuestem gibt es auch mobile Hotspots. So bietet beispielsweise die Deutsche Bahn AG in Kooperation mit T-Mobile den drahtlosen Internetzugang im ICE an. Über diese mobilen Hotspots können Bahnreisende während der Fahrt auf das Internet zugreifen. Innerhalb des ICEs erfolgt der Zugang über WLAN, und für die Verbindung zum Internet wird eine Verbindung via UMTS genutzt, wobei zur Bandbreitenerhöhung mehrere UMTS-Kanäle gebündelt werden. Es handelt sich derzeit noch um eine Testphase, die in sieben ICEs getestet wird und nur auf dem Streckenabschnitt Dortmund-Duisburg-Köln genutzt werden kann. Es ist jedoch davon auszugehen, dass die Testphase erfolgreich abgeschlossen wird und die mobilen Hotspots in Kürze im gesamten ICE-Fernverkehrsnetz der Deutschen Bahn AG verfügbar sein werden.

Hotspots im ICE

Auch einige Fluggesellschaften bieten mittlerweile Hotspots in ihren Langstreckenflugzeugen an. Innerhalb der Flugkabine erfolgt der Internetzugang über WLAN, wobei für die Anbindung an das Internet speziell konstruierte Sende-/Empfangsanlagen genutzt werden, die über ausrichtbare Parabolantennen fortlaufend den Kontakt zu einem

Hotspots in Langstreckenflugzeugen

Satellitennetz aufrechterhalten. Hierfür wird die Antenne der Sende-/Empfangsanlage abhängig von der Flugzeugposition und dem jeweils genutzten Satelliten automatisch nachgeführt.

Hotspot-Zugang   Für die Zugangsfreigabe der Hotspots gibt es allgemein verschiedene Ansätze. In der Regel erhält der Hotspot-Nutzer beim ersten Zugriff in seinem Browser eine grafische Oberfläche. Über diese Oberfläche hat der Anwender die Möglichkeit, sich für den Internetzugang anzumelden oder auf kostenfreie interne Dienstleistungen des Anbieters zuzugreifen. Der Internetzugang kann durch einen Zugangscode freigeschaltet werden, der für eine bestimmte Gebühr erhältlich ist und einen Internetzugang für eine bestimmte Dauer ermöglicht. Der am weitesten verbreitete Weg für die Verteilung des Zugangscodes ist eine Pre-Paid-Karte (Voucher). Berechtigt die Pre-Paid-Karte zu einem einmaligen Zugang für eine kurze Dauer, wird nach dem erstmaligen Login der Zugangscode gelöscht, so dass ein wiederholtes Einloggen nicht möglich ist. Mit dem ersten Login wird die Zeit auf Null runtergezählt und bei Erreichen der Null der Zugang wieder gesperrt. Diese Lösung wird vorwiegend bei Hotspot-Lösungen auf Flughäfen angewendet, bei denen die Reisenden nur einmalig für eine kurze Dauer, zum Beispiel für die Wartezeit von einer Stunde, auf das Internet zugreifen sollen. Bei Pre-Paid-Karten, die für eine längere Zeitdauer gültig sind, wie beispielsweise 24 Stunden, wird der Zugangscode der Pre-Paid-Karte 24 Stunden nach dem erstmaligen Einloggen gelöscht. Dieses Verfahren wird üblicherweise in Hotspot-Lösungen für Hotels angewendet. Neben der Verteilung des Zugangscodes über Pre-Paid-Karten gibt es auch Lösungen, bei denen der Zugangscode über das Handy abgefragt werden kann. Dazu erhält der Hotspot-Nutzer auf Abruf eine SMS-Nachricht, in der der Zugangscode enthalten ist. Die anfallende Gebühr wird dann auf der nächsten Handyrechnung aufgelistet. Dieses Verfahren wird beispielsweise von dem Hotspot-Provider T-Mobile am Münchner Flughafen angewendet.

Client-Konfiguration   Wichtigste Grundlage für öffentliche Hotspots ist der möglichst unproblematische Internetzugang für die Hotspot-Nutzer. Demnach muss ein Hotspot so ausgelegt sein, dass eine Vielzahl von unterschiedlich konfigurierten WLAN-Stationen auf den Hotspot zugreifen kann. Änderungen an der Konfiguration, wie beispielsweise der IP-Adresse, oder die Notwendigkeit spezieller Client-Software, sind für einen öffentlichen Hotspot nicht akzeptabel und würden potenzielle Nutzer nur abschrecken. Denn eine Vielzahl der Nutzer verfügen nicht über die notwendigen Kenntnisse oder Rechte, um auf ihren mobilen Stationen Konfigurationsänderungen vorzunehmen. Im Idealfall sollte des-

halb ein Hotspot ohne jegliche Konfigurationsvorgaben oder zusätzliche Clientsoftware auf den WLAN-Stationen auskommen.

Ebenfalls ist Roaming ein Thema für Hotspots, hierunter wird ein *Greenspot*
Wandern zwischen unterschiedlichen Hotspot-Anbietern verstanden.
Dies erfordert zum einen einheitliche Standards für den Hotspot-
Zugang und zum anderen ein anbieterübergreifendes Verfahren für
die Abrechnung der Nutzungsgebühren. Entsprechende Initiativen von
Wireless Internetprovidern und technischen Ausrüstern wurden bereits
ins Leben gerufen. So hat beispielsweise der Verband der deutschen
Internetwirtschaft, eco Forum e.V. (www.eco.de) die Norm Greenspot
für das Roaming in öffentlichen Hotspots veröffentlicht. Mit diesem
neuen Roaming-Standard soll die Abrechnung zwischen unterschiedlichen Betreibern von WLAN-Hotspots zukünftig einheitlich und ver-
bindlich geregelt werden. Für den Hotspot-Nutzer bedeutet dies, dass
er in jedem Hotspot den Zugang zum mobilen Internet nutzen kann
und die Nutzungskosten hierfür einheitlich auf der monatlichen Rechnung seines Hotspot-Anbieters wiederfindet. Der Hotspot-Nutzer
muss also nur einen Vertrag über WLAN-Roaming mit seinem Hotspot-Anbieter abschließen und kann dann von jedem Hotspot aus, der
dem Greenspot-Standard entspricht, ins Internet gehen. Der Greenspot-Standard soll somit das heutige Wirrwarr mit verschiedenen Ver-
trägen, Prepaid-Karten, Vouchers, wechselnden Geschäftsbedingun-
gen und dem unübersichtlichen Tarifdschungel im WLAN-Hotspot-
Bereich ein Ende setzen. Bei Greenspot fungiert der eco-Verband als
zentrale Clearingstelle für die kundenspezifische Abrechnung zwischen
den verschiedenen Hotspot-Anbietern. Das eco-Clearinghouse sorgt
dafür, dass alle Beteiligten zu ihrem Geld kommen, ohne dass der Hotspot-Nutzer weitere Vertragsverhältnisse über den Vertrag mit seinem
Hotspot-Anbieter hinausgehend eingehen muss. Die Greenspot-Initia-
tive ist besonders für kleine Hotspot-Anbieter interessant, mit deren
Hilfe ein gemeinsames und standortübergreifendes Abrechnungssys-
tem etabliert wird, wie es sonst nur die großen WLAN-Internet-Ser-
vice-Provider, wie beispielsweise T-Mobile, vorweisen können. Der
Eco-Verband hat die neue Norm zunächst in Deutschland und Österreich eingeführt und ist jetzt dabei, auch das grenzübergreifende Roaming in Europa umzusetzen.

2.9   Mobile IP

Protokolltransparenz   Beim Einsatz eines Wireless LAN ist man nicht an ein bestimmtes Protokoll in Netzwerk- oder Transportschicht des OSI-Modells gebunden. Die Wireless-Netzwerkadapter sind OSI-Geräte der Schicht 2 – dementsprechend lassen sie sich wie alle anderen Netzwerkadapter in das System einbinden. Der Access Point ist ebenfalls ein Schicht-2-Gerät, vergleichbar einer Bridge: Sie kann zwei Netzwerke mit verschiedenen physischen Schichten miteinander verbinden. Das WLAN ist also vollkommen protokolltransparent, genau wie Ethernet. Vereinfacht heißt das: Probleme mit Netzwerkprotokollen sollten beim Einsatz eines drahtlosen Netzwerks nicht auftreten, jedenfalls solange es sich um gängige Protokolle wie TCP/IP, IPX/SPX, NetBEUI oder AppleTalk handelt. Darüber hinaus ist man bei Access Points einiger Hersteller sogar in der Lage, ungewollte Protokolle bis in Schicht 3 des OSI-Modells auszufiltern. Beschränkt man sich auf ein bestimmtes Protokoll, so kann dies zur Bandbreitenentlastung im WLAN beitragen. So lassen sich etwa am Access Point alle unerwünschten Protokolle einfach ausfiltern – so dass zum Beispiel nur noch IP am Access-Point-Filter vorbeikommt und ins WLAN gelangt.

Bit Error Rate   Wie sich die Protokolle im Einzelnen in einem drahtlosen Netzwerk verhalten, birgt trotzdem einige mögliche Fallstricke, etwa bei Netzwerk-Timeouts und Ähnlichem. Für TCP/IP gibt es dazu bereits entsprechende Untersuchungen. Ausschlaggebende Faktoren hierbei sind die höhere BER (Bit Error Rate) und die größeren Verzögerungen der drahtlosen Netzwerkverbindung. Die zur Übertragung benötigte Zeit ist einfach länger als die im kabelgebundenen LAN. Hat beispielsweise ein einfacher Ping in der Regel eine Round Trip Time von weniger als einer Millisekunde im kabelgebundenen LAN, so liegt sie im WLAN schon bei bis zu vier Millisekunden. Anwendungen, die kritisch auf ein erhöhtes Delay reagieren, können unter Umständen Probleme bereiten (siehe Abschnitt 7.6.1).

IP-Subnetz   Das in Abschnitt 2.3 beschriebene Roaming-Verfahren spielt sich ausschließlich auf den unteren Layern ab und berücksichtigt nicht die höheren Protokolle. Die höheren Protokolle erfordern gegebenenfalls besondere Verfahren, um einen Funkzellenwechsel der WLAN-Stationen zu ermöglichen. Betreibt man ein Netzwerk auf Basis von TCP/IP, so hat jede Station im Netz eine eindeutige IP-Adresse und ist damit natürlich auch auf das entsprechende IP-Subnetz festgelegt. Diese Tatsache macht es prinzipiell unmöglich, sich mit dem Wechsel der Funkzelle gleichzeitig auch in ein anderes IP-Netzwerk zu bewegen – eine Neukonfiguration der IP-Adresse wäre unumgänglich. Dies wäre jedoch für eine Vielzahl der Anwender unzumutbar, demnach ist ein Mechanismus notwendig, bei dem auf Protokollebene der Wechsel in eine andere Zelle erkannt wird und der Protokoll-Stack darauf selbstständig reagiert. Des Weiteren können durch einen Wechsel des IP-Subnetzes Probleme für die Routing-Funktion hervorgerufen werden. Bestehende Routing-Topologien verlieren ihre Gültigkeit und IP-Datagramme erreichen ihre Zielstation nicht. Demnach müssten die Routing-Topologien ebenfalls automatisch angepasst werden, sobald eine WLAN-Station die Funkzelle wechselt. Die einfachste Lösung wäre es natürlich, auf die Unterteilung in IP-Subnetze zu verzichten und das gesamte WLAN innerhalb eines Subnetzes zu betreiben. Beim Roaming würden sich die WLAN-Stationen dann grundsätzlich im selben IP-Subnetz befinden. Auf diese Weise verzichtet man natürlich auf eine Unterteilung des WLAN in verschiedene Subnetze. Dies würde jedoch dazu führen, dass das WLAN durch Broadcast- und Multicast-Pakete stark belastet wäre, da diese Pakete in alle Funkzellen weitergeleitet werden. Die fehlende Bildung von IP-Subnetzen kann somit, bei der vorhandenen Bandbreite eines WLAN, schnell zu Performance-Problemen führen. Deshalb ist es in größeren Netzwerkinstallationen Usus, das gesamte WLAN in verschiedene IP-Subnetze aufzuteilen, die jeweils über einen Access Point abgedeckt werden. Dies führt wiederum zu einem Dilemma: Das Internet Protocol (IPv4) ist für eine statische Netzwerktopologie ausgelegt, in der die Stationen eine feste Lokation beibehalten. Bei Nutzung des IPv4 verliert eine Station ihre bestehenden Verbindungen, wenn die IP-Adresse der Station gewechselt wird. Ändert sich dagegen das IP-Subnetz ohne Anpassung der IP-Adresse, versagt das Routing, und man ist weder erreichbar, noch kann man selbst Verbindungen zu einer anderen Station aufbauen.

Die Lösung für die Umgehung der IPv4-Problematik heißt Mobile IP. Mobile IP wurde von der Internet Engineering Task Force (IETF) entwickelt und 1996 als Proposed Standard veröffentlicht. Bei Mobile IP handelt es sich um ein Protokoll, das auf der Netzwerkschicht angesiedelt ist und es mobilen Stationen ermöglicht, die Lokalität zu ändern, ohne dass Applikationen neu gestartet oder die Kommunikation zu anderen Systemen unterbrochen wird. Mobile IP gestattet es dem Anwender, sich unter Beibehaltung seiner IP-Adresse im Netzwerk zu bewegen. Es setzt auf dem Internet Protocol auf und erweitert das IP in Hinblick auf Mobilität.

Mobile IP

2.9.1 Mobile IP-Architektur

Mobile IP-Architektur Die Mobile IP-Architektur definiert drei Instanzen: den Home Agent (HA), den Foreign Agent (FA) und den Mobile Node (MN). Als Mobile Node wird eine Station verstanden, die ihre Position verändern kann und dabei ihre laufende Kommunikation aufrechterhalten kann, wobei sie ihre eindeutige IP-Adresse beibehält. Ein Home Agent ist ein Router, der eine Schnittstelle zum Heimatnetz des Mobile Node hat. Der Home Agent wird vom Mobile Node ständig über dessen aktuellen Standort informiert, empfängt die an den Mobile Node adressierten Daten und leitet diese zum Node weiter. Unter einem Foreign Agent versteht man einen Router, der in einem fremden Subnetz platziert ist, Daten an den Mobile Node weiterleitet und als Default-Router für IP-Datagramme dient. Foreign Agent und Home Agent zusammen sorgen dafür, dass sich der Mobile Node im Netzwerk bewegen kann, ohne dabei seine IP-Adresse wechseln zu müssen. Nach wie vor identifiziert die eindeutige und permanente IP-Adresse den Mobile Node und damit auch sein Heimnetzwerk. Das normale IP-Routing liefert jedes an den Mobile Node adressierte IP-Datagramm auch im zugehörigen Heimnetzwerk ab.

Home Agent Ist der Mobile Node unterwegs, sorgt der im Heimnetzwerk betriebene Home Agent durch Umleitung der Daten dafür, dass der Mobile Node die für ihn bestimmten Daten erhält. Der Mobile Node informiert dazu den Home Agent permanent über seinen momentanen Aufenthaltsort im Netzwerk, sprich das IP-Subnetz, in dem er momentan betrieben wird. Befindet sich der Mobile Node in einem anderen IP-Subnetz, ist der Foreign Agent unverzichtbar: Im fremden Subnetz nutzt der Mobile Node den dort aktiven Foreign Agent, um sich entsprechend bei seinem Home Agent zu registrieren und ihn über seinen Aufenthaltsort zu unterrichten.

Agent Discovery Unter dem Begriff Agent Discovery versteht man einen Prozess, über den ein Mobile Node bestimmen kann, ob er sich im Heimatnetz oder in einem fremden Subnetz aufhält oder sich seit der letzten Registrierung in ein anderes Subnetz bewegt hat. Das Agent Discovery basiert auf zwei Nachrichten, dem so genannten Agent Advertisement und dem Agent Solicitation. Die Agent Advertisements werden in regelmäßigen Abständen von den Foreign-Agenten und Home-Agenten als Broadcasts oder Multicasts ausgesendet, um ihren Dienst den Mobile Nodes anzubieten. Über diese Nachrichten kann ein Mobile Node feststellen, ob er sich im Heimatnetz oder in einem fremden Subnetz aufhält und welcher Agent präsent ist, um seine Adresse zu identifizieren. Über ein Agent Solicitation kann ein Mobile Node die Agenten dazu auffordern, eine Agent-Advertisement-Nachricht auszusenden, falls dieser nicht auf die nächste Agent-Advertisement-Nachricht warten möchte.

Da die Agent-Advertisement-Nachrichten in bestimmten Abständen ausgesendet werden, kann ein Mobile Node davon ausgehen, dass er seine Lokation verändert hat, falls er über einen bestimmten Zeitraum kein Agent Advertisement vom selben Agenten erhält. Stellt ein Mobile Node fest, dass er sich in einem fremden Subnetz befindet, so registriert er sich beim entsprechenden Home-Agenten. Nach erfolgreicher Registrierung fängt der Home Agent für den Mobile Node ankommende Daten ab und verpackt diese wiederum in IP-Datagramme. Dieser Vorgang wird als IPIP-Encapsulation oder auch Tunneling bezeichnet. Man baut einen Tunnel auf, da die Router nur Adressen im Header des äußeren IP-Datagramms beachten, der Inhalt aber keine Rolle spielt. Es passiert also nichts anderes, als dass ein IP-Datagramm in ein neues Datagramm unter Vergabe eines neuen IP-Headers eingepackt wird. Der Vorgang ist vergleichbar mit dem Überkleben der Adresse eines Briefs mit einer neuen Adresse, nachdem jemand umgezogen ist. Die neue Adresse ist im Fall von Mobile IP dann die des Foreign Agent, der ja durch die Registrierung des Mobile Node dem Home Agent mitgeteilt wurde. Nach Empfang des IP-Datagramms durch den Foreign Agent packt dieser das enthaltene IP-Datagramm aus und liefert es an den in seinem lokalen Netzwerk befindlichen Mobile Node aus (siehe Abb. 2–9).

Agent-Advertisement-Nachricht

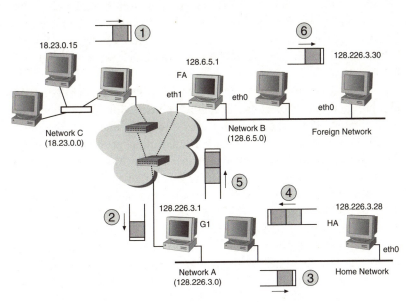

Abb. 2–9
Umleitung der Daten über Mobile IP

Care-of-Address   Für die Umsetzung der Mobile-IP-Adressierung besitzt ein Mobile Node zwei Adressen, die Heimatadresse und die so genannte Care-of-Address. Die Heimatadresse entspricht der IP-Adresse, unter der der Mobile Node den anderen Stationen bekannt ist. Die Heimatadresse ist der Mobile Station permanent zugeordnet und bleibt auch dann bestehen, wenn der Mobile Node sich in ein anderes Subnetz bewegt. Die Care-of-Address ist die IP-Adresse, die temporär von Mobile Node verwendet wird, wenn dieser ein anderes Subnetz besucht. Sie ist vom jeweiligen fremden Netz abhängig und verändert sich grundsätzlich, sobald der Mobile Node ein anderes Subnetz besucht. Die Care-of-Address definiert letztendlich die momentane Lokation des Mobile Node und entspricht der IP-Adresse, zu der die an den Mobile Node adressierten Daten verschickt werden.

Die Care-of-Address wird dem Mobile Node in der Regel über DHCP (Dynamic Host Configuration Protocol) zugeteilt, sobald er sich in einem neuen Subnetz befindet. Alle Datagramme werden durch das Tunneling mit einem zusätzlichen Header versehen, in dem die Care-of-Address als Zieladresse eingetragen ist und mit der die Daten letztendlich zur Zielstation gelangen können.

2.9.2   Routing

Routing   Grundsätzlich spricht die einfache Integration des Ansatzes für die Verwendung von Mobile IP. Der geringe Verkehr zur Aktualisierung des momentanen Aufenthaltsorts erzeugt ein wenig zusätzliche Last für Stationen, Heimnetzwerk und besuchtes Subnetz. Probleme gibt es allerdings beim Routing, die durch spezielle Routing-Prozeduren behoben werden müssen, sobald die Stationen sich nicht mehr im Heimatnetz befinden.

Ein Router im Heimatnetz des Mobile Node (in der Regel der Home Agent) signalisiert die Erreichbarkeit des Mobile Node, worauf er die Daten erhält, die er darauf über das Tunneling umleiten muss. Da für den Mobile Node bestimme Datagramme grundsätzlich zuerst das heimische Netzwerk und damit den Home Agent erreichen, der wiederum die Datagramme an Foreign Agent und Mobile Node ausliefert, entsteht eine Dreieckskommunikation mit nicht optimalem Routing. Weiterhin haben die erhöhten Laufzeiten negativen Einfluss auf die Flusskontrollmechanismen (beispielsweise Window Flow Control oder Retransmission Timeout bei TCP). Durch den Tunnel- oder Encapsulation-Prozess entsteht zwar keine weitere große Verzögerung, man ist aber auf den Home Agent angewiesen – treten im heimischen

Netzwerk Probleme auf oder fällt ein Router aus, kann man auch im
besuchten Netzwerk nicht mehr kommunizieren.

Ein weiteres schwerwiegendes Problem besteht in der Router-Kon- *Ingress Filtering*
figuration. Vom Mobile Node ausgehender Verkehr muss nicht über
den Foreign Agent getunnelt und an den Home Agent ausgeliefert werden. Die Station kann direkt aus dem besuchten Netzwerk Verbindungen zu anderen Stationen aufbauen – jedoch unter Umständen nicht
mehr zu anderen Stationen in seinem eigenen Netzwerk. Denn der
Router am Eingang zum Heimnetzwerk ist möglicherweise so konfiguriert, dass er Datagramme mit Quelladressen aus dem Heimnetzwerk
nicht in das LAN hineinlässt. Dies wird als Ingress Filtering bezeichnet
und beeinträchtigt unter Umständen die Funktionsweise von Mobile
IP. Ingress Filtering wird heutzutage oft aus Sicherheitsgründen eingesetzt, um IP-Address-Spoofing, Port-Scans und andere denkbare
Angriffe auf das Netzwerk zu verhindern. Entsprechend müsste der
Router umkonfiguriert werden, damit er zumindest die IP-Adresse
eines Mobile Nodes durchlässt. Eine weitere Lösung stellt das so
genannte Reverse Tunneling dar. Beim Reverse Tunneling wird den
Stationen, die sich in einem fremden Subnetz befinden, die Möglichkeit eingeräumt, selbstgenerierte Pakete unter der Verwendung der
topologisch korrekten Care-of-Address als Quelladresse an den
Home-Agenten zurückzutunneln. Der Home Agent routet die Pakete
dann in Richtung der Zieladresse weiter, so dass alle vom Mobile
Node gesendeten Datagramme vom Heimatnetz aus dem korrespondierenden Knoten zugestellt werden können.

Für kleinere WLAN-Lösungen sollte auf jeden Fall auf die Notwendigkeit von
Mobile-IP verzichtet werden. Dies wird ermöglicht, wenn das WLAN über ein
IP-Subnetz abgebildet wird. Bei einem Class-C-Netz (Adressenbereich
192.0.0.0 bis 223.255.255.0), das innerhalb eines Subnetzes die Adressierung von bis zu 253 WLAN-Stationen zulässt, sollte dies noch problemlos
möglich sein. Hierbei muss man allerdings in Kauf nehmen, dass die über
Broadcast adressierten Daten in alle Funkzellen weitergeleitet werden und
die Performance aller Funkzellen beeinflussen können. Größere WLANs
kommen unter Umständen nicht ohne die Implementierung von Mobile IP aus.

3 Der 802.11 Physical Layer

Das folgende Kapitel beschreibt detailliert die verschiedenen WLAN-Spezifikationen des Physical Layers. Hierbei werden die diversen Varianten des Grundstandards ausführlich beschrieben, wobei aufgezeigt wird, wie die unterschiedlichen Datenraten erzielt werden können. Aufbauend darauf werden die verschiedenen PHY-Implementierungen betrachtet, die durch Erweiterungen des Grundstandards definiert wurden und zu der Erzielung höherer Datenraten beigetragen haben. Dieses Kapitel geht tief in die PHY-Implementierung ein und beschreibt detailliert die Umsetzung des Physical Layers. Gegebenenfalls können beim Lesen die Abschnitte 3.1.1, 3.2.7, 3.3.6, 3.4.6 und 3.7 übersprungen werden, falls der Leser nicht an solchen tiefgreifenden Informationen interessiert sein sollte.

Physical Layer

3.1 Aufbau des Physical Layers

Der Physical Layer in IEEE 802.11 unterteilt sich in zwei Bereiche. Die obere Schicht Physical Layer Convergence Procedure (PLCP) stellt eine einheitliche Schnittstelle zum MAC-Layer für alle darunter liegenden medienabhängigen Schichten (Physical Medium Dependent, kurz PMD für FHSS, DSSS, OFDM und Infrarot) zur Verfügung. Der PLCP definiert die Methoden, um die vom MAC-Layer übergebenen Daten (MAC Protocol Data Units, MPDU) in ein übertragbares Format zu bringen und die Managementinformationen zwischen MAC-Layer und PMDs auszutauschen. Das Management der PMD erfolgt dabei über die PMD-SAPs (Service Access Points).

PLCP

Die PMDs bringen die Daten wiederum in ein von der Übertragungstechnik abhängiges Format, damit sie über das drahtlose Medium übertragen werden können. Weiterhin stellen die PMDs das Interface zum eigentlichen Übertragungsmedium in Form einer Sende- und Empfangshardware bereit, über das die Anbindung zum jeweili-

PMD

gen Medium und der Datenaustausch zu einem oder mehreren Verbindungspartnern ermöglicht wird. Die Hardware ist unter anderem für
die Modulation der auszusendenden Daten und Demodulation der
empfangenen Daten zuständig. Als Übertragungsmedium kommen
entweder elektromagnetische Wellen, die im 2,4-GHz- oder 5-GHz-
Frequenzband übertragen werden, oder ein optisches Transportme-
dium, das sich mit Wellenlängen von 850 bis 900 nm im infraroten
Frequenzbereich befindet, in Frage. Den drei PMDs für FHSS, DSSS
und Infrarot ist eine spezifizierte Übertragungsrate von 1 MBit/s und
2 MBit/s gemeinsam. Zusätzlich ermöglicht IEEE 802.11b auf der
Basis des DSSS-Verfahrens eine Übertragungsrate von 5,5 und
11 MBit/s, wobei das FHSS- und DSSS-Verfahren im 2,4-GHz-Fre-
quenzband arbeitet. Um eine Abwärtskompatibilität zu gewährleisten,
müssen die drei genannten PMDs jeweils die niedrigen Übertragungsraten unterstützen. Das PMD für OFDM weicht hier etwas ab, denn
hier werden ausschließlich Datenraten von 6 bis 54 MBit/s übertragen.
Dies liegt darin begründet, dass OFDM in der ersten Implementierung
in einem anderen Frequenzband gearbeitet hat, somit eine Koexistenz
zu Komponenten mit der Grunddatenrate von 1 und 2 MBit/s nicht
gefordert war. Etwas abweichend zu dieser Haltung muss man die
Implementierung nach IEEE-802.11g betrachten, denn hierbei werden
im 2,4-GHz-Frequenzband Datenraten von 6 bis 54 MBit/s ermöglicht. Dazu aber später mehr.

3.1.1   PHY-Funktionen

Serviceprimitiven Die Funktionen des 802.11-PHYs sind jeweils durch einen PLCP und
PMD abgebildet. Das Interface zwischen dem PLCP und dem PMD
wird über eine Vielzahl von Serviceprimitiven beschrieben. Hierbei
handelt es sich um die Repräsentation von Interaktionen, die durch
einen Dienstnamen sowie eine dazugehörige Information beschrieben
und über die SAPs übergeben werden. Die Serviceprimitiven sind in
zwei Kategorien unterteilt. Eine Kategorie stellt eine Peer-to-Peer-
Kommunikation zwischen MACs bereit und die andere Kategorie
stellt die Kommunikation zwischen den Sublayern bereit. Letzteres hat
für die lokale Betrachtung natürlich eine größere Bedeutung. Laut den
IEEE-Spezifikationen können die Serviceprimitiven in drei unterschiedlichen Formen auftreten, als Request, als Indicate oder als Confirm. Request stellt hierbei eine Serviceanforderung für eine darunter
liegende Schicht dar. Indicate zeigt der darüber liegenden Schicht einen
bestimmten Zustand an. Confirm entspricht einer Bestätigung, die in
der Regel auf einen Request oder Indicate folgt.

Auch wenn der 802.11-Standard auf der PHY-Ebene eine Trennung zwischen einem vom Übertragungsmedium abhängigen Teil (PMD) und unabhängigen Teil (PLCP) vornimmt, benötigt jeder PMD einen speziellen PLCP, der von den Eigenschaften des verwendeten Übertragungsverfahrens beziehungsweise Mediums abhängig ist. Falls verschiedene Services bereits durch den PMD abdeckt werden, führt der PLCP die Funktionen dieser Services nicht aus. Wichtigste Funktion des PLCPs ist es, die PHY-Schicht zum MAC weitgehend einheitlich, also unabhängig vom Übertragungsmedium, abzubilden. Auf diese Weise wird die Ausführung des Interfaces zwischen PHY und MAC vereinfacht. In der folgenden Auflistung sind die verschiedenen Serviceprimitiven des PHYs und deren Erläuterung aufgelistet, die im Wesentlichen für alle PHY-Typen gelten und somit als Basis betrachtet werden können.

- PHY-DATA.Request(DATA): Ist die Serviceprimitive, die vom MAC generiert wird, um ein Datenbyte an den PHY zu übertragen. Diese Serviceprimitive kann nur generiert werden, nachdem der PHY über ein PHY-TXSTART.Confirm den Abschluss der Sendeinitialisierung bekannt gegeben hat. Der Parameter DATA kann einen Wert von X'00' bis X'FF' annehmen, um alle möglichen Informationen eines Bytes darzustellen. *PHY-DATA.Request*

- PHY-DATA.Indication(DATA): Entspricht einer Serviceprimitive, die eine Datenübertragung eines Bytes vom PHY-Sublayer zum MAC anzeigt. Hierbei kann der Parameter DATA ebenfalls einen Wert von X'00' bis X'FF' annehmen. *PHY-DATA.Indication*

- PHY-DATA.Confirm: Über diese Serviceprimitive bestätigt der PHY dem MAC die Datenübertragung vom MAC zum PHY-Sublayer. *PHY-DATA.Confirm*

- PHY-TXSTART.Request(TXVECTOR): Ist eine Serviceprimitive, über die der MAC den PHY auffordert, eine MPDU zu übertragen. TXVECTOR repräsentiert PLCP- und PHY-Parameter, die für die Datenübertragung benötigt werden und vom PHY-Typ abhängen. Hierbei handelt es sich in der Grundvariante um eine Angabe der Datenrate und der Datenlänge. *PHY-TXSTART.Request*

- PHY-TXSTART.Confirm: Diese Serviceprimitive dient der Bestätigung einer PHY-TXSTART.Request Primitive vom PHY zum MAC. Hierüber wird der Beginn der Datenübertragung angezeigt. *PHY-TXSTART.Confirm*

- PHY-TXEND.Request: Mit dieser Serviceprimitive kann der MAC dem PHY anzeigen, dass die aktuelle Übertragung der MPDU vollständig abgeschlossen ist.

- PHY-TXEND.Confirm: Entspricht einer Antwort auf einen PHY-TXEND.Request. Diese Primitive wird vom PHY an den MAC *PHY-TXEND.Confirm* übergeben, sobald ein PHY-TXEND.Request empfangen und das letzte Bit des letzten Datenbyte übertragen wurde.

- PHY-CCARESET.Request: Über diese Serviceprimitive kann der MAC den PHY auffordern, einen Reset der CCA-State-Maschine (siehe Abschnitt 3.2.4) durchzuführen, um diese zurückzusetzen und neu zu initialisieren.

PHY-CCARESET.Confirm

- PHY-CCARESET.Confirm: Mit dieser Serviceprimitive kann der PHY dem MAC bestätigen, dass dieser einen Reset der CCA-State-Maschine durchgeführt hat.

PHY-CCA.Indication

- PHY-CCA.Indication(STATE): Über diese Serviceprimitive kann der PHY dem MAC den Status des Übertragungsmediums anzeigen. Hierbei kann der Parameter State zwei Werte Busy oder Idle beinhalten. Über Busy wird angezeigt, dass der Kanal für die Datenübertragung nicht zur Verfügung steht. Sonst nimmt der Parameter den Wert Idle ein. Sobald sich der Zustand des Übertragungsmedium zwischen belegt und frei ändert, wird diese Primitive mit entsprechenden Werten an den MAC übergeben.

PHY-RXSTART.Indication

- PHY-RXSTART.Indication(RXVECTOR): Mit dieser Serviceprimitive zeigt der PHY dem MAC an, dass dieser einen gültigen SFD (Start Frame Delimiter) und PLCP-Header empfangen hat (siehe Abschnitt 3.2.2 und 3.3.3). Über RXVECTOR werden gleichzeitig MAC-Parameter wie Datenrate und Datenlänge übergeben.

PHY-RXEND.Indication

- PHY-RXEND.Indication(RXERROR): Entspricht einer Serviceprimitive mit der der PHY dem MAC anzeigen kann, dass die MPDU komplett empfangen wurde. Parallel dazu kann der RXERROR Parameter einen oder mehrere Statusinformationen übergeben. Hierbei handelt es sich um NoError, FormatViolation, CarrierLost und UnsupportedRate. NoError zeigt einen fehlerfreien Datenempfang innerhalb des PLCPs an, wohingegen FormatViolation einen Fehler innerhalb der PLCP-PDU anzeigt. Über CarrierLost wird angezeigt, dass während des Empfangs der MPDU der Träger verloren ging, also das Medium nicht mehr verfügbar war. Sollte eine nicht unterstützte Datenrate während des Datenempfangs vom PLCP erkannt worden sein, so wird dies dem MAC über UnsupportedRate angezeigt.

Die drahtlose Datenübertragung ist durch verschiedene Modulations- und Codierungsverfahren geprägt, die abhängig von ihren möglichen Kombinationen verschiedene Datenraten erzielen können. In den folgenden Abschnitten wird detailliert auf die verschiedenen Verfahren eingegangen und die Eigenschaften ausführlich beschreiben.

3.1.2 Signalspreizung

Signalspreizung

Bei Funklösungen laut dem IEEE-802.11-Grundstandard und der Erweiterung nach 802.11b kommen so genannte Spreizbandtechnologien zum Einsatz. Hierbei wird die zu übertragende Information, also das schmalbandige Nutzsignal, über ein großes Frequenzband gespreizt. Man spricht in diesem Fall von einer Signalspreizung oder im Englischen von Spread Spectrum. Eine Besonderheit ist hierbei, dass zur Signalspreizung nicht das Nutzsignal verwendet wird, sondern eine bestimmte Codefolge.

Kanalkapazität

Zudem gilt als Grundlage für die Spreizbandtechnologie die folgende Formulierung der Kanalkapazität laut der Shannonschen Informationstheorie: $C = B \times \log_2(1 + S/N) \approx B \times 1{,}44 \ln(1 + S/N)$; C steht bei diesen Formulierungen für die Kanalkapazität in Bit/s, B für die Bandbreite des Übertragungskanals in Hz, S für die Leistung des Nutzsignals und N für die Leistung des Störsignals (Shannon, amerikanischer Informatiker, geb. 1916). Das Verhältnis S/N beschreibt dabei das so genannte Signal-Rauschverhältnis, also das Verhältnis zwischen dem übertragenen Signal und dem Grundrauschen. Das Grundrauschen liegt in der Umgebung grundsätzlich vor, wobei dieses durch atmosphärische Störungen, elektrische Vorgänge und elektromagnetische Strahlung aus dem Weltraum zustande kommt. Der Signalpegel ist von der Sendeleistung und von der Dämpfung zwischen Sender und Empfänger abhängig, er nimmt somit mit zunehmender Distanz ab. Die zuvor aufgeführte Formulierung sagt letztendlich aus, dass durch die große Bandbreite des übertragenen Signals der Übertragungskanal mit einem entsprechend schlechten Störabstand belegt sein kann, um dennoch einen fehlerfreien Informationsfluss garantieren zu können.

Störunempfindlichkeit

Der Einsatz der Spreizbandtechnologie bietet im Wesentlichen Vorteile wie die Verbesserung der Störunempfindlichkeit, die Tatsache, dass eine geringere spektrale Leistungsdichte vorliegt, wodurch sich ein erhöhter Schutz für die übertragenen Signale ergibt, und einen gewissen Abhörschutz. Letzteres war auch der Grund, dass die meisten Verfahren zur Signalspreizung erstmalig im großem Stil während des Zweiten Weltkrieges Anwendung fanden, wo sie eingesetzt wurden, um die übertragenen Nachrichten vor dem Feind zu verschleiern. Heute finden die Spreizbandtechnologien beispielsweise bei der Nachrichtenübertragung für die Luft- und Raumfahrt Anwendung, bei dem ein kleiner Signal/Rausch-Abstand oder, durch die großen Übertragungsstrecken, ein kleiner Signalpegel vorliegen.

Spreizbandtechnologien

Bei den 802.11-Lösungen kommen zwei unterschiedliche Spreizbandtechnologien zum Einsatz, die historisch bedingt sind und unterschiedliche Datenraten ermöglichen. Deren technologische und kostengünstige Umsetzung basiert auf der Verfügbarkeit hoch integrierter und leistungsfähiger Schaltkreise. Im Folgenden werden die beiden Spreizbandtechnologien detailliert beschrieben, wobei sich die Betrachtung auf die Umsetzung nach der Definition des 802.11-Standards stützt.

3.2   FHSS-Technologie

FHSS-Technologie   FHSS steht für Frequency Hopping Spread Spectrum. Hierbei handelt es sich um ein Spreizverfahren, das mit Hilfe einer Frequenzumtastung erzeugt wird. Die Besonderheit bei dieser Variante der Frequenzumtastung ist die Tatsache, dass hier nicht zwei verschiedene Frequenzen zur Verfügung stehen, sondern viele Frequenzen, die jeweils einen Kanal bilden, zwischen denen fortlaufend umgeschaltet wird. Die Anzahl der Kanäle kann je nach System bis zu mehreren tausend betragen, wobei die Nutzung der Kanäle von einer Codefolge abhängt. Der Abstand zwischen den einzelnen Kanälen ist gleich, wobei die Kanalpositionen innerhalb des verwendeten Frequenzbandes durch die jeweilige Center-Frequenz festgelegt wird. Die benötigte Bandbreite eines FHSS-Systems ist unabhängig von der Taktfrequenz der verwendeten Codefolge und ergibt sich ausschließlich aus der Anzahl der verschiedenen Kanäle und dem Abstand zwischen den Center-Frequenzen der einzelnen Kanäle. Somit lässt sich die benötigte Bandbreite aus der Formel $B = (2^n-1) \times \Delta f$ berechnen; hierbei entspricht n der Anzahl der verwendeten Kanäle, Δf dem Abstand zwischen den einzelnen Center-Frequenzen.

Hopping-Sequenz   Bei der FHSS-Technologie laut IEEE 802.11 und Festlegung der ETSI wird die vorhandene Bandbreite (2,4000 – 2,4835 GHz) in 79 Frequenzunterbänder mit je 1 MHz aufgeteilt. Jedes der 79 Frequenzbänder stellt einen Kanal (2 – 80) bereit, die im Wechsel von den Systemen verwendet werden. Kanal 2 liegt auf der Center-Frequenz von 2,402 GHz und Kanal 80 auf der Center-Frequenz von 2,480 GHz. Über eine Codefolge, der so genannten Hopping-Sequenz, springen Sender und Empfänger während der Übertragung gleichzeitig zwischen den Kanälen. Die Zeitspanne, die die Systeme auf einem Kanal verbleiben, und der Abstand zwischen zwei nacheinander verwendeten Kanälen wird über die lokale Regulierungsbehörde festgelegt. In Europa (ausgenommen Frankreich und Spanien) darf laut ETSI ein Kanal maximal 400 ms belegt werden und der Abstand zwischen den zwei nacheinander verwendeten Kanälen muss mindestens 6 MHz betragen. Dies entspricht 2,5 Kanalwechseln pro Sekunde. Laut 802.11-Definition muss bei einem Kanalwechsel das Umschalten zwischen den Kanälen innerhalb von 224 µs erfolgen. Die Belegung der 79 Kanäle wird über eine 79-stellige Hopping-Sequenz festgelegt, die ein Hüpfmuster darstellt und die Reihenfolge der Kanalbelegung festlegt. Systeme, die untereinander Daten austauschen, verwenden dieselbe Hopping-Sequenz. Es ist jedoch möglich, dass zufällig zwei Sender zur gleichen Zeit den gleichen Kanal belegen und eine Kollision auftritt. Aufgrund unterschiedlicher Hopping-Sequenzen tritt dies aber selten ein. Die dabei auftretenden Fehler werden durch ein wiederholtes Aussenden der Daten korrigiert. Damit ein möglichst kollisionsfreier Betrieb gewährleistet werden kann, sind die Hopping-Sequenzen in drei verschiedene Hopping-Sets aufgeteilt. Folgende Hopping-Sets sind laut IEEE 802.11 für die Verwendung innerhalb Europas definiert:

- 1. Set: x = {0, 3, 6, 9, 12, 15, 18, 21, 24, 27, 30, 33, 36, 39, 42, 45, 48, 51, 54, 57, 60, 63, 66, 69, 72, 75}   *Hopping-Sets*
- 2. Set: x = {1, 4, 7, 10, 13, 16, 19, 22, 25, 28, 31, 34, 37, 40, 43, 46, 49, 52, 55, 58, 61, 64, 67, 70, 73, 76}
- 3. Set: x = {2, 5, 8, 11, 14, 17, 20, 23, 26, 29, 32, 35, 38, 41, 44, 47, 50, 53, 56, 59, 62, 65, 68, 71, 74, 77}

Der genutzte Kanal einer Hopping-Sequenz lässt sich nach der Formel *fx(i)* = [*b(i)* + x] mod (79) + 2 berechnen, wobei *fx(i)* die Kanalnummer, x eine Zahl des verwendeten Hopping-Sets, *i* den Index für den nächsten Kanal (in Europa im Bereich von 1 bis 79) darstellt und der Wert *b(i)* aus der Tabelle 3–1 entnommen wird.

i	b(i)	i	b(i)	i	b(i)	i	b(i)	i	b(i)	i	b(i)
1	0	15	52	29	37	43	41	57	65	71	55
2	23	16	63	30	10	44	74	58	50	72	35
3	62	17	26	31	34	45	32	59	56	73	53
4	8	18	77	32	66	46	70	60	42	74	24
5	43	19	31	33	7	47	9	61	48	75	44
6	16	20	2	34	68	48	58	62	15	76	51
7	71	21	18	35	75	49	78	63	5	77	38
8	47	22	11	36	4	50	45	64	17	78	30
9	19	23	36	37	60	51	20	65	6	78	30
10	61	24	71	38	27	52	73	66	67	79	46
11	76	25	54	39	12	53	64	67	49	–	–
12	29	26	69	40	25	54	39	68	40	–	–
13	59	27	21	41	14	55	13	69	1	–	–
14	22	28	3	42	57	56	33	70	28	–	–

Tab. 3–1
Basis-Hopping-Sequenz, aus der sich die Hopping-Sequenz der verschiedenen Hopping-Sets errechnen lässt.

Berechnet man zum Beispiel nach der Formel $fx(i) = [b(i) + x] \bmod (79) + 2$ aus der Hopping-Zahl 0 des ersten Hopping-Sets den 75., 76. und 77. Kanal, so erhält man folgende Kanalbelegung:

- $fx_{(75)} = [44 + 0] \bmod (79) + 20 = 46$
- $fx_{(76)} = [51 + 0] \bmod (79) + 20 = 53$
- $fx_{(77)} = [38 + 0] \bmod (79) + 20 = 40$

Kanalabstand An diesem Beispiel lässt sich erkennen, dass die aufeinander folgenden Kanäle mindestens 6 Kanäle auseinander liegen, was einem Abstand von 6 MHz und der Forderung des Kanalabstands laut ETSI entspricht. Rechnet man für alle drei Hopping-Sets die Hopping-Sequenzen durch, so wird man feststellen, dass die im Beispiel aufgeführte Kanalbelegung (46, 53 und 40) einmalig ist. Dies gewährleistet, dass bei einer Kollision von zwei Sendern bei der Kanalbenutzung dies nur für die Zeitspanne einer Kanalbelegung (400 ms) geschehen kann und die Kollision nach dem Kanalwechsel durch unterschiedliche Wechselverhalten aufgehoben ist.

CDMA-Verfahren Somit lässt sich festhalten, dass die Abgrenzung verschiedener FHSS-Systeme über das CDMA-Verfahren erfolgt. Nur die FHSS-Systeme, die denselben Code verwenden, können untereinander Daten austauschen, wobei der Code durch die Nutzung einer einheitlichen Hopping-Sequenz repräsentiert wird. Bis zu 13 unabhängige FHSS-Systeme können durch die unterschiedlichen Hopping-Sequenzen innerhalb eines Empfangsbereichs arbeiten, ohne dass der Datendurchsatz durch gehäuft auftretende Kollisionen merklich reduziert wird.

Datenrate Die erzielbare Datenrate ist jedoch bei FHSS-Systemen auf 2 MBit/s begrenzt. Laut IEEE-802.11-Standard sind 1 MBit/s und 2 MBit/s FHSS-PHY-Layers definiert. Wollte man die Datenrate erhöhen, so müsste man die Bandbreite der einzelnen Kanäle beziehungsweise Frequenzunterbänder erhöhen. Dies würde aber dazu führen, dass bei einer vorhandenen Gesamtbandbreite die Anzahl der verfügbaren Kanäle reduziert wird. Eine Reduzierung der zur Verfügung stehenden Kanäle würde wiederum zu einer Anhäufung von Kollisionen führen und zu einem Verlust in dem erzielbaren Datendurchsatz.

FHSS-Systeme Die Implementierung eines FHSS-Systems ist verhältnismäßig einfach, und es werden keine komplexen logischen Bausteine benötigt. Dadurch ist der Energieverbrauch relativ gering und die Kosten für die Erstellung von FHSS-Systemen bleiben verhältnismäßig niedrig. Ein großer Nachteil der FHSS-Systeme liegt darin, dass das Roaming (Wandern zwischen verschiedenen Zellen, siehe Abschnitt 2.3) relativ aufwendig ist. Jeder der 79 Kanäle müsste abgehört werden, um auf eine Zelle aufzuspringen. Da ein gleichzeitiges Abhören aller Kanäle unmöglich ist, müssen alle Kanäle nacheinander abgehört werden, was jedoch eine lange Wartezeit in Anspruch nehmen würde.

> Die einfache Implementierung und der geringe Leistungsverbrauch der FHSS-Systeme ist der ausschlaggebende Grund, dass das FHSS-Übertragungsverfahren bei Bluetooth angewendet wird.

3.2.1 FHSS-Modulationsverfahren

Als Modulationsverfahren wird bei den FHSS-Systemen eine Frequenzumtastung angewendet, die als Frequency Shift Keying, kurz FSK, bezeichnet wird. Dabei wird die Frequenz der elektromagnetischen Welle verändert, um die zu übertragenden Informationen darzustellen.

Modulationsverfahren

> Bei der digitalen Übertragungstechnik ergeben sich gegenüber der Modulation von analogen Signalen gewisse Vorteile, da das digitale Signal nicht wertekontinuierlich ist und nur eine bestimmte Anzahl von unterschiedlichen Zuständen auftreten kann. Man springt somit direkt von einem Zustand zu einem anderen Zustand. Deshalb spricht man in diesem Fall auch nicht mehr von Modulation, sondern von einer Umtastung, die im Englischen als Shift Keying bezeichnet wird.

Shift Keying

Bei FSK ist die benötigte Bandbreite relativ groß, da die beiden Seitenbänder übertragen werden müssen, also eine Einseitenbandübertragung technisch unmöglich ist. Bei dieser Modulationsart handelt es sich um die Gaussian Frequency Shift Keying Modulation, kurz GFSK.

GFSK

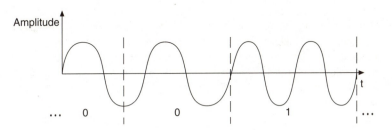

Abb. 3–1
Frequenzmodulation, bei der die Information über verschiedene Frequenzen dargestellt wird

Entweder wird bei den FHSS-Systemen die 2GFSK (2-Level Gaussian Frequency Shift Keying) Modulation oder die 4GFSK (4-Level Gaussian Frequency Shift Keying) Modulation angewendet. Generell gilt bei FHSS-Systemen, dass pro Zeiteinheit von einer Sekunde 10^6 Symbole übertragen werden.

2GFSK-System   Bei den 2GFSK-Systemen hat ein Symbol eine Länge von einem Bit, pro Zeiteinheit wird ein Bit übertragen; somit kommt man auf eine Datenrate von 1 MBit/s. Die Symbole werden bei den 2GFSK-Systemen folgendermaßen dargestellt:

- 0 wird durch die Sendefrequenz = Center-Frequenz -110 kHz bis -160 kHz repräsentiert
- 1 wird durch die Sendefrequenz = Center-Frequenz +110 kHz bis +160 kHz repräsentiert

4GFSK-System   Bei den 4GFSK-Systemen hat ein Symbol eine Länge von zwei Bits; pro Zeiteinheit werden zwei Bits übertragen, deshalb kommt man auf eine Datenrate von 2 MBit/s. Die Symbole werden bei den 4GFSK-Systemen folgendermaßen dargestellt:

- 00 wird durch die Sendefrequenz = Center-Frequenz -202,5 kHz bis -216 kHz repräsentiert
- 01 wird durch die Sendefrequenz = Center-Frequenz -67,5 kHz bis -72 kHz repräsentiert
- 10 wird durch die Sendefrequenz = Center-Frequenz +202,5 kHz bis +216 kHz repräsentiert
- 11 wird durch die Sendefrequenz = Center-Frequenz +67,5 kHz bis +72 kHz repräsentiert

Der wesentliche Vorteil, der sich aus der Nutzung der GFSK-Modulation ergibt, liegt in der Tatsache, dass diese Modulation relativ unempfindlich gegen Störeinflüsse ist. Störeinflüsse beeinflussen die Amplitude des Signals und nicht die Frequenz der elektromagnetischen Welle.

> Allgemein gilt in der Nachrichtentechnik die Aussage, dass die maximale Schrittgeschwindigkeit eines Übertragungskanals zwei Schritte pro Hz Kanalbandbreite beträgt. Da man bei der Übertragung der binär codierten Signale die Schrittgeschwindigkeit mit der Datenrate in Bit/s gleichsetzen kann, ist diese Aussage auch gültig für 2 Bit/s pro Hz Kanalbandbreite. Diese Aussage deckt sich mit der maximalen Grenze von 2 MBit/s der FHSS-Systeme, die bei der vorhandenen Kanalbandbreite von 1 MHz erzielt werden kann.

Empfänger-   Der FHSS-Empfänger muss laut Definition des Standards eine Emp-
empfindlichkeit findlichkeit von -80 dBm aufweisen. Dieser Wert gilt für die Datenrate von 1 und 2 MBit/s und muss bei einer PSDU-Länge von 400 Bytes eine maximale FER (Frame Error Rate) von 3 % garantieren.

3.2.2   FHSS-Frameformat

Für das Aussenden der Daten übernimmt der PLCP des Physical Layer *FHSS-Frameformat*
die Daten des MAC-Layer und packt diese Daten für die Übertragung
in ein bestimmtes Frameformat, das aus einer PLCP-Präambel und
einem PLCP-Header besteht und zusammen eine Länge von 128 Bits
hat. Vergleicht man die drahtlose mit einer drahtgebundene PHY-Vari-
ante, so werden also auf PHY-Ebene auch Frames gebildet, indem die
vom MAC-Layer übergebenen Daten durch Informationen ergänzt
werden. Bei den drahtgebundenen Varianten wird hingegen auf der
PHY-Ebene nur eine Präambel ergänzt und kein Header. Der Header-
Inhalt dient zum Austausch von Steuerinformationen, die für den
Datenaustausch zwischen Sender und Empfänger auf der PHY-Ebene
benötigt werden. Das auf der PHY-Ebene gewonnene Frameformat
wird auch als PLCP Protocol Data Unit, kurz PPDU, bezeichnet. Auf
der Seite des Empfängers werden die PLCP-Informationen auf der
PHY-Ebene ausgewertet und wieder entfernt.

PLCP Preamble		PLCP Header			PSDU
Sync	Start Frame Delimiter	PLW	PSF	Header Error Check	
80 Bits	16 Bits	12 Bits	4 Bits	16 Bits	

Abb. 3–2
FHSS-PLCP-Frameformat

Die *PLCP-Präambel*, die vor dem PLCP-Header übertragen wird, *PLCP-Präambel*
besteht aus dem SYNC und dem Start Frame Delimiter. Das *SYNC*-
Feld hat eine Länge von 80 Bits, die einen Wechsel von Nullen und
Einsen darstellen, wobei mit der Übertragung der Null das SYNC-Feld
begonnen und mit der Eins beendet wird. Über dieses Feld wird der
Frameanfang gekennzeichnet, und der Empfänger kann sich mit dem
Sender über den eingehenden Bitstrom synchronisieren. Des Weiteren
wird das SYNC-Feld für folgende drei Funktionen genutzt, die dazu
dienen, den Empfänger auf den Datenempfang vorzubereiten und
einen optimalen Datenempfang zu ermöglichen.

▪ Falls eine Diversity-Funktion verwendet wird (Auswahlverfahren *SYNC-Feld*
zwischen zwei Empfangsantennen, siehe Abschnitt 5.5.14), erfolgt
die Auswahl der Antenne über den Datenstrom des SYNC-Feldes.
▪ Über das Signal des SYNC-Feldes wird der Empfangsverstärker
über eine automatische Verstärkungskontrolle eingestellt (engl.
Automatic Gain Control, kurz AGC).
▪ Der notwendige Frequenz-Offset kann ggf. korrigiert werden.

Der *Start Frame Delimiter* hat eine Länge von 16 Bits mit dem Inhalt *Start Frame Delimiter*
0000-1100-1011-1101. Er zeigt das Ende des SYNC-Felds an und

kennzeichnet den eigentlichen Header-Anfang, dessen Informationen vom PHY des Empfängers ausgewertet werden müssen. Die PLCP-Präambel hat insgesamt eine Länge von 96 Bits, die mit einer Datenrate von 1 MBit/s übertragen werden, womit eine für die Übertragung 96 µs benötigt wird. Der nach der Präambel folgende PLCP-Header beinhaltet drei Felder und wird ebenfalls mit einer Datenrate von 1 MBit/s übertragen, was 32 µs dauert. Das erste Feld des PLCP-Headers ist das 12 Bit lange *PSDU-Length-Word-(PLW)*-Feld (PSDU = PLCP Service Data Unit).

Signaling Field Dieses Feld gibt die Länge des Datenteils in Bytes an, die vom MAC-Layer übergeben werden. Der zulässige Wertebereich liegt zwischen 0x000 bis 0xFFF, was einer maximalen Länge von 4095 Bytes entspricht. Über das 4 Bit lange *PLCP Signaling Field (PSF)* wird die Datenrate angegeben, mit der der Inhalt der PSDU übertragen wird. Der PLCP-Header des Frames wird immer mit 1 MBit/s übertragen, wohingegen die Datenrate der PSDU von 1 MBit/s abweichen kann und über drei Bits spezifiziert wird (siehe Tab. 3–2).

Tab. 3–2
PSF gibt die Datenrate des
PSDU an

Bit 0 (reserviert)	Bit 1	Bit 2	Bit 3	Datenrate
0	0	0	0	1,0 MBit/s
0	0	0	1	1,5 MBit/s
0	0	1	0	2,0 MBit/s
0	0	1	1	2,5 MBit/s
0	1	0	0	3,0 MBit/s
0	1	0	1	3,5 MBit/s
0	1	1	0	4,0 MBit/s
0	1	1	1	4,5 MBit/s

Header-Error-Check Laut Standard können Datenraten von 1 bis 4,5 MBit/s im PSF signalisiert werden, jedoch sind bei den FHSS-Systemen nur Datenraten von 1 MBit/s oder 2 MBit/s implementiert. Über das 16 Bit lange *Header-Error-Check*-Feld wird eine Fehlerüberprüfung des PLC-Headers über eine 16 Bit CRC (Cyclic Redundancy Check) durchgeführt. Das *PSDU*-Feld beinhaltet die Daten des MAC-Layers, die als MPDU bezeichnet werden. Sie kann eine Länge von 0-4095 Bytes haben. Um eine Beeinflussung von Gleichspannungsanteilen zu reduzieren und sicherzustellen, dass eine Folge von sich ständig wiederholenden Symbolen vermieden wird, scrambelt (verwürfelt) man den Datenteil im PLCP über ein 127-Bit-Wort mit dem Inhalt 00001110-11110010-11001001-00000010-00100110-00101110-10110110-00001100-

11010100-11100111-10110100-00101010-11111010-01010001-10111000-1111111. Das 127-Bit-Wort wird fortlaufend über eine polynomiale *Funktion S(x) = $x^7 + x^4 + 1$* generiert. Für die Scrambling-Funktion werden die Datenbits mit dem Binärstrom des 127-Bit-Worts XOR-Verknüpft (Exklusiv-ODER). Anschließend werden die Daten über eine 32/33-Codierung in 32 Symbole lange Blöcke unterteilt, die jeweils von einem so genannten Stuff-Symbol abgeschlossen werden. Dies führt zu einer einfacheren Synchronisierung des Datenstroms und zur Erkennung des letzten Bits eines Pakets.

3.2.3 FHSS-PHY-Umsetzung

Neben der Definition des medienabhängigen PMDs, wird die funktionelle Umsetzung des PHYs im Wesentlichen durch den PLCP beschrieben. Der PLCP basiert auf drei Statusmaschinen, wobei eine für die Datenaussendung, eine für den Datenempfang und eine für das Clear Channel Assessment (CCA) zuständig ist, die gemeinsam die Funktionen der PLCP abbilden. Abbildung 3–3 zeigt die generelle Arbeitsweise und die Zusammenhänge der drei PLCP-Statusmaschinen.

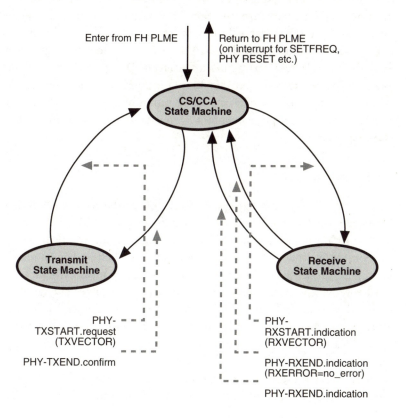

Abb. 3–3

PLCP-Statusmaschinen

FHSS-PLCP-Datenaussendung

FHSS-PLCP-
Datenaussendung

Die Datenaussendung läuft folgendermaßen ab: Sobald der PLCP vom MAC-Layer ein PHY-TXSTART.Request (TXVECTOR) empfängt, führt dieser ein CCA durch, ehe die eigentliche Datenübertragung initiiert wird. Bevor die PPDU tatsächlich übertragen werden kann, muss natürlich noch zuerst der PMD vom Empfangsmodus in den Sendemodus umgeschaltet und der Verstärker der Sendeeinheit eingestellt werden. Daraufhin generiert der PLCP eine Präambel, SFD und einen PLCP-Header. Die Aussendung der ersten Bits der Präambel muss hierbei innerhalb von 20 µs erfolgen, nachdem der PLCP ein PHY-TXSTART.Request empfangen hat. Bevor dann das erste Bit der PSDU ausgesendet werden kann, übergibt der PLCP ein PHY-TXSTART.Confirm als Bestätigungsmeldung an den MAC, um anzuzeigen, dass der PLCP bereit ist, die MPDU entgegenzunehmen. Daraufhin wird der MAC die Daten der MPDU an den PHY mit einem PHY-DATA.Request(DATA) übergeben. Hat der PHY das letzte Bit der Daten erhalten, so wird dieser die erhaltenen Daten mit einem PHY-DATA.Confirm bestätigen. Nachdem das letzte Bit der MPDU den MAC verlassen hat, übergibt der MAC ein PHY-TXEND.Request, um das Ende der Daten anzuzeigen. Sobald wiederum der PHY das letzte Bit an das Übertragungsmedium ausgesendet hat, gibt der PLCP ein PHY-TXEND.Confirm an den MAC zurück, um den erfolgreichen Abschluss der Datenübertragung anzuzeigen. Dann schaltet der PHY wieder vom Sendemodus in den Empfangsmodus zurück, damit die WLAN-Komponente wieder an der Kommunikation innerhalb der BSS teilnehmen und gegebenenfalls Daten von einer anderen Station empfangen kann.

3.2.4   FHSS-CS/CCA

FHSS-CS/CCA

Für die technische Umsetzung des WLAN-Zugriffsverfahrens CSMA/CA (siehe Abschnitt 4.2.1) ist es notwendig, dass der MAC-Layer über die Information verfügt, ob das Übertragungsmedium frei oder belegt ist. Hierfür greift der MAC-Layer auf einen virtuellen und einen physikalischen Carrier-Sense-Mechanismus zurück. Der physikalische Carrier-Sense-Mechanismus muss vom PHY-Layer bereitgestellt werden, wobei dieser ebenfalls im PLCP implementiert ist. Dieser Mechanismus, der die Belegung des Mediums erkennen kann, wird als Carrier Sense/Clear Channel Assessment, kurz CS/CCA, bezeichnet. Der Standard legt für CS/CCA bestimmte Signalschwellen fest, ab dem ein Medium als belegt gilt, wobei das erkannte Signal einem 802.11 kompatiblen Signal entsprechen muss (siehe weiter unten).

Wie wir im folgenden Kapitel sehen werden, basiert das WLAN-Zugriffsverfahren auf unterschiedlichen Prioritäten (PIFS und DIFS), die von einer PHY abhängigen Slot Time abgeleitet werden, sowie einer Wartezeit nach dem Zufallsprinzip, die über einen Backoff-Algorithmus ermittelt wird. Die verschiedenen Prioritäten und Wartezeiten führen letztendlich auf dem Übertragungsmedium zu Pausezeiten zwischen der Frameaussendung einzelner Stationen. Die CS/CCA-Prozedur greift jeweils, nachdem das letzte Bit eines Frames über das Medium übertragen wurde. Der PLCP muss hierbei innerhalb der Pausezeiten, die sich aus den Prioritäten (PIFS und DIFS) beziehungsweise der Slot Time ergeben, die CS/CCA-Prozedur initiieren. Das jeweilige Ergebnis der CS/CCA-Prozedur muss letztendlich 50 µs vor dem Ablauf der Slot Time, unabhängig von der Dauer einer Slot Time, vorliegen. Die eigentliche Erkennung des Mediumstatus muss 22 µs nach dem Beginn der Slot Time erfolgen.

Slot Time

Generell gilt, dass nachdem ein PHY-TXSTART.Request empfangen wurde, der PLCP innerhalb 1 µs von der CS/CCA-Prozedur in die Sendeprozedur wechseln muss. Sollte ein PHY-CCARESET.Request empfangen werden, so wird der PLCP die CS/CCA-Statusmaschine zurücksetzen, so dass diese sich im selben Status befindet, als wäre ein komplettes Frame empfangen worden. Ein freies Übertragungsmedium zeigt die CS/CCA-Prozedur über einen PHY-CCA.Indication(STATUS = Idle) an, während ein belegtes Medium über PHY-CCA.Indication(STATUS = Busy) angezeigt wird. Wurde ein belegtes Medium festgestellt und angezeigt, so stellt der PHY alle eventuellen Umschaltvorgänge zwischen den Antennen ein (falls der Empfänger über zwei und mehr Antennen verfügt), um einen möglichen Empfang eines SFD und PLCP-Header sicherzustellen. Sollte ein gültiger SFD und PLCP-Header empfangen werden, so sendet die CS/CCA-Prozedur ein PHY-RXSTART.Indication(RXVECTOR) und der PLCP wechselt in den Empfangsmodus. Der PLCP-Header wird hierbei als gültig betrachtet, wenn innerhalb des PLCP-Headers bestimmte Felder einen gültigen Wert wiedergeben. Dabei handelt es sich um die Inhalte des PSDU-Length-Feldes, des PLCP-Signaling-Feldes und dem Header-Error-Check-Feld.

3.2.5   FHSS-CCA-Empfindlichkeit

Für die CCA-Prozedur des FHSS-PHYs sind im 802.11-Standard verschiedene Schwellwerte für die anstehenden Signale definiert, wobei die CCA-Prozedur die Signale jeweils mit einer gewissen Zuverlässigkeit erkennen können muss. Die Definitionen sind dabei auch von dem

FHSS-CCA-Empfindlichkeit

Signal beziehungsweise von dem Datentyp abhängig. Sollte innerhalb des definierten CCA-Betrachtungsfensters eine FHSS-Präambel mit einer Signalstärke von mehr als -85 dBm anstehen, so muss die CCA-Prozedur dies mit einer Wahrscheinlichkeit von 90 % erkennen können. Das belegte Medium wird in diesem Fall mit Busy signalisiert. Sollte irgendein FHSS kompatibles Signal mit einer Datenrate von 1 MBit/s außerhalb des Betrachtungsfensters mit einer Signalstärke von -85 dBm anstehen, so muss dieses Signal immerhin noch mit einer Wahrscheinlichkeit von 70 % erkannt werden. Innerhalb des Betrachtungsfensters muss die CCA-Prozedur ebenfalls mit einer Wahrscheinlichkeit von 70 % ansprechen, wenn ein beliebiges FHSS-Signal mit einer Signalstärke über -65 dBm ansteht. Demnach gilt, dass das Signal beliebiger Daten 20 dB über dem Signal der Präambel liegen muss, damit die CCA-Prozedur ein belegtes (Busy) Übertragungsmedium meldet. Der Standard schreibt nur diese Mindestanforderungen vor, wobei aber nicht die technische Umsetzung definiert ist.

3.2.6   FHSS-PLCP-Datenempfang

FHSS-PLCP-Datenempfang

Der Datenempfang innerhalb der PLCP läuft folgendermaßen ab: Die eigentliche Empfangsprozedur beginnt mit dem Empfang eines gültigen SFD (Start Frame Delimiter) und eines PLCP-Headers, während sich der PLCP in der CS/CCA-Prozedur befindet. Der PLCP wird daraufhin einen PPDU Byte/Bit-Zähler setzen, über den der PLCP das Ende der PPDU erkennen kann. Des Weiteren werden die einzelnen Bits der eingehenden PPDU empfangen und decodiert. Korrekt empfangene Daten werden dann über eine Serie von PHY-DATA.Indicate(DATA) Serviceprimitive an den MAC übergeben. Nachdem das letzte Bit der PPDU empfangen wurde und erfolgreich an den MAC übergeben werden konnte, signalisiert der PLCP dies dem MAC, indem er ein PHY-RXEND.Indicate an den MAC übergibt. Innerhalb dieser Serviceprimitive ist der Parameter RXERROR auf No_Error gesetzt, um den erfolgreichen Empfang und die Übergabe der Daten anzuzeigen. Sollte der PLCP während des Empfangs des PLCP-Headers erkennen, dass die PPDU mit einer nicht unterstützten Datenrate vorliegt, so meldet der PLCP dies über PHY.RXEND.Indicate(RXERROR = Unsupported_Rate) an den MAC. Tritt während des Empfangs ein Fehler auf, so meldet der PLCP dies an den MAC über ein PHY.RXEND.Indicate(RXERROR = Carrier_Lost). In allen drei möglichen Fällen geht der PLCP wieder in die CS/CCA-Prozedur zurück, um gegebenenfalls weitere Frames empfangen zu können.

3.2.7   FHSS-PMD_SAP

Der PMD übernimmt die Datenaussendung und den Datenempfang, *FHSS-PMD_SAP*
wobei dieser unter der Kontrolle des PLCP steht. Die notwendige
Kommunikation erfolgt über die PMD_SAPs (Service Access Points),
über die Serviceprimitive ausgetauscht werden, die Einfluss auf den
laufenden Datenaustausch nehmen und notwendige Informationen
übergeben können. Folgende Serviceprimitive stehen dazu beim FHSS-
PMD zur Verfügung.

■ PMD_DATA.Request(TXD_UNIT): Diese Serviceprimitive defi-   *PMD_DATA.Request*
niert den Datentransfer vom PLCP zum PMD und kann vom PLCP
genutzt werden, um ein Datenbit vom PMD anzufordern. Der
Parameter TXD_UNIT kann dabei den Wert Null oder Eins annehmen und repräsentiert jeweils ein Datenbit.

■ PMD_DATA.Indicate(RXD_UNIT): Bei dieser Serviceprimitive   *PMD_DATA.Indicate*
handelt es sich um Komplementär zum PMD_DATA.Request.
Hierüber wird der Datentransfer vom PMD zum PLCP definiert.
Dabei kann der Parameter RXD_UNIT ebenfalls den Wert Null
und Eins annehmen, um ein Datenbit des Übertragungsmediums
anzuzeigen, wie es vom Demodulator ermittelt wurde.

■ PMD_TXRX.Request(RF_STATE): Hierbei handelt es sich um   *PMD_TXRX.Request*
eine Serviceprimitive, über die der PMD vom PLCP in den Sende-
oder Empfangsmodus überführt werden kann. Die Steuerung
erfolgt hierbei über den RF_STATE-Parameter, der den Status
Transmit, für die Überführung in den Sendemodus, oder Receive,
für den Empfangsmodus, annehmen kann.

■ PMD_PA_RAMP.Request(RAMP_STATE): Mit dieser Servicepri-   *PMD_PA_RAMP.Request*
mitive kann der Verstärker der Sendeeinheit eingeschaltet oder aus-
geschaltet werden. Der Zustand des Sendeverstärkers wird hierbei
über den RAMP_STATE Parameter festgelegt, wobei ON zum Einschalten und OFF zum Ausschalten führt.

■ PMD_ANTSEL.Request(ANTENNA_STATE): Diese Servicepri-   *PMD_ANTSEL.Request*
mitive bietet dem PLCP die Möglichkeit, festzulegen, welche
Antenne vom PMD für das Aussenden oder den Empfang der
Daten verwendet werden soll. Praktischen Nutzen hat dies für die
Diversity-Funktion (siehe Abschnitt 5.5.14), wobei über den Parameter ANTENNA_STATE die zu verwendende Antenne festgelegt
werden kann.

■ PMD_TXPWRLVL.Request(TXPOWER_LEVEL): Entspricht einer   *PMD_TXPWRLVL.Request*
Serviceprimitive, mit der sich die Sendeleistung des PMDs einstellen lässt. Die Sendeleistung kann hierbei über acht verschiedene

Levels (Level 1 bis Level 8) eingestellt werden, wobei die Einstellung über den TXPOWER_LEVEL-Parameter bestimmt wird.

■ PMD_FREQ.Request(CHANNEL_ID): Hierbei handelt es sich um eine Serviceprimitive, mit der der Kanal eingestellt werden kann, über den der Datenempfang und die Datenaussendung im PMD erfolgen soll. Der Kanal wird über den Parameter CHANNEL_ID festgelegt und kann bei WLAN-Komponenten für den europäischen Markt den Wert 2 bis 80 annehmen, um einen der 79 Kanäle zu spezifizieren.

PMD_RSSI.Indicate

■ PMD_RSSI.Indicate(STRENGTH): Durch diese Serviceprimitive kann der PMD dem PLCP die Signalstärke des empfangenen Signals anzeigen. Die Signalstärke wird über den Parameter STRENGTH angezeigt, wobei dieser den Wert 0 (schwaches Signal) bis 15 (starkes Signal) annehmen kann. Diese Information wird beispielsweise für die Antennenauswahl der Diversity-Funktion und für die CS/CCA-Prozedur genutzt.

PMD_PWRMGNT.Request

■ PMD_PWRMGNT.Request(MODE): Mit dieser Serviceprimitive kann auf den Leistungsverbrauch des PMDs Einfluss genommen werden, indem der Transceiver in einen Standby-Modus oder Stromspar-Modus überführt werden kann (siehe Abschnitt 4.6.2). Die Steuerung erfolgt über den MODE-Parameter, der den Wert ON, für an, oder OFF, für aus, annehmen kann.

Abschließend zeigt die Tabelle 3–3 die charakteristischen Parameter der FHSS-Implementierung auf der PHY-Ebene.

Tab. 3–3

Charakteristische
FHSS-Parameter

Parameter[a]	Wert
aSlotTime	50 µs
aSIFSTime	28 µs
aCCATime	27 µs
aMPDUMaxLength	4095 Bytes
aCWmin	15
aCWmax	1023
Dauer für Präambel	96 µs
Dauer für PLCP-Header	32 µs

a. Die Erklärungen für einzelne Parameter dieser Tabelle ergeben sich durch den MAC-Layer und werden im nächsten Kapitel beschrieben.

Bei der Angabe der maximalen MPDU-Länge ist zu beachten, dass der 802.11-Standard bei einer Datenrate von 1 MBit/s eine maximale PSDU-Länge von 400 Bytes und bei einer Datenrate von 2 MBit/s von 800 Bytes empfiehlt. Dies entspricht einer Übertragungszeit von weniger als 3,5 ms und bietet die Grundlage für eine optimale Datenübertragung beziehungsweise Performance innerhalb von Gebäuden, in Hinblick auf Beeinflussungen durch das Multipath-Probleme und Interferenzen (siehe Abschnitt 7.1.3).

3.3 DSSS-Technologie

DSSS-Technologie

DSSS steht für Direct Sequence Spread Spectrum. Hinter diesem Begriff verbirgt sich das bekannteste und am weitesten verbreitete Signalspreizverfahren, das auch als Pseudo-Noise-Verfahren bezeichnet wird. Allgemein versteht man unter der Direct-Sequence-Modulation die Modulation eines Trägers durch eine digitale Codefolge, bei der die Bitrate des Codes sehr viel größer ist als die Bandbreite des Nutzsignals. Es handelt sich also um ein CDMA-Verfahren, um eine Abgrenzung zwischen unterschiedlichen Systemen herzustellen.

Frequenzbandaufteilung

Bei der DSSS-Technologie laut IEEE 802.11, IEEE 802.11b und Festlegung der ETSI wird die vorhandene Bandbreite (2,4000 – 2,4835 GHz) in 13 Frequenzunterbänder mit einer Bandbreite von jeweils 22 MHz und 30 MHz Abstand zwischen den Center-Frequenzen aufgeteilt. Jedes der 13 Frequenzbänder stellt einen Kanal (1 – 13) bereit. Anders als bei der FHSS-Technologie sendet ein Sender immer auf demselben Kanal, und es findet während der Aussendung der Daten kein Kanalwechsel statt.

Signalspreizung

Für die Datenübertragung über die DSSS-Technologie werden die zu übertragenden Nutzdaten gespreizt. Die Spreizung führt dazu, dass im Gegensatz zum schmalbandigen Senden mit hoher Leistung nun über einen größeren Frequenzbereich mit kleiner Sendeleistung gearbeitet wird – die Energie des Signals bleibt dabei gleich. Dadurch ist bei einem eventuellen schmalbandigen Störeinfluss nur ein Teil der Information gestört, während bei schmalbandiger Datenübertragung das komplette Signal verloren geht. Die Intensität des breitbandigen Signals wird letztendlich unter die Rauschgrenze gebracht, wodurch benachbarte Systeme weniger gestört werden und die Dichte unterschiedlicher Systeme, bezogen auf eine bestimmte Fläche, erhöht werden kann (siehe Abb. 3–4).

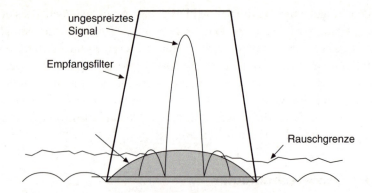

Abb. 3–4

*Durch die Spreizung der
DSSS-Technologie wird
das Sendesignal
unterhalb der
Rauschgrenze gebracht.*

Pseudo-Noise-Code   Die Spreizung des Signals erreicht man durch ein Codesignal, wobei bei den 802.11-Systemen in Abhängigkeit von der Datenrate unterschiedliche Spreiz-Codes zum Einsatz kommen. In der Ursprungsversion, laut 802.11, die eine Datenrate von 1 und 2 MBit/s zur Verfügung stellt, kommt ein Spreiz-Code zum Einsatz, der als Pseudo-Noise-Code (PN-Code) bezeichnet wird. Die einzelnen Signalzustände des PN-Codes werden als Chips bezeichnet. Sowohl Empfänger als auch Sender müssen den PN-Code kennen. Den PN-Code kann man sich als eine Art Schlüssel vorstellen; der Sender verschließt dabei die Informationen und nur der Empfänger mit dem richtigen Schlüssel kann die Informationen wieder entschlüsseln. Dabei ist es unabdingbar, dass der PN-Code nicht im Zusammenhang mit der Information steht. Da durch die Spreizung das Sendesignal unter die Rauschgrenze gebracht wird, können sich Systeme mit unterschiedlichen PN-Codes nicht verstehen oder gegenseitig stören.

Chipsequenz   Die DSSS-Technologie bekam ihren Namen aufgrund der einfachen beziehungsweise direkten Abbildung des PN-Codes auf jedes einzelne Bit. Der PN-Code besteht aus einer Chipsequenz der Länge 2^{n-1} Chips und wird einfach Modulo-2 (Exklusiv-ODER) zum eigentlichen Binärstrom des Nutzsignals addiert. Wird eine 1 des Nutzsignals codiert, so werden die Bits des PN-Codes in dem gespreizten Signal negiert dargestellt. Wird hingegen eine 0 codiert, so bleibt die Bitfolge des PN-Codes erhalten. Das Generieren des PN-Codes erfolgt durch ein spezielles Schieberegister, dessen Registeranzahl die Länge des PN-Codes bestimmt.

Auf der Seite des Empfängers werden für die Entschlüsselung des eingehenden Datenstroms die empfangenen Daten mit demselben PN-Code wieder Modulo-2 addiert. Durch die erneute Addition desselben PN-Codes ergibt sich auf der Seite des Empfängers wieder das ursprüngliche Datensignal (siehe Abb. 3–5).

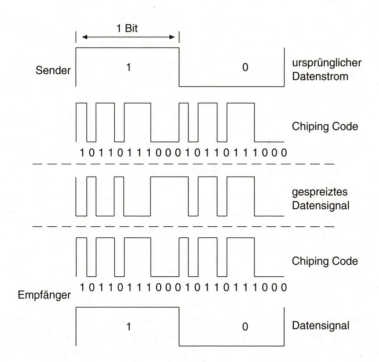

Abb. 3–5
Signalspreizung durch
den PN-Code sende- und
empfangsseitig

Die Verbindungspartner behandeln letztendlich das gewünschte Signal immer zweimal (einmal auf der Seite des Senders und einmal auf der Seite des Empfängers) mit ein und demselben PN-Code, während Störsignale diese Prozedur nur einmal durchlaufen und damit nur einmal gespreizt werden. So bleibt das Störsignal auf der Seite des Empfängers schmalbandig und mit einem hohem Frequenzanteil stehen und kann mit einem einfachen nachgeschalteten Tiefpass ausgefiltert werden – nur das gewünschte Signal bleibt übrig (siehe Abb. 3–6).

Störsignale

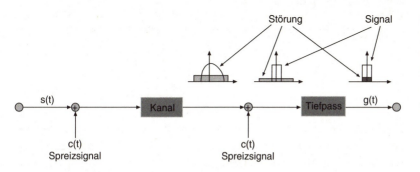

Abb. 3–6
Störsignale werden nur einmal gespreizt und können durch einen Tiefpass ausgefiltert werden.

Basierend auf der Tatsache, dass Störsignale nur einmal gespreizt werden und einfach ausgefiltert werden können, kann das gewünschte Signal vom Empfangssignal getrennt werden, obwohl dieses unterhalb der Rauschgrenze liegt und somit eigentlich im Signalrauschen untergeht. Dabei gilt: Je länger das Codesignal ist, desto größer ist die Spreizrate und somit auch die Resistenz gegen schmalbandige Störsignale. Das gespreizte Signal wird also deutlich unempfindlicher gegenüber Impulsstörungen, wobei sich dieser Vorteil jedoch auf die erzielbare Reichweite auswirkt, die durch die Signalspreizung begrenzt wird.

3.3.1   DSSS-Modulationsverfahren

DSSS-Modulationsverfahren

Als Modulationsverfahren wird bei den DSSS-Systemen die Phasenumtastung angewendet, die im Fachjargon als Phase Shift Keying, kurz PSK, bezeichnet wird. PSK stellt eine vereinfachte Art der Quadraturamplitudenmodulation (QAM, siehe Abschnitt 3.4.5) dar, wobei sich technisch bis zu 16 verschiedene Symbole darstellen lassen. Dabei wird dem zu übertragenden Symbol eine unterschiedliche Phase der elektromagnetischen Welle eines Trägersignals zugeordnet, um die zu übertragenden Informationen darzustellen. Hierbei gibt es zwei Möglichkeiten, die so genannte Bezugscodierung oder die Differenzcodierung. Bei der Bezugscodierung wird die Information der Trägerphase auf die Phase eines ungetasteten Trägers bezogen. Bei der Differenzcodierung wird dagegen der Phasenunterschied in zwei aufeinander folgenden Zeiteinheiten dargestellt. Hier wird also als Bezugspunkt keine Referenzphase, sondern die zuletzt übertragene Phase verwendet.

Bei der PSK-Modulation handelt es sich um die am häufigsten verwendete Modulationsvariante, wenn es um eine erhöhte Anforderung an die Übertragungsqualität und geringe Bandbreitenbeanspruchung geht. Zudem zeichnet sich PSK durch seine geringe Empfindlichkeit gegen Störungen aus.

Abb. 3–7
PSK-Modulation, bei der die Information über die Phasenverschiebung dargestellt wird.

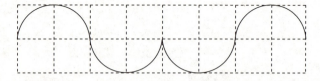

Nachteilig bei PSK ist die Tatsache, dass beide Seitenbänder übertragen werden müssen; die Anwendung der Einseitenbandtechnik ist wegen der Bandbreiteneinsparung technisch nicht möglich. Die Einsparung an benötigter Bandbreite kann nur durch die Übertragung mehrerer Zustände erzielt werden, d.h. pro Zeiteinheit wird die Information mehrerer Bits dargestellt. Dies lässt sich jedoch nur auf Kosten einer höheren Empfindlichkeit gegen Störquellen realisieren.

3.3.2 DSSS-Spreiz-Codes

In Abhängigkeit von der Datenrate, beziehungsweise um diese bei dem vorhandenen Frequenzband erzielen zu können, verwendet man bei der IEEE-DSSS-Technologie unterschiedliche Spreiz-Codes und Varianten der PSK-Modulation.

Bei Systemen mit einer Datenrate von 1 oder 2 MBit/s wird für die *11-Chip Barker Code* Spreizung der 11-Chip Barker Code mit dem Inhalt + 1, - 1, + 1, + 1, - 1, + 1, + 1, + 1, - 1, - 1, - 1 verwendet. Hierbei wird + 1 durch eine logische 1 und - 1 durch eine logische 0 repräsentiert, wodurch sich die Codefolge 10110111000 ergibt. Die 802.11-DSSS-Systeme arbeiten grundsätzlich mit einer Chiprate von 11 MChip/s. Somit werden bei der Nutzung des 11 Bit langen Chip Barker Code pro Sekunde 1 Millionen Symbole (1 MSymbol/s) übertragen. Bei den 1-MBit/s-Systemen hat ein Symbol einen Informationsinhalt von einem Bit, somit wird pro Zeiteinheit ein Bit übertragen. So kommt man auf eine Datenrate von 1 MBit/s (1 MSymbol/s × 1 Bit/Symbol = 1 MBit/s). Die 1-MBit/s-Systeme verwenden für die Modulation die so genannte Differential Binary Shift Keying Modulation (DBPSK). DBPSK ist eine spezielle Art der Binary Shift Keying Modulation, die der bereits beschriebenen Differenzcodierung zuzuordnen ist und einer Zweiphasenumtastung mit zwei unterschiedlichen Phasenlagen entspricht. Die folgende Tabelle zeigt die Darstellung der Symbole, wie diese bei der DBPSK-Modulation über die Phasenverschiebung dargestellt werden.

Symbol (1 Bit)	Änderung der Phasenlage (+jω)
0	0
1	π

Tab. 3–4

Phasenverschiebung der DBPSK-Modulation

Bei der DBPSK-Modulation tritt ein Übertragungsfehler erst bei einem Phasenfehler von ±90° auf. Die Phasenverschiebung, die für die Darstellung der Informationen verwendet wird, lässt sich über den Signalverlauf und in einem Signalzustandsdiagramm in der komplexen Ebene darstellen (siehe Abb. 3–8).

Eine DBPSK-Sendestufe besteht im Wesentlichen aus einem Modulo-2-Addierer, dem die Nutzdaten zugeführt werden, und einem nachgeschalteten Modulator. Innerhalb des Modulo-2-Addierers wird auf die Nutzdaten der 11 Bit lange Chipping-Code addiert. Das gespreizte Signal wird daraufhin dem Modulator zugeführt, der in Abhängigkeit von diesem Signal die Phasenlage des Trägers ändert (siehe Abb. 3–9).

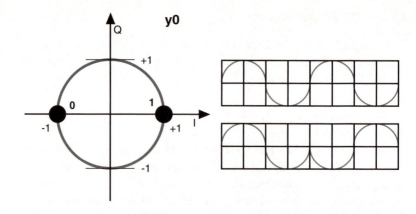

Abb. 3–8

*Darstellung der DBPSK-
Modulation für eine
Datenrate von 1 MBit/s*

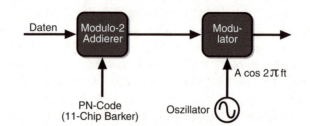

Abb. 3–9

*Blockschaltbild eines
DSSS-Sendestufe für
1 MBit/s*

Die 2-MBit/s-Systeme haben eine Symbollänge von zwei Bits, und pro Zeiteinheit werden zwei Bits übertragen. So kommt man auf eine Datenrate von 2 MBit/s (1 MSymbol/s × 2 Bit/Symbol = 2 MBit/s). Bei den 2-MBit/s-Systemen wird als Modulationsverfahren die so genannte Differential Quadrature Shift Keying Modulation (DQPSK) verwendet, die einer Vierphasenumtastung mit vier unterschiedlichen Phasenlagen entspricht. Dabei bestimmt ein Symbol mit der Länge von 2 Bits die Phasenverschiebung, wie sie in der Tabelle 3–5 dargestellt ist.

Tab. 3–5

*Phasenverschiebung der
DQPSK-Modulation bei
einer Datenrate von
2 MBit/s*

Symbol (2 Bits)	Änderung der Phasenlage (+j)
00	0
01	$\pi/2$
10	$3\pi/2$ $(-\pi/2)$
11	π

Ein Übertragungsfehler tritt hierbei bereits bei einer Phasenverfälschung von ±45° auf.

Bei der DQPSK-Modulation bildet ein Bit des Symbols einen I-Anteil (In-Phase-Kanal) und ein Bit den Q-Anteil (Quadraturkanal). Die Sendeeinheit eines DQPSK-Systems besteht vom Grundsatz her aus zwei parallel arbeitenden DBPSK-Systemen, die zueinander mit einer Phasenverschiebung von 90° arbeiten. Hierbei werden jeweils zwei Bits einem Datensplitter zugeführt, der ein Bit dem I-Kanal und das andere Bit dem Q-Kanal zukommen lässt. Bei der Empfangseinheit eines DQPSK-Systems wird das Empfangssignal wieder in einen I-Kanal und Q-Kanal aufgeteilt und mit einem In-Phase-Träger oder einem um 90° versetzten Quadraturträger multipliziert (siehe Abb. 3–10).

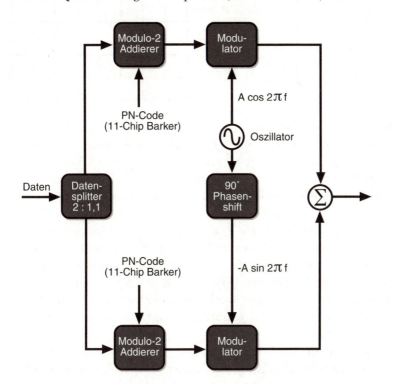

Abb. 3–10

Blockschaltbild einer DQPSK-Sendestufe für 2 MBit/s

Die binäre Darstellung der Datenbits erfolgt durch die Auswertung des In-Phase- und Quadraturkanals (siehe Tab. 3–5). Die komplexe Darstellung (I + jQ) der DQPSK-Modulation wird folgendermaßen beschrieben (siehe Abb. 3–11).

Die Darstellung über eine komplexe Zahl wird bevorzugt angewendet, da man in dieser Zahl gleichzeitig zwei Informationen unterbringen kann. Denn eine komplexe Zahl setzt sich aus einem Realanteil und einem Imaginäranteil zusammen. Auf diese Weise lassen sich beispielsweise die relative Amplituden- und die Phasenverschiebung auf einmal darstellen.

Abb. 3–11
Komplexe Darstellung der
DQPSK-Modulation

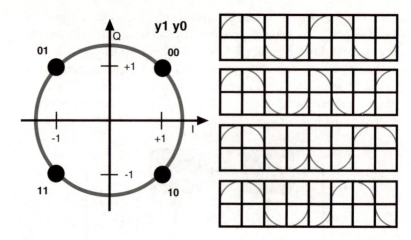

CCK   Bei der Datenrate von 5,5 und 11 MBit/s, laut 802.11b Spezifikation, verwendet man anstelle des Chip Barker Code einen so genannten Complementary Code, wobei man diesen über die CCK-Technologie (Complementary Code Keying) gewinnt. Bei CCK handelt es sich um eine Komplementärcode-Tastung, die eine Variante der M-wertigen Orthogonalen Tastung MOK ist. Hierbei wird aus einem Teil der Daten der Complementary Code gewonnen, beziehungsweise dieser aus einem bestimmten Vorrat an komplexen Codewörtern ausgewählt. Die restlichen Bits werden für die Modulation des verwendeten Complementary Codes genutzt. Bei dem CCK-Verfahren werden demnach über den Spreiz-Code auch direkt Nutzinformationen übertragen, da die Auswahl des verwendeten Spreiz-Codes von den jeweiligen Nutzdaten abhängig ist.

Bei Nutzung der Übertragungsrate von 5,5 MBit/s hat ein Symbol eine Länge von vier Bits (d0 bis d3), wovon vier Phasenlagen (φ1 bis φ4) abgeleitet werden. Über die Datenbits (d0, d1) wird die Änderung der Phasenlage φ1 nach Tabelle 3–6 bestimmt. Hierbei erfahren die geraden Symbole eine zusätzliche Phasenverschiebung von 180°. Dadurch wird bei einer Folge gleicher Symbole ein Ausbleiben der Phasenwechsel vermieden, wodurch unerwünschte Signalspektren nicht auftreten können.

Tab. 3–6
Phasenverschiebung
der DQPSK-Modulation
bei 5,5- und 11-MBit-
Systemen

Symbol (2 Bits)	Änderung der Phasenlage (+jω) bei geraden Symbolen	Änderung der Phasenlage (+jω) bei ungeraden Symbolen
00	0	π
01	π/2	3 π/2 (-π/2)
10	3 π/2 (-π/2)	π/2
11	π	0

Die Datenbits (d2, d3) wählen eines von vier komplexen Codewörtern (Vektoren) aus, wie sie aus der Tabelle 3–7 zu entnehmen sind. Das Codewort c hat eine Länge von 8 Bits und setzt sich aus den Bits c0 bis c7 zusammen.

d2, d3	c0	c1	c2	c3	c4	c5	c6	c7
00	1j	1	1j	-1	1j	1	-1j	1
01	-1j	-1	-1j	1	1j	1	-1j	1
10	-1j	1	-1j	-1	-1j	1	1j	1
11	1j	-1	1j	1	-1j	1	1j	1

Tab. 3–7

Auswahl der Codewörter für eine Datenrate von 5,5 MBit/s

Die Werte der vorherigen Tabelle lassen sich über folgende Formel berechnen, wobei die Phasen $\varphi2 = (d2 \times \pi) + \pi / 2$, $3 = 0$ und $\varphi4 = d3 \times \pi$ gesetzt werden:

$$c= \left\{ e^{j(\varphi1 + \varphi2 + \varphi3 + \varphi4)}, e^{j(\varphi1 + \varphi3 + \varphi4)}, e^{j(\varphi1 + \varphi2 + \varphi4)}, -e^{j(\varphi1 + \varphi4)}, \right.$$
$$\left. e^{j(\varphi1 + \varphi2 + \varphi3)}, e^{j(\varphi1 + \varphi3)}, -e^{j(\varphi1 + \varphi2)}, e^{j\varphi1} \right\}$$

Bei einer Datenrate von 11 MBit/s werden pro Symbol 8 Datenbits (d0 bis d7) übertragen. Hierbei wird das Codewort aus einer Auswahl von 64 komplexen Codewörtern (der Länge 8 Chips) über 6 von 8 Bit der zu übertragenden Information ausgewählt. Für die ersten beiden Bits (d0, d1) erfolgt die Phasenverschiebung für $\varphi1$ nach der vorherigen Tabelle 3–7. Die Änderung der Phasenlage $\varphi2$, $\varphi3$, $\varphi4$ für die folgenden Bits (d2, d3), (d4, d5) bis (d6, d7) wird aus der Tabelle 3–8 abgeleitet.

Symbol (2 Bits)	Änderung der Phasenlage (+jω)
00	0
01	π/2
10	π
11	3 π/2 (-π/2)

Tab. 3–8

Phasenverschiebung der DQPSK-Modulation bei einer Datenrate von 11 MBit/s für Bit d2 bis d7

CCK-Technologie

Mit dem ausgewählten Codewort werden die orthogonalen I- und Q-Kanäle angesteuert. Die restlichen 2 Bits der zu übertragenden Information werden für die DQPSK-Modulation verwendet, über die das gesamte Symbol moduliert wird. Dies wird auch deutlich, wenn man die zuvor aufgeführte Formel für die Berechnung des Codewortes betrachtet. Hier ist in jedem Term der 8 Chips der Parameter $\varphi1$ vorhanden, demnach werden alle Chips des Codewortes in Abhängigkeit den ersten beiden Bits (d1, d0) moduliert. Weiterhin wird der vierte und siebte Term des Chips mit einem negativen Vorzeichen versehen, wodurch die Korrelationseigenschaft des Chipping-Codes erhöht wird.

Korrelation

> Unter Korrelation versteht man beispielsweise die Wechselbeziehung verschiedener Signale. Mit Hilfe der Korrelationseigenschaften wird in diesem Fall die Unterscheidbarkeit der verschiedenen Chipping-Codes beschrieben.

Da man grundsätzlich mit einer Chiprate von 11 MChip/s arbeitet, jedoch bei den Systemen mit der Datenrate von 5,5 und 11 MBit/s anstelle des 11 Bit langen PN-Codes mit 8 Bit langen Codes gearbeitet wird, ergibt sich bei diesen Systemen eine Symbolrate von 1,375 MSymbolen/s (1 MSymbol/s × 11/8). Da die Chiprate beibehalten wird, wird wie bei der Datenrate von 1 und 2 MBit/s dieselbe Bandbreite benötigt, um eine Datenrate von 5,5 und 11 MBit/s zu übertragen. Somit wird die Spreizrate beibehalten und das Zusammenspiel zwischen den verschiedenen Datenraten vereinfacht, wie es beispielsweise beim Übergang zwischen Frameheader und Datenteil der Fall ist (siehe Abschnitt 3.3.3).

Bei den 5,5 MBit/s gewinnt man den Complementary Code aus 4 Codewörtern mit je 8 Bit, wobei ein Symbol eine Länge von 4 Bits hat. Daraus lässt sich die Datenrate 1,375 MSymbol/s × 4 Bit/Symbol = 5,5 MBit/s errechnen.

CCK-Codewort Die 11-MBit/s-Systeme gewinnen den Complementary Code aus 64 Codewörtern mit einer Länge von je 8 Bits, wobei ein Symbol eine Länge von 8 Bits hat. Die Datenrate lässt sich somit über 1,375 MSymbol/s × 8 Bit/Symbol = 11 MBit/s errechnen.

Das 8-Bit-CCK-Codewort wird von der folgenden Formel abgeleitet, wobei c das Codewort von LSB (Least Significant Bit) nach MSB (Most Significant Bit) ergibt.

$$c = \left\{ e^{j(\varphi1 + \varphi2 + \varphi3 + \varphi4)}, e^{j(\varphi1 + \varphi3 + \varphi4)}, e^{j(\varphi1 + \varphi2 + \varphi4)}, -e^{j(\varphi1 + \varphi4)}, \right.$$
$$\left. e^{j(\varphi1 + \varphi2 + \varphi3)}, e^{j(\varphi1 + \varphi3)}, -e^{j(\varphi1 + \varphi2)}, e^{j\varphi1} \right\}$$

Diese Formel wird also verwendet, um das Codewort für Signalspreizung bei der Datenrate von 5,5 und 11 MBit/s zu generieren. Die Variablen $\varphi1$ bis $\varphi4$ legen die Phasenlage des komplexen Codes fest.

Die Generierung des Codeworts wird nachfolgend anhand eines Beispiels für die Datenrate von 11 MBit/s aufgezeigt. Der Datenstrom ist in Bytes unterteilt, wobei die zu übertragende Information über die Bits d7, d6, d5, d4, d3, d2, d1, d0 repräsentiert wird. Die 8 Bits werden dazu genutzt, um Phasenlage $\varphi1$ bis $\varphi4$ nach folgender Tabelle zu codieren.

Bits	Phasenlage
d1, d0	φ1
d3, d2	φ2
d5, d4	φ3
d7, d6	φ4

Tab. 3–9

Schema für die Codierung der Phasen

Die Codierung basiert auf der Differential Quadrature Shift Keying Modulation (DQPSK), wie sie in der folgenden Tabelle dargestellt ist.

Bits (d_{i+1}, d_i)	Änderung der Phasenlage (+jω)
00	0
01	π
10	π/2
11	-π/2

Tab. 3–10

DQPSK-Modulation der Phasenlage

Die Generierung des Codewortes für den Bitstrom d7 bis d0 = 10110101 sieht zum Beispiel folgendermaßen aus:

- d1, d0 = 01 ergibt für φ1 = π
- d3, d2 = 01 ergibt für φ2 = π
- d5, d4 = 11 ergibt für φ3 = -π/2
- d7, d6 = 10 ergibt für φ4 = π/2

Überträgt man die Phasenwerte in die Formel zur Generierung des Codeworts, so ergibt sich folgende Gleichung:

$$c = \left\{ e^{j(\pi + \pi - \pi/2 + \pi/2)}, e^{j(\pi - \pi/2 + \pi/2)}, e^{j(\pi + \pi + \pi/2)}, -e^{j(\pi + \pi/2)}, \right.$$
$$\left. e^{j(\pi + \pi - \pi/2)}, e^{j(\pi - \pi/2)}, -e^{j(\pi + \pi)}, e^{j(\pi)} \right\}$$

$$c = \left\{ e^{j2\pi}, e^{j\pi}, e^{j5\pi/2}, -e^{j3\pi/2}, e^{j3\pi/2}, e^{j\pi/2}, -e^{j2\pi}, e^{j\pi} \right\}$$

Nach der Eulerschen Formel ergibt dies:

$$e^{j\Theta} = \cos \Theta + j \sin \Theta \quad \text{wobei } \Theta: 0, \pi/2, \pi, -\pi/2$$

$$c = \left\{ \cos 2\pi + j\sin 2\pi, \cos \pi + j\sin \pi, \cos 5\pi/2 + j\sin 5\pi/2, \right.$$
$$-\cos 3\pi/2 - j\sin 3\pi/2, \cos 3\pi/2 + j\sin 3\pi/2, \cos \pi/2 + j\sin \pi/2,$$
$$\left. -\cos 2\pi - j\sin 2\pi, \cos \pi + j\sin \pi \right\}$$

woraus sich das komplexe Codewort

$$c = \left\{ 1, -1, j, j, -j, j, -1, -1 \right\} \text{ ergibt.}$$

In der Praxis arbeiten die 5,5- und 11-MBit/s-CCK-Modulatoren mit einem 1,375 MHz Takt. Aus dem eingehenden Datenstrom werden

2 (bei 5,5 MBit/s) beziehungsweise 6 (bei 11 MBit/s) der Datenbits dazu verwendet, eines der komplexen CCK-Codewörter (Vektoren) auszuwählen. Das ausgewählte Codewort moduliert dann den Träger nach dem QPSK-Verfahren durch entsprechende Ansteuerung der I- und Q-Modulatoren. Die 2 restlichen Bits (d0, d1) werden für die QPSK-Modulation verwendet, um die QPSK-Polarität festzulegen, mit der das gesamte Symbol moduliert wird. Die Datensequenz wird demnach über den I/Q-Anteil moduliert. Für das erste Bit des Datenteils wird dabei als Referenzphase das letzte Bit des PLCP-Headers verwendet. Abbildung 3–12 zeigt das Blockschaltbild einer CCK-Sendestufe für 11 MBit/s, wobei die CCK-Sendestufe für 5,5 MBit/s sich nur geringfügig durch den Datensplitter und die Codeauswahl unterscheidet.

Abb. 3–12

Blockschaltbild einer CCK-Sendestufe

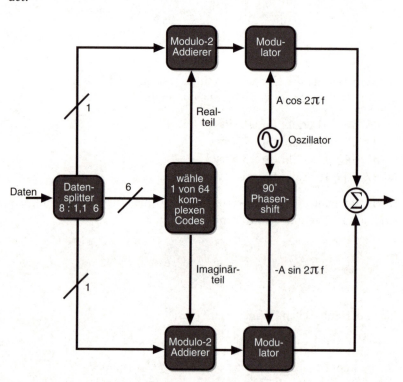

Vergleicht man die verschiedenen Modulationsverfahren der DSSS-Technologie und die daraus resultierende Datenrate, so ergibt dies folgendes Gesamtbild (siehe Abb. 3–13).

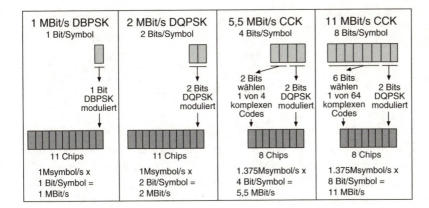

Abb. 3–13

*Übersicht der
Modulationsverfahren
und Datenraten der
DSSS-Technologie*

3.3.3 DSSS-Frameformat

Die vom MAC-Layer übergebenen Daten werden für die Übertragung bei den DSSS-Systemen in ein Frameformat verpackt, dessen PLCP-Header 6 Felder beinhaltet und eine Länge von 192 Bits hat.

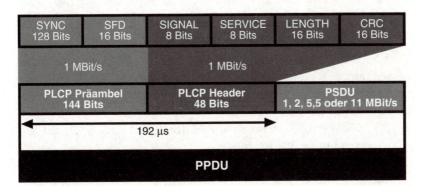

Abb. 3–14

DSSS-PLCP-Frameformat

Die *PLCP-Präambel* des Headers besteht aus dem SYNC und dem Start Frame Delimiter. Das 128 Bit lange *SYNC*-Feld stellt einen Wechsel von Nullen und Einsen dar, über den sich der Empfänger mit dem Sender synchronisieren kann. Der *Start Frame Delimiter* hat eine Länge von 16 Bits mit dem Inhalt 1111-0011-1010-0000 und zeigt so das Ende der Präambel und den Anfang der PHY-Parameter an.

Über das 8 Bit lange *Signal*-Feld wird die Datenrate des MPDU angezeigt. Der PLCP-Header wird grundsätzlich mit der Datenrate von 1 MBit/s und über die DBPSK-Modulation übertragen. Die Datenrate und das Modulationsverfahren, mit denen der Datenteil übertragen wird, werden über das Signal-Feld angezeigt, wie es in der Tabelle 3–11 dargestellt ist.

Inhalt Signal-Feld	Datenrate	Modulationsverfahren
0A	1 MBit/s	DBPSK
14	2 MBit/s	DQPSK
37	5,5 MBit/s	CCK oder optional PBCC
6E	11 MBit/s	CCK oder optional PBCC

Service-Feld Über das 8 Bit lange *Service*-Feld werden für die 5,5- und 11-MBit/s-Datenraten bestimmte Eigenschaften angezeigt. Die Bits 0, 1, 4, 5 und 6 sind reserviert und auf Null gesetzt. Mit dem 2. Bit wird angezeigt, ob der Takt für die Sendefrequenz und die Symbolrate über denselben Oszillator gewonnen werden. Das Bit 3 zeigt an, ob die CCK-Modulation oder die optionale PBCC-Modulation (Packet Binary Convolutional Coding) verwendet wird (siehe Abschnitt 3.5). Bit 7 zeigt bei der Datenrate von 11 MBit/s an, wie der gerundete Integer-Wert des Length-Feldes zur tatsächlich benötigten Zeit für die Übertragung der PSDU liegt (0 = unter dem Wert, 1 = gleich oder über dem Wert).

Length-Feld Über das 16 Bit lange *Length*-Feld wird die Zeit in µs angezeigt, die für die Übertragung der PSDU benötigt wird. Die benötigte Zeit wird dabei auf den nächsten Integer-Wert gerundet und nach den folgenden Formeln berechnet:

- 5,5 MBit/s CCK: Length = Anzahl der Bytes × 8/5,5 auf den nächsten Integer-Wert gerundet.
- 11 MBit/s CCK: Length = Anzahl der Bytes × 8/11 auf den nächsten Integer-Wert gerundet.
- 5,5 MBit/s PBCC Length = (Anzahl der Bytes + 1) × 8/5,5, auf den nächsten Integer-Wert gerundet.
- 11 MBit/s PBCC Length = (Anzahl der Bytes + 1) × 8/11, auf den nächsten Integer-Wert gerundet.

Das abschließende Feld des PLCP-Headers stellt das 16 Bit lange *CRC*-Feld dar, mit dem über einen Cyclic Redundancy Check die Fehlerfreiheit des PLCP-Headers geprüft wird.

PSDU-Feld Das *PSDU*-Feld beinhaltet die Daten des MAC-Layers (MPDU) und kann eine Länge von 0 – 4095 Bytes haben. Um eine Beeinflussung von Gleichspannungsanteilen zu reduzieren und sicherzustellen, dass eine Folge von sich ständig wiederholenden Symbolen vermieden wird, werden die Daten über die polynomiale *Funktion* $G(z) = z^{-7} + z^{-4} + 1$ gescrambelt (verwürfelt), wobei z^1 bis z^7 den Inhalt 1101100 haben.

3.3.4 DSSS-Short-Frameformat

Neben dem beschriebenen DSSS-Frameformat wurde durch die *Short-Präambel*
802.11b-Erweiterung ein weiteres Frameformat als optionale Imple-
mentierungsmöglichkeit eingeführt, das als Short-Frameformat oder
Short-Präambel bezeichnet wird. Wie der Name bereits verrät, handelt
es sich hierbei um ein verkürztes Frameformat, bei dem die benötigte
Übertragungszeit zwecks Performance-Steigerung optimiert wurde.
Die Optimierung bezieht sich in diesem Fall auf die PLCP-Präambel
und den PLCP-Header. Die Länge der Präambel wird hierbei von
144 Bits auf 72 Bits reduziert, wobei diese weiterhin mit einer Datenrate von 1 MBit/s übertragen wird. Die Verkürzung der Präambel
bezieht sich auf das SYNC-Feld, das von einer Länge von 128 Bits auf
56 Bits reduziert wird. Der Inhalt des SYNC-Feldes ergibt sich aus
gescrambelten Bits mit dem ursprünglichen Inhalt 0, die mit der Bitfolge 001 1011 gescrambelt werden. Die entstehende Bitfolge dient der
Synchronisation zwischen Sender und Empfänger. Das SFD hat weiterhin die Länge von 16 Bits, wobei jedoch der Inhalt zu der langen Fra-
meversion mit der Bitfolge 0000-0101-1100-1111 abweicht. Durch
diese veränderte Bitfolge wird sichergestellt, dass Empfänger, die das
kurze Frameformat nicht unterstützen, das SFD nicht erkennen und
somit darauf nicht reagieren werden. Das Format des PLCP-Headers
wird beibehalten, jedoch wird dieser anstelle von 1 MBit/s mit einer
Datenrate von 2 MBit/s übertragen (siehe Abb. 3–15). Somit wird in
der zeitlichen Betrachtung der Overhead durch die PLCP-Präambel
und den PLCP-Header deutlich reduziert.

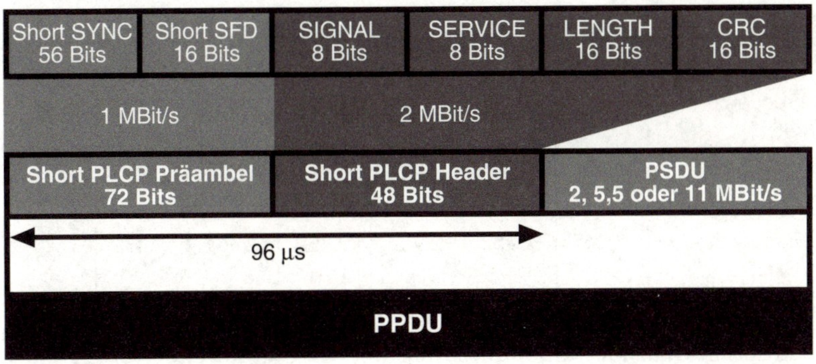

Abb. 3–15
Short-Frameformat

Bei der herkömmlichen langen Version werden für die Übertragung von
PLCP-Präambel und -Header 192 µs und bei der verkürzten Frame-
version nur noch 96 µs benötigt. Dies entspricht einer zeitlichen Einsparung von 50 %.

Grundsätzlich wird das Short-Frameformat nur bei einer Datenrate von 2, 5,5 oder 11 MBit/s unterstützt, wobei sich die Mindestdatenrate von 2 MBit/s daraus ergibt, dass der PLCP-Header anstelle von 1 mit 2 MBit/s übertragen wird.

Access Points oder Stationen, die sich innerhalb einer BSS befinden, setzen innerhalb des Beacon-Frames (siehe Abschnitt 4.5.2) das Short Preamble Feld auf 1, um anzuzeigen, dass sie das kurze Frameformat unterstützen und innerhalb der BSS die Nutzung dieses Formates erlaubt ist. Da es sich hierbei um eine Option handelt, müssen nicht zwangsläufig alle 802.11b-konformen Produkte das Short-Frameformat unterstützen. Empfangen die Stationen einer BSS über das Beacon-Frame die Erlaubnis zur Nutzung des Short-Frameformates und unterstützen diese ebenfalls diese Option, so werden sie das Short-Frameformat nutzen, falls dies in der Konfiguration aktiviert wurde.

3.3.5   DSSS-Kanalaufteilung

DSSS-Kanalaufteilung

Um mehrere Funkzellen parallel und voneinander unabhängig innerhalb eines Empfangsbereichs betreiben zu können, muss die Kanalbelegung der DSSS-Systeme berücksichtigt werden. Laut ETSI ist in Europa (Ausnahme Frankreich und Spanien) das zur Verfügung stehende Frequenzband (2,4000 – 2,4835 GHz) in 13 Kanäle mit je 22 MHz Bandbreite unterteilt, wobei zwischen den Center-Frequenzen der verwendeten Kanäle ein Abstand von 30 MHz gefordert wird. Der Abstand der Center-Frequenz beträgt zwischen den benachbarten Kanälen allerdings nur 5 MHz (siehe Tab. 3–12).

Tab. 3–12
DSSS-Kanäle laut ETSI für Europa (Ausnahme Frankreich und Spanien)

Kanal	1	2	3	4	5	6	7
Center-Frequenz [GHz]	2,412	2,417	2,422	2,427	2,432	2,437	2,442
Kanal	8	9	10	11	12	13	–
Center-Frequenz [GHz]	2,447	2,452	2,457	2,462	2,467	2,472	–

Betrachtet man die Kanalaufteilung und die Bandbreite von 22 MHz beziehungsweise den geforderten Abstand zwischen den Center-Frequenzen von 30 MHz, so stellt man fest, dass sich die benachbarten Kanäle deutlich überlappen. Bedingt durch diese Tatsache muss man berücksichtigen, dass nur bestimmte Kanalgruppierungen innerhalb eines Empfangsbereichs betrieben werden können, ohne dass sich die

Kanäle untereinander beeinflussen. Werden innerhalb eines Empfangsbereiches überlappende Kanäle verwendet, würden zwangsläufig Kollisionen auftreten und die Performance nachhaltig beeinflusst werden. Maximal können drei DSSS-Systeme innerhalb eines Empfangsbereichs betrieben werden, wenn die Kanäle 1, 7 und 13 verwendet werden. In diesem Fall wird ausschließlich der geforderte Abstand zwischen den Center-Frequenzen von 30 MHz eingehalten. Alle anderen Kanalgruppierungen lassen unter den genannten Anforderungen jeweils nur zwei unabhängige Systeme zu (siehe Abb. 3–16).

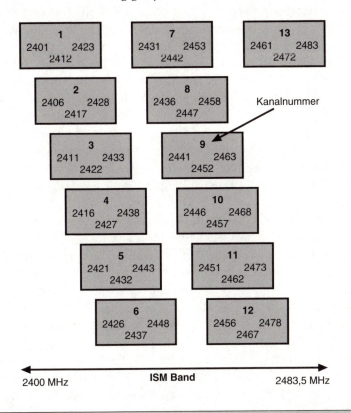

Abb. 3–16

Mögliche DSSS-Kanalgruppierung für unabhängige Systeme

Die Aufteilung des 2,4-GHz-Frequenzbandes ist regional festgelegt. In den USA wird beispielsweise nur ein Abstand von 25 MHz zwischen den Center-Frequenzen gefordert und es stehen ausschließlich 11 Kanäle zur Verfügung. Nach dieser Frequenzaufteilung können in den USA auf Kanal 1, 6 und 11 drei unabhängige Systeme betrieben werden. Sehr oft werden amerikanische Literatur oder Dokumentationen einfach ins Deutsche übersetzt, wodurch die Behauptung entsteht, dass bei uns für den Betrieb unabhängiger Systeme ebenfalls Kanal 1, 6 und 11 verwendet werden müssen. In diesem Fall wird jedoch nicht der geforderte 30-MHz-Abstand zwischen den Center-Frequenzen erzielt.

3.3.6   DSSS-PMD_SAP

DSSS-PMD_SAP   Wie bei dem FHSS-PMD bedient sich der DSSS-PMD verschiedener Serviceprimitiven für die Steuerung des Datenaustausches, den Datenaustausch selbst sowie weitere Funktionen. Im Folgenden werden die DSSS-spezifischen Serviceprimitiven aufgelistet und deren Funktion erläutert.

PMD_DATA.Request
■ PMD_DATA.Request(TXD_UNIT): Entspricht einer Serviceprimitive für den Datenaustausch von PLCP zum PMD, wobei der Datenaustausch über den Parameter TX_UNIT erfolgt. Dieser Parameter kann bei Nutzung der DBPSK (1 MBit/s) den Wert 0 oder 1 annehmen, oder für DQPSK (2, 5,5 oder 11 MBit/s) die Werte 00, 01, 10 oder 11. Somit lassen sich pro Request die Daten eines Symbols übertragen. Der Takt, von dem die Ausführung der PMD_DATA.Request Primitive abhängig ist, wird von den Wiederholungen der PN-Codes (1 und 2 MBit/s) oder dem Auftreten verschiedener CCK-Codes (5,5 oder 11 MBit/s) abgeleitet.

PMD_DATA.Indicate
■ PMD_DATA.Indicate(RXD_UNIT): Diese Serviceprimitive ist wieder das Komplementär zur zuvor aufgeführten Serviceprimitive. Hierüber erfolgt der Datenaustausch für die empfangenen Daten, also vom PMD zum PLCP. Der Datenaustausch findet über den Parameter RXD_UNIT statt, der dieselben Werte wie der Parameter TXD_UNIT annehmen kann.

PMD_TXSTART.Request
■ PMD_TXSTART.Request: Mit Hilfe dieser Serviceprimitive kann der PLCP die Aussendung einer PPDU durch den PMD initiieren.

PMD_TXEND.Request
■ PMD_TXEND.Request: Entspricht einer Serviceprimitive, mit dem der PLCP dem PMD das Ende einer PPDU-Übertragung anzeigt und somit die Datenübertragung beenden kann.

■ PMD_ANTSEL.Request(ANT_STATE): Entspricht einer Serviceprimitive, mit dem der PLCP eine Antennenauswahl vornehmen kann, also festlegt, mit welcher Antenne der PMD die Datenaussendung und den Datenempfang vornehmen soll. Die Auswahl erfolgt über den Parameter ANT_STATE, der den Wert 1 bis n annehmen kann, wodurch sich eine der n Antennen auswählen lässt.

PMD_ANTSEL.Indicate
■ PMD_ANTSEL.Indicate(ANT_STATE): Über diese Serviceprimitive kann der PLCP anzeigen, über welche Antenne in der letzten Zeit die meisten Frames empfangen wurden. Die Angabe erfolgt über den Parameter ANT_STATE, der wiederum den Wert 1 bis n annehmen kann.

PMD_TXPWRLVL.Request
■ PMD_TXPWRLVL.Request(TXPWR_LEVEL): Mit dieser Serviceprimitive kann der PLCP Einfluss auf die zu verwendende Signal-

stärke nehmen, also festlegen, mit welcher Signalstärke das nächste Frame übertragen wird. Über den Parameter TXPWR_LEVEL können hierzu acht verschiedene Level festgelegt werden.

- PMD_RATE.Request(RATE): Diese Serviceprimitive dient dem PLCP dazu, die Datenrate festzulegen, über die der DSSS-PHY die MPDU aussendet. Die Festlegung erfolgt über den Parameter RATE, über den sich die Datenrate von 1 (X'0A'), 2 (X'14'), 5,5 (X'37') oder 11 MBit/s (X'6E') auswählen lässt.

  PMD_RATE.Request

- PMD_RATE.Indicate(RATE): Entspricht einer Serviceprimitive, mit der der PMD anzeigen kann, mit welcher Datenrate der MPDU-Teil der PPDU empfangen wurde. Diese Information wird vom Signaling-Feld des PLCP-Headers abgeleitet und mit Hilfe des RATE Parameters übergeben.

  PMD_RATE.Indicate

- PMD_RSSI.Indicate(RSSI): Hierbei handelt es sich um eine optionale Serviceprimitive, mit der der PMD dem PLCP und dem MAC die Signalstärke (RSSI = Received Signal Strength Indication) anzeigen kann. Die Anzeige des RSSI-Werts erfolgt über den RSSI-Parameter, der eine Länge von 8 Bits hat und somit 256 Werte annehmen kann. Der RSSI-Wert wird durch den PHY mit dem Beginn des SFD bis zum Ende des PLCP-Headers bestimmt. Dieser Wert kann auch in Verbindung mit dem Ergebnis der PMD_SQ.Indicate Serviceprimitive für die CS/CCA-Prozedur verwendet werden.

  PMD_RSSI.Indicate

- PMD_SQ.Indicate(SQ): Mit dieser optionalen Serviceprimitive hat der PMD die Möglichkeit, dem PLCP und dem MAC die Signalqualität der DSSS PHY-PN-Code-Korrelation (siehe Abschnitt 3.3.2) anzuzeigen. Die Anzeige erfolgt über den SQ-Parameter, der eine Länge von 8 Bits hat und 256 verschiedene Werte annehmen kann.

  PMD_SQ.Indicate

- PMD_CS.Indicate: Entspricht einer Serviceprimitive, mit der der PMD anzeigen kann, dass ein PN-Code erkannt wurde und eine Demodulation der Daten stattfindet. Das angezeigte Ergebnis ist binär und vom SQ-Wert abhängig, zeigt also, ob dieser unterhalb (Disabled) oder oberhalb (Enabled) des Carrier-Sense-Schwellwert liegt.

  PMD_CS.Indicate

- PMD_ED.Indicate: Hierbei handelt es sich um eine optionale Serviceprimitive des PMDs, mit der angezeigt wird, ob die Energie des empfangenen Signals oberhalb der Schwelle der PMD_RSSI Primitive liegt (Disabled) oder nicht (Enabled). Über diese Primitive kann abgeleitet werden, ob es sich um ein gültiges DSSS-Signal handelt oder ob nur ein anderes Signal mit einer bestimmten Energie empfangen wurde.

  PMD_ED.Indicate

PMD_ED.Request ■ PMD_ED.Request(ED_THRESHOLD): Ist eine Serviceprimitive, mit der der PLCP die Möglichkeit hat, den Schwellwert für die PMD_ED-Erkennung zu setzen.

PMD_ED.Request ■ PHY-CCA.Indicate: Hierbei handelt es sich um eine Serviceprimitive, mit der der PMD anzeigen kann, dass die Energie des empfangenen Signals oberhalb einer Schwelle liegt, die vom CCA-Algorithmus abgeleitet wurde. Somit entspricht diese Primitive letztendlich dem CCA-Status.

3.3.7   DSSS-PLCP-Sendeprozedur

DSSS-PLCP-Datenaussendung   Beim DSSS-PHY sieht das Prozedere für die Aussendung von Daten folgendermaßen aus. Der MAC startet die Datenaussendung einer PPDU, indem er eine PHY-TXSTART.Request Serviceprimitive an den PLCP übergibt. Hierbei werden über TXVECTOR gleichzeitig alle notwendigen Parameter wie Datenrate, Länge, Präambeltyp und Modulation übergeben, wonach der PHY entsprechend gesetzt wird. Der PLCP wird daraufhin den PLCP-Header bilden, d.h. das Signal-, Service- und Length-Feld berechnen. Des Weiteren generiert der PLCP die PMD_ANTSEL, PMD_RATE und PMD_TXPWRLVL Primitive, um die PMD-Teilschicht zu konfigurieren und diese auf die bevorstehende Datenübertragung vorzubereiten. Daraufhin wird der PHY eine PHY-TXSTART.Request Primitive aussenden, worüber das Scrambling für die Daten initialisiert und die PLCP-Präambel ausgesendet wird. Nachdem die Präambel ausgesendet wurde, findet der Datenaustausch zwischen dem MAC und dem PHY statt, indem ein Wechsel zwischen PHY-DATA.Request (DATA) und PHY-DATA.Confirm Primitiven ausgeführt wird, über die jeweils 1 oder 2 Bits ausgetauscht werden. Der PMD wird danach mit der Aussendung der Daten beginnen, indem er über PMD_DATA.Request Primitiven die Daten vom PLCP entgegennimmt. Bei der Datenaussendung wird natürlich gegebenenfalls der notwendige Wechsel der Modulation und Datenrate beim Anfang der PSDU, also der Übergang zwischen PLCP-Header und Datenteil, berücksichtigt. Während die Datenaussendung stattfindet, kann der MAC jederzeit den Sendevorgang über eine PHY-TXEND.Request Primitive abbrechen. Normalerweise findet ein Abbruch nur statt, nachdem das letzte Bit der PSDU übertragen wurde, wobei dies über die Angaben des Length Feldes abgeleitet wird. Generell gilt für eine Beendigung der Datenaussendung, dass eine PHY-TXEND.Request Primitive durch eine PHY-TXEND.Confirm Primitive des PHYs bestätigt wird.

3.3.8 DSSS-PLCP-Empfangsprozedur

Die DSSS-PLCP-Empfangsprozedur ist von der unterstützten Datenrate und vom Präambeltyp abhängig. Werden Datenraten von 5,5 und
11 MBit/s und eine Short-Präambel unterstützt, so muss der PHY dies
über den Parameter RXVECTOR bekannt geben können. Dazu muss
RXVECTOR, abweichend von der Grundvariante, zusätzliche Informationen übergeben können. Im Folgenden werden wir uns auf die
Beschreibung der erweiterten Form beschränken, bei der eine Short-
Präambel und die höheren Datenraten unterstützt werden.

*DSSS-PLCP-
Datenempfang*

 Durch den Empfang eines SFD wird der PHY entscheiden, ob es
sich um ein kurzes oder langes Header-Format handelt. Sollte es sich
um einen kurzen Header handeln, so demoduliert er den eingehenden
PLCP-Header mit 1 MBit/s (BDPSK), andernfalls mit 2 MBit/s
(QDPSK). Nach beziehungsweise während des Empfangs des PLCP-
Headers wertet der PHY das Signal- und Service-Feld aus, um die
Datenrate und das Demodulationsverfahren für den Empfang der
PSDU festzulegen. Damit überhaupt ein Datenempfang möglich ist,
muss der PHY-TXSTART.Request deaktiviert sein, wodurch sich der
PHY im Empfangsmodus befindet. Des Weiteren muss die CCA-Proze-
dur auf dem entsprechenden Kanal aktiv sein. Hierzu müssen Parame-
ter wie Signalstärke (RSSI), Signalqualität (SQ) und Datenrate entsprechend gesetzt sein.

 Befindet sich nun der PHY im CCA-Modus, so wird die CCA-Prozedur ansprechen, wenn die empfangene Signalstärke (RSSI) einen
Schwellwert (ED Threshold) überschreitet und/oder das Carrier Sense
auslöst. Die CCA-Prozedur wird daraufhin eine PHY-CCA.Indicate
Primitive (Busy) übergeben, um den anstehenden Datenempfang anzuzeigen. Des Weiteren werden vom PMD die PMD_SQ und PMD_RSSI
Primitive übergeben, um den Wert von den RSSI und SQ Parametern
an den MAC zu signalisieren. Danach wird der PHY in den eingehenden Datenstrom nach einem gültigen SFD Ausschau halten. Sollte ein
gültiger SFD erkannt worden sein, so wertet der PLCP das Signal-, Ser-
vice- und Length-Feld aus und prüft anhand der Header Checksumme
(HEC) die Datenintegrität des PLCP-Headers. Sollte der PLCP-Header
fehlerfrei und alle Felder auswertbar sein, so übergibt der PHY eine
PHY-RXSTART.Indicate (RXVECTOR) Primitive. Hierbei werden
über den Parameter RXVECTOR die Informationen des Signal-Feldes,
des Service-Feldes, die PSDU-Länge in Bytes, der Präambeltyp, die zum
Empfang verwendete Antenne, die Stärke des Signals (RSSI) und die
Signalqualität (SQ), mit der die Daten empfangen wurden, übergeben.
Anschließend erfolgt der Datenaustausch zwischen PHY und MAC

DSSS-CCA

über den Wechsel mehrerer PHYDATA.Indicate (DATA) Primitiven, bis das letzte Bit der PSDU übertragen wurde, worauf der Empfänger wieder in den Idle-Status übergeht.

3.3.9 DSSS-CCA-Empfindlichkeit

CCA-Modi Die CCA-Prozedur des DSSS-PMD ist etwas abweichend vom FHSS-PMD implementiert. Hierbei wird generell zwischen fünf CCA-Modi unterschieden.

CCA-Mode 1 ■ Über den CCA-Mode 1 wird angezeigt, dass sich die Energie oberhalb des Schwellwertes (ED Threshold, siehe weiter unten) befindet, wobei es sich in diesem Fall um kein bestimmtes Signal handelt, sondern jede Signalquelle innerhalb des genutzten Frequenzbandes vorstellbar ist.

CCA-Mode 2 ■ Mit dem CCA-Mode 2 wird das Ergebnis des Carrier Sense angezeigt, also dass ein DSSS-Signal definitiv erkannt worden ist. Hierbei ist es irrelevant, ob das anstehende Signal unterhalb oder oberhalb des Schwellwertes (ED Threshold) liegt.

CCA-Mode 3 ■ Mit Hilfe des CCA-Mode 3 wird ein positives Carrier-Sense-Ergebnis angezeigt, was auf den Empfang eines gültigen DSSS-Signals hindeutet, das oberhalb des Schwellwertes (ED Threshold) liegt.

CCA-Mode 4 ■ Dem CCA-Mode 4 entspricht eine Carrier-Sense-Funktion unter der Berücksichtigung eines Timers. Hierbei startet die CCA-Prozedur einen Timer mit einer Dauer von 3,65 ms und meldet nur ein belegtes Übertragungsmedium (Busy), wenn innerhalb der 3,65 ms ein Signal mit hoher Datenrate festgestellt wird. Andernfalls meldet die CCA-Prozedur ein freies Medium (Idle). Die entscheidende Zeit von 3,65 ms ergibt sich hierbei aus der maximalen Dauer, die für die Übertragung einer PSDU mit maximaler Länge benötigt wird, falls diese mit einer Datenrate von 5,5 MBit/s übertragen wird.

CCA-Mode 5 ■ Bei dem CCA-Mode 5 handelt es sich um die Kombination einer Carrier-Sense-Funktion bei hoher Datenrate ab 5,5 MBit/s und der Schwellenüberschreitung der Energie. Hierbei meldet die CCA-Prozedur ein belegtes Übertragungsmedium, falls die CCA-Prozedur die Übertragung einer PPDU mit hoher Datenrate (5,5 oder 11 MBit/s) erkennt und die Energie des Signals an der Antenne eine bestimmte Schwelle (ED Threshold) überschreitet.

Für die Datenraten von 1 und 2 MBit/s sind die CCA-Modi 1, 2, 3 relevant und für die höheren Datenraten von 5,5 und 11 MBit/s werden die CCA-Modi 1, 4 und 5 genutzt. Generell gilt, dass die CCA-

Prozedur ein positives Ergebnis zurückliefert, wenn am Empfänger keine Signalenergie erkannt wird oder die Carrier-Sense-Funktion nicht anspricht, also kein gültiges Signal erkannt wurde. Für die CCA-Prozedur gelten folgende Festlegungen als Grundlage für die Medienüberwachung.

■ Die Energieschwelle (ED Threshold) für die Signalerkennung ist von der Sendeleistung und von der Datenrate abhängig (siehe Tab. 3–13).

CCA-Bedingungen

Sendeleistung	DSSS-CCA-Energieschwelle	
Datenrate	1 und 2 MBit/s	5,5 und 11 MBit/s
> 100 mW	= - 80 dBm	= - 76 dBm
50 mW < bis ≤ 100 mW	= - 76 dBm	= - 73 dBm
≤ 50 mW	= - 70 dBm	= - 70 dBm

Tab. 3–13
DSSS-Empfänger-empfindlichkeit

■ Wenn während der Ausführung der CCA-Prozedur ein gültiges Signal innerhalb von 5 µs einer Slot Time erkannt wird, muss die CCA-Prozedur bis zum Ende der jeweiligen Slot Time das Übertragungsmedium als belegt anzeigen. Die Slot Time wird vom MAC verwendet, um den Wert für PIFS und DIFS abzuleiten, wobei die Slot Time vom PHY-Typ abhängig und beim DSSS-PHY auf 20 µs festgelegt ist (siehe Abschnitt 4.2.4).

■ Nachdem ein gültiger PLCP-Header empfangen wurde, wird der DSSS-PHY über das CCA-Signal ein belegtes Medium (Busy) für die notwendige Dauer der Frameübertragung anzeigen. Die Dauer wird hierbei über die Angabe des PLCP-LENGTH-Feldes abgeleitet. Dies soll sicherstellen, dass bei einem eventuellen Verlust des Trägers, der vor dem Ende einer vollständigen Frameübertragung auftreten kann, die CCA-Prozedur dennoch für die gesamte Dauer der Frameübertragung ein belegtes Übertragungsmedium anzeigt. Diese Festlegung entspricht einer wichtigen Grundlage für die Mediumreservierung und verhindert Datenkollisionen, falls sich eine Station während einer laufenden Datenübertragung von einer sendenden Station räumlich entfernt (siehe Abschnitt 4.2.2).

3.3.10 DSSS-Empfängerempfindlichkeit

Für die spätere Bestimmung der erzielbaren Distanz ist die Gegenüberstellung zwischen der Sendeleistung und der Empfindlichkeit des Empfängers entscheidend, wie dies noch ausführlich in Kapitel 7 betrachtet wird. Laut ETSI ist im 2,4-GHz-Frequenzband für den Betrieb inner-

DSSS-Empfänger-empfindlichkeit

halb Europas die Sendeleistung auf 20 dBm (100 mW) begrenzt. Typische Werte der Sendeleistung von den auf dem europäischen Markt erhältlichen WLAN-Produkten liegen bei 13 bis 16 dBm. Auf diese Weise entsteht für den Einsatz von externen Antennen in der effektiven Sendeleistung etwas Spielraum nach oben.

Frame Error Ratio

Der Empfänger eines DSSS-PHYs muss laut IEEE-Festlegung bei einer Datenrate von 11 MBit/s eine Empfindlichkeit von -76 dBm aufweisen, während bei 2 MBit/s eine Empfindlichkeit von -80 dBm ausreicht. Bei diesen Werten soll laut Definition bei einer PSDU-Länge von 1024 Bytes die Anzahl der fehlerhaft übertragenen Frames (Frame Error Ratio, kurz FER) unterhalb 8×10^{-2} (0,8 %) bleiben. Im 802.11-Grundstandard und dessen Erweiterung nach 802.11b sind jedoch keine Angaben für die Empfindlichkeit des Empfängers bei einer Datenrate von 1 und 5,5 MBit/s aufgeführt. Tabelle 3–14 zeigt die im Standard festgeschriebenen Werte und typische Werte für die Empfängerempfindlichkeit handelsüblicher DSSS-Produkte.

Tab. 3–14
DSSS-Empfänger-
empfindlichkeit

Datenrate	Empfindlichkeit laut Standard	Typischer Wert von Produkten
1 MBit/s	Nicht definiert	- 94 dBm
2 MBit/s	- 80 dBm	- 93 dBm
5,5 MBit/s	Nicht definiert	- 92 dBm
11 MBit/s	- 76 dBm	- 90 dBm

3.3.11 DSSS-Channel Agility

Channel Agility

Um eine gegenseitige Beeinflussung zu FHSS-Systemen zu vermeiden, ist in der 802.11b-Erweiterung eine so genannte Channel Agility Option vorgesehen. Sollte diese Option genutzt werden, so wechseln die 802.11b-konformen Komponenten in periodischen Abständen auf einen anderen Kanal. Hierfür sind zwei Kanalsätze vorgesehen, wobei einer aus nicht überlappenden und der andere aus überlappenden Kanälen gebildet wird. Für Europa setzt sich der nicht überlappende Satz aus den Kanälen 1, 7 und 13 zusammen und der überlappende aus den Kanälen 1, 3, 5, 7, 9 und 11. Beim ersten Satz liegen die Center-Frequenzen 30 MHz auseinander und im zweiten Satz mit nur 10 MHz Abstand. Das Sprungmuster (Hopping-Sequenz) zwischen den Kanälen wird nach demselben Prinzip bestimmt wie bei den FHSS-Systemen (siehe Abschnitt 3.2). Sollte das Ergebnis für die Berechnung des Kanalsprungs zwischen zwei Kanälen liegen, so wird auf den Kanal mit der geringeren Frequenz umgeschaltet. Somit liegt der gewählte Kanal maximal ± 5 MHz von der Center-Frequenz des FHSS-

Systems entfernt. Bei der Channel-Agility-Funktion handelt es sich, wie einleitend erwähnt, um eine Option. Mir ist bis heute kein DSSS-Produkt bekannt, das die Channel-Agility-Funktion unterstützt.

Tabelle 3–15 zeigt die charakteristischen Parameter der DSSS-Implementierung auf der PHY-Ebene.

Parameter	Wert
aSlotTime	20 µs
aSIFSTime	10 µs
aCCATime	<= 15 µs
aMPDUMaxLength	4095 Bytes
aCWmin	31
aCWmax	1023
Dauer für Präambel	144 µs, 72 µs (Short Frame)
Dauer für PLCP-Header	48 µs, 24 µs (Short Frame)

Tab. 3–15

Charakteristische DSSS-Parameter

3.3.12 DSSS versus FHSS

Vergleicht man die DSSS-Technologie mit der FHSS-Technologie, so ergibt sich für den WLAN-Bereich der Vorteil, dass die DSSS-Technologie mit ihrer Datenrate von 1, 2, 5,5 und 11 MBit/s höhere Übertragungsgeschwindigkeiten zulässt. Zudem ist das Roaming einfacher zu implementieren, da während der Übertragung nicht zwischen den Kanälen gesprungen wird, sondern immer nur auf einem Kanal gesendet wird. Das Abhören der Kanäle ist dann wesentlich einfacher und nimmt deutlich weniger Zeit in Anspruch. Bedingt durch die höhere Datenrate und die einfachere Umsetzung von Roaming werden heute bevorzugt die DSSS-Systeme eingesetzt.

Vorteil DSSS-Technologie

Des Weiteren ergibt sich bei der DSSS-Technologie eine deutlich höhere Packungsdichte. Können bis zu 13 unabhängige FHSS-Systeme innerhalb eines Empfangsbereichs arbeiten, so können bis zu 3 DSSS-Systeme innerhalb eines Empfangsbereichs betrieben werden. Da jedoch die Störanfälligkeit der DSSS-Systeme wesentlich geringer ist, können, bezogen auf eine bestimmte Fläche, viel mehr Gruppierungen von DSSS-Systemen anstelle von FHSS-Systemen untergebracht werden. Das folgende Beispiel zeigt auf, dass auf einer bestimmten Fläche $18 \times 3 = 54$ DSSS-Systeme und im Vergleich nur $3 \times 13 = 39$ FHSS-Systeme untergebracht werden können (siehe Abb. 3–17).

Höhere Packungsdichte

Die Reichweite ist bei DSSS-Systemen von der Datenrate abhängig, wobei sich in einer geschlossenen Umgebung in der Praxis erzielbare Distanzen von 100 m (bei 1 und 2 MBit/s), 70 m (bei 5,5 MBit/s)

Reichweitenabhängige Datenrate

und 30 m (bei 11 MBit/s) ergeben. Die DSSS-Systeme werden dieser Tatsache gerecht, indem sie ihre Datenrate nach der Qualität des Empfangssignals automatisch einstellen. Ist die Empfangsqualität schlecht, so verringern die Systeme sukzessive ihre Datenrate, bis die Qualität des Empfangssignals für eine fehlerfreie Datenübertragung ausreichend ist.

Abb. 3–17

Vergleich der erzielbaren DSSS- und FHSS- Packungsdichte

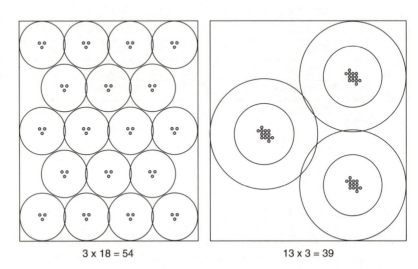

3 x 18 = 54   13 x 3 = 39

3.4 OFDM-Technologie

OFDM-Verfahren

OFDM steht für Orthogonal Frequency Division Multiplexing und beschreibt eine spezielle Form der Frequency-Division-Multiplexing-Technologie. Bereits Ende der sechziger Jahre wurden die elementaren Grundlagen für dieses Übertragungsverfahren gesetzt und 1970 wurde dieses Verfahren unter der US Patentnummer 3.488.445 patentiert. Es findet heute in der Nachrichtentechnik vielfältig Anwendung, immer dann, wenn es darum geht, bei geringer Bandbreite hohe Datenraten zu erzielen. So mag es einen nicht verwundern, dass, neben der Nutzung durch die WLAN-Technologie, OFDM auch bei der heute weit verbreiteten DSL-Technologie und bei der Satellitenkommunikation Anwendung findet.

802.11a

Das OFDM-Verfahren ermöglicht im WLAN-Bereich bei der Nutzung des 5-GHz-Bandes Datenraten von 6 bis 54 MBit/s und wurde erstmalig 1999 durch die 802.11a-Erweiterung in den WLAN-Standard aufgenommen. Des Weiteren wurde OFDM in der 802.11g-Erweiterung ebenfalls spezifiziert und ermöglicht somit Datenraten von bis 54 MBit/s im 2,4-GHz-Frequenzband. In den folgenden Ausführungen wird erst einmal auf die Implementierung laut 802.11a im 5-GHz-Frequenzband Bezug genommen und am Ende dieses Kapitels auf die Abweichungen bezüglich der 802.11g-Implementierung im 2,4-GHz-Band eingegangen.

Delay Spread

An Hindernissen mit großer Dämpfung erfahren die Funkwellen Reflexionen. Durch die Reflexionen breiten sich die Funkwellen zwischen Sender und Empfänger auf unterschiedlichen Wegen aus, wobei die Signale unterschiedliche Dämpfungen erfahren. Die Signale, die auf direktem Weg zum Empfänger gelangen (Line-of-Sight-Pfad), erfahren die geringste Verzögerung und Dämpfung. Signale dagegen, die sich indirekt ausbreiten und durch Reflexionen den Empfänger erreichen (Non-Line-of-Sight-Pfad) treffen verzögert ein und werden entsprechend höher gedämpft. Dies führt letztendlich dazu, dass das gesendete Signal sich am Empfänger mit unterschiedlichen Signalintensitäten überlagert und sich selbst stört. Hierbei ist besonders der Zeitunterschied zwischen dem zuerst empfangenen Signal und dem zuletzt empfangenen Signal kritisch, wobei diese Zeitdifferenz im Fachjargon als Delay Spread bezeichnet wird. Die gesamte Problematik wird in der Nachrichtentechnik als Multipath-Problem bezeichnet (siehe Abb. 3–18).

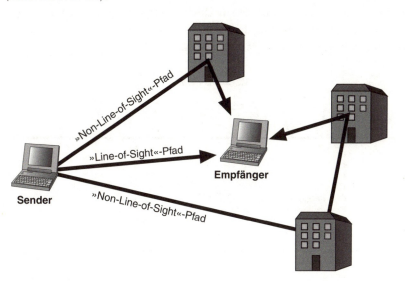

Abb. 3–18
Ursachen des Multipath-Problems

»Non-Line-of-Sight«-Pfad

»Line-of-Sight«-Pfad

Empfänger

Sender

»Non-Line-of-Sight«-Pfad

Durch das Multipath-Problem unterliegt die erzielbare Datenrate einer physikalischen Grenze (z.B. DSSS/CCK maximal 11 MBit/s), denn je höher die Datenrate ist, desto geringer ist der Pulsabstand und umso höher ist die Wahrscheinlichkeit, dass die überlagerten Daten das eigentliche Signal auslöschen. Um dieser Problematik aus dem Weg zu

Multipath-Problem

gehen, überträgt man die Daten nicht seriell mit hoher Datenrate, sondern parallel mit geringer Datenrate.

FDM-Verfahren   Hierfür ist es notwendig, eine bestimmte Anzahl von unabhängigen Kanälen (Unterträger) zur Verfügung zu haben, über die eine parallele Datenübertragung erfolgen kann. Die Bereitstellung mehrerer unabhängiger Unterträger erfolgt in der Nachrichtentechnik allgemein durch das FDM-Verfahren. Derselbe Grundgedanke gilt ebenfalls für das OFDM-Verfahren. OFDM teilt den Datenstrom auf mehrere Unterkanäle auf. Somit können die Daten parallel mit geringer Datenrate anstelle einem rein seriellen Verfahren mit hoher Datenrate übertragen werden. Neben der Erzielung der höheren Datenraten ergibt sich hierbei noch der Vorteil, dass die übertragenen Daten unempfindlicher gegen Störungen sind, die in der Regel nur über einen kleinen Frequenzbereich auftreten und somit nur einen Teil der übertragenen Daten beeinflussen können.

Der entscheidende Unterschied zwischen OFDM und dem normalen FDM-Verfahren liegt jedoch im Abstand zwischen den einzelnen Unterträgern. Bei FDM ist der Abstand verhältnismäßig groß, damit keine Beeinflussung zwischen den einzelnen Unterträgern vorliegt und diese als unabhängig betrachtet werden können. Demnach wird für die Übertragung der verschiedenen Unterträger eine relativ große Bandbreite benötigt, weshalb das FDM-Verfahren sehr ineffizient in der Bandbreitenausnutzung ist (siehe Abb. 3–19).

Abb. 3–19
Bereitstellung mehrerer
Unterträger durch FDM

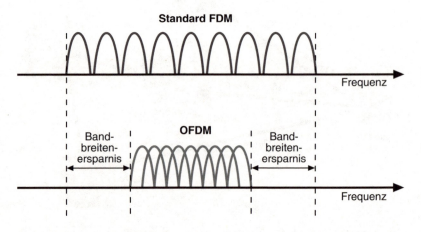

OFDM hingegen optimiert die Ausnutzung der vorhandenen Bandbreite, indem der Abstand der Unterträger so gewählt ist, dass sich die Unterträger sogar überlappen dürfen. Hierbei wird ein Abstand zwischen den Center-Frequenzen so gewählt, dass diese untereinander

orthogonal sind. Die Orthogonalität sorgt dafür, dass keine gegenseitige Beeinflussung der einzelnen Unterträger vorliegt. Die überlappenden Spektren der Unterträger erfahren somit keine gegenseitigen Störungen. Man spricht in diesem Fall auch von der Inter Channel
Interferenz (ICI), die bei OFDM nicht auftritt und als besonderes
Merkmal hervorgehoben wird. Die Abbildung 3–20 zeigt, wie die einzelnen Unterträger ineinander verschoben werden können. Die Orthogonalität ist erzielt, wenn die Unterträger so ineinander verschoben
sind, dass der Abstand der Center-Frequenzen 1/T = 0,3125 MHz
beträgt.

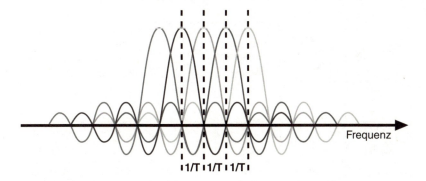

Abb. 3–20
Bildung der orthogonalen
OFDM-Unterträger

Durch das Ineinanderschieben der Unterträger erhält man eine Einsparung der Bandbreite von etwa 50 %. Betrachtet man die Abbildung
genau, so stellt man fest, dass an dem Scheitelpunkt eines betrachteten
Unterträgers die jeweils benachbarten Unterträger ihren Nulldurch-
gang haben. Auf diese Weise steht an der Center-Frequenz des Unterträgers nur das Signal des Unterträgers an. Somit ist die Orthogonalität sichergestellt und eine Beeinflussung durch benachbarte Unterträger nicht vorhanden.

Orthogonalität

Bei dem OFDM-Verfahren laut 802.11a-Erweiterung ist der
genutzte Frequenzbereich in 53 Unterträger (Unterkanäle) aufgeteilt,
die von -26 bis 26 nummeriert sind. Die Kanäle -21, -7, 7 und 21 werden als Pilotkanäle genutzt, über die so genannte Referenzphasen
übertragen werden. Die Referenzphase wird benötigt, da beim OFDM
keine Referenzcodierung, sondern eine Bezugscodierung zur Anwendung kommt. Der Kanal 0 wird ebenfalls nicht für die Datenübertragung verwendet; dieser Kanal stellt die Center-Frequenz des gesamten
OFDM-Kanals dar. Auf diesen Kanal wird eine Folge von Nullen übertragen. Somit verbleiben letztendlich 48 Unterkanäle, auf denen Nutzdaten übertragen werden können. Diese Unterkanäle sind von 0 bis 47
durchnummeriert.

Unterkanäle

Um unterschiedliche Datenraten zu erzielen, werden beim OFDM verschiedene Modulationsverfahren wie BPSK, QPSK, 16-QAM und 64-QAM angewendet. Des Weiteren wird ein FEC-Code (Forward Error Correcting Code) genutzt, der eine sichere Datenübertragung ermöglicht, indem über diesen Code vom Empfänger Übertragungsfehler erkannt und bis zu einem gewissen Fehlergrad auch korrigiert werden können. Dieser FEC-Code kommt in unterschiedlichen Ausführungen beziehungsweise Redundanztiefen zum Einsatz, so dass dieser zu Coderaten von 1/2, 2/3 oder 3/4 führt. In der Tabelle 3–16 sind die verschiedenen Kombinationen aus Modulationsverfahren und FEC-Codes sowie die daraus resultierenden Datenraten aufgeführt.

Tab. 3–16
Erzielbare
OFDM-Datenraten

Modulation	Bits/ Unterkanal (N_{BPSC})	Bits/ OFDM-Symbol (N_{CBPS})	FEC Code-Rate (R)	Datenbits/ OFDM-Symbol (N_{DBPS})	Datenrate
BPSK	1	48	1/2	24	6 MBit/s
BPSK	1	48	3/4	36	9 MBit/s
QPSK	2	96	1/2	48	12 MBit/s
QPSK	2	96	3/4	72	18 MBit/s
16-QAM	4	192	1/2	96	24 MBit/s
16-QAM	4	192	3/4	144	36 MBit/s
64-QAM	6	288	2/3	192	48 MBit/s
64-QAM	6	288	3/4	216	54 MBit/s

Unterstützte Datenraten

Die Unterstützung der Datenraten von 6, 12 und 24 MBit/s sind für 802.11a-konforme Komponenten zwingend erforderlich, die Datenraten von 18, 36, 48 und 54 MBit/s können unterstützt werden. Trotz dieser Einschränkung unterstützen die meisten auf dem Markt erhältlichen Komponenten alle Datenraten von 6 bis 54 MBit/s.

Betrachtet man die Tabelle 3–16, so lässt sich aus den Angaben die Datenrate folgendermaßen berechnen:

■ Datenrate = Symbolrate × Bits pro Unterkanal (N_{BPSC})
    × Unterkanäle × Codierungsrate (R).

Hierbei ist zu berücksichtigen, dass bei OFDM die Symbolrate 0,25 MHz beträgt. Somit errechnet sich beispielsweise die Datenrate von 54 MBit/s aus 0,25 MHz × 6 Bits × 48 × 3/4. In den folgenden Abschnitten wird auf die verschiedenen Modulationsverfahren und Codierungsverfahren eingegangen und diese im Detail durchleuchtet.

3.4.1 OFDM-Frameformate

Abweichend von der Beschreibung der FHSS-, DSSS- und IR-Lösungen wird bei der Detailbetrachtung des OFDM-Verfahrens mit dem Frameformat begonnen. Das OFDM-Frame für das 5-GHz-Band laut 802.11a ist, wie bei den anderen PHY-Typen, in drei Bereiche unterteilt, die Präambel, einen PLCP-Header und den eigentlichen Datenteil (PSDU) (siehe Abb. 3–21).

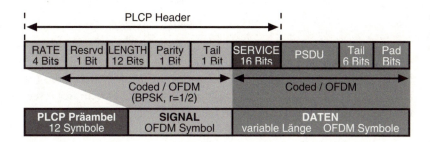

Abb. 3–21
Aufbau des 802.11a
OFDM-Frames

Vor den informellen Teil des OFDM-Frames wird eine Präambel gesetzt, die eine Länge von 12 Symbolen hat und für den Empfänger verschiedene Trainingssequenzen bildet (siehe weiter unten). Diese Präambel wird von einem PLCP-Header gefolgt. Der PLCP-Header setzt sich aus fünf Feldern zusammen, die in der Summe 10 OFDM-Symbolen entsprechen und grundsätzlich über BPSK mit der Coderate von 1/2 übertragen werden. Diese Felder werden auch gemeinsam als Signal-Feld bezeichnet. Der Inhalt des Signal-Feldes durchläuft keinen Scrambler und wird letztendlich mit der niedrigsten Datenrate von 6 MBit/s übertragen. Damit wird sichergestellt, dass jeder Teilnehmer, unabhängig von der unterstützten Datenrate, die Informationen des PLCP-Headers auswerten kann. Das erste Feld des Signal-Feldes trägt die Bezeichnung Rate und hat eine Länge von 4 Bits (R1 bis R4). Das Rate-Feld gibt die Datenrate des folgenden Service-Feldes sowie den eigentlichen Datenteil des OFDM-Frames an. Die Datenrate wird dabei wie folgt angegeben (siehe Tab. 3–17).

OFDM-Trainingssequenz

Datenrate (MBits/s)	R1–R4
6	1101
9	1111
12	0101
18	0111
24	1001
36	1011
48	0001
54	0011

Length-Feld

Nach dem Rate-Feld folgt im PLCP-Header ein reserviertes Bit, das für zukünftige Erweiterungen (eventuelle Steigerung der Datenrate) reserviert ist. Das folgende Length-Feld beinhaltet einen 12 Bit langen Integerwert und gibt die Länge der folgenden PSDU (PLCP Service Data Unit) in Bytes an, die innerhalb des OFDM-Frames übertragen wird, wobei das erste Bit den LSB-Wert beinhaltet. Der Inhalt dieses Felds kann im Bereich von 1 bis 4095 liegen und gibt somit die Länge der Daten in Bytes an, die vom MAC-Layer zwecks Übertragung übergeben wurden. Das Length-Feld wird von einem 1 Bit langen Parity-Feld gefolgt, das eine gerade Parität über die 17 (Bit 0 bis 16) zuvor übertragenen Bits des Signal-Feldes bildet.

Tail-Bits

Der PLCP-Header wird letztendlich durch das Einfügen von 6 Tail-Bits abgeschlossen, die alle auf Null gesetzt sind. Die Tail-Bits dienen dazu, dass der Empfänger sich auf die geforderte Datenrate einstellen kann, um die anschließenden Daten zu empfangen. Des Weiteren dienen die Tail-Bits dazu, den Faltungscodierer (engl. Convolutional Encoder) des Senders und des Empfängers, der für die Codierung beziehungsweise Decodierung des Datenteils genutzt wird (siehe weiter unten), eindeutig in den Nullstatus zu überführen.

Service-Feld

Der Datenteil des OFDM-Frames, das mit der angegebenen Datenrate übertragen wird, beginnt mit dem 16 Bit langen Service-Feld. Innerhalb des 16 Bit langen Feldes werden derzeit nur die ersten 7 Bits genutzt, die verbleibenden 9 Bits sind auf Null gesetzt und sind für eventuelle spätere Erweiterungen vorgesehen. Die 7 verwendeten Bits sind ebenfalls auf Null gesetzt und dienen innerhalb des Empfängers der Synchronisierung des Descramblers. Nach dem Service-Feld folgt der eigentliche Datenteil (PSDU), in dem die Nutzdaten übertragen werden. Im Anschluss der PSDU folgen nochmals 6 Tail-Bits. Diese Tail-Bits dienen dazu, den Faltungsdecodierer des Empfängers in den

Nullstatus zu überführen, damit der Empfänger die letzten Bits richtig decodieren kann (siehe weiter unten).

Bei dem OFDM-Verfahren ist es wichtig, dass die Länge der über- *Pad-Bits* tragenen Frames ein Vielfaches vom N_{CBPS} (Number of coded Bits per OFDM Symbol; 48, 96, 192 oder 288 Bits) darstellt, damit die Daten auf die Unterkanäle aufgeteilt werden können. Um dieser Anforderung gerecht zu werden, wird der Datenteil mit Füllbits, so genannten Pad-Bits, ergänzt, damit ein Vielfaches vom N_{DBPS} (Number of Databits per OFDM Symbol) erreicht wird. Die Anzahl der Pad-Bits lässt sich mit drei Formeln berechnen:

- N_{SYM} = Ceiling$((16 + 8 \times$ Length $+6)/N_{DBPS})$
- $N_{Data} = N_{SYM} \times N_{DBPS}$
- $N_{PAD} = N_{DATA} - (16 + 8 \times$ Length $+ 6)$

N_{SYM} entspricht der Anzahl der OFDM-Symbole. Ceiling ist eine Funktion, die den kleinsten ganzzahligen Wert zurückgibt, der größer oder gleich dem eigentlichen Argument ist. N_{Data} entspricht der Anzahl der Bits, innerhalb des Datenteils. Zieht man von diesem Wert die eigentliche Länge der Daten, des Service-Feldes und der Tail-Bits ab, die direkt hinter dem Service-Feld folgen, so erhält man die Anzahl der notwendigen Pad-Bits, die hinter dem Datenteil angehängt werden müssen.

Sollen beispielsweise im Nutzdatenteil 200 Bytes mit einer Datenrate von 54 MBit/s übertragen werden, so ergibt sich für N_{SYM} = Ceiling$((16$ Bits $+ 8$ Bits/Byte $\times$ 200 Bytes $+ 6$ Bits $)/288$ Bits/OFDM-Symbol$)$ = 6 OFDM-Symbole. Dies entspricht N_{Data} = 6 OFDM-Symbole $\times$ 288 Bits/OFDM-Symbol = 1728 Bits innerhalb des Datenteils. Demnach müssen N_{PAD} = 1728 Bits - $(16$ Bits $+ 8$ Bits/Byte $\times$ 200 Bytes $+ 6$ Bits$)$ = 106 Pad-Bits mit dem Inhalt 0 ergänzt werden.

3.4.2 OFDM-PPDU-Codierungsprozess

Ein wesentliche Grundlage der Datenübertragung des OFDM-Verfah- *PPDU-Codierungsprozess* rens ist der PPDU-Codierungsprozess, der in mehrere Schritte unterteilt ist. Man muss sich jedoch hierbei klar vor Augen halten, dass der beschriebene Codierungsprozess kein direkter Bestandteil des allgemeinen OFDM-Verfahrens ist, sondern als Ergänzung angewendet wird, um bei hoher Datenrate eine sichere Datenübertragung zu erzielen. Auf den ersten Blick ist dieser Codierungsprozess relativ kompliziert, es ist jedoch für das Verständnis der 802.11a-Implementierung entscheidend, sich mit diesem Prozess auseinander zu setzen. Die folgenden Ausführungen sollen einen Einblick in die Geheimnisse des

Codierungsprozesses bieten, ohne tief in mathematische Abhandlungen abzuschweifen.

PPDU-Codierungsprozess   Der PPDU-Codierungsprozess ist im Wesentlichen in fünf Schritte unterteilt (sendeseitige Betrachtung):

- Trainingsprozess
- Scrambling des Datenteils
- Faltungscodierung des Datenteils
- Gegebenenfalls Punktierung des codierten Datenteils
- Interleaving-Prozess (zusätzliche Verwürfelung der Daten)

Ziel des Codierungsprozesses ist primär eine Fehlererkennung sowie Fehlerbeseitigung bei den übertragenen Nutzdaten. Im Ganzen führt die Codierung zu einer sichereren Datenübertragung und kann bis zu einem gewissen Grad Störungen entgegenwirken, die durch Erhöhung der Sendeleistung nicht zu beseitigen wären, wie beispielsweise Störungen, die durch Reflexionen, Mehrwegausbreitungen und Verzerrungen entstehen können. Des Weiteren wird durch die Codierung eine effizientere Ausnutzung der vorhandenen Bandbreite erzielt, indem die erzielbare Datenrate erhöht wird.

Trainingssequenz   Der eigentliche Codierungsprozess beginnt mit der Übertragung der Präambel. Die PLCP-Präambel wird aus einer wiederholten 01-Folge gebildet, wobei eine kurze Trainingssequenz und zweimal eine lange Trainingssequenz durchlaufen wird. Die kurze Trainingssequenz dient der Kontrolle des Antennengewinns, einer Antennenauswahl (falls eine Diversity-Funktion genutzt wird), der Taktgewinnung und der Grobeinstellung der Empfängerfrequenz. Die lange Trainingssequenz wird für die Kanalbestimmung und die Feinabstimmung der Empfängerfrequenz verwendet. Für die beiden Trainingssequenzen werden jeweils unterschiedliche Trainingssymbole verwendet. Bei dem kurzen OFDM-Trainingssymbol werden 12 von 52 Unterträgern genutzt. Dieses setzt sich folgendermaßen zusammen:

$$S_{-26,\,26} = \sqrt{\left(\frac{13}{16}\right)} \times \{\,0,\,0,\,1{+}j,\,0,\,0,\,0,\,-1{-}j,\,0,\,0,\,0,\,1{+}j,\,0,\,0,\,0,\,-1{-}j,$$
$$0,\,0,\,0,\,-1{-}j,\,0,\,0,\,0,\,1{+}j,\,0,\,0,\,0,\,0,\,0,\,0,\,0,\,-1{-}j,$$
$$0,\,0,\,0,\,-1{-}j,\,0,\,0,\,0,\,1{+}j,\,0,\,0,\,0,\,1{+}j,\,0,\,0,\,0,\,1{+}j,$$
$$0,\,0,\,0,\,1{+}j,\,0{,}0\}$$

Die Multiplikation mit dem Faktor $\sqrt{\left(\frac{13}{16}\right)}$ dient zum Normalisieren der durchschnittlichen Leistung des OFDM-Symbols, bei dem nur 12 von 52 Unterträgern genutzt werden.

Das lange OFDM-Trainingssymbol setzt sich aus 53 Unterkanälen, inklusive Kanal 0, zusammen und wird folgendermaßen abgeleitet:

■ L$_{-26,\,26}$ = { 1, 1, -1, -1, 1, 1, -1, 1, -1, 1, 1, 1, 1, 1, 1, 1, -1, -1, 1, 1, -1,
1, -1, 1, 1, 1, 1, 0, 1, -1, -1, 1, 1, -1, 1, -1, 1, -1, -1, -1,
-1, -1, 1, 1, -1, -1, 1, -1, 1, -1, 1, 1, 1, 1}

Zwischen den beiden Trainingssequenzen und den darauf folgenden Symbolen wird jeweils ein Guard-Intervall eingefügt. Durch dieses Verfahren wirken sich Interferenzen innerhalb eines Frequenzbereiches immer nur auf einen kleinen Teil des Datenstromes im Unterträger aus (siehe weiter unten).

Guard-Intervall

Nachdem die Trainingsphasen durchlaufen wurden, wird nach dem Guard-Intervall das Signal-Feld über BPSK mit Coderate von 1/2, also einer Datenrate von 6 MBit/s übertragen. Nach einem weiterem Guard-Intervall wird der Datenteil mit der entsprechenden Daten- und Coderate übertragen.

Signal-Feld

Vor der eigentlichen Übertragung durchläuft das Datenfeld, das sich aus dem Service-Feld, der PSDU, den Tail-Bits und Pad-Bits zusammensetzt, einen Scrambler und anschließend einen Faltungscodierer. Der Scrambler sorgt für eine Verwürfelung der übertragenen Daten und verhindert eine lange Folge von Nullen oder Einsen.

Scrambler

Beim Scramblen wird eine 127 Bit lange Sequenz genutzt. Der Scrambler verwendet das Generator-Polynom $S(x) = x^7 + x^4 + 1$. Die 127 Bit lange Sequenz wird fortlaufend gebildet und hat den Inhalt: 00001110 11110010 11001001 00000010 00100110 00101110 0110110 00001100 11010100 11100111 10110100 00101010 11111010 01010001 10111000 1111111. Die Nutzdaten durchlaufen mit dieser Sequenz eine Modulo-2-Addition. Derselbe Scrambler wird auf der Seite des Empfängers genutzt, um die empfangenen Daten wieder zu descrambeln.

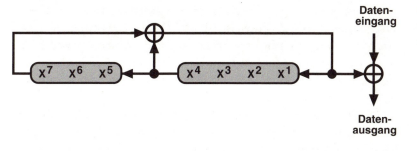

Dateneingang

Datenausgang

Abb. 3–22
Daten-Scrambler für das OFDM-Verfahren

Nach dem Scrambler werden die Daten einer Faltungscodierung zugeführt. Hierbei werden den zu übertragenen Daten Redundanzbits hinzugefügt, um eine höhere Datensicherheit zu erhalten. Dabei wird, unabhängig von der zu erzielenden Datenrate, ein Faltungscode (im

Engl. als Convolutional Code bezeichnet) mit einer Coderate von R = 1/2 verwendet.

Faltungscodes

> Faltungscodes wurden erstmalig 1955 von Peter Elias eingeführt. Die Coderate errechnet sich durch R = Anzahl der Nutzbits (»netto«)/Anzahl der übertragenen Bits (»brutto«) = k/n. Ein Code der Rate 1/2 entspricht demnach der Übertragung von Datenbits + 100 % Redundanzbits.

Faltungscodierer

Der Faltungscodierer verwendet zwei Generator-Polynome nach dem Industriestandard, die bereits 1977 von der NASA zur Satellitendatenübertragung verwendet wurden. Deshalb wird der resultierende Faltungscode auch als ESA-NASA-Satellite-Standard-Code bezeichnet. Diese Generator-Polynome entsprechen $g_0 = 133_8$ und $g_1 = 171_8$ und lassen sich auch als $(1 + D^2 + D^3 + D^5 + D^6, 1 + D + D^2 + D^3 + D^6)$ oder binär als $(1011011, 1111001)$ beschreiben. Die Daten am Eingang des Faltungscodierers generieren einen Ausgangsstrom am Ausgang A und B (siehe Abb. 3–23). Wie aus der Abbildung zu ersehen ist, besteht der Faltungscodierer aus einem linearen Schiebregister, bei dem verschiedene Ausgänge der einzelnen Schieberegister einem von zwei Knotenpunkten zugeführt werden, die jeweils binär Modulo-2 addiert werden. Welche Ausgänge der Schieberegister den Knotenpunkten zugeführt werden, lässt sich am einfachsten aus der binären Beschreibung der Generator-Polynome ableiten. Hierbei gilt, dass die Stellen, die auf Eins gesetzt sind, den Knoten zugeführt werden. Dagegen existieren an den Stellen, an denen die Koeffizienten der Generator-Polynome Null sind, keine Abgriffe. Für den Ausgangsstrom gilt, dass das Bit am Ausgang A immer vor dem Bit des Ausgangs B stehen soll und so weiter.

Einflusslänge

Mit Hilfe des linearen Schieberegisters innerhalb des Faltungscodierer liegt eine Symbolspeichertiefe (m) von sechs vor, der $2^{k\,m} = 2^6 = 64$ verschiedene Zustände aufweisen kann. Das Codewort am Ausgang wird von 7 Bits (m + 1 Bit) beeinflusst, wobei man hierbei von der Einflusslänge (k) mit der Einheit Bit spricht. Der resultierende Code wird allgemein durch (n, k, m), also bei dem verwendeten Faltungscodierer mit (2, 1, 6) beschrieben.

FEC-Code

Da die Daten den Faltungscodierer durchlaufen, erhalten sie Fehlerkorrektureigenschaften. Fehler können somit vom Empfänger nicht nur erkannt werden, sondern auch bis zu einen bestimmten Fehlergrad korrigiert werden. Wegen der Rekonstruktionsfähigkeit der gestörten Daten spricht man auch von einer Vorwärts-Fehlerkorrektur oder vom Forward Error Correcting Code, kurz FEC-Code. Hierdurch wird die Datenübertragung wesentlich sicherer. Die Fehlerkorrektureigenschaften ergeben sich aus der Tatsache, dass das Ausgangssignal des Faltungscodierers gedächtnisbehaftet ist. Gedächtnisbehaftet bedeutet in diesem Fall, dass die Ausgangsbits nicht nur vom aktuellen Eingangsbit, sondern auch von den vorläufigen Bits abhängig sind.

> FEC ist keine spezielle Entwicklung der OFDM-Technologie, sondern ist vom Grundsatz her völlig unabhängig von der OFDM zu betrachten.

Die Leistungsfähigkeit des Faltungscodierers, beziehungsweise dessen Faltungscode, steigt mit der Einflusslänge, also mit der Anzahl der einzelnen Schieberegister, die miteinander verkettet sind. Jedoch muss man hierbei auch berücksichtigen, dass der Rechenaufwand für das Decodieren mit der Anzahl der Schieberegister und der Einflusslänge expotentiell ansteigt. Deshalb hat man sich bei der IEEE-802.11a-Implementierung auf eine Einflusslänge von sieben, also die Verwendung von sechs Schieberegistern, geeinigt, um empfangsseitig mit akzeptablem Aufwand die Decodierung bei den hohen Datenraten erzielen zu können.

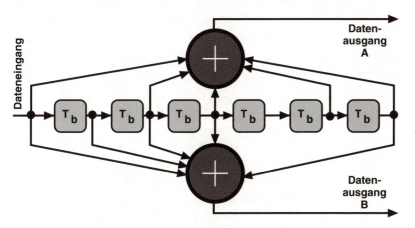

Abb. 3–23

Faltungscodierer mit Einflusslänge 7 beim OFDM-Verfahren

Möchte man den Codierungsprozess innerhalb des Faltungscodierers betrachten, so ist es wichtig, dass dieser vor der Codierung des ersten Bits in einen definierten Anfangsstatus gebracht wird. Hierzu dienen, wie bereits erwähnt, die sechs Tail-Bits des Signal-Feldes, die vor dem Service-Feld und dem eigentlichen Datenteil übertragen werden. Diese haben den Inhalt Null und führen dazu, dass der Faltungscodierer eindeutig in den Nullstatus überführt wird, also dessen sechs Register auf Null gesetzt und die ersten Bits richtig codiert werden können.

Eine wichtige Erkenntnis beim Codierungsprozess ist die Tatsache, *Punktierung* dass höhere Datenraten nicht durch andere Faltungscodes oder höhere

Taktraten erzielt werden können. Das hätte auf Seiten des Empfängers eine komplexe Implementierung zur Folge gehabt, welche nicht praktikabel umsetzbar wäre. Deshalb hat man für die Erzielung von höheren Datenraten einen anderen Lösungsweg eingeschlagen: Die Daten durchlaufen eine nachgeschaltete Punktierung. Durch diese nachgeschaltete Punktierung wird die hinzugefügte Redundanz wieder auf ein bestimmtes Maß reduziert, indem einige codierte Bits beim Senden einfach weggelassen werden. Welche Bits das sind, wird durch bestimmte Punktierungsmuster festgelegt. Auf diese Weise entstehen weitere Coderaten von R = 2/3 oder 3/4, wodurch dann, in Verbindung mit anderen Modulationsverfahren, die höheren Datenraten erzielt werden können (siehe Tab. 3–16).

Coderaten   Die Coderate R = 1/2 ist also die einzige verwendete Codierung, die unpunktiert ist; alle anderen Codierungen werden durch eine Punktierung erzielt. Bei der Punktierung für die Coderate R = 3/4 werden jeweils 18 Bits (A_0 bis A_8 und B_0 bis B_8), die sich am Ausgang des Faltungscodierers ergeben, zu einem Block zusammengefasst. Von diesen 18 Bits werden über ein Punktierungsmuster der Reihe nach 6 Bits gestrichen (B_1, A_2, B_4, A_5, B_7 und A_8), also nicht übertragen. Hieraus lässt sich die Coderate R = 3/4 errechnen, wenn man die Tatsache betrachtet, dass sich die 18 Bits am Ausgang des Faltungscodierers aus 9 Bits an dessen Eingang ergeben. 9 Bits / ½ = 18 Bits, 18 Bits - 6 Bits = 12 Bits und 9 Bits / 12 Bits = 3/4.

Abb. 3–24
Punktierung für die
Coderate R = 3/4

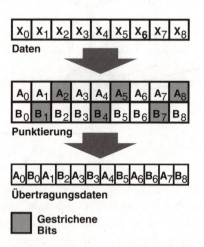

Für die Punktierung der Coderate R = 2/3 werden hingegen nur 12 Bits zu einem Block zusammengefasst (A_0 bis A_5 und B_0 bis B_5). Aus diesem Block werden über das Punktierungsmuster 3 Bits (B_1, B_3 und

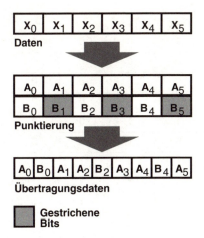

Abb. 3–25
Punktierung für die
Coderate R = 2/3

B_5) weggelassen. Hierdurch ergibt sich die Coderate von R = 2/3. 6 Bits / ½ = 12 Bits, 12 Bits - 3 Bits = 9 Bits und 6 Bits / 9 Bits = 2/3.

Betrachtet man die beiden Punktierungsmuster, so stellt man fest, dass keine Informationen verloren gehen, sondern nur die Redundanz der übertragenen Information. Die Reduzierung der Redundanz geschieht jedoch nur zu einem bestimmten Grad, bei dem die Leistungsfähigkeit des Codes auf einem gewissen Maß erhalten bleibt. Hierbei ist entscheidend, dass bei der Decodierung am Empfänger die nicht übertragenen Bits wie ausgelöschte Bits behandelt werden. Sie werden weder zugunsten einer Eins noch einer Null im Datenstrom berücksichtigt, verhalten sich also neutral. Diese Bits werden deshalb auch oft als so genannte »Don't Care Bits« bezeichnet.

Der beschriebene Codierungsprozess des Faltungscodierers und der nachfolgenden Punktierung lässt sich an einem Beispiel mit der eingehenden Bitfolge $D_0 = 0$, $D_1 = 1$, $D_2 = 1$, $D_3 = 0$, $D_4 = 1$, $D_5 = 1$, $D_6 = 0$, $D_7 = 0$, $D_8 = 0$ folgendermaßen darstellen.

Beispielcodierung

- $A_i = D_i + D_{i-2} + D_{i-3} + D_{i-5} + D_{i-6}$
- $B_i = D_i + D_{i-1} + D_{i-2} + D_{i-3} + D_{i-6}$

A_i und B_i stellen jeweils die beiden Ausgangsbits dar, wobei der Index i zur Nummerierung der zeitlich verzögerten Bits dient. Wichtig bei dem folgenden Beispiel ist die Berücksichtigung der Tatsache, dass sich der Faltungscodierer am Anfang im Nullstatus befindet. Für den Datenstrom am Ausgang A ergibt sich folgende Bitfolge (siehe Tab. 3–18).

Tab. 3–18

Beispiel für Ausgang A des
Faltungscodierers

i	D_i	D_{i-2}	D_{i-3}	D_{i-5}	D_{i-6}	A_i = Modulo-2
0	0	0	0	0	0	0
1	1	0	0	0	0	1
2	1	0	0	0	0	1
3	0	1	0	0	0	1
4	1	1	1	0	0	1
5	1	0	1	0	0	0
6	0	1	0	1	0	0
7	0	1	1	1	1	0
8	0	0	1	0	1	0

Am Ausgang B ergibt sich folgende Bitfolge (siehe Tab. 3–19).

Tab. 3–19

Beispiel für Ausgang B des
Faltungscodierers

I	D_i	D_{i-1}	D_{i-2}	D_{i-3}	D_{i-6}	B_i = Modulo-2
0	0	0	0	0	0	0
1	1	0	0	0	0	1
2	1	1	0	0	0	0
3	0	1	1	0	0	0
4	1	0	1	1	0	1
5	1	1	0	1	0	1
6	0	1	1	0	0	0
7	0	0	1	1	1	1
8	0	0	0	1	1	0

Geht man von einer Datenrate von 36 MBit/s aus, so ergibt sich eine Coderate von 3/4, die durch die beschriebene Punktierung (B_1, A_2, B_4, A_5, B_7 und A_8) entsteht (siehe Tab. 3–20).

Tab. 3–20

Punktierung des
Faltungscodes

I	0	1	2	3	4	5	6	7	8
A	0	1	1	1	1	0	0	0	0
B	0	1	0	0	1	1	0	1	0

Wie aus der Tabelle ersichtlich ist, ergibt sich eine codierter Datenstrom von 00-10-10-11-00-00.

Interleaver   Nach der Faltungscodierung durchlaufen die Daten noch einen so genannten Interleaver, der mit einer Blocklänge arbeitet, die mit der Bitanzahl eines OFDM-Smbols (N_{CPBS} = Number of Bits per OFDM-Symbol) gleichzusetzen ist. Dieser sorgt für eine zusätzliche Verwürfelung der codierten Bits, wodurch die Leistungsfähigkeit der Vorwärts-Fehlerkorrektur gesteigert wird. Der Interleaver lässt sich anhand einer zweistufigen Permutation beschreiben, die die Umstellungen der einzelnen Bits zwischen den Unterkanälen definiert. Hierbei sorgt die erste Permutation dafür, dass benachbarte Bits auf nicht benachbarte Bits abgebildet werden. Die zweite Permutation führt dazu, dass benachbarte Bits im Wechsel auf mehr oder weniger signifikante Bits abgebildet werden. So wird verhindert, dass eine lange Folge von weniger signifikanten Bits (LSB) auftreten kann. Dadurch werden so genannte Bündelfehler vermieden, die entstehen können, wenn unmittelbar benachbarte Bits während der Übertragung nachhaltig beeinflusst werden.

Die zweistufige Permutation lässt sich über die folgenden Formeln beschreiben. Hierbei entspricht der Index k den codierten Bits vor der ersten Permutation, Index i den Bits nach der ersten Permutation und Index j den Bits nach der zweiten Permutation.

Permutation

Die erste Permutation wird abgeleitet durch:

■ $i = (N_{CBPS}/16) \times (k \mod 16) + floor(k/16)$
wobei $k = 0, 1, ..., N_{CBPS} - 1$ entspricht.

> Die floor-Funktion ist eine mathematische Funktion, die eine reelle Zahl (R) auf die nächste kleinere Ganzzahl (Z) abbildet. Beispiel: $Z = Floor(12,5) = 12$ oder $Z = Floor(-12,5) = -13$. Die mathematische Beschreibung dieser Funktion wird auch als Gaußsche Klammer bezeichnet.

floor-Funktion

Die zweite Permutation wird abgeleitet durch:

■ $j = s \times floor(i/s) + [i + N_{CBPS} - floor(16 \times i/N_{CBPS})] \mod s$
wobei $i = 0, 1, ..., N_{CBPS} - 1$ und $s = max(N_{BPSC}/2,1)$ entspricht.

> Die max-Funktion liefert den maximalen Wert der beiden Werte zurück und N_{BPSC} (Number of Bits per Subchannel) ist die Anzahl der übertragenen Bits innerhalb eines Unterkanals, die je nach Datenrate bei 1, 2, 4 oder 6 liegen kann (siehe Tab. 3–16).

max-Funktion

Betrachtet man die sendeseitige Permutation, so wird beispielsweise bei einer Datenrate von 36 MBit/s ($N_{CBPS} = 192$ und $N_{BPSC} = 4$) das hundertste Bit $k = 99$ nach der ersten Permutation auf Bit-Position $i = 42$ umgewandelt. Durch die zweite Permutation wird dieses Bit wiederum von $i = 42$ auf die Bit-Position $j = 43$ gewandelt. Das darauf folgende Bit auf Position hundertundeins wird von $k = 100$ auf $i = 54$ gewandelt und verbleibt auf Position $j = 54$.

3.4.3 OFDM-Datenempfang und -Decodierung

Deinterleaver Auf der Empfängerseite werden die verschiedenen Codierungsstufen in umgekehrter Reihenfolge durchlaufen, um aus dem empfangenen Datenstrom wieder die Nutzinformationen zurückzugewinnen.

Als Erstes durchlaufen dabei die Daten einen Deinterleaver, der die einzelnen Bits der Unterträger wieder in die ursprüngliche Sortierung bringt. Die Funktion des Deinterleavers entspricht wieder zwei Permutationen und lässt sich über die beiden folgenden Funktionen ableiten.

Die erste Permutation auf der Seite des Empfängers entspricht:

▨ $i = s \times \mathrm{floor}(j/s) + [j + \mathrm{floor}(16 \times j/N_{CBPS})]\ \mathrm{mod}\ s$
wobei $j = 0, 1, ..., N_{BPSC}$ - 1 ist.

Die zweite Permutation auf Empfängerseite entspricht:

▨ $k = 16 \times i - (N_{CBPS} - 1) \times \mathrm{floor}(16 \times i/N_{CBPS})$
wobei $i = 0, 1, ..., N_{CBPS}$ - 1 ist.

Der Index j entspricht in diesem Fall den empfangenen Bits vor der ersten Permutation, der Index i den Bits nach der ersten und vor der zweiten Permutation und der Index k den Bits nach der zweiten Permutation. Letztere werden dem Faltungsdecoder zugeführt.

Füllbits Bevor die Daten dem Faltungsdecoder zugeführt werden, füllt man gegebenenfalls die Bits, die bei der Punktierung weggelassen wurden, um die höheren Datenraten zu erzielen, wieder durch Dummies auf.

Tail-Bits Wie bereits erwähnt, sind die sechs Tail-Bits, die sich hinter dem Nutzdatenteil der PSDU befinden, für die Decodierung des Faltungsdecoders wichtig. Diese Tail-Bits sorgen dafür, dass der Faltungsdecodierer am Ende des Datenstroms in einen definierten Nullzustand überführt wird. Hierdurch können die letzten sechs Bits der Nutzdaten richtig decodiert werden. Das Decodierungsverfahren eines Faltungscodes basiert nicht auf dem Lösen von Prüfgleichungen, sondern einer möglichst optimalen Schätzung der empfangenen Datenfolge. Bei der empfangsseitigen Decodierung durch den Faltungsdecoder gilt es also, die Abfolge der Zustände des Faltungscodierers zu schätzen. Dies entspricht dem Auffinden des richtigen Pfades in einem Entscheidungsbaum oder Trellis (engl. für Gitter, Spalier), der durch die möglichen Zustandsübergänge gebildet wird. Trellis entspricht einem grafischen Zustandsübergangsdiagramm und kann somit zur Analyse und Darstellung der Faltungscodes verwendet werden. Mit den jeweils geschätzten Zuständen ist auch eine Schätzung der codierten Bits verknüpft. Hierbei werden chancenlose Pfade ausgeschlossen und für

jeden Pfad die akkumulierten Distanzen ermittelt, wobei diese miteinander verglichen werden und der Pfad mit der kleineren akkumulierten
Distanz ausgewählt wird.

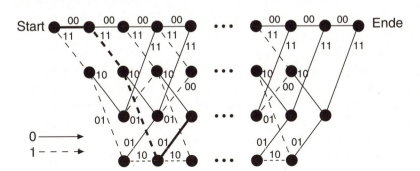

Abb. 3–26
Beispiel für ein
Trellis-Diagramm

Für die Decodierung der empfangenen Daten wird ein Viterbi-Algorithmus angewendet. Viterbi stellt quasi das Gegenstück zu Trellis dar.
Beim Viterbi-Algorithmus handelt es sich um einen Algorithmus, der
1967 von Andrew J. Viterbi entwickelt wurde und eine hohe Wahrscheinlichkeit an Decodierbarkeit bietet, wobei die spezielle Struktur
eines Trellisdiagramms zugrunde gelegt wird. Durch diesen Algorithmus wird letztendlich eine vollständige Durchsuchung des Trellisdiagramms mit geringst möglichem Aufwand gewährleistet.

Viterbi-Algorithmus

    Abschließend durchlaufen die empfangenen Daten einen
Descrambler. Hierbei wird dieselbe 127 Bit lange Sequenz verwendet
wie auf der Seite des Senders, um den ursprünglichen Datenstrom
zurückzugewinnen.

Descrambler

3.4.4 OFDM-Übertragungsverfahren

Bei der OFDM-Datenübertragung geht es darum, den Informationsinhalt von einer großen Anzahl von Unterträgern zu übertragen. Eine
solche Modulation wird letztendlich durch die digitale Signalverarbeitung im komplexen Basisband ermöglicht. Das übertragene Basisbandsignal lässt sich über die folgende komplexe Notation beschreiben.

Basisbandsignal

$r_{RF}(t) = Re \{r(t) \times \exp(j\, 2\pi\, f_c\, t)\}$

In dieser Beschreibung repräsentiert $Re\{...\}$ den Realanteil der komplexen Variable und f_c steht für die Center-Frequenz des Trägers. Das
übertragene Basissignal setzt sich aus mehreren OFDM-Symbolen
zusammen und entspricht der Gleichung:

$r_{Packet}(t) = r_{Preamble}(t) + r_{Signal}(t - t_{Signal}) + r_{Data}(t - t_{Data}).$

Fourier-Transformation

In der dargestellten Gleichung ist t_{Signal} mit 16 µs und t_{Data} mit 20 µs anzusetzen. Die Pulsform der Unterträger wird durch digitale Filterung erzeugt und auf die Frequenzen der jeweiligen Unterträger umgesetzt. Hierbei kommt die inverse schnelle Fourier-Transformation (engl. Inverse Fast Fourier Transformation, kurz IFFT) zum Einsatz, die die Eingangssignale für die Generierung der informationstragenden komplexen Modulationssymbole (z.B. 16-QAM-Symbole) bildet.

Inverse-Fourier-Transformation

In der vereinfachten Betrachtung ist die Inverse-Fourier-Transformation die Umkehrfunktion der Fourier-Transformation, die einer mathematischen Operation entspricht, mit der sich ein Signal in seine Bestandteile zerlegen lässt. Hierbei spricht man jedoch streng genommen von einer diskreten Fourier-Transformation (DFT), da man aus dieser Funktion diskrete Signale gewinnt. Die umgekehrte Funktion ist wiederum die inverse diskrete Fourier-Transformation, kurz IDFT. Wenn man die Komplexität dieser Funktion reduziert, so lässt sich die Geschwindigkeit dieser Algorithmen steigern. In diesem Fall spricht man dann von der Fast Fourier Transformation (FFT) und der inversen Fast Fourier Transformation, kurz IFFT.

IFFT

Die IFFT liefert Koeffizienten, aus denen sich das Subframe mit der Dauer T_{FFT} zusammensetzt. Die Koeffizienten stellen Spektrallinien dar, die den Daten, Pilotträgern und Trainingssymbolen entsprechen und über die die zu übertragende Information auf Phasen und Amplituden abgebildet werden kann.

$$r_{SUBFRAME}(t) = w_{TSUBFRAME}(t) \sum_{k=N_{ST}/2}^{N_{ST}/2} C_k \exp\left(j\, 2\pi\, k\, \Delta_f\right)(t - T_{GUARD})$$

Window-Funktion

In der dargestellten Gleichung entspricht Δ_f dem Frequenzabstand von 0,3125 MHz zwischen den einzelnen Unterträgern und N_{ST} der Anzahl der Unterträger, die bei dem OFDM-Verfahren auf 52 festgelegt ist. Die Abgrenzung der Subframes erfolgt über eine Window-Funktion, die ein Fenster zu den gewünschten Intervallen öffnet. Die Gleichung liefert nur bei geöffnetem Fenster ein Ergebnis; sobald das Fenster geschlossen ist, liefert die Gleichung den Wert Null. Daraus ergibt sich das Zeitfenster für das Zeitmultiplexverfahren (TDM) des OFDM-Verfahrens. Das Zeitfenster kann sich über eine Periodendauer (T_{FFT}) der IFFT erstrecken oder über mehr als eine Periodendauer. Letzteres dient der Bildung der Präambel. Die Abbildung 3–27 zeigt die Window-Funktion für die Bildung der Fenster in der einfachen und erweiterten Form, die sich über die Dauer von zwei Perioden erstreckt.

Einfache Window-Funktion:

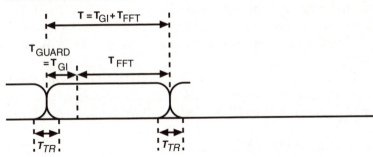

Abb. 3–27

Window-Funktion in einfacher und doppelter Form

Doppelte Window-Funktion:

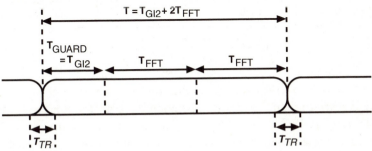

Aus der Abbildung ist ersichtlich, dass das Fenster sich nicht nur über die Länge der eigentlichen Periodendauer erstreckt, sondern durch die Dauer eines Guard-Intervalles (Schutzintervalles) verlängert wird. Die Einfügung der Guard-Intervalle dient als Gegenmaßnahme für eventuell auftretende Einflüsse der Mehrwegeausbreitung. Das OFDM-Signal wird damit nicht nur während einer Zeitdauer der Länge T_{FFT} gesendet, sondern während einer Zeitdauer $T = T_{FFT} + T_{Guard}$, die der eigentlichen OFDM-Symboldauer entspricht. Reflektierte Signale mit Laufzeiten unterhalb der Länge des Guard-Intervalles bewirken daher keine Intersymbolinterferenz. Sie führen lediglich zu einer (frequenzabhängigen) Phasenverschiebung, die aber für die verwendeten differentiellen Modulationsverfahren (z.B. QPSK) bedeutungslos ist. Erst reflektierte Signale, deren Dauer die Länge eines Guard-Intervalles überschreiten, können zu Fehlern in der Datenübertragung führen. Bei diesem Merkmal spricht man auch von der Tatsache, dass beim ODFM keine Intersymbol Interferenz (ISI) auftritt. Bei der Parametrisierung des OFDM-Verfahrens laut IEEE wurde die Dauer des Guard-Intervalls auf T_{FFT}/4 festgelegt. Die Gesamtdauer eines OFDM-Symbols beträgt somit 4 µs, wobei sich dieser Wert aus 3,2 µs FFT-Länge und 800 ns für den Guard-Intervall zusammensetzen. Die Festlegung

OFDM-Symboldauer

für die Dauer des Guard-Intervalles hat ihren Ursprung in einer allgemeinen Empfehlung aus der Nachrichtentechnik. Diese Empfehlung sagt aus, dass die Länge des Guard-Intervalles zwei bis viermal so lang sein soll, wie das durchschnittlich maximal auftretende Delay Spread von 200 ns.

Abbildung 3–28 zeigt den Anfang eines OFDM-Frames mit Präambel, die sich aus einer kurzen und zwei langen Trainingssequenzen zusammensetzt, gefolgt vom Signal-Feld, Service-Feld und den ersten Daten.

Abb. 3–28
Anfang des OFDM-Frames

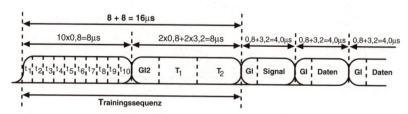

FFT　Der Empfänger führt zum Informationsrückgewinn die komplementäre Operation zu IFFT durch, nämlich die bereits erwähnte Fast Fourier Transformation, vor der eine Demodulation der modulierten Symbole durchgeführt wird. Hierbei werden im Empfänger aus der Datenrückgewinnung durch Phasen- und Amplitudenanalyse die Koeffizienten zurückgewonnen und die Signale der einzelnen Unterträger durch die FFT zurückgebildet.

Normalisierungsfaktor　Kommen wir nach der vereinfachten Darstellung der Signalgewinnung auf den Sendevorgang zurück. Für die Datenübertragung werden vom Sender die binären und seriellen Daten des Interleavers gruppiert. Die Gruppierung ist von der erzielbaren Datenrate abhängig und entspricht der N_{BPSC}-Festlegung aus Tabelle 3–16, also 1, 2, 4 oder 6 Bits. Die Werte der jeweils gruppierten Einheiten werden in komplexe Werte gewandelt, die einem Punkt innerhalb der Signalzustandsdiagramme einer BPSK-, QPSK-, 16-QAM- oder 64-QAM-Modulation entsprechen. Die Werte der einzelnen Bits errechnen sich dabei aus der Formel $d = (I + jQ) \times K_{MOD}$. K_{MOD} entspricht einem Normalisierungsfaktor. Dieser soll sicherstellen, dass das durchschnittliche Leistungsniveau des übertragenen Signals, unabhängig vom verwendeten Modulationsverfahren, in etwa gleich ist. Hierbei ist zu beachten, dass sich der verwendete Normalisierungsfaktor auch innerhalb eines OFDM-Frames ändern kann, wenn beispielsweise bei einem Frame, das mit einer Datenrate von 54 MBit/s übertragen wird, der Übergang vom Signalteil zum Datenteil erfolgt. Der IEEE-Standard empfiehlt folgende Werte als Normalisierungsfaktor, wie sie aus der Tabelle 3–21 zu entnehmen sind. Grundsätzlich können alle 802.11a-konformen Komponenten auch abweichend nur Näherungswerte der Tabelle nutzen,

jedoch muss in diesem Fall die Genauigkeit des gesamten Verfahrens
gewährleistet bleiben.

Modulationsverfahren	K_{MOD}
BPSK	1
QPSK	$1/\sqrt{2}$
16-QAM	$1/\sqrt{10}$
64-QAM	$1/\sqrt{42}$

Tab. 3–21

*Normalisierungsfaktor
in Abhängigkeit der
OFDM-Modulation*

Der Datenstrom der komplexen Werte wird letztendlich in N_{SD} = 48
(Anzahl der Unterträger für Nutzdaten) komplexe Zahlen aufgeteilt.
Diese Zahlen werden als $d_{k,n}$ aufgeteilt, wobei k dem Unterkanal des
OFDM-Symbols n entspricht.

▪ $d_{k,n} \equiv d_{k + N_{SD} \times n}$, wobei K = 0, ... N_{SD} -1 und n = 0, ... N_{SYM} -1
entspricht (N_{SYM} = Anzahl der OFDM-Symbole).

Das gesamte OFDM-Symbol $r_{DATA,n}(t)$ ist folgendermaßen definiert:

$$r_{DATA,n}(t) = w_{TSYM}(t) \left(\sum_{k=0}^{N_{SD}-1} d_{k,n} \exp[(j\, 2\pi\, M(k)\, \Delta_F\, (t - T_{GI})] \right.$$

$$\left. + p_{n+1} \sum_{k=-N_{ST}/2}^{N_{ST}/2} P_k \exp[j\, 2\pi\, k\, \Delta_F\, (t - T_{GI})] \right)$$

Bei der dargestellten Formel entspricht M(k) einer Funktion, die eine
logische Zuordnung der Unterträger (0 bis 47) in die einzelnen Indexe
der Frequenz-Offsets (-26 bis 26) erfolgt. Hierbei wird berücksichtigt,
dass die Pilotkanäle und die Center-Frequenz, also der Unterkanal mit
der Nummer 0, für die Übertragung von Nutzdaten nicht zur Verfügung stehen. Somit gilt für M(k):

Pilotkanäle

$$M(k) = \begin{cases} k - 26 & 0 \le k \le 4 \\ k - 25 & 5 \le k \le 17 \\ k - 24 & 18 \le k \le 23 \\ k - 23 & 24 \le k \le 29 \\ k - 22 & 30 \le k \le 42 \\ k - 21 & 43 \le k \le 47 \end{cases}$$

Berücksichtigt man die zuvor dargestellte Ansteuerung der Pilot Kanäle, so ergibt sich für die Verkettung von OFDM-Symbolen (N_{SYM}) folgende Funktion:

$$r_{DATA}(t) = \sum_{n=0}^{N_{SYM}-1} r_{DATA,n}(t - nT_{SYM})$$

3.4.5   OFDM-Modulationsverfahren

Bei dem OFDM-Verfahren kommt generell, abweichend zum DSSS-Verfahren, keine Differenzcodierung, sondern eine Bezugscodierung zum Einsatz. Geht es darum, Datenraten von 6 oder 9 MBit/s zu realisieren, so wird BPSK als Modulationsverfahren angewendet, über das ein Bit (b_0) pro Symbol dargestellt werden kann (siehe Tab. 3–22).

Bit (b_0)	I-Out	Q-Out
0	-1	0
1	1	0

Die Abbildung 3–29 zeigt das Signalzustandsdiagramm für BPSK, wie es im 802.11a-Standard festgeschrieben ist.

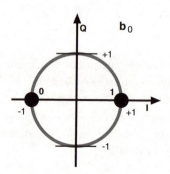

Bei einer Datenrate von 12 oder 18 MBit/s wird hingegen QPSK als Modulationsverfahren eingesetzt. Hierüber können pro Symbol die Informationen von zwei Bits (b_0 und b_1) dargestellt werden. Die folgenden Tabelle 3–23 zeigen den I- und Q-Anteil.

Bit (b_0)	I-Out
0	-1
1	1

Bit (b_1)	Q-Out
0	-1
1	1

Tab. 3–23

Zeigen den I- und Q-Anteil für QPSK

Ergänzend dazu zeigt die Abbildung 3–30 das Signalzustandsdiagramm für QPSK laut Definition des 802.11a-Standards.

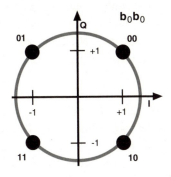

Abb. 3–30

Signalzustandsdiagramm für QPSK

Aus dem Signalzustandsdiagramm ist deutlich zu sehen, dass anstelle einer natürlichen Codierung eine Gray-Codierung verwendet wird (diese Feststellung gilt auch für das 16-QAM- und 64-QAM-Verfahren, die nachfolgend beschrieben werden). Die Gray-Codierung hat den Vorteil, dass sich zwei Nachbarsymbole nur in einem Bit unterscheiden. Da mehr als ein Bitfehler pro Symbol eher unwahrscheinlich ist, kann man in diesem Fall die Anzahl der Bitfehler mit der Anzahl der Symbolfehler gleichsetzen. Somit gilt:

Gray-Codierung

Bitfehlerrate ≈ Symbolfehlerrate/Anzahl der Bits pro Symbol.

Bei dem Vergleich zwischen BPSK und QPSK sieht man auch wieder den deutlichen Zusammenhang zwischen der Wertigkeit der Modulationsverfahren und den erzielbaren Datenraten: Je höherwertiger das Modulationsverfahren, desto höher ist die erzielbare Datenrate.

Für die Datenraten von bis zu 18 MBit/s sind bei dem OFDM-Verfahren noch BPSK beziehungsweise QPSK geeignet. Wenn es jedoch darum geht, höhere Datenraten zu erzielen, ist es notwendig, pro Zeiteinheit Symbole mit mehr als zwei Kennzuständen zu übertragen. Theoretisch könnte man dies durch die Nutzung weiterer Phasenlagen realisieren, jedoch würde hier der technische Aufwand gewaltig steigen, wenn man beispielsweise mehr als drei Bits über verschiedene Phasenlagen darstellen wollte. Dies liegt darin begründet, dass hierdurch die Phasendifferenz immer kleiner wird, wodurch der Empfänger wegen der höheren Informationsdichte die logischen Zustände prä-

Quadratur-Amplituden-Modulation

ziser auswerten muss und deshalb die Fehlerwahrscheinlichkeit wesentlich steigt. Um die Datenrate sinnvoll zu steigern, wendet man deshalb als Modulationsverfahren eine Kombination aus Amplituden- und Phasenumtastung an. In diesem Fall spricht man von der Quadratur-Amplituden-Modulation, kurz QAM, oder auch vom PSK-ASK-Verfahren (Phasen Shift Keying – Amplituden Shift Keying). Durch die Kombination der beiden Verfahren lassen sich die verschiedenen Entscheidungspunkte für den Empfänger günstiger einteilen, wodurch eine größere Störunempfindlichkeit erzielt wird und die Fehlerwahrscheinlichkeit gegenüber einem PSK-Verfahren mit kleinerer Phasendifferenz sinkt. Allerdings muss man auch einen erhöhten Schaltungsaufwand in Kauf nehmen.

16-QAM

Bei den IEEE-Systemen kommen das 16-QAM- und 64-QAM-Verfahren zum Einsatz. Bei dem 16-QAM-Verfahren können innerhalb eines Symbols 4 Bits übertragen werden. Dabei werden die ersten beiden Bits (b_0 und b_1) dazu genutzt, um eine von vier möglichen Phasenlagen darzustellen (I-Kanal). Die beiden letzten Bits (b_2 und b_3) dienen dazu, den Sprung in der Amplitudenhöhe zu bestimmen (Q-Kanal). Tabelle 3–24 zeigt die bitabhängige Ansteuerung des I- und Q-Kanals.

Tab. 3–24
Zeigt den I- und Q-Anteil
für 16-QAM

Bits (b_0 b_1)	I-Out		Bits (b_2 b_3)	Q-Out
00	-3		00	-3
01	-1		01	-1
11	1		11	1
10	3		10	3

Abbildung 3–31 zeigt das dazugehörige Signalzustandsdiagramm des 16-QAM-Verfahrens.

Abb. 3–31
Signalzustandsdiagramm
des 16-QAM-Verfahrens

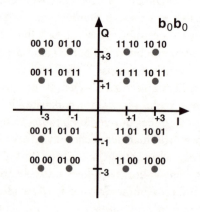

Bei dem 64-QAM-Verfahren können pro Symbol 6 Bits übertragen werden. Hierbei werden die ersten drei Bits (b_0, b_1 und b_2) dazu genutzt, um eine von acht möglichen Phasenlagen darzustellen (I-Kanal). Die drei höherwertigen Bits (b_3, b_4 und b_5) werden für die Bestimmung der Amplitudensprünge (Q-Kanal) verwendet (siehe Tab. 3–25).

64-QAM

Bits (b_0 b_1 b_2)	I-Out
000	-7
001	-5
011	-3
010	-1
110	1
111	3
101	5
100	7

Bits (b_3 b_4 b_5)	Q-Out
000	-7
001	-5
011	-3
010	-1
110	1
111	3
101	5
100	7

Tab. 3–25
Zeigt den I- und Q-Anteil für 64-QAM

Die folgende Abbildung 3–32 zeigt das Signalzustandsdiagramm des 64-QAM-Verfahrens.

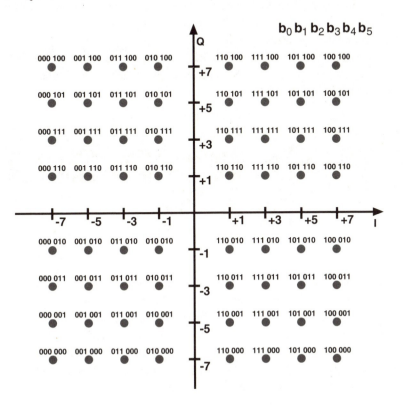

Abb. 3–32
Signalszustands-diagramm 64-QAM-Verfahren

Betrachten wir zum Abschluss des Codierungs- und Modulationsprozesses die OFDM-Sende- und Empfangseinheit in der Darstellung von Funktionsblöcken, die die einzelnen Prozesse noch mal zusammenfassen. Die OFDM-Sendeeinheit ist im Wesentlichen in sechs Bereiche aufgeteilt, die die einzelnen Codierungs- und Modulationsschritte bereitstellen (siehe Abb. 3–33).

Abb. 3–33

Blockschaltbild der OFDM-Sendeeinheit

OFDM-Sendeeinheit   Betrachtet man das dargestellte Blockschaltbild von links nach rechts, so entspricht die erste Einheit dem Faltungscodierer, der sendeseitig dem Codierungsverfahren für die Vorwärts-Fehlerkorrektur entspricht. Im Anschluss daran folgt der Interleaver, der für eine effizientere Funktion des Faltungscodes sorgt. Der nachgeschaltete Block stellt den Algorithmus beziehungsweise die Funktion der Inversen-Fast-Fourier-Transformation bereit. Nach diesem Funktionsblock werden die beschriebenen Guard-Intervalle in den erzeugten Datenfluss eingefügt. Bevor die Daten dem IQ-Modulator zugeführt werden, durchlaufen sie einen Schaltungsblock, in dem die Signalwellen noch einmal in die optimale Form gebracht werden.

Das Blockschaltbild der OFDM-Empfangseinheit gibt im Wesentlichen die Funktionen der Sendeeinheit in umgekehrter Reihenfolge wieder (siehe Abb. 3–34).

Abb. 3–34

Blockschaltbild der OFDM-Empfangseinheit

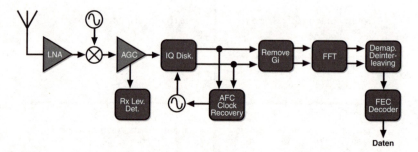

Empfängereinheit   Betrachtet man das Blockschaltbild wieder von links nach rechts, so bildet die erste Einheit einen Verstärker, der das empfangene Signal zuerst verstärkt und auf die Zwischenfrequenzen mischt. Im Anschluss daran folgt eine weitere Verstärkung, wobei diese einer automatischen Verstärkungskontrolle (Automatic Gain Control) unterliegt. Die Daten werden daraufhin dem IQ-Diskriminator zugeführt, wobei dieser von einer steuerbaren Zwischenfrequenz angesteuert wird, die aus einer

AFC-Logik (Automatic Frequency Control) gewonnen wird. Während dieses Prozesses wird zudem aus dem Eingangssignal gleichzeitig der Takt gewonnen, der der Synchronisation zwischen Sender und Empfänger dient und für die anschließende Decodierung unverzichtbar ist. Anschließend werden die vom Sender hinzugeführten Guard-Intervalle wieder entfernt und danach der resultierende Datenstrom dem Schaltungsblock zugeführt, der die Funktion der Fast-Fourier-Transformation bereitstellt. Auf diese Weise werden aus dem gesamten Spektrum des Eingangssignals die Informationen der einzelnen Unterkanäle gewonnen. Diese Informationen werden dem Deinterleaver zugeführt, der sie wieder in die richtige Reihenfolge bringt. Im Anschluss daran durchlaufen die Daten den Faltungsdecoder, der dann die Nutzdaten zurückgewinnt. Gegebenenfalls werden innerhalb des letzten Schaltungsblocks vor der Decodierung noch die Bits aufgefüllt, die sendeseitig durch die Punktierung aus dem Datenstrom entnommen wurden.

3.4.6 OFDM-PMD_SAP

Zu den in den Abschnitten 3.2.7 und 3.3.6 aufgeführten PMD_SAPs ergeben sich bei dem OFDM-PMD für die Serviceprimitiven PHY-TX-START.Request, PHY-RXSTART.Indicate und PHY-RXSTART.Request weitere mögliche Werte für die Parameter TXVECTOR beziehungsweise RXVECTOR. Hierbei handelt es sich vorwiegend um die Angaben für die Datenrate und Sendeleistung. Ergänzend zu den Ausführungen der anderen PHY-Implementierungen soll an dieser Stelle noch einmal kurz die Sendeprozedur, Empfangsprozedur und CCA-Prozedur des OFDM-PHYs dargestellt werden, wobei schwerpunktmäßig auf die Abweichungen zu anderen PHY-Typen eingegangen wird.

OFDM-PMD_SAP

3.4.7 OFDM-PLCP-Sendeprozedur

Um die OFDM-Sendeprozedur einzuleiten, wird eine PHY-TXSTART.Request Primitive über den PHY-SAP ausgeführt, wodurch der PHY in den Sendemodus überführt wird. Mit der Serviceprimitive werden hierbei gleichzeitig mehrere Parameter übergeben, wie beispielsweise die Datenrate und die Sendeleistung, die Bestandteil des TXVECTOR-Parameter sind. Bevor jedoch der MAC eine Datenaussendung über einen PHY-TXSTART.Request initiieren wird, berücksichtigt dieser das Ergebnis der PHY-CCA.Indicate Primitive. Unter der Berücksichtigung dieser Statusinformation wird der MAC ausschließlich auf das Medium zugreifen, wenn der Medienstatus Idle entspricht. Geht man von diesem Fall aus, so wird die Übertragung durch die PHYTXSTART.Request (TXVECTOR) Primitive eingeleitet, sobald

OFDM-Sendeprozedur

am MAC Daten zur Aussendung anstehen. Der PLCP bildet dabei aus den Informationen des TXVECTOR-Parameters den PLCP-Header, wobei Parameter wie Datarate, Service, Length und TXPWR_Level zugrunde gelegt werden. Danach generiert der PLCP die PMD_ TXP-WRLVL und PMD_RATE Primitive, um den unteren Teil des PHYs zu initialisieren und konfigurieren. Anschließend wird der PLCP einen PMD_TXSTART.Request ausführen und die PLCP-Präambel und den PLCP-Header zum PMD aussenden. Direkt nach Beginn der Übertragung der Präambel, wird der PHY den Daten-Scrambler und den Datencodierer initialisieren. Daraufhin erfolgt der Austausch der eigentlichen Daten über den Wechsel von PHY-TXSTART.Request (DATA) und PHY-DATA.Confirm Serviceprimitiven. Gegebenenfalls findet während der Datenaussendung beim Übergang zwischen dem Service-Feld und der PSDU ein Wechsel der Modulation und der Codierung statt, damit die gewünschte Datenrate bei der Übertragung des Datenteils erzielt wird. Während der Datenaussendung gilt, dass zu jedem Zeitpunkt die Datenaussendung durch die PHY-TXEND. Request Primitive beendet werden kann, wobei dies in der Regel jedoch erst nach dem letzten Datenbit der PSDU erfolgt. Die PHY-TXEND.Request Primitive wird bei der Beendigung durch eine PHY-TXEND.Confirm Primitive des PHYs bestätigt.

3.4.8   OFDM-PLCP-Empfangsprozedur

OFDM-Empfangsprozedur   Voraussetzung für einen OFDM-Datenempfang ist, dass der PHY-TXSTART.Request nicht aktiv ist und sich somit der PHY im Empfangsmodus befindet. Wobei sich natürlich der PHY zudem auf einem bestimmten Kanal befinden muss, damit dieser aus einer bestimmten Funkzelle (BSS) Daten empfangen kann. Sobald eine PLCP-Präambel empfangen wird, wird über die PMD_RSSI.Indicate Primitive die Signalstärke an den PLCP gemeldet. Dadurch kann über PHY_CCA.Indicate Primitive dem MAC der anstehende Datenempfang angezeigt werden. In diesem Fall meldet die PHY_CCA.Indicate Primitive ein belegtes Medium (Busy). Nach Übergabe der PHY-CCA.Indicate Primitive beginnt der PHY mit dem Empfang der Trainingssymbole und versucht innerhalb des eingehenden Datenstroms das Signal-Feld aufzufinden und auszuwerten. Auf der Basis dieser Auswertung erhält der PHY Kenntnis von der Datenlänge, dem notwendigen Demodulations- und Decodierungsverfahren. Wird das Signal-Feld fehlerfrei ausgewertet, so beginnt der PHY mit der Decodierung der Daten, wobei im IEEE-Standard dafür die Nutzung eines Viterbi Decoders empfohlen ist. Parallel dazu übergibt der PHY einige Parameter, über die PHY-

RXSTART.Indicate(RXVECTOR) Primitive, die sich aus dem Inhalt des Signal-Feldes und des Service-Feldes ergeben. Die eigentliche Datenübertragung erfolgt dann über den Austausch mehrer PHY-DATA.Indicate(DATA) Primitive. Nachdem das letzte Bit der PSDU empfangen wurde, geht der PHY wieder in den Idle-Status über.

3.4.9 OFDM-CCA-Empfindlichkeit

Bei der CCA-Prozedur des OFDM-PHYs liegt der Beginn eines gültigen OFDM-Symbols vor, wenn am Empfänger 4 µs lang ein Signal ansteht, das gleich oder größer ist als 90 % der kleinsten Empfängerempfindlichkeit. Die kleinste Empfängerempfindlichkeit ist im IEEE-Standard bei der Datenrate von 6 MBit/s mit -82 dBm festgelegt. Des Weiteren zeigt die CCA-Prozedur ein belegtes Übertragungsmedium an, sobald ein beliebiges Signal mit -62 dBm ansteht. Diese Schwelle entspricht einem Signal, das mit 20 dB weniger Leistung unter der Empfindlichkeit für die Datenrate von 6 MBit/s liegt oder 3 dB unter der Empfindlichkeit, die für die Datenrate von 54 MBit/s gefordert ist.

OFDM-CCA-Prozedur

3.4.10 OFDM-Empfängerempfindlichkeit

Die Empfindlichkeit des OFDM-Empfängers ist naturgemäß von der Datenrate abhängig. Je höher die Datenrate, desto geringer ist die Empfindlichkeit des Empfängers. Der Standard schreibt hierbei für die höchste erzielbare Datenrate von 54 MBit/s eine Empfindlichkeit von -65 dBm vor, während bei 6 MBit/s -82 dBm ausreichen. Bei dieser Festlegung soll bei einer PSDU-Länge von 1000 Bytes die PER (Packet Error Rate) unterhalb von 10 % liegen. Tabelle 3–26 zeigt die minimale Empfängerempfindlichkeit für OFDM-Systeme in Abhängigkeit von der Datenrate.

*OFDM-Empfänger-
empfindlichkeit*

Datenrate	Empfindlichkeit
6 MBit/s	-82 dBm
9 MBit/s	-81 dBm
12 MBit/s	-79 dBm
18 MBit/s	-77 dBm
24 MBit/s	-74 dBm
36 MBit/s	-70 dBm
48 MBit/s	-66 dBm
54 MBit/s	-65 dBm

Tab. 3–26

*Empfängerempfind-
lichkeit des OFDM-PHYs*

Abschließend zeigt die Tabelle 3–27 die charakteristischen Parameter der OFDM-Implementierung auf der PHY-Ebene.

Tab. 3–27

802.11a-OFDM-PHY-
Parameter

Parameter	Wert
aSlotTime	9 µs
aSIFSTime	16 µs
aCCATime	< 4 µs
aMPDUMaxLength	4095 Bytes
aCWmin	15
aCWmax	1023
Dauer für Präambel	20 µs
Dauer für PLCP-Header	4 µs

3.4.11   OFDM-Kanalaufteilung

Freigabe 5-GHz-
Frequenzband

Wie schon erwähnt, wurde die 802.11a-Erweiterung bereits 1999 verabschiedet, jedoch war der Betrieb von 802.11a-Komponenten bis kurz vor Ende 2002 in Europa noch nicht erlaubt. Langsam ändert sich diese Situation und viele europäische Länder haben bereits eine Freigabe für die Nutzung des 5-GHz-Frequenzbandes erteilt, vorausgesetzt, dass bestimmte Auflagen erfüllt werden. So ist beispielsweise die Nutzung des 5-GHz-Frequenzbandes am 13. November 2002 für Deutschland mit Veröffentlichung der Verfügung 35/2002 im Amtsblatt 22/2002 durch die RegTP endgültig freigegeben worden. Hierbei ist allerdings keine Einschränkung auf den ausschließlichen Betrieb von WLAN-Komponenten erfolgt.

Bevor wir jedoch auf die europäische Aufteilung des 5-GHz-Bandes eingehen, möchten wir noch kurz auf die Situation innerhalb der USA eingehen, damit abschließend ein Vergleich zwischen den WLAN-Produktanforderungen für USA und Europa gezogen werden kann. Diese Erkenntnis ist wichtig, da zwischen den beiden Festlegungen erhebliche Unterschiede in der zulässigen Sendeleistung und der Aufteilung des 5-GHz-Bandes bestehen.

UNII-Bänder

Mit Verabschiedung der 802.11a-Standarderweiterung konnten entsprechende Produkte in den USA betrieben werden. Hierbei werden Teile des 5-GHz-Frequenzbandes genutzt, die Bestandteil der so genannten UNII-Bänder (Unlicensed National Information Infrastructure) sind. Bei den UNII-Bändern handelt es sich quasi um den Pendant zum 2,4-GHz-ISM-Band, wobei allerdings in der Summe eine weitaus größere Bandbreite für die lizenz- und genehmigungsfreie Nutzung zur Verfügung steht. Nach Festlegung für den Betrieb innerhalb der USA ist das 5-GHz-Frequenzband in drei Unterbänder aufgeteilt, die jeweils vier Kanäle bereitstellen, womit insgesamt 12 Kanäle zur Verfügung stehen. Auf den drei Unterbändern darf jeweils mit unterschiedlichen Sendeleistungen gearbeitet werden. Im ersten Unterband (5,15 bis 5,25 GHz) mit 16 dBm (40 mW), im zweiten und mittleren Unterband (5,25 bis 5,35 GHz) mit 23 dBm (200 mW), und im obersten Unterband (5,725 bis 5,825 GHz) mit 29 dBm (800 mW) Sendeleistung.

In Europa hat man sich mit der Freigabe des 5-GHz-Bandes etwas schwerer getan, was jedoch technisch durchaus zu begründen ist. Bei uns besteht natürlich eine weitaus größere Gefahr, dass sich benachbarte Systeme gegenseitig beeinflussen. Da in unseren Regionen die Dichte der Bevölkerung und der industriellen Besiedlung bezogen auf die zur Verfügung stehende Gesamtfläche weitaus größer ist. Des Weiteren wird das 5-GHz-Band in Europa noch für andere Dienste genutzt, wie beispielsweise für militärische Radarsysteme, Satellitenfunk, Ortungsfunk und Amateurfunk. In diesem Zusammenhang wurde bei der Freigabe des 5-GHz-Frequenzbandes besonders großer Wert darauf gelegt, dass durch den WLAN-Betrieb keine Beeinflussung bereits vorhandener Dienste auftreten kann und somit eine funktechnische Verträglichkeit der verschiedenen Dienste innerhalb des 5-GHz-Frequenzbandes gewährleistet bleibt.

5-GHz-Frequenzbandnutzung

Laut europäischer Festlegung ist das 5-GHz-Band ebenfalls in drei Unterbänder aufgeteilt. Die ersten beiden Unterbänder liegen im Bereich von 5,15 bis 5,25 GHz und von 5,25 bis 5,35 GHz. Innerhalb dieser beiden Bereiche sind jeweils vier Kanäle mit je 20 MHz Bandbreite angeordnet, wobei die äußeren Kanäle einen Abstand von 30 MHz zur unteren beziehungsweise oberen Grenze des Frequenzbandes haben. Auf diesen Unterbändern ist die Sendeleistung auf 23 dBm (200 mW) begrenzt. Hierbei wird jedoch vorausgesetzt, dass in beiden Frequenzbändern eine automatische Leistungsregelung von mindestens 6 dB via TPC (Transmit Power Control) implementiert ist. Des Weiteren muss ein dynamisches Frequenzauswahlverfahren DFS (Dynamic Frequency Selection) unterstützt werden, das einen automatischen Frequenzwechsel sicherstellt, für den Fall, dass ein Kanal von anderen Einrichtungen, wie beispielsweise militärischen Radarsystemen, genutzt wird. Ist kein DFS implementiert, so darf nur der unterste Frequenzbereich von 5,15 bis 5,25 GHz genutzt werden, wobei jedoch ausschließlich noch eine Sendeleistung von 17,8 dBm (60 mW) erlaubt ist. In diesem Fall muss jedoch die Leistungsregelung von 6 dB via TPC weiterhin unterstützt werden. Für den Fall, dass für das untere Frequenzband weder DFS noch TPC implementiert ist, ist für dieses Unterband die Sendeleistung sogar auf 14,8 dBm (30 mW) begrenzt.

5-GHz-Frequenzbandaufteilung

Bei dem mittleren Frequenzband wird TPC und DFS für die Verwendung generell vorausgesetzt.

Oberes Frequenzband   Höhere Sendeleistungen sind im dritten Unterband erlaubt, das im Bereich von 5,47 bis 5,725 GHz liegt. In diesem Frequenzband ist eine Sendeleistung von 30 dBm (1 W) zulässig, wobei für den Betrieb generell die Unterstützung von TPC und DFS vorausgesetzt wird. Nach europäischer Festlegung stehen im oberen Frequenzband zusätzlich weitere elf Kanäle mit je 20 MHz Bandbreite zur Verfügung. Hierbei haben die Center-Frequenzen des unteren und oberen Kanals wieder einen Abstand von 30 MHz zur Grenze des Frequenzbandes. Insgesamt stellt somit das 5-GHz-Band neunzehn Kanäle bereit, auf denen innerhalb eines Empfangsbereiches neunzehn unabhängige Systeme betrieben werden können, ohne dass eine gegenseitige Beeinflussung zu befürchten ist, wie es im Gegensatz bei der Aufteilung des 2,4-GHz-Frequenzbands für das DSSS-Verfahren der Fall ist (siehe Tab. 3–28). Um die geforderten Auflagen für die WLAN-Komponenten umzusetzen, wurde die 802.11h-Erweiterung ins Leben gerufen, die am 17. September 2003 verabschiedet wurde. Diese führt die notwendigen Anpassungen der 802.11a-Spezifikationen durch, damit 802.11a-Produkte innerhalb Europas betrieben werden dürfen. Bei den Anpassungen handelt es sich demnach um die Implementierung von TPC und DFS sowie die abweichende Nutzung und Aufteilung des 5-GHz-Frequenzbandes.

Tab. 3–28
Kanalaufteilung innerhalb
des 5-GHz-Bandes laut
802.11h für den
europäischen Raum

Band	Kanal	Center-Frequenz
5,15 – 5,25 GHz	36	5180 MHz
	40	5200 MHz
	44	5220 MHz
	48	5240 MHz
5,25 – 5,35 GHz	52	5260 MHz
	56	5280 MHz
	60	5300 MHz
	64	5320 MHz
5,47 – 5,725 GHz	100	5500 MHz
	104	5520 MHz
	108	5540 MHz
	112	5560 MHz
	116	5580 MHz
	120	5600 MHz
	124	5620 MHz
	128	5640 MHz
	132	5660 MHz
	136	5680 MHz
	140	5700 MHz

Um einen Kompromiss zwischen der Beeinflussung benachbarter Systeme und der überbrückbaren Entfernung zu erzielen, dürfen die beiden unteren Frequenzbänder nur für den Betrieb innerhalb geschlossener Räume genutzt werden. Das obere Frequenzband darf hingegen sowohl innerhalb als auch außerhalb geschlossener Räume verwendet werden. Wird nur das obere Frequenzband genutzt, so muss DFS für den gesamten Bereich der 11 Kanäle greifen und in Abhängigkeit von der Verkehrslast die Nutzung der Kanäle automatisch aufteilen und festlegen. Werden die beiden unteren Frequenzbänder des 5-GHz-Bandes verwendet, so muss DFS über den Bereich der unteren 14 Kanäle die automatische Festlegung der Kanalnutzung vornehmen können. Somit soll DFS in Verbindung mit TPC zu einer Verringerung des Störpotenzials beitragen, das durch den WLAN-Betrieb entstehen konnte. Ob ein Kanal durch andere Dienste belegt ist oder nicht, müssen die WLAN-Komponenten über gewisse Frequenzmuster beziehungsweise Pulsfolgen erkennen. Hierbei handelt es sich um die Signale und die Pulsfolge bestimmter Radarsysteme (siehe Tab. 3–29).

Anwendungsbereiche

Radar Test Signal	Fre-quenz-bereich [MHz]	Band-weite [MHz]	Puls-wieder-holungs-frequenz [pps]	Puls-weite [µs]	Burst-Länge [ms]/ Anzahl der Pulse	Burst-Periode [sek.]
Radarsignal 1	> 5250	14	700	1	26/18	10
Radarsignal 2	5450 bis 5820	2	–	0,2	5/10	2
Radarsignal 3	5600 bis 5800	0,6	330	2	500/165	144

Tab. 3–29
Festlegung der DFS-Testsignale

Mit der Veröffentlichung der Verfügung 35 im Amtsblatt 22/2002 hat sich das RegTP das Recht vorbehalten, stichprobenartige Überprüfungen der WLAN-Geräte vorzunehmen. Hierbei soll besonderes Augenmerk auf das dynamische Frequenzwahlverfahren (DFS) gelegt werden, damit der Schutz von militärischen Radarsystemen gewährleistet bleibt. Dabei stützt man sich auf bestimmte Testspezifikationen, die in der ETSI-Norm EN 301 893 festgelegt sind. Überprüfungen sind zwar allgemein nichts Neues und wurden schon oft für WLAN-Produkte des 2,4-GHz-Frequenzbandes durchgeführt. Jedoch gibt es im 2,4-GHz-Band nicht die Problematik, dass dieses Frequenzband in unserer Region auch vom Militär genutzt wird. Man kann demnach davon ausgehen, dass die staatlichen Interessen für das Einhalten der Nutzungsvorschriften im 5-GHz-Band weitaus größer sind und somit die Überprüfungen öfter und mit größerer Sorgfalt durchgeführt werden.

EN 301 893

> Teilweise wurden die Implementierungen nach der 802.11h-Erweiterung auf dem MAC-Layer vorgenommen, beziehungsweise greifen auf Funktionen des MAC-Layers zurück. Deshalb werden die Funktionen wie TPC und DFS im Kapitel 4 noch detailliert und abschließend behandelt.

802.11a-
Produkteinschränkung

Mit Freigabe des 5-GHz-Bandes waren natürlich die Hersteller von WLAN-Produkten bestrebt, ihre 5-GHz-Produkte innerhalb von Deutschland endgültig zu vermarkten. Um den Markt schnell bedienen zu können und einen Vorsprung zu den Mitbewerbern zu erzielen, haben jedoch einige Hersteller anfänglich einfach die WLAN-Produkte vermarktet, die ursprünglich für den US-Markt bestimmt waren. Diese Produkte entsprechen nur dem Funktionsumfang laut 802.11a und nicht den neuen Implementierungen laut 802.11h. Die Unterstützung von TPC und DFS ist somit nicht gegeben. Um dennoch den gesetzlichen Anforderungen gerecht zu werden, wurden bei diesen WLAN-Produkten die Sendeleistung einfach auf 14,8 dBm (30 mW) begrenzt und die Kanalauswahl auf die untersten vier Kanäle eingeschränkt. Durch diese Maßnahmen wurde der Betrieb dieser Produkte auf die Verwendung innerhalb geschlossener Räume begrenzt, da die unteren vier Kanäle nur innerhalb geschlossener Räume verwendet werden dürfen. Weiterhin muss man berücksichtigen, dass die Dämpfung von der Frequenz abhängig ist. Typische Hindernisse innerhalb von Gebäuden, wie beispielsweise Stahlbetondecken oder Trennwände, führen also zu einer drastischen Reduzierung der erzielbaren Reichweite. Wenn man heute 5-GHz-Produkte einkauft, sollte man deshalb darauf achten, dass die Produkte 802.11a/h-konform sind oder sich durch ein Firmware-Upgrade auf die 802.11h-Funktionen erweitern lassen. Nur so ist gewährleistet, dass mit maximal zulässiger Sendeleistung gearbeitet werden darf und die höheren Einflüsse der Dämpfung kompensiert und vergleichbare Distanzen zu 802.11b-Produkten erzielt werden können. Wir werden in Kapitel 5 und Kapitel 7 dieses Buches noch detailliert auf die erzielbaren Distanzen eingehen.

3.5 PBCC-Technologie

PBCC-Verfahren

Ein weiteres mögliches Verfahren für die Codierung stellt das PBCC-Verfahren (Packet Binary Convolutional Coding) dar. Hierbei handelt es sich um ein Verfahren, bei dem BCC und eine Scrambling-Methode für die zu übertragenden Symbole kombiniert sind. Dieses Verfahren wurde ebenfalls in der 802.11b-Standarderweiterung als Option definiert und ermöglicht im 2,4-GHz-Band Datenraten von 5,5 (PBCC-5,5) und 11 MBit/s (PBCC-11). Des Weiteren wurden im Sommer

2002 Produkte mit Chipsätzen der Fa. Texas Instruments vermarktet, die ebenfalls auf PBCC basieren und Datenraten von bis zu 22 MBit/s (PBCC-22) ermöglichen. Hierbei handelt es sich jedoch um eine proprietäre Lösung, da diese nicht im WLAN-Standard definiert wurde.

PBCC-22

Texas Instruments hatte bei der Erarbeitung der 802.11g-Standarderweiterung versucht, das PBCC-Verfahren als Codierungsverfahren mit aufzunehmen. Jedoch ist dieser Versuch von der 802.11g-Arbeitsgruppe des IEEE-Komitees abgelehnt worden, da das Vorhaben bei der Abstimmung nicht die notwendige Mehrheit erzielt hatte. Deshalb ist das PBCC-22-Verfahren ausschließlich als Option in die 802.11g-Erweiterung aufgenommen worden. Die meisten 802.11g-kompatiblen WLAN-Chipsätze anderer Hersteller unterstützen das PBCC-Verfahren nicht. Somit kann man PBCC-22 als Übergangslösung betrachten, die vornehmlich im europäischen Raum eingesetzt wurde, um die verzögerte Freigabe der WLAN-Highspeed-Versionen zu überbrücken. Einige Hersteller haben so genannte 802.11b+-kompatible WLAN-Produkte vermarktet, die auf der 22-MBit-Variante von PBCC basieren, um vorübergehend einen Marketingvorteil gegenüber den derzeit üblichen 11-MBit-Komponenten zu erlangen. Anwender mussten jedoch hierbei in Kauf nehmen, dass es sich mehr oder weniger um eine proprietäre Lösung gehandelt hat. Ein Trostpflaster war jedoch, dass die Produkte zu 802.11/802.11b abwärtskompatibel waren und der Betrieb mit herkömmlichen WLAN-Produkten möglich ist, auch wenn hier der Geschwindigkeitsvorteil nicht zum Tragen kommt. Aus Gründen der Vollständigkeit wird kurz auf die PBCC-Implementierungen eingegangen und deren technische Umsetzung aufgezeigt.

3.5.1 PBCC-5,5 und PBCC-11

Bei der PBCC-Variante nach IEEE-802.11b durchlaufen die Daten einen Scrambler und werden einem Faltungscodierer zugeführt. Der verwendete Faltungscodierer lässt sich über die Generator-Polynome $g_0 = 133_8$ und $g_1 = 175_8$ beschreiben. Diese Generator-Polynome lassen sich auch alternativ als $(D^6 + D^4 + D^3 + D + 1, D^6 + D^5 + D^4 + D^3 + D^2 + 1)$ oder binär als $(1011011, 1111101)$ beschreiben. Der Faltungscodierer hat eine Speichertiefe von 6, woraus sich 64 mögliche Zustände, und eine Einflusslänge von 7 ergeben. Die Daten werden über einen ein Bit breiten Eingang zugeführt und der Faltungscodierer hat zwei Ausgänge (y_1 und y_0), wodurch sich eine Coderate von 1/2 ergibt (siehe Abb. 3–35).

Faltungscodierer

Abb. 3–35

PBCC-Faltungscodierer

nach 802.11b

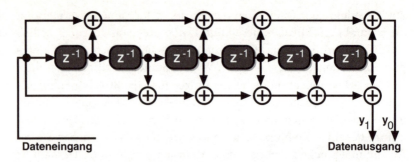

BPSK-/QPSK-Modulator   Die beiden Ausgänge des Faltungscodierers (y_1 und y_0) werden entweder einem BPSK-Modulator zum Erzielen einer Datenrate von 5,5 MBit/s oder einem QPSK-Modulator für die Datenrate von 11 MBit/s zugeführt. Für BPSK und QPSK gibt es jeweils zwei unterschiedliche Signalzustandsdiagramme, die in Abhängigkeit von einem Zustandsbit S ausgewählt werden (siehe Abb. 3–36). Das Bit S wird aus einer

Abb. 3–36

Signalzustandsdiagramme QPSK und BPSK in Abhängigkeit von S

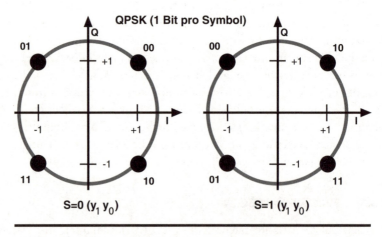

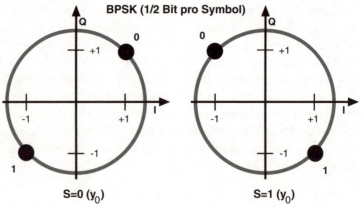

Pseudo-Zufallssequenz gebildet und nimmt, abhängig von der Pseudo-Zufallssequenz, den Wert 0 oder 1 an. Bei der QPSK-Variante wird über die beiden Bits (y_1 und y_0) eins von vier möglichen Symbolen eines Signalzustandsdiagramms ausgewählt, bei der BPSK-Variante dabei jeweils zwei Symbole aus zwei möglichen Symbolen eines Signalzustandsdiagramms (y_0 zuerst und danach y_1). Bei QPSK werden somit pro Symbol der Informationsinhalt von 1 Bit und bei BPSK nur 1/2 Bit übertragen. Da man mit einer Symbolrate von 11 MHz arbeitet, ergibt sich für QPSK eine Datenrate von 11 MBit/s und für BPSK eine Datenrate von 5,5 MBit/s.

Die Signalzustandsdiagramme verdeutlichen, dass die QPSK-/BPSK-Symbole direkt gewonnen werden, wenn das Bit S auf 0 gesetzt ist. Ist hingegen das Bit S auf 1 gesetzt, so wird das Symbol im Uhrzeigersinn um 90° beziehungsweise $\pi/2$ verschoben. Das Bit S entspricht dabei einer Pseudo-Zufallszahl. Diese wird aus einer 16 Bit langen Seed-Sequenz mit dem Inhalt 0011001110001011 gewonnen. Die Seed-Sequenz wird genutzt, um eine 256 Bit lange Pseudo-Zufallssequenz zu bilden, wobei als Erstes auf das LSB (Bit c0) und für die ersten 16 Bits auf die vollständige Seed-Sequenz zurückgegriffen wird. Der Index i liegt jeweils im Bereich von $0 \leq i \leq 15$ und wird nach der Reihenfolge gebildet, wie sie aus Abbildung 3–37 zu entnehmen ist. Sollte die PPDU länger als 256 Bits sein, so wird die 256 Bit lange Folge einfach wiederholt durchlaufen.

Seed-Sequenz

c0	c1	c2	c3	C4	c5	c6	c7	c8	c9	c10	c11	c12	c13	c14	c15
c3	c4	c5	c6	c7	c8	c9	c10	c11	c12	c13	c14	c15	c0	c1	c2
c6	c7	c8	c9	c10	c11	c12	c13	c14	c15	c0	c1	c2	c3	c4	c5
c9	c10	c11	c12	c13	c14	c15	c0	c1	c2	c3	c4	c5	c6	c7	c8
c12	c13	c14	c15	c0	c1	c2	c3	c4	c5	c6	c7	c8	c9	c10	c11
c15	c0	c1	c2	c3	c4	c5	c6	c7	c8	c9	c10	c11	c12	c13	c14
c2	c3	c4	c5	c6	c7	c8	c9	c10	c11	c12	c13	c14	c15	c0	c1
c5	c6	c7	c8	c9	c10	c11	c12	c13	c14	c15	c0	c1	c2	c3	c4
c8	c9	c10	c11	c12	c13	c14	c15	c0	c1	c2	c3	c4	c5	c6	c7
c11	c12	c13	c14	c15	c0	c1	c2	c3	c4	c5	c6	c7	c8	c9	c10
c14	c15	c0	c1	c2	c3	c4	c5	c6	c7	c8	c9	c10	c11	c12	c13
c1	c2	c3	c4	c5	c6	c7	c8	c9	c10	c11	c12	c13	c14	c15	c0
c4	c5	c6	c7	c8	c9	c10	c11	c12	c13	c14	c15	c0	c1	c2	c3
c7	c8	c9	c10	c11	c12	c13	c14	c15	c0	c1	c2	c3	c4	c5	c6
c10	c11	c12	c13	c14	c15	c0	c1	c2	c3	c4	c5	c6	c7	c8	c9
c13	c14	c15	c0	c1	c2	c3	c4	c5	c6	c7	c8	c9	c10	c11	c12

Abb. 3–37

Zahlenfolge zur Bildung der Pseudo-Zufallssequenz

Scrambling   Wie aus der Zahlenfolge ersichtlich ist, erfolgt bei jedem Zeilenwechsel ein Sprung von 3 Stellen. Es stellt sich die Frage, warum ein Scrambling durchgeführt wird? Hierfür gibt es mehrere Gründe:

■ Die Signaldistanz des übertragenen Spektrums wird über die Scrambling-Funktion konstant gehalten.

■ Es lässt sich durch das Scrambling erkennen, ob es sich bei dem empfangenen Signal um ein gültiges Signal handelt oder nicht, da sich in der zeitlichen Betrachtung innerhalb eines Zeitraums, der kleiner oder gleich 256 Bits ist, durch das Scrambling ein Signal verändern muss. Bei einem konstanten Signal würde es sich somit garantiert um eine ungültige Signalfolge handeln.

■ Sollte ein Störsignal das übertragene Datensignal beeinflussen, so ist es hilfreich, wenn das Störsignal keinem legitimen Codewort entspricht. Auf diese Weise wird der Einfluss des Störers merklich reduziert.

■ Weiterhin werden ungewünschte Signalspektren vermieden, die durch die Übertragung ungescrambelter Nullfolgen entstehen würden. Durch das Scrambling wird das Auftreten dieser ungewünschten Spektren vermieden.

3.5.2   PBCC-22

PBCC-22   Die PBCC-22-Lösung basiert auf demselben Prinzip wie die PBCC-11-Lösung. Hierbei wird allerdings ein anderer Faltungscodierer mit 256 möglichen Zuständen mit einer Coderate von 2/3 verwendet. Dieser basiert auf drei Generator-Polynomen $g_0 = 226_8$, $g_1 = 372_8$ und $g_2 = 525_8$. Der Aufbau des Faltungscodierers ist in Abbildung 3–38 dargestellt.

Abb. 3–38
Faltungscodierer für
PBCC-22

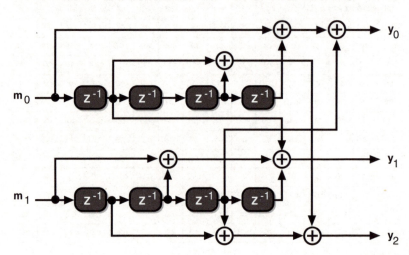

Der Faltungscodierer hat zwei Eingänge (m_0 und m_1) und drei Ausgänge (y_0, y_1, y_2). Für die Modulation wird das 8PSK-Verfahren angewendet, über das die 3 Ausgangsbits in Symbole gewandelt werden. Im Vergleich zu dem PBCC-11-Verfahren werden doppelt so viele Bits codiert, wodurch man auf die gewünschte Datenrate von 22 MBit/s kommt. Tabelle 3–30 zeigt die verwendete 8PSK-Symbolcodierung, wobei die Auswahl der Symbole von dem gescrambelten S-Bit abhängig ist.

y_2, y_1, y_0	8PSK-Signal S = 0	8PSK-Signal S = 1
000	$\pi/4$	$3\pi/4$
001	$3\pi/4$	$-\pi/4$
010	$-\pi/4$	$-3\pi/4$
011	$-3\pi/4$	$\pi/4$
100	$\pi/2$	π
101	π	$-\pi/2$
110	$-\pi/2$	0
111	0	$\pi/2$

Tab. 3–30

8PSK-Symbolcodierung

3.5.3 PBCC-33

Neben der PBCC-22-Lösung gibt es noch die PBCC-33-Lösung, die technisch eine Datenrate von 33 MBit/s ermöglicht. Hierbei wird die Steigerung der Datenrate durch eine höhere Symbolrate von 16,5 MHz erzielt, die allerdings nur für die Übertragung des Datenteils verwendet wird. Gegenüber der Symbolrate von 11 MChips entspricht dies einer 1,5-fachen Symbolrate, aus der sich die Datenrate von 33 MBit/s = 22 MBit/s × 1,5 errechnen lässt. Die Datenübertragung wird durch eine Präambel eingeleitet, die weiterhin mit 11 MChips übertragen wird. Dann folgt ein so genannter Switching-Bereich, der aus Tail-Bits, Head-Bits und ReSync-Bits besteht. In diesem Bereich erfolgt die Umschaltung auf die 16,5 MHz (siehe Abb. 3–39). Der Tail-Teil hat eine Länge von 3 Bits, die alle auf 1 gesetzt sind, wohingegen im 3 Bit langen Head-Teil alle Bits auf 0 gesetzt sind. Der Übergang der Taktrate erfolgt zwischen dem letzten Tail-Bit und dem ersten Head-Bit. Der ReSync-Teil dient hierbei nach der Umschaltung der Taktrate der erneuten Synchronisierung des Empfängers. Der ReSync-Teil hat eine Länge von 9 Bits, die auf 100011101 gesetzt sind.

PBCC-33

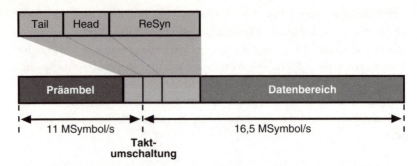

Abb. 3–39
Umschaltphase der
Taktrate für
PBCC-33-Verfahren

Durch die erhöhte Datenrate ist dieses Verfahren jedoch störanfälliger als die PBCC-22-Variante und die erzielbare Distanz reduziert sich auf Kosten der höheren Datenrate. Diese Tatsache hat wohl auch dazu beigetragen, dass das PBCC-Verfahren in der 802.11g-Erweiterung nur als optionales Übertragungsverfahren aufgenommen worden ist und für die Erzielung hoher Datenraten bis 54 MBit/s das OFDM-Verfahren definiert wurde.

3.6 Die 802.11g-PHY-Erweiterungen

802.11g

Neueste Varianten auf der PHY-Ebene werden derzeit durch die 802.11g-Erweiterung im IEEE-WLAN-Standard implementiert. Hierbei handelt es sich um weitere Highspeed-PHY-Definitionen, die ebenfalls Datenraten von 6 bis 54 MBit/s ermöglichen. Entscheidender Unterschied hierbei ist die Nutzung des 2,4-GHz-Frequenzbandes anstelle des 5-GHz-Bandes. Die 802.11g-Erweiterung ist seit dem 12. Juni 2003 vom IEEE verabschiedet. Ausschlaggebendes Kriterium für die Erarbeitung der 802.11g-Erweiterung war die schleppende Zulassung der 5-GHz-Variante laut 802.11a innerhalb Europas. Durch die Nutzung des 2,4-GHz-Bandes, das seit Jahren weltweit für den lizenz- und genehmigungsfreien Betrieb freigegeben ist, entfiel die Problematik der schleppenden Freigabe durch die nationale Legislative, wie in Deutschland beispielsweise die RegTP (heute Bundesnetzagentur). Da mittlerweile das 5-GHz-Band in Europa weitgehend freigegeben ist, entfällt eigentlich die Notwendigkeit für die 2,4-GHz-Lösung. Jedoch gibt es bei beiden Lösungen Vor- und Nachteile, die von Fall zu Fall abzuwägen sind.

2,4 GHz versus 5 GHz

Vergleicht man die Highspeed-Lösungen im 5-GHz-Band mit der neuen im 2,4-GHz-Band, so ergibt sich der Vorteil, dass im 2,4-GHz-Band die nachhaltige Beeinflussung der Dämpfung weitaus geringer ist als im 5-GHz-Band. Demnach lassen sich im 2,4-GHz-Band bei gleicher Sendeleistung höhere Reichweiten erzielen. Dies ist besonders vorteilhaft bei mobilen Einrichtungen, wie beispielsweise Notebooks oder PDAs, die durch einen Akku versorgt werden und mit dessen Ladekapazität haushalten müssen. Eine höhere Sendeleistung, die bei den 5-GHz-Lösungen benötigt wird, um eine vergleichbare Reichweite zu erzielen, führt hierbei zu einer geringeren Betriebsdauer. Soll eine bestimmte Fläche durch ein WLAN lückenlos ausgeleuchtet werden, so benötigt man wegen der höheren Reichweite bei der 2,4-GHz-Lösung weniger Access Points als bei der 5-GHz-Lösung. Dies kann zu enormen Kosteneinsparungen bei der WLAN-Infrastruktur führen. Jedoch hat man bei der 5-GHz-Lösung auch Vorteile, denn durch die Nutzung des 5-GHz-Bandes stehen 19 zusätzliche Kanäle zur Verfügung, die sich noch nicht einmal überlappen und somit einen 100 %ig unabhängigen Betrieb zulassen. Des Weiteren darf auf 11 Kanälen mit 30 dBm (1 W) Sendeleistung gearbeitet werden, womit sich Richtfunkstrecken über große Distanzen realisieren lassen. Bei den 802.11g-Lösungen stehen hingegen, wie beim DSSS-Verfahren, nur drei unabhängige Kanäle zur Verfügung und die Sendeleistung ist auf 20 dBm (100 mW) begrenzt. Bei der Nutzung der 802.11g-Lösungen muss eine Koexistenz zu den 802.11b-Komponenten gewährleistet bleiben, damit diese zusammen innerhalb einer Funkzelle (BSS) betrieben werden können. Dies bietet zwar eine Abwärtskompatibilität, führt jedoch auch dazu, dass ein entsprechender Overhead entsteht, durch den die Nettodatenraten von 802.11g-Lösungen geringer ausfallen als bei den 802.11a-Lösungen. Man kann derzeit davon ausgehen, dass sich 802.11g durch die Abwärtskompatibilität und das bessere Verhältnis zwischen Sendeleistung und Reichweite für Lösungen innerhalb von Gebäuden weithin durchsetzen wird. 802.11a/h dagegen bietet interessante Alternativen für die Errichtung von Richtfunkstrecken, da hier 11 Kanäle mit bis zu 30 dBm (1 W) Sendeleistung zur Verfügung stehen. Interessant könnte 802.11a/h auch in Ballungsgebieten sein, in denen das 2,4-GHz-Band bereits vielfach genutzt wird.

802.11g-Übertragungsverfahren

Die höheren Datenraten werden bei 802.11g, wie bei 802.11a, durch das OFDM-Verfahren realisiert, auf dessen Basis ebenfalls Datenraten von 6, 9, 12, 18, 24, 36, 48 und 54 MBit/s umgesetzt werden. Hierbei müssen die 802.11g-Komponenten ebenfalls die Datenraten von 6, 9, 12, 18 und 24 MBit/s unterstützen und optional 36, 48 und 54 MBit/s. Des Weiteren sieht 802.11g noch eine optionale Implementierung auf Basis von PBCC vor, die Datenraten von 22 MBit/s (PBCC-22) und 33 MBit/s (PBCC-33) ermöglichen.

PHY-Typen

Mit Einführung der 802.11g-Spezifikation unterscheidet man zwischen zwei unterschiedlichen Typen des PHYs, auf der Basis des 2,4-GHz-Frequenzbandes.

■ ERP (Extended Rate PHY): Erweiterter PHY, der im 2,4-GHz-Band die höheren Datenraten laut 802.11g unterstützt.

■ NonERP (non Extended Rate PHY): PHY, der alle DSSS- und CCK-Verfahren mit einer Datenrate von 1 bis 11 MBit/s unterstützt. Dieser PHY-Typ entspricht dem herkömmlichen PHY nach 802.11 und 802.11b.

Betriebsmodi   Innerhalb der 802.11g-Erweiterung wird zwischen vier verschiedenen Betriebsmodi unterschieden, die durch neue Begriffe bezeichnet werden.

■ ERP-DSSS/CCK: Erweiterter PHY, der zusätzlich das DSSS- und CCK-Verfahren unterstützt, wobei allerdings nur das kurze Header-Format verwendet wird.

■ ERP-OFDM: Entspricht dem Betriebsmodus eines erweiterten PHYs, der nach dem OFDM-Verfahren im 2,4-GHz-Band arbeitet.

■ ERP-PBCC: Erweiterte PHYs, die mit höheren Datenraten von 22 oder 33 MBit/s auf Basis des PBCC-Verfahrens arbeiten. Dies entspricht den PBCC-22- und PBCC-33-Verfahren, die vor der 802.11g-Spezifikation als rein proprietäre Lösungen anzusehen waren (siehe Abschnitt 3.5.2 und 3.5.3). Laut 802.11g sind PBCC-22 und PBCC-33 als optionale Lösungen aufgenommen worden.

■ DSSS-OFDM: PHY, der das DSSS-Verfahren und OFDM-Verfahren unterstützt. Hierbei werden eine Präambel und ein zusätzlicher Header vor die OFDM-Daten gesetzt und über das DSSS-Verfahren übertragen, die eigentlichen Nutzdaten über das OFDM-Verfahren mit 6, 9, 12, 18, 24, 36, 48 oder 54 MBit/s. Hierdurch wird die Koexistenz von 802.11-, 802.11b- und 802.11g-Komponenten innerhalb einer Funkzelle sichergestellt.

802.11g-Frameformat   Grundsätzlich weist die 802.11g-Implementierung, mit Ausnahme des genutzten Frequenzbandes, zu der 802.11a-Implementierung gewisse Parallelen auf. Entscheidender Unterschied ist das ergänzende Frameformat auf der PHY-Ebene, das eine Koexistenz mit 802.11- und 802.11b-Komponenten sicherstellen sollen, sobald sich in einer Funkzelle (BSS) eine 802.11- oder 802.11b-Komponente befindet. Dazu wird vor den eigentlichen OFDM-Daten eine Präambel und ein zusätzlicher Header ergänzt, der mit dem bisherigen DSSS-Verfahren mit einer Datenrate von 1 beziehungsweise 2 MBit/s übertragen wird. Auf diese Weise wird sichergestellt, dass auch 802.11- und 802.11b-Komponenten die Informationen auswerten können. Hierin ist auch der zusätzliche Overhead begründet, der im Vergleich zu 802.11a/h zu einer Reduzierung der erzielbaren Nettodatenrate führt.

Protection-Mechanismus   Neben der Möglichkeit, vor alle OFDM-Daten einen DSSS-Header zu setzen, sieht die 802.11g-Spezifikation noch den so genannten Protection-Mechanismus vor. Sollte dieser Schutzmechanismus genutzt werden, so werden bestimmte Management-Informationen über das DSSS/CCK-Verfahren übertragen, damit sichergestellt ist, dass alle Stationen innerhalb der Funkzelle (BSS) diese Informationen auswerten können. Auf diese Weise können die 802.11 und 802.11b kompatiblen Komponenten ebenfalls die Belegung des Übertragungsmediums durch Daten, die via OFDM übertragen werden, erkennen. Die eigentlichen Daten können deshalb dann ausschließlich über das OFDM-Verfahren übertragen werden. Dieses alternative Verfahren wird im Wesentlichen auf der MAC-Ebene ausgeführt, weshalb im nächsten Kapitel auf den Protection-Mechanismus ausführlich eingegangen wird (siehe Abschnitt 4.6.6). An dieser Stelle soll nur noch festgehalten werden, dass der Protection-Mechanismus nicht benötigt wird, falls die Daten durch das PBCC-Verfahren oder DSSS-OFDM-Verfahren übertragen werden. Zudem entsteht bei der Nutzung des Protection-Mechanismus auch ein gewisser Overhead gegenüber den 802.11a/h-Lösungen.

3.6.1   802.11g-PPDU-Frameformat

Bei den ERP-PHYs können laut 802.11g drei verschiedene PPDU-Frameformate auftreten, die sich durch unterschiedliche Präambeln und Header-Formate unterscheiden.

802.11g-PPDU-Frameformate

▪ Das erste Format entspricht einer DSSS-Präambel und einem DSSS-Header vom langen Format, wie er in Abschnitt 3.3.3 beschrieben ist. Das eigentliche Datenteil wird über OFDM oder PBCC übertragen. Dabei weicht der Inhalt des Service-Feldes des DSSS-Headers etwas von der 802.11-/802.11b-Definition ab. Hierbei wird über Bit b3 und Bit b0 angezeigt, welches Verfahren für die Übertragung der PSDU verwendet wird. Ist Bit b3 gesetzt, so wird die PSDU über das PBCC-Verfahren übertragen, ist hingegen Bit b0 gesetzt, so wird die PSDU über das DSSS-OFDM-Verfahren übertragen. Des Weiteren wird bei Verwendung des PBCC-Verfahrens über die Bits b5, b6 und b7 angezeigt, ob bei der Längenberechnung eine Abweichung erfolgt ist. Die Abweichungen entstehen durch die Datenrate von 22 oder 33 MBit/s, die dem Zwei- oder Dreifachen der Grunddatenrate von 11 MBit/s entspricht, wodurch für die Datenübertragung bedeutend weniger Zeit in Anspruch genommen wird. Die Datenraten beziehungsweise verwendeten Übertragungsverfahren werden durch den Inhalt des Signal-Feldes innerhalb des PLCP-Headers angezeigt, dessen Inhalt X'DC' für 22 MBit/s ER-PBCC, X'21' für 33 MBit/s ER-PBCC oder X'1E' für alle DSSS-OFDM Datenraten betragen kann.

■ Das zweite PPDU-Frameformat entspricht einer DSSS-Präambel und einem DSSS-Header vom kurzen Format, wie er in Abschnitt 3.3.3 beschrieben ist und für Datenraten von 2, 5,5 und 11 MBit/s genutzt wird. Die eigentlichen Daten werden durch das DSSS-OFDM-Verfahren oder PBCC-Verfahren übertragen.

■ Beim dritten PPDU-Format handelt es sich um ein reines OFDM-Frameformat, wie es in Abschnitt 3.4.1 nach 802.11a beschrieben ist, wobei diese PPDU natürlich nicht im 5-GHz-Band, sondern im 2,4-GHz-Band übertragen wird.

DSSS-OFDM-Verfahren Um den zuvor genannten Anforderungen für die Koexistenz von 802.11-, 802.11b- und 802.11g-Komponenten gerecht zu werden, wird bei der Verwendung des DSSS-OFDM-Verfahrens die Datenübertragung durch das DSSS-Verfahren eingeleitet, wobei eine entsprechende Präambel und ein PLCP-Header übertragen werden. Eine Präambel hat hierbei die Länge von 72 oder 144 Bits; es wird mit einer Datenrate von 1 MBit/s im DSSS-Verfahren übertragen. Darauf folgt ein DSSS-PLCP-Header, der dem Format eines normalen oder kurzen DSSS-Frameformats entspricht und in Abhängigkeit davon mit der Datenrate von 1 oder 2 MBit/s übertragen wird. Der Empfänger eines ERP-PHYs, der DSSS-OFDM unterstützt, wird ein DSSS-OFDM-Frame erwarten, sobald er über das Signal-Feld innerhalb des DSSS-Headers die Datenrate von 3 MBit/s (entspricht dem Inhalt X'1E') angezeigt bekommt. Hierdurch wird sichergestellt, dass ein NonERP-PHY von einer nicht unterstützten Datenrate ausgeht und für die Framedauer keine Daten empfängt. Das Empfangsprozedere für die ERP-PHYs entspricht im Wesentlichen dem eines DSSS-PHYs, wobei nach dem DSSS-Header die Umschaltung in den OFDM-Modus mit einer Datenrate von 6 MBit/s erfolgt. Dieser Teil entspricht der eigentlichen PSDU und hat in etwa denselben Aufbau wie das OFDM-PHY-Frameformat der 802.11a-Lösung. Der Unterschied hierbei ist, dass man die 10 kurzen Trainingssequenzen weggelassen hat, da hier die Signalerkennung, die Kontrolle des Antennengewinns und die eventuelle Antennenauswahl für die Diversity-Funktion bereits über die DSSS-Präambel erfolgen konnte. Somit beginnt die PSDU mit einem Guard-Intervall, dem zwei lange Trainingssequenzen folgen, die zusammen eine Dauer von 8 µs haben. Im Anschluss daran folgen ein weiteres Guard-Intervall und das Signal-Feld, das mit BPSK und der Coderate von 1/2 übertragen wird, die zusammen für die Übertragung 4 µs benötigen. Anschließend folgt der eigentliche Datenteil der PSDU, der mit einer Datenrate von 6, 9, 12, 18, 24, 36, 48 oder 54 MBit/s übertragen werden kann.

Nach dem Datenteil erfolgt eine so genannte CCK-OFDM Ruhezeit, mit der Dauer von 6 µs. Diese Ruhezeit benötigt der Faltungsdecodierer damit er, wie bei der 802.11a-Lösung, die empfangenen
Daten richtig decodieren kann. Die Ruhezeitverlängerung ist notwendig, da nach 802.11a die SIFS 16 µs beträgt (siehe Abschnitt 4.2.4),
wohingegen nach 802.11b und 802.11g die SIFS nur eine Dauer von
10 µs hat. Durch die Ergänzung der Ruhezeit von 6 µs kommt man
wieder auf die 16 µs, die dem der 802.11a-Lösung entspricht. Diese
Korrektur der kürzeren SIFS ist zudem für die Längenberechnung notwendig, die sich bei den hohen Datenraten an die Voraussetzungen
von 802.11a anlehnt und für das Zugriffsverfahren der MAC-Ebene
entscheidend ist (siehe Abschnitt 4.2.1). Abbildung 3–40 zeigt das
DSSS-OFDM-Frameformat mit kurzer Präambel und entsprechendem
Header.

CCK-OFDM Ruhezeit

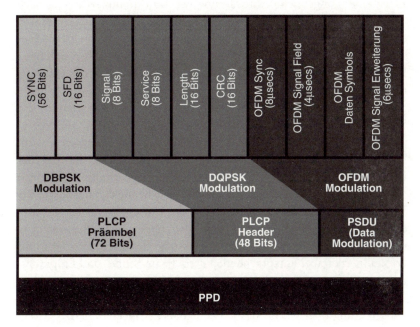

Abb. 3–40
DSSS-OFDM-Frameformat
nach 802.11g

Bei der dargestellten PPDU erkennt man eindeutig den generellen Aufbau der DSSS- und OFDM-PPDU wieder, wie sie in den vorangegangenen Abschnitten dargestellt wurden. Im Vergleich zu den 802.11- und
802.11b-Implementierungen weicht natürlich die Längenberechnung
der PSDU ab, die den Inhalt des Length-Feldes bildet, da das Format
der DSSS-OFDM-PPDU gegenüber der DSSS-PPDU einen grundsätzlich anderen Aufbau hat. Es ist hierbei auch zu berücksichtigen, dass
innerhalb des Service-Feldes das Bit 7 nicht benötigt wird, um Run-
dungen in der Berechnung der DSSS-OFDM-PPDU anzuzeigen. Die

Berechnung für den Inhalt des Length-Feldes wird nach folgender Formel berechnet, deren Ergebnis grundsätzlich einen ganzzahligen (Integer-)Wert ergibt, dessen Inhalt die Länge der PSDU in µs anzeigt.

Length-Feld

▨ LENGTH = PSDUsyncOFDM + PSDUSignalOFDM +
4 x Ceiling((PLCPServiceBits + 8 x (Daten in Bytes) +
Pad-Bits) / N_{DBPS}) + SignalExtension

In der dargestellten Formel hat das lange Traningssymbol (PSDUsync-OFDM) eine Dauer von 8 µs, die Dauer der PSDUSignalOFDM beträgt 4 µs, die PLCPServiceBits haben eine Länge von 8 Bits, die Pad-Bits sind 6 Bits lang und die SignalExtension beträgt 6 µs.

3.6.2   802.11g-Signalspektrum

Signalanpassungen

Es ist eine maßgebliche Anforderung bei der Datenübertragung nach 802.11g, dass unabhängig vom verwendeten Übertragungsverfahren das Signalspektrum in etwa gleich bleiben muss, wenn ein Wechsel zwischen den Übertragungsverfahren erfolgt. Hierbei stehen sich beim DSSS-OFDM-Verfahren das DSSS/CCK-Signal, das mit 11 MHz abgetastet wird, und das OFDM-Signal gegenüber, das mit 20 MHz abgetastet wird. Zudem handelt es sich bei dem DSSS/CCK-Signal um ein Signal, das auf einem Träger übertragen wird und bei dem OFDM-Signal um ein Signal, das auf mehreren Unterträgern übertragen wird. Demnach waren bestimme Maßnahmen notwendig, die bei der Umschaltung zwischen den beiden Übertragungsverfahren für einen sanften Übergang sorgen, wobei die effektive Sendeleistung sowie das Frequenzspektrum gleich bleiben und die Umschaltung der Taktfrequenz in einer einheitlichen Phase, also ohne einen Phasenversatz erfolgen muss. Die notwendige Anpassung des Frequenzspektrums erfolgt hierbei über entsprechende Filter, die im Sende- und Empfangsteil der 802.11g-PHYs die notwendige Signalanpassung vornehmen. Um einen Phasenversatz bei der Umschaltung zu verhindern, wird die Umschaltung über ein Bit des DSSS-Signals getriggert. Hierbei erfolgt die Triggerung mit dem ersten Bit beziehungsweise Chip des letzten DSSS-Symbols des DSSS-Headers, wobei die Umschaltung genau 1 µs nach der Triggerung erfolgt.

3.6.3   802.11g-Empfängerempfindlichkeit

802.11g-Empfänger-empfindlichkeit

Die notwendige PHY-Empfängerempfindlichkeit ist in der 802.11g-Spezifikation unterschiedlich festgelegt und von dem verwendeten Betriebmodus abhängig. Bei dem ERP-OFDM ist die Empfängerempfindlichkeit nach denselben Kriterien und Werten nach 802.11a übernommen wurden (siehe Abschnitt 3.4.9). Für das DSSS-Verfahren, das für die Übertragung von Präambel und Header genutzt wird, gelten dieselben Anforderungen nach 802.11 und 802.11b (siehe Abschnitt 3.3.3). Für PBCC-22 wurde die Empfängerempfindlichkeit mit -76 dBm und für PBCC-33 mit -74 dBm festgelegt. Hierbei gilt, dass bei einer PSDU-Länge von 1024 Bytes die Packet Error Rate unter 8 % bleiben muss.

Abschließend zeigt die Tabelle 3–31 die Zusammenfassung der charakteristischen Parameter für die OFDM-Implementierung auf der PHY-Ebene laut 802.11g.

Parameter	Wert
aSlotTime	lang = 20 µs (falls ERP und NonERP innerhalb der BSS), kurz 9 µs (falls nur ERP innerhalb der BSS)
aSIFSTime	10 µs
aCCATime	< 15 µs für lange Slot Time, < 4 µs für kurze Slottime
aMPDUMaxLength	4095 Bytes
aCWmin	15
aCWmax	1023
Dauer für Präambel	20 µs (falls nur ERP), 72 µs (falls ERP und NonERP)
Dauer für PLCP-Header	4 µs (falls nur ERP), 24 µs (falls ERP und NonERP)

Tab. 3–31

802.11g OFDM PHY Parameter

3.7   Die IEEE-Infrarot-Technologie

Aus Gründen der Vollständigkeit wird noch die optische WLAN-Lösung dargestellt, die im 802.11-Grundstandard definiert wurde. Hierbei wird die Informationsübertragung mittels Licht im infraroten Wellenlängenbereich von 850 bis 950 nm realisiert, der gerade unterhalb des sichtbaren Lichts liegt. Diese Variante des IEEE-WLAN ermöglicht eine Datenrate von 1 oder 2 MBit/s. Bei gerichteter Abstrahlung des infraroten Lichts ist man allerdings auf eine direkte Sichtverbindung angewiesen. Die Systeme haben in der Regel sehr eingeschränkte Reichweiten von etwa 10 m. Durch den Einsatz von empfindlicheren Empfangsdioden lässt sich die Reichweite auf 20 m erhöhen.

Bei diffuser Abstrahlung hingegen wird beim Absenden des Lichtstrahls das Licht gestreut, ähnlich wie bei einer Leuchte mit Milchglasscheibe. Eine Punkt-zu-Mehrpunkt-Verbindung ist möglich und eine direkte Sichtverbindung nicht mehr unbedingt notwendig. Reflexionen durch andere Gegenstände oder Oberflächen sorgen dafür, dass teilweise auch Hindernisse die Übertragung nicht unterbrechen. Bei der diffusen Abstrahlung sind im Vergleich zur gerichteten Abstrahlung

Infrarot-Technologie

Reichweiten

allerdings nur geringe Datenraten möglich. Außerdem reflektieren nicht alle Oberflächen das infrarote Licht ausreichend.

Der Kommunikation im WLAN mit Hilfe von infrarotem Licht sind enge Grenzen gesetzt, denn im Gegensatz zur Übertragung durch Funk kann das Licht auch im Infrarotbereich keine Wände durchdringen. Zudem werden die Infrarotstrahlen stark gedämpft, wenn sie Glasscheiben durchdringen. Damit sind solche Infrarot-LANs auf kleine Bereiche beschränkt, etwa Konferenzräume, Klassenräume oder die nähere Umgebung des Schreibtischs innerhalb eines Büros. Der beschränkte Ausleuchtungsbereich hat aber auch Vorteile: Da IR-Signale durch Gebäudegrenzen beschränkt sind, können keine Signale nach außen dringen, was die Sicherheit für das Netzwerk erhöht.

Pulse Position Modulation

Die Datenübertragung basiert bei der IR-Lösung auf Veränderung der Lichtintensität. Die Intensität des Lichts wird verändert, indem man die LEDs des Senders mit unterschiedlichen Stromstärken anregt. Durch die Verwendung so genannter PIN-Dioden durch den Empfänger steht die Lichtintensität im proportionalen Verhältnis zur Stromstärke. Als Modulationsverfahren wird die so genannte Pulse Position Modulation (PPM) verwendet, wobei durch die zeitliche Positionsveränderung eines Lichtimpulses innerhalb eines Symbols die Informationen übertragen werden. Ein Symbol mit der Länge von n Bits wird durch ein PPM-Symbol mit der Länge von 2^n übertragen. Jedes PPM-Symbol ist durch eine bestimmte Position des Lichtimpulses geprägt.

Bei der Datenrate von 1 MBit/s wird die 16-PPM-Modulation verwendet, über die pro Symbol jeweils 4 Bits der zu übertragenden Daten gesendet werden (siehe Tab. 3–32).

Tab. 3–32
16-PPM-Modulation für
1-MBit/s-IR-Systeme

Daten	16-PPM-Symbol
0000	0000000000000001
0001	0000000000000010
0011	0000000000000100
0010	0000000000001000
0110	0000000000010000
0111	0000000000100000
0100	0000000010000000
1100	0000000100000000
1101	0000001000000000
1111	0000010000000000
1110	0000100000000000

Daten	16-PPM-Symbol
1011	0010000000000000
1001	0100000000000000
1000	1000000000000000

Die Dauer eines Impulses ist auf 250 ns festgelegt. Somit werden für die Übertragung eines Symbols von 4 Bit Länge 4 µs benötigt. Rechnet man diesen Wert auf 1 Bit um, so kommt man auf eine Bitzeit von 1 µs, was eine Datenrate von 1 MBit/s ergibt. Um auf eine höhere Datenrate zu kommen, muss man die Bitzeit reduzieren. Bei 2-MBit/s-Systemen arbeitet man deshalb mit 4-PPM-Symbolen. Über die 4-PPM-Verfahren werden pro Symbol jeweils 2 Datenbits übertragen. Bei derselben Impulsdauer von 250 ns wird für ein Symbol 1 µs benötigt und man kommt demnach auf eine Bitzeit von 0,5 µs, was einer Datenrate von 2 MBit/s entspricht. Die Tabelle 3–33 zeigt die Codierung der 4-PPM-Symbole.

Daten	4-PPM-Symbol
00	0001
01	0010
11	0100
10	1000

Tab. 3–33
4-PPM-Modulations-verfahren für 2-MBit/s-Systeme

Bei dem 16-PPM-Verfahren werden die Symbole gebildet, indem die Datenbits folgendermaßen übertragen werden:

- Als Erstes werden die Bits 3 2 1 0 übertragen.
- An zweiter Stelle werden die Bits 7 6 5 4 übertragen.

Bei den 4-PPM-Verfahren werden die Datenbits folgendermaßen übertragen:

- Die Bits 1 0 werden als Erstes übertragen.
- Die Bits 3 2 werden als Zweites übertragen.
- Die Bits 5 4 werden als Drittes übertragen.
- Die Bits 7 6 werden als Viertes übertragen.

3.7.1 IR-Frameformat

Für die Übertragung der Daten werden diese auf der PHY-Ebene in ein bestimmtes Frameformat gepackt, dessen Headerlänge zwischen 128 und 144 Bits liegt und 6 Felder beinhaltet.

Abb. 3–41
IR-PLCP-Frameformat

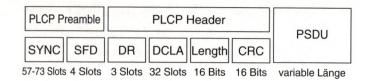

Das *SYNC*-Feld hat eine minimale Länge von 57 Bits und eine maximale Länge von 73 Bits. Der Inhalt des SYNC-Felds stellt einen Wechsel von Nullen und Einsen da, über den sich der Empfänger mit dem Sender synchronisieren kann und über die der Empfänger seine Eingangsverstärkung justieren kann. Der *Start Frame Delimiter* (SFD) hat eine Länge von 4 Bits und den Inhalt von 1001. Das *Data-Rate-*(DR)-Feld hat die Länge von 3 Bits und gibt die Datenrate des PLCSDU, des Length- und CRC-Felds an. 000 signalisiert dabei die Datenrate von 1 MBit/s und 001 gibt die Datenrate von 2 MBit/s an. Über das 32 Bit lange *DC-Level-Adjustment*(DCLA)-Feld wird es dem Empfänger ermöglicht, den Gleichspannungslevel der Empfängerstufe nach dem Empfang des SYNC-, SFD- und CRC-Felds wieder zu regenerieren. Dazu werden folgende Bitfolgen über das DCLA-Feld übertragen:

- 1 MBit/s: 00000000100000000000000010000000
- 2 MBit/s: 00100010001000100010001000100010

Die ersten 4 Felder SYNC, SFD, DR und DCLA des Headers entsprechen nicht der PPM-Unterteilung des Datenstroms. Sie werden nicht in Gruppen von 2 oder 4 Bits unterteilt. Die Daten dieser Felder werden deshalb in so genannte L-PPM Slots übertragen, welche einzeln übertragen werden und deren Länge jeweils der Pulszeit von 250 ns entspricht. Erst ab dem Length-Feld werden die Daten in Gruppen unterteilt, die für die 4-PPM- oder 16-PPM-Modulation notwendig sind. Welches PPM-Verfahren angewendet wird, hängt dabei von der Datenrate ab (16-PPM bei 1 MBit/s und 4-PPM bei 2 MBit/s).

Über das 16 Bit lange *Length*-Feld wird die Länge des Datenteils PSDU angezeigt. Das abschließende Feld des PLCP-Headers stellt das 16 Bit lange *CRC*-Feld dar, mit dem über einen Cyclic Redundancy Check die Fehlerfreiheit des PLCP-Headers geprüft wird.

Abschließend zeigt die Tabelle 3–34 die charakteristischen Parameter der Infrarot-Implementierung auf der PHY-Ebene.

Parameter	Wert
aSlotTime	8 µs
aSIFSTime	10 µs
aCCATime	5 µs
aMPDUMaxLength	4095 Bytes
aCWmin	63
aCWmax	1023
Dauer für Präambel	16 µs (1 MBit/s), 20 µs (2 MBit/s)
Dauer für PLCP-Header	41 µs (1 MBit/s), 25 µs (2 MBit/s)

Tab. 3–34
*Charakteristische
Parameter der
Infrarot-Technologie*

Auch wenn sich der IEEE-802.11-Standard ausführlich mit der IR-Technologie auseinander setzt, gibt es bis heute keine WLAN-Produkte auf dem Markt, die auf der Infrarot-Technologie basieren. Dies wird primär an der geringen Reichweite, der längst überholten Datenrate und der notwendigen Sichtverbindung liegen.

3.8   802.11n

Bezogen auf die Euphorie in Bezug auf die drahtlose Geschwindigkeit hat der WLAN-Standard noch längst nicht das Ende seiner Möglichkeiten erreicht. Das IEEE hat bereits die Messlatte ein paar Stufen höher gesetzt und die Taskgroup n (TGn) gebildet, die zielstrebig an einer neuen 802.11n-Standarderweiterung arbeitet. Der Buchstabe n steht für den Begriff Next Generation, also für die nächste Generation des WLANs, dessen Spezifikation voraussichtlich im 1. Halbjahr 2007 verabschiedet wird. Die 802.11n-Erweiterung soll einen neuen PHY-Layer definieren, der Datenraten von 108 MBit/s ermöglichen soll und optional sogar einen Datendurchsatz von bis zu 600 MBit/s. Des Weiteren werden durch 802.11n Erweiterungen an der MAC-Schicht vorgenommen, die die Effizienz der Datenübertragung steigern und einen Beitrag zur Realisierbarkeit hoher Datenraten leisten. Kernstück des neuen PHY-Layers werden intelligente Antennensysteme sein, die als Smart Antenna bezeichnet werden. Diese Antennensysteme entsprechen einer Kombination aus mehreren baugleichen Antennen, die einen Abstand von $\lambda/2$ aufweisen und über einen intelligenten Signalverarbeitungsalgorithmus angesteuert werden. Über die gezielte Ansteuerung der kombinierten Antennen werden die Sende- und Empfangseigenschaften wesentlich verbessert, wodurch unter dem Strich höhere Datenraten erzielt werden können.

MIMO   Wird das Verfahren auf der Sende- und Empfangsseite angewendet (siehe Abb. 3–42), so spricht man im Fachjargon von Multiple Input, Multiple Output (MIMO). MIMO ist jedoch keine Neuentwicklung der 802.11n-Arbeitsgruppe, sondern wurde bereits 1984 als Entwicklungslösung von Jack Winters, Bell Laboratories, präsentiert. Jack Winter wird als MIMO-Pionier bezeichnet, denn er zeigte erstmals auf, wie Daten von mehreren Anwendern zeitgleich über dasselbe Frequenzband übertragen werden können, indem er mehrere Antennen, Sender und Empfänger nutzte. Seit dieser Zeit wurde MIMO an einer Vielzahl von Universitäten, Institutionen und Firmen stetig weiterentwickelt und wird voraussichtlich noch in diesem Jahrzehnt in vielen Bereichen der Mobiltechnologien als Highspeed-Funklösung Einzug nehmen.

Abb. 3–42
MIMO-System

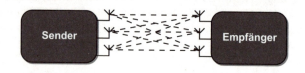

3.8.1   MIMO und SIMO

Das Grundprinzip von MIMO basiert unter anderem auf der Überlegung, dass mehrere Antennen mehr Signale empfangen und mehr Signale abstrahlen können, wodurch die Signalqualität verbessert wird. Die Nutzung mehrerer Antennen auf der Sende- und Empfangsseite haben sich bereits im Bereich der Mobilfunktechnik vielfach etabliert.

SIMO   Wird auf der Sendeseite eine Antenne verwendet und auf der Empfangsseite mehrere Antennen, so spricht man von Single Input, Multiple Output (SIMO). Verwendet man auf der Seite des Senders mehrere Antennen und auf der Seite des Empfängers eine Antenne, so spricht man von Multiple Input, Single Output (MISO). Die heutigen WLAN-Produkte entsprechen in der Regel einem SIMO-System und sind mit zwei Antennen ausgestattet, die für die Diversity-Funktion (siehe Abschnitt 5.5.14) genutzt werden. Hierbei handelt es sich um die so genannte Switched-Antenna-Diversity-Funktion, bei der wahlweise eine der beiden Antennen für den Empfang eines Datenpakets verwendet wird. Für die Auswahl der Antenne wird das Ergebnis einer Testmessung zugrunde gelegt, die während des Präambel-Empfangs durchgeführt wird. Die Auswahl erfolgt auf der Antenne, auf der die Präambel mit dem besseren Signal-Rausch-Verhältnis empfangen wurde.

Eine kontinuierliche Steigerung der Empfangsleistung kann erzielt werden, wenn die Signale, die auf den Antennen eintreffen, kombiniert werden, indem immer das Signal ausgewählt wird, das mit dem höheren Signal-Rausch-Verhältnis ansteht. Man spricht im Fachjargon bei dieser Art der Diversity-Implementierung auch von Selection Combining.

Selection Combining

Bei einem SIMO-System kann jedoch der Diversity-Gewinn weiterhin erhöht werden, indem man die Empfangssignale beider Antennen miteinander linear kombiniert. Die Empfänger steigern in diesem Fall nicht nur die empfangene Leistung, sondern reduzieren auch das Problem der Mehrwegausbreitung durch separates Kombinieren der einzelnen Frequenzteile der empfangenen Signale. Hierzu wird eine Signalwichtung durchgeführt, die auf komplexen Koeffizienten basiert. Die intelligente Signalkombination erfolgt über Addierer, Multiplizierer und Verzögerer, deren Funktionen auf die Einfallswinkel der auf den Antennen eintreffenden Wellenfronten angepasst werden können. Der Implementierungsaufwand für die intelligente Signalkombination ist zwar relativ aufwändig, verspricht jedoch bei einer Antennenverdopplung jeweils einen Gewinn von 3 dB, was einer Leistungsverdopplung entspricht.

Diversity-Gewinn

3.8.2 Beamforming

Sendeseitig können über Smart Antennen eines MISO-Systems die Signale gerichtet ausgesendet werden, was im Englischen als Beamforming bezeichnet wird. Die gerichtete Abstrahlung kann erzielt werden, indem man die einzelnen Antennen um einen Phasenwinkel versetzt ansteuert. Aus den einzelnen Antennenkeulen ergibt sich ein Gesamtfeld. Je nach Größe des Phasenwinkels lässt sich die Ausrichtung der Gesamtantennenkeule variieren. Beamforming sorgt somit dafür, dass die Leistung nicht omnidirektional, sondern zielgerichtet zum Empfänger abgestrahlt wird (siehe Abb. 3–43), was die Abstrahlleistung in Richtung des Empfängers und die Übertragungsqualität merklich erhöhen kann. Des Weiteren verdoppelt sich mit jeder Antennenverdopplung auch die abgestrahlte Leistung. Somit kann in der Summe über Beamforming ein Gewinn von 6 dB erzielt werden.

Beamforming

Über ein adaptives Beamforming besteht sogar die Möglichkeit, die Abstrahlcharakteristik dynamisch anzupassen, um auf Veränderungen der Übertragungspfade reagieren zu können. Zudem kann Beamforming auch einen Beitrag gegen den Elektrosmog leisten, da die Systeme für eine fehlerfreie Datenübertragung bei derselben Reichweite mit weniger Sendeleistung auskommen. Beim Beamforming

Adaptives Beamforming

muss man allerdings berücksichtigen, dass dieses Verfahren nur bei Unicast-Frames angewendet werden kann, also bei Datenpaketen, die nur an eine Station übertragen werden. Alle Broadcast- oder Multi-cast-basierenden Frames können nicht per Beamforming übertragen werden, da sie mehrere Zielstationen erreichen müssen, die sich in der Regel nicht nur in einer Richtung befinden.

Abb. 3–43

Beamforming ermöglicht eine Steuerung der Antennenabstrahl-charakteristik

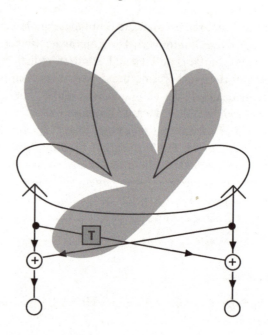

3.8.3   Raum-Zeit-Codes

Raum-Zeit-Codes

In der Einleitung zu der OFDM-Technologie wurde auf die Problematik der Mehrwegeausbreitung eingegangen. Es wurden die möglichen Ausbreitungswege zwischen Sender und Empfänger dargestellt, die entweder auf direktem Weg erfolgen können, also Line of Sight (LOS), oder indirekt durch Reflexionen oder Beugung, also Non Line of Sight (NLOS). Während bei den herkömmlichen Funklösungen die Mehr-wegausbreitung als limitierender Faktor für die erzielbare Bandbreite betrachtet wurde, wird bei den MISO-Systemen die Mehrwegausbrei-tung genutzt, um die Übertragungsqualität zu verbessern und die Kanalkapazität zu erhöhen. Hierzu wird die Tatsache ausgenutzt, dass Signale, die auf verschiedenen Wegen übertragen werden, einen unter-schiedlichen Signalschwund (Fading) erfahren, was zu unterschiedli-chen Dämpfungen führt. In diesem Zusammenhang kommen so genannte Raum-Zeit-Codes (engl.: Space Time Coding) zum Tragen, die es ermöglichen, neben der zeitlichen und spektralen Komponente ergänzend die räumliche Komponente für das Multiplexen der Datenströme zu nutzen. Man spricht hierbei auch von Raum-Multiplexing (engl.: Spatial Multiplexing), da der Datenstrom auf mehrere Antennen aufgeteilt und über räumlich getrennte Kanäle übertragen wird. Durch diese Aufteilung auf mehrere Teilströme kann bei gleicher Symbolrate eine höhere Kanalkapazität und Datenrate erzielt werden. Auf der Empfängerseite werden die räumlich getrennten Signale demultiplext und der ursprüngliche Datenstrom wird wieder zusammengeführt.

3.8.4   Raum-Multiplex-Verfahren

Das Raum-Multiplex-Verfahren wird umgesetzt, indem der Datenstrom in mehrere Teilströme aufgeteilt wird, die über Multi-Element-Antennen auf einen Kanal abgestrahlt werden. Auf der Empfängerseite kommt eine intelligente und echtzeitfähige Signalverarbeitung zum Einsatz, die die ineinander überlagerten Signale detektiert und in die einzelnen Teilströme trennt. Für diese Trennung sind Kanalkenntnisse notwendig. Sie kann entweder mit Hilfe von Pilotsymbolen erfolgen (pilotbasierende Kanalschätzung) oder aufgrund von statistischen Eigenschaften des Funkkanals (blinde Kanalschätzung).

Raum-Multiplex-Verfahren

Bei der pilotbasierenden Kanalschätzung erfolgt eine abwechselnde Übertragung von Pilotsignalen und Daten. Sie bietet den Vorteil der einfachen Implementierung und hohen Zuverlässigkeit, hat aber den Nachteil, dass ein Teil der Übertragungszeit verloren geht und eine Rahmensynchronisation benötigt wird.

Pilotbasierende Kanalschätzung

Bei der blinden Kanalschätzung werden nur Datensignale übertragen. Die Kanalschätzung erfolgt über die statistischen Eigenschaften des Kanals. Dies bietet Vorteile bei der Übertragung kontinuierlicher Datenströme, hat jedoch den Nachteil, dass die auf der Empfängerseite erforderliche Signalverarbeitung weitaus aufwändiger ist. Des Weiteren werden zusätzliche Informationen benötigt, um die Permutation (lat.: permutare = (ver)tauschen) der Datenströme rückgängig zu machen. Es wird eine gewisse Anlaufzeit benötigt zum Sammeln ausreichender statistischer Daten über den Kanal. Hier kommen die Laufzeitunterschiede der NLOS-Verbindungen zum Tragen, im Indoor-Bereich eine typische Laufzeitstreuung von 10 bis 100 ns aufweisen und im Outdoor-Bereich immerhin noch Laufzeitunterschiede im Bereich von 10 µs. Sie können für die blinde Kanalschätzung genutzt werden.

Blinde Kanalschätzung

3.8.5   TGn Sync versus WWiSE

TGn Sync versus WWiSE Erste WLAN-Chipsätze und WLAN-Produkte, die auf der MIMO-Technik basieren, haben bereits im WLAN-Bereich Einzug gehalten und versprechen Datenraten von 108 MBit/s. Bei der Investition ist jedoch noch Vorsicht geboten, da die 802.11n-Erweiterung noch nicht verabschiedet ist und derzeit noch zwei unterschiedliche MIMO-Vorschläge diskutiert werden, die jeweils die Standardisierung anstreben. Bei diesen Vorschlägen handelt es sich um TGn Sync (www.tgnsync.org) und World Wide Spectrum Efficiency (WWiSE, www.wwise.org), die zwar grundsätzlich auf der MIMO-Technik basieren, jedoch in der Detailbetrachtung einige Unterschiede aufweisen, die später zur Inkompatibilität führen können. Hinter den beiden Vorschlägen haben sich jeweils Konsortien namhafter WLAN-Firmen gebildet, die ihre Lösung im IEEE-802.11n-Komitee durchsetzen möchten. Zum Zeitpunkt der Buchdrucklegung gab es hierzu noch keine endgültige Entscheidung, weshalb folgend auf beide Lösungsvorschläge eingegangen wird.

Regelschleife

Regelschleife Beide Lösungsansätze setzen auf Beamforming, wobei eine unterschiedliche Umsetzung verfolgt wird. Bei TGn Sync soll die Ausrichtung über eine geschlossene Regelschleife erfolgen, d.h., der Empfänger übermittelt dem Sender regelmäßig Informationen, mit denen der Sender sich dynamisch auf die Charakteristik der Übertragungspfade einstellen kann. Diese Umsetzung verspricht eine hohe Genauigkeit und damit verbunden einen höheren Datendurchsatz, ist jedoch aufwändiger in der Implementierung. WWiSE setzt hingegen auf eine offene Regelschleife. Hierbei soll lediglich eine Auswertung der Pilotinformationen erfolgen, um Echos und Ungenauigkeiten in der Ausrichtung zu korrigieren.

Low-Density Parity-Check Mittels Low-Density Parity-Check (LDPC) soll bei beiden Lösungsvorschlägen eine verbesserte Vorwärtsfehlerkorrektur in den Datenströmen erzielt werden. Bei LDPC-Codes handelt es sich um lineare Blockcodes mit sehr hoher Effizienz, die die Leistungsfähigkeit des Empfängers steigern können und mit deren Hilfe eine Übertragungsqualität nahe der Shannon'schen Kanalkapazität erreicht werden kann. Hierfür werden am Empfänger-Decoder Berechnungen durchgeführt, die sich auf pilotdatengebundene Schätzalgorithmen stützen und in die Kanalkenntnisse sowie Kenntnisse der Rauschleistung einfließen.

Channel Bonding

Bei beiden Ansätzen sollen optional Kanäle kombiniert genutzt werden (Channel Bonding), damit zwecks Erhöhung der erzielbaren
Datenrate anstelle der 20 MHz eine Bandbreite von 40 MHz genutzt
werden kann. Im 2,4-GHz-Band wird man in der Praxis hierbei jedoch
schnell auf Grenzen stoßen, da tatsächlich nur drei unabhängige 20-
MHz-Kanäle zur Verfügung stehen. Anders sieht es im 5-GHz-Band
aus, bei dem beispielsweise in Europa elf beziehungsweise neunzehn
20-MHz-Kanäle genutzt werden können. Die Kanalbündelung soll
dynamisch erfolgen, d.h. kann gegebenenfalls verwendet werden. Des
Weiteren sollen bei beiden Systemen zur Erzielung der jeweils angestrebten Datenrate eine unterschiedliche Anzahl von Antennen genutzt
werden.

Channel Bonding

   TGn Sync soll mit Hilfe von 2x2 Antennen (Sendeantennen x
Empfangsantennen) und Spatial Division Multiplexing eine Datenrate
von 270 MBit/s erzielen und mit 4x6 Antennen sogar 600 MBit/s.
Letzteres setzt aber Channel Bonding voraus und somit eine nutzbare
Bandbreite von 40 MHz. WWiSE sieht hingegen eine Antennennut-
zung von 2x1, 3x1 und 4x1 vor, womit bei einer Kanalbandbreite von
20 MHz eine Datenrate von bis zu 270 MBit/s und bei einer Kanalbandbreite von 40 MHz 540 MBit/s erzielt werden sollen.

Spektrale Effizienz

Die Datenübertragung erfolgt bei 802.11n über das OFDM-Verfahren. Für die Erzielung der maximalen Datenraten soll eine 64-QAM-
Modulation mit einer 5/6 FEC-Coderate genutzt werden. Des Weiteren sieht der TGn-Sync-Vorschlag die Nutzung eines kürzeren Guard-
Intervalls vor, um eine höhere Datenrate zu erzielen.

Spektrale Effizienz

   Durch MIMO wird auf jeden Fall die spektrale Effizienz deutlich
erhöht, indem die gleichzeitige und parallele Übertragung unterschiedlicher Daten auf derselben Frequenz erfolgt. MIMO-Systeme können
eine spektrale Effizienz von 20 bis 40 Bit/s/Hz erzielen. Weisen
802.11a- oder 802.11g-Systeme lediglich eine spektrale Effizienz von
maximal 2,7 Bit/s/Hz auf, so wird für 802.11n-Systeme eine Effizienz
von 30 Bit/s/Hz angestrebt, um eine maximale Datenrate von 600
MBit/s zu ermöglichen. Tabelle 3–35 zeigt die angestrebten Datenraten
des TGn-Sync-Vorschlags, wobei die Datenratenangaben in den Klam-
mern einen verkürzten Guard-Intervall voraussetzen.

Datenrate	Sende- x Empfangsantennen	Bandbreite	Modulation	FEC-Coderate
6.5 MBit/s (7.2 MBit/s)	1x2	20 MHz	BPSK	1/2
78 MBit/s (87 MBit/s)	2x2	20 MHz	16-QAM	3/4
130 MBit/s (144 MBit/s)	2x2	20 MHz	64-QAM	5/6
130 MBit/s (144 MBit/s)	2x3	20 MHz	64-QAM	5/6
260 MBit/s (289 MBit/s)	4x6	20 MHz	64-QAM	5/6
6 MBit/s (6.67 MBit/s)	1x2	40 MHz	BPSK	1/2
108 MBit/s (120 MBit/s)	2x2	40 MHz	16-QAM	1/2
243 MBit/s (270 MBit/s)	2x2	40 MHz	64-QAM	3/4
243 MBit/s (270 MBit/s)	2x3	40 MHz	64-QAM	3/4
540 MBit/s (600 MBit/s)	4x6	40 MHz	64-QAM	5/6

Tabelle 3–36 zeigt einen Auszug der angestrebten WWiSE-Datenraten.

Datenrate	Sende- x Empfangsantennen	Bandbreite	Modulation	FEC-Coderate
54 MBit/s	2x1	20 MHz	16-QAM	1/2
108 MBit/s	2x1	20 MHz	64-QAM	2/3
135 MBit/s	2x1	20 MHz	64-QAM	5/6
202,5 MBit/s	3x1	20 MHz	64-QAM	5/6
270 MBit/s	4x1	20 MHz	64-QAM	5/6
135 MBit/s	1x1	40 MHz	64-QAM	5/6
108 MBit/s	2x1	40 MHz	16-QAM	1/2
270 MBit/s	2x1	40 MHz	64-QAM	5/6
405 MBit/s	3x1	40 MHz	64-QAM	5/6
540 MBit/s	4x1	40 MHz	64-QAM	5/6

Abwärtskompatibilität Die zuvor angegebenen Datenraten setzen natürlich einen Betrieb in Funkzellen voraus, in denen nur 802.11n-Systeme betrieben werden. Da 802.11n auf das bereits genutzte 2,4-GHz- oder 5-GHz-Band aufsetzt, ist natürlich eine Abwärtskompatibilität zu den 802.11b/g- und 802.11a/h-Systemen vorgesehen, die einen Mischbetrieb zulassen, in dem allerdings die angestrebten Datenraten nicht erzielt werden können.

Des Weiteren greifen für die Erzielung der hohen Datenraten neue Übertragungsverfahren auf der MAC-Ebene, bei denen einzelne Datenpakete zusammenhängend in einem Burst übertragen werden können und gemeinsam vom Empfänger bestätigt werden. Das Burst-Verfahren steigert somit die Effizienz der Datenübertragung.

MIMO-Implementierung

In Abbildung 3–44 ist das Blockschaltbild einer MIMO-Implementierung mit zwei Sendepfaden dargestellt. Auf der Seite des Senders wird die auszusendende Bitfolge zuerst durch einen Faltungskodierer gewandelt. Über einen nachgeschalteten Interleaver kann die Rate des generierten Datenstroms auf die Qualität der HF-Strecke angepasst werden. Anschließend wird der Datenstrom auf die beiden Pfade aufgeteilt und die Abbildung auf die QAM-Symbole durchgeführt. Danach werden die Pilottöne und die Präambel eingefügt. Die OFDM-Frequenzmodulation erfolgt über eine anschließende inverse Fast-Fourier-Transformation (IFFT). Abschließend werden noch Guard-Intervalle eingefügt und das Signal gefiltert, sodass ein schmalbandiges Signalspektrum entsteht, das über einen D/A-Wandler in ein analoges Signal gewandelt und in ein HF-Teil überführt wird.

MIMO-Implementierung

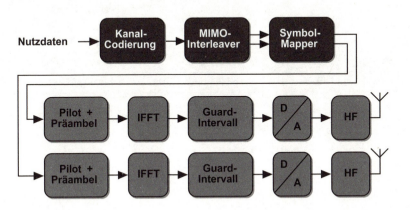

Abb. 3–44
Blockschaltbild
MIMO-System

Wie aus dem Blockschaltbild ersichtlich ist, ist ein MIMO-System relativ aufwändig. Die MIMO-Implementierung auf einer Netzwerkkarte für Notebooks stellt beispielsweise eine große Herausforderung an das Hardware-Design dar. Die mehrfachen Sende- und Empfangseinheiten benötigen mehr Platinenplatz und führen zudem zu einer höheren Leis-

Miniatur-Antennen

tungsaufnahme. Problematisch ist natürlich auch die notwendige Platzierung mehrerer Antennen im Antennenkopf einer Netzwerkkarte. Hier steht nur eine relativ kleine Fläche zur Verfügung. Eine Lösung bieten Miniatur-Antennen, die auf neuartigen keramischen Werkstoffen basieren und nur wenig Platz beanspruchen, sodass sich beispielsweise drei Antennen im Antennenkopf einer Netzwerkkarte mit einem ausreichenden Abstand platzieren lassen. Auch wenn die Umsetzung der 802.11n-Produkte eine gesteigerte Anforderung an das Platinendesign darstellt, ist die Realisierbarkeit durch die Pre-802.11n-Produkte bereits bewiesen worden. Demnach steht den WLAN-Highspeed-Datenraten nichts mehr im Wege, sobald sich die 802.11n-Kontrahenten auf einen Lösungsansatz geeinigt haben.

Abschließend werden noch mal die verschiedenen 802.11-PHY-Implementierungen in der Zusammenfassung dargestellt (siehe Tab. 3–37).

Tab. 3–37
Zusammenfassung
der 802.11-PHY-
Implementierungen

Standard	Übertragungs-verfahren	Frequenzband	Datenrate
802.11	FHSS	2,4 GHz	1 und 2 MBit/s
802.11	DSSS	2,4 GHz	1 und 2 MBit/s
802.11	optisch	850 nm	1 und 2 MBit/s
802.11b	DSSS	2,4 GHz	5,5 und 11 MBit/s
802.11b	PBCC	2,4 GHz	5,5 und 11 MBit/s
802.11a	OFDM	5 GHz	6, 9, 12, 18, 24, 36, 48 und 54 MBit/s
802.11g	OFDM	2,4 GHz	6, 9, 12, 18, 24, 36, 48 und 54 MBit/s
802.11g	PBCC	2,4 GHz	22 und 33 MBit/s
802.11n	OFDM	2,4 oder 5 GHz	Bis 600 MBit/s

4 Der 802.11 MAC Layer

Nachdem im vorherigen Kapitel der Physical Layer ausführlich behandelt wurde, bewegen wir uns jetzt eine Ebene höher und betrachten die Funktionen des MAC Layers. Hierbei wird detailliert auf die einzelnen Funktionen eingegangen und deren Parameter beschrieben. Aktuelle Anpassungen des Grundstandards nach 802.11g, 802.11h, 802.11d und 802.11e werden hierbei ebenfalls berücksichtigt. Die in diesem Kapitel dargestellten Betrachtungen bieten eine solide Grundlage für das Verständnis über die Funktionsweise eines 802.11-WLANs. Die gewonnenen Erkenntnisse können für Optimierung des WLAN-Betriebes oder eine eventuelle Fehlersuche herangezogen werden.

4.1 Problematik eines Funkmediums

Allgemein ist bei den Netzwerktechnologien der MAC für die Framebildung und für die Bereitstellung eines geeigneten Zugriffsverfahrens verantwortlich. Da das Funkmedium ein gemeinsames Medium (Shared Media) darstellt, müssen beim Medienzugriff gewisse Regeln eingehalten werden, damit eine fehlerfreie Datenübertragung überhaupt möglich ist. Sollten zwei oder mehrere Stationen zeitgleich auf das Übertragungsmedium zugreifen und ihre Daten übertragen, so kommt es zu einer Überlagerung der einzelnen Funksignale. Daraus resultiert, dass die Signale der verschiedenen Stationen von den jeweiligen Empfängern nicht mehr ausgewertet werden können und somit die übertragenen Daten unbrauchbar werden. In diesem Fall spricht man von einer Kollision. Daten, die von einer Kollision betroffen sind, müssen erneut übertragen werden, damit diese die Zielstation erreichen können. Da während einer Zeiteinheit immer nur eine Station zwecks Datenübertragung auf das Übertragungsmedium zugreifen kann, können erneut ausgesendete Daten auf allen Stationen zu einer Verzögerung führen. Grundsätzlich gilt, dass kollisionsbehaftete

MAC Layer

Daten die Performance nachhaltig beeinflussen. Demnach ist es auch das oberste Ziel, für eine fehlerfreie Datenübertragung zu sorgen und Kollisionen weitgehend zu vermeiden. Dieses Ziel wird innerhalb eines WLANs über ein spezielles Zugriffsverfahren sichergestellt, das auf die physikalischen Eigenschaften des Übertragungsmediums Funk angepasst ist.

Störeinflüsse   Zudem muss man auch noch die generellen Unterschiede zwischen einem leitungsgebundenen und einem drahtlosen LAN berücksichtigen. In einem leitungsgebundenen LAN kann man eine relativ sichere Datenübertragung voraussetzen, d.h. ein Sender kann davon ausgehen, dass seine Daten beim Empfänger eintreffen, falls er die Daten fehlerfrei aussenden konnte. Betrachtet man hingegen ein drahtloses LAN, so muss man berücksichtigen, dass ein Funkmedium weitaus größeren Störeinflüssen ausgesetzt ist. Störquellen können hierbei von benachbarten Systemen ausgehen oder von WLAN-fremden Einrichtungen, die im selben Frequenzband arbeiten. Praktische Beispiele hierfür sind im ISM-Band Bluetooth oder Mikrowellen, die ebenfalls im 2,4-GHz-Band arbeiten. Wegen des höheren Störpotenzials ist es notwendig, geeignete Fehlererkennungsmechanismen zu implementieren, die bereits auf der MAC-Ebene Fehler erkennen und zudem beseitigen können. Dafür hat man beim WLAN-MAC ein Bestätigungsverfahren eingeführt, wie man es sonst nur bei den höheren Layern kennt. Über das Bestätigungsverfahren (Acknowledgement) werden dem Sender vom Empfänger die Frames bestätigt, die beim Empfänger fehlerfrei eingetroffen sind. Bleibt beim Sender die Empfangsbestätigung aus, so werden die Daten nach einer kurzen Verzögerungszeit erneut ausgesendet (Retransmissions), um sicherzustellen, dass die Daten beim Empfänger eintreffen können. In der zeitlichen Betrachtung kann man zudem festhalten, dass bei der Datenübertragung die Wahrscheinlichkeit einer Störung mit der Länge der Daten steigt. Je länger die Dateneinheiten sind, desto größer ist die benötigte Dauer für die Übertragung der Daten und umso höher ist die Wahrscheinlichkeit, dass die Daten durch eine Störquelle nachhaltig beeinflusst werden können. Der WLAN-MAC sieht deshalb als Schutzmechanismus eine Fragmentierung vor, über die bei Bedarf die längeren Dateneinheiten für die Übertragung in kleinere Einheiten unterteilt werden können. Hierdurch kann gerade in Grenzsituationen die Wahrscheinlichkeit einer nachhaltigen Beeinflussung der übertragenen Daten drastisch gesenkt werden.

Sie sehen schon an diesen Beispielen, dass an den WLAN-MAC gesteigerte Anforderungen gestellt werden, die über geeignete Mechanismen wie Acknowledgement, Retransmission oder Fragmentierung gemeistert werden müssen. Die folgenden Abschnitte sollen einen detaillierten Einblick in die Umsetzung dieser Schutzmechanismen und des Zugriffsverfahrens bieten.

4.2 Distribution Coordination Function

Innerhalb des 802.11-MAC unterscheidet man zwischen zwei grundsätzlichen Methoden. Zum einen existiert als Basiszugriffsmethode ein dezentralistischer Ansatz, auch Distribution Coordination Function (DCF) genannt, zum anderen eine zentralistische Methode, die Point Coordination Function (PCF). Bei der zentralistischen PCF übernimmt ein so genannter Point Coordinator die Kontrolle des Medienzugriffes, wobei diese Funktion vom Access Point wahrgenommen wird und somit PCF grundsätzlich nur im Infrastruktur-Netzwerk Anwendung finden kann. Die Basiszugriffsmethode DCF kann hingegen in einem Ad-hoc-Netzwerk oder Infrastruktur-Netzwerk zum Einsatz kommen.

Distribution Coordination Function

Da bei der Basiszugriffsmethode DCF mehrere Stationen um den Medienzugriff in Konkurrenz stehen und Kollisionen nicht ausgeschlossen werden können, bezeichnet man den Zeitraum, der über die Basiszugriffsmethode verwaltet wird, als Contention Period (CP). Die zentralistische Verwaltung des Medienzugriffes PCF stellt hingegen eine Methode bereit, in der es geregelte Verhältnisse für den Medienzugriff gibt, die Stationen untereinander nicht in Konkurrenz stehen und Kollisionen vermieden werden. Man spricht deshalb von der Contention Free Period (CFP) als der Zeitspanne, in der das Medium zentral verwaltet wird. CFP ist für zeitkritische Anwendungen vorgesehen, bei denen der Medienzugriff innerhalb einer bestimmten Zeit gewährleistet sein muss, z.B. für die Übertragung von Sprachdaten. Die Implementierung von CFP ist laut Standard optional und baut auf der Funktion des Zugriffsverfahrens auf.

Contention Period

4.2.1 CSMA/CA

In Anlehnung an das leitungsgebundene Ethernet (IEEE 802.3), das ebenfalls auf einem dezentralistischen Ansatz beruht, ist bei der Basiszugriffsmethode jede Station für den Medienzugriff selbst verantwortlich. Möchte eine Station Daten übertragen, so prüft diese zuerst, ob das Übertragungsmedium frei ist und greift nur darauf zu, falls das Medium nicht belegt ist. Die Statusüberprüfung des Übertragungsmediums ist bereits Teil des Zugriffsverfahrens. Jedoch kommt bei WLAN nicht das bekannte CSMA/CD (Carrier Sense Multiple Access/Collision Detection) zum Einsatz, sondern eine etwas abgewan-

CSMA/CA

delte Form dieses Zugriffsverfahrens, dass als CSMA/CA (Carrier Sense Multiple Access/Collision Avoidance) bezeichnet wird. Vergleicht man die beiden Bezeichnungen, so unterscheiden sich diese lediglich im letzten Begriffsteil Collision Detection und Collision Avoidance.

Collision Detection   Beim leitungsgebundenen Ethernet findet während der Datenaussendung eine Kollisionserkennung (Collision Detection) statt. Sollte eine Kollision über die Kollisionserkennung erkannt werden, so wird der Sendevorgang abgebrochen und die Station wird zu einem späteren Zeitpunkt versuchen, die Daten erneut auszusenden. Die Kollisionserkennung beruht in der Ursprungsversion von Ethernet darauf, dass während der Datenaussendung das übertragene Signal vom Empfänger des PHYs überwacht wird. Sollte eine Abweichung zwischen dem gesendeten und dem empfangenen Signal erkannt werden, so muss eine Überlagerung von unterschiedlichen Signalen aufgetreten sein, was von der sendenden Station als Kollision gewertet wird. Demnach muss für die Kollisionserkennung eine Station gleichzeitig Daten senden und empfangen können, beziehungsweise besteht während der Datenaussendung keine Möglichkeit, Daten einer anderen Station zu empfangen, da der Empfangskanal für die Kollisionserkennung vorbehalten ist. Da unter der Berücksichtigung dieser Restriktionen innerhalb eines Betrachtungszeitraums nur Daten gesendet oder empfangen werden können, spricht man in diesem Fall auch vom Halbduplexbetrieb.

Collision Avoidance   Vergleicht man nun die physikalische Ebene von Ethernet mit der eines WLANs, so besteht beim WLAN keine Möglichkeit, gleichzeitig Daten zu senden und zu empfangen. Somit sind beim WLAN die Voraussetzungen für die Implementierung einer herkömmlichen Kollisionserkennung grundsätzlich nicht gegeben, da der Hardwareaufwand für eine vollständig getrennte Sende-/Empfangseinheit nicht gerechtfertigt wäre und somit praktisch nicht umsetzbar ist. Zudem lassen sich Kollisionen auf dem drahtlosen Medium nicht von anderen Störungen unterscheiden. Deshalb hat man bei der Entwicklung der 802.11-WLAN-Technologie anstelle einer Kollisionserkennung auf eine Kollisionsvermeidung (Collision Avoidance, CA) gesetzt. Dieses Verfahren soll die Wahrscheinlichkeit für das Auftreten einer Kollision möglichst klein halten.

4.2.2   Virtuelle Carrier-Sense-Funktion

NAV-Wert   Bei Ethernet und 802.11-WLAN ist die physikalische Carrier-Sense-Funktion, die vom PHY bereitgestellt wird und über die der Status des

Übertragungsmediums erkannt werden kann, vom Prinzip her gleich. Die Carrier-Sense-Funktion meldet dem MAC entweder ein belegtes oder ein nicht belegtes Übertragungsmedium. Falls Daten zur Aussendung anstehen, kann der MAC anhand dieser Statusinformation entscheiden, ob er die Datenaussendung initiieren kann oder nicht. Beim 802.11-WLAN gibt es abweichend zum Ethernet noch eine so genannte virtuelle Carrier-Sense-Funktion, die vom MAC selbst bereitgestellt wird. Die virtuelle Carrier-Sense-Funktion basiert auf einem Timer, der als Network Allocation Vector (NAV) bezeichnet wird. Über NAV erfolgt eine Medienreservierung, wobei bestimmt wird, wie lange das Medium voraussichtlich für die Übertragung der Daten belegt sein wird. Jede Station verwaltet den NAV-Wert. Erst wenn der NAV-Wert abgelaufen ist und die physikalische Carrier-Sense-Funktion ein unbelegtes Medium meldet, versucht die Station gegebenenfalls auf das Medium zuzugreifen, um Daten auszusenden, Kollisionen werden somit vermieden. Demnach trägt die virtuelle Carrier-Sense-Funktion zur Vermeidung von Kollisionen bei (Collision Avoidance).

Der NAV-Wert wird auf jeder Station verwaltet und über eine Angabe im Frame-Header, den Inhalt des Duration/ID-Feldes, gebildet. In jedem ausgesendeten Frame wird über das Duration/ID-Feld angegeben, wie lange das Medium für die vollständige Übertragung der Daten belegt sein muss. Da alle Stationen diese Information empfangen, können sie ständig ihren NAV-Wert aktualisieren und die sendende Station kann auf diese Weise das Medium für die benötigte Zeit der Datenübertragung reservieren. Erst wenn der NAV-Wert abgelaufen ist, werden andere Stationen versuchen, auf das Medium zuzugreifen. Der NAV-Wert wird bei jedem empfangenen Frame aktualisiert, wenn das Frame ein gültiges Format hat und der NAV-Wert des Duration/ID-Feldes größer ist als der aktuelle NAV-Wert einer Station. Dies gilt allerdings nur, wenn das Frame nicht für die Station selbst adressiert war. Mit der virtuellen Carrier-Sense-Funktion, die vom NAV-Wert abgeleitet wird, soll sichergestellt werden, dass laufende Operationen nicht durch andere WLAN-Stationen unterbrochen werden. Eine Vielzahl von Operationen basieren auf dem Austausch mehrerer Frames, die wechselseitig zwischen zwei WLAN-Stationen ausgetauscht werden. Zwischen den einzelnen Frames einer laufenden Operation treten Sendepausen auf, währenddessen das Übertragungsmedium kurzzeitig nicht belegt ist. Würde sich das WLAN-Zugriffsverfahren ausschließlich auf die physikalische Carrier-Sense-Funktion stützen, bestände die Gefahr, dass andere WLAN-Stationen während den Sendepausen auf das Übertragungsmedium zugreifen, um ihre Frames zu übertragen.

Duration/ID-Feld

4.2.3   Acknowledgement

Acknowledgement
Da jedoch Kollisionen trotz Kollisionsvermeidungsverfahren nicht vollständig ausgeschlossen werden können und andere Störeinflüsse die Datenübertragung nachhaltig beeinflussen können, wird der erfolgreiche Empfang der Daten dem Sender vom Empfänger durch eine Empfangsbestätigung (Acknowledgement, kurz ACK) mitgeteilt. Bleibt die Empfangsbestätigung aus, so werden die Daten vom Sender nach einer bestimmten Wartezeit erneut ausgesendet. Die Wartezeit wird über einen Backoff-Algorithmus gebildet, wobei die Wartezeit über eine Zufallszeit bestimmt wird und bei jedem erneuten Versuch bis zu einer bestimmten Grenze ansteigt (siehe Abschnitt 4.2.4). Das Acknowledgement basiert auf einem 14 Byte langen Frame, in dem kein Datenteil enthalten ist und der nur aus einem verkürzten Header besteht. Bei der Bestätigung muss man jedoch zwischen den unterschiedlichen Frametypen unterscheiden. Es werden nur Frames durch ein Acknowledgement bestätigt, die an eine bestimmte Station adressiert sind, wobei man hierbei von den so genannten Unicast-Frames spricht. Frames, die an alle Stationen gerichtet sind, die so genannten Broadcast-Frames, werden nicht bestätigt. Dasselbe gilt für Frames, die an eine bestimmte Gruppe von Stationen adressiert sind, die so genannten Multicast-Frames. Diese Differenzierung beim Acknowledgement-Verfahren lässt sich damit begründen, dass es bei einer Frameaussendung an mehrere Empfänger nicht sinnvoll ist, wenn jeder Empfänger den Empfang bestätigt. Zudem kennt der Sender gar nicht alle potenziellen Empfänger und kann somit nicht wissen, mit welchen Empfangsbestätigungen er zu rechnen hat. Um welchen Frametyp es sich handelt, können die Stationen anhand der Adresse erkennen (siehe Abschnitt 4.5.1).

4.2.4   Interframe Space

Interframe Space
Nachdem eine Station ein Unicast-Frame ausgesendet hat, erwartet sie innerhalb eines bestimmten Zeitraums eine Empfangsbestätigung. Damit die Empfangsbestätigung vom Empfänger ausgesendet werden kann, ohne dass eine andere Station bereits das Medium für die Übertragung ihrer Daten belegt hat, haben die Empfangsbestätigungen bei dem Medienzugriff eine höhere Priorität. Die Sicherstellung der Prioritäten wird über verschiedene Abstände zwischen zwei aufeinander folgenden Frames realisiert, die als Interframe Space (IFS) bezeichnet werden. Über unterschiedliche IFS erhalten die verschiedenen Frametypen unterschiedliche Prioritäten beim Medienzugriff. Die Logik, die hierbei verfolgt wird, ist vom Grundsatz her sehr einfach. Stationen,

die Daten mit hoher Priorität auszusenden haben, warten nicht so lange auf einen Medienzugriff, als Stationen, die Daten mit niedriger Priorität auszusenden haben. Dadurch steigt zwangsläufig die Wahrscheinlichkeit, dass eine Station einer anderen Station zuvorkommen kann, die nur Daten mit geringer Priorität auszusenden hat. Somit ist auf jeden Fall sichergestellt, dass Daten mit hoher Priorität vor den Daten mit niedriger Priorität übertragen werden können. Damit Stationen, die höhere Datenraten unterstützen, innerhalb einer Funkzelle nicht bevorzugt werden, sind die IFS von den unterstützten Datenraten eines PHYs unabhängig. Lediglich zwischen den unterschiedlichen PHY-Typen werden verschiedene Zeiten für die IFS zugrunde gelegt. Abbildung 4–1 zeigt die unterschiedlichen Wartezeiten in Abhängigkeit von den verschiedenen IFSs.

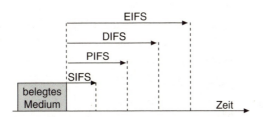

Abb. 4–1

Über vier verschiedene Interframe Spaces werden Prioritäten beim Medienzugriff verwaltet.

Wie aus der Abbildung ersichtlich wird, sieht der 802.11-Standard vier verschiedene IFSs vor, die bei der Sicherstellung der Prioritäten folgende Funktion haben:

- SIFS steht für Short Interframe Space und definiert einen Mindestabstand für ACK-Frames, Clear-to-Send-Frames (Bestätigung eines Request-to-Send-Frames beim CTS-/RTS-Mechanismus, siehe Abschnitt 4.5.2), Folgeframes, die von einem Burst einer fragmentierten Nachricht stammen oder als Reaktion auf ein Polling-Frame im PCF. SIFS entspricht der Zeit zwischen dem letzten Symbol eines vorherigen Frames und dem ersten Symbol, der Präambel, des neu ausgesendeten Frames. SIFS stellt die höchste Priorität bereit, d.h. die Frametypen, die nach SIFS übertragen werden dürfen, haben bevorzugte Rechte beim Medienzugriff.   *SIFS*

- PIFS steht für Point (Coordination Function) Interframe Space und wird nur von Stationen verwendet, die im PCF-Modus arbeiten. Über PIFS wird während der CFP sichergestellt, dass ein bevorzugter Medienzugriff von PCF-Stationen ermöglicht wird (siehe Abschnitt 4.7).   *PIFS*

- DIFS steht für Distributed (Coordination Function) Interframe Space und wird von Stationen genutzt, die im DCF-Modus arbei-   *DIFS* ten. Der Mindestabstand laut DIFS wird für die Aussendung der Daten- und Managementframes verwendet. Stationen dürfen auf das Übertragungsmedium zugreifen, um ihre Daten auszusenden, wenn über die Dauer der DIFS kein Medienzugriff einer anderen Station mit Daten höherer Priorität erfolgt ist.

EIFS   ■ EIFS steht für Extended Interframe Space und wird bei Stationen angewendet, die im DCF-Modus arbeiten. Sollte der PHY bei der Aussendung eines Frames festgestellt haben, dass die vom MAC übergebenen Daten nicht korrekt sind, so wird die Aussendung des Frames vom PHY abgebrochen. In diesem Fall wird der Zugriff auf das Medium nach dem Ablauf des EIFS erlaubt und die Stationen müssen nicht die Zeit abwarten, die ursprünglich über das Duration/ID-Feld als NAV-Wert definiert wurde.

IFS-Berechnung   Die Dauer für die verschiedenen IFSs ist vom verwendeten PHY-Typ abhängig, wobei gilt, dass die SIFS und die Slot Time festgelegt sind und von deren Wert die Dauer für PIFS, DIFS und EIFS nach den folgenden Formeln abgeleitet werden können:

■ PIFS = aSIFSTime + aSlotTime
■ DIFS = aSIFSTime + 2 × aSlotTime
■ EIFS = aSIFSTime + DIFS + (8 × ACK-Länge) + Präambel-Länge
            + PLCP-HeaderLänge

Bei der Berechnung von EIFS wird für die ACK-Länge die Zeit berücksichtigt, die bei einer Datenrate von 1 MBit/s für die Übertragung eines ACK-Frames benötigt wird. Dieser Wert errechnet sich aus der Länge des ACK-Frames mit 14 Bytes × 8 Bit/Byte, wobei bei der Datenrate von 1 MBit/s die Übertragungsdauer für 1 Bit 1 µs beträgt. Entnimmt man aus den Tabellen 3–3, 3–15, 3–27, 3–31 und 3–34 die Werte für die Slot Time, SIFSTime, PLCP-Präambel-Länge und PLCP-Header-Länge, so ergeben sich in Abhängigkeit von den PHY-Typen für SIFS, PIFS, DIFS und EIFS jeweils folgende Werte (siehe Tab. 4–1).

Tab. 4–1
PHY abhängige Werte für die IFS

PHY-Typ	SIFS	PIFS	DIFS	EIFS
FHSS	28 µs	78 µs	128 µs	396 µs
DSSS	10 µs	30 µs	50 µs	364 µs
DSSS Short-Frame	10 µs	30 µs	50 µs	268 µs
802.11a/h-OFDM	16 µs	25 µs	34 µs	186 µs
802.11g-OFDM (nur ERP)	16 µs	25 µs	34 µs	186 µs
802.11g-OFDM (ERP und NonERP)	10 µs	30 µs	50 µs	268 µs
Infrarot 1 MBit/s	10 µs	18 µs	26 µs	185 µs

Da der SIFS grundsätzlich kürzer als der DIFS ist, haben Frametypen, die nach dem Ablauf des SIFS gesendet werden dürfen, beim Medienzugriff eine höhere Priorität als die Frames, die erst nach Ablauf des DIFS gesendet werden dürfen. Auf diese Weise wird auf jeden Fall sichergestellt, dass ACK-Frames vor Datenframes bevorzugt ausgesendet werden dürfen und eine Station eine Chance hat, nach dem fehlerfreien Empfang der Daten das ACK-Frame auszusenden.

Backoff-Algorithmus

Damit nicht alle Stationen nach dem Ablauf des DIFS zeitgleich auf das Medium zugreifen und ihre Daten aussenden, wartet jede Station für sich eine bestimmte Zeit ab, bevor sie eventuell mit der Aussendung der Daten beginnt. Die Wartezeit wird auf jeder Station nach dem Zufallsprinzip über den Backoff-Algorithmus berechnet. Erst wenn die Backoff-Wartezeit abgelaufen ist, beginnt eine Station mit der Aussendung der Daten. Die Station mit der kleinsten Wartezeit greift als erste auf das Medium zu und sendet ihre Daten über das Medium aus, wodurch für alle anderen Stationen das Medium als belegt gilt. Die anderen Stationen setzen mit dem Empfang des Frames ihren NAV-Wert anhand des Duration/ID-Felds auf den Zeitwert, der für die Übertragung des Frames benötigt wird. Die Zeit, die im Duration/ID-Feld angegeben wird, entspricht der Zeit, die für die Übertragung des aktuellen Frames und für das darauf erwartete ACK-Frame benötigt wird. Erst nach Ablauf des NAV-Wertes und einer weiteren DIFS versuchen die anderen Stationen wieder auf das Medium zuzugreifen. Abbildung 4–2 zeigt den prinzipiellen Ablauf einer Frameübertragung unter Berücksichtigung der verschiedenen Prioritäten.

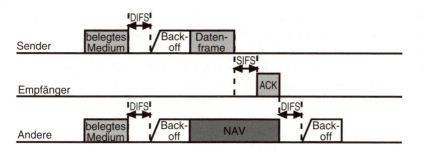

Abb. 4–2
Zeitlicher Ablauf bei einer normalen Aussendung eines Datenframes

Contention Window

Die Wartezeit wird über die Formel Backoff Time = Random(CW) × Slot Time ermittelt. Die Slot Time ist vom jeweiligen PHY-Typ abhängig und wird von diesem vorgegeben. CW steht für Contention Window und stellt eine Integer-Zahl dar, die über das Zufallsprinzip aus der Menge CWmin ≤ CW ≤ CWmax gebildet wird und die Einheiten für die verwendeten Slot Times festlegt. Der CWmin- und der CWmax-Wert sind wie die Slot Time vom verwendeten PHY-Typ abhängig. Für einen DSSS-PHY ist beispielsweise die unterste Grenze von CWmin mit 31 und die oberste Grenze CWmax mit 1023 festgelegt. Die Slot Time ist beim DSSS-PHY auf 20 µs festgelegt. Der jeweilige Bereich für CW wird über einen Exponenten mit der Basis von 2 gebildet, wobei man von dessen Ergebnis den Wert 1 abzieht und den möglichen Bereich mit jedem erneuten Sendeversuch exponentiell ansteigen lässt, bis die oberste Grenze von CWmax erreicht ist. Bei dem ersten Versuch der Frameaussendung ist z.B. beim DSSS-PHY CWmin mit 31 und CWmax mit 63 festgelegt. Für CW ergibt sich somit ein Wert zwischen 31 und 63. Bei jedem erfolglosen Versuch der Frameaussendung, falls beispielsweise das übertragene Frame nicht durch ein ACK-Frame bestätigt wurde, wird der nächsthöhere Bereich für den CW-Wert zugrunde gelegt. Für den zweiten Sendeversuch ist CWmin auf 63 und CWmax auf 127 festgelegt, wodurch CW einen Wert von 63 bis 127 annehmen kann. Der CW-Wert wird wieder auf die untere Grenze von CWmin zurückgesetzt, sobald ein Frame erfolgreich übertragen und dies durch ein ACK-Frame bestätigt wurde oder wenn nach einem ausgesendeten RTS-Frame ein CTS-Frame empfangen wurde. So soll auch in Hochlastsituationen die Stabilität des Zugriffsverfahren verbessert und eine gegenseitige Blockierung beim Medienzugriff verhindert werden, die durch einen zeitgleichen Zugriff auf das Übertragungsmedium durch mehrere Stationen entstehen würde. Erkennt eine Station während der Backoff-Wartezeit ein belegtes Medium, so wird der Ablauf der Wartezeit auf der Station unterbrochen. Dies betrifft alle Stationen, die ebenfalls ein Frame aussenden wollten, denen jedoch eine andere Station mit geringerer Backoff-Wartezeit beim Medienzugriff zuvorgekommen ist. In diesem Fall wird, nachdem das Medium für die Dauer eines weiteren DIFS nicht mehr belegt ist, der Ablauf der Backoff-Wartezeit fortgesetzt. Somit reduzieren sich auf jeden Fall die Backoff-Wartezeiten auf den Stationen und der Medienzugriff wird über kurz oder lang für jede Station gewährleistet.

SSRC/SLRC   Des Weiteren verwaltet jede Station für sich einen SSRC (Station Short Retry Count) und einen SLRC (Station Long Retry Count). Hierbei handelt es sich um Parameter, die bei jedem wiederholten Sendeversuch hochgezählt werden. Welcher der beiden Parameter hochgezählt wird, hängt von der Länge der Frames ab. SSRC wird bei Frames hochgezählt, deren Länge unterhalb oder gleich dem RTS-Threshold ist. SLRC wird dagegen bei Frames hochgezählt, deren Länge oberhalb des RTS-Thresholds liegt. Die Parameter werden auf 0 zurückgesetzt, wenn ein ACK-Frame oder CTS-Frame empfangen wurde. Welcher Parameter zurückgesetzt wird, hängt von der Framelänge ab. SSRC für ein ACK-Frame oder CTS-Frame, die auf ein kurzes Frame folgt und SLRC, falls die Bestätigung einem langen Frame galt. Der 802.11-Standard empfiehlt für den SSRC einen maximalen Wert von 7 und für den SLRC einen maximalen Wert von 4. Wird von einem der beiden Parameter der jeweils maximale Wert erreicht, wird der CW-Wert auf die untere Grenze von CWmin zurückgesetzt. In diesem Fall wird der Versuch für die Datenaussendung abgebrochen und die MSDU oder MMPDU verworfen; die Frameaussendung gilt als gescheitert.

4.3   Das Hidden-Station-Problem

Zu enormen Performance-Einbußen kann es bei drahtlosen Netzwerken durch das so genannte Hidden-Station-Problem kommen. Darunter versteht man das fälschliche Erkennen eines freien Mediums, obwohl dieses bereits belegt ist. Dies tritt genau dann ein, wenn die sendende Station außerhalb der Reichweite der prüfenden Station liegt. Station A kann Station B erreichen, jedoch nicht Station C. Station C wiederum kann nur Station B erreichen, jedoch nicht Station A. Die Stationen A und C können Frames von Station B empfangen, jedoch wegen der fehlenden Reichweite keine Frames untereinander austauschen. Für Station A gilt Station C als versteckt, sie weiß nichts von der Existenz und dem Zustand von Station C und umgekehrt. Probleme treten in diesem Fall auf, wenn die Stationen A und C mehr oder weniger zeitgleich versuchen, ein Frame an Station B zu übertragen. Dies kann geschehen, da Station C nicht erkennen kann, dass Station A bereits ein Frame an Station B sendet und das Medium somit belegt ist (siehe Abb. 4–3).

Hidden-Station-Problem

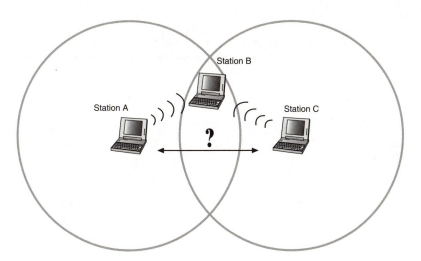

Abb. 4–3
Durch das Hidden-Station-Problem kann es zu einem Datenverlust kommen.

Zur Vermeidung dieses Effekts sieht der IEEE-802.11-Standard den so genannten RTS/CTS-Mechanismus (Ready To Send/Clear To Send) vor. Dabei schickt der Sender A nach Erkennen eines freien Mediums zuerst ein RTS-Frame zum Empfänger B, das den gewünschten Umfang der Sendung über das Duration/ID-Feld des Headers ankündigt. Danach überträgt der Empfänger ein CTS-Frame, wenn das Medium frei ist, wobei er ebenfalls über das Duration/ID-Feld die Sendedauer bestätigt. Dieses CTS-Frame hören alle Stationen innerhalb der Funkzelle der Empfängerstation (auch Station C, die A nicht hören kann) und wissen Bescheid, dass das Übertragungsmedium nun für eine bestimmte Dauer belegt ist. Somit können dann alle Stationen über den Empfang des CTS-Frames ihren NAV-Wert entsprechend setzen, wodurch für die benötigte Dauer der vollständigen Datenübertragung keine weitere Station mehr versuchen wird, auf das Medium zuzugreifen. Damit ist gewährleistet, dass bei der empfangenden Station keine Kollision auf dem Medium auftritt. Es können zwar immer noch Frames auf dem drahtlosen Medium kollidieren, jedoch handelt es sich dann dabei nur um die RTS-/CTS-Frames, deren Länge gegenüber den Datenframes relativ kurz ist (20 Byte für ein RTS-Frame und 14 Byte für ein CTS-Frame). Tritt eine Kollision hingegen beim Übertragen eines Datenframes auf, so ist das Medium relativ lange unnötig belegt, da die sendende Station die Kollision nicht erkennen kann und das Frame bis zum Ende aussendet. Bei dem RTS/CTS-Mechanismus wird hingegen bei einer eventuellen Kollision das Medium nur kurzzeitig belegt, was zu einer besseren Haushaltung der verfügbaren Bandbreite führt. Der zeitliche Verlauf der Datenübertragung unter Anwendung des RTS/CTS-Mechanismus ist in Abbildung 4–4 dargestellt.

Abb. 4–4
Zeitlicher Verlauf der
Datenübertragung mit
RTS/CTS-Mechanismus

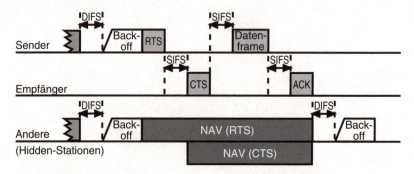

In der Praxis wird der RTS/CTS-Mechanismus über eine Schwelle aktiviert, die in der Regel als RTS/CTS-Threshold bezeichnet wird. Die Schwelle entspricht dabei der Länge des zu übertragenden Datenframes. Ist diese Länge größer als die festgelegte Schwelle, so wird vor der Aussendung des Datenframes das RTS-Frame ausgesendet und auf den Empfang des CTS-Frames gewartet, bis das eigentliche Datenframe übertragen wird. Dies soll verhindern, dass das Übertragungsmedium durch RTS-/CTS-Frames unnötig belastet wird, obwohl nur kurze Datenframes übertragen werden sollen. Dadurch wird der Tatsache Rechnung getragen, dass für die Übertragung von kurzen Frames eine geringere Zeit benötigt wird, somit die Wahrscheinlichkeit für eine eventuell auftretende Kollision geringer ist und auf den RTS/CTS-Mechanismus getrost verzichtet werden kann.

4.4 Fragmentierung

Müssen längere zusammenhängende Daten übertragen werden, so werden diese unterteilt und in die Datenteile mehrerer Frames gepackt, wobei man von einer Fragmentierung spricht. Die einzelnen Frames, die zu einem Datenstück gehören, werden als Fragmente bezeichnet. Auf der Seite des Empfängers werden die Fragmente wieder zusammengesetzt, so dass das ursprüngliche Datenstück wieder vorliegt.

Fragmentierung

Für die Steuerung der Fragmentierung wird das Sequence-Control-Feld des Frame-Headers genutzt. Das Sequence-Control-Feld gibt die Fragmentnummer und die Sequenznummer an. Die Sequenznummer ist bei allen Fragmenten gleich, die zu einem Datenstück gehören. Über diese Nummer werden sie als zusammenhängende Daten identifiziert. Über die Fragmentnummer werden die einzelnen Fragmente durchnummeriert, so dass auf Seiten des Empfängers die Daten wieder in der richtigen Reihenfolge zusammengesetzt werden können. Bei allen Fragmenten, mit der Ausnahme des letzten, ist im Control-Feld des Frame-Headers das More-Fragment-Bit gesetzt. Über das More-Fragment-Bit wird dem Empfänger angezeigt, dass weitere Fragmente folgen werden. Wird ein Fragment empfangen, in dem das More-Fragment-Bit nicht gesetzt ist, so erkennt der Empfänger, dass es sich um das letzte Fragment handelt und die Daten vollständig übertragen wurden.

Sequence-Control-Feld

Der fehlerfreie Empfang jedes einzelnen Fragmentes wird über ein Acknowledgement vom Empfänger bestätigt. Sollte das Acknowledgement beim Sender ausbleiben, so kann dies daran liegen, dass das Fragment oder das dazugehörende Acknowledgement nicht fehlerfrei übertragen werden konnte. In diesem Fall sendet der Sender das Fragment erneut aus und wartet mit der Aussendung des nächsten Fragmentes, bis er das Acknowledgement des vorherigen Frames empfangen hat. Dabei wird über ein Retry-Bit des Frame-Headers angezeigt, dass es

Retry-Bit

sich um eine wiederholte Aussendung eines Frames handelt. Über das gesetzte Retry-Bit kann der Empfänger das wiederholt ausgesendete Fragment erkennen. Falls er das Fragment jedoch bereits empfangen hat, kann er das doppelte Fragment verwerfen. Dadurch wird dessen Dateninhalt nicht an die höheren Schichten weitergeleitet. So wird vermieden, dass bei einem verloren gegangenen Acknowledgement dieselben Daten wiederholt an die höheren Schichten weitergereicht werden. In diesem Fall wird der Empfänger trotzdem den Empfang des Fragmentes über ein Acknowledgement bestätigen, damit der Sender das nächste Fragment aussendet.

Bei einer fragmentierten Datenübertragung findet also ein ständiger Wechsel zwischen einem Fragment und einem dazugehörigen Acknowledgement statt, bis das zusammenhängende Datenstück übertragen worden ist. Grundsätzlich folgt das Acknowledgement nach dem letzten Bit des Fragmentes und einem SIFS. Dadurch hat das Acknowledgement die höchste Priorität beim Medienzugriff und es ist gewährleistet, dass die Empfangsbestätigung übertragen werden kann. Für die Übertragung eines Fragmentes gilt dieselbe Wartezeit, d.h. das Fragment wird nach dem letzten Bit des Acknowledgements und eines SIFS übertragen. Demnach braucht ein Sender von fragmentierten Daten nach dem Medienzugriff nur das Acknowledgement des letzten Fragmentes und ein SIFS abzuwarten, bevor er das nächste Fragment aussendet. Auf diese Weise wird fortlaufend für alle Fragmente ein vorrangiger Medienzugriff gewährleistet.

Da der bevorzugte Medienzugriff sichergestellt ist, ist es bei einer fragmentierten Datenaussendung nicht notwendig, den NAV-Wert für die gesamte Datenlänge zu setzen. Würde man den NAV-Wert für die gesamte Datenlänge setzen, so würde dies bei einem Abbruch der Datenaussendung dazu führen, dass das Übertragungsmedium unnötig lange reserviert und somit für andere Stationen nicht zugänglich wäre. Der NAV-Wert wird demnach für jedes Fragment und das dazugehörige Acknowledgement über das Duration/ID-Feld des Frame-Headers neu gesetzt. Die fragmentierte Datenübertragung kann natürlich auch über den RTS/CTS-Mechanismus eingeleitet werden. In diesem Fall wird über die einleitenden RTS-/CTS-Frames der NAV-Wert für die Übertragungsdauer des ersten Fragmentes und des dazugehörigen Acknowledgements gesetzt. Die Abbildung 4–5 zeigt den zeitlichen Verlauf einer fragmentierten Datenübertragung, die über RTS/CTS eingeleitet wird.

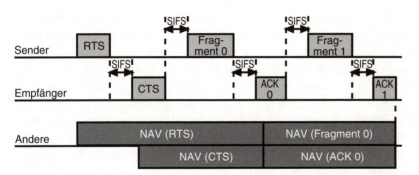

Abb. 4–5
Zeitlicher Verlauf einer
fragmentierten
Datenübertragung

Die fragmentierte Datenübertragung wird nicht nur bei langen Daten angewendet, deren Länge die maximal zulässige Datenlänge eines Frames überschreitet, sondern auch bei kürzeren Daten. Die Fragmentierung wird in der Praxis über einen Parameter eingestellt, der in der Regel als Fragmentation-Threshold bezeichnet wird. Mit diesem Parameter wird festgelegt, ab welcher Datenlänge eine Fragmentierung durchgeführt werden soll. So können lange Frames vermieden werden und eine Datenübertragung bei einer kritischen Umgebung sicherer und zuverlässiger gestaltet werden, da längere Frames eher gestört und bei kürzeren Frames die Wahrscheinlichkeit einer Störung geringer ist. Auf diese Weise kann eine notwendige wiederholte Aussendung von verloren gegangenen Frames vermieden werden. In der Gesamtbetrachtung kann somit die Performance in Grenzsituationen gesteigert werden. Die Fragmentierung kann jedoch nur bei Unicast-Frames angewendet werden, bei Broadcast- oder Multicast-Frames ist eine Fragmentierung generell nicht möglich, da ein Bestätigungsverfahren mit mehreren potenziellen Empfängern nicht sinnvoll realisiert werden kann.

4.5   802.11-Frameformat

Die Daten der höheren Schichten werden auf der Ebene des MAC-Layers in ein Frame gepackt, das aus einem Frame-Header und einer abschließenden Frame-Check-Sequenz besteht. Betrachtet man das Frameformat einer leitungsgebundenen Netzwerktechnologie, wie zum Beispiel Ethernet, so ist das Frameformat relativ simpel. Hierbei wird einfach eine Zieladresse, eine Quelladresse und ein Typ- oder Längenfeld vor den eigentlichen Datenteil gesetzt. Nach dem Datenteil folgt noch eine Frame-Check-Sequenz, über die der Empfänger eventuelle Übertragungsfehler erkennen kann. Betrachtet man hingegen das 802.11-Frameformat, so ist dieses bedeutend umfangreicher und beinhaltet weitaus mehr Informationen. Diese zusätzlichen Informationen sind not-

Frameformat

wendig, da beim Datenaustausch über ein drahtloses Übertragungsmedium gewisse Kontrollinformationen und Managementinformationen
ausgetauscht werden müssen, um einen sicheren und fehlerfreien Datenaustausch gewährleisten zu können. Im 802.11-Standard sind deshalb,
neben den Datenframes, auch Kontroll- und Managementframes definiert. Über die Datenframes werden die eigentlichen Nutzdaten beziehungsweise Daten der höheren Protokoll-Schichten übertragen. Über
Kontrollframes wird der Zugriff auf das Übertragungsmedium gesteuert
und eine zuverlässige Datenübertragung gewährleistet. Die Managementframes dienen zum Verwalten der Funkzelle.

Frame-Header   Der 802.11-Frame-Header hat je nach Frametyp eine Länge von 10
bis 34 Bytes und beinhaltet bis zu 8 Felder. Hierbei handelt es sich um
das Frame-Control-Feld, das Duration/ID-Feld, das Address-1-Feld,
das Address-2-Feld, das Address-3-Feld, das Sequence-Control-Feld,
das Address-4-Feld und FCS-Feld. Die Länge des Headers variiert, da
die Felder Address 2, Address 3, Sequence Control, Address 4 und
Frame Body nur in bestimmten Frametypen vorhanden sind. Abbildung 4–6 zeigt den generellen Aufbau des 802.11-Frameformates.

Abb. 4–6
Generelles 802.11-MAC-
Frameformat

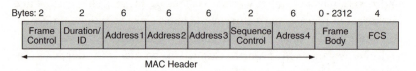

Das erste Feld des Frame-Headers stellt das 16 Bit lange *Frame-Con-
trol*-Feld dar, das wiederum mehrere Felder beinhaltet. Die einzelnen
Felder des Frame-Control-Felds sind: Protocol Version, Type, Subtype,
To DS, From DS, More Fragment, Retry, Power Management, More
Data, Protected Frame und Order.

Abb. 4–7
Format des Frame-
Control-Feldes

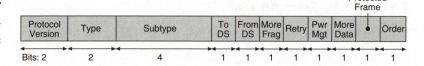

Über die einzelnen Felder des Frame-Control-Feldes werden der Typ
des Frames festgelegt und diverse Kontrollinformationen angegeben,
wobei die Felder folgende Funktion haben:

Protocol-Version-Feld   ■ Das 2 Bit lange *Protocol-Version*-Feld (b0, b1) hat in allen Wire-
less-Standards dieselbe Länge und Position. Laut Standard ist der
Inhalt auf 00 gesetzt. Sollte es zukünftig Erweiterungen geben, die
Inkompatibilitäten zur bestehenden Technologie hervorrufen könn-

ten, so ist beabsichtigt, über dieses Feld eine neue Version anzuzeigen.

■ Über den Inhalt des 2 Bit langen *Type*-Felds (b2, b3) wird angezeigt, ob es sich um ein Management-, Kontroll- oder Datenframe handelt. Der Inhalt 00 entspricht dem Managementframe, 01 dem Kontrollframe und 10 einem Datenframe. Der Inhalt 11 ist für zukünftige Erweiterungen reserviert.

Type-Feld

■ Die genauere Spezifizierung des Frames wird über das 4 Bit lange *Subtyp*-Feld (b4, b5, b6, b7) vorgenommen. Für jeden Frametyp gibt es verschiedene Untertypen (siehe Tabelle 4–4, 4–5 und 4–6).

Subtyp-Feld

■ Die jeweils 1 Bit langen Felder *To DS* (b8) und *From DS* (b9) des Frame-Control-Felds legen die Übertragungswege des Frames fest. Das To DS ist auf Eins gesetzt, wenn das Frame für die Weiterleitung über das Verteilungssystem (Distribution System) bestimmt ist. Falls das From-DS-Bit auf Eins gesetzt ist, wird signalisiert, dass das Frame das Verteilungssystem verlässt. Sind die beiden Bits auf 0 gesetzt, so handelt es sich um ein Frame, das innerhalb einer IBSS ausgetauscht wird. Sollten beide Bits auf Eins gesetzt sein, handelt es sich um ein Frame, dass innerhalb eines Wireless-Distribution-Systems (WDS) ausgetauscht wird.

To DS/From DS

■ Ist das 1 Bit lange *More-Fragment*-Bit (b10) auf Eins gesetzt, so wird angezeigt, dass weitere Fragmente folgen, die zur selben Nachricht gehören.

More-Fragment-Bit

■ Das *Retry*-Feld (b11) ist auf Eins gesetzt, falls es sich bei den Frames um ein wiederholt ausgesendetes Frame handelt, wodurch auf der Seite des Empfängers doppelte Frames vermieden werden.

Retry-Feld

■ Über das 1 Bit lange *Power-Management*-Feld (b12) wird der Modus für das Power-Management angezeigt. Ist der Inhalt auf Eins gesetzt, so wird signalisiert, dass die Station nach der Übertragung der Daten in den Stromsparmodus übergeht.

Power-Management-Feld

■ Das 1 Bit lange *More-Data*-Feld (b13) zeigt an, dass weitere Daten zur Übertragung anstehen und folgen werden. Dadurch wird z.B. eine Station, welche sich im Stromsparmodus befindet, veranlasst, nicht in den stromsparenden Modus überzugehen, damit weitere Daten empfangen werden können.

More-Data-Feld

■ Das Protected-Frame-Feld (b14) hat eine Länge von 1 Bit und ist auf Eins gesetzt, wenn die Nutzdaten über einen Verschlüsselungsalgorithmus geschützt sind. In diesem Fall werden jedoch nur die Nutzdaten und nicht der Header des MAC-Frames verschlüsselt (siehe Abschnitt 4.6.3 und 8.4.1). Im 802.11-Grundstandard wurde dieses Feld noch als WEP bezeichnet, mit 802.11i ist dieses Feld in Protected Frame umbenannt worden. Ist das Protected-Frame-Feld

Protected-Frame-Feld

im Management-Frame vom Subtyp Authentication gesetzt, so wird hierüber ausschließlich die WEP-Verschlüsselung spezifiziert.

Order-Feld
▪ Mit dem 1 Bit langen *Order*-Feld (b15) wird angezeigt, dass die eingehenden Daten einer Folge von Fragmenten in der Reihenfolge ihres Empfangs an die höheren Schichten weitergereicht werden sollen.

Duration/ID-Feld
Nach dem Frame-Control-Feld folgt im Frame-Header das 16 Bit lange *Duration*/ID-Feld, dessen Inhalt unterschiedlich codiert sein kann. Das verwendete Codierungsverfahren wird über Bit 15 und 14 des Duration/ID-Feldes angezeigt. Über die restlichen Bits erfolgt die Angabe der für die Datenübertragung benötigten Zeit. Diese Zeitangabe stellt die Basis für die virtuelle Carrier-Sense-Funktion des MACs dar. Tabelle 4–2 zeigt die verschiedenen Formate des Duration/ID-Felds und dessen Wertebereich.

Tab. 4–2
Formate des Duration/
ID-Feldes

Bit 15	Bit 14	Bit 13 – 0	Verwendung
0	\multicolumn{2}{c}{0 – 32767}		Anzeige der benötigten Zeit für die Datenübertragung
1	0	0	Fester Wert für Frames, die während der CFP übertragen werden
1	0	1 – 16383	Reserviert
1	1	0	Reserviert
1	1	1 – 2007	AID innerhalb eines PS-Poll-Frames (siehe Abschnitt 4.6.2)
1	1	2008 – 16383	Reserviert

Address-Felder
Der 802.11-Frame-Header kann je nach Frametyp bis zu vier Adressenfelder beinhalten, über die verschiedene Adressen spezifiziert werden. Bei den Feldern handelt es sich um die jeweils 6 Byte langen *Address-1-*, *Address-2-*, *Address-3-* und *Address-4*-Felder. Über diese Felder können BSSID, Quelladressen, Zieladressen und die Adressen der sendenden und der empfangenden Station angegeben werden. Welche Adressen letztendlich in den einzelnen Address-Feldern aufgeführt sind und welche Address-Felder überhaupt übertragen werden, wird über die Felder To DS und From DS spezifiziert, die sich im Frame-Control-Feld des MAC-Headers befinden.

MAC-Adressen
Die Formate der Adressen entsprechen dem allgemeinen Format der MAC-Adressen des IEEE-802-Standards von 1990. Diese haben eine Länge von 6 Bytes, wobei zwischen individuellen Adressen und Gruppenadressen unterschieden wird. Um welchen Adresstyp es sich handelt, kann über das höchstwertige Bit (MSB) der Adresse erkannt werden, das als I/G-Bit bezeichnet wird. Ist das I/G-Bit auf 0

gesetzt, so handelt es sich um eine Unicast-Adresse. In diesem Fall ist das Frame an eine bestimmte Station adressiert. Sollte hingegen das I/G-Bit auf 1 gesetzt sein, so handelt es sich um ein Multicast- oder Broadcast-Frame. Die Multicast-Frames sind an eine bestimmte Gruppe von Stationen gerichtet, wohingegen die Broadcast-Frames an alle Stationen adressiert sind.

Neben dem I/G-Bit ist noch das Bit mit der zweithöchsten Wertig-keit für die Bestimmung des Adressentyps entscheidend. Hierbei han-delt es sich um das so genannte G/L-Bit, das anzeigt, ob es sich um eine global oder lokal verwaltete MAC-Adresse handelt (Globally Admi-nistered Address, GAA, oder Locally Administered Address, LAA). Eine GAA entspricht einer Adresse, die vom Hersteller der Netzwerk-komponente zugeordnet wurde und weltweit nur einmal vorhanden ist. Bei LAA handelt es sich hingegen um eine MAC-Adresse, die vom Netzwerkadministrator vergeben oder von der WLAN-Komponente selbstständig ermittelt wurde, um eine BSSID für eine IBSS zu bilden (siehe Abschnitt 2.1).

G/L-Bit

Wird eine BSSID im Address-Feld angegeben, so handelt es sich in einem Infrastruktur-Netzwerk um die MAC-Adresse des Access Points. Innerhalb eines IBSS wird hingegen die BSSID von einer Station selbst ermittelt, indem 46 Bits der Adresse über eine Zufallszahl gene-riert werden. Das Individual/Group-Bit wird auf 0 und das Univer-sal/Local-Bit wird auf 1 gesetzt. So wird die Bildung einer eindeutigen BSSID mit einer sehr hohen Wahrscheinlichkeit sichergestellt. Die Tabelle 4–3 zeigt die Inhalte der vier Address-Felder in Abhängigkeit von den verschiedenen Übertragungsszenarien, die als Fall 1 bis Fall 4 dargestellt sind.

Organizationally Unique Identifier

Das IEEE hat die Aufgabe übernommen, die MAC-Adressen zu verwalten und sicherzustellen, dass jede MAC-Adresse weltweit nur ein Mal vergeben wird. Diese Aufgabe kann das IEEE natürlich nur bedingt wahrnehmen – die Festlegung der individuellen MAC-Adressen für jede einzelne Komponente würde eine ausreichende Versorgung des Marktes gefährden. Daher vergibt das IEEE nur zusammenhängende Bereiche von MAC-Adressen und über-lässt es jedem Hersteller selbst, bei ihren produzierten Komponenten dafür zu sorgen, dass die MAC-Adressen wirklich auch nur ein Mal vergeben werden. Die Bereiche werden über die ersten 3 Bytes der MAC-Adresse vergeben, die im Fachjargon als Organizationally Unique Identifier (OUI) bezeichnet wer-den. Mit einer OUI kann ein Hersteller für 2^{24} = 16.777.216 Komponenten ein-deutige MAC-Adressen vergeben. Welche OUI zur Zeit vergeben sind, kann im Internet unter folgender Adresse http://standards.ieee.org/regauth/oui/index.html abgefragt werden. Mit dieser Information lässt sich auch eine Netz-werkkomponente einem Hersteller eindeutig zuordnen.

Tab. 4–3

Zielabhängige Belegung

der Adressenfelder

Fall	To DS	From DS	Address 1 (Empfänger)	Address 2 (Sender)	Address 3	Address 4
1	0	0	Empfänger	Sender	Zelle (BSSID)	–
2	0	1	Empfänger	Zelle (BSSID)	Sender	–
3	1	0	Zelle (BSSID)	Sender	Empfänger	–
4	1	1	Zelle (RA)	Zelle (TA)	Empfänger	Sender

Die in der Tabelle dargestellten Fälle 1 bis 4 ergeben folgende Übertragungsszenarien:

Fall 1 ■ Fall 1: Die beiden Felder To DS und From DS haben den Inhalt Null, wodurch signalisiert wird, dass das Frame innerhalb einer IBSS übertragen wird. Das Address-1-Feld beinhaltet die Adresse der Empfängerstation und das Address-2-Feld die Adresse der Senderstation. Durch das Address-3-Feld wird die Adresse der Funkzelle angegeben (BSSID). Das Address-4-Feld wird hierbei nicht benötigt und deshalb bei dieser Variante der Frameaussendung nicht übertragen. Sollte es sich bei der Zieladresse von Datenframes um eine Multicast- oder Broadcast-Adresse handeln, so werden die Frames nur an die höheren Schichten der Stationen weitergereicht, wenn die adressierte BSSID mit der jeweiligen Funkzelle übereinstimmt. Somit wird vermieden, dass Multicast- und Broadcast-Frames einer fremden IBSS fälschlicherweise empfangen werden und zu Fehlinterpretationen bei den empfangenden Stationen führen.

Fall 2 ■ Fall 2: Das To-DS-Feld ist auf Null gesetzt und das From-DS-Feld hat den Inhalt Eins. Auf diese Weise wird signalisiert, dass das Frame aus dem Verteilungssystem von einem Access Point an eine Station innerhalb der Funkzelle geschickt wird. Über das Address-1-Feld wird die Empfängerstation angegeben und über das Address 3 Feld wird die Station angegeben, die das Frame ursprünglich versendet hat. Über das Address-2-Feld wird die Funkzelle (BSSID) adressiert, in der sich die empfangende Station befindet. Das Address-4-Feld wird in diesem Fall nicht verwendet und somit nicht übertragen.

Fall 3 ■ Fall 3: Ist das To-DS-Feld auf Eins und das From-DS-Feld auf Null gesetzt, dann handelt es sich um ein Frame, das von einer Station an den Access Point für die Weiterleitung über das Verteilungssystem (Distribution System) gesendet wird. Das Address-1-Feld beinhaltet die Adresse des Access Points, an den die aussendende Station das Frame zur Weiterleitung schickt. Diese Adresse entspricht der BSSID der Funkzelle, da die BSSID von der MAC-Adresse des Access Points abgeleitet wird. Im Address-2-Feld wird die Adresse des Senders angegeben, der das Frame ausgesendet hat. Über das Address-3-Feld wird die eigentliche Empfängerstation des Frames spezifiziert. Das Address-4-Feld wird in diesem Fall nicht genutzt.

■ Fall 4: Sind die beiden Felder To DS und From DS auf Eins gesetzt, *Fall 4* dann handelt es sich um ein Frame, das über drahtlose Verteilungssysteme zwischen Access Points übertragen wird, was beispielsweise der Datenübertragung über eine Richtfunkstrecke entspricht. Das Address-1-Feld beinhaltet die Adresse des empfangenden Access Points (Receiver Address, RA), das Address-2-Feld die Adresse des Access Points (Transmitter Address, TA), der das Frame ausgesendet hat. In dem Address-3-Feld wird die eigentliche Empfängerstation des Frames angegeben und in dem Address-4-Feld die Adresse der Station, die das Frame ursprünglich ausgesendet hat.

Das 16 Bit lange *Sequence-Control*-Feld des Frame Headers ist in zwei *Sequence-Control-Feld* Bereiche unterteilt, wobei 4 Bits für die Angabe der Fragmentnummer und 12 Bits für die Angabe der Sequenznummer dienen. Die Fragmentnummer ist beim ersten Fragment auf 0 gesetzt und wird bei jedem weiteren Fragment um 1 hochgezählt. Wird ein Fragment wiederholt ausgesendet, so bleibt die Fragmentnummer konstant. Über die Sequenznummer wird jedes Fragment einer Nachricht eindeutig nummeriert, wobei die erste Sequenznummer 0 ist und jede weitere Sequenznummer über Modulo 4096 gebildet wird.

Die eigentlichen Daten werden über das *Frame-Body*-Feld übertra- *Frame-Body-Feld* gen, dessen Länge variabel und dessen minimale Länge mit 0 Bytes spezifiziert ist. Die maximal zulässige Länge des Frame Bodys entspricht der Summe aus der maximal zulässigen MSDU-Länge mit 2304 Bytes, der ICV mit 4 Bytes und der IV mit ebenfalls 4 Bytes, wodurch sich eine maximale Gesamtlänge von 2312 Bytes ergibt. Die ICV und IV sind nur vorhanden, wenn die Daten über WEP verschlüsselt werden (siehe Abschnitt 4.6.3).

Das letzte Feld im Frame Header ist das 4 Byte lange *FCS*-Feld *FCS-Feld* (Frame Check Sequence). Der Inhalt dieses Feldes entspricht einer 4 Byte langen CRC-Prüfsumme, die aus dem Inhalt des Frame Headers und den Daten im Frame Body gebildet wird. Die Prüfsumme wird aus dem CRC-Algorithmus (Cyclic Redundancy Check) gebildet, wobei das folgende Generatorpolynom zugrunde gelegt wird:

■ $G(x) = x^{32} + x^{26} + x^{23} + x^{22} + x^{16} + x^{12} + x^{11} + x^{10} + x^8 + x^7$
$+ x^5 + x^4 + x^2 + x + 1$

Über diese Prüfsumme kann der Empfänger des Datenframes eventuelle Übertragungsfehler innerhalb des Frames erkennen. Dazu ermittelt er mit den empfangenen Daten ebenfalls eine Prüfsumme, wobei dasselbe Generatorpolynom zugrunde gelegt wird, und vergleicht sein Ergebnis mit dem Inhalt des FCS-Feldes. Deckt sich das Ergebnis mit dem Inhalt des FCS-Feldes, kann der Empfänger von einer fehlerfreien Datenübertragung ausgehen.

4.5.1   Datenframes

Datenframe   Die eigentliche Datenübertragung findet über die Datenframes statt, wobei es Datenframes gibt, über die nur Nutzdaten der höheren Protokollschichten übertragen werden und Datenframes, über die neben den Nutzdaten zusätzlich Kontrollinformationen übertragen werden. Die Datenframes werden durch den Inhalt 01 (b3, b2) des Typ-Feldes gekennzeichnet. Welche Frame-Subtypen für die Datenübertragung verwendet werden, hängt von der Netzwerkform ab. Innerhalb eines IBSS werden primär nur Datenframes ohne Kontrollinformationen verwendet. Einzige Ausnahme hierbei ist ein Datenframe vom Subtyp 0010, das zusätzlich zum Informationsaustausch für die Steuerung des Stromsparmodus verwendet wird (siehe Abschnitt 4.6.2).

Innerhalb einer Funkzelle, die zum Infrastruktur-Netzwerk gehört und über das CFP-Zugriffsverfahren verwaltet wird, werden eine Vielzahl von Datenframetypen verwendet, die neben der Datenübertragung den Austausch von Kontrollinformationen bieten. Hierbei lässt sich wiederum eine Unterscheidung zwischen der Kommunikationsrichtung vornehmen: Frames vom Access Point zu den Stationen oder von den Stationen zum Access Point.

Nullframes   Eine besondere Spezies der Datenframes stellen die so genannten Nullframes dar. Hierbei handelt es sich um Frames, bei denen der eigentliche Datenteil weggelassen wurde und direkt hinter dem MAC-Header das FCS-Feld folgt. Die Nullframes (Subtyp 0100) werden von den Stationen zum Access Point übertragen, falls eine Station dem Access Point einen Statuswechsel des Stromsparmodus anzeigen möchte. Innerhalb des Nullframes wird das Power Management Bit des Frame-Control-Feldes entsprechend gesetzt.

Die Tabelle 4–4 zeigt die verschiedenen Typen der Datenframes und deren Funktion.

Subtyp (b7, b6, b5, b4)	Subtypen-Bezeichnung	Beschreibung
0000	Daten	Datenübertragung nach dem CSMA/CA- oder CFP-Zugriffsverfahren
0001	Daten + CF-Ack	Frames, die zur Datenübertragung über das CFP-Zugriffsverfahren dienen, bei dem der Access Point über das Aussenden von so genannten Poll-Frames den Zugriff auf die Zelle erteilt
0010	Daten + CF-Poll	
0011	Daten + CF-Ack + CF-Poll	
0100	Null-Funktion (keine Daten)	
0101	CF-Ack (keine Daten)	
0110	CF-Poll (keine Daten)	
0111	CF-Ack + CF-Poll (keine Daten)	
1000 – 1111	Reserviert	Reserviert für zukünftige Erweiterungen

Tab. 4–4
Datenframes vom Typ 10

4.5.2   Kontrollframes

Die Kontrollframes steuern den Zugriff auf das Übertragungsmedium und tragen dazu bei, dass eine zuverlässige Datenübertragung gewährleistet ist. Unter die Kontrollframes fallen z.B. die Acknowledgement-Frames, RTS-/CTS-Frames und die Frames zur Steuerung des Contention-Free-Verfahrens (siehe Abschnitt 4.7). In der folgenden Tabelle sind die verschiedenen Typen der Kontrollframes aufgeführt.

Kontrollframes

Subtyp (b7, b6, b5, b4)	Subtypen-Bezeichnung	Beschreibung
0000 – 1001	Reserviert	Reserviert für zukünftige Erweiterungen
1010	Power Save (PS) Poll	Dient zur Steuerung des Stromsparmodus
1011	Request To Send (RTS)	Dient der Vermeidung des Hidden-Station-Problems beim CSMA/CA Zugriffsverfahren
1100	Clear To Send (CTS)	
1101	Acknowledgement (ACK)	Bestätigung eines empfangenen Frames
1110	Contention Free (CF)-End	Zeigen das Ende einer Datenübertragung beim CFP-Zugriffsverfahren an
1111	CF-End + CF-Ack	

Tab. 4–5
Kontrollframes vom Typ 01

Request-to-Send-Frame

RTS-Frame   Das RTS-Frame dient zur Beseitigung des Hidden-Station-Problems indem das RTS-Frame eine Datenübertragung von längeren Frames einleiten. Lange Frames sind hierbei Frames, deren Länge größer als der RTS-Threshold ist. Der RTS-Threshold stellt eine benutzerdefinierte Schwelle dar, mit der man die Nutzung des RTS/CTS-Mechanismus beeinflussen kann. Das RTS-Frame hat eine Länge von 20 Bytes und beinhaltet die Felder Frame-Control, Duration/ID, Address-1 (RA), Address-2 (TA) und FCS. Abbildung 4–8 zeigt den Aufbau des RTS-Frames.

Abb. 4–8
Aufbau des RTS-Frames

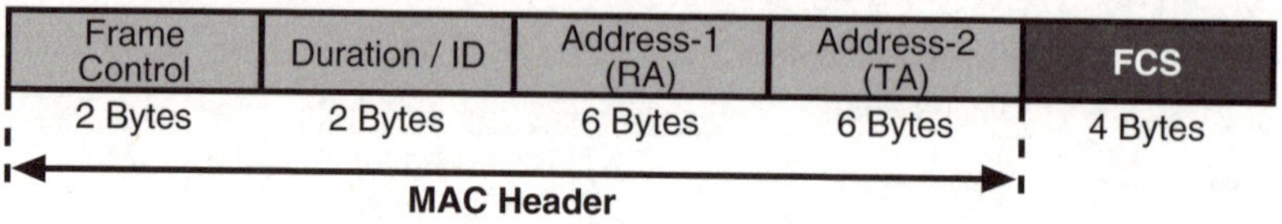

Innerhalb des Frame-Control-Feldes ist das Typ-Feld auf 10 gesetzt und das Subtype-Feld auf 1011. Über das Duration/ID-Feld wird die Dauer für die im Anschluss folgende Datenübertragung in µs angezeigt. Hierin sind die Übertragungsdauer für das CTS-Frame, Datenframe, ACK-Frame und drei SIFs enthalten. Das Address-1-Feld beinhaltet die MAC-Adresse des Empfängers und Address-2-Feld die MAC-Adresse des Senders.

Clear-to-Send-Frame

CTS-Frame   Das CTS-Frame entspricht der Bestätigung eines RTS-Frames und wird vom Kommunikationspartner ausgesendet, falls dieser nach dem Empfang des RTS-Frames ein freies Übertragungsmedium erkannt hat. Ein CTS-Frame hat eine Länge von 14 Bytes und beinhaltet die Felder Frame Control, Duration/ID, Address-1 und FCS (siehe Abb. 4–9).

Abb. 4–9
Aufbau des CTS-Frames

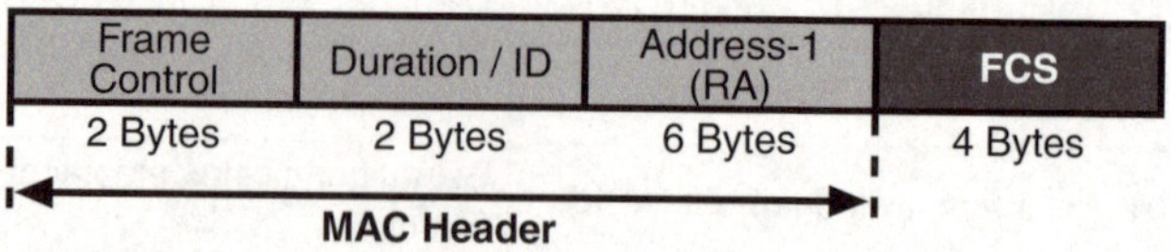

Um das CTS-Frame zu spezifizieren, ist im Frame-Control-Feld der Inhalt des Type-Feldes auf 10 und der Inhalt des Subtype-Feldes auf 1100 gesetzt. Der Inhalt des Duration/ID-Feldes entspricht der restlichen Übertragungszeit in µs, die für die Übertragung des Datenframes, ACK-Frames und zwei SIFs benötigt wird. Dies entspricht der ursprünglichen RTS-Zeitangabe – CTS-Dauer – 1 × SIFs. Der Inhalt des Address-1-Feldes entspricht der Senderadresse des zuvor empfangenen RTS-Frames.

Acknowledgement-Frame

Über das ACK-Frame wird dem Sender eine erfolgreiche Frameübertragung durch den Empfänger angezeigt. Bleibt das ACK-Frame aus, so bildet die sendende Station eine Backoff-Wartezeit und versucht nach Ablauf der Wartezeit, das Frame erneut zu übertragen. Das ACK-Frame hat eine Länge von 14 Bytes und beinhaltet die Felder Frame Control, Duration/ID, Address-1 und FCS. Abbildung 4–10 zeigt den Aufbau des ACK-Frames.

ACK-Frame

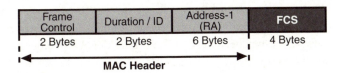

Abb. 4–10
Aufbau eines ACK-Frames

Innerhalb des Frame-Control-Feldes hat das Type-Feld den Inhalt 10 und das Subtype-Feld den Inhalt 1101, um das Kontrollframe als ACK-Frame anzuzeigen. Der Inhalt des Duration/ID-Feldes ist von der zu bestätigenden Übertragung abhängig. Wird über das ACK-Frame ein Datenframe bestätigt, so ist der Inhalt des Duration/ID Feldes auf 0 gesetzt, um die erfolgreiche Beendigung der Frameübertragung anzuzeigen. Wird hingegen über das ACK-Frame ein Fragment innerhalb eines Fragment-Bursts bestätigt, so wird über das Duration/ID-Feld die restliche Dauer in µs angezeigt, die noch für die Übertragung der fragmentierten Nachricht benötigt wird. Mit jedem Fragment und ACK-Frame wird diese Zeitangabe kleiner, bis zum letzten ACK-Frame, in dem der Inhalt des Duration/ID-Feldes auf 0 gesetzt ist. Innerhalb des Frame-Control-Feldes ist das More Fragment Bit auf 1 gesetzt, solange Fragmente eines Fragment-Bursts übertragen werden. Im letzten ACK-Frame wird das More Fragment Bit auf 0 gesetzt. Das Address-1-Feld beinhaltet die Adresse des Senders, der das zu bestätigende Frame oder Fragment übertragen hat.

Power-Save-Poll-Frame

Mit Hilfe des Power-Save-Poll-Frames kann eine Station, die sich im Stromsparmodus (Power Save) befindet, beim Access Point ein Frame anfordern. Diese Art der Frameanforderung wird nur innerhalb eines Infrastruktur-Netzwerks verwendet (siehe Abschnitt 4.6.2). Das Power-Save-Poll-Frame hat eine Länge von 20 Bytes und beinhaltet die

Power-Save-Poll-Frames

Felder Frame-Control, AID, Address-1-Feld, Address-2-Feld und FCS. Abbildung 4–11 zeigt den Aufbau des Power-Save-Poll-Frames.

Abb. 4–11

Aufbau eines Power-Save-Poll-Frames

Frame Control	AID	Address-1 (BSSID)	Address-2 (TA)	FCS
2 Bytes	2 Bytes	6 Bytes	6 Bytes	4 Bytes

MAC Header

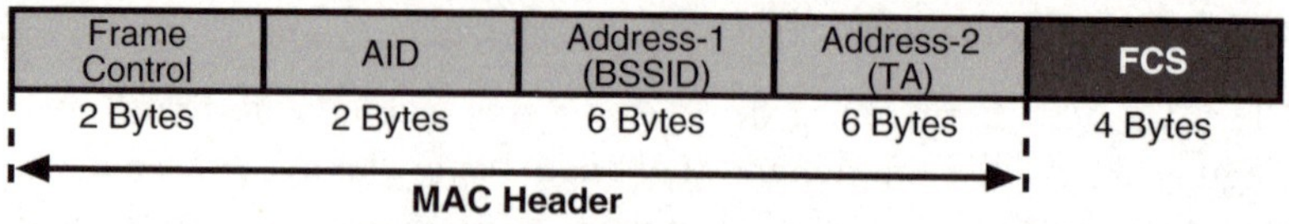

Das Type-Feld des Power-Save-Poll-Frames hat den Inhalt 10 und das Subtype-Feld den Inhalt 1010. Interessant ist das zweite Feld, das so genannte AID-Feld, das sich an der Position befindet, in der bei anderen Frametypen normalerweise das Duration/ID Feld vorhanden ist. AID steht für Association Identity. Über diese AID wird die Station spezifiziert, deren Daten vom Access Point innerhalb einer Stromsparphase zwischengespeichert werden. Innerhalb des AID-Feldes sind die beiden höchstwertigen Bits auf 1 gesetzt, über die restlichen 14 Bits ist für die AIDs ein Bereich von 1 bis 2007 vorgesehen (siehe Abschnitt 4.6.2). Über das Address-1-Feld wird die BSSID der Funkzelle angegeben, die der MAC-Adresse des Access Points entspricht. Mit dem Inhalt des Address-2-Feldes wird die Adresse des Senders angegeben, der das Power-Save-Poll-Frame ausgesendet hat, um seine zwischengespeicherten Daten beim Access Point anzufordern.

Contention-Free-End-Frame

Contention-Free-End-Frame

Über das Contention-Free-End-Frame kann der Access Point das Ende einer CF-Periode einleiten beziehungsweise anzeigen. Das Contention-Free-End-Frame hat eine Länge von 20 Bytes und beinhaltet die Felder Frame Control, Duration/ID, Address-1, Address-2 und FCS. Innerhalb des Frame-Control-Feldes ist das Type-Feld auf 10 und das Subtype-Feld auf 1110 gesetzt. Der Inhalt des Duration/ID-Feldes ist 0, damit die Stationen ihren NAV-Wert zurücksetzen, wodurch die Medienreservierung für CFP-Phase aufgehoben wird (siehe Abschnitt 4.7). Das Address-1-Feld beinhaltet eine Broadcast-Adresse, da dieses Kontrollframe an alle Stationen innerhalb der BSS gerichtet ist. Über das Address-2-Feld wird die BSSID der Funkzelle angegeben, die der MAC-Adresse des Access Points entspricht. Abbildung 4–12 zeigt den Aufbau des Contention-Free-End-Frames.

Abb. 4–12

Contention-Free-End-Frame

Frame Control	Duration / ID	Address-1 (RA)	Address-2 (BSSID)	FCS
2 Bytes	2 Bytes	6 Bytes	6 Bytes	4 Bytes

MAC Header

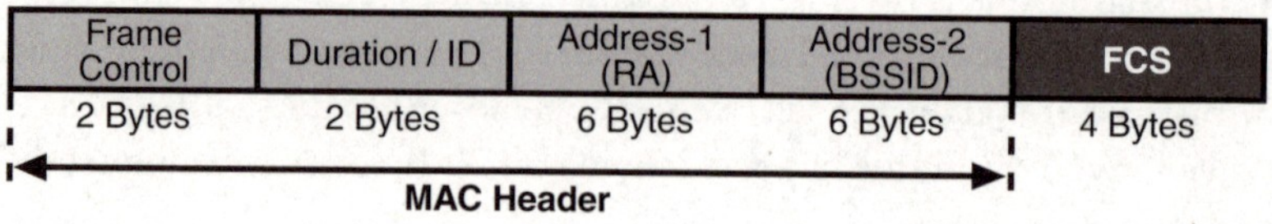

CF-End + CF-Ack-Frame

Das CF-End+CF-Ack-Frame hat dieselbe Funktion wie das zuvor beschriebene Contention-Free-End-Frame. Hierüber wird allerdings noch vom Access Point zusätzlich der Empfang des letzten Frames bestätigt. Die einzige Abweichung beim CF-End+CF-Ack-Frame ist der Inhalt des Subtype-Feldes, das den Inhalt 1111 hat, um diesen Frametype zu spezifizieren.

CF-End+CF-Ack-Frame

4.5.3   Managementframes

Den erschwerten Übertragungsbedingungen zwischen einem drahtlosen und einem leitungsgebundenen Übertragungsmedium wird man durch den Austausch von Managementframes gerecht, die innerhalb des 802.11-Standards in unterschiedlichen Varianten definiert sind. Über die Managementframes erfolgt beispielsweise die An- und Abmeldung einer Station innerhalb einer Funkzelle, die Fähigkeit einer Station, Access Points auffinden zu können, und die Datenverwaltung während des Stromsparmodus.

Managementframes

Das Managementframe entspricht keinem speziellen Frameformat wie die Kontrollframes, sondern hierbei wird der normale Frame Header mit drei Address-Feldern verwendet. Dabei beinhaltet das Address-1-Feld die Zieladresse des Managementframes, Address-2-Feld die Quelladresse und Address-3-Feld die BSSID der Funkzelle, in der das Managementframe eine Managementfunktion ausübt. Die Angabe der BSSID ist notwendig, damit die Managementframes den Stationen einer bestimmten Funkzelle zugeordnet werden können. Hierbei gilt, dass nur die Managementframes vom MAC-Layer ausgewertet werden, deren BSSID mit der Angabe des Address-3-Feldes übereinstimmt. Einzige Ausnahme hierbei sind die Beacon-Frames, die von den Stationen benötigt werden, um eine Funkzelle aufzufinden. Das Managementframe wird innerhalb des Frame-Control-Feldes über das Type-Feld mit dem Inhalt 00 deklariert. In den Managementframes ist der Inhalt des Duration/ID-Feldes auf 32768 gesetzt, falls das Managementframe innerhalb einer CFP-Phase übertragen wird. Während der CP-Phase hängt dagegen der Inhalt des Duration/ID-Feldes von drei verschiedenen Fällen ab:

Managementframe-format

- Fall 1: Ist das Managementframe an eine Gruppe von Stationen als Broadcast- oder Multicast-Frame adressiert, so ist der Inhalt des Duration/ID-Feldes auf 0 gesetzt. Der Inhalt 0 ist dadurch begründet, dass auf ein Broadcast- oder Multicast-Frame keine Bestätigung erfolgt.

Duration/ID-Feldinhalt

■ Fall 2: Ist das Managementframe an eine bestimmte Station adressiert und das More Fragment Bit auf 0 gesetzt, so entspricht der Inhalt des Duration/ID-Feldes der Zeit in µs, die für die Übertragung eines ACK-Frames und einer SIFS benötigt wird.

■ Fall 3: Für den Fall, dass das Management-Frame an eine bestimmte Station adressiert ist und das More Fragment Bit auf 1 gesetzt ist, entspricht der Inhalt des Duration/ID-Feldes der Dauer in µs, die für die Übertragung des nächsten Fragmentes, einem ACK-Frame und drei SIFS benötigt wird.

Die Übertragung der eigentlichen Managementinformationen erfolgt über den Datenteil der Managementframes, in dem Felder mit fester Länge und Felder mit flexibler Länge enthalten sein können. Um welches Managementframe es sich handelt, wird über den Inhalt des Subtype-Felds angegeben. Die Tabelle 4–6 zeigt die möglichen Varianten der Managementframes und deren Beschreibung.

Tab. 4–6
Managementframes
vom Typ 00

Subtyp (b7, b6, b5, b4)	Subtypen-Bezeichnung	Beschreibung
0000	Association Request	Frames, die zur An- und Abmeldung beim Access Point verwendet werden.
0001	Association Response	
0010	Reassociation Request	
0011	Reassociation Response	
0100	Probe Request	Frames zum Auffinden von Stationen. Die Access Points senden in regelmäßigen Abständen Beacon-Frames aus, in denen sie die Attribute der Zelle bekannt geben.
0101	Probe Response	
0110-0111	Reserviert	
1000	Beacon	
1001	Announcement Traffic Indication Message (ATIM)	Dient zur Steuerung des Stromsparmodus
1010	Disassociation	Frames zum Authentifizieren von Stationen
1011	Authentication	
1100	Deauthentication	
1101	Action	Erweiterung nach 802.11h
1110-1111	Reserviert	Reserviert

> Ab Abschnitt 4.6 wird auf die Anwendung der verschiedenen Managementframes eingegangen.

Zur Zeit gibt es 10 verschiedene Felder mit fester Länge, über die innerhalb der Managementframes Informationen übertragen werden können. Im Folgenden werden die verschiedenen Felder und deren Funktionen beschrieben.

Authentication-Algorithm-Number-Feld

Die Authentication Alorithm Number hat eine Länge von 16 Bits und legt den verwendeten Algorithmus für die Authentifizierung fest. Hierbei sind zur Zeit zwei Werte festgelegt. Der Inhalt 0 legt als Authentifizierungsverfahren das Open-System-Verfahren fest und der Inhalt 1 das Shared-Key-Verfahren.

Authentication-Algorithm-Number-Feld

Authentication-Transaction-Sequence-Number-Feld

Über die 16 Bit lange Authentication Transaction Sequence Number wird der aktuelle Status der laufenden Authentifizierungsprozedur angegeben (siehe Abschnitt 4.6.4).

Authentication-Transaction-Sequence-Number

Beacon-Interval-Feld

Das Beacon-Interval-Feld hat eine Länge von 16 Bits und gibt die Anzahl der Time Units (TU) an, die zwischen den Target Beacon Transmission Times (TBTT) vorhanden sind (siehe Abschnitt 4.6.2).

Beacon-Interval-Feld

Capability-Information-Feld

Das Capability-Information-Feld hat eine Länge von 16 Bits, wobei die einzelnen Bits bestimmte Informationen repräsentieren, die während einer Anfrage (Request) oder für eine Bekanntgabe für unterstützte Funktionen genutzt werden. Je nach Unterstützung der Standarderweiterungen werden bis zu 12 Bits des Capability-Information-Feldes genutzt. Die einzelnen Bits repräsentieren Felder für ESS, IBSS, CF-Pollable, CF-PollRequest, Privacy, Short Preamble, PBCC, Channel Agility, Spectrum Management, Short Slot Time, Robust Security Network (RSN) und DSSS-OFDM (siehe Abb. 4–13).

Capability-Information-Feld

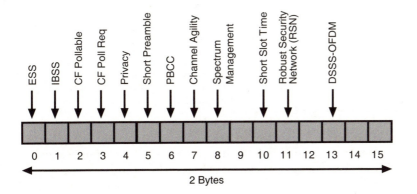

Abb. 4–13
Capability-Information-Feld

Folgende Funktionen beziehungsweise Informationen werden über die einzelnen Bits dargestellt.

ESS-Bit ◾ ESS (Bit 0): Ist dieses Bit gesetzt, so wird signalisiert, dass es sich um ein Infrastruktur-Netzwerk handelt. In diesem Fall ist das IBSS Bit auf 0 gesetzt.

IBSS-Bit ◾ IBSS (Bit 1): Als Komplementär zum ESS-Bit wird über das IBSS-Bit angezeigt, dass die Funkzelle einem IBSS (Ad-hoc-Netzwerk) entspricht. In diesem Fall ist das ESS-Bit auf 0 gesetzt.

◾ CF-Pollable (Bit 2) und CF-PollRequest (Bit 3): Diese beiden Bits werden zusammenhängend genutzt, um die unterstützten Funktionen für eine zentralisierte Verwaltung der BSS via PCF (Point Coordination Function) anzuzeigen (siehe Abschnitt 4.7). Die beiden Bits haben dabei unterschiedliche Bedeutungen, je nachdem ob das Management-Frame vom Access Point zu den Stationen (siehe Tab. 4–7) ausgesendet wurde oder von einer Station zum Access Point (siehe Tab. 4–8).

Tab. 4–7
Bedeutung der
CF-Pollable- und
CF-PollRequest-Bits via AP

CF-Pollable	CF-PollRequest	Bedeutung bei Nutzung durch den AP
0	0	Keine Point-Coordinator-Funktion durch den AP
0	1	Point-Coordinator-Funktion durch den AP, jedoch nur zur Aussendung von Daten
1	0	Vollständige Point-Coordinator-Funktion durch den AP
1	1	Reserviert

Tab. 4–8
Bedeutung der
CF-Pollable- und
CF-PollRequest-Bits durch
Stationen

CF-Pollable	CF-Poll	Bedeutung in der Anfrage einer Station
0	0	Station kann über das Pollverfahren nicht abgefragt werden
0	1	Frames der Station können über das Poll-Verfahren abgerufen werden, jedoch soll die Station nicht in die Poll-Liste des APs aufgenommen werden
1	0	Frames der Station können über das Poll-Verfahren abgefragt werden und die Station soll in die Poll-Liste des APs aufgenommen werden
1	1	Station lässt sich über das Poll-Verfahren abfragen, Requests sollen jedoch nicht abgefragt werden

Privacy-Bit ◾ Privacy (Bit 4): Dieses Bit wird von Access Points gesetzt, wenn innerhalb der BSS für alle ausgetauschten Datenframes die Nutzung von WEP zwecks Datenverschlüsselung gefordert wird.

Innerhalb einer IBSS kann das Privacy-Bit ebenfalls gesetzt werden, um WEP für die Verschlüsselung von Datenframes zu fordern.

- Short Preamble (Bit 5): Hierbei handelt es sich um ein Bit, das mit der 802.11b-Erweiterung eingeführt wurde. Ist dieses Bit gesetzt, so wird angezeigt, dass innerhalb der BSS die kurze Präambel beziehungsweise das kurze Frameformat verwendet werden darf. *Short-Preamble-Bit*

- PBCC (Bit 6): Dieses Bit wird bei der Unterstützung der 802.11b- und 802.11g-Erweiterungen genutzt, um anzuzeigen, dass als Übertragungsverfahren das optionale PBCC-Verfahren (Packet Binary Convolutional Code) innerhalb der BSS verwendet werden kann. *PBCC-Bit*

- Channel Agility (Bit 7): Dieses Bit wurde mit der 802.11b-Erweiterung eingeführt. Mit Hilfe dieses Bits kann angezeigt werden, dass die Channel Agility Option genutzt werden kann. Dabei findet in regelmäßigen Abständen ein Kanalwechsel statt, um Probleme zu vermeiden, die durch eine feste Kanalnutzung entstehen können, da beispielsweise Störquellen auf einem genutzten Kanal vorhanden sein können (siehe Abschnitt 3.3.11). *Channel-Agility-Bit*

- Spectrum Management (Bit 8): Dieses Bit ist mit der 802.11h-Erweiterung eingeführt worden. Ist dieses Bit gesetzt, wird angezeigt, dass für die Nutzung des 5-GHz-Frequenzbandes das Management für das genutzte Frequenzspektrum und die Sendeleistung via DFS (Dynamic Frequency Selection) und TPC (Transmit Power Control) unterstützt werden (siehe Abschnitt 4.6.8 und 4.6.9). *Spectrum-Management-Bit*

- Short Slot Time (Bit 10) Dieses Bit ist mit der 802.11g-Erweiterung eingeführt worden. Sollte dieses Bit gesetzt sein, so wird angezeigt, dass innerhalb der BSS die kurze Slot Time von 9 µs genutzt wird. Voraussetzung hierfür ist, dass sich innerhalb der BSS nur ERP-Stationen befinden, die die hohen Datenraten unterstützen. Der Access Point setzt dieses Bit nur, solange ausschließlich ERP-Stationen und keine NonERP-Station an ihm assoziiert sind. Sollte diese Voraussetzung nicht erfüllt sein, so wird das Bit auf 0 gesetzt und die normale Slot Time verwendet, deren Länge vom jeweiligen PHY-Typ abhängig ist. Dasselbe gilt innerhalb einer IBSS, bei der die kurze Slot Time nicht genutzt wird. *Short-Slot-Time-Bit*

- RSN (Bit 11): Dieses Bit ist mit der 802.11i-Erweiterung eingeführt worden. Ist dieses Bit gesetzt, wird angezeigt, dass die neuen Sicherheitsverfahren genutzt werden und dass es sich um ein Robust Security Network handelt (siehe Kap. 8). *RSN*

- DSSS-OFDM (Bit 13): Dieses Bit wurde mit der 802.11g-Erweiterung eingeführt. Ist dieses Bit gesetzt, so wird signalisiert, dass die Nutzung des DSSS-OFDM-Verfahrens innerhalb einer Funkzelle erlaubt ist, um Datenraten von bis zu 54 MBit/s zu erzielen. Sollte *DSSS-OFDM-Bit* dieses Verfahren genutzt werden, so wird der PHY-Header mit DSSS und der MAC-Frame mit dem OFDM-Verfahren übertragen.

Current-AP-Address-Feld

Current-AP-Address-Feld

Das Current-AP-Address-Feld hat ein Länge von 6 Bytes und gibt die Adresse des Access Points an, mit dem die Station in Verbindung steht.

Listen-Interval-Feld

Listen-Interval-Feld

Über das 16 Bit lange Listen-Interval-Feld gibt eine Station dem Access Point bekannt, in welchen Abständen die Station in den Empfangsmodus geht, um Beacon-Managementframes zu empfangen. Auf diese Weise kann ein Access Point ableiten, wie lange dieser ein Frame für eine bestimmte Station zwischenspeichern muss.

Reason-Code-Feld

Reason-Code-Feld

Das Reason-Code-Feld hat eine Länge von 16 Bits. Der Inhalt dieses Feldes gibt den Grund an, warum eine Station von einer Funkzelle getrennt oder eine Authentifizierung abgelehnt wurde. Tabelle 4–9 zeigt die verschiedenen Möglichkeiten, die über den Reason-Code angegeben werden können.

Tab. 4–9
Reason-Codes

Reason-Code	Bedeutung
0	Reserviert
1	Nicht festgelegter Grund
2	Die zuvor durchgeführte Authentifizierung ist nicht mehr gültig
3	Aufhebung der Authentifizierung, da die sendende Station die IBSS oder ESS verlassen hat oder verlassen wird
4	Trennung wegen fehlender Aktivitäten
5	Trennung, da der Access Point nicht in der Lage war, alle Stationen aufzunehmen
6	Ein Class-2-Frame wurde von einer nicht authentifizierten Station empfangen
7	Class-3-Frame wurde von einer Station empfangen, die nicht zur Funkzelle gehört
8	Trennung, da die sendende Station die BSS verlässt oder verlassen hat
9	Station, die in Verbindung treten möchte oder getreten ist, ist nicht mit der Station authentifiziert, die das Managementframe gesendet hat
10	Verbindung abgebrochen (Deassoziierung), da das Capability-Element nicht vorhanden war oder das Maximum Transmit-Power-Capability-Feld innerhalb des Capability-Elements nicht akzeptabel war (Erweiterung nach 802.11h)

Reason-Code	Bedeutung
11	Verbindung abgebrochen (Deassoziierung), da das Supported-Channel-Element nicht vorhanden war oder das Supported-Channel-Feld innerhalb des Supported-Channel-Elements nicht akzeptabel war (Erweiterung nach 802.11h)
12	Reserviert
13	Ungültiges Informationselement (Erweiterung nach 802.11i)
14	MIC-Fehler (Erweiterung nach 802.11i)
15	4-Way-Handshake-Timeout (Erweiterung nach 802.11i)
16	Group-Key-Handshake-Timeout (Erweiterung nach 802.11i)
17	Informationselement des 4-Way-Handshakes weicht vom (Re)Association-Request-, Probe-Response-, Beacon-Frame ab (Erweiterung nach 802.11i)
18	Ungültiger Group Cipher (Erweiterung nach 802.11i)
19	Ungültiger Pairwise Cipher (Erweiterung nach 802.11i)
20	Ungültige AKMP (Erweiterung nach 802.11i)
21	Nicht unterstützte Version des RSN-Informationselements (Erweiterung nach 802.11i)
22	Nicht unterstützte Anforderungen des RSN-Informationselements (Erweiterung nach 802.11i)
23	802.1X-Authentifizierungsfehler (Erweiterung nach 802.11i)
24	Cipher Suite über Sicherheitspolicy entfernt (Erweiterung nach 802.11i)
25–65535	Reserviert

Association-ID-Feld

Mit dem 16 Bit langen Association-ID-Feld wird die Association Identity (AID) angegeben. Über eine AID wird die Station spezifiziert, die mit dem Access Point in Verbindung steht. Innerhalb der AID sind die beiden höchstwertigen Bits auf 1 gesetzt, über die restlichen 14 Bits ist für die AIDs ein Bereich von 1 bis 2007 vorgesehen.

Association-ID-Feld

Status-Code-Feld

Über das 16 Bit lange Status-Code-Feld wird die erfolgreiche oder misslungene Ausführung einer Operation angezeigt. Der Inhalt 0 steht für eine erfolgreiche Ausführung der Operation und alle anderen Inhalte geben eine fehlerhafte Ausführung an. Der Fehler wird über einen festgelegten Code zurückgegeben. Tabelle 4–10 zeigt mögliche Fehlercodes und deren Bedeutung.

Status-Code-Feld

Tab. 4–10

Statusfehlercodes

Status Code	Bedeutung
0	Erfolgreich
1	Nicht spezifizierter Fehler
2–9	Reserviert
10	Es können nicht alle angeforderten Fähigkeiten oder Eigenschaften unterstützt werden, die über das Capability-Information-Feld angefordert wurden
11	Reassoziierung wurde abgelehnt, da die Assoziierung nicht vorhanden war
12	Assoziierung wurde abgelehnt, wobei der Grund nicht im Standard festgelegt ist
13	Antwortende Station unterstützt nicht die spezifizierten Authentifizierungsalgorithmen
14	Ein Authentication-Frame wurde empfangen, dessen Transaction Sequence Number außerhalb des erwarteten Bereichs lag
15	Authentifizierung wird verworfen, da der Challenge-Text Fehler aufwies
16	Authentifizierung wird verworfen, da die Wartezeit für das nächste Frame innerhalb der Authentifizierungssequenz abgelaufen ist
17	Assoziierung wurde abgelehnt, da der Access Point keine weiteren Stationen aufnehmen kann
18	Assoziierung wurde abgelehnt, da die anfragende Station nicht alle notwendigen Datenraten unterstützt, die durch den BSSBasicRate-Set-Parameter festgelegt wurden
19	Assoziierung wurde abgelehnt, da die anfragende Station nicht die kurze Präambeloption unterstützt (Erweiterung nach 802.11b)
20	Assoziierung wurde abgelehnt, da die anfragende Station nicht die PBCC-Modulation unterstützt (Erweiterung nach 802.11b)
21	Assoziierung wurde abgelehnt, da die anfragende Station nicht die Channel-Agility-Option unterstützt (Erweiterung nach 802.11b)
22	Assoziierungsanforderung wurde abgelehnt, da eine Spektrum-Management-Fähigkeit erforderlich ist (Erweiterung nach 802.11h)
23	Assoziierungsanforderung wurde abgelehnt, da die Informationen innerhalb des Power-Capability-Elements nicht akzeptabel waren (Erweiterung nach 802.11h)
24	Assoziierungsanforderung wurde abgelehnt, da die Informationen innerhalb des Supported-Channel-Elements nicht akzeptabel waren (Erweiterung nach 802.11h)
25	Assoziierung wurde abgelehnt, da die Station die Short-Slot-Time-Option nicht unterstützt (Erweiterung nach 802.11g)
26	Assoziierung wurde abgelehnt, da die Station die DSSS-OFDM-Option nicht unterstützt (Erweiterung nach 802.11g)
27–39	Reserviert

Status Code	Bedeutung
40	Ungültiges Informationselement (Erweiterung nach 802.11i)
41	Ungültiger Group Cipher (Erweiterung nach 802.11i)
42	Ungültiges Pairwise Cipher (Erweiterung nach 802.11i)
43	Ungültige AKMP (Erweiterung nach 802.11i)
44	Nicht unterstützte RSN-Informationselementversion (Erweiterung nach 802.11i)
45	Ungültige RSN-Informationselementangaben (Erweiterung nach 802.11i)
46	Cipher Suite wurde über Sicherheitspolicy entfernt (Erweiterung nach 802.11i)
47–65535	Reserviert

Timestamp-Feld

Über den Inhalt des 64 Bit langen Timestamp-Felds findet eine zeitliche Synchronisation zwischen den Stationen innerhalb einer BSS statt. Diese Synchronisation basiert auf der so genannten Timing Synchronization Function (TSF), hierzu sendet der Master über die Beacon-Frames innerhalb des Timestamp-Felds die Information der TSFTimer aus. Der TSFTimer kann 2^{64} Werte annehmen und wird in Schritten von 1 μs hochgezählt. Wird das Maximum des Wertes erreicht, so wird der Wert zurückgesetzt und mit der Zählung neu begonnen. Betrachtet man jedoch den Wertebereich von 2^{64}, so wird ein Rücksetzen erst nach einem Zeitraum von über 580.000 Jahren notwendig sein und kann deshalb als eher unwahrscheinlich betrachtet werden.

Timestamp-Feld

4.5.4   Informationselemente

Felder mit flexibler Länge, die ebenfalls für den Austausch von Managementinformationen dienen, werden als Informationselemente bezeichnet. Diese setzen sich aus der 1 Byte langen Element-ID, einem 1 Byte langen Length-Feld und einem variablen Informationsteil zusammen. Über die Element-ID erfolgt eine eindeutige Bezeichnung der Informationselemente. Das Length-Feld gibt die Länge des Informationsteils in Bytes an, dessen Aufbau und Länge in Abhängigkeit vom Informationselement variieren kann. Im 802.11-Grundstandard wurden lediglich 10 verschiedene Informationselemente definiert. Mit den Standarderweiterungen hat sich die Anzahl der Informationselemente erhöht, um die zusätzlich erforderlichen Managementfunktionen abzudecken, die für die erweiterten Funktionen notwendig sind. Die Tabelle 4–11 zeigt die verschiedenen Informationselemente, deren

Informationselemente

Element-IDs und Zuordnung zum 802.11-Standard oder den Standard-erweiterungen.

Tab. 4–11

Informationselemente

Element ID	Bezeichnung	Standard
0	SSID	802.11
1	Supported Rates	802.11
2	FH Parameter Set	802.11
3	DS Parameter Set	802.11
4	CF Parameter Set	802.11
5	TIM	802.11
6	IBSS Parameter Set	802.11
7	Country	802.11d
8	Hopping Pattern Parameters	802.11d
9	Hopping Pattern Table	802.11d
10	Request	802.11d
11–15	Reserviert	–
16	Challenge Text	802.11
17–31	Reserviert für Challenge-Text-Erweiterungen	802.11
32	Power Constraint	802.11h
33	Power Capability	802.11h
34	TPC Request	802.11h
35	TPC Report	802.11h
36	Supported Channel	802.11h
37	Channel Switch Announcement	802.11h
38	Measurement Request	802.11h
39	Measurement Report	802.11h
40	Quiet	802.11h
41	IBSS DFS	802.11h
42	ERP Information	802.11g

Im Folgenden werden die verschiedenen Varianten der Informations-elemente und deren Einsatz in Kurzform beschrieben:

SSID-
Informationselement
- Das SSID-Informationselement ist 2 bis 34 Bytes lang und ist in Element-ID, Length und SSID unterteilt. Die SSID gibt mit einer Länge von 0 bis 32 Bytes den Netzwerknamen des gesamten Funk-netzwerkes bekannt. Die Länge 0 entspricht einer Broadcast-SSID, in dem Fall wird das SSID-Feld nicht übertragen und keine genaue Spezifizierung eines Netzwerknamens vorgenommen.

■ Die unterstützten Übertragungsraten werden über das Supported-Rates-Informationselement bekannt gegeben, das eine Länge von 3 bis 10 Bytes hat. Dieses Informationselement setzt sich aus der 1 Byte langen Element-ID, dem 1 Byte langen Length-Feld und einem Informationsblock mit einer Länge von 1 bis 8 Byte zusammen. Die unterstützten Datenraten werden jeweils für sich separat in einem Byte angegeben, womit insgesamt bis zu 8 unterstützte Datenraten spezifiziert werden können. Die Datenraten selbst werden in Einheiten von 500 kBit/s dargestellt. Hierbei wird zwischen Datenraten unterschieden, die von allen Stationen innerhalb einer BSS unterstützt werden müssen und denen, die optional sind. Diese Differenzierung wird über das höchstwertige Bit (MSB) angezeigt. Ist dieses Bit auf 1 gesetzt, so muss die angegebene Datenrate unterstützt werden (BSSBasicRateSet), ist dagegen das höchstwertige Bit auf 0 gesetzt, so ist die Unterstützung der angegebenen Datenrate optional (NonBSSBasicRateSet). Die optionale Datenrate von 2 MBit/s wird zum Beispiel mit dem Inhalt 0x04 spezifiziert und die 2 MBit/s, die unterstützt werden müssen, mit 0x82.

Supported-Rates-Informationselement

■ Das FH-Parameter-Set-Informationselement beinhaltet 5 Bytes und ist in Element-ID, Length, Dwell Time, Hop Set, Hop Pattern und Hop Index aufgeteilt. Über die Dwell Time wird angegeben, wie lange ein Kanal bis zum nächsten Kanalwechsel belegt wird. Das Hop Set gibt an, welches der drei Hopping Sets verwendet wird. Über Hop Pattern wird angegeben, welches Hopping-Muster aus dem Hopping Set verwendet wird (siehe Abschnitt 3.2). Mit dem Hop Index wird der derzeit verwendete Kanal-Index angegeben.

FH-Parameter-Set-Informationselement

■ Das DS-Parameter-Set-Informationselement hat eine Länge von 3 Bytes und ist in Element-ID, Length und Current Channel unterteilt. Über Current Channel wird der Kanal angegeben, auf dem die entsprechende Zelle arbeitet.

DS-Parameter-Set-Informationselement

■ Das CF-Parameter-Set-Informationselement beinhaltet 8 Bytes, die in Element-ID, Length, CFP Count, CFP Period, CFP MaxDuration und CFP DurRemaining aufgeteilt sind. Mit CFP Count wird die Zeit bis zur nächsten CFP angegeben. Mit CFP Period wird die Dauer der CFP-Intervalle angegeben. CFP MaxDuration gibt die maximale Dauer der CFP an; diese Angabe wird bei den Stationen für das Setzen des NAV-Wertes verwendet.

CF-Parameter-Set-Informationselement

■ Das TIM-Informationselement (Traffic Indication Message) hat eine Länge von 6 bis 256 Bytes und beinhaltet die Element-ID, Length, DTIM Count, DTIM Period, Bitmap Control und das Partial Virtual Bitmap. Über die TIM kann ein Access Point angeben, für welche Station er Frames innerhalb des Power-Save-Modus

TIM-Informationselement

zwischengespeichert hat. Der 1 Byte lange DTIM Count gibt an, wie viele Beacon-Frames noch (einschließlich des gesendeten) bis zum nächsten DTIM erfolgen. Über die 1 Byte lange DTIM Period wird angegeben, nach wie vielen Beacon-Intervallen eine DTIM eintritt. Das 1 Byte lange Bitmap-Control-Feld zeigt an, ob Multicast- oder Broadcast-Frames am Access Point zwischengespeichert sind. Über die Partial Virtual Bitmap wird angezeigt, für welche Stationen am Access Point Frames zwischengespeichert sind, die abgerufen werden können.

IBSS-Parameter-
Informationselement

Die IBSS-Parameter haben eine Länge von 4 Bytes und beinhalten Informationen zur Element-ID, Length und zum ATIM Window. Das ATIM Window wird für das Power-Management innerhalb eines Ad-hoc-Netzwerkes verwendet und gibt die Zeitspanne an, in der alle Stationen im aktiven Modus sein müssen, um Managementframes empfangen zu können.

Country-
Informationselement

Das Country-Informationslement hat eine minimale Länge von 8 Bytes und beinhaltet ein 1 Byte langes Element-ID-Feld, ein 1 Byte langes Length-Feld, ein 3 Byte langes Country-Code-Feld, ein 1 Byte langes Starting-Channel-Feld, ein 1 Byte langes Number-of-Channel-Feld und ein 1 Byte langes Max-Tx-Power-Feld. Das Country-Informationselement wurde mit der 802.11d-Erweiterung eingeführt und dient der Festlegung beziehungsweise Bekanntgabe der länderspezifischen Einstellungen, der zu verwendenden Kanäle und Sendeleistung (siehe Abschnitt 4.8). Die WLAN-Clients können sich anhand dieser Informationen automatisch auf die Vorgaben des Access Points einstellen.

Hopping-Pattern-
Parameters-
Informationselement

Das Hopping-Pattern-Parameters-Informationselement wurde ebenfalls mit der 802.11d-Erweiterung eingeführt und hat eine Länge von 4 Bytes. Dieses Informationselement beinhaltet die jeweils 1 Byte langen Felder Element-ID, Length, Prime Radix und Number of Channels. Über das Hopping-Pattern-Parameters-Informationselement kann der Access Point mit der Hilfe eines Hyperbolic Congruence Codes (HCC) oder Extended HCCs (EHCC) eine Hopping-Sequenz festlegen (nur Bedeutung in einer FHSS-Umgebung).

Hopping-Pattern-Table-
Informationselement

Das Hopping-Pattern-Table-Informationselement hat eine variable Länge und ermöglicht die Angabe einer Hopping-Sequenz. Dieses Informationselement wurde mit der 802.11d-Erweiterung eingeführt, wird jedoch heute eher selten verwendet, da dieses Informationselement nur in einer FHSS-Umgebung Anwendung findet.

Request-
Informationselement

Über das Request-Informationselement kann eine Station ihre gewünschten Informationen anfordern. Hierzu werden im Request-Informationselement alle IDs der Informationselemente

aufgelistet, die den jeweils gewünschten Informationsinhalt repräsentieren. Das Request-Informationselement wurde mit der
802.11d-Erweiterung eingeführt und kann von den Stationen in
einem Probe-Request-Frame ausgesendet werden, um beispielsweise einen Access Point aufzufordern, bestimmte Informationen
zu liefern. Das Request-Informationselement hat eine variable
Länge und beinhaltet die jeweils 1 Byte langen Felder Element-ID,
Length und Requested Element. Die Anzahl der Requested-Ele-
ment-Felder richtet sich nach der Anzahl der abgefragten Informationen.

- Das Challenge-Text-Informationselement hat eine Länge von 3 bis   *Challenge-Text-*
255 Bytes und dient während des Authentifizierungsprozesses für   *Informationselement*
den Vergleich des gemeinsamen geheimen Schlüssels (siehe
Abschnitt 4.6.4). Dieses Informationselement ist in ein 1 Byte langes Element-ID-Feld, ein 1 Byte langes Length-Feld und ein 1 bis
253 Byte langes Challenge-Text-Feld aufgeteilt. Die Länge des
Challenge-Text-Feldes richtet sich nach dem verwendeten Authentifizierungsalgorithmus.

- Das   Power-Constraint-Informationselement   wurde   mit   der   *Power-Constraint-*
802.11h-Erweiterung   eingeführt.   Dieses   Informationselement   *Informationselement*
beinhaltet   das   1 Byte   lange   Element-ID-Feld,   das   1 Byte   lange
Length-Feld   und   das   1 Byte   lange   Local-Power-Constraint-Feld.
Dieses Informationselement spezifiziert für einen Kanal die Leistung in dB, um die die Sendeleistung gegebenenfalls via TPC reduziert werden muss.

- Über das Power-Capability-Informationselement wird die mini-   *Power-Capability-*
male und maximale Sendeleistung angegeben, mit der eine Station   *Informationselement*
auf dem jeweiligen Kanal arbeiten darf. Dieses Informationsele-
ment hat eine Länge von 4 Bytes und beinhaltet die jeweils 1 Byte
langen Felder Element ID, Length, Minimum Transmit Power
Capability und Maximum Transmit Power Capability. Mit dem
Minimum-Transmit-Power-Capability-Feld wird die minimale Sendeleistung in dBm angegeben. Über das Maximum-Transmit-
Power-Capability-Feld wird hingegen die maximal zulässige Sendeleistung in dBm angegeben. Für beide Angaben gilt eine zulässige
Toleranz von +/-5 dB.

- Über das 2 Byte lange TPC-Request-Informationselement kann   *TPC-Request-*
eine Information über die aktuelle Sendeleistung und den mögli-   *Informationselement*
chen Spielraum in der notwendigen Sendeleistung angefordert wer-
den. Diese Anforderung wird mit einem TPC-Report-Informationselement beantwortet. Das TPC-Request-Informationselement
besteht nur aus dem Element-ID-Feld und dem Length-Feld.

TPC-Report-
Informationselement

■ Das TPC-Report-Informationselement beinhaltet die Felder Element ID, Length, Transmit Power und Link Margin, die jeweils eine Länge von 1 Byte haben. Der Inhalt des Transmit-Power-Feldes beinhaltet die Sendeleistung in dBm, mit der das Frame, das das TPC-Report-Informationselement beinhaltet hat, übertragen wurde. Für diese Angabe gilt ebenfalls eine Toleranz von +/-5 dB. Das Link-Margin-Feld beinhaltet einen geschätzten Wert für den akzeptablen Spielraum in der Sendeleistung in dB. Diese Angabe wird während des Frameempfangs des TPC-Request-Informationselementes über die Signalstärke abgeleitet und berücksichtigt die verwendete Datenrate.

Supported-Channel-
Informationselement

■ Über das Supported-Channel-Informationselement werden die unterstützten Kanäle angezeigt. Dieses Informationselement setzt sich aus dem 1 Byte langen Element-ID-Feld, dem 1 Byte langen Length-Feld und dem 26 Byte langen Supported-Channel-Feld zusammen. Innerhalb des Supported-Channel-Felds gibt Bit 0 den Kanal 1 an und Bit 199 den Kanal 200. Jeder unterstützte Kanal wird durch das gesetzte Bit angezeigt. Die Bits 201 bis 207 sind auf 0 gesetzt und für zukünftige Erweiterungen vorgesehen.

Channel-Switch-
Announcement-
Informationselement

■ Mit dem Channel-Switch-Announcement-Informationselement kann ein Access Point innerhalb seiner BSS oder eine Station in einem IBSS einen bevorstehenden Kanalwechsel der DFS-Funktion bekannt geben. Dieses Informationselement beinhaltet 5 Felder, Element ID, Length, Channel Switch Mode, New Channel Number und Channel Switch Count, die jeweils eine Länge von einem Byte haben. Mit dem Channel-Switch-Mode-Feld werden Anforderungen für die Datenaussendung bis zum Zeitpunkt des Kanalwechsels angezeigt. Ist der Inhalt auf 1 gesetzt, so dürfen von den Stationen bis zum Kanalwechsel keine weiteren Frames mehr ausgesendet werden. Über das New-Channel-Feld wird der neue Kanal angeben, in dem der anstehende Wechsel erfolgen soll. Mit dem Inhalt des Channel-Switch-Count-Feldes werden die Anzahl der TBTTs (Target Beacon Transmission Time) angegeben, bis der Wechsel erfolgen soll (siehe Abschnitt 4.6.9). Diese Angabe entspricht der Anzahl von definierten Zeitintervallen und somit einer bestimmten Zeitspanne. Der Inhalt 1 kennzeichnet den direkten Kanalwechsel, bevor der nächste TBTT erreicht wird. Ist der Inhalt auf 0 gesetzt, so wird ein Kanalwechsel angezeigt, der unmittelbar erfolgt, sobald das Frame ausgesendet wurde, in dem das Channel-Switch-Announcement-Informationselement enthalten ist.

■ Über das Measurement-Request-Informationselement kann eine Station aufgefordert werden, für eine bestimmte Dauer eine Messung der am Empfänger anstehenden Signalstärke durchzuführen. Dieses Informationselement wird mit der 802.11h-Erweiterung eingeführt und beinhaltet 6 Felder. Hierbei handelt es sich um das 1 Byte lange Element-ID-Feld, das 1 Byte lange Length-Feld, das 1 Byte lange Measurement-Token-Feld, das 2 Byte lange Measurement-Mode-Feld, das 1 Byte lange Measurement-Type-Feld und das Measurement-Request-Feld, das eine variable Länge haben kann. In Abhängigkeit von dem Measurement-Request-Felds entspricht die minimale Länge des Informationsteils 4 Bytes, wobei bei 4 Bytes das Measurement-Request-Feld nicht übertragen wird. Der Inhalt des Measurement-Token-Feldes gibt für das Informationselement eine eindeutige Nummer zwischen 1 und 255 an, über die das Informationselement innerhalb eines Measurement-Request-Frames und der darauf folgenden Antwort eindeutig identifiziert werden kann. Über den Inhalt des Measurement-Mode-Feldes wird angegeben, wann die Messung erfolgen soll. Der Inhalt 0 legt fest, dass die Messung unmittelbar beginnen soll, nachdem die letzte Messung abgeschlossen ist. Der Inhalt 1 gibt an, dass die Messung zur selben Zeit beginnen soll wie die letzte Messung. Mit dem Inhalt des Measurement-ID-Feldes wird das Format des darauf folgenden Measurement-Request-Feldes angegeben. Der Inhalt 0 entspricht dem Standardformat, 1 einem CCA-Format, 2 einem RPI-Format (Received Power Indicator), 3 bis 254 ist für zukünftige Implementierungen reserviert und 255 ermöglicht das Ein- oder Ausschalten der Messanforderungen auf einer anderen Station. Als Standardformat beinhaltet das Measurement-Request-Feld die Kanalnummer, in der die Messung durchgeführt werden soll, und eine Angabe für die Dauer der beauftragten Messung. Die Angabe der Messdauer erfolgt in TU-Einheiten (Time Unit), die jeweils einer Zeitspanne von 1024 µs entsprechen.

Measurement-Request-Informationselement

■ Als Antwort auf ein Measurement-Request-Informationselement folgt ein Measurement-Report-Informationselement, das das Ergebnis der Messung beinhaltet. Dieses Informationselement besteht aus dem 1 Byte langen Element-ID-Feld, das 1 Byte lange Length-Feld, 1 Byte lange Measurement-Token-Feld, das 2 Byte lange Measurement-Mode-Feld, das 1 Byte Measurement-Type-Feld und das 1 Byte lange Measurement-Report-Feld, das eine variable Länge haben kann. Über den Inhalt des Measurement-Token-Feldes erfolgt eine eindeutige Zuordnung zum Measurement-Request-Informationselement, über das die Anfrage erfolgt ist. Das Mea-

Measurement-Request-Informationselement

surement-Mode-Feld gibt an, wann die Messung durchgeführt wurde. Mit dem Inhalt des Measurement-Type-Feldes wird das Format des darauf folgenden Measurement-Report-Feldes angegeben, wobei dieselbe Zuordnung gilt wie beim Measurement-Request-Informationselement. Das Standardformat des Measurement-Report-Feldes hat eine Länge von 3 Bytes. Es beinhaltet ein 1 Byte langes Channel-Number-Feld, das die jeweilige Kanalnummer angibt, das 1 Byte lange Measurement-Duration-Feld, das die Messdauer in TU-Einheiten angibt, und ein 1 Byte langes Map-Feld, das in einzelne Bits aufgeteilt ist, die bestimmte Flags repräsentieren. Hierbei handelt es sich um die Bits BSS, OFDM Preamble, Unknown, Primary User, Unmeasured und 3 reservierte Bits. Mit dem BSS-Bit wird angezeigt, dass während des Messzeitraums mindestens eine gültige MPDU empfangen wurde. Über das OFDM-Preamble-Bit wird angezeigt, dass während des Messzeitraums mindestens eine OFDM-Präambel empfangen wurde, in der jedoch kein gültiges Signal-Feld vorhanden war. Dies würde beispielsweise auf ein vorhandenes HIPERLAN/2 hinweisen. Das Unknown-Bit zeigt an, dass eine fremde OFDM-Präambel oder MPDU erkannt wurde, die keinem bestimmten Anwender zugeordnet werden konnte. Mit dem Primary-User-Bit wird angezeigt, dass ein bestimmter Anwender erkannt wurde. Über das Unmeasured-Bit wird angezeigt, dass auf dem Kanal keine Messung stattgefunden hat.

Quiet-Informationselement

Mit dem Quiet-Informationselement kann ein Zeitraum spezifiziert werden, in dem auf dem Kanal keine Datenaussendung erfolgen soll. Dieses Informationselement beinhaltet 6 Felder und hat eine Länge von 8 Bytes. Hierbei handelt es sich um die 1 Byte lange Element ID, das 1 Byte lange Length-Feld, das 1 Byte lange Quiet-Count-Feld, das 1 Byte Quiet-Period-Feld, das 2 Byte lange Quiet-Duration-Feld und das 1 Byte lange Quiet-Offset-Feld. Mit dem Quiet-Count-Feld wird die Anzahl der TBTTs bis zum nächsten Beacon-Intervall angegeben, in dem die datenaussendungsfreie Zeit beginnen soll. Über das Quiet-Period-Feld wird die Anzahl der Beacon-Intervalle angegeben, die bis zum Beginn der aussendungsfreien Zeit verstreichen sollen. Die Angabe des Quiet-Duration-Felds gibt die Dauer der datenaussendungsfreien Zeit in TU-Einheiten an. Mit dem Inhalt des Quiet-Offset-Feldes wird eine zusätzliche Verzögerungszeit in TU-Einheiten angegeben, die über das Quiet-Count-Feld spezifiziert wurde.

■ Das IBSS-DFS-Informationselement beinhaltet Informationen für die DFS-Funktion, die innerhalb einer IBSS benötigt werden. Dieses Informationselement hat eine variable Länge. Der Grundaufbau besteht aus einem 1 Byte langen Element-ID-Feld, einem 1 Byte langen Length-Feld, einem 6 Byte langen DFS-Owner-Feld, dem 1 Byte langen DFS-Recovery-Interval-Feld und dem 2 Byte langen Channel-Map-Feld. Mit dem DFS-Owner-Feld wird die MAC-Adresse der Station angegeben, die den nächsten Kanal benennt, der nach dem Erkennen eines primären Nutzers verwendet werden soll. Über das DFS-Recovery-Interval-Feld wird der Zeitraum angegeben, in der die IBSS wiederhergestellt werden soll. Das Channel-Map-Feld hat denselben Aufbau wie das Map-Feld innerhalb des Measurement-Report-Informationselementes. Dieses Feld wird für jeden unterstützten Kanal wiederholt übertragen, um die Eigenschaften der jeweiligen Kanäle zu spezifizieren.

IBSS-DFS-Informationselement

■ Über das ERP-Informationselement wird angezeigt, dass sich innerhalb der BSS NonERP-Stationen befinden, die im 2,4-GHz-Frequenzband die höheren Datenraten von 6 bis 54 MBit/s nicht unterstützen, ob der Protection-Mechanismus und ob die Short Preamble verwendet werden. Dieses Informationselement wurde mit der 802.11g-Erweiterung eingeführt und setzt sich aus der 1 Byte langen Element-ID, dem 1 Byte langen Length-Feld und einem 8 Bit langen Informationsteil zusammen. Der Informationsteil ist in Bit b0, b1, b2, r3, r4, r5, r6 und r7 aufgeteilt. Hierbei sind die r3 bis r7 Bits für zukünftige Erweiterungen vorgesehen und auf 0 gesetzt. Bit b0 (Non-ERP-Present-Feld) zeigt über den Inhalt 0 an, dass sich keine NonERP-Stationen innerhalb der BSS befinden, oder mit 1, dass sich NonERP-Stationen innerhalb der BSS befinden. Über das Bit b1 (Use-Protection-Feld) wird angezeigt, ob ERP-Stationen für die Datenübertragung via OFDM den Protection-Mechanismus verwenden sollen (b1 = 1), um eine friedliche Koexistenz zu den NonERP-Stationen zu gewährleisten. Mit Bit b2 (Barker-Preamble-Mode-Feld) wird angezeigt, dass die Short Preamble (b2 = 0) genutzt wird. Bit b2 wird auf 1 gesetzt, sobald sich in einer Funkzelle eine NonERP-Station befindet, die keine Short Preamble unterstützen kann.

ERP-Informationselement

■ Das Extended-Supported-Rates-Informationselement wurde mit der 802.11g-Erweiterung eingeführt. Dieses Informationselement ist als Erweiterung des bereits beschriebenen Supported-Rates-Informationselement zu betrachten, das ausschließlich 8 verschiedene Datenraten anzeigen konnte. Mit dem Extended-Supported-Rates-Informationselement können zusätzlich 1 bis 255 verschie-

Extended-Supported-Rates-Informationselement

dene Datenraten angezeigt werden. Hierbei gelten dieselben Codierungen wie beim Supported-Rates-Informationselement.

RSN-Informationselement   ■ Das RSN-Informationselement ist Bestandteil der 802.11i-Erweite-
rung und wird in Abschnitt 8.5.7 beschrieben.

4.5.5   Managementframetypen

Managementframetypen   Die zuvor dargestellten Felder mit fester Länge und die Informationselemente werden im Datenteil der Managementframes übertragen,
wobei diese in Abhängigkeit vom Managementframetyp in unterschiedlichen Kombinationen auftreten können. Der 802.11-Standard
und dessen Erweiterungen sehen eine Vielzahl von Managementframes
vor, die für den Verbindungsaufbau und das Management zwischen
korrespondierenden Stationen unterschiedliche Funktionen bereitstellen. In den folgenden Abschnitten werden die Managementframes,
ihre Informationsinhalte und Funktionen dargestellt. Die genannten
Informationen werden innerhalb der Managementframes in der Reihenfolge der Auflistung übertragen, wobei die Übertragung einiger Informationen von den unterstützten Standarderweiterungen abhängig ist.

Association-Request-Frame

Association-Request-   Mit Hilfe des Association-Request-Frames gibt eine Station bekannt,
Frame   dass sie sich mit einem Access Point assoziieren möchte. Innerhalb dieses Managementframes werden der Reihe nach die Informationen
Capability Information, Listen Interval, SSID, Supported Rates,
Extended Supported Rates, Power Capability, Supported Channels
und RSN angegeben. Für die Entscheidung, ob eine Station assoziiert
wird oder nicht, vergleicht der Access Point die angegebenen Informationen. Stimmen die Anforderungen mit den Informationen überein, so
wird der Access Point die Anfrage über ein Association-Response-
Frame positiv beantworten. Andernfalls erfolgt eine negative Rück-
meldung über ein Disassociation-Frame.

Association-Response-Frame

Association-Response-   Mit dem Association-Response-Frame bestätigt ein Access Point die
Frame   Anfrage für die Assoziierung. In dieser Bestätigung sind die Informationen Capability Information, Status Code, Association ID (AID),
Supported Rates, Extended Supported Rates, Power Capability, Supported Channels und RSN enthalten. Über die AID wird der assoziierten Station dabei eine eindeutige ID zugeteilt.

Reassociation-Request-Frame

Das Reassociation-Request-Frame dient einer Station, um sich bei einem Access Point zu reassoziieren. Die Reassoziierung ist notwendig, wenn sich eine Station aus der Reichweite eines Access Points entfernt hat und wieder in die Reichweite des Access Points zurückkehrt. Ebenfalls ist eine Reassoziierung dann notwendig, wenn eine Station eine andere Funkzelle (BSS) betritt, die zum selben Netzwerk (ESS) gehört, und auf das Distribution System zugreifen möchte. Innerhalb dieses Managementframes werden die Informationen Cability Information, Listen Interval, Current AP Address, SSID, Supported Rates, Extended Supported Rates, Power Capability, Supported Channel und RSN übertragen.

Reassociation-Request-Frame

Reassociation-Response-Frame

Mit dem Reassociation-Response-Frame wird einer Station die beantragte Reassoziierung bestätigt. Innerhalb des Datenteils werden die Informationen Capability Information, Status Code, Association ID (AID), Supported Rates, Extended Supported Rates, Power Capability, Supported Channel und RSN übertragen. Hierbei wird der reassoziierten Station über die AID eine eindeutige ID zugeteilt.

Reassociation-Response-Frame

Probe-Request-Frame

Durch das Aussenden eines Probe-Request-Frames kann eine Station andere Stationen oder Access Points auffinden. Der Datenteil des Probe-Request-Frames enthält die Informationen SSID und Supported Rates. Über den Empfang dieser Informationen kann die Station oder der Access Point entscheiden, ob die suchende Station innerhalb der Funkzelle aufgenommen werden kann. Dazu müssen die unterstützten Datenraten übereinstimmen, wobei zwischen den Datenraten unterschieden wird, die unterstützt werden müssen und denen, die optional unterstützt werden können. Über die Angabe der SSID kann entweder nach einem bestimmten Netzwerk gesucht werden oder über die SSID-Information wird eine Broadcast-SSID angegeben.

Probe-Request-Frame

Probe-Response-Frame

Ein Probe-Request-Frame wird durch ein Probe-Response-Frame positiv beantwortet, falls die Anforderungen des Probe-Request-Frames mit den vorhandenen Parametern übereinstimmen. Innerhalb des Datenteils des Probe-Response-Frames werden die Informationen Timestamp, Beacon Interval, Capability Information, SSID, Supported Rates, FH Parameter Set, DS Parameter Set, CF Parameter Set, IBSS

Probe-Response-Frame

Parameter Set, Country, Power Constraint, Channel Switch
Announcement, Quiet, IBSS DFS, TPC Report, ERP Information,
Extended Supported Rates und RSN bekannt gegebenen. Unter
Umständen werden nicht alle Informationen übertragen; es ist zum
Beispiel vom PHY-Typ abhängig, welche Informationen übertragen
werden. Über die angegebenen Informationen erhält die anfragende
Station alle wichtigen Parameter für die Aufnahme in die Funkzelle
beziehungsweise das Netzwerk. Die bekannt gegebenen Informationen
entsprechen denen der Beacon-Frames. Innerhalb eines Infrastruktur-
Netzwerkes ist der nächste Access Point für die Aussendung des Probe-
Response-Frames zuständig und innerhalb der IBSS die Station, die als
Letztes ein Beacon-Frame ausgesendet hat.

Beacon-Frame

Beacon-Frame Durch das regelmäßige Aussenden von Beacon-Frames wird ein vorhandenes WLAN bekannt gegeben und den Stationen die Möglichkeit
geboten, ein vorhandenes WLAN aufzufinden. Die Beacon-Frames wer-
den innerhalb eines Infrastruktur-Netzwerkes von den Access Points
ausgesendet oder innerhalb einer IBSS von einer ausgewählten Station.
Innerhalb der Beacon-Frames werden die Informationen Timestamp,
Beacon Interval, Capability Information, SSID, Supported Rates, FH
Parameter Set, DS Parameter Set, CF Parameter Set, IBSS Parameter Set,
TIM, Country, Power Constraint, Channel Switch Announcement,
Quiet, IBSS DFS, TPC Report, ERP Information, Extended Supported
Rates und RSN angegeben. Wie bei den Probe-Response-Frames wer-
den in den Beacon-Frames unter Umständen nicht alle Informationen
übertragen. Über die ausgesendeten Informationen erhalten die Statio-
nen alle wichtigen Parameter, die für die Aufnahme in die Funkzelle
beziehungsweise des Netzwerkes notwendig sind.

ATIM-Frame

ATIM-Frame Ein ATIM-Frame wird von einer Station innerhalb einer IBSS ausgesendet, um einer anderen Station, die sich im Power-Save-Modus
befunden hat, anzuzeigen, dass sie für diese während der Stromsparphase ein Frame zwischengespeichert hat. Innerhalb des Datenteils des
ATIM-Frames sind keine Felder oder Informationselemente enthalten.

Disassociation-Frame

Disassociation-Frame Mit einem Disassociation-Frame kann der Versuch einer Assoziierung
beendet werden. In diesem Fall wird über den Reason Code der Grund
für die Ablehnung angegeben.

Authentication-Frame

Das Authentication-Frame dient dem Informationsaustausch während eines Authentifizierungsprozesses. Hierbei werden je nach Authentifizierungsalgorithmus mehrere Authentication-Frames ausgetauscht. Innerhalb der Authentication-Frames werden die Informationen Authentication Algorithm Number, Authentication Transaction Sequence Number, Status Code und Challenge Text ausgetauscht.

Authentication-Frame

Deauthentication-Frame

Über das Deauthentication-Frame kann der Versuch einer Authentifizierung beendet werden. Hierbei wird über die Information des Reason Codes der Grund für die Ablehnung angegeben.

Deauthentication-Frame

Action-Frame

Mit dem Action-Frame können verschiedene Funktionen für das Spektrum-Management im 5-GHz-Frequenzband via TPC und DFS durchgeführt werden. Dafür kann das Action-Frame in verschiedenen Varianten auftreten. Generell wird zwischen 5 Arten unterschieden, woraus sich 5 verschiedene Action-Frames ergeben. Der grundsätzliche Aufbau des Action-Frames besteht aus 3 Feldern, dem Category-Feld, dem Action-Feld und dem Dialog-Token-Feld. Alle drei haben eine Länge von 1 Byte. Durch den Inhalt 1 des Category-Feldes wird angegeben, dass das Action-Frame für das Spektrum-Management verwendet wird. Die Variante und Funktion des Action-Frames wird über das darauf folgende Action-Feld deklariert (siehe Tab. 4–12).

Action-Frame

Inhalt des Action-Feldes	Bedeutung
0	Measurement Request
1	Measurement Report
2	TPC Request
3	TPC Report
4	Channel Switch Announcement
5 – 255	Reserviert

Tab. 4–12

Action-Frame-Typen

Über das Dialog-Token-Feld erfolgt eine Zuordnung zwischen Anfrage (Request) und darauf folgender Antwort (Response). Hierfür beinhaltet das Dialog-Token-Feld einen Wert zwischen 1 und 255. Nachfolgend werden die 5 verschiedenen Varianten des Action-Frames beschrieben:

Measurement-Request-Frame

■ Über das Measurement-Request-Frame kann eine Station eine andere Station auffordern, auf einem oder mehreren Kanälen eine Messung durchzuführen. Dieses Action-Frame beinhaltet 3 zusätzliche Informationen, die über das Activation-Delay-Feld, das Measurement-Offset-Feld und das Measurement-Request-Informationselement angegeben werden. Das Activation-Delay-Feld hat eine Länge von 1 Byte. Der Inhalt dieses Feldes gibt eine Verzögerung in TBTT-Einheiten an, nach dem die zeitliche Angabe des darauf folgenden Measurement-Offset-Feldes beginnen soll. Der Inhalt 0 gibt an, dass keine Verzögerung erfolgen soll und der Inhalt 1 gibt eine Verzögerung bis zur nächsten TBTT an. Das Measurement-Offset-Feld hat ebenfalls eine Länge von 1 Byte und gibt eine Verzögerung in TUs an, nach der die Messung beginnen soll, die über das Measurement-Request-Informationselement spezifiziert wird.

Measurement-Report-Frame

■ Das Measurement-Report-Frame entspricht der Antwort auf die Messanforderung durch das Measurement-Request-Frame oder einer autonomen Aussendung von Messinformationen, die von einer Station selbstständig ohne Anforderung ausgesendet werden. Dieses Action-Frame beinhaltet zwei weitere Informationen, die über das Status-Feld und das Measurement-Request-Element oder Measurement-Report-Element übertragen werden. Das Status-Feld hat eine Länge von 1 Byte und gibt den Status der abgeschlossenen Messung zurück. Der Inhalt 0 gibt an, dass ein oder mehrere Messergebnisse über Measurement-Report-Elemente innerhalb dieses Action-Frames geliefert werden, die über ein oder mehrere Measurement-Request-Elemente angefordert wurden. Über den Inhalt 1 wird angegeben, dass ein oder mehrere Measurement-Request-Elemente folgen, die autonom, also ohne spezielle Anforderung, generiert wurden. Mit dem Inhalt 2 wird angegeben, dass eine oder mehrere Anfragen erfolgt sind, die nicht beantwortet werden konnten. Die eigentliche Information wird über ein oder mehrere Measurement-Report-Elemente (Status 0 oder 1) oder Measurement-Request-Elemente (Status 2) übertragen.

TPC-Request-Frame

■ Mit dem TPC-Request-Frame kann eine Station aufgefordert werden, Informationen über die Sendeleistung und den möglichen Spielraum in der Sendeleistung anzugeben. Dieses Action-Frame beinhaltet eine weitere Information, die über das bereits beschriebene TPC-Request- Informationselement erfolgt.

TPC-Report-Frame

■ Das TPC-Report-Frame stellt die Antwort auf das TPC-Request-Frame dar. Die Information über die Sendeleistung und den möglichen Spielraum in der Sendeleistung wird über das TPC-Report-Informationselement angegeben.

▪ Über das Channel-Switch-Announcement-Frame kann eine Station oder ein Access Point einen Kanalwechsel ankündigen, der im Rahmen der DFS-Funktion durchgeführt wird. Die notwendigen Angaben für den Kanalwechsel erfolgen über das bereits dargestellte Channel-Switch-Announcement-Informationselement.

Channel-Switch-Announcement-Frame

4.5.6   Frameklassen

Welche Frametypen innerhalb einer Funkzelle übertragen werden dürfen, hängt von dem Zustand ab, ob eine Station innerhalb einer Funkzelle authentifiziert und assoziiert ist. Je nach Status der Authentifizierung und Assoziation wird hierbei zwischen 3 Zuständen unterschieden:

Frameklassen

▪ Zustand 1: Die Station ist nicht authentifiziert und nicht assoziiert.
▪ Zustand 2: Die Station ist authentifiziert, jedoch nicht assoziiert.
▪ Zustand 3: Die Station ist authentifiziert und assoziiert.

Die verschiedenen Frametypen sind wiederum in 3 Klassen unterteilt. Klasse 1 entspricht einer Frameklasse, die in allen Zuständen übertragen werden darf. Über Frames dieser Klasse werden die grundsätzlichen Funktionen ausgeführt. Dazu gehört beispielsweise das Auffinden der Funkzellen. Klasse 2 beinhaltet alle Frames, die von Stationen übertragen werden können, die bereits authentifiziert wurden; dies entspricht Zustand 2 und 3. Frames der Klasse 2 werden von den Stationen benötigt, um den Zustand 3 zu erzielen. Die Klasse 3 umfasst alle Frames, die von einer Station übertragen werden dürfen, die sich beim Access Point erfolgreich authentifiziert und assoziiert haben. Letzteres entspricht ausschließlich dem Zustand 3. Tabelle 4–13 zeigt die verschiedenen Frameklassen und die darin enthaltenen Frametypen.

Frameklasse	Frametype	Frame
Klasse 1	Kontrollframe	RTS-Frame
Klasse 1	Kontrollframe	CTS-Frame
Klasse 1	Kontrollframe	ACK-Frame
Klasse 1	Kontrollframe	CF-End+ACK-Frame
Klasse 1	Kontrollframe	CF-End-Frame
Klasse 1	Managementframe	Probe-Request-/Response-Frame
Klasse 1	Managementframe	Beacon-Frame
Klasse 1	Managementframe	Authentication-Frame
Klasse 1	Managementframe	Deauthentication-Frame

Tab. 4–13
Zuordnung der Frameklassen

Frameklasse	Frametype	Frame
Klasse 1	Managementframe	ATIM-Frame
Klasse 1	Managementframe	Action-Frame
Klasse 1	Datenframes	Datenframes, in denen das ToDS und FromDS Bit falsch gesetzt sind
Klasse 2	Managementframe	Association-Request-/Response-Frame
Klasse 2	Managementframe	Reassociation-Request-/Response-Frame
Klasse 2	Managementframe	Diassociation-Frame
Klasse 3	Datenframes	Datenframes, in denen das ToDS und FromDS Bit richtig gesetzt sind
Klasse 3	Managementframe	Deauthentication-Frame
Klasse 3	Kontrollframe	PS-Poll-Frame

4.6   Managementfunktionen

Managementfunktionen   Da bei einem WLAN gegenüber einem leitungsgebundenen Netzwerk abweichende Gegebenheiten vorliegen, sind im 802.11-Standard verschiedene Managementfunktionen definiert. Hierunter fallen beispielsweise die Managementfunktionen, die der Zuordnung einer Station zu einer Funkzelle dienen. Für die Zuordnung innerhalb einer Funkzelle durchlaufen die Stationen bestimmte Managementprozesse, die von der Netzwerkform abhängig sind und im Infrastruktur-Netzwerk oder Ad-hoc-Netzwerk unterschiedlich durchlaufen werden. Des Weiteren gibt es bei einem WLAN keine fest definierte Abgrenzung wie bei einem leitungsgebundenen Netzwerk. Jeder, der sich in Reichweite einer Funkzelle befindet, kann theoretisch die übertragenen Daten abhören oder sogar auf Ressourcen zugreifen, die sich innerhalb des WLANs oder im angrenzenden leitungsgebundenen LAN befinden. Dadurch bedingt wird man beim Betrieb eines WLANs mit einem Sicherheitsproblem konfrontiert, dem die 802.11-Komponenten bis zu einem gewissen Grad durch entsprechende sicherheitsrelevante Managementfunktionen gerecht werden.

4.6.1   Passives und aktives Scanning

Passives und aktives   Einem Access Point muss bekannt sein, welche Station zu seiner Zelle
Scanning   gehört. Eine Station muss wiederum wissen, mit welchem Access Point oder welcher Funkzelle sie in Verbindung treten kann. Nur wenn diese Voraussetzungen erfüllt sind, kann ein zielgerichteter Datenaustausch zwischen anderen Stationen oder einem Access Point erfolgen. Dieser Anforderung wird eine Station innerhalb eines Infrastruktur-Netzwer-

kes gerecht, indem sie sich bei einem bestimmten Access Point authentifiziert und assoziiert. Damit eine Station in Erfahrung bringen kann, mit welchem Access Point sie in Verbindung treten kann, der innerhalb ihrer Reichweite liegt, führen die Stationen nach dem Einschalten oder einer Neuinitialisierung einen Scanning-Prozess durch. Dieser kann von den Stationen in zwei unterschiedlichen Varianten ausgeführt werden, dem so genannten passiven Scanning und dem aktiven Scanning.

Beacon-Intervall

Ein Access Point sendet in regelmäßigen Abständen ein Beacon-Frame aus, das als Broadcast versendet wird. Innerhalb eines Beacon-Frames gibt der Access Point grundlegende Informationen über seine Funkzelle bekannt; er bietet sozusagen über das Aussenden der Beacon-Frames den in seinem Bereich befindlichen Stationen seinen Dienst an. Die Abstände zwischen dem Aussenden der Beacon-Frames werden über das Beacon-Intervall bestimmt. Das Beacon-Intervall wird mit jedem Beacon-Frame in TU-Einheiten bekannt gegeben. Der typische Wert für den Beacon-Intervall ist 100, der einen zeitlichen Abstand von 102,4 ms (100 × 1024 μs) ergibt, also pro Sekunde der Aussendung von etwa 10 Beacon-Frames entspricht. Für jede Station innerhalb einer Funkzelle ist die Einhaltung der Beacon-Intervalle von großer Bedeutung, da diese für die Übertragung von bestimmten Managementframes zugrunde gelegt werden. Die Stationen synchronisieren sich letztendlich über den Inhalt des Timestamp-Feldes, das innerhalb des Beacon-Frames übertragen und über die TSF abgeleitet wird. Innerhalb eines Infrastruktur-Netzwerkes ist der Access Point für die Vorgabe der Zeitsynchronisation für seine Funkzelle verantwortlich. Jede Station, die innerhalb der Funkzelle verweilen möchte, muss die Zeitangabe des Access Points akzeptieren. Empfängt eine Station über das Beacon-Frame einen anderen Timestamp, so aktualisiert sie ihre Zeitinformation. Der Startzeitpunkt für das Beacon-Intervall wird als Target Beacon Transmission Time, kurz TBTT, bezeichnet. Dieser lässt sich über den Timestamp ableiten und befindet sich am Zeitpunkt 0. Nach der TBTT werden die folgenden Beacon-Frames im Abstand des Beacon-Intervalls ausgesendet. Diese Zeitpunkte werden ebenfalls als TBTT bezeichnet. Sollte das Medium an einer TBTT belegt sein, so wird das Beacon-Frame verzögert ausgesendet, sobald das Medium wieder frei ist.

Passives Scanning

Arbeitet eine Station nach dem passiven Scanning-Verfahren, so braucht sie nur auf den Empfang eines Beacon-Frames zu achten. Dazu hört sie nacheinander für einen bestimmten Zeitraum alle Kanäle ab (vorausgesetzt, dass sie nicht auf einen bestimmten Kanal fest eingestellt ist) und versucht, auf diese Weise ein Beacon-Frame zu empfangen. Die Zeitspanne für das Abhören der einzelnen Kanäle ist im

802.11-Standard über eine MinChannelTime und MaxChannelTime festgelegt, die wieder jeweils einer Zeitangabe in TU-Einheiten entsprechen. Typischer Wert für die MinChannelTime ist 200 und für die MaxChannelTime 250. Dies ergibt eine Abhörzeit für jeden Kanal von 204,8 ms bis 256 ms. Stellt man die Abhörzeit der einzelnen Kanäle dem Beacon-Intervall gegenüber, so ist auf jeden Fall sichergestellt, dass die Stationen über den Scanning-Prozess ein Beacon-Frame empfangen können. Empfängt die Station während der Abhörzeit auf einem Kanal ein Beacon-Frame, dann weiß sie, auf welchem Kanal sich ein Access Point befindet und mit welchem Access Point sie in Verbindung treten kann. Welche Kanäle abgehört werden, wird über eine ChannelList festgelegt, die vom PHY-Typ und von der ortsabhängigen Aufteilung des Frequenzbandes abhängig ist. In der Regel enthält die ChannelList alle verfügbaren Kanäle, beispielsweise bei den DSSS-Systemen für unsere Region 13 Kanäle. Empfängt eine Station mehrere Beacon-Frames von verschiedenen Quellen, so entscheidet sie sich anhand des besten Empfangssignals (SNR), mit welchem Access Point sie in Verbindung treten möchte.

Aktives Scanning   Eine Alternative zum passiven Scanning bietet das aktive Scanning. Auf diese Weise kann eine Station nach einem bestimmten Netzwerk suchen, das über eine Einstellung spezifiziert wird. Beim aktiven Scanning sendet eine Station ein Probe-Request-Frame aus, in dem als SSID das gewünschte Netzwerk angegeben ist, um nach diesem bestimmten Netzwerk zu suchen, oder eine Broadcast-SSID, um irgendein Netzwerk aufzufinden.

> Die Vorgabe einer Broadcast-SSID entspricht bei den meisten WLAN-Komponenten unter der SSID oder dem Netzwerknamen dem Eintrag »ANY«.

ProbeDelay   Bevor ein Probe-Request-Frame ausgesendet wird, wartet die Station eine kurze Wartezeit ab, die als Probe Delay bezeichnet wird. Diese Wartezeit soll eine vollständige Blockierung eines Kanals durch mehrere Stationen verhindern, die sich im aktiven Scan-Prozess befinden. Nachdem die ProbeDelay-Wartezeit abgelaufen ist, sendet die Station das Probe-Request-Frame aus. Parallel dazu wird ein so genannter Probe Timer zurückgesetzt und gestartet. Sollte die Station auf das Probe-Request-Frame kein Probe-Response-Frame empfangen, bis der ProbeTimer den Wert der MinChannelTime erreicht hat, so wechselt die Station auf einen anderen Kanal, auf dem sie nach dem ProbeDelay ebenfalls ein Probe-Request-Frame aussendet. Andernfalls verbleibt die Station auf dem Kanal, bis der ProbeTimer den Wert der MaxChannelTime erreicht hat, um auf diesem Kanal gegebenenfalls wei-

tere Probe-Response-Frames zu empfangen. Danach wird der nächste
Kanal geprüft, bis alle Kanäle getestet wurden, die durch die Channel-
List spezifiziert sind. Nach Überprüfung aller Kanäle vergleicht die
Station die einzelnen Ergebnisse. Werden während des aktiven Scan-
nings mehrere geeignete Probe-Response-Frames empfangen, so wird
die Station die Funkzelle aufsuchen, auf der sie das Probe-Response-
Frame mit dem besten Empfangssignal (SNR) empfangen hat. Abbil-
dung 4–14 zeigt den Ablauf des aktiven Scanning-Prozesses.

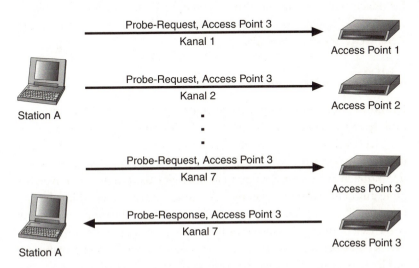

Abb. 4–14

Aktiver Scanning-Prozess

Bei einem Ad-hoc-Netzwerk müssen die Stationen ebenfalls in Erfah-   *TBTT*
rung bringen, in welcher Funkzelle sie kommunizieren können. In
einem Ad-hoc-Netzwerk gibt es jedoch keine bestimmte Station, die
innerhalb der Funkzelle für die regelmäßige Aussendung von Beacon-
Frames verantwortlich ist. Prinzipiell kann jede Station beim Erreichen
der nächsten TBTT ein Beacon-Frame senden. Damit nicht mehrere
Stationen gleichzeitig ein Beacon-Frame aussenden, wird nach Erreichen der TBTT auf jeder Station eine Wartezeit nach dem Zufallsprinzip ermittelt. Nach Ablauf der Wartezeit senden die Stationen nur
dann ein Beacon-Frame aus, wenn sie noch keins empfangen haben.
Auf diese Weise wird sichergestellt, dass nur die Station mit der
geringsten Wartezeit das Beacon-Frame aussendet. Die Station, die
nach diesem Prozess gewonnen hat, ist nach dem Aussenden des ersten
Beacon-Frames für das Aussenden der folgenden Beacon-Frames verantwortlich. Die Beacon-Frames werden hierbei ebenfalls nach dem
Beacon-Intervall ausgesendet.

Für das Auffinden einer Zelle eines Ad-hoc-Netzwerkes führen die
Stationen ein aktives Scanning aus, wozu eine Station ein Probe-Request-

Frame aussendet. Diejenige Station eines Ad-hoc-Netzwerks, die als letzte das Beacon-Frame ausgesendet hat, wird darauf mit einem Probe-Response-Frame antworten. Empfängt eine Station mehrere Probe-Response-Frames, entscheidet sie anhand der Signalqualität (SNR), an welchem Ad-hoc-Netzwerk sie teilnimmt. Anders sieht es aus, wenn die Station ein bestimmtes Ad-hoc-Netzwerk sucht. In diesem Fall wird im Probe-Request-Frame bereits die Zellenadresse (BSSID) angegeben, zu dem die Station in Verbindung treten möchte. Demnach wird sie nur ein Probe-Response-Frame aus der gewünschten Zelle erhalten, vorausgesetzt, dass sich die Station innerhalb der Reichweite der Zelle befindet.

4.6.2   Power-Management

Power-Management

Drahtlose Netzwerkkomponenten finden ihre primäre Anwendung in mobilen Stationen. Zum Beispiel wird ein Laptop, zur Anbindung an ein Netzwerk mit einer Wireless-CardBus-Karte oder einen PDA, mit einem Wireless-Compact-Flash-Adapter ausgestattet. Ein großer Teil der mobilen Stationen verfügt nicht über eine dauerhafte Stromversorgung aus dem Stromversorgungsnetz, sondern wird über Akkus betrieben. Die Ladekapazität eines Akkus ist generell begrenzt und seine Betriebszeit vom Leistungsverbrauch abhängig. Bei den Laptops oder PDAs ist es deshalb bereits Usus, dass sie über bestimmte Stromsparmodi verfügen, die die Leistungsaufnahme reduzieren und die Betriebszeiten über den Akku verlängern sollen. Um dem Grundgedanken der optimierten Leistungsaufnahme gerecht zu werden, sieht der IEEE-802.11-Standard ebenfalls ein Power-Management vor, über das die Leistungsaufnahme der Wireless-Komponenten optimiert werden soll.

PS-Modus

Beim IEEE-802.11-Infrastruktur-Netzwerk wird angenommen, dass ein Access Point über eine feste und dauerhafte Stromversorgung verfügt und deshalb immer aktiv sein kann. Eine Station kann hingegen in einen Betriebsmodus versetzt werden, in dem der Funktionsumfang und damit verbunden die Leistungsaufnahme reduziert wird. Für die Optimierung der Leistungsaufnahme unterscheidet man zwischen zwei verschiedenen Betriebsmodi, dem Active Mode, kurz AM, und dem Modus des Power Save, kurz PS. Im Active Mode ist eine Station vollständig in Betrieb und kann Daten empfangen oder senden. Im Power-Save-Modus kann hingegen die Station weder Daten empfangen noch senden. Befindet sich eine Station im PS-Modus, so muss der Access Point in der Lage sein, die Frames, die für diese Station bestimmt sind, zwischenzuspeichern.

Die Station kann in bestimmten Abständen vom PS-Modus in den Active Mode überführt werden, um gegebenenfalls die zwischengespeicherten Frames beim Access Point abzurufen. Ob der Access Point ein Frame zwischengespeichert hat oder nicht, gibt er über die TIM (Traffic Indication Message) bekannt, die in einem Beacon-Frame mit einer Länge von 251 Bytes (2008 Bits) beinhaltet sein kann. Hierbei handelt es sich um eine Information, die als virtuelle Bitmap codiert wird. In der TIM werden die AIDs angegeben, für welche inaktiven Stationen der Access Point Frames zwischengespeichert hat. Eine AID entspricht einer eindeutigen Identifikation für eine Station, die während des Anmeldeprozesses vom Access Point generiert wird. Über die einzelnen Bits der TIM können eine oder gleichzeitig mehrere der 2.007 möglichen Stationen angegeben werden. Für Broadcast- oder Multicast-Frames ist die AID auf 0 gesetzt. Über den Inhalt der TIM kann eine Station erkennen, ob ein Frame für sie vorliegt oder nicht. Dazu wartet sie auf den Empfang des nächsten Beacon-Frames, das vom Access Point ausgesendet wird, und wertet die TIM aus. Da die TIM in die Beacon-Frames eingebettet wird, die in regelmäßigen Abständen vom Access Point ausgesendet werden, brauchen die inaktiven Stationen nur kurzzeitig in den aktiven Modus überzugehen, um die Beacon-Frames zu empfangen und die TIM auswerten zu können. Anhand der TIM entscheiden dann die Stationen, ob sie Frames beim Access Point abfragen müssen oder wieder in den PS-Modus übergehen können.

Traffic Indication Message

Das Abrufen des eventuell zwischengespeicherten Frames erfolgt über ein Kontrollframe vom Typ Power Save Poll (PS-Poll), das die Station an ihren Access Point schickt. Der Access Point sendet daraufhin das vorliegende Frame an die Station. Gegebenenfalls setzt der Access Point dabei das More-Data-Bit des Frame-Control-Feldes innerhalb des Frame-Headers, um anzuzeigen, dass weitere zwischengespeicherte Daten anstehen. Die Station wird daraufhin nicht in den PS-Modus übergehen, sondern durch die Aussendung eines weiteren PS-Poll-Frames das nächste zwischengespeicherte Frame abrufen. Dieser Vorgang wird so lange fortgeführt, bis alle zwischengespeicherten Frames vom Access Point abgerufen sind. Damit die Station erkennen kann, dass keine weiteren Daten mehr anliegen, setzt der Access Point beim letzten vorliegenden Frame kein More-Data-Feld.

PS-Poll-Frame

Damit ein Access Point erkennen kann, dass eine Station in den PS-Modus übergeht, setzt die Station das Power-Management-Feld des Frame-Control-Felds auf 1. Dieses Feld kann in jedem beliebigen Frame gesetzt werden, das von der Station an den Access Point verschickt wird. Empfängt der Access Point ein derartiges Frame, so wird er alle Frames, die an diese Station gerichtet sind, automatisch zwi-

Power-Management-Feld

schenspeichern. Die Station wird dann nach einer bestimmten Zeit von sich aus über das PS-Poll-Frame die gespeicherten Frames abrufen.

DTIM-Intervall

Anstehende Multicast- oder Broadcast-Frames werden vom Access Point besonders behandelt. Denn Multicast- oder Broadcast-Frames sind für mehrere Stationen bestimmt, d.h. diese Stationen müssen alle aktiv sein. Um diese Anforderung zu erfüllen, wurde das so genannte DTIM-Intervall (Delivery TIM) eingeführt. Das DTIM-Intervall entspricht 3 Beacon-Intervallen. Wird der Zeitpunkt des DTIM-Intervalls erreicht, so werden nach dem Aussenden des Beacon-Frames die Multicast- und Broadcast-Frames an alle Stationen ausgesendet. Damit sichergestellt ist, dass alle Stationen die Multicast- und Broadcast-Frames empfangen können, verbleiben diese beim Erreichen der DTIM im aktiven Modus, falls der Access Point zwischengespeicherte Multicast- oder Broadcast-Frames über die TIM angezeigt hatte.

Abb. 4–15
Zeitlicher Ablauf bei der
Übertragung von Frames
an Stationen eines
Infrastruktur-Netzwerks,
die sich im PS-Modus
befinden

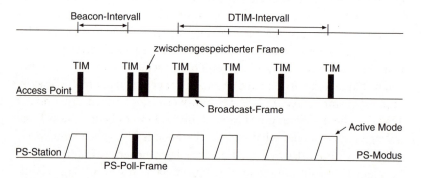

ATIM Window

Ist kein Access Point vorhanden, muss bei der Umsetzung des Power-Managements anders verfahren werden. Tragendes Element bei dem angewendeten Verfahren ist die Ad-hoc Traffic Indication Message, kurz ATIM. Stationen werten den Empfang von ATIMs-Frames aus, um zu entscheiden, ob sie im aktiven Modus verbleiben sollen, um ein Frame empfangen zu können oder in den inaktiven Modus übergehen können. Hat eine Station Frames anstehen, die an eine Station verschickt werden müssen, die sich im PS-Modus befindet, so sendet diese ein ATIM-Frame innerhalb eines ATIM Windows aus. Innerhalb eines ATIM Windows ist sichergestellt, dass alle Stationen Daten empfangen können.

ATIM-Frame

Das ATIM Window entspricht einer bestimmten Zeitspanne, in der nur Beacon-Frames oder ATIM-Frames übertragen werden. Die Zeitspanne des ATIM Windows beginnt mit dem TBTT und erstreckt sich über einen Bruchteil des Beacon-Intervalls. Die Dauer des ATIM Windows wird innerhalb der Beacon-Frames bekannt gegeben. Ein

ATIM Window der Länge 0 zeigt an, dass innerhalb der IBSS keine Power-Save-Funktion unterstützt wird. Die ATIM-Frames werden entweder als Unicast- oder Multicast-Frames ausgesendet, wobei die Unicast-Frames vom Empfänger bestätigt werden. Bleibt die Empfangsbestätigung aus, so wird das ATIM-Frame nach einer Wartezeit, die nach dem Backoff-Algorithmus bestimmt wird, erneut ausgesendet. Empfängt eine Station ein ATIM-Frame, so bestätigt sie normalerweise den Empfang und verbleibt im aktiven Modus. Im aktiven Modus wartet dann die Station auf den Empfang des angekündigten Frames. Eine Station, die kein ATIM empfangen hat, verbleibt so lange im aktiven Modus, bis das ATIM Window abgelaufen ist, um sicherzustellen, dass sie gegebenenfalls noch ein ausgesendetes ATIM-Frame empfangen kann. Steht ein Frame zur Übertragung an, das über das ATIM-Frame angekündigt wurde, so wird über den Backoff-Algorithmus eine Wartezeit nach dem Zufallsprinzip ermittelt. Diese Wartezeit gibt die Verzögerungszeit nach Ablauf des ATIM Windows an, nach der versucht wird, das Frame auszusenden.

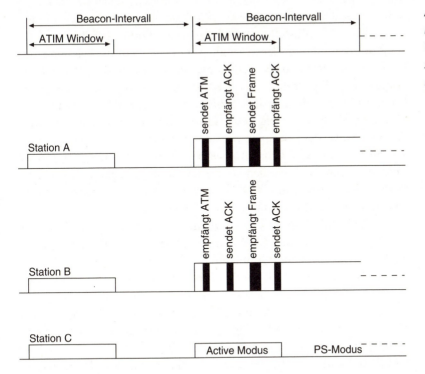

Abb. 4–16

Innerhalb eines ATIM Window werden zwischengespeicherte Frames bekannt gegeben.

Falls das Power-Management verwendet wird, müssen alle Stationen eines Ad-hoc-Netzwerkes die Frames gegebenenfalls zwischenspeichern, die für Stationen bestimmt sind, die sich im PS-Modus befinden.

Wenn eine Station Daten aussenden möchte, schickt sie (falls RTS/CTS aktiviert ist) ein RTS-Frame aus. Bekommt sie kein CTS-Frame zurück, so geht sie davon aus, dass sich die Empfängerstation im PS-Modus befindet, und speichert dieses Frame zwischen. Beim Erreichen des ATIM Windows gibt sie der Empfängerstation über das Aussenden eines ATIM-Frames bekannt, dass sie ein Frame zur Übertragung vorliegen hat. Die Empfängerstation verbleibt nach Ablauf des ATIM Windows im aktiven Modus und wartet auf den Empfang des angekündigten Frames. Bei allen geschilderten Frameübertragungen wird natürlich das DCF-Zugriffsverfahren angewendet.

4.6.3   Wired-Equivalent-Privacy-Algorithmus

Wired Equivalent Privacy   Allgemein sind leitungsgebundene lokale Netzwerke gegen einen unbefugten Zugriff recht gut abgesichert. Um einen Zugriff von außen zu erhalten, müsste ein Unbefugter sich direkt in das Netzwerk einklinken. Anders sieht es bei den drahtlosen Netzwerken aus. Die Daten werden über Funk übertragen und jeder, der sich innerhalb der Reichweite eines drahtlosen Netzwerks aufhält, kann theoretisch mitlauschen. Das Verschlüsselungsverfahren Wired Equivalent Privacy, kurz WEP, soll Lauscher außen vor halten und eine dem drahtgebundenen Netzwerk vergleichbare Sicherheit bieten. Dazu wird der Datenteil der Frames verschlüsselt übertragen. Ein Unbefugter, der die übertragenen Daten abhört, sieht nur den Schlüsseltext, dem ohne Kenntnis des geheimen WEP-Schlüssels keine Informationen entnommen werden können. Außerdem können Unbefugte keine verschlüsselten Daten verschicken, die von den autorisierten Teilnehmern des Netzwerkes sinnvoll entschlüsselt werden könnten. Nur die Teilnehmer eines Netzwerkes, die im Besitz des WEP-Schlüssels sind, können die Informationen sinnvoll entschlüsseln und Daten austauschen.

WEP-Schlüssel   In IEEE-802.11-Netzwerken soll durch die Verwendung von WEP die Vertraulichkeit der übertragenen Daten gewährleistet werden. Zudem stellt WEP die Grundlage der kryptografischen Sicherheitsmechanismen in WLANs dar. WEP benutzt den RC4-Stream-Chiffre von der Firma RSA Security Inc. und verpackt diesen in ein Paket von grundsätzlichen Sicherheitsfunktionen, die es dem WLAN-System zur Verfügung stellt. Der WEP-Algorithmus basiert auf einem gemeinsamen, geheimen WEP-Schlüssel, der 40 (WEP40) oder 104 Bit (WEP128) umfasst und der zur Verschlüsselung des Datenteils der Frames und zur Authentifizierung dient. Zu den beiden verschiedenen WEP-Schlüsseln ist anzumerken, dass ausschließlich WEP40 im IEEE-802.11-Grundstandard implementiert ist und dass es sich bei WEP128 um eine Schlüssellänge handelt, die eigentlich von den Herstellern eingeführt wurde. WEP128 wurde erst später durch die 802.11i-Erweiterung in den WLAN-Standard aufgenommen. Werden die Daten verschlüsselt übertragen, so ist das Protected-Frame-Feld des Frame-Control-Feldes auf 1 gesetzt und signalisiert auf diese Weise dem Empfänger, dass der Datenteil verschlüsselt ist.

An jedes verschlüsselte Datenteil wird eine 32-Bit-Prüfsumme, die über die unverschlüsselten Daten gebildet wird, angehängt. Diese Prüfsumme wird als Integritätsprüfwert (Integrity Check Value, ICV) bezeichnet und ebenfalls verschlüsselt übertragen. Die ICV (Prüfsumme) wird vom Empfänger benutzt, um zu überprüfen, ob er den Datenteil des Frames richtig entschlüsselt hat. Der Empfänger entschlüsselt die ICV und vergleicht diese mit einer selbst ermittelten Prüfsumme, die er über die entschlüsselten Daten bildet. Ergeben die Prüfsumme und die ICV dasselbe Ergebnis, so geht der Empfänger von einer erfolgreichen Entschlüsselung aus.

Prüfsumme

Vor die verschlüsselten Daten wird ein 32 Bit langes IV-Feld gesetzt, das sich aus einem 24 Bit langen Initialisierungsvektor (IV), einem 6 Bit langen Pad-Feld, das ausschließlich Füll-Bits beinhaltet, und einem 2 Bit langen Key-ID-Feld zusammensetzt. Über die 2 Bit lange Key ID wird einer von vier möglichen Schlüsseln spezifiziert, der vom Empfänger für die Entschlüsselung der Daten verwendet werden muss. Der Inhalt des Pad-Feldes ist hingegen immer auf Null gesetzt (siehe Abb. 4–17). Der IV ist im Gegensatz zu den folgenden Daten unverschlüsselt, der Inhalt wird im Klartext übertragen, damit der Empfänger entnehmen kann, welchen IV und welchen der vier Schlüssel er für die Entschlüsselung verwenden muss, um überhaupt etwas dechiffrieren zu können.

Initialisierungsvektor

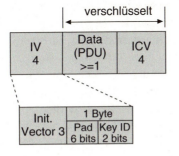

Abb. 4–17

Der WEP-verschlüsselte Datenteil wird durch IV und ICV ergänzt

Der Initialisierungsvektor (IV) ergänzt den geheimen WEP-Schlüssel zum Gesamtschlüssel (WEP-Seed), der zur Initialisierung des PRNG (Pseudo Random Number Generator) verwendet wird. Der Gesamtschlüssel entspricht somit dem RC4-Schlüssel. Der IV soll laut Standard bei jedem Frame gewechselt werden. Der Pseudo-Zufallszahlengenerator (PRNG) erzeugt schließlich einen Strom von Chiffrier-Bits, der für die Datenverschlüsselung und für die Authentifizierung verwendet wird. Sein Algorithmus entspricht dem RC4-Stream-Chiffrierer von RSA. Über den Strom von Chiffrier-Bits werden die im Klartext vorliegenden Daten bitweise über XOR verknüpft, um einen verschlüsselten Datenstrom zu erhalten.

Abb. 4–18
Die WEP-Verschlüsselung

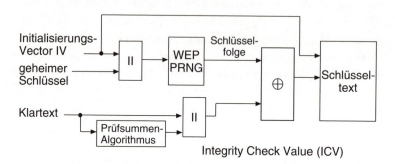

Um zu vermeiden, dass identische Klartextdaten in identischen verschlüsselten Daten resultieren, muss der effektive Schlüssel bei jedem Frame gewechselt werden. Dies wird sichergestellt, indem der verwendete konstante WEP-Schlüssel um einen variablen Initialisierungsvektor IV ergänzt wird, der für jedes Frame neu gesetzt wird. Der Empfänger kombiniert den empfangenen IV mit dem auch ihm bekannten und geheimen WEP-Schlüssel. Diese werden dem PRNG zur Initialisierung zugeführt, wodurch der Empfänger denselben Schlüsselstrom erhält, mit dem er über XOR die Daten wieder entschlüsseln kann. Hierdurch erklärt sich auch das gängige Missverständnis über die Länge der verwendeten WEP-Schlüssel: Zwar verwendet der Stromchiffrierer den Gesamtschlüssel inklusive der 24 Bit langen IV, aber dennoch wirkt kryptografisch betrachtet nur der um 24 Bit kürzere WEP-Schlüssel, da der IV den Daten unverschlüsselt vorangeht. Deshalb stehen in manchen Datenblättern der Hersteller von Wireless-Produkten falsche Schlüssellängen von 64 oder 128 Bits, obwohl real nur 40 (WEP40) beziehungsweise 104 Bits (WEP128) wirken.

Schlüsselverwaltung   In der Praxis müssen alle Stationen und Access Points, die untereinander verschlüsselte Daten austauschen, über dieselben geheimen WEP-Schlüssel verfügen. Der benötigte WEP-Schlüssel ist entweder 40 Bit (WEP40) oder 104 Bit (WEP128) lang. Bleibt nur noch die Frage, wie die Verwaltung der geheimen WEP-Schlüssel durchgeführt wird. Die WLAN-Komponenten selbst steuern dazu nur einen geringen Teil bei. Eine WLAN-Komponente kann einen von vier gespeicherten WEP-Schlüsseln zur Entschlüsselung der Daten auswählen. Das empfangene Frame enthält einen Index auf den zu verwendenden Schlüssel, der über das 2 Bit lange Key-ID-Feld des Initialisierungsvektors (IV) gebildet wird. Zum Verschlüsseln stehen bis zu vier verschiedene Schlüssel zur Verfügung. Die WEP-Schlüssel gibt man manuell auf den jeweiligen Komponenten ein und der Anwender kann sie nicht wieder auslesen. Ein weitergehendes Management gehört nicht zur WEP-Spezifikation. In der Regel steht bei den Wireless-Komponenten eine Menüseite zur Verfügung, auf der bis zu vier WEP-Schlüssel vergeben werden können. Die WEP-Schlüssel werden als Kennwörter vergeben, wobei diese eine Länge von 5 alphanumerischen Zeichen beziehungsweise 10 hexadezimalen Zeichen (WEP40) oder 13 alphanumerischen Zeichen beziehungsweise 26 hexadezimalen Zeichen (WEP128) haben müssen. Abbildung 4–19 zeigt ein typisches Menü für die Eingabe der vier WEP-Schlüssel.

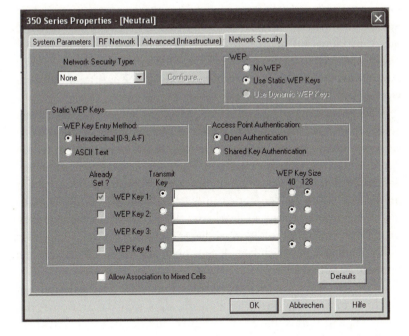

Abb. 4–19
Menü für die Eingabe der WEP-Schlüssel

Das WEP ist als Sicherheitsverfahren für drahtlose Netzwerke schon sehr oft in Kritik geraten. Kritik wird dabei wegen der Länge des 24-Bit-Initialisierungsvektors (IV) und wegen der Schlüssellänge von 40 bzw. 104 Bits geäußert. Die Schlüssellänge selbst spielt jedoch für Kritiker eine eher untergeordnete Rolle. Als problematischer wird die Tatsache angesehen, dass der RC4-Schlüssel statisch arbeitet und der kurze IV

WEP-Kritik

nur eine geringe Anzahl von Variationsmöglichkeiten bietet. So wird es Lauschern ermöglicht, in relativ kurzer Zeit genug Informationen zu sammeln, um den geheimen Schlüssel zu überwinden. So gibt es beispielsweise Utilities, mit denen man den WEP-Schlüssel über den Empfang und die Auswertung von 4 bis 5 Millionen Frames errechnen kann.

802.11i   Zur Risikominimierung hat das IEEE verbesserte Sicherheitsverfahren erarbeitet, die mit der 802.11i-Erweiterung in den WLAN-Standard aufgenommen wurden.

> In Kapitel 8 wird ausführlich auf die WLAN-Sicherheit eingegangen und aufgezeigt, welche Maßnahmen man treffen kann, um die Datenübertragung innerhalb eines WLANs abzusichern. Des Weiteren wird die 802.11i-Erweiterung detailliert beschrieben.

Service Set Identifier   Werden WLAN-Produkte eingesetzt, die nur das WEP-Sicherheitsverfahren unterstützen, so sollten zwei weitere Mechanismen verwendet werden, die bei den meisten Wireless-Produkten implementiert sind und ohne zusätzliche Software oder Hardware genutzt werden können, um den Zugriff auf das WLAN abzusichern. Zum einen lässt sich die Anmeldung auf bestimmte MAC-Adressen beschränken und zum anderen kann man den SSID (Service Set Identifier) dazu nutzen, einen zusätzlichen Schlüssel zu generieren, der für den Zugriff auf das Netzwerk bekannt sein muss.

Access Control List   Die Einschränkung bezüglich der MAC-Adressen wird über Listen geregelt, die auf den Access Points verwaltet werden. In einer so genannten Access Control List, kurz ACL, werden die MAC-Adressen von den Stationen aufgelistet, die sich bei den Access Points anmelden dürfen. Möchte sich eine Station anmelden, so prüft der Access Point, ob die MAC-Adresse der Station in seiner ACL aufgelistet ist. Verläuft die Überprüfung positiv, so bearbeitet der Access Point die Anmeldeprozedur weiter, andernfalls wird die Anmeldung abgewiesen. So lässt sich verhindern, dass sich fremde Stationen am Access Point anmelden können.

SSID   Bei der Sicherheitssteigerung über die SSID (Netzwerknamen) macht man sich die Tatsache zunutze, dass sich die Stationen, um einen Zugang zum Netzwerk zu erhalten, mit der richtigen SSID beim Access Point anmelden müssen. Normalerweise gibt jeder Access Point in regelmäßigen Abständen seine SSID über die Beacon-Frames als Broadcast bekannt. Die Stationen greifen diese Information bei Bedarf auf und melden sich mit der jeweiligen SSID beim Access Point an. Schränkt man die Bekanntgabe der SSID ein, so kann man das Verfahren so ausweiten, dass den Stationen die SSID bekannt sein muss, damit sie sich beim Access Point anmelden können. Die SSID wird dazu an den Stationen manuell eingetragen, und die Stationen verwenden die fest vergebene SSID bei der Anmeldung am Access Point. Auf diese Weise schafft man ein einfaches Quasipasswort, dass bei der Zugangsbeschränkung mitverwendet werden kann und eine zusätzliche Sicherheit bietet. Bei diesem Verfahren wird natürlich vorausgesetzt, dass der Access Point seine SSID nicht als Broadcast über die Beacon-Frames bekannt gibt, was sich bei vielen Produkten über die Option SSID-Broadcast einstellen lässt.

Beide Verfahren der Zugangsbeschränkung (ACL und SSID) werden heute von den meisten Herstellern in ihren Wireless-Produkten implementiert, um eine zusätzliche Sicherheit zu gewährleisten. Nachteilig an diesen Verfahren ist jedoch, dass die MAC-Adressen und die SSID generell unverschlüsselt übertragen werden. Daher können sie mit Hilfe von Protokollanalysatoren mitgeschnitten und dargestellt werden (siehe Kap. 9). Die Hersteller empfehlen auf jeden Fall die Verwendung von WEP128, ergänzt durch die Filterung von MAC-Adressen und nach Möglichkeit die zusätzliche Zugangskontrolle über den SSID.

4.6.4   Authentifizierung

Wenn ein Client auf das Netzwerk zugreifen will, muss er sich zuerst authentifizieren, also beim Netz, vertreten durch den Access Point, beglaubigen. Des Weiteren kann eine Authentifizierung auch zwischen zwei Stationen einer IBSS erfolgen, bevor diese Nutzdaten austauschen können. In der folgenden Darstellung beziehen wir uns auf die Authentifizierung einer Station innerhalb eines Infrastruktur-Netzwerkes. WEP zieht sich wie ein roter Faden durch das Sicherheitskonzept von WLANs und soll garantieren, dass drahtlose Netzwerke trotz ihres offenen Übertragungsmediums genauso abhörsicher sind wie drahtgebundene Netzwerke. WEP stellt Funktionen zur Verfügung, die bei WLANs neben der Datenverschlüsselung als Authentifizierung und Integritätssicherung herangezogen werden können.

Authentifizierung

Die WLAN-Authentifizierung beruht nun auf zwei möglichen Verfahren: Entweder verwendet man laut IEEE 802.11 als Standard-Authentifizierung die Open System Authentication. Hierbei findet allerdings keine tatsächliche Authentifizierung statt. Das WLAN ist für alle Stationen frei, die diese Methode akzeptieren. Die sicherere Variante ist die Shared Key Authentication. Sie verwendet ein Challenge-Response-Verfahren mit einem gemeinsamen geheimen Schlüssel zur Authentifizierung.

Die Open System Authentication basiert auf dem Austausch von zwei Authentication-Managementframes. Möchte sich eine Station authentifizieren, so sendet sie an den Access Point ein Authentication-Managementframe als Anfrage aus. Innerhalb dieses Frames ist die Authentication Transaction Sequence Number auf 1 und der Authentication Algorithm Indentification auf 0 (Open System) gesetzt. Der Access Point wird diese Anfrage über ein weiteres Authentication-Managementframe beantworten. In dieser Antwort ist die Authentication Transaction Sequence Number auf 2 und der Authentication Algorithm Indentification ebenfalls auf 0 gesetzt. Unterstützt der Access Point das Open-System-Verfahren, so ist die Antwort positiv. Andernfalls ist sie negativ, wobei über den Status Code der Grund für die Ablehnung bekannt gegeben wird. Abbildung 4–20 zeigt den Ablauf der Open-System-Authentifizierung zwischen einer Station und einem Access Point.

Abb. 4–20
Open-System-
Authentifizierung

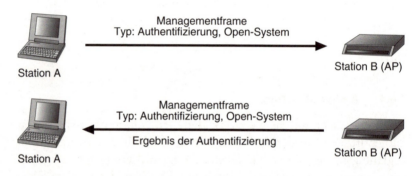

Die sicherere Shared-Key-Authentifizierung basiert auf dem Challenge-Response-Verfahren, das auf dem Austausch von 4 Authentication Managementframes beruht. Hierbei wird der geheime WEP-Schlüssel zugrunde gelegt, der ebenfalls für die Verschlüsselung der Nutzdaten verwendet wird.

Shared Key
Authentication

Challenge-Response-
Verfahren

Über das erste Authentication-Managementframe teilt die Station A der Station B (Access Point) mit, dass sie sich bei ihr authentifizieren möchte. In diesem Frame ist Authentication Algorithm Identification auf 1 (Shared Key) und die Authentication Transaction Sequence Number ebenfalls auf 1 gesetzt.

Die Station B (Access Point) beantwortet diese Anfrage mit einem Authentication-Managementframe, in dem der Authentication Algorithm Identification auf 1 und die Authentication Transaction Sequence Number auf 2 gesetzt ist. Weiterhin beinhaltet dieses Managementframe einen 128 Byte langen Challenge-Text. Dieser Challenge-Text wird von Station B (Access Point) mit einem Pseudo-Zufallszahlengenerator (PRNG) erzeugt. Hierbei wird derselbe Zufallszahlengenerator verwendet wie beim WEP-Verfahren für die Gewinnung des Schlüsselstroms. Der Inhalt des IVs und der Ursprungstext spielen hierbei jedoch keine Rolle.

Die Station A kopiert den erhaltenen Challenge-Text, generiert eine Prüfsumme ICV und neuen IV und verschlüsselt den Challenge-Text und ICV wiederum mit ihrem geheimen WEP-Schlüssel. Dieser verschlüsselte Challenge-Text geht nun zusammen mit dem IV innerhalb eines dritten Authentication-Managementframes zurück zur Station B (Access Point). Innerhalb dieses Frames ist der Authentication Algorithm Identification auf 1 und die Authentication Transaction Sequence Number auf 3 gesetzt.

Challenge-Text

Station B (Access Point) nimmt den verschlüsselten Challenge-Text und ICV entgegen und dechiffriert den Challenge-Text mit seinem WEP-Schlüssel. Danach prüft sie den dechiffrierten Challenge-Text auf Übereinstimmung mit dem ursprünglich generierten Challenge-Text. Stimmen sie überein, so kann die Station B (Access Point) davon ausgehen, dass die Station A über denselben WEP-Schlüssel verfügt, und akzeptiert die Authentifizierung.

Dies teilt die Station B (Access Point) über ein viertes Authentication-Managementframe mit. Innerhalb dieses Frames ist der Authentication Algorithm Identification auf 1 und die Authentication Transaction Sequence Number auf 4 gesetzt.

Damit ist die Identität der Station A sichergestellt und der Zugriff auf das Netzwerk für alle Klasse-2-Frames freigegeben (siehe Abb. 4–21).

Sollte der Vergleich der Challenge-Texte ergeben, dass Station B nicht über denselben WEP-Schlüssel verfügt wie Station A, so kann die Station die Authentifizierung ablehnen, indem sie im vierten Frame einen erfolglosen Statuscode an Station B sendet, aus dem der Grund für die Ablehnung ersichtlich ist.

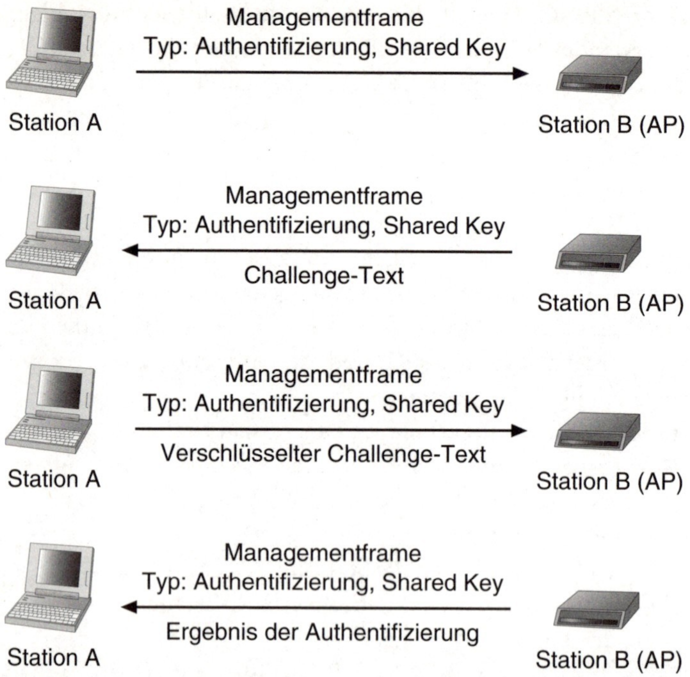

Abb. 4–21
Authentifizierung nach
dem Challenge-Response-
Verfahren

4.6.5   Assoziierung

Assoziierung

Bevor eine Station endgültig Daten innerhalb der Funkzelle austauschen kann, muss sich die Station noch beim Access Point assoziieren, um damit eine eindeutige Verbindung zwischen dem Access Point und der Station herzustellen. Erst wenn die Assoziierung positiv verlaufen ist, dürfen die Frames der Klasse 3 innerhalb der Funkzelle übertragen werden. Die Assoziierung beruht auf dem Austausch von 3 Frames.

Association-
Request-Frame

Möchte sich eine Station assoziieren, so sendet sie an den Access Point ein Association-Request-Frame aus. Dies geschieht unmittelbar im Anschluss an eine erfolgreiche Open-System- oder Shared-Key-Authentifizierung. Innerhalb des Association-Request-Frames gibt die Station verschiedene Übertragungsparameter bekannt, damit der Access Point eine Übereinstimmung überprüfen kann. Spricht nichts gegen die Assoziierung, beantwortet der Access Point die Anfrage mit einem Association-Response-Frame. In diesem Frame ist eine AID enthalten, über die die Station eindeutig identifiziert wird, solange die Assoziierung aufrecht erhalten wird. Abschließend bestätigt die Station den Empfang des Association-Response-Frames durch ein ACK-Frame. Dadurch ist die Assoziierung abgeschlossen und die Klasse-3-

Frames innerhalb der Funkzelle dürfen von der Station übertragen werden. Abbildung 4–22 zeigt den Prozess zwischen einer Station und einem Access Point.

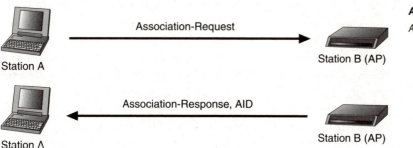

Abb. 4–22
Assoziierungsprozess

Spricht etwas gegen eine Assoziierung, so beantwortet der Access Point die Assoziierungsanfrage mit einem Disassociation-Frame. Innerhalb dieses Frames wird der Grund für die Ablehnung der Assoziierung über einen Statuscode bekannt gegeben. Gründe für die Ablehnung können beispielsweise die fehlende Unterstützung durch einen oder mehrere Übertragungsparameter sein (siehe Tab. 4–10).

Disassociation-Frame

Entfernt sich eine Station aus der Reichweite eines Access Points und nähert sich einem anderen, zu dem sie eine bessere Sende-/Empfangsqualität hat, so führt die Station mit dem neuen Access Point eine Reassoziierung durch. Dazu sendet sie ein Reassociation-Request-Frame an den neuen Access Point aus, in dem die MAC-Adresse des letzten Access Points enthalten ist. Der neue Access Point wird die Anfrage mit einem positiven Reassociation-Response-Frame beantworten, falls nichts dagegen spricht. Innerhalb dieses Frames teilt der Access Point der Station eine neue AID für eine eindeutige Identifizierung zu. Die neue AID ist gültig, solange die Station in der Funkzelle des neuen Access Points verweilt. Der Reassoziierungsprozess wird durch die Station abgeschlossen, indem sie ein ACK-Frame an den Access Point sendet. Der Access Point wird die positiv vollzogene Reassoziierung dem Distribution System bekannt geben, damit die anderen Access Points auf den Stationswechsel reagieren können und die Frames gegebenenfalls an den jetzt zuständigen Access Point weiterleiten beziehungsweise umleiten können.

Reassociation-Request-Frame

Sollte die Station im Netzwerk nicht authentifiziert sein, so beantwortet der neue Access Point die Anfrage mit einem Deauthentication-Frame. Innerhalb des Authentication-Frames wird der Ablehnungsgrund über den Reason Code angegeben (siehe Tab. 4–9).

4.6.6   Protection-Mechanismus

Protection-Mechanismus   Um eine Koexistenz von 802.11-, 802.11b- und 802.11g-Systemen im 2,4-GHz-Frequenzband zu ermöglichen, definiert die 802.11g-Erweiterung den so genannten Protection-Mechanismus. Hierfür ist in der 802.11g-Erweiterung das CTS-to-Self-Verfahren und ein RTS/CTS basierendes Verfahren vorgesehen. Die Verwendung des Protection-Mechanismus liegt unter der Kontrolle des Access Points und ist von dessen Konfiguration abhängig. Der Protection-Mechanismus sorgt erst einmal dafür, dass die Beacon-Frames nach dem ursprünglichen Übertragungsverfahren via DSSS/CCK übertragen werden. Auf diese Weise wird sichergestellt, dass auch NonERP-Stationen eine Funkzelle auffinden können, die von 802.11b/g Access Points bereitgestellt wird. Die ERP-Stationen verwenden für ihre Übertragung von ERP-OFDM-Datenframes den Protection-Mechanismus, sobald im ERP-Informationselement der Beacon-Frames oder Probe-Response-Frames das Use-Protection-Feld auf 1 gesetzt ist. Die Access Points setzen das Use-Protection-Feld, wenn der Protection-Mechanismus aktiviert ist und sobald an ihnen eine NonERP-Station assoziiert ist.

CTS-to-Self-Verfahren   Beim CTS-to-Self-Verfahren sendet der ERP-Client vor der eigentlichen Datenaussendung erst einmal ein CTS-Frame via DSSS/CCK aus, das an seine eigene Adresse adressiert ist und in dem der NAV-Wert beinhaltet ist, der für die Übertragung des Datenframes und dem dazugehörigen Acknowledgement-Frame benötigt wird. Das CTS-Frame wird mit einer Datenrate von 1, 2, 5,5 oder 11 MBit/s übertragen, wobei die genutzte Datenrate von der Festlegung der BBSBasicRateSet-Datenraten abhängig ist. Über den NAV-Wert erfolgt auf den NonERP-Stationen die Medienreservierung. Die eigentliche Datenübertragung erfolgt dann über das OFDM-Verfahren mit der höchstmöglichen Datenrate.

RTS/CTS-Verfahren   Bei dem RTS/CTS-Verfahren wird die eigentliche Datenübertragung über den Austausch von RTS- und CTS-Frames eingeleitet, die mittels DSSS/CCK mit 1, 2, 5,5 oder 11 MBit/s übertragen werden, wobei die verwendete Datenrate von der Festlegung der BBSBasicRateSet-Datenraten abhängig ist. Über die RTS-/CTS-Frames soll sichergestellt werden, dass der NAV-Wert auf den NonERP-Stationen, die kein OFDM unterstützen, für die benötigte Zeit der Datenübertragung gesetzt wird, auch wenn die Frames von den ERP-Stationen ausschließlich via OFDM übertragen werden. Über die RTS-/CTS-Frames werden die NAV-Werte für die benötigte Dauer der Datenübertragung und der darauf folgenden Bestätigung gesetzt. So wird sichergestellt, dass die NonERP-Komponenten das belegte Medium erkennen,

obwohl deren CCA-Funktion wegen fehlender OFDM-Unterstützung
nicht anspricht. Kollisionen sollen somit vermieden und eine friedliche
Koexistenz zwischen ERP-Stationen und NonERP-Stationen gewährleistet werden.

Vorteil des RTS/CTS-Verfahrens ist, dass dieses Verfahren robuster
ist als das CTS-to-Self-Verfahren, so bietet es beispielsweise beim Hidden-Station-Problem eine höhere Sicherheit für die Vermeidung von
Kollisionen. Dieser Vorteil muss allerdings gegenüber dem CTS-to-
Self-Verfahren mit einem größeren Overhead bezahlt werden. Abbildung 4–23 zeigt den Verlauf einer Datenübertragung, die über den
Protection-Mechanismus via RTS/CTS eingeleitet wird.

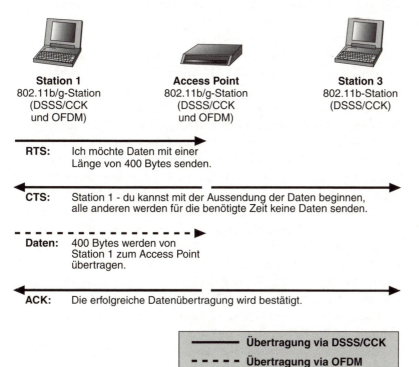

Abb. 4–23

*Datenübertragung via
RTS/CTS-basierenden
Protection-Mechanismus*

Die Nutzung des Protection-Mechanismus wird in der 802.11g-Erwei-
terung generell empfohlen. Sollte das DSSS-OFDM-Verfahren oder
PBCC-Verfahren von allen Stationen einer Funkzelle unterstützt werden, so ist die Unterstützung des Protection-Mechanismus jedoch nicht
notwendig.

Der Protection-Mechanismus kann bei einigen 802.11b/g- konformen Access Points über die Mixed-Mode-Option aktiviert werden. Bei einer Vielzahl von Access Points ist die Aktivierung des Protection-Mechanismus von der Einstellung der Datenrate abhängig, wobei der Protection-Mechanismus automatisch aktiviert wird, sobald die Verwendung von NonERP-Datenraten und ERP-Datenraten gemeinsam konfiguriert werden.

4.6.7   Datenratenunterstützung

BBSBasicRateSet-
Datenraten

Je nach PHY-Ausführung unterstützen die heutigen WLAN-Komponenten Datenraten von 1 bis 54 MBit/s oder sogar Datenraten oberhalb der 54-MBit/s-Grenze. Die Komponenten versuchen in der Regel ihre Nutzdaten immer mit der maximal möglichen Datenrate zu übertragen, wobei die maximal mögliche Datenrate von der Distanz und von der Qualität der Verbindungsstrecke abhängig ist. Der 802.11-Standard hält offen, wie die WLAN-Komponenten die Auswahl beziehungsweise Festlegung der zu verwendenden Datenraten vorzunehmen haben. Im 802.11-Standard ist jedoch festgelegt, dass alle Stationen die BBSBasicRateSet-Datenraten unterstützen müssen, die untereinander Daten austauschen möchten. Demnach muss eine Station, die sich an einem Access Point assoziieren möchte, mindestens die Datenraten unterstützen, die vom Access Point als BBSBasicRateSet-Datenraten festgelegt werden. Unterstützt eine Station nicht die BBSBasicRateSet-Datenraten des Access Points, so wird die Assoziierungsanfrage vom Access Point abgelehnt. Datenraten, die unterstützt werden können, werden als NonBBSBasicRateSet-Datenraten bezeichnet. Welche Datenraten unterstützt werden müssen (BBSBasicRateSet) und können (NonBBSBasicRateSet), gibt der Access Point über die Informationselemente Supported Rates und Extended Supported Rates bekannt. Eine Station nutzt ebenfalls diese beiden Informationselemente, um anzuzeigen, welche Datenrate sie unterstützen kann.

Datenratenaushandlung

Die Stationen verwalten eine Liste, in der alle zu nutzenden Datenraten aufgelistet sind. Die Liste basiert auf dem Informationsaustausch zwischen Access Point und Station, wobei die Informationen der Beacon-, Probe-Request-, Probe-Response-, Reassociation-Request- und Reassociation-Response-Frames zugrunde gelegt werden. Eine genaue Festlegung über die Nutzung der einzelnen Datenraten gibt es im 802.11-Standard allerdings nicht. Demnach haben Hersteller von WLAN-Produkten einen gewissen Freiraum in der Festlegung der zu verwendenden Datenraten. Ausnahme gilt für die Multicast- und Broadcast-Frames, denn sie dürfen nur mit den BBSBasicRateSet-Datenraten übertragen werden, damit sichergestellt ist, dass auch alle

Stationen einer Funkzelle diese Frames empfangen und auswerten können. Des Weiteren gilt, dass ACK- und CTS-Frames mit einer BBS-
BasicRateSet-Datenrate übertragen werden müssen, wobei diese Frames nur maximal mit derselben Datenrate ausgesendet werden dürfen,
mit der das zu bestätigende Frame zuvor empfangen wurde. In der
WLAN-Branche hat sich durchgesetzt, dass die Management-Frames
mit der niedrigsten BBSBasicRateSet-Datenrate übertragen werden
und Broadcast- und Multicast-Frames mit der höchsten BBSBasicRate-
Set-Datenrate. Die Nutzdaten werden mit der höchstmöglichen Datenrate übertragen, die durch die Distanz und die Qualität der Übertragungsstrecke zwischen Sender und Empfänger geprägt ist. Ist eine
fehlerfreie Datenübertragung nach zwei Versuchen nicht möglich, so
reduziert die Station in der Regel die Datenrate um eine Stufe und
führt erneut einen Übertragungsversuch durch.

4.6.8   Transmit Power Control

Durch die Transmit-Power-Control-Funktion (TPC), die durch die
802.11h-Erweiterung für 5-GHz-Komponenten als ergänzende Funktion eingeführt wird, soll eine automatische Anpassung der Sendeleistung erfolgen. Hierbei werden Informationen der Dämpfungsverluste
und des erwarteten Spielraums in der Empfangsleistung berücksichtigt. Ebenfalls soll über TPC sichergestellt werden, dass die maximal
zulässige Sendeleistung eines Kanals, die durch die jeweils zulässigen
Regulierungsbehörden festgelegt ist, von den Komponenten nicht
überschritten wird. Basis hierfür ist der Informationsaustausch über
die minimal und maximal zulässige Sendeleistung während der Assoziierung oder Reassoziierung einer Station am Access Point oder an einer
anderen Station. Der Informationsaustausch erfolgt über das Power-
Capability-Informationselement, das in Association-Request-Frames
oder Reassociation-Request-Frames übertragen wird. Sollte hierbei
festgestellt werden, dass die minimale oder maximale Sendeleistung
der Station nicht akzeptabel ist, so wird die Assoziierung oder Reassoziierung abgelehnt. Zudem gibt ein Access Point einer BSS oder eine
Station einer IBSS über die Beacon-Frames und Probe-Response-
Frames die maximal zulässige Sendeleistung eines Kanals bekannt. Die
Bekanntgabe der Information erfolgt hierbei über die Country-Infor-
mationselemente und Power-Constraint-Informationselemente.

Transmit Power Control

Über TPC wird nun versucht, dass zwischen den korrespondierenden Stationen oder zwischen einem Access Point und einer Station mit
der minimal notwendigen Sendeleistung gearbeitet wird. Dies liegt
zwischen der maximal zulässigen Sendeleistung und der Sendeleistung,

Leistungseinstellung

die sich aus der maximal zulässigen Sendeleistung abzüglich der zu reduzierenden Sendeleistung ergibt. In Deutschland liegt die maximale zulässige Sendeleistung, je nach verwendetem Kanal, bei 23 dBm oder 30 dBm und der zu reduzierende Leistungswert bei 6 dB. Bei der dynamischen Anpassung der Sendeleistung werden die Dämpfungsverluste und der vorhandene Spielraum in der Empfangsleistung mit berücksichtigt. Gegebenenfalls können die Stationen über ein TPC-Request-Frame aktuelle Informationen über die Verbindungsstrecke zwischen den korrespondierenden Stationen anfordern. Diese Anforderung wird dann über ein TPC-Response-Frame beantwortet. Über den Informationsaustausch werden Dämpfungsverluste und der zulässige Spielraum in der Sendeleistung über einen Signalvergleich zwischen ausgesendeten und empfangenen TPC-Response-Frames ermittelt. Der Algorithmus für die dynamische Einstellung ist in der 802.11h-Standarderweiterung nicht definiert und ist den Chipsatzherstellern überlassen.

4.6.9   Dynamic Frequency Selection

Dynamic Frequency Selection

Mit Hilfe der Dynamic-Frequency-Selection-Funktion (DFS), die ebenfalls Bestandteil der 802.11h-Erweiterung ist, kann ein automatischer Kanalwechsel vollzogen werden, falls während eines Betriebes auf einem Kanal ein anderer Nutzer beziehungsweise eine technische Einrichtung entdeckt wird. Dazu zählen beispielsweise Radarsysteme oder HIPERLAN/2-Systeme, die ebenfalls im 5-GHz-Frequenzband arbeiten. Deshalb wird vor jeder Kanalnutzung geprüft, ob kein anderes System bereits den Kanal beziehungsweise Frequenzbereich nutzt. Wird ein anderer Nutzer entdeckt, so soll auf dem Kanal die Datenaussendung abgebrochen werden und ein Kanalwechsel zu einem anderen freien Kanal erfolgen, um eine Beeinflussung durch WLAN-Systeme, die laut 802.11a im 5-GHz-Band arbeiten, zu vermeiden. Neben TPC ist die DFS-Funktion die Voraussetzung dafür, dass in Europa die 5-GHz-WLAN-Komponenten alle verfügbaren Kanäle nutzen und darin mit der jeweils maximal zulässigen Sendeleistung arbeiten dürfen.

Assoziierung

Grundlage für die DFS-Funktion ist wiederum der erweiterte Informationsaustausch während der Assoziierung oder Reassoziierung. Hierfür werden die unterstützten Kanäle über Supported-Channel-Informationselemente, die in den Association-Request-Frames oder Reassociation-Request-Frames übertragen werden, bekanntgegeben. Unterstützt eine Station keine ausreichende Anzahl von Ausweichkanälen, kann sie beispielsweise bei der Assoziierung abgelehnt werden. Ein Access Point kann innerhalb einer BSS über ein Quiet-Informationselement, das innerhalb eines Beacon-Frames oder Probe-

Response-Frames übertragen wird, eine Ruhephase einleiten. Durch die Ruhephasen sollen die Voraussetzungen geschaffen werden, auf den Kanälen andere Systeme zu erkennen. Stationen einer IBSS können ebenfalls Quiet-Informationselemente aussenden. Vor der Nutzung eines neuen Kanals soll dieser beispielsweise 10 Sekunden nach möglichen anderen Systemen abgehört werden. Zudem wird während der Zeit, in der keine Datenübertragung erfolgt, beispielsweise innerhalb einer SIFS, für die Dauer von 20 TU-Einheiten ebenfalls eine Überprüfung nach anderen Systemen in regelmäßigen Abständen durchgeführt. Die Kriterien zur Erkennung eines anderen Systems sind jedoch nicht in der 802.11h-Erweiterung definiert. Für das Erkennen von Radarsystemen ist beispielsweise für den europäischen Raum in der ETSI-Norm EN 301 893 ein bestimmtes Frequenz- beziehungsweise Pulsmuster festgelegt (siehe Abschnitt 3.4.11). Ebenfalls wird das Erkennen eines OFDM-Signals, das keine gültigen Informationen enthält, als fremdes System betrachtet, wobei man von einem HIPERLAN/2-System ausgehen kann, welches ebenfalls im 5-GHz-Band nach dem OFDM-Verfahren arbeitet.

Kanalwechsel

Wird ein fremdes System auf einem Kanal erkannt, so muss die Übertragung von Datenframes innerhalb von 200 ms eingestellt werden. Managementframes oder Kontrollframes dürfen noch für eine maximale Dauer von 20 ms übertragen werden, wobei die Übertragung auf dem betroffenen Kanal nach 10 Sekunden vollständig eingestellt werden soll.

Ein Access Point oder eine Station selbst können einen oder mehrere Kanäle überprüfen oder durch die Aussendung eines Measurement-Request-Frames eine andere Station damit beauftragen. Die Measurement-Request-Frames können als Unicast-Frame, Multicast-Frame oder Broadcast-Frame übertragen werden. Welcher Frametyp genutzt werden darf, ist abhängig vom Typ der Funkzelle (BSS oder IBSS) und davon, ob ein Access Point oder eine Station die Anfrage versendet hat. Damit soll eine Überlastung durch die auf die Anfrage folgenden Antworten vermieden werden. Tabelle 4–14 zeigt die erlaubten Frametypen für die Aussendung der Measurement-Request-Frames.

Zellentyp	Quelle der Anfrage	Ziel der Anfrage	Erlaubte Frametypen
BSS	Access Point	Station	Unicast, Multicast oder Broadcast
BSS	Station	Access Point	Unicast, Multicast oder Broadcast
BSS	Station	Station	Keine
IBSS	Station	Station	Unicast, Multicast oder Broadcast

Tab. 4–14

Frametypen für Measurement-Request-Frames

Die Überprüfung der Kanäle erfolgt während der Ruhephase oder während der übertragungsfreien Zeit. Der Startzeitpunkt für die Messung wird über die Angabe des Measurement-Request-Felds festgelegt. Das Ergebnis der Überprüfung liefern die beauftragten Stationen über die Measurement-Response-Frames zurück. Hierbei wird bekannt gegeben, auf welchem Kanal ein Nutzer erkannt wurde oder welcher Kanal frei ist. Ergibt die Überprüfung eine bereits vorhandene Kanalbelegung, so wird automatisch ein Kanalwechsel initiiert. In welchen Kanal gewechselt werden soll, wird über ein Channel-Switch-Announcement-Informationselement bekannt gegeben, das innerhalb von Beacon-Frames, Probe-Response-Frames oder Channel-Announcement-Frames übertragen wird. Hierbei kann gefordert werden, dass die Datenübertragung bis nach dem Kanalwechsel unterbrochen wird. Jedoch ist es auch möglich, dass Datenübertragung noch erlaubt bleibt, bevor der Kanalwechsel erfolgt, damit Stationen, die sich im Stromsparmodus befinden, den Kanalwechsel durch ein weiteres Channel-Announcement-Frame registrieren können. Innerhalb einer BSS kann ausschließlich der Access Point einen Kanalwechsel fordern. In einer IBSS gibt es hingegen keine eindeutige Festlegung, welche Station den Kanalwechsel

Abb. 4–24

Kanalwechsel via DFS

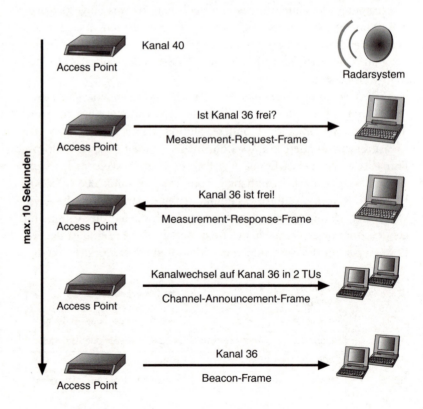

initiieren darf. Abbildung 4–24 zeigt die Durchführung eines Kanalwechsels, der in der nächsten TTBT erfolgt.

4.7 Point Coordination Function

Die PCF (Point Coordination Function) ist im 802.11-Standard eine *Point Coordination*
optionale Methode des MAC-Layer, ein Zugriffsverfahren zu definie- *Function*
ren. Bei der Zeitspanne, während der das Übertragungsmedium dezen-
tral verwaltet wird, spricht man von der Contention Period. In der CP
werden zwar Kollisionen vermieden, können aber nicht vollständig
ausgeschlossen werden. Dies wirkt sich für zeitkritische Anwendungen
negativ aus, da innerhalb eines bestimmten Zeitraums keine fehlerfreie
Datenübertragung garantiert und somit die Verzögerungszeit nicht
kalkulierbar ist. Eine Alternative dazu stellt der zentralisierte Ansatz
des Zugriffsverfahrens dar, der als PCF bezeichnet wird. Wird das
Übertragungsmedium über PCF verwaltet, so spricht man bei der Zeitspanne dieser Verwaltungsmethode von der Contention Free Period
(CFP). Während der CFP wird der Zugriff auf das Übertragungsmedium von einer zentralen Stelle verwaltet, die als Point Coordinator
bezeichnet wird. Der Point Coordinator erteilt den einzelnen Stationen
einer BSS über so genannte CF-Poll-Frames die Berechtigung für den
Zugriff auf das Übertragungsmedium. Auf diese Weise werden Kollisionen ausgeschlossen, und innerhalb eines bestimmten Zeitraums
kann ein Zugriff auf das Übertragungsmedium garantiert werden.
Zeitkritische Anwendungen, wie beispielsweise die Übertragung von
Sprachdaten, werden somit ermöglicht.

Die Funktion des Point Coordinator wird von dem Access Point *Point Coordinator*
einer BSS wahrgenommen. Der Access Point hat somit nicht nur die
Aufgabe, einen Datenaustausch zwischen den Stationen einer Funkzelle und dem Verteilungssystem zu realisieren, sondern kann auch den
Einsatz von zeitkritischen Anwendungen ermöglichen. Man muss
jedoch hierbei klarstellen, dass Access Points die PCF nicht generell
unterstützen müssen, da PCF laut IEEE-802.11-Standard optional ist.
Da für die PCF-Funktion ein Access Point benötigt wird, ist innerhalb
einer IBSS die Umsetzung von PCF nicht möglich.

Leitet ein Access Point die CFP ein, so findet ein Wechsel zwischen
der CFP und der CP auf dem Übertragungsmedium statt. Die Zeitspanne der CFP und der CP wird dabei vom Access Point bestimmt.
Der Wechsel soll sicherstellen, dass Stationen einer Zelle, die kein PCF
unterstützen, ebenfalls auf das Medium zugreifen können. Diesen Stationen wird während der CP gewährleistet, auf das Medium zuzugreifen.

Abb. 4–25
Wechsel zwischen
CP und CFP

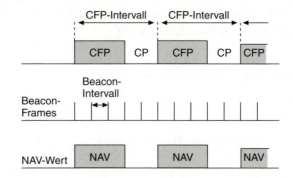

Beacon-Frame   Der Access Point leitet die CFP über die Aussendung eines Beacon-Frames ein, das in regelmäßigen Zeitabständen als Broadcast wiederholt ausgesendet wird. Der Zeitabstand zwischen dem Beginn einer CFP und der darauf folgenden CFP wird als CFP-Intervall bezeichnet und stellt ein Vielfaches des Beacon-Intervalls dar. Für Stationen, die kein PCF unterstützen, ist innerhalb der Beacon-Frames der Inhalt des Duration/ID-Felds die wichtigste Information. Denn über das Duration/ID-Feld wird der NAV-Wert der Stationen für die Dauer der CFP gesetzt. Dies stellt sicher, dass Stationen, die kein PCF unterstützen, während der CFP nicht auf das Medium zugreifen. Innerhalb eines CFP-Intervalls findet ein Wechsel von PCF nach CP statt, wobei sichergestellt wird, dass während der Dauer der CP mindestens ein Frame im DCF-Modus übertragen werden kann.

Letztendlich ist die Dauer der CFP variabel und liegt unter der Kontrolle des Access Points. Falls keine Daten mehr anstehen, die während der PCF übertragen werden sollen, kann der Access Point die CFP durch Aussendung eines CF-End-Frames beenden. In diesem Fall bleibt der CFP-Intervall unberührt, und die CP wird entsprechend der eingesparten Zeit verlängert. Die Stationen, die kein PCF unterstützen, setzen aufgrund des CF-End-Frames ihren NAV-Wert zurück und können somit versuchen, während der CP auf das Übertragungsmedium zuzugreifen.

Polling   Die Zuteilung des Übertragungsmediums wird für die PCF-Stationen mittels einer Reservierung des Übertragungsmediums vorgenommen, die durch die Vergabe eines Senderechts vom Access Point an die mobilen Stationen erfolgt. Diesen Vorgang bezeichnet man als Polling, da der Access Point die einzelnen Stationen in seiner Funkzelle nacheinander abfragt, ob sie Daten zu versenden haben. Die Stationen dürfen dabei erst Daten versenden, nachdem sie vom Access Point ein CF-Poll-Frame erhalten haben. Der Access Point erhält auf diese Weise die Kontrolle über das Übertragungsmedium und kann somit vermeiden, dass Kollisionen auftreten. Damit der Access Point weiß, welche Stationen er über ein Poll-Frame abfragen muss, geben die Stationen während ihrer Assoziierung beim Access Point bekannt, dass sie PCF unterstützen und eventuell während der CFP Daten übertragen möchten. Der Access Point trägt, basierend auf dieser Information, die PCF-Stationen in eine Polling-Liste ein. Der Access Point arbeitet während der CFP die Polling-Liste ab und schickt an die entsprechenden Stationen ein CF-Poll-Frame. Hat die gefragte Station Daten anstehen, die sie während der CFP übertragen möchte, so überträgt die Station diese Daten. Die Abbildung 4–26 zeigt den zeitlichen Verlauf eines CFP-Intervalls.

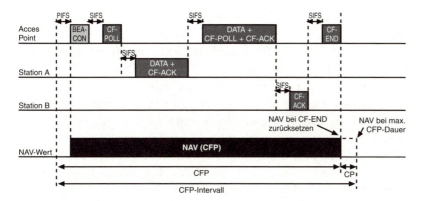

Abb. 4–26

Zeitlicher Ablauf eines CFP-Intervalls

Bei der dargestellten Datenübertragung wird die CFP vom Access Point nach dem PIFS, durch die Aussendung eines Beacon-Frames, eingeleitet. Nach einer SIFS sendet der Access Point ein CF-Poll-Frame an die Station A. Station A hat Daten zur Aussendung anstehen, die für Station B bestimmt sind, und sendet diese Daten über ein Datenframe, das mit einem CF-ACK kombiniert ist, an den Access Point. Der Access Point sendet diese Daten nach einem SIFS in ein Datenframe, das mit einem CF-Poll kombiniert ist, an die Station B. Nachdem Station B die Daten empfangen hat, sendet sie nach einem SIFS ein CF-ACK an den Access Point. Da keine weiteren PCF-Stationen vorhanden sind, beendet der Access Point die CFP nach einem weiteren SIFS durch das Aussenden eines CF-End-Frames.

Neben der Datenübertragung über den Access Point gibt es noch die Möglichkeit der direkten Datenübertragung, wie sie in Abbildung 4–27 dargestellt ist.

Nach dem PIFS leitet der Access Point die CFP ein, indem er ein Beacon-Frame aussendet. Die Station A erhält nach einem SIFS das CF-Poll-Frame. Station A hat Daten für Station B anstehen und sendet

Abb. 4–27
*Zeitlicher Ablauf
einer direkten
Datenübertragung
in der CFP*

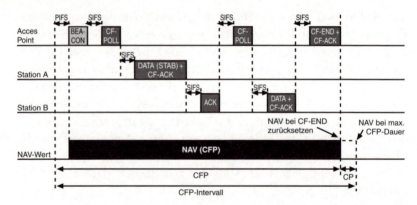

diese nach einem SIFS direkt an Station B, wobei die Daten in einem Datenframe kombiniert mit einem CF-ACK ausgesendet werden. Nach dem Empfang der Daten und einem SIFS bestätigt Station B den Datenempfang durch ein ACK. Nach einem SIFS sendet der Access Point ein CF-Poll-Frame an Station B und teilt ihr somit das Übertragungsmedium zu. Dieser Vorgang wird so lange fortgesetzt, bis die Poll-Liste des Access Points abgearbeitet ist und alle PCF-Station befragt worden sind, wonach die CFP beendet wird. Der Vorteil bei dieser Methode liegt darin, dass die Daten das Übertragungsmedium nur einmal belegen und nicht zweimal, wie dies bei dem Weg über den Access Point der Fall ist.

QoS   Da DCF und PCF sich parallel einsetzen lassen, ist eine Kompatibilität zu Stationen gewährleistet, die kein PCF unterstützen. Durch die Unterstützung von PCF sind zeitkritische Anwendungen möglich, so lassen sich beispielsweise Sprachdaten bis zu einer gewissen Qualität zwischen mobilen Stationen austauschen. Hierbei muss man natürlich berücksichtigen, dass zwar die Verzögerung einkalkuliert werden kann, jedoch die zur Zeit am weitesten verbreitete Datenrate von 11 MBit/s relativ lange Verzögerungszeiten hervorrufen kann. Es lässt sich demnach QoS mit einfachen Dienstklassen realisieren, aber die Datenrate von bis zu 11 MBit/s lässt anzweifeln, dass Dienste wie »Voice-over-IP« in einem drahtlosen Netzwerk zwischen mehreren Stationen praktikabel sind. In diesem Zusammenhang versprechen natürlich die neuen Bruttodatenraten von bis zu 54 MBit/s Abhilfe. Innerhalb der 11-MBit-Komponenten wurden bislang auch noch keine PCF-Lösungen umgesetzt, d.h. es gibt keine WLAN-Komponenten auf dem Markt, die tatsächlich PCF unterstützen. Des Weiteren fehlt auf den Stationen die Möglichkeit für die Verwaltung unterschiedlicher Queues (Warteschlangen), über die den Daten einer Station verschiedene Prioritäten zugeteilt werden können. PCF kann somit nur dafür sorgen, dass die Daten einer Station nach einer bestimmten Verzögerungszeit über das Übertragungsmedium übertragen werden können. Die Bevorzugung von bestimmten Diensten wie Video und Sprache sind über die Implementierung von PCF nicht möglich. Da jedoch QoS zukünftig immer mehr an Bedeutung gewinnt, hat das IEEE eine 802.11e-Arbeitsgruppe gebildet, die sich ausschließlich der QoS-Thematik widmet und QoS-spezifische Erweiterungen auf der MAC-Ebene vornimmt. Die Arbeiten dieser Arbeitsgruppe stützen sich auf die bereits definierte PCF-Funktion des Grundstandards und lehnen sich an QoS-Implementierungen des IEEE-802.1p-Standards an. Die 802.11e-Erweiterung wurde am 22. September 2005 verabschiedet.

4.8 802.11d-Erweiterung

Je nachdem in welchem Land die WLAN-Komponenten betrieben werden, müssen die Komponenten Vorgaben bezüglich der zulässigen Sendeleistung und der nutzbaren Kanäle befolgen. Dementsprechend werden die WLAN-Komponenten von den Herstellern länderspezifisch konfiguriert, also auf die Nutzung in einer bestimmten Frequenzdomäne programmiert. Problematisch ist die Festlegung auf eine bestimmte Frequenzdomäne für international Reisende, wenn diese beispielsweise ihren WLAN-Client-Adapter in einem fremden Land nutzen möchten, um etwa auf einen Hotspot zuzugreifen. Abhilfe hierbei bietet die 802.11d-Erweiterung, mit deren Hilfe sich die WLAN-Client-Adapter automatisch auf die Vorgaben der jeweiligen Frequenzdomäne einstellen können. Die Funktion der 802.11d-Erweiterung wird als Internationale-Roaming-Fähigkeit bezeichnet.

802.11d-Erweiterung

802.11d-kompatible Access Points geben die von den Frequenzdomänen abhängigen Informationen über das Country-Informationselement bekannt, das in den Beacon- und Probe-Response-Frames ausgesendet wird. Die WLAN-Clients können sich anhand dieser Informationen automatisch auf die Vorgaben des Access Points einstellen. Die Frequenzdomäne und deren Eigenschaften werden über das Informationselement ID 7 spezifiziert. Der Nutzdatenteil dieses Informationselements hat eine Länge von 6 Bytes und beinhaltet das 3 Byte lange Country-Code-Feld, das 1 Byte lange Starting-Channel-Feld, das 1 Byte lange Number-of-Channel-Feld und das 1 Byte lange Max-Tx-Power-Feld. Die ersten zwei Bytes des Country-Felds geben den Ländercode an. Die Länderangabe erfolgt über den ISO 3166-alpha-2 Ländercode, dessen Angabe über zwei Buchstaben erfolgt. Tabelle 4–15 zeigt einen Ausschnitt der möglichen Ländercodes.

Country-Informationselement

Country-Code	Länderkennung	Land
44 45	DE	Deutschland
41 54	AT	Österreich
43 48	CH	Schweiz
45 53	ES	Spanien
46 52	FR	Frankreich
47 42	GB	England UK
49 54	IT	Italien
4C 55	LU	Luxemburg
53 45	SE	Schweden
55 53	US	Vereinigte Staaten

Das 3. Byte des Country-Code-Felds dient der Spezifizierung zwischen Geschlossene und offene Umgebung (20), Geschlossene Umgebung (49) oder Offene Umgebung (4F). Über das Starting-Channel-Feld wird die erste zu nutzende Kanalnummer angegeben. Mit dem Number-of-Channel-Feld wird die Anzahl der zu nutzenden Kanäle spezifiziert. Das Max-Tx-Power-Feld gibt die maximal zulässige Sendeleistung in dBm an. 802.11d-Client-Adapter können anhand der zuvor dargestellten Informationen alle länderspezifischen Vorgaben vornehmen und im Betrieb berücksichtigen.

4.9   802.11e-MAC-Erweiterung

802.11e-MAC-Erweiterung   Durch die MAC-Erweiterung auf Basis von 802.11e erhalten die WLAN-Komponenten erweiterte QoS-Fähigkeiten, mit denen über eine WLAN-Infrastruktur die drahtlose Übertragung von zeitkritischen Sprach- oder Videodaten ermöglicht wird. Im Zusammenhang mit QoS wurde im WLAN-Bereich auch der Begriff Wi-Fi Multi Media (WMM) eingeführt, hierbei handelt es sich funktionell um einen Teil der 802.11e-Erweiterung (Vorversion). Grundlage der QoS-Fähigkeiten ist die Enhanced Distribution Coordination Function, kurz EDCF, und die Hybrid Coordination Function (HCF). Durch die 802.11e-Erweiterung wird DCF durch EDCF und PCF durch HCF ersetzt. Stationen, die die 802.11e-Erweiterungen unterstützen, werden als QoS-Stationen bezeichnet. Eine Funkzelle, in der QoS unterstützt wird, erhält nach der 802.11e-Nomenklatur die Bezeichnung QBSS. Die Station, die die zentrale Verwaltung der QBSS übernimmt, wird als Hybrid Coordinator, kurz HC, betitelt, wobei diese Funktion typischerweise vom Access Point einer Funkzelle wahrgenommen wird. EDCF stellt für die QoS-Funktion das Basiszugriffsverfahren dar, bei dem während des Medienzugriffs mit anderen Stationen konkurriert wird und das ausschließlich innerhalb einer CP-Phase erfolgt. HCF kann hingegen innerhalb einer CP- und CFP-Phase erfolgen und stellt somit ein übergreifendes Zugriffsverfahren dar, das sich über beide Phasen erstrecken kann. Die beiden Verfahren können entweder einzeln oder zusammen verwendet werden.

4.9.1   Enhanced Distribution Coordination Function

EDCF basiert letztendlich auf bis zu 8 unterschiedliche Traffic Categories, kurz TCs, über die für die Datenübertragung verschiedene Prioritäten beim Medienzugriff zugeteilt werden konnen. Auf diese Weise können unterschiedliche Dienstklassen realisiert werden. Die TCs stellen unterschiedliche Backoff-Instanzen dar, die innerhalb einer Station verwaltet werden können. Hierbei handelt es sich quasi um mehrere Stationen innerhalb einer Station. Während der CP-Phase erhält jede TC für eine bestimmte Dauer eine Zugriffsberechtigung auf das Übertragungsmedium, die als TXOP (Transmission Opportunity) definiert ist. TXOP beschreibt einen Intervall für die Sendeberechtigung, über eine Anfangszeit und einen bestimmten Zeitraum.

Traffic Categories

Falls das Übertragungsmedium für eine bestimmte Dauer, die einem neuen Interframe-Space-Typ entspricht, frei ist, wird für jede TC ein unabhängiger Backoff-Algorithmus initiiert. Bei dem neuen Interframe Space handelt es sich um den so genannten AIFS (Arbitration Interframe Space). Über das Durchlaufen der unabhängigen Backoff-Algorithmen werden unterschiedliche Wartezeiten nach dem Zufallsprinzip generiert, wobei bei deren Dauer die unterschiedlichen Prioritäten berücksichtigt werden. Hierbei gilt, je höher die Priorität ist, desto geringer ist die generierte Backoff-Wartezeit. Dies wird erzielt, indem in Abhängigkeit der Prioritäten unterschiedliche CW-Bereiche (Contention Window) zugrunde gelegt werden. Zudem werden den verschiedenen TCs unterschiedliche AIFSs zugeteilt. Die Backoff-Wartezeit errechnet sich aus dem Produkt der Slot Time und dem jeweiligen CW-Wert, wobei beide Werte vom verwendeten PHY-Typ abhängig sind (siehe Abschnitt 4.2.4). Der CW-Wert ergibt sich jeweils aus dem Bereich zwischen CWmin und CWmax. Bisher war der unterste Wert für CWmin mit 15 (802.11a und 802.11g) oder 31 (802.11b) festgelegt und der höchste Wert für CWmax mit 1.023. Durch die 802.11e-Erweiterung liegt CWmin[TC] im Bereich von 0 bis 255, um unterschiedliche Prioritäten bereitzustellen. Der Wert für CWmax liegt im Bereich von CWmin bis 1.023. Für den kleinsten AIFS gilt, DIFS =

AIFS

AIFS, dies entspricht bei 802.11a oder 802.11g der Dauer von 34 µs und bei 802.11b der Dauer von 50 µs (siehe Abb. 4–28).

Abb. 4–28

EDCF-Medienzugriff über verschiedene Wartezeiten

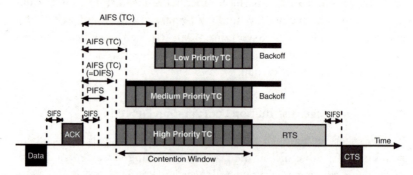

AIFS[TC] kann für jede TC individuell verlängert werden und eine Dauer von DIFS ≤ AFIS annehmen, um die unterschiedlichen Prioritäten der TC zu bekräftigen. Über den Backoff-Algorithmus wird ein CW-Wert nach dem Zufallsprinzip generiert, der im Bereich von [1, CW +1] liegt. Für CW gilt der Bereich zwischen CWmin und CWmax. Die für den Medienzugriff errechnete Wartezeit wird jeweils um die Slot Time reduziert, solange während der Backoff-Wartezeit kein belegtes Medium von den Stationen erkannt wird. Erreicht auf einer Station die Backoff-Wartezeit den Wert 0, so greift diese Station auf das Übertragungsmedium zu, um ihr Frame zu übertragen. Wird hingegen während der Backoff-Wartezeit ein belegtes Medium erkannt, so wird die Reduzierung der Wartezeit unterbrochen. In diesem Fall wird die Backoff-Wartezeit erst wieder reduziert, sobald für die Dauer eines AIFS das Medium nicht belegt ist.

Persistence Factor

Sollte eine Frameübertragung fehlschlagen, was beispielsweise von der Sendestation durch das Ausbleiben des ACK-Frames erkannt werden kann, so wird eine neue Wartezeit generiert. Dazu wird ein neuer CW-Wert über die Formel neuerCW[TC] ≥ ((alterCW[TC] + 1) × PF) - 1 ermittelt. PF steht für Persistence Factor und soll die Wahrscheinlichkeit einer erneuten Kollision reduzieren. Der Wertebereich von PF liegt zwischen 1 und 16 und wird mit jeder erfolglosen Frameübertragung um 1 erhöht, wobei PF für jede TC unabhängig verwaltet wird. Der entscheidende Unterschied zum herkömmlichen DCF liegt in der Tatsache, dass der Wertebereich für einen neuen CW-Wert nicht einfach erhöht wird, sondern auf den bereits abgelaufenen und verbleibenden CW-Wert zurückgegriffen wird. Somit bleibt die Priorisierung, trotz einer fehlerhaften Frameübertragung, bis zum gewissen Grad erhalten. Die Tabelle 4–16 zeigt mögliche Werte für die von den TCs abhängigen Parameter CWmin[TC], CWmax[TC] und AIFS[TC] in Abhängigkeit von drei Prioritäten (hoch, mittel und niedrig).

Priorität	CWmin[TC]	CWmax[TC]	AIFS[TC]
hoch	7	7	DIFS = SIFS + 2 x Slot Times
mittel	10	31	SIFS + 4 x Slot Times
niedrig	15	255	SIFS + 7 x Slot Times

Tab. 4–16
Mögliche TC-abhängige
Werte

Eine Station kann laut 802.11e bis zu 8 unterschiedliche TCs und Dienstklassen für eine unterschiedliche Priorisierung der Datenübertragung verwalten. Sollte innerhalb einer Station die Backoff-Wartezeit von zwei oder mehreren TCs zur selben Zeit den Wert 0 erreichen, so wird über einen internen Scheduler eine virtuelle Kollision in der Station vermieden. Hierbei werden die Daten der TC, die die höhere Priorität hat, bevorzugt ausgesendet, indem dieser TC die TXOP zugeteilt wird. Abbildung 4–29 zeigt die Implementierung unterschiedlicher Backoff-Instanzen mit Hilfe von 8 TCs innerhalb einer Station.

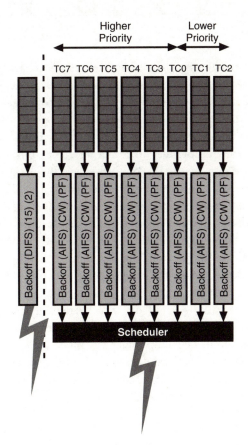

Abb. 4–29
Durch verschiedene
Backoff-Instanzen werden
unterschiedliche
Dienstklassen ermöglicht

4.9.2   EDCF-TXOP-Bursting

EDCF-TXOP-Bursting   Neben der Medienzuteilung für die Übertragung eines einzelnen Frames sieht die 802.11e-Erweiterung noch die Zuteilung des Übertragungsmediums für die Aussendung mehrerer Frames vor. Diese Art des Medienzugriffs wird nach 802.11e als EDCF-TXOP-Bursting bezeichnet. Hierbei darf eine Station so lange Frames aussenden, bis ein so genannter TXOPlimit abgelaufen ist. Der TXOPlimit wird vom HC innerhalb der Beacon-Frames bekannt gegeben. Über das EDCF-TXOP-Bursting soll die Effizienz beim Medienzugriff gesteigert werden, indem die Anzahl der Backoff-Wartezeiten zwischen den Frameaussendungen reduziert werden. Abbildung 4–30 zeigt den Ablauf der Frameübertragung über ein EDCF-TXOP-Bursting.

Abb. 4–30
Frameübertragung via
EDCF-TXOP-Bursting

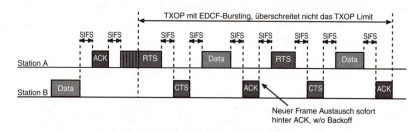

Block-Acknowledgement-   Die 802.11e-Erweiterung sieht einen weiteren Mechanismus vor, um
Mechanismus   die Effizienz des genutzten Übertragungsmediums zu steigern. Hierbei handelt es sich um den so genannten Block-Acknowledgement-Mechanismus. Über diesen Mechanismus wird es ermöglicht, dass eine Station mehrere Frames im Abstand einer SIFS als Burst überträgt, die abschließend vom Empfänger über ein spezielles Block-ACK-Frame gemeinsam bestätigt werden, wobei über ein Block-ACK-Frame die Bestätigung für bis zu 64 Frames erfolgen kann. Der Block-Acknowledgement-Mechanismus wird über ein ADDBA-Request-Frame eingeleitet, wobei dieser Request über ein ADDBA-Response-Frame bestätigt wird. Innerhalb des ADDBA-Response-Frames gibt der Empfänger die Anzahl der Buffer bekannt, die dieser für den Empfang der zum Burst gehörenden Frames zur Verfügung hat. Daraufhin kann die initiierende Station über die maximale Dauer der TXOP mehrere Frames übertragen, wobei die Anzahl der zur Verfügung stehenden Buffer ebenfalls berücksichtigt werden. Nach dem letzten Frame des Bursts sendet die Station an den Empfänger ein Block-ACK-Request-Frame aus. Dieses wird abschließend durch den Empfänger, bei einer erfolgreichen Übertragung der zum Burst gehörenden Frames, über ein Block-ACK-Response-Frame bestätigt.

Bei der Zuteilung der TXOP wird nach 802.11e zwischen der *EDCF-TXOP und Poll-TXOP*
EDCF-TXOP und einer Poll-TXOP unterschieden. Die EDCF-TXOP
wird innerhalb der QBSS über die Aussendung der Beacon-Frames
bekannt gegeben, die vom Hybrid Coordinator in regelmäßigen
Abständen ausgesendet werden.

4.9.3   Hybrid Coordination Function

Die Hybrid Coordination Function, kurz HCF, stellt das erweiterte   *Hybrid Coordination*
Zugriffsverfahren der EDCF dar. Hierbei handelt es sich um einen zen- *Function*
tralistischen Ansatz, ähnlich wie das PCF-Verfahren, wobei der HC
den einzelnen Stationen seiner QBSS das Übertragungsmedium zuteilt.
Hierdurch wird sichergestellt, dass die vorhandene Bandbreite zwischen allen QoS-Stationen aufgeteilt wird und keine QoS-Station beim
Medienzugriff das Nachsehen hat. Dazu sendet der HC an eine
bestimmte QoS-Station ein QoS-Poll-Frame aus. Innerhalb des QoS-
Poll-Frames wird die TXOP erteilt, die deshalb als Poll-TXOP bezeichnet werden. Die Dauer der Poll-TXOP wird über das Duration-Feld
innerhalb des QoS-Poll-Frames angegeben, der Beginn der Poll-TXOP
ergibt sich durch das Aussenden beziehungsweise Empfangen des QoS-
Poll-Frames. Der HC sendet die QoS-Poll-Frames aus, wenn das Übertragungsmedium für die Dauer einer PIFS nicht belegt war. Da die PIFS
kürzer ist als ein DIFS beziehungsweise ein AIFS, hat der HC grundsätzlich eine höhere Priorität als der EDCF. Der HC kann während der
CP-Phase oder CFP-Phase ein QoS-Poll-Frame aussenden. Die CFP-
Phase wird vom HC über das Aussenden der Beacon-Frames eingeleitet. Die CFP-Phase endet entweder nach einer bestimmten Zeit, die
ebenfalls über das Beacon-Frame bekannt gegeben wurde, oder durch
das Aussenden eines CF-End-Frame. Abbildung 4–31 zeigt den Ablauf
der Frameübertragung während der CFP-Phase und CP-Phase, die
über einen HC gesteuert werden.

Welche Stationen der HC über das Aussenden der QoS-Poll-   *Controlled-Contention-*
Frames abfragen muss, erfährt der HC über ein Controlled-Conten-   *Mechanismus*
tion-Mechanismus. Über den Controlled-Contention-Mechanismus
können die Stationen beim HC über bestimmte Request-Frames notwendige TXOPs anfordern. Die Request-Frames werden dazu während eines Controlled-Contention-Intervalls von den Stationen an den
HC versendet. Ein Controlled-Contention-Intervall wird vom HC
über das Aussenden eines speziellen Kontroll-Frames eingeleitet. Über
diese Kontroll-Frames wird bei herkömmlichen Stationen der NAV-
Wert gesetzt, so dass diese während des Controlled-Contention-Intervalls nicht auf das Übertragungsmedium zugreifen.

Abb. 4–31
Frameübertragung
via HCF

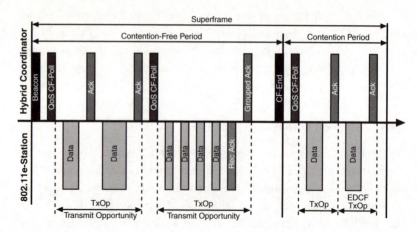

Zusammenfassung

Heute werden WLANs primär genutzt, um einen Datenaustausch in einer Büro- oder Industrieumgebung, im öffentlichen Bereich (Hotspot) und Privatbereich abzuwickeln. Typische Anwendungsfälle sind der Zugriff auf Datenbanken, zentral verwaltete Datenbestände oder der Zugang zum Internet. Der 802.11-Grundstandard stellt auf der MAC-Ebene alle Funktionen bereit, um den Datenaustausch zu ermöglichen. Waren bislang mit den 802.11b-konformen WLAN-Produkten Datenraten von 1, 2, 5,5 oder 11 MBit/s Usus, so werden seit Neuestem, durch die 802.11g- und 802.11a-Erweiterung, Datenraten von 54 MBit/s ermöglicht. Für die 802.11a-Komponeten ist hierbei entscheidend, dass diese auch 802.11h-konform sind, damit die Produkte im europäischen Raum in vollem Leistungsumfang betrieben werden können. Da der Trend immer mehr in Richtung Multimedia geht, wird in Zukunft auch die 802.11e-Erweiterung immer mehr an Bedeutung gewinnen.

5 Antennentechnik

Die flächendeckende WLAN-Versorgung eines Gebäudes hängt von der Reichweite der einzelnen Funkzellen und vor allem von der richtigen Platzierung der Access Points ab. Die erzielbare Reichweite einer Funkzelle ist von der Datenrate abhängig, hierbei gilt, je höher die Datenrate, desto geringer ist die Fläche, die durch einen Access Point beziehungsweise eine Funkzelle versorgt werden kann. Die richtige Platzierung der Access Points ist notwendig, um eine lückenlose Ausleuchtung eines Gebäudes zu erzielen und Funklöcher zu vermeiden. Hierbei gilt es, die Access Points so zu platzieren, dass sich deren Funkzellen geringfügig überlappen. Eine lückenlose Ausleuchtung kann durch eine hohe Dichte von Access Points sichergestellt werden. Jedoch stößt man hierbei, gerade im 2,4-GHz-Frequenzband, schnell an die Grenze der verfügbaren Kanäle, denn im 2,4-GHz-Band stehen nur 3 Kanäle zur Verfügung, die sich ohne gegenseitige Beeinflussung überlappen dürfen (siehe Abschnitt 3.3.5). Abhilfe hierbei können Antennen bieten, die die Reichweite und versorgte Fläche einer Funkzelle erheblich erhöhen können, so dass weniger Funkzellen benötigt werden.

Antennentechnik

Des Weiteren können Antennen dazu genutzt werden, Richtfunkstrecken über größere Distanzen zwischen Gebäuden zu realisieren. Hierdurch lassen sich via WLAN Netzwerkanbindungen zwischen verschiedenen Gebäuden einrichten, die sich durch geringe laufende Betriebskosten auszeichnen.

Antennen sind auf jeden Fall das Thema, wenn es um die praktische und professionelle Umsetzung von WLANs geht. Es ist notwendig die verschiedenen Antennentypen zu kennen, um deren Einsatzgebiete und die gesetzlichen Rahmenbedingungen beim Einsatz berücksichtigen zu können. Das folgende Kapitel widmet sich deshalb ausführlich der Antennentechnik, die im WLAN-Bereich Anwendung findet, und liefert einen detaillierten Einblick in die physikalischen Größen beziehungsweise Parameter der Antennen. Ebenso wird der praktische Einsatz der Antennen durchleuchtet.

5.1 Grundlagen der drahtlosen Kommunikation

Wellentypwandler   Drahtlose Kommunikation oder Datenaustausch basiert auf der Übertragung elektromagnetischer Wellen, die sich frei im Raum ausbreiten können. Dazu wandeln die Antennen auf der Seite des Senders die leitungsgeführten Wellen in eine Freiraumwelle um. Auf der Seite des Empfängers wird von den Antennen ein Teil der Freiraumwelle wieder in eine leitungsgeführte Welle umgewandelt. Deshalb werden Antennen auch oft als Wellentypwandler bezeichnet. Dabei geht es darum, einen möglichst großen Teil der vom Sender abgestrahlten Leistung zum Empfänger zu übertragen.

Trägerfrequenz   Antennen strahlen also entweder elektromagnetische Energie ab oder nehmen elektromagnetische Energie auf. Hierbei wird allerdings die Nutzinformation nicht direkt umgewandelt, sondern vorher auf eine Trägerfrequenz aufmoduliert. Die spezielle Ausführung einer Antenne hängt im Wesentlichen von der Höhe der Trägerfrequenz und der gewünschten beziehungsweise notwendigen Abstrahl- oder Richtcharakteristik einer Antenne ab.

Wellentypen   In der Nachrichtentechnik verwendet man in Abhängigkeit von der gewünschten Reichweite verschiedene Trägerfrequenzen, die bestimmte Wellenlängen hervorrufen, deren Wellen durch unterschiedliche physikalische Gesetzmäßigkeiten und Ausbreitungscharakteristiken geprägt sind. Wie Sie bereits den vorigen Kapiteln entnehmen konnten, arbeiten 802.11-WLAN-Lösungen entweder im 2,4-GHz- oder 5-GHz-Frequenzband. Die zu diesen Frequenzbändern gehörenden Wellenformen entsprechen der Ultrakurzwelle, die sich als Sichtwelle ausbreitet und Distanzen von wenigen hundert Metern bis Kilometer überbrücken kann. Generell gilt, dass bei der Ultrakurzwelle die besten Sende-/Empfangsverhältnisse vorliegen, wenn zwischen Sender und Empfänger eine Sicht besteht, wobei man in diesem Fall von einer quasioptischen Sichtverbindung spricht.

5.2 Antennenprinzip

Antennenprinzip   Jede WLAN-Komponente verfügt über eine interne oder externe Antenne, die für die erzielbare Reichweite maßgebend ist. Der Grundbaustein einer Antenne stellt einem Parallelschwingkreis dar, in dem die Energie zwischen Spule und Kondensator hin- und herpendelt. Verkleinert man die Spule auf eine Windung und zieht die Platten des Kondensators so weit auseinander, dass sich die Kondensatorplatten an den Enden des Leiters beziehungsweise der Spule befinden, so erhält man einen offenen Schwingkreis, der die Grundform jeder Antenne darstellt. Der Strom erzeugt dabei um die Antenne ein ringförmiges Magnetfeld und die Spannung ein elektrisches Feld zwischen den Enden der Antenne. Beide Felder werden im Raum abgestrahlt, wobei die magnetischen und elektrischen Wechselfelder sich einander senkrecht durchdringen und die elektromagnetische Strahlung einer Antenne bilden. Da sich die elektromagnetische Strahlung von der Antenne wegbewegt, bezeichnet man die elektromagnetischen Felder als elektromagnetische Wellen.

Für den Aufbau eines offenen Schwingkreises kann man anstelle der unteren Kondensatorplatte die Erde verwenden und anstelle der oberen Kondensatorplatte einen ausgestreckten Draht. Für die höheren Frequenzen muss man letztendlich die Induktivität und Kapazität verkleinern. Die Verkleinerung der Induktivität und Kapazität erzielt man, indem man zu einem aufgebogenen und gestreckten Zweidrahtleiter übergeht, der in der Mitte eine Möglichkeit zur Energiezufuhr (Senden) beziehungsweise Abnahme (Empfangen) besitzt. Dieser Punkt wird zum Anschluss des Antennenkabels verwendet, da an dieser Stelle der Strom am größten und die Spannung am niedrigsten ist. Die auseinander gebogenen Enden des Zweidrahtleiters bilden letztendlich die Kondensatorplatten, die eine geringe Kapazität aufweisen. Diese Form der Antenne bezeichnet man im Fachjargon als Dipol.

Offener Schwingkreis

Für den Fall, dass ein Sender leitungsgeführte Hochfrequenzwellen in einen Zweidrahtleiter schickt, lässt sich das Prinzip des Dipols folgendermaßen veranschaulichen:

Dipolprinzip

- Zwischen den Drähten des Zweidrahtleiters bildet sich ein pulsierendes elektrisches Feld, das sich jedoch von den Leitungen nicht lösen kann.
- Durch das einseitige Auseinanderbiegen der Leitungsenden verlängern sich die elektrischen Feldlinien, wobei diese im rechten Winkel zu den Leitungen stehen.
- Sobald die Drähte im rechten Winkel aufgebogen sind, haben die Feldlinien eine Länge erreicht, die ein Ablösen der Feldlinien erlauben, wobei die Länge der beiden senkrechten Leitungen der halben Wellenlänge des hochfrequenten Signals entsprechen. Parallel zu dem elektrischen Feld, das durch die Spannung gebildet wird, entsteht durch den Strom auch ein magnetisches Feld. Die Wellenablösung erfolgt durch die permanente Wechselwirkung von elektri-

scher in magnetische Energie und umgekehrt. Somit strahlt der aufgebogene Zweidrahtleiter elektromagnetische Wellen ab. Eine Wandlung zwischen der leitungsgeführten Welle und einer Freiraumwelle ist somit gegeben.

Abbildung 5–1 zeigt den Übergang vom geschlossenen zum offenen Schwingkreis, der durch das Auseinanderbiegen eines Zweidrahtleiters entsteht und dem Grundprinzip eines λ/2-Dipols entspricht.

Abb. 5–1

Übergang zum offenen Schwingkreis und Entstehung eines λ/2-Dipols

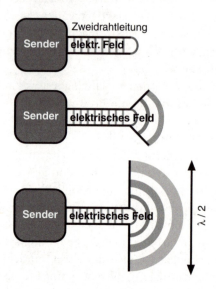

Damit die elektromagnetischen Wellen abgestrahlt werden, muss bei einem Dipol die Länge der beiden Drahtstücke der halben Wellenlänge (λ/2) entsprechen – bei 2,4 GHz entspricht dies in etwa 6,14 cm und bei 5 GHz in etwa 2,75 cm.

λ/4-Antennen

λ/2-Antennen entsprechen primär den stationären Antennen. Im mobilen Bereich kommen alternativ auch λ/4-Antennen zum Einsatz, da diese eine geringe Länge haben. λ/4-Antennen entsprechen so genannten Groundplane-Antennen, die eine leitende Ebene als elektrisches Gegengewicht benötigten, damit sie die notwendige Länge aufweisen und funktionsfähig sind. Die λ/4-Antennen können beispielsweise auf Fahrzeugdächern montiert werden, in diesem Fall entspricht das Fahrzeugdach dem Gegengewicht. Steht keine Metallfläche zur Verfügung, so muss die notwendige Fläche über eine geeignete metallische Antennenhalterung nachgebildet werden. Für die Fläche gilt, dass diese in X- und Y-Achse minimal λ/4 entsprechen muss. Als Faustformel sollte man die Höhe der λ/4-Antennen nehmen und eine Fläche vorsehen, die entsteht, wenn man die Antenne quasi in alle Richtungen umfallen lässt.

5.3 Antennenparameter

Die Eigenschaften einer Antenne werden durch eine Vielzahl von Parametern oder Charakteristika beschrieben. Im Wesentlichen erfolgt die
Beschreibung einer Antenne durch die:

Antennenparameter

- Impedanz
- VSWR/Rückflussdämpfung
- Polarisation
- Strahlungsdiagramme
- Halbwertsbreite
- Antennengewinn
- Vor-Rück-Verhältnis.

Wichtig bei der Betrachtung von Antennen ist die Tatsache, dass für die
passiven Antennen das Reziprozitätsgesetz gilt. Dies bedeutet, dass eine
wechselseitige Beziehung zwischen dem Sende- und Empfangsfall einer
passiven Antenne vorliegt. Die Antenne kann demnach zum Senden und
Empfangen gleichermaßen verwendet werden, da sich im Sende- und
Empfangsfall die charakteristischen Eigenschaften beziehungsweise
Kenngrößen der passiven Antenne nicht ändern. Demnach kann man
bereits eine Reichweitensteigerung erzielen, wenn man nur an dem
Access Point eine externe Antenne mit besserer Abstrahlcharakteristik
anschließt und nicht an den WLAN-Stationen. Die Antenne sorgt dafür,
dass die Leistung in einer bevorzugten Richtung abgestrahlt wird und
weiter entfernte WLAN-Stationen das Signal noch empfangen können.
Zudem kann der Access Point aus der bevorzugten Richtung besser
empfangen, also schwächere Signale noch fehlerfrei auswerten. Als passive Antennen werden Antennenanordnungen betrachtet, bei denen
keine nichtlinearen und nichtreziproken Bauelemente enthalten sind,
wie beispielsweise Verstärker oder Ferrite. Im WLAN-Bereich werden
allgemein passive Antennen eingesetzt. Die folgenden Betrachtungen
beziehen sich deshalb vorwiegend auf passive Antennen.

5.3.1 Impedanz

Der frequenzabhängige Widerstand wird über die Impedanz angegeben. WLAN-Komponenten weisen eine Impedanz von 50 Ohm auf.
Die Impedanz von Antenne, Ein- und Ausgang der Sende-/Empfangs-
stufe und der verwendeten Antennenkabel müssen gleich sein, da
Unterschiede in der Impedanz zu einer Fehlanpassung führen. Eine
Fehlanpassung hat zur Folge, dass ein Teil des eingespeisten Signals
wieder reflektiert wird und die Einspeisung der Antenne nicht mit voller Leistung erfolgt.

Impedanz

5.3.2 VSWR/Rückflussdämpfung

VSWR-Wert In der Praxis kann die Impedanz nur bei einer bestimmten Frequenz korrekt eingehalten werden, da bei einer breitbandigen Nutzung der Antenne zwangsläufig immer eine Fehlanpassung vorliegt, die zu einem gewissen Grad an Reflexionen führt. Inwieweit die Impedanz von der Nenngröße abweicht, wird über den Parameter VSWR beschrieben. VSWR steht für Voltage Standing Wave Ratio und beschreibt das so genannte Stehwellenverhältnis. Ein VSWR-Wert von 1,8 bedeutet beispielsweise bei einer 50-Ohm-Antenne, dass der Wirkanteil der komplexen Impedanz einen Minimalwert von 27,7 Ohm (50 Ohm ÷ 1,8) und einen Maximalwert von 90 Ohm (50 Ohm × 1,8) annehmen kann. Eine Antenne wird allgemein als Breitbandantenne klassifiziert, wenn VSWR den Wert von 2,0 nicht überschreitet. Typische VSWR-Werte liegen bei WLAN-Antennen zwischen 1,3 und 2,0. Durch die mit dem VSWR-Wert beschriebene Fehlanpassung kann die vom Sender geschickte Leistung nicht ungehindert in die Antenne fließen und abgestrahlt werden. Ein Teil der Leistung wird an der Antenne reflektiert und läuft zum Sender zurück. Die hinlaufende und rücklaufende Leistung bilden eine stehende Welle, die ein Spannungsmaxima (U_{max}) und ein Spannungsminima (U_{min}) aufweisen. Das Verhältnis $s = U_{max}/U_{min}$ bildet wiederum den VSWR-Wert.

Rückflussdämpfung Anstelle des VSWR betrachtet man heute auch oft die Fehlanpassung von Antennen über die Rückflussdämpfung. Grundlage für die Rückflussdämpfung ist der Reflexionsfaktor, der das Spannungsverhältnis zwischen der rücklaufenden und vorlaufenden Welle ($r = U_R/U_V$) beschreibt. Der Reflexionsfaktor steht über die Gleichung $r = (s - 1)/(s + 1)$ mit der Angabe des VSWR-Wertes im Zusammenhang. Die Rückflussdämpfung ergibt sich aus a_r [dB] = -20 log r.

5.3.3 Polarisation

Polarisation Die Polarisation beschreibt, wie die elektrischen Feldlinien von der Antenne abgestrahlt werden. Generell unterscheidet man zwischen linearer und zirkularer Polarisation. Man spricht von einer linearen Polarisation, wenn das E-Feld einer elektromagnetischen Welle immer in eine Raumrichtung zeigt. Bei der linearen Polarisation wird zwischen der vertikalen und der horizontalen Polarisation unterschieden, wobei in Erdnähe die Erde als Bezug genommen wird. Demnach verlaufen die elektrischen Feldlinien bei einer horizontalen Polarisation parallel zur Erdoberfläche und bei der vertikalen Polarisation stehen die elektrischen Feldlinien lotrecht zur Erdoberfläche. Im WLAN-

Bereich verwendet man vorwiegend Antennen, die eine lineare vertikale Polarisation aufweisen. Demnach ist die elektrische Feldrichtung vertikal und die magnetische Feldrichtung waagerecht ausgerichtet. Der elektrische Feldvektor schwingt quasi auf einer Geraden und ändert mit Voranschreiten der Welle periodisch seinen Betrag, wobei entlang der Geraden zeit- und ortsabhängige Stellen auftreten, an denen der elektrische Feldvektor den Wert 0 aufweist.

Zirkulare Polarisation

Bei der zirkularen Polarisation ist hingegen die Richtung der elektrischen Feldlinien nicht fixiert, sondern verläuft kontinuierlich in Kreisform. Je nach Umlaufsinn unterscheidet man hierbei die rechtsdrehende und linksdrehende Polarisation. Eine zirkulare Polarisation lässt sich mit zwei senkrecht zueinander linear polarisierenden Wellenfeldern erzeugen, wenn diese die gleiche Amplitude und eine Phasenverschiebung von 90° aufweisen. Der elektrische Feldvektor weist dann einen konstanten Betrag auf und rotiert spiralförmig um den Ausbreitungsvektor, sodass die Feldvektoren zu keiner Zeit und an keinem Ort den Wert 0 aufweisen.

Diversity-Funktion

Bei den korrespondierenden Antennen ist es wichtig, dass die Polarisation möglichst exakt aufeinander ausgerichtet ist, damit keine Polarisationsdämpfung auftritt. Sollte eine Antenne vertikal und die andere Antenne horizontal ausgerichtet sein, kann dies zu einer zusätzlichen Dämpfung von mehr als 20 dB führen. Es kann auch vorkommen, dass Funkwellen einer vertikal ausgerichteten Antenne im Laufe der Ausbreitung durch Beugung, Reflexionen und Streuung ihre Polarisation ändern. Dies betrifft in der Regel jedoch nur einen Teil des Funksignals, wodurch beim Empfänger Teile des Signals mit verschiedenen Polarisationen eintreffen. Dies kann bis zu einem gewissen Grad durch die Diversity-Funktion ausgeglichen werden (siehe Abschnitt 5.5.4).

Polarisationsdämpfung

Neben der richtigen Ausrichtung der korrespondierenden Antennen ist die Auswahl der Polarisation entscheidend, damit Polarisationsverluste vermieden oder möglichst gering gehalten werden. Eventuell ist die zirkular polarisierende Antenne der linear polarisierenden vorzuziehen. In der Regel kann man sagen, dass die Vorteile einer zirkular polarisierenden Antenne besonders zum Vorschein kommen, wenn die Umgebungsbedingungen besonders schlecht sind. Des Weiteren bietet der Einsatz von zirkular polarisierenden Antennen den Vorteil, dass die Ausrichtung zwischen Sender und Empfänger keine Bedeutung mehr hat und bei Unterschieden kaum schlechtere Werte zu erwarten sind.

5.3.4   Antennengewinn

Winkelsegment   Neben Rundstrahlantennen, die ihre Leistung in allen Richtungen annähernd gleich abstrahlen, gibt es Gewinnrundstrahler oder Richtantennen mit mehr oder weniger ausgeprägten Vorzugsrichtungen. Je nach Ausführung einer Antenne strahlt diese die Leistung bevorzugt in eine bestimmte Richtung oder ein Winkelsegment ab, beziehungsweise wird die Energie in einem bestimmten Winkelsegment besonders gut empfangen. Die Abstrahl- oder Empfangscharakteristik einer Antenne wird grafisch in Richt- oder Strahlungsdiagrammen beschrieben, aber auch durch den Antennengewinn. Dabei werden die Richt- oder Strahlungsdiagramme in einer horizontalen und vertikalen Ebene getrennt dargestellt (siehe Abb. 5–2).

Antennengewinn   Parallel zur Betrachtung des bevorzugten Winkelsegmentes wird die Richtfunkcharakteristik einer Antenne über den Antennengewinn beschrieben. Bei der Angabe des Antennengewinns gibt es jedoch oft falsche Vorstellungen, die durch den Teilbegriff Gewinn entstehen. Denn der Antennengewinn beschreibt keinen Leistungsgewinn im herkömmlichen Sinne, sondern stellt eine rein theoretische Größe dar. Über die Angabe des Antennengewinns wird angegeben, in welcher Höhe die Antenne im bevorzugten Winkelsegment ihre Leistung abgibt beziehungsweise aufnimmt. Dabei stellt man einen Vergleich zu einem isotropen Kugelstrahler her und beschreibt, wie viel Leistung man diesem zufügen muss, damit er dieselbe Strahlungsleistung in Vorzugsrichtung abgibt. Bei einem isotropen Kugelstrahler handelt es sich um eine in der Realität nicht existierende verlustlose Antenne, die die elektromagnetische Leistung in alle Richtungen gleichmäßig abstrahlt. Für den Empfangsfall ist der Antennengewinn definiert als Verhältnis der in Hauptstrahlrichtung empfangenen Leistung zur Empfangsleistung des isotropen Kugelstrahlers. Um darzustellen, dass bei der Angabe des Antennengewinns der isotrope Kugelstrahler als Vergleich zugrunde gelegt wird, gibt man den Antennengewinn in dBi (dB isotrop) an, anstelle von dB.

EIRP

Für die detaillierte Betrachtung des Antennengewinns gilt folgende Festlegung. Strahlt eine Antenne mit dem Antennengewinn (G_S) die Sendeleistung (P_S) ab, dann ergibt sich die Leistungsflussdichte S in Abhängigkeit von der Sendeleistung nach der Gleichung $S = P_S \, G_S \, /(4 \, \pi \, d^2)$. In dieser Gleichung entspricht das Produkt $P_S \times G_S$ dem so genannten Equivalent Isotropically Radiated Power, kurz EIRP. EIRP entspricht der Leistung, die ein fiktiver Kugelstrahler ($G_S = 1$) abstrahlen müsste, um am Betrachtungspunkt dieselbe Leistungsflussdichte hervorzurufen. Die Leistungsflussdichte S kann wiederum durch eine Antenne empfangen werden, wobei sich die Leistung $P_E = S \, A_E$ entnehmen lässt. A_E entspricht hierbei der Wirkfläche der Antenne, die sich aus $A_E = \lambda^2 \, P_S/(4 \, \pi \, d)^2 \, G_E$ ergibt. Hierbei kann die maximale Leistung entnommen werden, wenn bei der Antenne eine Anpassung von Leistung und Polarisation vorhanden ist. Für P_E ergibt sich $P_E = \lambda^2 \, P_S/(4 \, \pi \, d)^2 \, G_S \, G_E$. Daraus lässt sich die Übertragungsdämpfung im freien Raum (Freiraumdämpfung), im engl. Free Space Loss, kurz FSL, ableiten. Für diese realen Betrachtungen können jedoch alle Gesetzmäßigkeiten nur als Bezugsdaten herangezogen werden, da atmosphärische Effekte und Einflüsse aus der Umgebung die Bedingungen für die Ausbreitung der elektromagnetischen Wellen beeinflussen. Die Phänomene verursachen in der Regel eine zusätzliche Dämpfung, die auf Reflexionen, Beugung und/oder Brechungen zurückzuführen ist.

dBi und dBd

In der Nachrichtentechnik gibt es auch andere Bereiche, beispielsweise den Bereich der Fernsehantennen, bei denen nicht mit einem isotropen Kugelstrahler verglichen wird, sondern mit einem Halbwellendipol. In diesem Fall wird für die Angabe des Antennengewinns die Einheit dBd (dB Dipol) verwendet. Zwischen der Wertangabe in dBi und dBd kann eine Umrechnung erfolgen, indem man zu der dBd-Angabe 2,15 dB dazu addiert, wodurch man eine Angabe in dBi erhält.

Beispielsweise haben Richtfunkantennen im WLAN-Bereich einen typischen Antennengewinn von 14 dBi. Dieser Wert sagt aus, dass die Richtfunkantennen die Leistung in Vorzugsrichtung mit dem 25,11-fachen Wert gegenüber einem isotropen Kugelstrahler abstrahlt.

5.3.5 Strahlungsdiagramme

Richt- und Strahlungsdiagramme

Die Richt- oder Strahlungsdiagramme werden in der Regel grafisch in kreisförmigen Diagrammen dargestellt, wobei die horizontale und vertikale Ebene getrennt abgebildet werden. Das jeweils Kreisäußere kennzeichnet dabei die maximal abgestrahlte Leistung der Antenne, während zur Kreismitte hin der relative winkelabhängige Abfall der abgestrahlten Leistung in Dezibel angegeben wird. Das Beispiel in Abbildung 5–2 zeigt eine Omni-Antenne mit Gewinn, die ihre Leistung auf der horizontalen Ebene gleichförmig abstrahlt und in der vertikalen Ebene eine Richtwirkung aufweist, wobei sie einen Öffnungswinkel von 180° hat.

Abb. 5–2

Vertikale und horizontale Strahlungsdiagramme einer Antenne

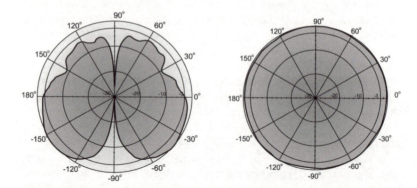

Die Betrachtung zwischen Strahlungsdiagramm und Reichweitensteigerung muss auf der jeweils anderen Ebene erfolgen. Ist die abgestrahlte Leistung auf vertikaler Ebene gestaucht, verfügt die Antenne auf dieser Ebene über ausgeprägte Signalkeulen. So wird horizontal eine Reichweitensteigerung erzielt. Die Reichweitensteigerung kann natürlich zusätzlich durch eine Stauchung auf beiden Ebenen gesteigert werden.

Alternativ zu der Darstellung in Kreisdiagrammen gibt es noch die grafische Darstellung des Strahlungsdiagramms in einem normalen XY-Koordinatensystem. Hierbei wird auf der Abszisse die Gradzahl dargestellt und auf der Ordinate die Leistung (siehe Abb. 5–3).

Abb. 5–3

Strahlungsdiagramm als XY-Koordinatensystem

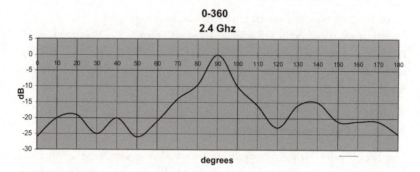

Nebenzipfel

In der Praxis wird man jedoch feststellen, dass sich bei den meisten Strahlungsdiagrammen keine tatsächlichen Leistungswerte entnehmen lassen, da entsprechende Beschriftungen fehlen. Jedoch bieten diese Strahlungsdiagramme dennoch eine wertvolle Information, da sie eine grafische Darstellung über die bevorzugte Abstrahlcharakteristik einer Antenne liefern. Zudem liefern die Strahlungsdiagramme Informationen über die Ausprägung der Nebenzipfel (siehe Abschnitt 5.4.3).

Die eigentliche Darstellung der Messergebnisse einer Antenne erfolgt durch ein 3D-Diagramm, von dem später die kreisförmigen oder XY-Strahlungsdiagramme abgeleitet werden. Das 3D-Diagramm stellt die Sendeleistung in x-y-z-Achse dar, das Ergebnis ist eine Art Wolke, wobei die Intensität der Strahlungsleistung in unterschiedlichen Farben dargestellt wird (siehe Abb. 5–4). Die Antennenhersteller publizieren in der Regel die 3D-Messdiagramme nicht in ihren Datenblättern.

3D-Messdiagramm

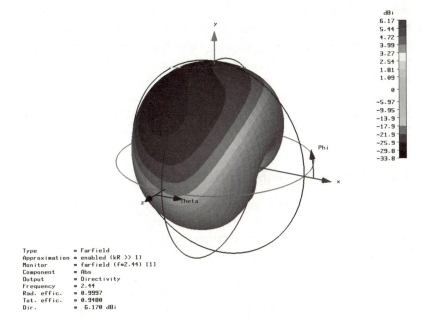

Abb. 5–4

3D-Messdiagramm

5.3.6   Halbwertsbreite

Der Antennengewinn steht in direktem Zusammenhang mit dem Öffnungswinkel der Antennen. Über den Öffnungswinkel wird das Winkelsegment beschrieben, über das die Antenne ihre Leistung bevorzugt abgibt. Je höher die Richtfunkcharakteristik und damit verbunden der Antennengewinn ist, desto kleiner ist der Öffnungswinkel. Der Öffnungswinkel wird dabei im Horizontalen- und Vertikalenstrahlungsdiagramm an dem Punkt festgelegt, an dem die Leistung gegenüber dem Maximum auf die Hälfte (-3 dB) abgesunken ist. Da der Öffnungswinkel an dem Punkt bestimmt wird, an dem die Leistung auf die Hälfte abgefallen ist, spricht man im Fachjargon auch von der so genannten Halbwertsbreite oder von der 3-dB-Breite.

Halbwertsbreite

5.3.7 Vor-Rück-Verhältnis

Vor-Rück-Verhältnis

Bei Richtfunkantennen ist noch die Ausprägung der Nebenkeulen oder Nebenzipfel interessant. Vom Antennendiagramm wird eine möglichst starke Unterdrückung der Nebenzipfel erwartet, die in seitlicher Richtung und in Rückwärtsrichtung ausgeprägt sind, da hierdurch die Störung und Beeinflussung fremder Funkfelder gering gehalten werden kann. Die Nebenkeulen werden in einem bestimmten Winkelbereich, über die Dämpfung der Nebenkeulen relativ zum Hauptkeulenmaximum, als Nebenkeulendämpfung oder Nebenzipfeldämpfung beschrieben. Die Nebenkeulendämpfung des rückwertigen Winkelbereichs, bezogen auf die Hauptkeule, wird als Vor-Rück-Verhältnis (engl. Front-to-Back-Ratio) bezeichnet. Ist mit einer Reflexionsstörung aus der rückwertigen Richtung der Antenne zu rechnen, so werden Richtfunkantennen mit einem großen Vor-Rück-Verhältnis bevorzugt eingesetzt, da die rückwertigen Keulen klein ausgeprägt sind. Typische Werte für das Vor-Rück-Verhältnis bei WLAN-Antennen liegen bei 8 bis 20 dB.

5.4 Reichweiten von Richtfunkstrecken

Reichweitenbetrachtung

Welche Reichweiten beziehungsweise Reichweitensteigerungen man mit Antennen erzielen kann, wird in den folgenden Abschnitten als Beispiel anhand einer Richtfunkstrecke betrachtet. Die dargestellten Betrachtungen können größtenteils auf jeden Antennentyp angewendet werden.

Betrachtungsfaktoren

Wenn es darum geht, Richtfunkstrecken über größere Distanzen umzusetzen, wird am häufigsten nach den realisierbaren Reichweiten gefragt. Die richtige Beantwortung dieser Frage kann oftmals nicht pauschal erfolgen, denn sie ist von vielen Faktoren abhängig. Die erzielbare Reichweite einer Richtfunkstrecke ist im Wesentlichen von folgenden Parametern beziehungsweise Faktoren abhängig:

- Sendeleistung
- Antennengewinn
- Antennendiagramm
- Freiraumdämpfung
- Fresnel-Zone
- Erdkrümmung
- Witterungseinflüsse
- Empfängerrauschzahl
- Notwendiges Signal-Rauschverhältnis
- Verluste auf Antennenkabel und Verbindungskomponenten
- Position und Ausrichtung der Antennen
- Gesetzliche Bestimmungen

Möchte man eine Richtfunkstrecke planen, so ist es nötig, die zuvor aufgeführten Punkte zu betrachten und den vorhandenen Gegebenheiten gegenüberzustellen.

5.4.1 Sendeleistung

Die maximal zulässige effektive Sendeleistung (EIRP) ist regional festgelegt. Für den europäischen Raum gilt für das 2,4-GHz-Frequenzband eine Grenze von 20 dBm und für das 5-GHz-Band eine Grenze von 30 dBm (siehe Abschnitt 3.4.11). Letztere Angabe erklärt sich aus der Tatsache, dass für den Outdoor-Bereich nur der obere Teil des 5-GHz-Bandes freigegeben ist und Richtfunkstrecken natürlich nur im Außenbereich zum Einsatz kommen. Generell gilt, dass durch den Einsatz der Antennen die effektive Sendeleistung die Grenze nicht überschreiten darf. Sollte der Antennengewinn dazu führen, dass die Grenzwerte überschritten werden, so muss über Dämpfungsglieder dafür gesorgt werden, dass die effektive Sendeleistung wieder unterhalb der Grenze liegt. Geht man beispielsweise von aktiven 2,4-GHz-WLAN-Komponenten aus, die mit einer Sendeleistung von 14 dBm arbeiten und wird an diese Komponente eine Antenne mit 14 dBi Gewinn angeschlossen, so muss über das Dämpfungsglied wieder 8 dB reduziert werden (14 dBm + 14 dBi - 8 dB = 20 dBm). Auf diese Weise wird verhindert, dass die zulässigen Grenzwerte der effektiven Sendeleistung in Vorzugsrichtung nicht überschritten werden.

Sendeleistung

Als Dämpfungsglieder kommen jedoch im WLAN-Bereich keine speziellen Dämpfungsglieder zum Einsatz, sondern man nutzt die Dämpfung des Antennenkabels, des Blitzschutzes und des Pigtails. Die Hersteller von WLAN-Komponenten machen in der Regel in den beigelegten Informationen der Antennen genaue Angaben über die geeigneten Antennenkabel, damit die Sendeleistung unterhalb der Grenzwerte bleibt. Hierbei ist neben der Länge auch die Dicke des Antennenkabels wichtig, da die Dicke sich auf die Dämpfung auswirkt. Je größer der Durchmesser des Antennenkabels ist, desto geringer ist die Dämpfung pro laufendem Meter. Tabelle 5–1 zeigt Dämpfungswerte typischer Antennenkabel, die im WLAN-Bereich vorwiegend Anwendung finden.

Dämpfungsglieder

Kabeltyp	Durch-messer	Biegeradius (minimal)	Dämpfung		
			2,4 GHz	5,3 GHz	5,7 GHz
U.FL	1,13 mm	5 mm	3,43 dB/m	4,6 dB/m	5,13 dB/m
RG178A/U	1,85 mm	10 mm	2,5 dB/m	n/a	n/a
RG316A/U	2,50 mm	15 mm	1,5 dB/m	n/a	n/a
RG316 D	2,50 mm	15 mm	1,54 dB/m	2,51 dB/m	2,66 dB/m
ULA 168	2,95 mm	20 mm	0,656 dB/m	n/a	n/a
ULA 198	2,95 mm	20 mm	0,863 dB/m	n/a	n/a
LMR 200	2,95 mm	20 mm	0,554 dB/m	n/a	n/a
LMR 195	3,07 mm	20 mm	0,625 dB/m	n/a	n/a
Low-Loss	3,9 mm	30 mm	0,46 dB/m	n/a	n/a
Low-Loss RF195	4,95 mm	25 mm	0,58 dB/m	n/a	n/a
RG214U	10,8 mm	55 mm	0,45 dB/m	0,75 dB/m	0,85 dB/m
RG223U	5,4 mm	30 mm	0,76 dB/m	1,35 dB/m	1,43 dB/m
Aircell7	7,30 mm	25 mm	0,356 dB/m	~0,6 dB/m	~0,64 dB/m
HDF 400	7,24 mm	30 mm	0,265 dB/m	n/a	n/a

Ein RG-58-Kabel (10Base2-Ethernet-Kabel) ist für die Verwendung als Antennenkabel keinesfalls geeignet.

5.4.2 Antennengewinn

Antennengewinn

Wie bereits aufgezeigt, gibt der Antennengewinn an, inwieweit die Antenne in Hauptstrahlrichtung ihre Leistung bevorzugt abgibt. Die erzielbare Reichweite einer Richtfunkstrecke steht also mit dem Antennengewinn im direktem Zusammenhang. Je höher der Antennengewinn, desto höher ist die erzielbare Reichweite einer Richtfunkstrecke. Des Weiteren sagt der Antennengewinn auch etwas über den Öffnungswinkel aus, der im umgekehrten Verhältnis zum Antennengewinn steht. Ein hoher Antennengewinn hat somit auch einen kleinen Öffnungswinkel zur Folge. Für Richtfunkstrecken bedeutet ein kleiner Öffnungswinkel, dass die Sendekeule in Hauptstrahlrichtung klein ist. Eine kleine Sendekeule sorgt wiederum dafür, dass die Richtfunkstrecke benachbarte Systeme weniger beeinflussen kann und die selbst durch andere Systeme weniger beeinflusst werden kann. Demnach sorgen ein großer Antennengewinn und ein kleiner Öffnungswinkel für eine höhere Störfestigkeit der Richtfunkstrecke.

5.4.3 Antennendiagramm

Für Richtfunkantennen wird vom Antennendiagramm eine möglichst starke Unterdrückung der Nebenzipfel erwartet, die in seitlicher Richtung und in Rückwärtsrichtung ausgeprägt sind. Hierdurch kann die Störung und Beeinflussung fremder Funkfelder gering gehalten werden. Dies ist beispielsweise bei der Bündelung mehrer Richtfunkstrecken von großer Bedeutung. Des Weiteren soll die Hauptkeule nicht zu klein sein, um mechanische Schwankungen der Antennenträger und Ungenauigkeiten in der Ausrichtung zu kompensieren. Im 2,4-GHz-Band kommt dies jedoch nicht vor, da hier sinnvollerweise nur Antennen mit einem maximalen Antennengewinn von 14 dBi und damit verbunden einem Öffnungswinkel von 30° verwendet werden. Anders sicht cs im 5-GHz-Frequenzband aus. Hier ist die effektive Sendeleistung auf 30 dBm begrenzt. Geht man bei den WLAN-Komponenten von einer Sendeleistung von 14 dBm aus, so kann eine Antenne mit einem Gewinn von 24 dBi problemlos eingesetzt werden, da hier durch das Antennenkabel etc. nur eine Dämpfung von 8 dB erforderlich ist. Ein Vorteil ist der kleine Öffnungswinkel von zirka 10°, der eine hohe Störfestigkeit in Bezug auf benachbarte Systeme gewährleistet. Auch die Bündelung mehrerer Richtfunkstrecken zwecks Bandbreitenerhöhung wird wesentlich einfacher, da ein geringerer Abstand erforderlich ist.

Antennendiagramm

5.4.4 Freiraumdämpfung

Die erzielbare Reichweite einer Richtfunkstrecke wird im Wesentlichen durch die Freiraumdämpfung bestimmt. Bei der Freiraumdämpfung ist der Energieverlust wichtig, den die elektromagnetischen Funkwellen durch das Übertragungsmedium erfahren, und man muss die Einflüsse der Mehrwegausbreitung berücksichtigen. Die Freiraumdämpfung, die eine elektromagnetische Welle zwischen zwei Punkten erfährt, ist von der Entfernung und von der Wellenlänge λ (griechisch: Lambda) abhängig. Die Wellenlänge errechnet sich über die Formel λ = c/f, c entspricht der Lichtgeschwindigkeit in Meter pro Sekunde und f der Frequenz in Hertz. Die Wellenlänge errechnet sich über die Formel λ = c/f. Für das 2,4-GHz-Band ergibt sich somit eine Wellenlänge von $\lambda = (3 \times 10^8$ m/s$)/$ 2,442 GHz = 12,28 cm und für das 5-GHz-Band $\lambda = (3 \times 10^8$ m/s$)/$ 5,4375 GHz = 5,51 cm. Die Freiraumdämpfung errechnet sich aus der Formel $A_F = 20 \log (4 \pi d/\lambda)$ [dB].

Freiraumdämpfung

Für das 2,4-GHz-Frequenzband ergibt sich eine mittlere Frequenz von 2,442 GHz und für das 5-GHz-Frequenzband eine mittlere Frequenz von 5,4375 GHz. In den folgenden Betrachtungen wird deshalb für das 2,4-GHz-Band von einer Wellenlänge von 12,28 cm und für das 5-GHz-Band von 5,51 cm ausgegangen.

Für die Freiraumdämpfung, die auf die Funkwellen bei einer Distanz von 1000 m wirkt, ergibt sich somit im 2,4-GHz-Band ein Wert von 100,2 dB (A_F = 20 log (4 π 1000 m/12,28 cm) [dB]) und im 5-GHz-Band ein Wert von 107,16 dB (A_F = 20 log (4 π 1000 m/5,51 cm) [dB]). Dieses Beispiel zeigt, dass bei einer Distanz von 1000 m der Unterschied zwischen dem 2,4-GHz-Band und dem 5-GHz-Band nur 7 dB beträgt. Der Wert von 7 dB sieht natürlich auf den ersten Blick wenig aus. Betrachtet man jedoch die Leistungsverhältnisse (siehe Abschnitt 1.5.4), so wird im 5-GHz-Band die 5-fache Sendeleistung benötigt, um dieselbe Reichweite zu erzielen wie im 2,4-GHz-Band. Diese Feststellung setzt voraus, dass sich zwischen den Komponenten keine Hindernisse befinden und somit die Freiraumdämpfung für die Betrachtung der erzielbaren Reichweite herangezogen werden kann.

Alternativ zu der oben aufgeführten Formel kann die Freiraumdämpfung auch über die Gleichung FSL = 32,5 + 20 log D + 20 log f errechnet werden. Hierbei wird die Distanz D in km und die Frequenz f in MHz angegeben. Erfolgt die Angabe der Distanz in Meilen und die der Frequenz in GHz, so kann die Freiraumdämpfung über die Formel FSL = 96,6 + 20 log D + 20 log f errechnet werden (1 km entspricht 0,62 Meilen oder 1 Meile entspricht 1,609344 km).

Rechnet man die Freiraumdämpfung für bestimmte Distanzen durch, so ergeben sich folgende Werte (siehe Tab. 5–2).

Tab. 5–2
Zeigt Werte für die Freiraumdämpfung bei 2,4 GHz und 5 GHz

Distanz	FSL 2,4-GHz-Band	FSL 5-GHz-Band
1 m	40,2 dB	47,16 dB
10 m	60,2 dB	67,16 dB
100 m	80,2 dB	87,16 dB
200 m	86,22 dB	93,18 dB
400 m	92,24 dB	99,2 dB
1000 m	100,2 dB	107,16 dB

Betrachtet man die Inhalte der Tabelle, so fällt auf, dass die Dämpfung pro Dekade im 2,4- und 5-GHz-Band um 20 dB zunimmt. Deshalb spricht man in der Nachrichtentechnik auch von der 20-dB-Dekade.

Einfachheitshalber braucht man sich für die grobe Kalkulation nur den Dämpfungswert bei der Distanz von 1 m zu merken (40 dB bei 2,4 GHz und 47 dB bei 5 GHz), damit man die darauf folgenden Werte hochrechnen kann. Betrachtet man den Übergang von 100 m auf 200 m und 400 m, so fällt auf, dass bei Verdoppelung der Distanz die Dämpfung um jeweils 6 dB zunimmt. Die 6 dB bei Distanzverdoppelung sollte man sich deshalb ebenfalls merken.

Anders ausgedrückt bedeuten die 6 dB, dass die Leistung umgekehrt proportional zum Quadrat der Distanz abnimmt, also eine Verdopplung der Distanz zu einer 4fachen Leistungsreduzierung (-6 dB) führt.

Die zuvor aufgeführten Kriterien sollen anhand eines Beispiels verdeutlicht werden. Wir gehen von einer 2,4-GHz-802.11b-WLAN-Komponente aus, die mit einer Sendeleistung von 14 dBm arbeitet. Bei einer Datenrate von 11 MBit/s liegt die Empfangsempfindlichkeit bei -82 dBm. Demnach liegt ein Leistungsbudget von 96 dB (+ 14 dBm - (-82 dBm)) vor, falls keine Antennen und, damit verbunden, Antennenkabel eingesetzt werden. Betrachten wir eine Richtfunkstrecke, dann können beispielsweise Panel-Antennen mit einem Antennengewinn von 14 dBi zum Einsatz kommen. Somit würde der EIRP-Wert mit 28 dBm um 8 dB über der 20-dBm-Grenze liegen. Die 8 dB müssen über entsprechende Dämpfungsglieder reduziert werden. Dazu verwendet man das Antennenkabel, den Blitzschutz und das Pigtail. Der Blitzschutz ist mit 0,7 dB anzusetzen und ein entsprechendes Pigtail hat eine typische Dämpfung von 0,7 dB. Ein 11,5 m langes Antennenkabel vom Typ LMR 200 mit zwei N-Steckern verursacht eine Dämpfung von 6,6 dB (11,5 m × 0,554 dBm + 0,2 dB = 6,6 dB). Addiert man die 6,6 dB mit 0,7 dB für Blitzschutz und 0,7 dB für das Pigtail, so erhält man die notwendige Dämpfung von 8 dB. Die effektive Strahlungsleistung EIRP reduziert sich somit von 28 dBm auf die geforderte maximale Leistung von 20 dBm.

Geht man davon aus, dass auf beiden Seiten der Richtfunkstrecke dieselben Antennen und aktiven WLAN-Komponenten eingesetzt werden, so wird auf der gegenüberliegenden Seite dieselbe Dämpfung benötigt. Also müssen das Antennenkabel, der Blitzschutz und das Pigtail ebenfalls eine Dämpfung von 8 dB aufweisen. Der Antennengewinn und die Dämpfung sind somit in die Leistungsbetrachtung des Empfangskanals einzubeziehen. Damit verbleibt für die Freiraumdämpfung 108 dB (20 dBm + 14 dBi - 8 dB - (-82 dBm)). Die 14 dBi beziehen sich auf den Antennengewinn der Empfängerantenne und die 8 dB für die Dämpfung der Antennenleitung mit Pigtail und Blitzschutz. Stellt man die Gleichung für die Freiraumdämpfung um, so

Rechenbeispiel

erhält man die erzielbare Distanz über d = $10^{AF/20} \times 12,28$ cm / 4 π. Somit ergibt sich bei dem betrachteten Beispiel eine theoretisch erzielbare Distanz von 2454 m ($10^{108/20} \times 12,28$ cm / 4 π).

Leistungsreserve Das aufgeführte Beispiel ist natürlich zu knapp kalkuliert, da keinerlei Reserven vorgesehen sind. Zudem kann man in der Praxis nicht von einer exakten Sendeleistung von 20 dBm ausgehen. Erfahrungsgemäß sollte demnach bei einer Richtfunkstrecke eine Leistungsreserve (Fading Marge) von etwa 10 dB angestrebt werden, um Abweichungen in der theoretischen Kalkulation, zusätzlichen Dämpfungsverlusten und geringerer Sendeleistung entgegenzuwirken. Reduziert man die Reichweite auf 1000 m, so ergibt sich eine Leistungsreserve von annähernd 8 dB. Die Reichweite von 1000 m stellt somit für Richtfunkstrecken im 2,4-GHz-Bereich mit einer Datenrate von 11 MBit/s eine realistische Größe dar, die mit 14-dBi-Antennen erzielt werden kann.

> Ohne Antennen läge bei einer Datenrate von 11 MBit/s ein Leistungsbudget von 86 dB (14 dBm - (-82 dBm) - 10 dB) vor. Hiermit wäre die theoretische Reichweite, die sich aus der Freiraumdämpfung ergibt, lediglich 194 m ($10^{86/20} \times 12,28$ cm / 4 π).

Betrachtet man das aufgeführte Beispiel, so kommt man zur Annahme, dass man eine höhere Distanz erzielen könnte, indem man eine Antenne mit höherem Antennengewinn einsetzt. Wenn man im Internet recherchiert, stellt man fest, dass es für den 2,4-GHz-Bereich noch Antennen mit 18 dBi und 24 dBi gibt. Führt man einen Vergleich mit der 24 dBi Antenne durch, die an einer aktiven Komponente mit 14 dBm Sendeleistung angeschlossen wird, so benötigt man auf der Antennenzuleitung eine Dämpfung von 18 dB, um auf die zulässige EIRP-Grenze von 20 dBm zu kommen. Hierbei muss man berücksichtigen, dass die 18 dB auch in Empfangsrichtung wirken. Rechnet man jetzt das vorhandene Leistungsbudget für eine Datenrate von 11 MBit/s aus, so kommt man ebenfalls auf einen Wert von 108 dB (14 dBm + 24 dBi - 18 dB + 24 dBi - 18 dB - (-82 dBm)). Dieses Beispiel verdeutlicht, dass die erzielbare Reichweite nicht erhöht werden kann, wenn man eine Antenne mit größerem Gewinn einsetzt. Der einzige Vorteil, der sich bei Antennen mit größerem Gewinn ergibt, ist der damit verbundene geringere Öffnungswinkel. Hierdurch werden benachbarte Systeme nicht so stark beeinflusst. Nachteilig bei dem höherem Gewinn ist die Tatsache, dass die Dämpfung des Verbindungskabels verhältnismäßig hoch sein muss. Auf der einen Seite wird das Signal bevorzugt über eine engere Sendekeule abgestrahlt und auf der anderen Seite wieder stark gedämpft, wodurch sich die Signalqualität keinesfalls verbessert. Man kann deshalb festhalten, dass es in unseren Regionen im 2,4-GHz-Frequenzband keinen Sinn hat, Antennen einzusetzen, deren Gewinn über 14 dBi liegt. Die einzige sinnvolle Methode, um die Reichweite zu erhöhen, stellt die Reduzierung der Sendeleistung dar. Arbeitet man mit Sendeleistungen unterhalb 14 dBm so wird die benötigte Dämpfung auf dem Antennenkabel verringert. Eine Verringerung der Dämpfung wirkt sich positiv auf der Empfängerseite aus, wodurch die erzielbare Reichweite vergrößert wird. Zukünftig wird es Access Points geben, die direkt mit der Antenne verbunden und innerhalb des Antennengehäuses untergebracht sind (siehe Abschnitt 6.2.6). Mit diesen Access Points lassen sich dann Richtfunkstrecken über größere Distanzen erzielen.

5.4.5 Fresnel-Zone

Beim Aufbau einer Richtfunkstrecke ist zu berücksichtigen, dass auch Hindernisse, die nicht direkt zwischen der Sichtverbindung einer Richtfunkverbindung stehen, die erzielbare Reichweite einer Funkzelle beeinflussen können. Dieses Phänomen wird durch die so genannte Fresnel-Zone (Fresnel, sprich: Frenel, Name eines französischen Physikers) beschrieben. Darin wird gefordert, dass in einer Übertragungsstrecke zwischen zwei Richtantennen eine direkte Sichtverbindung existieren muss und um diese Sichtverbindung ein zusätzlicher Bereich, der ebenfalls frei von Hindernissen sein muss. Nur wenn diese Anforderung erfüllt ist, kann für die Dämpfung die Kalkulation der Freiraumdämpfung zugrunde gelegt werden. Diese Anforderung ist gewährleistet, wenn die erste Fresnel-Zone frei von Hindernissen ist. Die Fresnel-Zone hat die Form einer Ellipse, die sich um die Sichtverbindung zweier Antennen bildet (siehe Abb. 5–5).

Fresnel-Zone

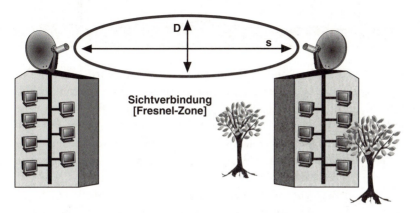

Abb. 5–5
Zeigt die Form der Fresnel-Zone

Die Sichtverbindung muss man sich zudem als Drehachse vorstellen, um die sich die Ellipse in X- und Y-Achse bildet. Der Durchmesser der Ellipse lässt sich an der dicksten Stelle, d.h. in der Mitte der Strecke, über folgende Formel berechnen:

$$D = \sqrt{s \times \lambda}$$

In der dargestellten Formel entspricht s der Strecke zwischen den Antennen in Metern und λ der Wellenlänge, die vom verwendeten Frequenzband abhängig ist. Neben der einfachen Formel gibt es noch eine Gleichung, mit der sich der Durchmesser an jedem beliebigen Punkt entlang der Strecke bestimmen lässt.

$$D = 2 \times \sqrt{\frac{a \times b \times \lambda}{s}}$$

In der dargestellten Formel setzt sich die Strecke s aus den Strecken a und b zusammen (siehe Abb. 5–6).

Abb. 5–6
Genaue Bestimmung des Durchmessers am beliebigen Punkt entlang der Strecke

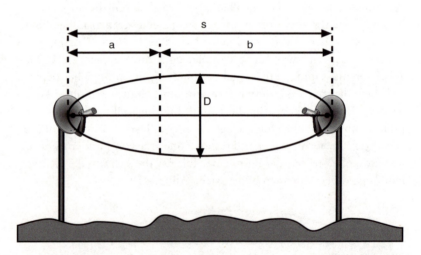

Brechungsindex   Durch die Berücksichtigung der ersten Fresnel-Zone wird man der Tatsache gerecht, dass durch den Brechungsindex der Luft die funktechnische Sichtlinie in Wirklichkeit nicht gerade verläuft, beziehungsweise ein Teil der Energie auf indirektem Weg zwischen den Antennen transportiert wird. Der tatsächliche Ausbreitungsweg der elektromagnetischen Wellen ist vom Luftdruck, der Temperatur und der relativen Luftfeuchtigkeit abhängig.

Bei der Betrachtung der Fresnel-Zone darf man natürlich nicht die realen Bedingungen aus den Augen verlieren, und es muss berücksichtigt werden, dass die Fresnel-Zone drei Dimensionen hat. Demnach dürfen sich nicht nur unterhalb und oberhalb der Sichtlinie keine Hindernisse befinden, sondern auch nicht seitlich von der direkten Verbindungslinie, damit die Freiraumdämpfung herangezogen werden kann. So darf sich beispielsweise seitlich von der direkten Verbindungslinie kein Gebäude befinden.

Sollten Hindernisse in die erste Fresnel-Zone dennoch hineinragen, so ist in der Dämpfungskalkulation eine zusätzliche Dämpfung zu beaufschlagen. In diesem Fall ist zu prüfen, ob die zusätzliche Dämpfung die Reserven des vorhandenen Leistungsbudgets nicht überschreitet. Abbildung 5–7 zeigt die Zusatzdämpfung in Abhängigkeit davon, wie weit ein Hindernis (hx) in die erste Fresnel-Zone hineinragt.

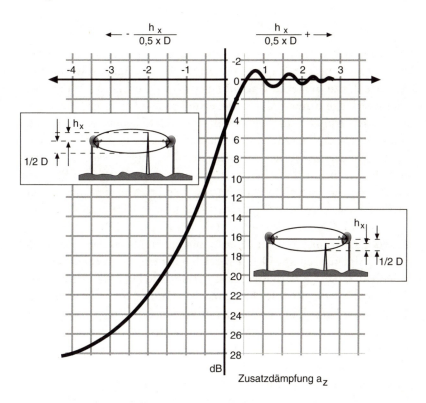

Abb. 5–7

Zusatzdämpfung

Ragt das Hindernis über die Drehachse der Fresnel-Ellipsoide, so erhält das Verhältnis hx / 0,5 × D ein negatives Vorzeichen, andernfalls ein positives. Ist das Verhältnis hx / 0,5 × D > 0, so nimmt die Zusatzdämpfung monoton gegen 0 ab, während bei hx / 0,5 × D < 0 die Dämpfung zunimmt. Aus dem Diagramm ist zu entnehmen, dass eine

Zusatzdämpfung

zusätzliche Dämpfung beaufschlagt werden muss, sobald ein Hindernis 60 % in den Radius der ersten Fresnel-Zone hineinragt. In diesem Fall lässt sich aus dem Diagramm die zu beaufschlagende Zusatzdämpfung ablesen. Die Aussage, dass die erste Fresnel-Zone frei von Hindernissen sein muss, ist also in der Form zu relativieren, dass tatsächlich nur 60 % der Fresnel-Zone frei von Hindernissen sein müssen. Die Formeln für die Berechnung der Fresnel-Zone ändern sich somit auf:

$$D = 0,6 \times \sqrt{s \times \lambda}$$

bzw.

$$D = 1,2 \times \sqrt{\frac{a \times b \times \lambda}{s}}$$

Problematisch ist allerdings die Tatsache, dass die Höhe der zusätzlichen Dämpfung auch von der Hindernisform abhängig ist, weshalb die Aussage der zusätzlichen Dämpfung etwas willkürlich ist. Ein Hindernis mit eckigen Kanten, das in die erste Fresnel-Zone ragt, verursacht bei den elektromagnetischen Wellen eine andere Beugung als ein abgerundetes Hindernis. Man muss deshalb allgemein festhalten, dass, sobald Hindernisse in den 60 %-Bereich der ersten Fresnel-Zone hineinragen, man nur noch messen kann, um einen 100 %igen Wert für die zusätzliche Dämpfung zu erhalten. Es gibt zwar hier auch mathematische Ableitungen, die auf einer Vielzahl von Parametern basieren. Jedoch sind diese sehr komplex und man hat in der Regel Schwierigkeiten, die Parameter exakt zu bestimmen. Somit sind diese mathematischen Ableitungen im WLAN-Bereich nicht mehr praxisrelevant. Auf jeden Fall lässt sich festhalten, dass der höchste Punkt immer die beste Position für eine Richtfunkantenne ist, damit Hindernisse erst gar nicht in den Bereich der Fresnel-Zone geraten können.

Beugung   Innerhalb städtischer Gebiete kann zudem die erzielbare Reichweite unter Umständen weitaus geringer ausfallen. Denn hier beeinflussen im Wesentlichen die Beugung der Funkwellen an Häuser- und Dachkanten sowie die Reflexionen an Gebäuden die erzielbare Reichweite. Allgemein nimmt der Empfangspegel mit zunehmender Reichweite ab, jedoch kann in städtischen Gebieten die Abnahme des Empfangspegels stärker sein als bei der Freiraumausbreitung. Des Weiteren kann in städtischen Gebieten der Empfangspegel in unregelmäßigen Abständen schwanken. Eine Funkausleuchtung kann demnach bei dichter Bebauung innerhalb städtischer Gebiete erst recht notwendig sein.

5.4.6   Erdkrümmung

Bei einer Richtfunkstrecke muss natürlich ab einer bestimmten Distanz auch die Erdkrümmung mit berücksichtigt werden. Die Höhe der Antennen muss so gewählt werden, dass trotz des Horizonts zwischen den Antennen noch eine Sichtverbindung vorliegt. Zudem muss die Fresnel-Zone ebenfalls frei bleiben und der Horizont darf nicht in der Streckenmitte in die Fresnel-Zone hineinragen (siehe Abb. 5–8).

Erdkrümmung

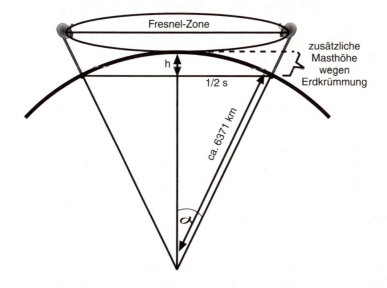

Abb. 5–8
Einflüsse durch
Erdkrümmung

Um die Einflüsse der Erdkrümmung auszugleichen, müssen die Antennen auf eine Höhe gebracht werden, die höher ist als der Horizont, damit die Antennen über den Horizont blicken können. Die Höhe der Erdkrümmung h, in der Mitte der Richtfunkstrecke, lässt sich über die Winkelfunktion berechnen, indem man den mittleren Erdradius von 6371 km zugrunde legt. Folgende Formeln können für die Ermittlung angewendet werden.

- arcsin α = Distanz/2 × Erdradius
- h = (Erdradius/cos α) - Erdradius

Mit der ersten Formel kann der Winkel α ermittelt werden, der sich aus der Distanz der Antennen ergibt. Aus der zweiten Formel ergibt sich letztendlich die Höhe h. Die Höhe h entspricht der notwendigen Antennenhöhe, um das durch die Erdkrümmung verursachte Hindernis am Horizont zu überwinden. Diese notwendige Höhe muss durch eine geeignete Antennenposition oder durch entsprechende Antennenmaste erzielt werden.

Tabelle 5–3 zeigt in Abhängigkeit von der Distanz den Durchmesser der ersten Fresnel-Zone, der sich im 2,4-GHz-Band bei der Berücksichtigung der 60%-Grenze in der Mitte der Richtfunkstrecke ergibt. Des Weiteren zeigt die Tabelle die Mindesthöhe der Antennenmaste, die sich durch die Erdkrümmung und aus 60% der ersten Fresnel-Zone ergibt.

Tab. 5–3
60% Durchmesser der ersten Fresnel-Zone, verursachte Höhe durch die Erdkrümmung und Mindesthöhe der Antennen in Abhängigkeit von der Distanz im 2,4-GHz-Band

Distanz	Durchmesser erste Fresnel-Zone	Höhe durch Erdkrümmung	Mindesthöhe Antennenmasten
0,5 km	4,7 m	0,00 m	2,36 m
1 km	6,65 m	0,02 m	3,34 m
2 km	9,4 m	0,08 m	4,78 m
3 km	11,52 m	0,18 m	5,93 m
4 km	13,3 m	0,31 m	6,96 m
5 km	14,87 m	0,49 m	7,92 m
10 km	21,03 m	1,96 m	12,47 m
15 km	25,75 m	4,41 m	17,29 m
18 km	28,21 m	6,36 m	20,46 m
20 km	29,73 m	7,85 m	22,72 m
25 km	33,24 m	12,26 m	28,88 m

Aus der Tabelle lässt sich klar erkennen, dass bei der Bestimmung der notwendigen Antennenmasthöhe die Einflüsse der Erdkrümmung erst nach einer Distanz von mehr als 3 km an Bedeutung gewinnen. Bis 3 km liegen die Einflüsse der Erdkrümmung innerhalb der Toleranzgrenze. Bei der dargestellten Betrachtung muss man natürlich noch berücksichtigen, dass die erste Fresnel-Zone je nach Umgebung nicht bis zum Erdboden ragen sollte. Falls innerhalb von 60% der ersten Fresnel-Zone Hindernisse hineinragen, so müssen diese für die Höhe der Antennenmasten zusätzlich einkalkuliert werden, damit die Zuverlässigkeit der Richtfunkstrecke nicht nachhaltig beeinflusst wird.

5.4.7   Witterungseinflüsse

Witterungseinflüsse

Immer wieder wird die Frage gestellt, inwieweit Witterungseinflüsse die Reichweite beziehungsweise Zuverlässigkeit einer Richtfunkstrecke beeinflussen. Im Allgemeinen wird davon ausgegangen, dass Witterungseinflüsse eine höhere Dämpfung hervorrufen können. Dämpfungen, verursacht durch Witterungseinflüsse wie Regen, Nebel und Schnee, sind jedoch erst bei Frequenzen oberhalb 5 GHz zu berücksichtigen. Im Bereich von 5 bis 10 GHz sind die Einflüsse auf die Dämpfung noch so gering, dass sie sogar noch bis zu einer Frequenz von 10 GHz zu vernachlässigen sind. Abbildung 5–9 zeigt den Dämpfungsverlauf in Abhängigkeit von der Regenrate und Frequenz.

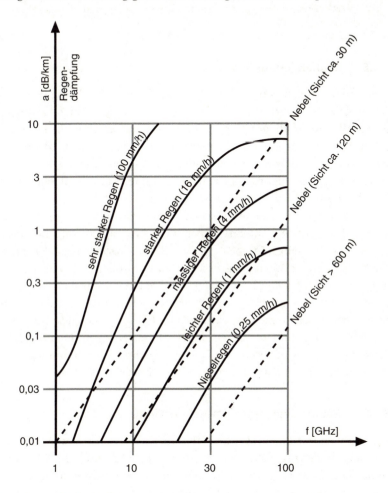

Abb. 5–9

Dämpfungsverlauf für Regen in Abhängigkeit von der Regenrate und der Frequenz

Da die 802.11-WLAN-Lösungen mit einer maximalen Frequenz von 5,8 GHz arbeiten, spielen die Wettereinflüsse bei der Betrachtung der erzielbaren Reichweite keine maßgebliche Rolle. Dasselbe gilt für die Einflüsse durch Absorption innerhalb der Atmosphäre, die die elektromagnetischen Wellen durch Sauerstoff- und Wasserstoffmoleküle erfahren können.

Im Zusammenhang mit den Witterungseinflüssen sollte man natürlich die Auswirkungen der verschiedenen Jahreszeiten berücksichtigen. Sehr oft wird der Fehler gemacht, dass beispielsweise die Vegetation der Bäume vernachlässigt wird. Ein laubloser Baum in Winter beeinflusst eine Richtfunkstrecke nicht, wohingegen im Sommer der Baum Blätter trägt und dadurch eine Richtfunkstrecke beeinflusst werden kann.

5.4.8   Empfängerrauschen

Empfängerrauschen   Ein wesentlicher Bestandteil der Störfestigkeit ist das Empfängerrauschen. Dies entsteht durch thermische Bewegungen von Elektronen, die zufällig innerhalb des Empfängers auftreten. Das Rauschen ist über einen bestimmten Frequenzbereich von der Frequenz unabhängig, wobei man in diesem Zusammenhang auch vom weißen Rauschen spricht. Die Rauschleistung ist von der Bandbreite des Empfängers und von der Temperatur abhängig.

Neben dem Empfängerrauschen gibt es noch das Empfangsrauschen, das von der Antenne neben dem Nutzsignal aufgenommen wird. Das Empfangsrauschen entsteht durch Störungen im Kosmos, die beispielsweise durch galaktisches Rauschen oder die Sonnenstrahlung hervorgerufen werden können. Des Weiteren können atmosphärische Störungen wie Gewitter oder terrestrische Störungen, die durch benachbarte elektrische Einrichtungen und Geräte erzeugt werden, ein Empfangsrauschen hervorrufen. Innerhalb eines bestimmten betrachteten Bereiches kann man von einem gleichmäßigen Empfangsrauschen, also einem ortsunabhängigen Rauschpegel, ausgehen.

5.4.9   Notwendiges Signal-Rauschverhältnis

Signal-Rauschverhältnis   Das notwendige Signal-Rauschverhältnis (SNR) ist primär vom verwendeten Übertragungsverfahren abhängig, was durch ein Modulations- und Codierungsverfahren geprägt ist. Wie bereits in Kapitel 3 dargestellt wurde, werden in Abhängigkeit von der Datenrate unterschiedliche Übertragungsverfahren verwendet. Hierbei gilt der grundsätzliche Zusammenhang, je höher die Datenrate, desto komplexer sind die Übertragungsverfahren und umso störanfälliger sind diese gegenüber Störeinflüssen. Für die Störfestigkeit ist das Signal-Rauschverhältnis maßgebend. So benötigt man beispielsweise für eine fehlerfreie Datenübertragung mit einer Datenrate von 11 MBit/s ein Signal-Rausch-Verhältnis von mindestens 10 dB oder mehr und bei 54 MBit/s mindestens 25 dB. Bei der Übertragung von Sprachdaten sollte man zu den jeweils genannten Signal-Rausch-Verhältnissen einen Aufschlag von zusätzlich 15 dB anstreben.

Allgemein kann man festhalten, dass die Höhe des Signals von der Entfernung zwischen Sender und Empfänger abhängig ist. Je größer die Entfernung, desto höher ist die Dämpfung, die die elektromagnetischen Wellen auf ihrem Weg erfahren und desto kleiner ist das Signal am Empfänger. Das Rauschen ist jedoch, unabhängig von der Distanz, immer gleich groß. Demnach sinkt mit zunehmender Distanz das Signal-Rauschverhältnis. Einen einfachen Vergleichstest kann man bereits durchführen, wenn man die Hand um den Antennenkopf des WLAN-Adapters hält, um diesen zusätzlich abzuschirmen. Hat man beispielsweise ohne Handabdeckung einen Signallevel von -68 dBm, einen Rauschsignallevel von -98 dB, so ergibt sich ein SNR von 30 dB. Hält man nun die Hand um den Adapterkopf, so sinkt der Signalpegel auf -78 dBm, das Rauschsignal bleibt hingegen bei -98 dB, wodurch das SNR auf 20 dB sinkt. Man sieht an diesem Beispiel, dass der Rauschpegel mehr oder weniger gleich ist, der Signalpegel jedoch abhängig von den dämpfenden Hindernissen sinken kann.

5.4.10 Verluste auf Antennenkabel und Verbindungskomponenten

Wie in Abschnitt 5.4.1 beschrieben, werden im WLAN-Bereich die Dämpfung des Antennenkabels und der Verbindungskomponenten als Dämpfungsglieder verwendet. Hierbei kommt es darauf an, bestimmte Mindestwerte einzuhalten, damit die Sendeleistung die zulässigen Grenzwerte nicht überschreitet. Die Hersteller der WLAN-Komponenten geben meistens an, welche Kabeltypen und Kabellängen beim Einsatz der Antennen zu verwenden sind, damit die Grenzwerte nicht überschritten werden. Des Weiteren gibt es viele Hersteller, die ihre Antennen im Set anbieten, mit geeignetem Kabel und Zubehör. Die Aussagen der Hersteller basieren in der Regel auf Abnahmemessungen, die die Unbedenklichkeit unterstreichen. Die Dämpfung des Koaxialkabels ist vom Durchmesser abhängig. Je größer der Durchmesser, desto geringer ist die Dämpfung pro laufendem Meter, je länger ein Koaxialkabel ist, umso größer ist zwangsläufig die Dämpfung. Dementsprechend dürfen vom Hersteller angegebene maximale Kabeldurchmesser nicht überschritten und Kabelmindestlängen nicht unterschritten werden. Werden jedoch beispielsweise andere Kabellängen für die Verbindung zwischen Access Point und Antenne benötigt, so kann natürlich ein dickeres Koaxialkabel verwendet werden, das bei einer größeren Länge dieselbe Dämpfung liefert wie das dünnere Koaxialkabel. Tabelle 5–1 bietet eine Übersicht der gängigen Kabeltypen, aus der sich die notwendige Länge ableiten lässt. Hierzu ist die Dämpfung zu ermitteln, die das ursprüngliche Koaxialkabel hervor-

Zuleitungsverluste

ruft und anschließend die notwendige Länge des dickeren Koaxialkabels, um dieselbe Dämpfung zu erzielen.

Konfektionierung   Was die Dämpfungsverluste auf den Antennenkabeln und Verbindungskomponenten betrifft, so sollten natürlich nicht durch unfachge-
rechte Verlegung oder Konfektionierung höhere Werte hervorgerufen
werden. Dies würde dazu führen, dass mit geringerer Sendeleistung
gearbeitet wird als angenommen und angestrebte Reichweiten oder
der Grad der Verfügbarkeit nicht erzielt werden können. Da in den seltensten Fällen eine Abnahmemessung durchgeführt wird, bei der die
tatsächliche Dämpfung der verlegten Kabelstrecke samt Verbindungskomponenten ermittelt wird, rechnet man in der Praxis allgemein mit
theoretischen Dämpfungswerten. Diese setzen jedoch eine fachgerechte Kabelverlegung und Konfektionierung der Antennenstecker
voraus. Für eine fachgerechte Verlegung müssen maximale Biegeradien
des Koaxialkabels eingehalten werden, und die Konfektionierung der
Antennenstecker erfordert eine genaue Beachtung der Montageanlei-
tungen der Stecker. Weiterhin darf keine Feuchtigkeit in das Koaxialkabel einziehen, da hierdurch die elektrischen Eigenschaften verändert
werden und die Dämpfung ebenfalls steigt. Hier ist zu berücksichtigen,
dass im Außenbereich nur Antennenkabel und Antennenstecker verlegt werden, die auch für den Außenbereich geeignet und gegen das
Eindringen von Feuchtigkeit resistent sind (siehe Abschnitt 5.6.5 und
5.6.7).

5.4.11 Position und Ausrichtung der Antennen

Antennenausrichtung   Bei der Montage der Antennen sollten Funkschatten, bedingt durch
Hindernisse, vermieden werden. Bei der Montage von Antennen auf
Häuserdächern kann bereits durch die Dachkante ein Funkschatten
entstehen. Abhilfe kann ein höherer Antennenmast bieten, über den
die Antenne auf eine höhere Position gebracht werden kann, um einen
ausreichenden Abstand zum Gebäude zu erzielen.

Des Weiteren müssen die Antennen einer Richtfunkstrecke möglichst genau aufeinander ausgerichtet werden, um einen hohen Wirkungsgrad zu erzielen. Bei typischen Richtfunkstrecken im WLAN-
Bereich, die eine maximale Distanz von 1 km haben, ist die Ausrichtung relativ einfach, da hier noch eine gute Sichtverbindung vorhanden
ist. Voraussetzung hierzu sind natürlich gute Wetterverhältnisse und
die Tatsache, dass die Ausrichtung während des Tages und nicht in der
Nacht erfolgt. Zudem lässt der typische Öffnungswinkel von 30°
(2,4 GHz) einen gewissen Spielraum in der Ausrichtung zu. Nachdem
die Antennen in vertikaler und horizontaler Ebene optisch grob aufein-

ander ausgerichtet sind, erfolgt die Feinausrichtung. Dazu schließt man auf einer Seite der Richtfunkstrecke die Antenne an den Access Point an und nimmt den Access Point in Betrieb. Auf der gegenüberliegenden Seite wird temporär ein WLAN-Client an die Antennen angeschlossen. Für Client-Adapter gibt es in der Regel Software-Utilities, die zum Lieferumfang der Adapter gehören, mit denen sich die Signalstärke und die Linkqualität anzeigen lässt (siehe Abschnitt 7.2). Auf Basis der angezeigten Werte kann die Feinausrichtung erfolgen, wobei die Antenne so ausgerichtet werden sollte, dass ein möglichst hohes Signal bei guter Linkqualität empfangen wird.

Soll die Distanz größer als 1 km sein, so kann in der Regel eine grobe Ausrichtung ohne Hilfsmittel nicht mehr sinnvoll erfolgen. Dasselbe gilt für Antennen mit einem Offnungswinkel von 10° (5 GHz) ab einer Distanz von etwa 400 m. In diesem Fall braucht man Ausrichtungshilfen, die über größere Distanzen eine präzise Ausrichtung ermöglichen. Ein Kompass bietet beispielsweise die Möglichkeit, eine Ausrichtung der Antennen durchzuführen. Ebenfalls kann über ein tragbares GPS-System eine genaue Standortbestimmung der Antennen durchgeführt werden, wodurch sich die Antennenausrichtung ableiten lässt. Des Weiteren gibt es Ausrichtungshilfen, die auf einer Laserlichtquelle basieren. Dabei wird der Lichtstrahl der Laserquelle dazu genutzt, die Antennen auszurichten.

Ausrichtungshilfen

Nachdem die Ausrichtung abgeschlossen ist, entfernt man den temporären Client-Adapter wieder, schließt den vorgesehenen Access Point an und nimmt ihn in Betrieb. Daraufhin sollte die Richtfunkstrecke nochmals auf eine fehlerfreie Datenübertragung getestet werden. Dazu wird über einen längeren Zeitraum eine größere Datenmenge übertragen und dabei die Fehlerstatistik der Access Points überprüft.

> Es gibt natürlich auch von verschiedenen Herstellern Access Points, die über ein Webinterface oder Telnet-Interface direkt die Signalstärke und Linkqualität anzeigen. Bei diesen Geräten kann die Ausrichtung der Antennen direkt durchgeführt werden, ohne dass ein Client-Adapter benötigt wird.

Beim Aufbau von Richtfunkstrecken sollte die Diversity-Funktion (siehe Abschnitt 5.5.14) der Access Points abgeschaltet werden, da hierbei nur auf einer Antennenbuchse gearbeitet wird. Eine Umschaltung der Antennenanschlüsse, die durch die Diversity-Funktion hervorgerufen werden kann, ist demnach nicht sinnvoll und könnte den Betrieb nur beeinflussen. Die meisten Access Points bieten in der Regel entsprechende Einstellmöglichkeiten, mit denen die Diversity-Funktion abgeschaltet und der Betrieb auf einen bestimmten Antennenanschluss festgelegt werden kann.

Diversity-Funktion

5.5   Antennentypen

Antennentypen   Je nach Anwendungsfall soll über die Antenne die abgestrahlte Energie über ein großes Gebiet verteilt oder nur auf einen bestimmten Punkt gerichtet werden. Grob betrachtet werden die Antennen in Rundstrahlantennen und Richtfunkantennen unterteilt. Für den WLAN-Bereich haben sich eine Vielzahl von Antennentypen etabliert, die unterschiedliche Charaktere aufweisen. Vorwiegend kommen so genannte omnidirektionale Antennen, Dipol-Antennen, omnidirektionale Antennen mit Gewinn, Patch-Antennen, Yagi-Antennen, Panel-Antennen oder Parabolantennen zum Einsatz. Des Weiteren gibt es auch noch Antennen, die in speziellen Anwendungsfällen zum Tragen kommen. Beispiele hierfür sind Sektor-Antennen, kreuzpolarisierte Antennen, Dualband-Antennen, Diversity-Antennen und aktive Antennen. Welche Antenne eingesetzt wird, beziehungsweise bevorzugt eingesetzt werden sollte, ist von Fall zu Fall abzuwägen. Im Folgenden werden die unterschiedlichen Antennen, ihre Eigenschaften und Einsatzgebiete beschrieben.

5.5.1   Omnidirektionale Antennen

Omnidirektionale   Um die Reichweite innerhalb von Büros oder Wohnräumen zu erhö-
Antennen   hen, werden zum Beispiel omnidirektionale Antennen im Miniaturformat eingesetzt. Omnidirektionale Antennen haben auf der horizontalen Ebene einen Öffnungswinkel von 360°, weshalb man auch von Rundstrahler spricht. Auf der vertikalen Ebene hingegen ist die Sendekeule gestaucht, beispielsweise auf 80°, wodurch horizontal eine Reichweitensteigerung erzielt werden kann. Omnidirektionale Antennen im Miniaturformat bieten einen Antennengewinn von 2 bis 4 dBi und senden und empfangen in horizontaler Richtungen etwa gleich gut. Über die kleinen Omni-Antennen kann der Signal-Rausch-Abstand um 2 bis 5 dB erhöht werden. So kann die Sende-/Empfangscharakteristik einer WLAN-Komponente wesentlich verbessert werden, indem sie mit einer Omni-Antenne ausgestattet und nicht mehr mit der internen Antenne gearbeitet wird. Eine WLAN-Komponente, die sich an der Grenze einer Funkzelle befindet, kann so unter Umständen dank der Omni-Antenne mit der höchsten Datenrate arbeiten, während ohne die aktive Komponente die Datenrate reduziert werden müsste, um eine fehlerfreie Datenübertragung zu realisieren. Es gibt praktische Omni-Antennen im Miniaturformat, die über eine Klebehalterung mit Klettverschluss bei Bedarf problemlos an ein Notebook angebracht werden können. Der Anschluss an die WLAN-Komponente

erfolgt über Lucent-Stecker oder MMCX-Stecker. Abbildung 5–10 zeigt eine kleine Omni-Antenne, die an ein Notebook angebracht werden kann.

Abb. 5–10
Praktische Mini-Omni-Antenne
(Quelle: Compu-Shack Production)

In Abbildung 5–11 sind die vertikalen und horizontalen Strahlungsdiagramme einer kleinen Omni-Antenne dargestellt.

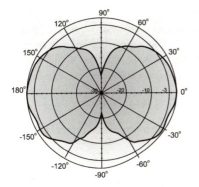 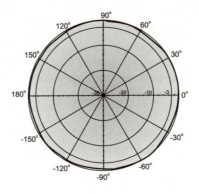

Abb. 5–11
Vertikale und horizontale Strahlungsdiagramme einer Omni-Antenne

5.5.2   Notebook-Antenne

Notebook-Antenne   Innerhalb von Notebooks mit internem WLAN-Interface befinden sich in der Regel zwei kleine Antennen, die auf der Rückseite der oberen Displaykante montiert sind. Diese Antennen haben eine Abmessung von 40 mm × 5 mm × 6 mm und sind mit einem U.FL-Kabel/-Stecker konfektioniert, sodass sie direkt an einem Mini-PCI-Modul betrieben werden können. Die Notebook-Antennen weisen einen Antennengewinn von ca. 2 dBi auf und haben annähernd eine Rundstrahl-Charakteristik. Abbildung 5–12 zeigt eine interne Notebook-Antenne.

Abb. 5–12
Interne
Notebook-Antenne

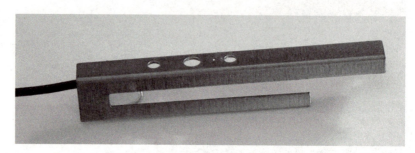

5.5.3   Dipol-Antennen

Dipol-Antennen   Dipol-Antennen besitzen in der Regel einen typischen Antennengewinn von 2 bis 2,2 dBi, wobei der horizontale Öffnungswinkel 360° und der vertikale 80° bis 70° beträgt. Die Dipol-Antennen können auf horizontaler Ebene die Reichweite einer Funkzelle erhöhen, da die vertikalen Keulen gestaucht sind und somit eine höhere Reichweite erzielen können.

> Dipol-Antennen werden auch oft als Swivel-Dipol-Antennen bezeichnet, was soviel bedeutet wie, dass der Leiter, beziehungsweise die Antenne, um einen flexiblen Stab gewickelt ist. In englischer Literatur ist auch oft der Begriff Rubber Duck zu finden, diese Bezeichnung nimmt Bezug auf die flexible Bauweise der Antenne.

Abbildung 5–13 zeigt eine typische Dipol-Antenne im Miniaturformat und eine biegsame Dipol-Antenne.

Abb. 5–13

Typische Dipol-Antennen
(Quelle: D-Link)

In Abbildung 5–14 ist das vertikale und horizontale Strahlungsdiagramm einer Dipol-Antenne dargestellt.

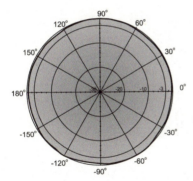
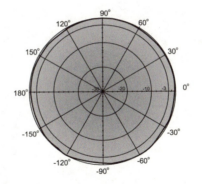

Abb. 5–14

Vertikales und
horizontales
Strahlungsdiagramm
einer Dipol-Antenne
ohne Gewinn

Eine Vielzahl von Access Points oder WLAN-PCI-Adaptern verfügen
bereits über eine oder zwei externe Dipol-Antennen. Diese Dipol-
Antennen weisen jedoch in der Regel keinen Antennengewinn auf. Die
Standard-Dipol-Antenne lässt sich anhand der Länge erkennen. Sie ist
allgemein etwas kürzer als die Dipol-Antennen mit Antennengewinn.

5.5.4　Omnidirektionale Antennen mit Gewinn

Omnidirektionale Antennen weisen einen typischen Antennengewinn
von 5,2 bis 12 dBi auf. Die omnidirektionalen Antennen besitzen
dabei einen horizontalen Öffnungswinkel von 360° und einen vertikalen Öffnungswinkel von 50° bis 7°. Wegen des Gewinns, der nur auf
einer Ebene erzielt wird, bezeichnet man diese Antennen auch als
Gewinnrundstrahler. Es gibt Omni-Antennen, die für die hängende

Gewinnrundstrahler

Deckenmontage oder Mastmontage geeignet sind. Die für die Dekken-montage sind in der Regel für die Versorgung von größeren Hallen, beispielsweise Messehallen vorgesehen. Omni-Antennen für die Mast-montage finden vorwiegend im Außenbereich Anwendung, um auf horizontaler Ebene größere Flächen auszuleuchten. Abbildung 5–15 zeigt eine typische Omni-Antenne mit Gewinn, die für die Außenmon-tage geeignet ist.

Abb. 5–15
Omni-Antenne mit
Gewinn
(Quelle: Compu-Shack
Production)

Das vertikale und horizontale Strahlungsdiagramm der Omni-Antenne mit Gewinn ist aus Abbildung 5–16 zu entnehmen.

Abb. 5–16
Vertikales und
horizontales
Strahlungsdiagramm
einer Omni-Antenne
mit Gewinn

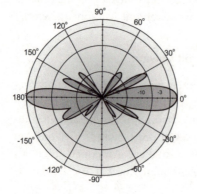
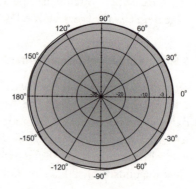

Den Gewinn erzielt man bei dieser Antenne, indem man mehrere Dipole zusammenschaltet, die übereinander als Stacked Array angeordnet sind. Je größer die Anzahl der einzelnen Dipole ist, desto größer ist die Richtwirkung der Omni-Antenne. Man beeinflusst also durch die Kombination mehrerer Dipole die Charakteristik der Antenne. Dasselbe gilt für den Antennenmast, der die Abstrahlcharakteristik beeinflussen kann. Bei der Mastmontage von Omni-Antennen kann die Strahlungscharakteristik von der Montageposition abhängig sein. Wird die Omni-Antenne nicht an die Spitze eines Antennenmastes montiert, sondern seitlich unterhalb der Mastspitze, so beeinflusst der metallene Antennenmast die Abstrahlcharakteristik der Omni-Antenne in der horizontalen Ebene. Wie stark die Beeinflussung ausgeprägt ist, hängt von dem Abstand zwischen Antenne und Antennenmast ab. Ist die Omni-Antenne im Abstand von λ/2 montiert, so erhält man als Strahlungsdiagramm ein Zweiseitendiagramm. Bei einem Abstand von λ/4 erhält man dagegen eine Abstrahlung in Vorzugsrichtung (siehe Abb. 5–17).

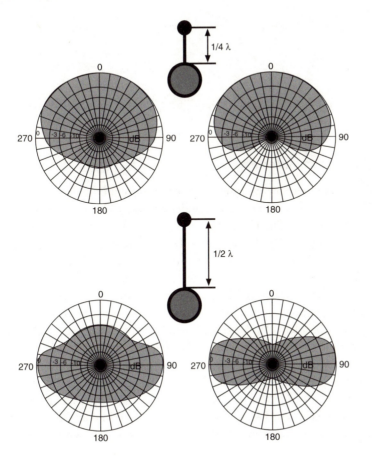

Abb. 5–17

Veränderung des Strahlungsdiagramms in Abhängigkeit von der Antennenmontage

Downtilt

Berücksichtigt man die Tatsache, dass die Access Points und Antennen in der Regel an die Decke montiert werden, so ergibt sich beim Einsatz der Omni-Antennen der Nachteil, dass der Öffnungswinkel in vertikaler Ebene nur wenige Grad aufweist. Durch den geringen Öffnungswinkel kann das Empfangssignal relativ gering sein, wenn man direkt unter der Antenne steht. Dies wirkt sich besonders negativ aus, wenn die Antenne sehr hoch hängt, wie beispielsweise in Industrie- oder Logistikhallen. Abhilfe hiergegen bieten Omni-Antennen mit einem so genannten Downtilt. Durch den Downtilt sind die Sendekeulen auf vertikaler Ebene um 20° und mehr Grad nach unten geneigt, wodurch das empfangene Signal unmittelbar unter der Antenne größer wird (siehe Abb. 5–18).

Abb. 5–18

Vertikales und horizontales Strahlungsdiagramm einer Omni-Antenne mit Downtilt (Quelle: HUBER+SUHNER)

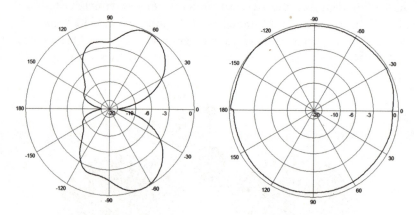

5.5.5 Patch-Antennen

Patch-Antennen

Patch-Antennen bieten einen typischen Antennengewinn von 4 bis 6 dBi und besitzen einen horizontalen und vertikalen Öffnungswinkel von 80° bis 65°. Die Patch-Antenne kann zu einer Reichweitensteigerung von bis zu 100 % beitragen. Diese Antennen lassen sich bevorzugt an Access Points anschließen, um die Ausdehnung einer Funkzelle in Vorzugsrichtung der Antenne zu erhöhen. Die Patch-Antenne gehört zu der Variante der Planarantennen. Vorteil der Planarantennen ist die flache Bauweise, deshalb eignet sich die Antenne für die Wandmontage. Bei dem Patch-Strahler handelt es sich um eine rechteckige Fläche, die sich vor einer großen Grundplatte befindet, die wiederum als Massefläche fungiert. Zwischen dem Patch und der Massefläche befindet sich ein Substrat, das als Dielektrikum dient. Der Patch-Strahler wird in der Mitte einer Seite gespeist, wobei sich ein elektrisches Feld zwischen dem Patch und der Massefläche bildet. Da mindestens eine Seite der Patchfläche die Länge von λ/2 hat, können sich die elektromagnetischen Wellen von der Antenne ablösen. Die Herstellung der Patch-Antenne erfolgt durch Ätzen oder Siebdruck, wobei eine einfach zu reproduzierende und somit kostengünstige Produktion erzielt werden kann. Abbildung 5–19 zeigt den Aufbau einer Patch-Antenne.

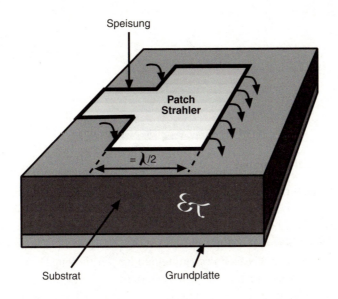

Abb. 5–19

Aufbau einer
Patch-Antenne

Die Patch-Antennen gibt es vorwiegend für die Wandmontage oder als Kombilösung, bei der sie stehend oder in der Form der Wandmontage eingesetzt werden können. Abbildung 5–20 zeigt eine typische Patch-Antenne.

Abb. 5–20

Patch-Antenne
(Quelle: HUBER+SUHNER)

In Abbildung 5–21 sind die Strahlungsdiagramme einer Patch-Antenne in vertikaler und horizontaler Ebene dargestellt.

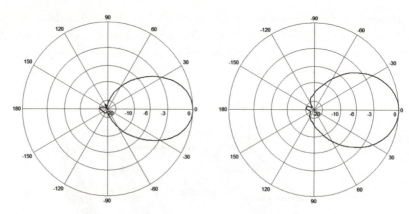

Abb. 5–21

Vertikales und horizontales Strahlungsdiagramm einer Patch-Antenne

5.5.6   Yagi-Antennen

Yagi-Antennen

Yagi-Antennen sind Richtfunkantennen und werden zum Aufbau von Richtfunkstrecken verwendet, mit denen im 2,4-GHz-WLAN-Bereich Distanzen von bis zu 300 m (54 MBit/s), 1 km (11 MBit/s) und 2 km (2 MBit/s) überbrückt werden können. Damit lassen sich beispielsweise Gebäude LAN-technisch miteinander verbinden. Diese Antennenvariante wird auch nach den Erfindern H. Yagi und S. Uda als Yagi-Uda-Antennen benannt. Hierbei handelt es sich um einen Längsstrahler, der aus mehreren Dipolen gebildet wird und dessen Richtwirkung durch eine Strahlungskopplung mehrerer Ströme erzeugt wird. Der Aufbau der Yagi-Antenne ist charakterisiert durch einen Längsstrahler und eine Reihe von parasitären Dipolen, die als Direktoren bezeichnet werden. Die Direktoren sind vor dem Strahler in Richtung der Vorzugsrichtung angeordnet. Der Gewinn der Yagi-Antenne ist von der Anzahl und der Länge der Direktoren und deren Abstand zueinander abhängig. Die Signalspeisung und der Aufbau der Yagi-Antenne sind relativ einfach, da nur ein Strahler vorhanden ist. Wegen ihrer einfachen und preiswerten Bauweise sind die Yagi-Antennen in der Nachrichtentechnik weit verbreitet. Typisches Beispiel hierfür sind herkömmliche Fernsehantennen für terrestrische Übertragungssysteme.

2,4-GHz-Yagi-Antennen, die innerhalb von Europa im WLAN-Bereich eingesetzt werden, haben eine horizontale und vertikale Halbwertsbreite von 30° bis 25° und einen Antennengewinn von 12 bis 14 dBi. Somit wird man der Anforderung gerecht, dass man für den Aufbau einer Richtfunkstrecke Antennen benötigt, die einen hohen Antennengewinn aufweisen und eine große Richtfunkwirkung haben. Abbildung 5–22 zeigt eine Yagi-Antenne für den WLAN-Bereich.

Abb. 5–22
Yagi-Antenne (Quelle:
Compu-Shack Production)

Alternativ zu der zuvor dargestellten Yagi-Antenne, bei der man die Direktoren genau sieht, gibt es noch geschlossene Varianten, die wie ein Rohr aussehen. Diese Form lässt sich auf den ersten Blick mit einer Omni-Antenne verwechseln. In der Regel erkennt man den Unterschied anhand des Durchmessers. Yagi-Antennen sind mit einem durchschnittlichen Durchmesser von zirka 7,5 cm relativ dick, während der Durchmesser einer Omni-Antenne bei etwa 3 cm liegt. Zudem ist die Montagerichtung unterschiedlich. Eine Yagi-Antenne wird waagerecht montiert, eine Omni-Antenne senkrecht. Abbildung 5–23 zeigt eine geschlossene Variante der Yagi-Antenne.

Abb. 5–23
Yagi-Antenne als
geschlossene Variante
(Quelle: Cisco)

In Abbildung 5–24 ist das Richtungsdiagramm in der vertikalen und horizontalen Ebene dargestellt.

Abb. 5–24

Richtungsdiagramm einer Yagi-Antenne in vertikaler und horizontaler Ebene

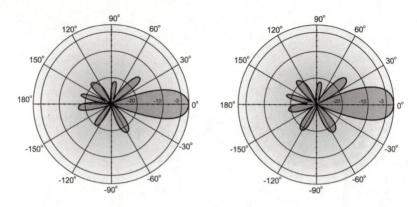

5.5.7 Panel-Antennen

Panel-Antennen

Yagi-Antennen haben den Nachteil, dass sie wegen ihres mechanischen Konzepts bei rauen Witterungsbedingungen nur bedingt geeignet sind. Eis und Schnee können beispielsweise eine starke Veränderung des Strahlungsdiagramms hervorrufen, falls sie sich auf den einzelnen Direktoren bei Minustemperaturen ablagern. Des Weiteren haben die Nebenzipfel und die rückwertige Keule eine große Ausprägung. Eine Alternative zur Yagi-Antenne stellt die Panel-Antenne dar, die ebenfalls eine ausgeprägte Richtfunkcharakteristik aufweist.

Das Prinzip der Panel-Antenne entspricht dem der Patch-Antenne. Um eine größere Richtwirkung zu erzielen, werden hierbei mehrere planare Einzelstrahler zu Feldern kombiniert. 2,4-GHz-Panel-Antennen für den europäischen Raum bieten einen Antennengewinn von 12 bis 14 dBi bei einem Öffnungswinkel von etwa 30°. Abbildung 5–25 zeigt eine typische Panel-Antenne.

Abb. 5–25

Panel-Antenne (Quelle: HUBER+SUHNER)

In Abbildung 5–26 sind die Strahlungsdiagramme einer Panel-Antenne in vertikaler und horizontaler Ebene dargestellt.

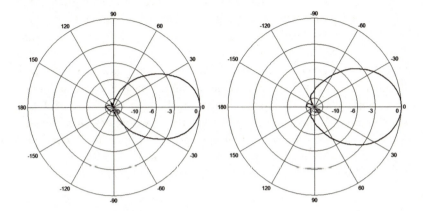

Abb. 5–26

Vertikales und horizontales Strahlungsdiagramm einer Panel-Antenne

5.5.8 Parabolantennen

Bei den bisher betrachteten Antennentypen handelt es sich um so genannte Primärstrahler. Primärstrahler sind von der Definition her direkt mit der speisenden Zuleitung verbunden. Eine Alternative zu den Primärstrahlern sind die Sekundärstrahler. Bei den Sekundärstrahlern werden die elektromagnetischen Wellen dem Strahler über Reflektoren oder Spiegel zugeführt oder abgestrahlt. Deshalb spricht man in diesem Zusammenhang auch von Reflektorantennen. Die am weites-

Parabolantennen

Abb. 5–27

Parabolantenne für den WLAN-Bereich (Quelle: SSB Electronics GmbH)

ten verbreitete Reflektorantenne ist die Parabolantenne. Der Reflektor hat hierbei die Form eines Rotationsparaboloids. Parabolantennen bieten einen hohen Antennengewinn, der durch Bündelung der elektromagnetischen Strahlung erzeugt wird. Deshalb kommen Parabolantennen im WLAN-Bereich für die Errichtung von Richtfunkstrecken zum Einsatz, bei denen Distanzen von 3 bis 11 km erzielt werden müssen. Der Antennengewinn einer Parabolantenne hängt von der gesamten Bauform und dem Durchmesser der Schüssel ab. Der typische Antennengewinn von Parabolantennen liegt im Bereich von 9 bis 24,9 dBi, bei einem Öffnungswinkel von 70° bis 10,5°, wobei der Durchmesser der Schüssel etwa 12 bis 82 cm beträgt. Abbildung 5–27 zeigt eine typische Parabolantenne, die im WLAN-Bereich zum Einrichten von Richtfunkstrecken über größere Distanzen zum Einsatz kommt.

5.5.9   Sektorantennen

Sektorantennen Eine weitere Variante der planaren Array-Antennen ist die Sektorantenne. Wird normalerweise ein Gebiet kreisförmig über eine Funkzelle ausgeleuchtet, so lässt sich mit Hilfe von Sektorantennen das zu versorgende Gebiet in mehrere Funkzellen aufteilen. In der Praxis kommen Sektorantennen mit einem Öffnungswinkel zwischen 60° und 120° zum Einsatz, die einen Antennengewinn von bis zu 12 dBi aufweisen. Da im 2,4-GHz-WLAN-Bereich nur drei unabhängige Kanäle zur Verfügung stehen, kommen hier vorzugsweise Sektorantennen mit

Abb. 5–28
Sektorantenne
(Quelle: 1st-Wave)

einem Öffnungswinkel von 120° zum Einsatz. Auf diese Weise kann das zu versorgende Gebiet in drei kleinere Funkzellen aufgeteilt werden, wodurch für die einzelnen Stationen die Bandbreite steigt, da sich die Anzahl der Stationen auf mehrere Funkzellen aufteilt. Zudem können über die einzelnen Funksektoren größere Reichweiten erzielt werden. Sollte ein hoher Versorgungspunkt vorhanden sein, so können die Sektorantennen eine optimale Lösung bieten, da sie einzeln nach unten in die zu versorgenden Sektoren gekippt werden können. Abbildung 5–28 zeigt eine typische Sektorantenne.

In Abbildung 5–29 sind die Strahlungsdiagramme einer Sektorantenne dargestellt.

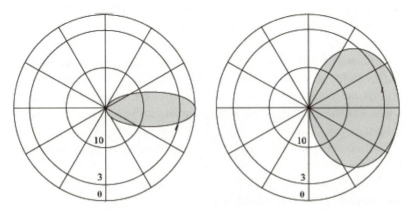

Abb. 5–29

Strahlungsdiagramme einer Sektorantenne

Bei der Anordnung der Sektorantennen sollte man darauf achten, dass die Interferenzzonen, in denen sich die einzelnen Funkzellen überlappen, nicht so groß werden. Gegebenenfalls sollten Sektorantennen zum Einsatz kommen, deren Öffnungswinkel etwas kleiner als 120° ist. Da in der Regel die Sektorantennen ziemlich dicht zueinander montiert werden, ist natürlich auch die Ausprägung der Nebenkeulen und der rückwertigen Keulen von großer Bedeutung. Die daraus resultierenden Beeinflussungen zwischen den Sektorantennen kann über eine Transmissionsmessung oder Entkopplungsmessung nachgewiesen werden. Hierzu wird jedoch ein Highend-Messgerät benötigt, welches im WLAN-Bereich aus Kosten- und Komplexitätsgründen eher seltener zum Einsatz kommt. In der Nachrichtentechnik wird auf jeden Fall eine Entkopplung von etwa 36 dB angestrebt. Hilfreich kann hierbei ein geerdetes Lochblech sein, das in dem Bereich zwischen den Antennen angebracht wird und für eine saubere Entkopplung der verschiedenen Sektorantennen sorgt. Wichtig hierbei ist Erdung des Bleches, da sonst keine entkoppelnde Wirkung erzielt wird.

5.5.10   Kreuzpolarisierte Antennen

Kreuzpolarisierte
Antennen

Neben den bisher beschriebenen Antennen gibt es spezielle Antennentypen, die für Sonderfälle eingesetzt werden können, in denen man mit herkömmlichen Antennen nicht die notwendige Versorgung erzielen kann. Bei den speziellen Antennen handelt es sich um kreuzpolarisierte Antennen, Dualbandantennen, aktive Antennen und Diversity-Antennen, die nachfolgend beschrieben werden.

3-dB-Koppler

Anstelle einer rein vertikalen oder horizontalen Antennenpolarisation sind bei der Polarisation auch kombinierte Winkel von -45° und +45° möglich. Die Kombination der Polarisation erzielt man durch ein Antennensystem, dass quasi aus zwei Antennen besteht, die über einen 3-dB-Koppler miteinander verbunden sind. Diese Art der Antenne kann sowohl horizontale als auch vertikale Polarisationsanteile empfangen. Zudem wirkt sich diese Anordnung im Sendefall positiv aus, da je nach Ausrichtung der Antennen und der Umgebungsbedingungen Reflexionen meistens nur auf einer Ebene verstärkt auftreten. Bei dieser Art der Antennen spricht man von kreuzpolarisierten Antennen. Diese Antennenvariante bietet in besonders kritischen Innenraumumgebungen eine Alternative, in der herkömmliche Antennen durch die Beeinflussung von Reflexionen nur geringe und nicht reproduzierbare Reichweiten erzielen können. Entsprechende Antennen bietet die in der Schweiz ansässige Firma Huber und Suhner, die sich mit Spezialantennen einen Namen gemacht hat.

5.5.11   Zirkularpolarisierte Antennen

Zirkularpolarisierte
Antennen

In kritischen Umgebungen, bei denen die Reflexionen und Streuungen besonders hoch sind, können die zirkular polarisierenden Antennen eine Verbesserung bieten. Setzt man beispielsweise auf der Access-Point-Seite zirkular polarisierende Antennen und auf der Client-Seite eine linear vertikale Antenne ein, so führt dies zwar erst einmal zu eine Polarisationsdämpfung von 3 dB. Der Verlust von 3 dB zwischen der zirkularen und vertikalen Polarisation ergibt sich aus der Tatsache, dass sich die zirkular polarisierende Leistung jeweils zur Hälfte in einen horizontalen und einen vertikalen Anteil aufteilt. Je nach Ausführung der linearen Antenne wird die horizontale oder die vertikale Hälfte wirksam, wobei die halbe Leistung 3 dB entspricht. Jedoch wirkt sich die konstante Feldstärke positiv aus, zudem wirken sich die Mehrfachreflexionen einer zirkularen Polarisation günstiger aus als die einer linearen Polarisation. Des Weiteren sind für eine mobile Station die sich ständig ändernden Umgebungsverhältnisse nachteilig.

Denn Reflexionen wechseln in Abhängigkeit der Position stetig, weshalb sich die Amplitude, Phase und Polarisationsrichtung fortlaufend ändern und zu Schwunderscheinungen führen können. Bei einer vertikalen Polarisation sind die Schwunderscheinungen besonders stark ausgeprägt, da die Hindernisse in der Regel vertikale Kanten besitzen. Anders sieht es bei der zirkularen Polarisation aus, da die durch die Änderung der Polarisationsrichtung entstehenden Fading-Erscheinungen verschwinden.

5.5.12   Dualbandantennen

Neben den Antennen, die ausschließlich für ein Frequenzband ausgelegt sind, gibt es noch Dualbandantennen, die zwei Frequenzbereiche unterstützen. So werden beispielsweise von verschiedenen Herstellern Antennen angeboten, die für das 2,4- und 1,8-GHz-Band ausgelegt sind. So können über eine Antenne Funkzellen für die Versorgung über WLAN und DECT (Digital Enhanced Cordless Telecommunications) gebildet werden. Des Weiteren gibt es immer mehr Dualbandantennen, die den Bereich des 2,4- und 5-GHz-WLAN-Bands abdecken.

Dualbandantennen

5.5.13   Aktive Antennen

Bei den bisher beschriebenen Antennen handelt es sich um passive Antennen, für die das Reziprozitätsgesetz gilt. Alternativ dazu gibt es aktive Antennen, die im Sende- und Empfangsfall unterschiedliche Charakteristika aufweisen. Besonders interessant ist hierbei der unterschiedliche Antennengewinn in Sende- und Empfangsrichtung. Da für das 2,4-GHz-Band im europäischen Raum die zulässige effektive Sendeleistung verhältnismäßig gering ist, bietet sich der Einsatz von aktiven Antennen an, um größere Distanzen zu überbrücken. Der Hersteller Huber und Suhner bietet beispielsweise Antennen an, die in Empfangsrichtung einen Antennengewinn von 29 dBi aufweisen und im Senderichtung einen Gewinn von 6,5 dBi. Demnach können diese Antennen über ein kurzes Antennenkabel direkt an den gängigen WLAN-Komponenten betrieben werden. Dadurch ergibt sich der Vorteil, dass das empfangene Signal eine geringe Dämpfung erfährt und die Antenne zudem einen großen Gewinn in Empfangsrichtung bereitstellt. Der hohe Antennengewinn wird über rauscharme Empfangsverstärker realisiert. Laut Herstellerangabe können somit Distanzen von bis zu 7 km problemlos überbrückt werden, ohne dass die zulässigen Grenzwerte in der effektiven Sendeleistung überschritten werden. Natür-

Aktive Antennen

RX-Booster

lich wird hierbei eine Spannungsquelle benötigt, um den Verstärker zu betreiben. Dieser wird über ein kleines Steckernetzteil bereitgestellt.

Des Weiteren bietet die Firma SSB Electronics GmbH für ihre Parabolantennen einen RX-Booster an. Dabei handelt es sich um einen rauscharmen 15-dB-Verstärker, der in Empfangsrichtung wirkt. Da der RX-Booster nur in Empfangsrichtung verstärkt, bleibt die EIRP auf 100 mW begrenzt, was die Voraussetzung ist, damit dieses Antennensystem in Europa betrieben werden darf. Der Booster wird direkt vor der Parabolantenne in das Koaxialkabel geschaltet und kann über einen DC-Injector mit Strom versorgt werden. Der DC-Injector speist Gleichstrom in das Koaxialkabel ein, damit die Stromversorgung aus der Ferne, also aus dem Innenbereich, erfolgen kann. Laut Angaben des Herstellers können mit dem RX-Booster Reichweiten von 3,8 bis 11,7 km erzielt werden, wobei die Reichweite in Abhängigkeit von der verwendeten Parabolantenne variiert.

5.5.14 Diversity-Antennen

Diversity-Antennen

Nur in den allerwenigsten Fällen erreicht ein abgestrahltes Signal den Empfänger auf direktem Weg. In der Regel erreicht das ausgesendete Signal ihn über eine Kombination von direkten und indirekten Wellen, die durch Reflexionen zum Empfänger gelangen. Dies gilt besonders innerhalb von Gebäuden, beispielsweise in langen abknickenden Korridoren, in denen der WLAN-Betrieb oft nur durch Reflexionen aufrechterhalten werden kann. Gegenüber dem direkten Signal weisen jedoch Reflexionen unterschiedliche Phasenlagen und Polarisationen auf. Um den Einflüssen der Reflexionen bestmöglich entgegenzuwirken wird die Diversity-Funktion angewendet.

Diversity-Wirkungsgrad

Normalerweise verfügen WLAN-Komponenten bereits über zwei Antennen, die über einen Umschalter der Sende-/Empfangseinheit zugeführt werden und der Diversity-Funktion dienen. Durch die internen Antennen kann die Diversity-Funktion allerdings nur bis zu einem gewissen Grad realisiert werden, da die Antennen räumlich sehr eng zueinander stehen. Ein höherer Wirkungsgrad der Diversity-Funktion kann durch externe Antennen erzielt werden, da hierbei ein größerer Abstand zwischen den Antennen realisiert werden kann. Einige Hersteller von WLAN-Komponenten bieten so genannte Diversity-Antennen an. Hierbei handelt es sich ebenfalls um eine Kombination von zwei Antennen, wobei theoretisch jede der zuvor aufgeführten Antennen in Frage kommt. Die räumliche Diversity wird über zwei Antennen erzielt, die in einem bestimmten Abstand zueinander stehen, wobei das Empfangssignal beider Antennen dem Empfänger über einen

Umschalter zugeführt wird. Die beiden Antennen sind demnach hoch-frequenzmäßig nicht zusammengeschaltet, da sich sonst eine Summen-charakteristik beider Antennen bilden würde. Die Antennen arbeiten getrennt voneinander und besitzen bis zum Umschalter einen eigenen Sende-/Empfangszweig. Über den Umschalter wird immer die Antenne ausgewählt, auf der das beste Empfangssignal ansteht. Bei den WLAN-Komponenten wird der Empfang der Präambel genutzt, die vor jedes Frame gesetzt wird, um herauszufinden, auf welcher der beiden Anten-nen das beste Empfangssignal ansteht. Somit ist gewährleistet, dass während der Testphase oder der Umschaltung keine wichtigen Infor-mationen der Nutzdaten verloren gehen. Die WLAN-Komponente schaltet dann automatisch auf die Antenne, auf der das bessere Signal ansteht; dies gilt für den Empfang des aktuellen Frames und das Aus-senden des darauf folgenden Antwortframes. Die durch die Diversity-Funktion hervorgerufene Verbesserung des empfangenen Signalpegels wird als Diversity-Gewinn bezeichnet.

5.6 Antennenstecker

Im WLAN-Bereich kommen, je nach Anwendungsfall, unterschiedliche Formen von Antennensteckern und Antennenbuchsen zum Einsatz. Die unterschiedlichen Varianten unterscheiden sich primär in der Größe und, damit verbunden, in den elektrischen und mechanischen Eigen-schaften. Welche Variante zum Einsatz kommt ist von Fall zu Fall unterschiedlich. So werden beispielsweise für die Client-Adapter kom-pakte Buchsen- und Steckerformen benötigt. Im Außenbereich dagegen werden Buchsen und Stecker benötigt, die bis zu einem bestimmten Grad resistent gegen Witterungseinflüsse sind, was zwangsläufig mit größeren Bauformen verbunden ist. Des Weiteren ist die Dicke des Koaxialkabels entscheidend. Im Folgenden werden die wichtigsten Ste-ckerformen aufgezeigt, die sich im WLAN-Bereich etabliert haben.

Antennenstecker

5.6.1 MC-Card-Steckergesicht

Ein weit verbreiteter Stecker ist der so genannte MC Card Plug. Hier-bei handelt es sich um einen sehr kleinen Stecker, der bei vielen Client-Adaptern Anwendung findet. Da dieser Steckertyp von der Firma Lucent (Orinoco) auf den Client-Adaptern eingesetzt wird, spricht man hierbei in der WLAN-Branche auch oft vom so genannten Lucent-Stecker. Dieser Stecker kann nur auf RG-316- oder RG-174-Koaxialkabeln konfektioniert werden. Abbildung 5–30 zeigt den MC-Card-Stecker.

MC-Card-Stecker

Abb. 5–30
MC-Card-Stecker

5.6.2 MMCX-Steckergesicht

MMCX-Stecker MMCX steht für Micro Miniature Coaxial Connector und entspricht wie der MC-Card-Stecker einer kleinen Steckerform, die bevorzugt bei Client-Adaptern verwendet wird, die nicht von Lucent (Orinoco) gefertigt werden. Der Stecker ist ebenfalls nur für die Konfektionierung an RG-316- und RG-174-Koaxialkabeln geeignet. Abbildung 5–31 zeigt den MMCX-Stecker, wie er beispielsweise bei Cisco-Client-Adaptern eingesetzt wird.

Abb. 5–31
MMCX-Stecker

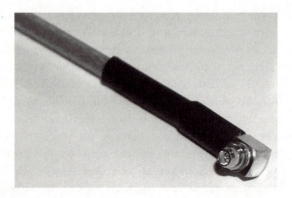

5.6.3 U.FL-Steckergesicht

U.FL-Stecker Als kleinstes Steckergesicht kommt im WLAN-Bereich die so genannte U.FL-Bauform von der Firma Hirose zum Einsatz. Dieses Steckergesicht findet man beispielsweise auf den in Notebooks verwendeten WLAN-Mini-PCI-Modulen vor. Auf dem Modul befinden sich eine oder zwei U.FL-R-SMT-Buchsen, auf die als Gegenstück ein filigraner U.FL-Stecker zum Einsatz kommt, der für die Anbindung von Antennen verwendet wird. Abbildung 5–32 zeigt die U.FL-R-SMT-Buchse und einen U.FL-Stecker.

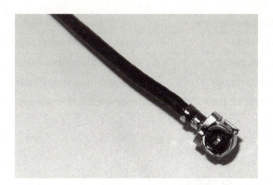

Abb. 5–32
U.FL-Stecker

Die Miniaturstecker (MC-Card, MMCX und U.FL) haben ihre Stärken in der kleinen und kompakten Ausführung. Jedoch ist dieser Vorteil auch mit einem entscheidenden Nachteil verbunden, denn diese Steckertypen sind mechanisch sehr anfällig. Beim mehrmaligen Aus- und Wiedereinstecken kann es vorkommen, dass diese Stecker in den Buchsen ihren festen Sitz verlieren. Sollte dies der Fall sein, so verschlechtern sich die elektrischen Eigenschaften gerade im hochfrequenten Bereich, wodurch die Dämpfung drastisch ansteigen kann. Man sollte deshalb diese Stecker mit großer Sorgfalt behandeln und sie nur dort einsetzen, wo es auf die kompakte Bauform ankommt. Ansonsten sollte man möglichst schnell auf die größeren Varianten adaptieren.

5.6.4 SMA-Steckergesicht

Bei dem SMA-Steckergesicht (Sub Miniature A) handelt es sich um eine Variante, die bevorzugt bei Access Points oder PCI-Adaptern Anwendung findet. Hierbei handelt es sich um einen Miniaturstecker, der mit der dazugehörigen Buchse verschraubt werden kann. Die mechanischen und elektrischen Eigenschaften sind demnach bedeutend besser als bei den MMCX- oder MC-Card-Steckern. Es gibt beispielsweise SMA-Steckervarianten, die an RG-316- oder RF195-Koaxialkabeln konfektioniert werden können. Der SMA-Stecker gibt es in zwei unterschiedlichen Ausführungen, dem SMA oder dem Reverse-SMA. Bei der SMA-Variante ist der Innenkontakt der Buchse als Kelch ausgeführt, wohingegen bei dem Reverse-SMA der Innenkontakt als Stift ausgeführt ist. Im WLAN-Bereich kommt primär die Reverse-SMA-Variante zum Einsatz. In Tabelle 5–4 sind die Erkennungsmerkmale der beiden SMA-Varianten gegenübergestellt.

SMA-Stecker

Tab. 5–4

*Erkennungsmerkmale der
SMA-Steckergesichter*

Stecker-/Buchse-Variante	Erkennungsmerkmal
SMA-Stecker	Innengewinde und Innenkontakt als Stift
SMA-Buchse	Außengewinde und Innenkontakt als Kelch
Reverse-SMA-Stecker	Innengewinde und Innenkontakt als Kelch
Reverse-SMA-Buchse	Außengewinde und Innenkontakt als Stift

Abbildung 5–33 zeigt den Reverse-SMA-Stecker.

Abb. 5–33

Reverse-SMA-Stecker

In Abbildung 5–34 ist der SMA-Stecker abgebildet.

Abb. 5–34

SMA-Stecker

5.6.5   TNC-Steckergesicht

Das TNC-Steckergesicht (Threaded Neill Concelman) entspricht einer größeren Bauform, die ebenfalls verschraubt wird. Den TNC-Stecker gibt es in verschiedenen Ausführungen, und er kann beispielsweise auf RG-316- oder RG-223-Kabel konfektioniert werden. Bei dem TNC-Steckergesicht gibt es auch wieder zwei Varianten, wie beim SMA-Steckergesicht. Man spricht deshalb auch vom TNC- und Reverse-TNC-Steckergesicht (RP-TNC). Da dieser Stecker über einen Dichtungsring verfügt, kann er sogar im Außenbereich eingesetzt werden. Abbildung 5–35 zeigt den RP-TNC-Stecker, der beispielsweise bei Cisco Access Points eingesetzt wird.

Abb. 5–35
RP-TNC-Stecker

5.6.6 BNC-Steckergesicht

Ein etwas größerer Stecker ist das BNC-Steckergesicht (Bayonet Neill Concelman), der für praktisch alle Kabeltypen existiert. Hierbei handelt es sich um ein Steckergesicht, das über ein Bajonettverschluss verfügt, der durch eine leichte Rechtsdrehung fixiert werden kann. Dieses Steckergesicht wird jedoch im WLAN-Bereich selten verwendet. Im drahtgebundenen Netzwerkbereich findet dieser Steckertyp bei der Ethernet-Variante 10Base2 Anwendung. Abbildung 5–36 zeigt den BNC-Stecker.

BNC-Stecker

Abb. 5–36
BNC-Stecker

5.6.7 N-Steckergesicht

Der N-Stecker hat die größte Bauform, bei den im WLAN-Bereich eingesetzten Steckertypen. Es handelt sich um einen hochwertigen Stecker, der durch Verschraubung mechanisch fixiert wird. Da dieser Stecker ebenfalls über einen Dichtungsring verfügt, kann er wie der

N-Stecker

TNC-Stecker im Außenbereich eingesetzt werden. Der N-Stecker ist für praktisch alle dickeren und hochwertigen Koaxialkabeltypen ausgelegt. Abbildung 5–37 zeigt den N-Stecker.

Abb. 5–37
N-Stecker

5.6.8 Pigtails

Pigtails

Unter Pigtails versteht man kurze Kabelstücke, die dazu dienen, von kleinen Steckern auf größere Steckersysteme zu adaptieren. Adapter aus einem Stück eignen sich in der Regel nicht, da die mechanische Belastung für die kleinen Stecker zu groß ist. Pigtails werden mit einem relativ dünnem und flexiblem Koaxialkabel vom Typ RG 316 gefertigt, das zwangsläufig eine relativ große Dämpfung hat. Dies ist jedoch unumgänglich, da für die kleinen Steckerformen keine anderes Kabel zur Verfügung steht. Um die Dämpfung dennoch klein zu halten, werden die Pigtails möglichst kurz gehalten. Typische Dämpfungswerte für ein Pigtail liegen bei zirka 0,7 dB. Dieser Wert gilt beispielsweise für ein 20 cm langes Pigtail, das den N-Stecker auf den Lucent-Stecker adaptiert (siehe Abb. 5–38).

Abb. 5–38
Pigtail von N-Stecker auf
Lucent-Stecker

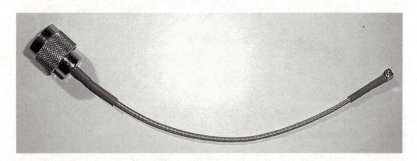

5.6.9 Indoor- und Outdoor-Antennen

Für welchen Bereich die Antenne geeignet ist, hängt natürlich auch von *Outdoor-Antennen*
der Wetterfestigkeit der Antenne, des Antennenkabels und des Anten-
nensteckers ab. Die Oberfläche der Antennen sollte den Witterungseinflüssen standhalten. Sie muss also primär vor allem temperaturbe-
ständig, d.h. in unserem Breitengrad mindestens eine Betriebsfähigkeit
bei einer Temperatur zwischen -40° bis +80° aufweisen, und korro-
sionsbeständig sein. Des Weiteren gilt für die Antennenkabel und
Antennenstecker, dass diese bis zu einem gewissen Grad gegen Feuchtigkeit resistent sind. Hierbei ist besonders wichtig, dass keine Feuchtigkeit in das Antennenkabel einziehen kann, da eingezogene Feuchtigkeit die elektrischen Eigenschaften des Kabel nachhaltig beeinflussen
kann. Bei den bisher dargestellten Steckertypen sind ausschließlich das
TNC- und N-Steckergesicht für den Außenbereich geeignet. Da jedoch
diese Steckertypen in der Regel auch nicht 100 %ig wasserdicht sind,
sollten diese im Außenbereich zusätzlich mit selbstverschweißendem
Dichtungsband umwikkelt werden.

5.7 Sicherheitsrelevante Bestimmungen

Neben den technischen Aspekten einer Antennenanlage sind auch *Sicherheitsbestimmungen*
sicherheitsrelevante Bestimmungen zu berücksichtigen, gerade dann,
wenn Antennenanlagen im Außenbereich installiert werden. Für den
WLAN-Bereich gibt es jedoch keine speziellen Fachnormen, die die
Anforderungen für die mechanische und elektrische Sicherheit von
Antennenanlagen definieren. Es bietet sich jedoch an, die Fachnormen
für Antennenanlagen aus dem Bereich der Radio- und Fernsehtechnik
als Orientierung heranzuziehen. Dies liegt darin begründet, dass es bei-
spielsweise keine speziellen Antennenmaste für WLAN-Antennen gibt.
Wird ein Mast benötigt, so kann man auf Produkte aus dem Radio-
und Fernsehgroßhandel zurückgreifen. Spätestens dann wird man mit
Eckdaten aus den relevanten Sicherheitsfachnormen konfrontiert.
Diesbezüglich sind innerhalb Deutschlands die Bestimmungen DIN
VDE 855 für das Errichten von Antennenanlagen zu berücksichtigen.
Generell gilt, dass der Errichter einer Antennenanlage für die fehlerhafte Ausführung und dadurch auftretende Personen- und Sachschä-
den haftet. Als Antennenanlage wird die Antenne, Antennenzuleitung,
Antennenträger mit Befestigungsmittel, Erdungsleiter und Erder sowie
die Sende-/Empfangsschnittstelle betrachtet. Die VDE-Bestimmung
legt Richtlinien für die elektrische und mechanische Sicherheit fest. Es
werden jedoch auch allgemeine Anforderungen definiert, vornehmlich

für Antennenanlagen, die auf Dächern montiert werden. So darf beispielsweise eine Antennenanlage die Arbeiten eines Schornsteinfegers nicht behindern oder beeinflussen.

5.7.1   Mechanische Sicherheit

Mechanische Sicherheit Grundsätzlich gilt, dass eine Antennenanlage den mechanischen Beeinflussungen und Witterungseinflüssen standhalten muss. Die Antenne, der Antennenmast und die dazugehörigen Befestigungsteile müssen zuverlässig gegen Verdrehen gesichert sein. Der Antennenmast muss aus Stahl sein, wobei das Stahlrohr die notwendige Festigkeit gewährleisten muss. So dürfen beispielsweise Gas- oder Wasserrohre nicht verwendet werden, da sie die Festigkeitsbedingungen bei Wind- und Wettereinflüssen nicht erfüllen.

Antennenmasten In der Regel haben die als Antennenmasten vorgesehenen Stahlrohre einen Außendurchmesser von 32 mm bis 80 mm und eine Wanddicke von mindestens 2 mm, um die mechanischen Anforderungen zu erfüllen. Dies gilt besonders an den Einspannstellen des Standrohrs, da hier eine Mindestwanddicke von 2 mm vorgeschrieben ist. Längere Antennenmaste werden als steckbare Segmente geliefert, damit sie transportierbar sind. Die Stahlrohre müssen verzinkt oder durch ein gleichwertiges Verfahren gegen Korrosionen geschützt sein. Die im Fachhandel erhältlichen Antennenstandrohre erfüllen diese Anforderungen in der Regel. Hierzu müssen jedoch die in der Montageanleitung angegebenen Montageanweisungen unbedingt eingehalten werden.

Windlast Vorwiegend müssen die Antennenanlagen der Windlast standhalten, denn auf Antennen wirken bei Wind enorme Kräfte, die durch Stau der bewegten Luft an den Teilen beziehungsweise Flächen der Antennen wirken. Für das Standrohr der Antennen heißt es, dass auf das Standrohr ein Drehmoment hervorgerufen wird. Das Drehmoment ist von der Windlast der Antenne und der Länge des Standrohrs abhängig, wobei hierbei die Länge des Standrohrs vom Einspannpunkt bis zur Antenne betrachtet werden muss. Bei der mechanischen Betrachtung muss grundsätzlich berücksichtigt werden, dass Abspannseile nur das Schwanken verringern können, jedoch nicht die Festigkeit des Standrohrs erhöhen. Demnach dürfen die Abspannseile nicht in die mechanische Kalkulation der Standrohrfestigkeit einbezogen werden.

Hersteller der Antennenstandrohre geben in der Regel die höchstzulässige Windlast an, für den Fall, dass die Antenne an der Spitze des Standrohrs montiert ist. Die angegebene Windlast des Standrohrs muss mindestens so groß sein wie die Windlast der Antenne.

Einspannmoment

Generell sollte man eine Betrachtung des Einspannmomentes durchführen, bei dem die Windlast der Antenne in Abhängigkeit von der Montagehöhe berücksichtigt wird. Das Einspannmoment errechnet sich aus $M_A = F_A \times l$. F_A entspricht der Windlast der Antenne in N (Newton) und l dem Abstand zwischen der Einspannstelle und der Antenne in m. So beträgt beispielsweise das Einspannmoment 80 Nm, wenn eine Windlast von 40 N vorliegt und der Abstand zwischen Einspannstelle und Antenne 2 m beträgt (80 Nm = 40 N × 2 m). Um diese Betrachtungen durchzuführen, muss man natürlich die Windlast der Antenne kennen. Hier ist normalerweise der Hersteller der Antennen gefordert, um zuverlässige Angaben zu liefern. Was im Bereich der allgemeinen Nachrichtentechnik Usus ist, gilt scheinbar jedoch nicht für die Anbieter von WLAN-Antennen. Meine Recherche hat ergeben, dass auch namhafte Hersteller von WLAN-Antennen die Windlasten der Antennen nicht angeben. Die Mehrzahl der Hersteller machen global eine Aussage, dass die Antenne bis zu einer bestimmten Windgeschwindigkeit eingesetzt werden kann. Dies liefert vielleicht eine allgemeine Information über die mechanische Festigkeit einer Antenne, ist jedoch unbrauchbar für die Berechnung der mechanischen Beanspruchung eines Antennenmastes. Somit bleibt dem WLAN-Fachmann in der Regel nichts anderes übrig, als die auftretenden Windlasten einer Antenne bei den maximalen Windverhältnissen selbst zu berechnen. Dies lässt sich über die beiden folgenden Formeln durchführen:

$$P_{eff} = 1/2 \times \rho_{Luft} \times v^2 \ [N/m^2]$$

$$F_A = c_w \times P_{eff} \times A \ [N]$$

Staudruck

P_{eff} entspricht dem Staudruck. Der Staudruck P_{eff} an einem Körper gibt den vorhandenen Druckanstieg (in Bezug auf den Atmosphärendruck) an, der durch den Wind hervorgerufen wird. Er ist abhängig von der lokalen Windgeschwindigkeit v und von der Dichte ρ_{Luft} der Luft. Die Dichte trockener Luft beträgt unter Normalbedingungen (Druck 101325 Pa und Temperatur 0°C) $\rho_{Luft} = 1{,}293 \ kg/m^3$. c_w entspricht dem Widerstandsbeiwert. Der Widerstandsbeiwert c_w ist eine dimensionslose Größe, die experimentell ermittelt wird. Sie ist nur bei Vernachlässigung der Reibungswiderstandskraft konstant, d.h. bei hohen Anströmgeschwindigkeiten. In Tabelle 5–5 ist eine Auflistung von typischen Widerstandsbeiwerten verschiedener Körper aufgeführt.

Tab. 5–5

Typische Widerstandsbeiwerte

Körper	Widerstandsbeiwert c_w
Platte	1,1 bis 1,3
Kugel	Re > 106 c_w = 0,18 Re < 103 < 105 c_w = 0,45
Halbkugel (vorn) mit Boden	0,4
Halbkugel (vorn) ohne Boden	0,34
Halbkugel (hinten) mit Boden	1,2
Halbkugel (hinten) ohne Boden	1,3
Stromlinienkörper	0,055

In den zuvor aufgeführten Formeln entspricht A der Windangriffsfläche der Antenne und F_A der Windlast der Antenne. Bei diesen Betrachtungen ist zu berücksichtigen, dass bei Antennen, die sich 20 m über der Geländeoberfläche befinden, die Windlast, die auf die Antenne wirkt, mit dem Faktor 1,37 multipliziert werden muss.

Einspannlänge

Neben der Betrachtung des Einspannmomentes muss noch berücksichtigt werden, dass die vom Hersteller angegebene Einspannlänge für das Standrohr der Antennenanlage keinesfalls unterschritten werden darf. Für Antennenanlagen mit einem Standrohr, dessen freie Länge bis zu 6 m beträgt und ein Einspannmoment von bis zu 1650 Nm entsteht, muss die Einspannlänge 1/6 der gesamten Rohrlänge betragen. Dies entspricht 1/5 der freien Rohrlänge (siehe Abb. 5–39). Werden diese beiden Eckdaten eingehalten, ist kein rechnerischer Nachweis über die ausreichende mechanische Festigkeit der tragenden Bauteile notwendig. Die genannten Eckdaten entsprechen der DIN 4131, für Einklasseverzierung als Haushaltsantenne an nicht schwingungsfähigen Bauwerken.

Sollten die Eckdaten von 6 m und 1650 Nm überschritten werden, so ist eine statische Berechnung als rechnerischer Nachweis über die mechanische Festigkeit für die tragenden Bauteile erforderlich.

Befestigung

Für die Verbindungsmittel gilt allgemein, dass diese den auftretenden Kräften dauerhaft standhalten müssen und nicht durch Alterung oder Korrosion in ihrer Befestigungsfunktion nachlassen dürfen. So dürfen beispielsweise Dübel aus thermoplastischem Kunststoff oder Gips nicht für die mechanische Befestigung eines Antennenstandrohres verwendet werden. Die Halterungen eines Standrohrs müssen jeweils mit mindestens 2 Schrauben befestigt werden. Für die Befestigung an Holzkonstruktionen sind Schlüsselschrauben mit einem Mindestdurchmesser von 8 mm zu verwenden. Bei der Befestigung an Gebäudewänden müssen Schwerlastdübel verwendet werden.

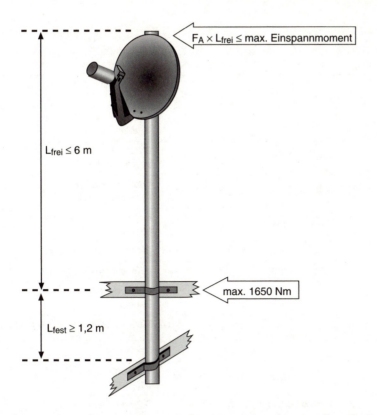

$F_A \times L_{frei} \leq$ max. Einspannmoment

$L_{frei} \leq 6$ m

max. 1650 Nm

$L_{fest} \geq 1,2$ m

Abb. 5–39
Befestigung einer Antenne über ein Standrohr

Es stellt sich nun die Frage, mit welchen Windstärken beziehungsweise Windgeschwindigkeiten man zu rechnen hat. Für die Bestimmung der Windstärken wird in der Regel die Beaufortskala zugrunde gelegt. Die Beaufortskala (nach Sir F. Beaufort) wurde bereits 1806 eingeführt und ist die bekannteste Skala für die Bestimmung der Windstärke, die heute noch verwendet wird. Sie stellt die Windstärken in Bezug zu typischen Auswirkungen auf dem Land und auf dem Meer dar. Die Windgeschwindigkeiten werden in einer Höhe von 10 m Höhe über der Geländeoberkante ermittelt. Die Angabe der Windgeschwindigkeit stellt einen Durchschnittswert dar, der sich im Allgemeinen aus dem Mittel aus 10 Minuten ergibt. Die Tabelle 5–6 zeigt die Beaufortskala mit typischen Auswirkungen an Land.

Beaufortskala

Tab. 5–6
Beaufortskala

Windstärke (nach Beaufort)		Wind- geschwindigkeit	Auswirkungen an Land
0	Windstille	0,0 – 0,2 m/s	Rauch steigt gerade empor
1	Leichter Zug	0,3 – 1,5 m/s	Windrichtung nur am Rauch erkennbar
2	Leichte Brise	1,6 – 3,3 m/s	Wind im Gesicht fühlbar, Blätter säuseln
3	Schwache Brise	3,4 – 5,4 m/s	Blätter und dünne Zweige bewegen sich
4	Mäßige Brise	5,5 – 7,9 m/s	Wind bewegt Zweige, dünne Äste, hebt Staub
5	Frische Brise	8,0 – 10,7 m/s	Kleine Bäume beginnen zu schwanken
6	Starker Wind	10,8 – 13,8 m/s	Pfeifen an Drahtleitungen
7	Steifer Wind	13,9 – 17,1 m/s	Fühlbare Hemmung beim Gehen
8	Stürmischer Wind	17,2 – 20,7 m/s	Wind bricht Zweige von den Bäumen
9	Sturm	20,8 – 24,4 m/s	Kleinere Schäden an Haus und Dach (z.B. abgehobene Dachziegel)
10	Schwerer Sturm	24,5 – 28,4 m/s	Wind entwurzelt Bäume, Schäden an Häusern
11	Orkanartiger Sturm	28,5 – 32,6 m/s	Schwere Sturmschäden
12-17	Orkan	32,7 – über 56,0 m/s	Schwerste Verwüstungen

Als Beispiel soll abschließend eine Panel-Antenne, mit den Abmessungen von 240 mm × 240 mm (0,0576 m²), bei einer Grenzwindgeschwindigkeit von 216 km/h = 60 m/s betrachtet werden. Bei einer Windgeschwindigkeit von 60 m/s ergibt sich ein Staudruck von 2327,4 N/m² (1/2 × 1,293 kg/m³ × (60 m/s)²). Daraus resultiert eine Windlast von 174,2 N, wenn man einen Widerstandsbeiwert von 1,3 annimmt (1,3 × 2327,4 N/m² × 0,0576 m²). Geht man nun von einem Standrohr mit einer freien Länge von 6 m aus, so ergibt sich ein Einspannmoment von 1045,2 Nm. Somit liegt man bei dieser beispielhaft betrachteten Panel-Antenne unterhalb der Grenze von 1650 Nm, eine statische Berechnung für die tragenden Bauteile ist deshalb nicht notwendig. Diese Aussage gilt ebenfalls bei einer Standorthöhe von 20 m über der Grundfläche, bei der sich das kalkulierte Einspannmoment auf 1431,9 Nm (174,2 N × 1,37 × 6 m) erhöht.

5.7.2   Elektrische Sicherheit

Für Antennen im Außenbereich ist neben der mechanischen Sicherheit noch die elektrische Sicherheit zu berücksichtigen. Grundsätzlich sollte in diesem Zusammenhang an einen geeigneten Blitzschutz gedacht werden. Für den WLAN-Bereich gibt es Blitzschutzeinrichtungen, die in das Antennenkabel eingeschleift werden können (siehe Abb. 5–40).

Elektrische Sicherheit

Abb. 5–40

Blitzschutzeinrichtung
(Quelle: HUBER+SUHNER)

Das Einschleifen des Blitzschutzes kann entweder direkt an der Antenne oder an der aktiven WLAN-Komponente erfolgen. Der Blitzschutz schlägt durch und trennt die elektrischen Signalwege auf, falls eine Überspannung durch einen Blitzeinschlag auftritt. Hierdurch soll eine Beschädigung der aktiven WLAN-Komponenten und die aus der Zerstörung resultierende Brandgefahr minimiert werden. Neben den zwei Antennenanschlüssen (Ein- und Ausgang) verfügt der Blitzschutz noch über einen Erdleiteranschluss, der mit dem Erdungsleiter verbunden werden muss. Des Weiteren müssen die restlichen leitfähigen Teile der Antennenanlage laut DIN EN 50083-1 über einen Erdungsleiter mit einem geeigneten Erder verbunden werden. Ausnahmen gelten hierbei nur für Antennen innerhalb eines Gebäudes oder Fensterantennen. Als Fensterantenne werden Antennen betrachtet, deren höchster Punkt 2 m unterhalb der Dachkante liegt und deren äußerster Punkt maximal 1,5 m von der Außenwand des Gebäudes hervorsteht.

Blitzschutz

Als zulässiger Erder kommen Blitzschutzerder nach DIN VDE 0185, Fundamenterder, metallene Rohrnetze mit ausreichendem Querschnitt, die im Erdreich liegen, oder Stahlskelette des Gebäudes in Frage. Die Erdungsleiter müssen Mindestquerschnitte aufweisen. So kommen beispielsweise Erdungsleiter aus Kupfer in Frage, die einen Querschnitt von 16 mm² aufweisen und blank oder isoliert ausgeführt sind (H07V-R, H07V-U, NYY oder NYM). Der PE-Schutzleiter, Neutralleiter oder PEN-Leiter des Stromversorgungsnetzes darf grundsätz-

Blitzschutzerder

lich nicht als Erdungsleiter für Antennenanlagen verwendet werden. Verfügt das Gebäude über eine Blitzschutzanlage, so ist die Antennenanlage über den kürzesten Weg über einen Erdleiter mit der Blitzschutzeinrichtung zu verbinden.

Sicherheitsabstand

Zur Starkstromfreileitung bis 1000 V ist für die Antennenanlage ein senkrechter Sicherheitsabstand von 1 m einzuhalten. Ist der nächste Stützpunkt der Starkstromfreileitung 25 m entfernt, so muss zusätzlich eine Durchhangzunahme von 0,3 m berücksichtigt werden. Außerdem muss die Antennenanlage so montiert werden, dass im Falle eines Abknickens die benachbarten Starkstromleitungen nicht berührt werden. Natürlich dürfen die Antennenanlagen auch nicht unterhalb einer Starkstromleitung montiert werden. Des Weiteren dürfen Antennenanlagen auch nicht auf leicht entzündbaren Dachabdeckungen montiert werden, wie beispielsweise Stroh oder Reet, da hier bei einem Blitzeinschlag oder einer atmosphärischen Überspannung eine erhöhte Brandgefahr entstehen würde.

Für die Verlegung von Antennenleitungen gilt, dass diese im Außenbereich einen Abstand von 20 mm und im Innenbereich einen Abstand von 10 mm zu Starkstromleitungen aufweisen müssen. Zudem dürfen die Antennenanlage oder die dazugehörigen Leitungen nicht in Räumen, in denen sich leicht entzündliche Stoffe befinden (beispielsweise Heu, Stroh) oder in denen sich eine explosive Atmosphäre bilden kann (zum Beispiel Dämpfe oder Gase), installiert werden.

Überprüfung der Blitzschutzeinrichtung

Die Errichtung der Erdungs- und Blitzschutzmaßnahmen darf wegen der Gefahr der unzulässigen Arbeitsergebnisse nur von hierfür speziell geschulten Fachkräften durchgeführt werden. Führen Sie niemals Erdungs- und Blitzschutzmaßnahmen in eigener Verantwortung durch, es sei denn, dass die notwendigen Fachkenntnisse durch eine elektrotechnische Ausbildung vorhanden sind. Nach einer Veränderung oder Erweiterung der Blitzschutzeinrichtung muss diese durch eine Blitzschutzfachkraft geprüft werden. Eine Blitzschutzfachkraft ist nach DIN IEC 1024-1-2 ein Blitzschutzingenieur, Blitzschutzplaner, Blitzschutzeinrichter oder eine Person mit entsprechender Qualifikation. Es gibt auch einen Leitfaden zur Prüfung von Blitzschutzeinrichtungen DIN VDE 0185-110.

Unfallverhütungsvorschriften

Für die Montagearbeiten einer Antennenanlage im Außenbereich sind die Unfallverhütungsvorschriften der Berufsgenossenschaften zu beachten. Hierunter fällt beispielsweise die Anforderung, dass die Monteure während der Montagearbeiten angeseilt sein müssen und rutschfeste Schuhe tragen. Die zu betretenden Flächen müssen das Gewicht des Monteurs aushalten. Die Berührungsgefahr von stromführenden Leitungen muss durch Abdecken oder Freischalten verhindert werden. Während eines Gewitters oder beim Aufziehen eines Gewitters dürfen natürlich keine Arbeiten an der Antennenanlage ausgeführt werden. Gehsteige müssen für die Dauer der Montagearbeiten abgesperrt werden, damit am Gebäude vorbeigehende Personen nicht gefährdet werden, falls Teile bei der Montage herunterfallen. Abschließend bleibt nochmals zu erwähnen, dass man auf keinen Fall im Außenbereich eine Antennenanlage selbst montieren sollte und dies lieber einen Fachmann überlässt, falls man sich die Antennenmontage fachlich oder körperlich nicht zutraut.

6 WLAN-Produkte

Heutzutage wird von verschiedenen Herstellern eine Vielzahl von WLAN-Komponenten angeboten. Aufgrund des breiten Angebotes existiert bei der Auswahl ein breites Spektrum an verschiedenen Komponenten, die sich im Leistungsumfang und damit verbunden im Preis deutlich unterscheiden. Bei der Auswahl der Produkte muss die richtige Entscheidung in Bezug auf Leistung und Preis getroffen werden, was bei der Vielfalt der Produkte nicht immer einfach ist. Erschwerend kommt hinzu, dass nicht immer ein einheitliches Vokabular verwendet wird und es deshalb sehr oft Begriffsverwirrungen gibt. Um dieser Gefahr aus dem Weg zu gehen, ist es wichtig, dass man den grundsätzlichen Funktions- und Leistungsumfang der verschiedenen WLAN-Komponenten kennt, um mit Hilfe dieses Wissens die geeigneten WLAN-Produkte auszuwählen.

Deshalb wird in diesem Kapitel der allgemein zugrundeliegende Funktionsumfang der wichtigsten WLAN-Komponenten aufgezeigt und ihr Leistungsumfang im Einzelnen verglichen. Anhand dieser Informationen sollte jeder Interessierte in der Lage sein, bei der Planung und Umsetzung eines WLANs die richtige Produktauswahl zu treffen.

6.1 WLAN-Produktgrundsätze

Der weltweite Erfolg der WLAN-Technologie ist nur möglich, weil sich alle führenden Hersteller an die Vorgaben des IEEE-802.11-Standards und dessen Erweiterungen halten. Somit ist man in der Lage, ein WLAN mit Komponenten unterschiedlicher Hersteller aufzubauen und einen Datenaustausch zwischen diesen Komponenten zu realisieren. Grundsätzlich kann davon ausgegangen werden, dass alle WLAN-Produkte dem 802.11-Standard entsprechen. WLAN-Produkte nach 802.11b bieten eine Datenrate von bis zu 11 MBit/s, nach 802.11g und 802.11a eine Datenrate von bis zu 54 MBit/s. WLAN-Komponenten, die untereinander Daten austauschen sollen, müssen natürlich die-

802.11-Standard-konform

selben Teilstandards unterstützen, was bei der Auswahl der WLAN-Komponenten primär zu berücksichtigen ist.

Sicherheitsfeatures   Des Weiteren sind die Sicherheits-Features entscheidend. Die meisten WLAN-Komponenten unterstützen heute als Sicherheitsverfahren WEP40, WEP128, WPA (TKIP/MIC) und WPA2 (AES-CCMP) (siehe Abschnitt 8.4.1). Heute sollte man den Grundsatz verfolgen, dass die WLAN-Produkte wenigstens WPA, besser WPA2, unterstützen. Vorteil von WPA2 ist, dass WPA2 primär in der Hardware der WLAN-Komponente implementiert ist und somit auf einem System keine Performanceeinbußen zu erwarten sind. In Kapitel 8 wird intensiv auf das Thema WLAN-Sicherheit eingegangen, wobei die einzelnen Verfahren detailliert betrachtet werden.

6.2 WLAN-Client-Adapter

WLAN-Client-Adapter   Möchte man einen Rechner in ein WLAN einbinden, so muss der Rechner über ein entsprechendes Interface verfügen. Die neuesten Notebooks sind bereits mit einem internen 802.11b/g-WLAN-Interface ausgestattet. Bekannteste Lösung ist zur Zeit die Centrino™ Mobile Technology von Intel. Damit lassen sich diese Notebooks problemlos in ein WLAN einbinden. Ältere Notebook-Modelle, PDAs oder feststehende PCs lassen sich in der Regel über WLAN-Client-Adapter erweitern. Eine Erweiterung findet auf der Ebene der Hardware und der Software statt, deshalb kommt es bei der Auswahl der WLAN-Client-Adapter auf den Adapter selbst und auf den mitgelieferten Treiberumfang an.

Hardware   Bei der Hardware ist zum einen das Businterface entscheidend, das auf die vorhandene Hardwareplattform abgestimmt werden muss, und zum anderen das Funk-Interface, das in Abhängigkeit von den vorhandenen WLANs entweder 802.11a-, 802.11b-, 802.11g oder 802.11n-konform sein muss. Als Businterface gibt es PCMCIA-, Cardbus-, Compact-Flash-, PCI-, USB-, Mini-PCI- oder (Mini-)PCI-Express-Varianten. Die Hardware basiert in der Regel auf einer Single-Chip-Lösung, die den WLAN-MAC-Teil und das Bus-Interface bereitstellt. Diese Single-Chip-Lösungen werden durch Chips erweitert, die die entsprechenden PHY-Funktionen abbilden. Bekannteste Chipsatzhersteller für WLAN-Lösungen sind die Hersteller Agere, Atheros, Broadcom, Intel, Intersil, Marvell, Realtek und Texas Instruments. Intersil – bekannt durch die PRISM-Chipsätze – hat jedoch seine WLAN-Chip-Sparte verkauft, die mittlerweile an Conexant System Inc. veräußert wurde.

Treiber   Bei den Treibern ist es wichtig, dass im Lieferumfang des WLAN-Adapters ein passender Treiber für die Betriebssystemplattform, auf der der WLAN-Adapter eingesetzt werden soll, vorhanden oder als Download verfügbar ist. Für die Windows-Betriebssysteme werden so genannte NDIS-Treiber vorausgesetzt (Network Driver Interface Specification), aktuelle Betriebssysteme wie Windows XP oder Windows 2003 setzen die NDIS-Version 5.1 oder höher voraus. Etwas kritischer sieht es bei den Microsoft-CE-Plattformen aus, denn die Treiber sind sehr stark von der jeweiligen CE-Version und der Prozessorhardware abhängig. Die aktuellen Linux-Distributionen verfügen in der Regel für die gängigen WLAN-Chipsätze über entsprechende Treiber oder Treiber-Sourcen, so dass sich die meisten WLAN-Adapter problemlos auf eine Linux-Plattform einbinden lassen. Bei den Treibern gibt es von Hersteller zu Hersteller unterschiedliche Implementierungen für die Einstellmöglichkeiten der WLAN-Adapter. Einfache Implementierungen lassen nur Grundeinstellungen zu, wie beispielsweise SSID, Kanalnummer und RTS-/CTS-Threshold. Umfangreichere Implementierungen bieten hingegen zusätzliche Einstellmöglichkeiten, wie beispielsweise die verwendete Sendeleistung oder die Aktivierung der Diversity-Funktion. Für den typischen Endanwender sollten WLAN-Adapter bevorzugt werden, die wenige Einstellmöglichkeiten bieten, da dann die Gefahr geringer ist, wichtige Parameter bedenkenlos zu verändern, obwohl der Anwender nicht weiß, was der Parameter für Auswirkungen hat. Für den WLAN-Profi können hingegen erweiterte Einstellmöglichkeiten ein Feintuning ermöglichen, wodurch die Leistungsfähigkeit des WLAN-Adapters oft verbessert werden kann.

Neben den Treibern sind auch die mitgelieferten Utilities der WLAN-Adapter entscheidend, die eine komfortable Konfiguration ermöglichen und zudem Funktionen bereitstellen, mit denen beispielsweise eine Funkausleuchtung durchgeführt werden kann (siehe Abschnitt 7.2). Die Utilities der WLAN-Adapter bieten in der Regel Diagnose- und Test-Funktionen an, mit denen der Adapter selbst und die Umgebung betrachtet werden kann. Hierzu gehören: *Utilities*

- Eine Kartendiagnose, mit der der Status des WLAN-Adapters und des Systems betrachtet werden kann.
- Eine Link-Test-Funktion mit diversen Kontroll- und Protokoll-Funktionen, auch für Langzeittests.
- Eine Site-Monitor-Funktion zur Überwachung auch komplexer WLAN-Umgebungen inklusive Langzeitprotokollierung.

Bei der Auswahl der WLAN-Client-Adapter ist zudem entscheidend, für welche Frequenzdomäne der Adapter ausgelegt ist. Für den Betrieb innerhalb Europas muss der WLAN-Adapter ETSI-konform sein, damit die europäische Aufteilung des Frequenzbandes (siehe Abschnitt *Frequenzdomäne*

3.3.5 und 3.4.11) und die zulässigen Sendeleistungen eingehalten werden. Für die USA müssen die WLAN-Adapter beispielsweise FCC- und für Japan ARIP-konform sein. Die WLAN-Adapter werden von den Herstellern für die vorgesehene Frequenzdomäne in der Regel fest eingestellt; ein Anwender hat in den meisten Fällen keine Möglichkeit, eine andere Frequenzdomäne auszuwählen. Ein in den USA eingekaufter 2,4-GHz-WLAN-Adapter kann somit beispielsweise nicht problemlos in Deutschland betrieben werden. Denn die maximal zulässige Sendeleistung stimmt mit der festgelegten Grenze nach FCC- und ETSI-Festlegung nicht überein. Zudem bieten 2,4-GHz-Komponenten laut FCC nur eine Auswahl von 11 Kanälen, Kanal 12 und 13 können somit nicht genutzt werden. Besonders kritisch sind die Abweichungen im 5-GHz-Frequenzband, da es zwischen der FCC- und ETSI-Festlegung große Unterschiede in der Nutzung der Unterbänder innerhalb des 5-GHz-Frequenzbandes und den zulässigen Sendeleistungen gibt. Diese Tatsache kann auch bei Reisenden problematisch sein, die im Ausland auf ein WLAN zugreifen möchten. Hilfreich hierbei kann die Unterstützung von 802.11d-Features sein, mit denen sich der WLAN-Adapter automatisch auf die jeweilige Regulierungsdomäne, also Sendeleistung und nutzbare Kanäle, einstellen kann.

6.2.1 PCMCIA-Adapter

PCMCIA-Adapter PCMCIA steht für Personal Computer Memory Card International Association. Dahinter verbirgt sich eine Organisation, die einen Standard für eine kompakte Hardwareerweiterung für mobile Computer definiert und veröffentlicht hat. PCMCIA-Adapter verfügen über ein 16-Bit-I/O-Interface, das auf ein Hardware-Interface mit 68-PINs abgebildet ist, und arbeiten mit einer Betriebsspannung von 5 V. PCMCIA-Adapter sind in Bezug auf die Datenbusbreite und den erzielbaren Datendurchsatz mit Karten für den ISA-Bus zu vergleichen; der PCMCIA-Bus stellt im Wesentlichen einem ISA-Bus im Miniaturformat dar, der auf die Bedürfnisse für Erweiterungskarten von Notebooks, wie zum Beispiel Hotplug, ausgelegt ist.

Antennenkopf Die meisten auf dem Markt erhältlichen 11-MBit-WLAN-Adapter verfügen über ein PCMCIA-Interface und sind somit primär für die Erweiterung von Notebooks vorgesehen. Bis vor kurzem war an allen Notebooks – auch bei den älteren Varianten – ein PCMCIA-Slot vorhanden, so dass sie über einen WLAN-PCMCIA-Adapter problemlos erweitert werden konnten. Bei den WLAN-PCMCIA-Adaptern ist es wichtig, dass ihre Antennenköpfe aus dem Notebook herausragen, wenn der Adapter in den PCMCIA-Slot eingeschoben ist, damit gute

Sende- und Empfangseigenschaften gewährleistet sind. Da beim Transport eines Notebooks ein herausragender Antennenkopf stören kann, gibt es Hersteller, die den Antennenkopf ausklappbar ausgeführt haben. Des Weiteren gibt es WLAN-PCMCIA-Adapter, die über eine Miniaturbuchse für den Anschluss einer externen Antenne verfügen. Als Miniaturbuchse kommt entweder die MC-Card- oder die MMCX-Variante zum Einsatz. Entweder verfügen die WLAN-Adapter über keinen Antennenkopf und setzen den Einsatz von externen Antennen voraus, oder sie haben einen Antennenkopf und bieten den optionalen Anschluss einer Antenne. Im letzten Fall verfügen die Antennenbuchsen über einen elektromechanischen Umschalter, der den Signalpfad von der internen Antenne auf die Antennenbuchse umleitet, sobald eine externe Antenne angeschlossen beziehungsweise ein Antennenstecker eingesteckt wird. WLAN-PCMCIA-Adapter im oberen Preissegment verfügen intern über kreuzpolarisierte Antennen und zeichnen sich dadurch in kritischen Umgebungen, bei denen viele Reflexionen auftreten, durch bessere Sende-/Empfangseigenschaften aus. Abbildung 6–1 zeigt einen WLAN-PCMCIA-Adapter für die Erweiterung von Notebooks.

Abb. 6–1
PCMCIA-Adapter mit Antennenkopf oder für den Anschluss externer Antennen
(Quelle: Cisco)

6.2.2 Cardbus-Adapter

Die 54-MBit-Varianten der Notebook-Client-Adapter werden als Cardbus-Adapter ausgeführt, da die Bandbreite eines PCMCIA-Interfaces für die Datenrate von 54 MBit/s nicht ausreicht. Das Cardbus-Interface hat eine Busbreite von 32-Bit und ist der Nachfolger des PCM-

Cardbus-Adapter

CIA-Interface. Durch die doppelte Busbreite des Cardbus-Interfaces und eine höhere Taktrate ist der Busdatentransfer sechsmal so schnell wie der des PCMCIA-Interfaces. Zudem arbeiten die Cardbus-Adapter mit einer Betriebsspannung von 3,3 V und verbrauchen weitaus weniger Leistung, wodurch man den Anforderungen von mobilen Einheiten gerecht wird. Neben WLAN-Cardbus-Adaptern, die nach 802.11b/g arbeiten und Datenraten von 1 bis 11 MBit/s nach dem DSSS-Übertragungsverfahren und Datenraten von 6 bis 54 MBit/s nach dem OFDM-Verfahren im 2,4-GHz-Frequenzband bereitstellen, gibt es auch Dualband-Varianten. Diese Dualband-Varianten verfügen auf der PHY-Ebene über zwei Interfaces, eins für das 2,4-GHz-Frequenzband (802.11b/g) und eins für das 5-GHz-Band (802.11a). Die Dualband-Adapter können entweder im 2,4- oder 5-GHz-Frequenzband arbeiten, wobei die Auswahl entweder manuell oder automatisch vorgenommen werden kann. Der Anwender ist dann flexibler, denn ein Datenaustausch ist möglich, unabhängig davon ob, man sich in einem 2,4- oder 5-GHz-WLAN aufhält. In Abbildung 6–2 ist ein WLAN-Cardbus-Adapter abgebildet, der als Dualband-Variante ausgeführt ist.

Abb. 6–2
WLAN-Cardbus-Adapter
als Dualband-Variante
(Quelle: Proxim)

Kauft man heute eine 802.11a-konforme WLAN-Komponente, so sollte man sich im Vorfeld vergewissern, ob sie sich durch ein Firmware- oder Treiber-Update auf die Funktionen nach 802.11h erweitern lässt. Nur wenn die Komponente die 802.11h-Funktionen DFS/TPC unterstützt, kann sie bei uns in Europa mit voller Sendeleistung und auf allen zur Verfügung stehenden Kanälen betrieben werden.

6.2.3 Cardbus-Express-Adapter

Cardbus-Express-Adapter

Als Nachfolger für Cardbus-Interface bannt sich als neue Interface-Generation Cardbus-Express an, die in Kürze in allen Notebooks zu finden sein wird. Ein Cardbus-Express-Interface basiert auf den PCI-Express- und USB-2.0-Standard, ein Cardbus-Express-Host-Interface muss beide Modi unterstützen. Bidirektional wird eine Datenrate von bis zu 2.5 GBit/s ermöglicht. Das Interface basiert auf einen 26-Pin-Connector, wobei Features wie Hot-Plug, Power-Management und eine verringerte Leistungsaufnahme implementiert sind. Atheros und Broadcom haben bereits erste 54-MBit/s-WLAN-Chipsätze entwickelt, die auf dem Cardbus-Express-Standard basieren. Zudem gibt es immer mehr Notebooks, die anstelle vom Cardbus-Interface nur noch über ein Cardbus-Express-Interface verfügen. Es ist zu erwarten, dass Cardbus-Express-Interfaces bald schon die herkömmlichen Cardbus-Interfaces verdrängen werden.

6.2.4 Compact-Flash-Adapter

Compact-Flash-Adapter

Für die Erweiterung von PDAs gibt es Compact-Flash-Adapter, mit denen die PDAs über ein WLAN-Interface erweitert werden können. Die auf dem Markt erhältlichen Compact-Flash-Adapter sind 802.11b-konform und ermöglichen eine Datenübertragung mit einer Datenrate bis zu 11 MBit/s. Kritisch hierbei ist der zusätzliche Stromverbrauch, der beim Betrieb des Compact-Flash-Adapters verursacht wird und die Betriebszeit des PDA-Akkus drastisch reduzieren kann. Deshalb gibt es auch Lösungen für Compact-Flash-Adapter, die den PDA über einen zusätzlichen Akkupack erweitern, wodurch man dem erhöhten Leistungsverbrauch gerecht wird. Diese Lösung ist mechanisch allerdings etwas klobig und erhöht auch das Gewicht des Gerätes, trägt aber zur deutlichen Verbesserung der Betriebszeiten bei. Abbildung 6–3 zeigt einen WLAN-Compact-Flash-Adapter für PDAs.

Abb. 6–3
WLAN-Compact-Flash-Adapter (Quelle: Linksys)

6.2.5   PCI-Adapter

PCI-Adapter Für feststehende PCs gibt es WLAN-Adapter die über ein PCI-Inter-
face verfügen und somit in alle gängigen PCs eingebaut werden können. Bei den ersten 11-MBit/s-WLAN-PCI-Lösungen handelte es sich
ausschließlich um Adapterlösungen, die über einen Brückenchipsatz
den PCI-Bus auf PCMCIA adaptiert haben. In diesen Adapter konnten
dann herkömmliche WLAN-PCMCIA-Adapter eingesetzt werden.
Mittlerweile gibt es 54-MBit/s-WLAN-PCI-Adapter, die als komplett
zusammenhängende Einheit angeboten werden. Hierbei ist ein externer Antennenanschluss besonders wichtig, da die PCI-Adapter in einen
PC fest eingebaut werden. Die Position des Adapters, und somit der
Antenne innerhalb eines PCs, ist, bedingt durch die Slot-Position des
PCs, nicht gerade ideal. Diese Tatsache wird zudem verschlechtert,
wenn der PC möglicherweise unter einem Schreibtisch steht, was bei
den heutigen Desktop-Gehäusen in der Regel der Fall ist. Dann befindet sich der WLAN-Adapter in Bodennähe. Die Ausbreitung der elektromagnetischen Wellen wird gegebenenfalls zusätzlich gedämpft, falls
Teile des Schreibtisches aus Stahl bestehen. Verfügt der WLAN-PCI-
Adapter über einen externen Antennenanschluss, kann die Antenne
notfalls über ein Antennenkabel abgesetzt und in eine bessere Position
gebracht werden, wodurch die Sende- und Empfangseigenschaften
wesentlich verbessert und größere Reichweiten erzielt werden können.
Abbildung 6–4 zeigt einen typischen WLAN-PCI-Adapter für den Ein-
bau in feststehende PCs.

Abb. 6–4
WLAN-PCI-Adapter
(Quelle: LANCOM Systems)

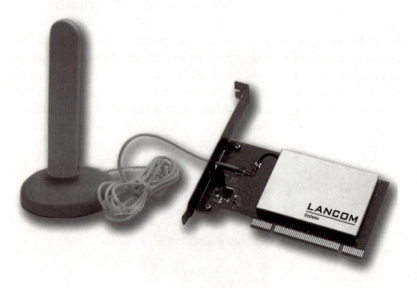

6.2.6   USB-Adapter

Eine Alternative zu den PCMCIA-, Cardbus- und PCI-WLAN-Adaptern *USB-Adapter*
bieten USB-Adapter (Universal Serial Bus). Hierbei handelt es sich um
eine Adapter-Lösung, die sowohl bei Notebooks als auch bei feststehenden PCs eingesetzt werden kann. Als besonderer Vorteil stellt sich für
den WLAN-Bereich die Tatsache heraus, dass USB-Adapter grundsätzlich über ein Adapterkabel an den Rechner angeschlossen werden, über
das die Datensignale übertragen werden, und der USB-Adapter gleichzeitig mit Spannung versorgt wird. Hierbei kommen Adapterkabel mit
einer typischen Länge von 1,5 m (maximal zulässige Länge 5 m) zum
Einsatz. Der WLAN-USB-Adapter lässt sich somit problemlos in eine
ideale Position bringen und auf einen Access Point ausrichten. Somit
kann auf die Notwendigkeit einer externen Antenne verzichtet werden.
Die meisten Notebooks oder PCs verfügen über ein USB-Interface, das
der USB-Spezifikation 1.1 entspricht. Diese USB-1.1-Variante bietet eine
Datenrate von 12 MBit/s. Somit stimmen die Datenrate von 802.11b
und der USB-Schnittstelle in etwa überein. Für WLAN-Adapter nach
802.11a oder 802.11g, die mit Datenraten von bis zu 54 MBit/s arbeiten, reicht die Bandbreite des USB-1.1-Interfaces nicht aus, weshalb für
802.11a- oder 802.11g-konforme die USB-2.0-Variante vorausgesetzt
wird. USB 2.0 bietet eine Datenrate von 480 MBit/s.

Spezielle Varianten der WLAN-USB-Adap- *High-Gain-USB-Adapter*
ter sind so genannte USB-Adapter mit High-
Gain-Antennen. Hierbei handelt es sich um
eine Kombination aus WLAN-USB-Adapter
und Antenne mit großem Antennengewinn.
Die Antenne ist hierbei direkt am aktiven Teil
der Sende-/Empfangsstufe angebunden. Die
Sendeleistung des USB-Adapters ist auf die
Antenne abgestimmt, wobei mit einem EIRP-
Wert gearbeitet wird, der knapp unterhalb
der zulässigen Grenze liegt. Da die Antenne
direkt an den aktiven Teil des USB-Adapters
angeschlossen ist, wirkt empfangsseitig keine
zusätzliche Dämpfung, wie sie üblicherweise
beim Anschluss von externen Antennen auf-

Abb. 6–5
WLAN-USB-Adapter
(Quelle: Fa. US Robotics)

tritt. Somit weist ein USB-Adapter mit High-Gain-Antenne eine hohe
Empfangsempfindlichkeit auf. Bedingt durch die hohe Sendeleistung
und Empfangsempfindlichkeit können vergleichsweise große Reichweiten bei hohen Datenraten zuverlässig erzielt werden. Abbildung 6–5
zeigt einen WLAN-USB-Adapter.

6.2.7   Mini-PCI-Module

Wie bereits erwähnt, verfügen heute eine Vielzahl von Notebooks
bereits über ein WLAN-Interface. In der Regel ist in diesen Notebooks
ein WLAN-Mini-PCI-Modul vom Typ III eingebaut. Des Weiteren
werden Mini-PCI-Module auch sehr oft in Access Points eingesetzt.
Mini-PCI entspricht elektrisch betrachtet dem 32-Bit-PCI-Bus, mechanisch jedoch mit Abmessungen von gerade mal 59,75 mm x 50,95 mm
x 5 mm ein viel kleineren Formfaktor als gewöhnliche PCI-Adapter.
Mini-PCI-Module werden über eine Betriebsspannung von 3,3 V
betrieben. Die WLAN-Mini-PCI-Module verfügen entweder über eine
oder zwei U.FL-Antennenbuchsen, wobei die Varianten mit zwei
Antennenbuchsen die Diversity-Funktion unterstützen. Diese Module
sind heute als 802.11b-, 802.11b/g- oder 802.11a/b/g-Lösungen verfügbar. Abbildung 6–6 zeigt ein typisches WLAN-Mini-PCI-Modul.

Abb. 6–6

WLAN-Mini-PCI-Modul

(Quelle: Fa. GIGABYTE)

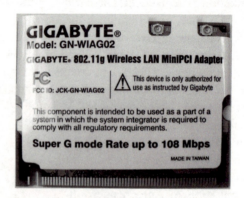

6.2.8   Mini-PCI-Express-Module

Als Nachfolger für Mini-PCI-Module bahnen sich die so genannten
Mini-PCI-Express-Module an. Mini-PCI-Express basiert auf dem PCI-
Express-Standard und wurde speziell für Onboard-Erweiterungen in
Notebooks und PCs entwickelt. Der Formfaktor weicht mit 50,95 mm
x 30 mm x 5 mm von dem des Mini-PCI-Moduls ab. Das Interface
basiert auf 52 PINs, über die die Daten seriell per Low Voltage Differential Signaling (LVDS) übertragen werden. Erste 802.11a/b/g-
WLAN-Chipsätze auf der Basis von Mini-PCI-Express sind bereits von
den großen WLAN-Chipsatzherstellern verfügbar. Zudem werden
auch schon erste WLAN-Mini-PCI-Express-Module am Markt angeboten. Abbildung 6–7 zeigt ein WLAN-Mini-PCI-Express-Modul.

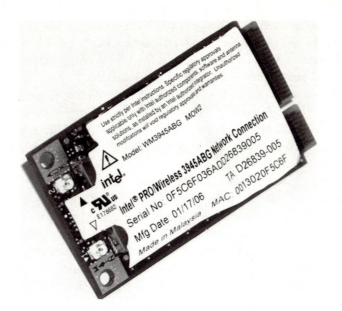

Abb. 6–7
WLAN-Mini-PCI-Express-
Modul (Quelle: Intel)

6.3   Access Points

Herzstück eines Infrastruktur-Netzwerkes sind die Access Points, die   *Access Points*
die Funkzellen für die WLAN-Clients bereitstellen und den Zugang zu
den drahtgebundenen Netzwerkressourcen oder dem Internet gewährleisten können. Wie bei den WLAN-Adaptern gibt es die Access Points
in unterschiedlichen Ausführungen, die sich primär in der internen
Hardware, den Antennen und der Managementfähigkeit differenzieren.

Die Access Points unterscheiden sich in der Hardware durch die   *Hardware*
Prozessorleistung, Buffergröße, Firmware-Speicher, Anzahl der WLAN-
Interfaces, Antennenausführung, Spannungsversorgung und der Gehäuseausführung. Normalerweise wird auf den Access Points bislang keine
große Prozessorleistung benötigt. Werden hingegen leistungsfähige
Sicherheitsmechanismen auf den Access Point verlagert, so wird auf
diesem auch eine bestimmte Rechenleistung benötigt. Des Weiteren ist
der Buffer für das Zwischenspeichern von Frames entscheidend, die
für die Power-Management-Funktion benötigt werden. Je größer der
Buffer ist, desto mehr Frames können vom Access Point gegebenenfalls
zwischengespeichert werden. Ebenfalls wichtig ist die Größe des Firm-
ware-Speichers, da die neuen Firmware-Versionen immer komplexer
werden und mehr Speicher voraussetzen. Zudem kann die Anzahl der
WLAN-Interfaces unterschiedlich sein. Bei den Access Points gibt es
Varianten mit einem oder zwei WLAN-Interfaces. Letztere verfügen
meistens über ein fest eingebautes Interface und einen Erweiterungs-

Slot, in den je nach Ausführung ein PCMCIA-Adapter, Cardbus-Adapter oder Mini-PCI-Adapter eingesetzt werden kann. Zwischen den beiden Interfaces können dann diese Access Points Daten austauschen, um zwei Funkzellen miteinander zu verbinden.

Antennenausführung Ein weiteres Unterscheidungsmerkmal der Access Points stellt die Ausführung der Antennen dar. Es gibt Access Points mit internen oder mit externen Antennen, beziehungsweise einer Anschlussmöglichkeit für externe Antennen. Externe Antennen bieten generell den Vorteil, dass die Sende-/Empfangscharakteristik auf die Umgebung und die Anforderungen durch den Einsatz spezieller Antennen angepasst werden kann, um die Ausdehnung der versorgten Fläche oder die erzielbare Distanz zu erhöhen. Als Unterscheidungsmerkmal sollte man bei den Access Points mit externen Antennen auch die Ausführung der Antennenbuchsen betrachten. Die elektrischen Eigenschaften einer RP-TNC-Buchse sind beispielsweise besser als die einer SMA-Buchse.

Spannungsversorgung In der Regel werden die Access Points über ein externes Steckernetzteil mit Spannung versorgt. Deshalb muss meistens neben einem Netzwerkanschluss auch eine 230-VAC-Steckdose am Montageort des Access Points vorhanden sein. Eine interessante Alternative hierzu bieten Access Points, bei denen die Spannungsversorgung über das Netzwerkkabel via Power over Ethernet (PoE) erfolgt. Hierdurch wird neben dem Access Point keine separate Spannungsversorgung benötigt, was die Installation wesentlich vereinfacht. In diesem Zusammenhang muss man allerdings berücksichtigen, dass es proprietäre Lösungen und Lösungen nach dem 802.3ae-Standard gibt. Es ist also wichtig, dass beispielsweise der verwendete Ethernet-Switch dasselbe PoE-Verfahren unterstützt.

Gehäuseausführung Des Weiteren unterscheiden sich die Access Points in der Ausführung der Gehäuse, die entweder als Kunststoff- oder Metallgehäuse ausgeführt sind. Hierbei ist ebenfalls entscheidend, wie eine Montage ermöglicht ist, nämlich als Wand- oder Deckenmontage. Zudem sind im öffentlichen Bereich Access-Point-Gehäuse vorteilhaft, die sich sicher montieren lassen und gegen Vandalismus und Diebstahl geschützt sind. So gibt es beispielsweise Access Points, die durch ein Vorhängeschloss gegen einen unbefugten Eingriff und Diebstahl geschützt werden können. Für den Außenbereich sind Gehäuse unabdinglich, die bis zu einem gewissen Grad wasserdicht und resistent gegen Temperaturschwankungen sind. Für die Montage in Hohlräume, wie beispielsweise über abgehängte Decken, werden gegebenenfalls Access Points benötigt, die über entsprechende Sicherheitsabnahmen verfügen, damit eine Aussage über die Einhaltung des Brandschutzbestimmungen getroffen werden kann. Für kritische

Bereiche kann beispielsweise die Einhaltung der EN 60950, UL 60950 und UL 2043 gefordert sein.

Die Managementfähigkeiten sind ebenfalls sehr unterschiedlich und können entweder über eine Weboberfläche, die im herkömmlichen Web-Browser angezeigt werden kann, über Telnet, CLI (Comand Line Interface), SNMP (Simple Network Management Protocol) oder spezielle Utilities erfolgen. Die meisten Access Points verfügen über eine grafische Weboberfläche, über die die wichtigsten Einstellungen per Mausklick vorgenommen werden können. Erweiterte Einstellungen oder Firmware-Updates lassen sich bei den meisten Access Points über die speziellen Utilities durchführen, die mit zum Lieferumfang der Access Points gehören. Des Weiteren bieten die meisten Access Points ein Firmware-Update via HTTP und FTP. Bei den modularen Access Points, deren WLAN-Interface über einen PCMCIA-, einen Cardbus-Adapter oder einen Mini-PCI-Modul aufgesetzt wird, ist es natürlich vorteilhaft, wenn die Firmware der WLAN-Adapterkarten ebenfalls über das Netzwerk upgedatet werden kann. Somit wird vermieden, dass der Access Point demontiert werden muss, falls ein Firmware-Update auf der Adapterkarte beziehungsweise Modul notwendig ist. Dies ist besonderes vorteilhaft, wenn der Access Point an schwer zugänglichen Orten, zum Beispiel in großen Höhen, montiert ist. Des Weiteren sollten die zu den Access Points gehörenden Utilities die Möglichkeit bieten, installierte Access Points innerhalb des Netzwerks aufzusuchen. Diese Funktion ist besonders bei der Neuinstallation vorteilhaft, da der Zugriff über den Web-Browser in der Regel erst möglich ist, wenn auf dem Access Point eine zum Netzwerk passende IP-Adresse und Subnetzmaske eingestellt wurde.

Managementfähigkeiten

Wie bei den WLAN-Adaptern unterscheiden sich die Access Points auch hinsichtlich der Einstellmöglichkeiten. Es gibt Access Points, die nur die typischen Grundeinstellungen zulassen und Access Points, die erweiterte Einstellmöglichkeiten bieten, wie beispielsweise die des Beacon-Intervalls. Die erweiterten Einstellmöglichkeiten ermöglichen wiederum ein Feintuning des WLANs, vorausgesetzt, dass die Parameter und ihre Auswirkungen bekannt sind (siehe Abschnitt 7.7). Des Weiteren unterscheiden sich die Access Points in der Möglichkeit, die Access Control List (ACL) zu pflegen, d.h. die MAC-Adressen der zulässigen WLAN-Stationen einzutragen. Hierbei muss man berücksichtigen, dass die ACLs auf allen Access Points eines Infrastruktur-Netzwerks gepflegt werden müssen. Deshalb sind zentralisierte Ansätze sehr hilfreich, bei denen die ACL nur auf einem Access Point gepflegt werden muss und automatisch auf den anderen Access Points abgeglichen wird. Bei einfacheren Implementierungen muss die ACL auf einen

Einstellmöglichkeiten

Access Point gepflegt werden und wird anschließend über das Netzwerk als ASCII-Datei exportiert und kann auf die anderen Access Points importiert werden. Neben den Einstellmöglichkeiten sind natürlich auch Statusinformationen und diverse Parameter wichtig, die vom Access Point über das Web-Frontend oder das mitgelieferte Utility angezeigt werden können. Als nützliche Hilfe kann sich eine ständig aktualisierte Anzeige der Sende-/Empfangsqualität herausstellen, die beispielsweise für die Einrichtung einer Richtfunkstrecke genutzt werden kann. Ebenfalls hilfreich kann bei einer eventuellen Fehlersuche eine Statistikanzeige sein, die diverse Parameter über einen längeren Zeitraum darstellt.

6.3.1   Standard Access Point

Standard Access Point

Ein Standard Access Point verfügt über ein WLAN-Interface, über das eine Funkzelle bereitgestellt werden kann. Zudem verfügen die Standard Access Points über eine Portal-Funktion und über ein 10/100-MBit/s-Ethernet-Interface, mit dem der Access Point an ein drahtgebundenes Distribution System angeschlossen werden kann. Einstiegslösungen verfügen ausschließlich über interne Antennen, wodurch unter Umständen die Reichweite eingeschränkt sein kann und eine individuelle örtliche Anpassung nicht möglich ist. Höherwertige Access Points zeichnen sich durch Anschlussmöglichkeit für eine oder zwei externe Antennen aus, die entweder über SMA-, R-SMA- oder RP-TNC-Buchsen angeschlossen werden können. Diese Access Points werden in der Regel mit Standard-Dipol-Antennen ausgestattet, die keinerlei Antennengewinn aufweisen, also ihre Leistung in allen Richtungen relativ gleichmäßig abstrahlen. Durch den Einsatz anderer Antennen lässt sich jedoch eine Anpassung beziehungsweise Optimierung vornehmen. Hierbei ist zu berücksichtigen, dass der zulässige EIRP-Wert nicht überschritten wird.

Diversity-Funktion

> Alle Access Points verfügen intern oder extern über zwei Antennen. Hierbei handelt es sich nicht um getrennte Funk-Interfaces, sondern um zwei Antennen, die mit einem Funk-Interface verbunden sind und die Diversity-Funktion bereitstellen.

Ein Standard Access Point kann ausschließlich im Infrastruktur-Modus arbeiten und eine Funkzelle für WLAN-Stationen bereitstellen, wobei eine Anbindung an das Distribution System möglich ist. Um mit einem Standard Access Point den Zugang ins Internet zu gewährleisten, wird noch zusätzlich eine Router-Funktion benötigt, die die

Anbindung ans Internet realisiert. Dies stellt jedoch bei größeren Netzwerken kein Problem dar, da hier in der Regel die Internetanbindung
zentral über ein Internet Gateway erfolgt. Abbildung 6–8 zeigt einen
Standard Access Point, der im Innenbereich montiert werden kann und
über zwei externe Antennen verfügt.

Abb. 6–8
Standard Access Point
(Quelle: D-Link)

6.3.2   Erweiterte Access Points (Internet Gateway)

Erweiterte Access Points, beziehungsweise Internet Gateways, bieten
zusätzlich eine Routing-Funktion, DHCP, NAT und PPPoE. Durch
diese Funktionen und Protokolle kann der Access Point über sein
10/100-MBit/s-Ethernet-Interface direkt an ein DSL-Modem angeschlossen werden und den WLAN-Stationen, die sich in seiner Funkzelle befinden, den Zugang ins Internet gewährleisten (es gibt heute
auch eine Vielzahl von Lösungen, die bereits das DSL-Modem inte-
griert haben). Der Internetzugang kann in diesem Fall jedoch nicht für
weitere Funkzellen oder drahtgebundene Stationen bereitgestellt werden, da der Access Point über den Ethernet-Anschluss direkt an das
DSL-Modem angeschlossen ist, wobei eine Verbindung zu einem weiteren Access Point oder zu einem Switch nicht möglich ist. Alle
WLAN-Stationen können via DHCP vom Access Point automatisch
eine IP-Adresse zugewiesen bekommen. Der Access Point verfügt über
ein Menü, in dem die Zugangsdaten für die Einwahl beim Internetprovider eingetragen werden können. Jedes Mal, wenn auf einer der

WLAN-Stationen eine IP-Adresse aufgerufen wird, die nicht zum lokalen WLAN gehört, baut der Access Point die Verbindung zum Internet auf, natürlich nur, falls diese nicht bereits besteht. Der Datenaustausch zum Internet wird dann über die Routing-Funktion realisiert. Die internen IP-Adressen werden über die NAT-Funktion auf die durch den Internetprovider zugewiesene IP-Adresse abgebildet. Die erweiterten Access Points können in der Regel entweder für den beschriebenen Internetzugang verwendet werden, in dem sie als Internet Gateway arbeiten, oder als normaler Access Point in einem Infrastruktur-Netzwerk eingesetzt werden. Beim Einsatz für den Internetzugang muss als Betriebsmodus der Routing-Modus und andernfalls der Infrastruktur-Modus ausgewählt werden. In Abbildung 6–9 ist ein Access Point abgebildet, der die erweiterten Funktionen für den direkten Internetzugang bereitstellt.

Abb. 6–9
Erweiterter Access Point
für den Internetzugang
(Quelle: Fa. SMC)

6.3.3   Modulare Access Points

Modularer Access Point

Neben den Access Points, die über ein WLAN-Interface verfügen, gibt es Access Points, die für ein zweites WLAN-Interface vorgesehen sind. Die Erweiterung des zweiten Interfaces erfolgt in der Regel über einen herkömmlichen PCMCIA-, Card-Bus- oder Mini-PCI-WLAN-Adapter. Hierbei kann allerdings nicht jeder Adapter eingesetzt werden, sondern nur ein Adapter der von demselben Hersteller kommt, da der dazugehörige Treiber in der Firmware des Access Points aufgesetzt sein muss. Wird der Access Point mit einem zweiten WLAN-Interface erweitert, so kann der Access Point zwei Funkzellen bereitstellen, die auf unterschiedlichen Kanälen arbeiten und somit unabhängig vonein-

ander betrieben werden können. In diesem Fall kann natürlich ein
Datenaustausch zwischen den beiden Funkzellen über die interne
Bridging-Funktion erfolgen. Zudem verfügen einige Access Points über
eine Load-Balancing-Funktion zur Lastverteilung zwischen den Funkzellen. Dafür verwaltet der Access Point alle Stationszugänge und verteilt diese der Reihe nach abwechselnd auf die eine und auf die andere
Funkzelle. Ziel ist es hierbei, dass zwischen den beiden Funkzellen ein
ausgewogenes Verhältnis in der Anzahl der WLAN-Stationen vorliegt,
damit alle Stationen eine möglichst große Bandbreite zur Verfügung
haben. Abbildung 6–10 zeigt einen Access Point mit einem fest einge-
bauten und einem modularen WLAN-Interface.

Abb. 6–10

Modularer Access Point

(Quelle: LANCOM Systems)

6.3.4   Dualband Access Points

Access Points, die als Dualband-Geräte ausgeführt sind, verfügen über   *Dualband Access Point*
zwei WLAN-Interfaces, ein 2,4-GHz-Interface und ein 5-GHz-Inter-
face. Hiermit sollen beispielsweise die Funkzellen, in denen WLAN-
Clients aufgenommen werden, über das 2,4-GHz-Interface bereitgestellt werden. Das Wireless Distribution System (WDS) wird in diesem
Fall über das 5-GHz-Interface realisiert. Somit kann eine Beeinflussung zwischen den Daten, die innerhalb der Funkzelle ausgetauscht
werden, und denen, die über das WDS übertragen werden, ausgeschlossen werden. Klassisches Einsatzgebiet wären die Mesh-Netz-
werke. In Abbildung 6–11 ist ein Access Point dargestellt, der über
2,4-GHz- und 5-GHz-WLAN-Interfaces verfügt.

Abb. 6–11
Dualband Access Point
(Quelle: Cisco)

6.3.5 Micro Access Point

Micro Access Point Eine weitere Klasse sind Access Points im Miniaturformat, die sich durch eine kompakte Bauform und einfachen Funktionsumfang auszeichnen. Bei diesen Access-Point-Varianten wird auf Anschlussmöglichkeiten für externe Antennen verzichtet, wobei meistens mit relativ hoher Sendeleistung gearbeitet wird. Zudem verfügen diese Micro Access Points teilweise über einen drahtgebundenen Netzwerkanschluss, der über ein kurzes TP-Kabel mit RJ-45-Stecker nach außen geführt ist. Auf diese Weise können diese Micro Access Points direkt an einen Switch oder Hub angeschlossen werden, ohne dass ein Patch-Kabel benötigt wird. Als Betriebsmodus bieten viele dieser Access-Point-Varianten einen normalen Access-Point-Modus (Infrastruktur-Modus), Repeater-Modus, Station-Modus oder einen Betriebsmodus, in dem die Micro Access Points als Access Point und gleichzeitig als Repeater fungieren können. Letzteres kann dazu verwendet werden, in einem Bereich eine Funkzelle bereitzustellen, in der WLAN-Stationen aufgenommen werden können und eine Datenweiterleitung zu einem Access Point realisiert werden kann, der ebenfalls im Repeater-Modus arbeitet. Werden die Access Points im Station-Modus betrieben, so verhalten sie sich wie normale WLAN-Stationen und können mit einem Access Point in Verbindung treten, um mit diesem Daten auszutauschen. Zudem ist ein direkter Datenaustausch zu einer anderen

WLAN-Station möglich. Der Station-Modus ist vorgesehen, um nicht WLAN-fähige Netzwerkkomponenten in ein WLAN einzubinden. Abbildung 6–12 zeigt einen Micro Access Point, der direkt an einen Switch oder Hub angeschlossen werden kann.

Abb. 6–12
Micro Access Point
(Quelle: Compu-Shack
Production)

Parallel zu den Access Points, die den Station-Modus unterstützen, gibt es noch Hersteller, die so genannte Wireless Ethernet Bridges vermarkten. Hierbei handelt es sich um Geräte, die sich genauso verhalten wie die Access Points im Station-Modus. Über die Wireless Ethernet Bridge können ebenfalls sämtliche nicht WLAN-fähige Komponenten, die über einen 10-MBit- oder 100-MBit-Ethernet-Anschluss verfügen, in ein WLAN eingebunden werden, um ihre Daten drahtlos zu übertragen.

6.3.6 Access-Point-Kombigeräte

Für den SoHo-Bereich sind Kombigeräte interessant, die als Access Point, Internet Gateway, Printserver und Switch fungieren. Somit lassen sich über ein Gerät der drahtlose Internetzugang und der Zugriff auf einen Druckerdienst realisieren. Des Weiteren kann auch für drahtgebundene Stationen der Internetzugang und die Nutzung des Druckerdienstes bereitgestellt werden, indem diese an den internen Switch angeschlossen werden. Reichen die Anschlüsse des internen Switches nicht aus, kann gegebenenfalls ein weiterer Switch angeschlossen werden, um weitere drahtgebundene Stationen einzubinden. Somit handelt es sich um eine ideale Lösung für den SoHo-Bereich, um kleinere Netzwerklösungen aufzubauen, bei denen ein drahtloser und drahtgebundener Zugriff erfolgen kann. Abbildung 6–13 zeigt ein typisches Access-Point-Kombigerät.

Kombigeräte

6.4   WLAN-Switches

WLAN-Switch   Eine neue Geräteklasse sind die so genannten WLAN-Switches. Durch die WLAN-Switches werden Aufgaben wie Management und Sicherheit an einer zentralen Stelle – einem Switch – zusammengefasst. Die Access Points werden indirekt an die Anschlüsse des Switches angeschlossen, wobei der Anschluss der Access Points, je nach Aufbau der Netzwerkinfrastruktur, über einen oder mehrere Ethernet-Switches erfolgt. Bei den Access Points handelt es sich teilweise um abgespeckte Access Points, bei denen bei einigen Herstellern sogar nur noch das reine Funkinterface bereitgestellt wird. In diesem Fall sprechen einige Hersteller auch von so genannten Access Ports und nicht mehr von Access Points. Diese Geräte werden bevorzugt via PoE über das Netzwerkkabel mit Spannung versorgt, wodurch die Installation zusätzlich vereinfacht wird. Durch die Access Ports können enorme Kosten eingespart werden, da die Access Ports weitaus preisgünstiger sind als herkömmliche Access Points, deren Hardware und Firmware bedeutend komplexer sind. Dies kann sich besonders in größeren WLANs positiv bemerkbar machen, bei denen viele Funkzellen platziert werden müssen, um eine flächendeckende Ausleuchtung zu realisieren. Allerdings muss man bei der Auswahl der WLAN-Switch-Lösung berücksichtigen, welche Netzwerkschichten unterstützt werden. Einige Hersteller unterstützen lediglich Layer 2, andere hingegen Layer 3. Hat man eine größere und komplexe Netzwerkinfrastruktur zugrunde liegen, so kann Layer 3 ein Muss sein, da zwischen WLAN-Switch und Access Ports Router geschaltet sind, was eine Layer-3-Unterstützung voraussetzt.

Zentralisiertes   Entscheidender Vorteil der WLAN-Switch-Lösungen ist das zentra-
Management   lisierte Management, wodurch die Administration und Überwachung des WLANs vereinfacht wird. Müssen bei den herkömmlichen WLANs alle Access Points gegebenenfalls umkonfiguriert werden, so beschränkt

sich in geswitchten WLANs die notwendige Konfigurationsänderung auf eine zentrale Stelle, die durch den WLAN-Switch repräsentiert wird. Dieser kann, je nach Ausführung, Funktionen von Layer 2 bis Layer 7 bereitstellen, um den Datenfluss zwischen den einzelnen Funkzellen zu optimieren. Bei den WLAN-Switches handelt es sich um eine relativ neue WLAN-Gerätegeneration, die für größere WLAN-Installationen vorgesehen ist. Größere Projekte mit WLAN-Switches wurden beispielsweise auf der CeBIT 2003 realisiert; womit in allen Messehallen ein Hotspot eingerichtet wurde. Interessantes Features der WLAN-Switch-Technologie können das RF-Management und die automatische Kanalzuteilung sein. Hiermit können die WLAN-Switches automatisch die Sendeleistung und Kanalverteilung auf die Umgebung anpassen. Dies kann in komplexen Umgebungen besonders interessant sein, bei denen sich die Charakteristik häufig ändert, wie zum Beispiel im Hochregallager. Entscheidendes Auswahlkriterium für eine WLAN-Switch-Lösung kann die Anzahl der anschließbaren Access Points und die Möglichkeit der Kaskadierung sein. Abbildung 6–14 zeigt einen WLAN-Switch mit den dazugehörigen Access Ports.

Abb. 6–14
WLAN-Switch (Quelle: Symbol Technologies)

6.5   Management-Plattform

Da eine komplexe WLAN-Infrastruktur aus einer Vielzahl von dezentralen Access Points bestehen kann, ist es für einen Administrator oft sehr schwer, die Konfiguration vorzunehmen und den Überblick über das Geschehen im Netzwerk zu behalten. Abhilfe hierzu können spezielle WLAN-Management-Plattformen bieten. Diese Lösungen sind in der Regel herstellerneutral, wobei eine Vielzahl von Access Points verschiedenster Hersteller unterstützt wird. Über die WLAN-Management-Plattform lässt sich die Konfiguration der Access Points zentralisieren und wesentlich vereinfachen. Die Netzwerkstatistiken von Access Points und WLAN-Clients werden von einem Management-Server via SNMP erfasst und können an einer Managementkonsole grafisch und tabellarisch dargestellt werden. Hierbei lassen sich auch Schwellen festlegen, die einen Fehler charakterisieren und einen Alarm auslösen können, um beispielsweise einen Administrator über eine kri-

Management-Plattform

tische Situation im WLAN zu informieren. Des Weiteren bieten die meisten WLAN-Management-Plattformen auch eine Funktion für die Erkennung von Rouge-Access-Points. Die Management-Plattformen bieten zudem auch die Möglichkeit, ein zentralisiertes Firmware-Update der Access Points vorzunehmen.

WLSE

Größere WLAN-Infrastrukturen sollten über eine WLAN-Management-Plattform administriert und verwaltet werden. Neben hersteller-neutralen Lösungen wie beispielsweise AirWave gibt es auch hersteller-spezifische Management-Plattformen. So bietet Cisco beispielsweise die Wireless LAN Solution Engine (WLSE) an.

6.6   WLAN-Telefon

WLAN-Telefon

Abb. 6–15
WLAN-Telefon
(Quelle: Cisco)

Nach anfänglichen Schwierigkeiten ist zu erwarten, dass das Thema Voice-over-IP in Zusammenhang mit WLAN einen wahren Aufschwung erleben wird. Hierdurch werden Kommunikationslösungen, die auf einer DECT-Anlage basieren, unter Umständen zukünftig nicht mehr benötigt, da die DECT-Mobiltelefone von WLAN-Telefonen abgelöst werden können. Bei den WLAN-Telefonen wird die Sprachqualität über QoS sichergestellt. Zudem werden die Sprachdaten verschlüsselt übertragen, damit Lauscher keine Chance haben. Erste WLAN-Telefone sind bereits auf dem Markt erhältlich. So bietet beispielsweise Cisco das Wireless IP Phone 7920 an (siehe Abb. 6–15). Bei diesem WLAN-Telefon handelt es sich um eine 802.11b-Komponente, die mit einer maximalen Sendeleistung von 100 mW arbeitet, wobei die Sendeleistung automatisch zwischen 1, 5, 20, 50 und 100 mW eingestellt wird. Laut Cisco können im Innenbereich Reichweiten von 15 bis 300 m erzielt werden.

6.7   WLAN-Produktzertifizierungen

Um den Administratoren und den Anwendern eine zuverlässige Aussage über die Kompatibilität zwischen Produkten unterschiedlicher Hersteller zu liefern, haben sich mittlerweile Zertifizierungsprogramme für WLAN-Produkte etabliert.

6.7.1   Wi-Fi

In Zusammenhang mit WLAN-Komponenten tritt immer wieder der Begriff Wi-Fi oder Wi-Fi-Adapter in Erscheinung. Wi-Fi steht für Wireless Fidelity. Dahinter verbirgt sich letztendlich eine internationale Organisation (http://www.wi-fi.org), die im August 1999 gegründet wurde. Ursprünglich wurde sie als Wireless Ethernet Compatibility Alliance (WECA) von den führenden WLAN-Produktherstellern ins Leben gerufen. Ziel dieser Organisation ist es, die Kompatibilität von 802.11-WLAN-Produkten unterschiedlicher Hersteller zu prüfen und die erfolgreich geprüfte Kompatibilität durch ein entsprechendes Wi-Fi-Logo zu bescheinigen. Für den Anwender bietet das Wi-Fi-Logo die Gewissheit, dass sein Produkt bedenkenlos mit anderen Wi-Fi-Produkten betrieben werden kann, auch wenn die Produkte von unterschiedlichen Herstellern stammen. Abbildung 6–16 zeigt das Wi-Fi-Logo.

Wi-Fi

Abb. 6–16
Wi-Fi-Logo

Erste Kompatibilitätstests wurden bereits im März 2000 durchgeführt. Seit dieser Zeit werden die Kompatibilitätstests stetig erweitert, um den aktuellen Erweiterungen des 802.11-Standards gerecht zu werden. Die Kompatibilität wird derzeit nach 802.11, 802.11b, 802.11a, 802.11g und Wi-Fi Protected Access durchgeführt. Bei den vier ersten Varianten handelt es sich um Produkttests, die auf die unterschiedlichen Datenraten abgestimmt sind. Wi-Fi Protected Access (WPA) beleuchtet den Bereich der Datensicherheit (siehe Abschnitt 8.4.1). Ein Produkttest kostet heute den Hersteller 15.000 US$. Dabei sind Updates des Produkttests, die beispielsweise bei einem Treiber- oder Firmware-Update notwendig sind, bereits im Preis inbegriffen. Da jedoch die Testgebühren relativ hoch sind, haben viele Hersteller auf die Wi-Fi-Zertifizierung verzichtet. Diese Hersteller stützen sich auf die Tests, die von den meisten Chipsatzherstellern mit den bereitgestellten Treiberressourcen absolviert wurden. Möchte man sich genau vergewissern, welche Tests die jeweiligen Produkte erfolgreich absolviert haben, so kann man sich auf der Wi-Fi-Homepage einen aktuellen Überblick verschaffen. Unter http://www.wi-fi.org/OpenSection/ certified_products.asp?TID=2 lässt sich eine entsprechende Anfrage durchführen.

Wi-Fi-Kompatibilitätstests

6.7.2   CCX-Programm

CCX-Programm   Der namhafte Netzwerkhersteller Cisco hat ebenfalls ein WLAN-Zertifizierungsprogramm unter der Bezeichnung Cisco-Compatible-Extensions-Programm, kurz CCX-Programm, ins Leben gerufen. Durch dieses Zertifizierungsprogramm soll die Kompatibilität zu den WLAN-Produkten von Cisco bescheinigt werden, um die Kompatibilität von WLAN-Adapter-Karten und mobilen Geräten von Drittanbietern mit der Cisco Aironet Wireless-LAN-Infrastruktur zu fördern.

Mit dem CCX-Programm bietet Cisco die Lizenzierungsmöglichkeit der Aironet-Funktionalität für die Integration in WLAN-Produkten. Nach ausgiebigen Kompatibilitätstests mit der Wireless-LAN-Infrastruktur von Cisco können die geprüften WLAN-Produkte das Markenzeichen »Cisco Compatible« tragen (siehe Abb. 6–17).

Abb. 6–17
Cisco Compatible Logo

Cisco Compatible eXtensions (CCX)

Das Logo weist darauf hin, dass das Produkt alle CCX-Funktionen unterstützt. Die erste Spezifikation des CCX-Programms wurde im Jahr 2000 veröffentlicht und umfasst:

- Vollständige Einhaltung der Wi-Fi- und IEEE-802.11-Standards
- Kompatibilität mit der Cisco Wireless Security Suite
- Kompatibilität mit dem Cisco-Entwurf für die Zuordnung von WLAN-Karten zu Virtual LANs (VLANs)

Seit der Veröffentlichung der ersten CCX-Spezifikation hat Cisco in regelmäßigen Abständen neue erweiterte CCX-Versionen herausgebracht, um den aktuellen technischen Anforderungen gerecht zu werden. Die neuen CCX-Versionen haben erweiterte Testspezifikationen zur Folge. Bis heute gibt es bereits vier Versionen der CCX-Spezifikation. Version 2 hat beispielsweise die CCX-Spezifikation um WPA, Cisco-Funktion für ein RF-Management und Fast Secure Roaming erweitert. Version 3 um WPA2, EAP-Fast und Wi-Fi Multimedia (WMM). Version 4 widmet sich primär den Erweiterungen für VoIP im WLAN. Firmen wie Agere Systems, Atheros, IBM, Intel, Intersil und Texas Instruments sind bereits Teilnehmer des CCX-Programms.

7 Praktische WLAN-Umsetzung

Bei der Umsetzung eines WLANs ist eine solide und fachlich kompetente Planung das A und O: Ein WLAN, das wild vor sich hinwuchert, bei dem ein weiterer Access Point einfach dazugestöpselt wird, wird in der Praxis nie die optimale Performance und Zuverlässigkeit bieten. Was bei einem Heimnetzwerk mit einem Access Point noch problemlos funktionieren mag, bereitet bei der Umsetzung eines großflächigen WLANs sicherlich Probleme. Werden hierbei die Grundsätze der Nachrichtentechnik nicht eingehalten und die physikalischen Einflüsse, die die elektromagnetischen Wellen bei ihrer Ausbreitung erfahren, nicht berücksichtigt, sind Fehler und sogar massive Datenverluste nicht auszuschließen. Aber selbst ein erfahrener Netzwerker tut sich schon mal schwer, wenn es darum geht, die vorhandenen und jahrelang aufgebauten Betrachtungsweisen auf die drahtlose Datenübertragung anzupassen. Ein Umdenken in Bezug auf die erzielbare Reichweite und den Datendurchsatz sind im WLAN-Bereich vornehmlich gefordert. Das folgende Kapitel soll Licht ins Dunkel bringen und aufzeigen, was ein WLAN wirklich leisten kann. In diesem Zusammenhang geht dieses Kapitel schwerpunktmäßig auf Reichweitenbetrachtung, Funkausleuchtung, Performance-Betrachtung und die richtige Standortbestimmung von Access Points ein. Des Weiteren werden Einstellparameter von WLAN-Komponenten betrachtet.

7.1 Reichweitenbetrachtungen

Im WLAN-Bereich ist die erzielbare Distanz entscheidend, die zwischen den kommunizierenden Stationen vorhanden sein darf, damit noch eine fehlerfreie Datenübertragung gewährleistet werden kann. Die maximale Reichweite erzielt man bei einer Quasi-Sichtverbindung, die vorliegt, wenn keine Hindernisse zwischen den Verbindungspartnern stehen. Um die Reichweiten in Abhängigkeit von der Umgebung

Reichweitenabschätzung

in etwa abschätzen zu können, hat man bestimmte Richtwerte veröffentlicht. Es gibt Richtwerte, mit denen man die Hindernisse zwischen den Stationen bezüglich ihrer Dämpfung beurteilen kann. So hat beispielsweise Stahl eine sehr hohe Dämpfung, während Holz eine geringe Dämpfung aufweist. Außerdem gibt es Klassifizierungen für die Umgebung. Je nachdem, welche Materialien sich zwischen den Stationen befinden, werden die Umgebungen zwischen flach und offen, halb offen und geschlossen klassifiziert. Befindet sich kein Hindernis zwischen dem Sender und dem Empfänger, so liegt eine flache und offene Umgebung vor. Das sind zum Beispiel Freigelände, größere Hallen in Flughäfen oder Messehallen. Befinden sich hingegen Materialien mit geringer oder mittlerer Dämpfung zwischen Sender und Empfänger, wobei die Möglichkeit besteht, dass indirekte Ausbreitungswege für die elektromagnetischen Wellen über Reflexionen entstehen, so spricht man von einer halb offenen Umgebung. Dazu gehören Großraumbüros, Korridore oder Räume mit Trennwänden. Befinden sich Hindernisse mit hoher Dämpfung zwischen dem Sender und dem Empfänger, so liegt eine geschlossene Umgebung vor. Ein Gewerbegebäude mit massiven Wänden oder ein Privathaus sind Beispiele für eine geschlossene Umgebung.

Die Tabelle 7–1 zeigt Richtwerte für die erzielbaren Reichweiten in Abhängigkeit von der Datenrate im Bereich von 1 bis 11 MBit/s auf.

Tab. 7–1
Erzielbare Reichweiten
ohne spezielle
Zusatzantenne

Datenrate	Reichweite in Abhängigkeit von der Umgebung		
Verbindung	Flach und offen	Halb offen	Geschlossen
11 MBit/s	160 m	50 m	25 m
5,5 MBit/s	270 m	70 m	35 m
2 MBit/s	400 m	90 m	40 m
1 MBit/s	550 m	115 m	50 m

Wie anhand der Tabelle 7–1 ersichtlich wird, ist die erzielbare Distanz einerseits von der Datenrate und andererseits von der Umgebung abhängig, wobei die Umgebung jedoch einen größeren Einfluss hat. Demnach ist es bei der Planung wichtig, die Umgebung zu berücksichtigen. Sie lässt sich durch eine Aufstellung der Hindernisse und eine Analyse der verwendeten Materialien bestimmen. In der Tabelle 7–2 sind typische Dämpfungseigenschaften aufgeführt.

Material	Dämpfung	Beispiel
Gips	Gering	Zwischenwände
Holz	Gering	Möbel, Decken in alten Gebäuden, Zwischenwände
Glas	Gering	Fensterscheiben
Mauersteine	Mittel	Wände
Wasser	Mittel	Aquarien, feuchte Materialien
Beton	Hoch	Außenwände
Metall	Sehr hoch	Stahlbetonkonstruktionen, Aufzugschächte

Tab. 7–2
Dämpfungseigenschaften verschiedener Materialien

7.1.1   Detaillierte Reichweitenbetrachtung

Für die detaillierte Reichweitenbetrachtung im Freigelände ist die Datenrate maßgeblich. Je höher die Datenrate, desto geringer ist die erzielbare Reichweite. Dies liegt in der Tatsache begründet, dass mit steigender Datenrate das Signal am Empfänger größer sein muss, damit es vom Empfänger noch fehlerfrei interpretiert werden kann. Ursache hierfür ist die Empfängerempfindlichkeit, die durch die verwendeten Modulations- und Kodierungsverfahren mit zunehmender Datenrate sinkt. Die maximal erzielbare Reichweite ist überschritten, sobald das Signal am Empfänger die zur Datenrate gehörende Empfängerempfindlichkeit unterschreitet. Der 802.11-Standard empfiehlt bestimmte Werte für die Empfängerempfindlichkeit, wie sie in Kapitel 3 dargestellt wurden. Tabelle 7–3 zeigt hingegen typische Empfängerempfindlichkeiten, wie sie in heutigen WLAN-Komponenten, abhängig von der Datenrate und der verwendeten Trägerfrequenz, vorzufinden sind.

Detaillierte Reichweitenbetrachtung

Daten-rate	Über-tragungs-verfahren	Typ. 2,4-GHz-Empfänger-empfindlichkeit	Typ. Empfängerempfindlichkeit in den 5-GHz-Bereichen		
		2,4 GHz	5,15-5,25	5,25-5,35	5,47-5,725
1 MBit/s	DSSS	-94 dBm	–	–	–
2 MBit/s	DSSS	-93 dBm	–	–	–
5,5 MBit/s	DSSS/CCK	-92 dBm	–	–	–
11 MBit/s	DSSS/CCK	-90 dBm	–	–	–
6 MBit/s	OFDM	-86 dBm	-87 dBm	-89 dBm	-87 dBm
9 MBit/s	OFDM	-86 dBm	-87 dBm	-89 dBm	-87 dBm
12 MBit/s	OFDM	-86 dBm	-87 dBm	-89 dBm	-87 dBm
18 MBit/s	OFDM	-86 dBm	-87 dBm	-85 dBm	-87 dBm

Tab. 7–3
Typische Empfänger-empfindlichkeit in Abhängigkeit von der Datenrate und Träger-frequenz (Quelle: Cisco)

Daten-rate	Über-tragungs-verfahren	Typ. 2,4-GHz-Empfänger-empfindlichkeit	Typ. Empfängerempfindlichkeit in den 5-GHz-Bereichen		
24 MBit/s	OFDM	-84 dBm	-82 dBm	-82 dBm	-82 dBm
36 MBit/s	OFDM	-80 dBm	-79 dBm	-79 dBm	-79 dBm
48 MBit/s	OFDM	-75 dBm	-74 dBm	-74 dBm	-74 dBm
54 MBit/s	OFDM	-71 dBm	-72 dBm	-72 dBm	-72 dBm

Die in Tabelle 7–3 dargestellten Werte sind größtenteils etwas besser als die im 802.11-Standard geforderten Mindestwerte, da die WLAN-Chipsätze stetig weiterentwickelt und optimiert wurden. Für die Reichweitenermittlung kann man die jeweiligen Empfängerempfind-lichkeiten der Sendeleistung gegenüberstellen. Daraus ergibt sich ein gewisses Leistungsbudget. Ist das vorhandene Leistungsbudget größer als die Dämpfung, die die elektromagnetischen Wellen während ihrer Ausbreitung erfahren, kann man davon ausgehen, dass die Distanz überbrückt werden kann und eine fehlerfreie Datenübertragung mög-lich ist. Natürlich ist nicht nur die Dämpfung für die Reichweitenbe-stimmung entscheidend. Auch andere Einflüsse, wie beispielsweise das Multipath-Problem, können ebenfalls die erzielbare Distanz beeinflus-sen. Jedoch kann man in der Praxis anhand des Leistungsbudgets eine grobe Kalkulation für die erzielbare Reichweite durchführen. Hier-durch ergeben sich maximal erzielbare Reichweiten bei idealen Bedin-gungen, die somit einen ersten Überblick vermitteln, was in der Praxis realisierbar ist.

2,4 GHz versus 5 GHz

Wenn es um die Reichweitenbetrachtung geht, wird im WLAN-Bereich zur Zeit die 2,4-GHz- versus 5-GHz-Lösung heftigst diskutiert und in ihrer Leistungsfähigkeit gegenübergestellt. Dies ist auch berech-tigt, denn ein Grundsatz aus der Nachrichtentechnik besagt, dass je höher die genutzte Frequenz ist, desto höher ist die Dämpfung, die die elektromagnetischen Wellen erfahren und, daraus resultierend, umso geringer die erzielbare Distanz. Berücksichtigt man diesen Grundsatz, könnte man allerdings zum Trugschluss kommen, dass 2,4 GHz in etwa die Hälfte von 5 GHz ist und somit bei der Reichweitenbetrach-tung einfach der Faktor 1/2 berücksichtigt werden muss. In Abschnitt 5.4.4 wurde dargestellt, dass im 5-GHz-Frequenzband 7 dB mehr Sen-deleistung benötigt wird als im 2,4-GHz-Band, um im Freiraum die-selbe Distanz zu erzielen. 7 dB entspricht einem Leistungsfaktor von 5. Daran sieht man bereits, dass der Faktor 1/2 bei der Reichweitenbe-trachtung zwischen dem 2,4-GHz- und 5-GHz-Band generell nicht angewendet werden kann. Die Abweichung wird umso dramatischer, wenn zwischen den kommunizierenden Komponenten noch Hindernisse vorhanden sind, die eine zusätzliche Dämpfung hervorrufen, da die Dämpfung der Hindernisse von der Frequenz abhängig ist, jedoch nicht mit der Frequenz linear ansteigt.

7.1.2 Reichweitenberechnung

Die einfachste Reichweitenbetrachtung kann durchgeführt werden, wenn zwischen den kommunizierenden WLAN-Komponenten keine Hindernisse vorhanden sind und man deshalb die Freiraumdämpfung zugrunde legen kann. Wie in Abschnitt 5.5.4 dargestellt, errechnet sich die Freiraumdämpfung aus der Formel $A_F = 20 \log (4 \pi d / \lambda)$ [dB], wobei λ die Wellenlänge entspricht, die sich über die Formel $\lambda = c/f$ errechnen lässt. Im ersten Schritt muss das Leistungsbudget abhängig von der Datenrate ermittelt werden, wozu von der jeweiligen Sendeleistung die jeweilige Empfängerempfindlichkeit einfach abgezogen wird. Hierbei berücksichtigt man in der Praxis noch eine Leistungsreserve von 10 dB, die ebenfalls vom ermittelten Leistungsbudget abgezogen wird. Für die WLAN-Komponenten im 2,4-GHz- und 5-GHz-Frequenzband gibt es typische Sendeleistungen, die an die gesetzlichen Grenzwerte (EIRP) angelehnt sind. Dabei muss im 5-GHz-Band noch berücksichtigt werden, ob von den Komponenten TPC und DFS unterstützt werden. Tabelle 7–4 fasst die unterschiedlichen Sendeleistungen zusammen.

Reichweitenberechnung

Frequenzband	Zulässige Sendeleistung	Typische Sendeleistung
2,4 GHz	20 dBm	14 bis 15 dBm
5,15 bis 5,25 GHz	14,7 dBm ohne TPC/DFS	14,7 dBm
5,15 bis 5,25 GHz	17,7 dBm mit TPC ohne DFS	17,7 dBm
5,15 bis 5,25 GHz	23 dBm mit TPC/DFS	17 dBm[a]
5,25 bis 5,35 GHz	23 dBm mit TPC/DFS	17 dBm[a]
5,47 bis 5,725 GHz	30 dBm mit TPC/DFS	24 dBm[a]

Tab. 7–4

Sendeleistungen im 2,4-GHz- und 5-GHz-Band

a. Wegen der 6-dB-Dynamik von TPC Reduzierung um 6 dB

Das Leistungsbudget lässt sich nun ermitteln, wenn man die Sendeleistung aus Tabelle 7–4 und die Empfängerempfindlichkeit aus Tabelle 7–3 entnimmt. So ergibt sich beispielsweise bei den heutigen 5-GHz-Komponenten, die kein TPC und DFS unterstützen, bei der Datenrate von 54 MBit/s ein Leistungsbudget von 76,7 dB (14,7 dBm - (-72 dBm) - 10 dB). Nachdem das Leistungsbudget ermittelt ist, muss die Formel für die Freiraumdämpfung auf die Distanz umgestellt werden, um die

Leistungsbudget

erzielbare Distanz ermitteln zu können. Für die Beispielbetrachtung ergibt sich daraus eine maximal erzielbare Distanz von 30 m ($10^{76,7/20}$ × 5,51 cm/4 × π). Demnach kann also, wenn keine Hindernisse zwischen den heutigen 5-GHz-Komponenten vorhanden sind, eine maximale Distanz von zirka 30 m erzielt werden. Als Vergleich sind in Abbildung 7–1 erzielbare Distanzen dargestellt, die bei der Datenrate von 6 bis 54 MBit/s mit 2,4-GHz-Komponenten, 5-GHz-Komponenten ohne TPC/DFS und 5-GHz-Komponenten mit TPC/DFS erzielt werden können.

Abb. 7–1

Erzielbare Reichweiten bei Freiraumdämpfung

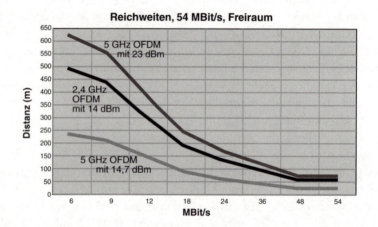

Aus dem Diagramm geht hervor, dass die 5-GHz-Komponenten ohne TPC/DFS etwa 30 m, 5-GHz-Komponenten mit TPC/DFS etwa 75 m und 2,4-GHz-Komponenten zirka 60 m im Freigelände erzielen können, falls keine speziellen Antennen verwendet werden. Diese Aussagen sind natürlich für die Praxis nicht unbedingt geeignet, da man ja nicht nur außerhalb geschlossener Räume, sondern auch innerhalb geschlossener Räume, ein WLAN betreiben möchte. Hierbei müssen die Dämpfungen mit in das Leistungsbudget eingerechnet werden, die durch die Hindernisse, wie beispielsweise Wände, hervorgerufen werden. Tabelle 7–5 zeigt typische Dämpfungswerte für verschiedene Baumaterialien, in Abhängigkeit der Frequenz.

Tab. 7–5

Typische Dämpfungswerte von Baumaterialien

Material	2,4-GHz-Dämpfung	5-GHz-Dämpfung
Hochlochziegel 11,5 cm	≈ 7 dB	≈ 10 dB
Leichtbeton 11,5 cm	≈ 12 dB	≈ 19 dB
Lehmstein 11,5 cm	≈ 22 dB	≈ 36 dB
Kalksandstein 24 cm	≈ 9,5 dB	≈ 23 dB
Leichtbeton 30 cm	≈ 26 dB	≈ 35 dB

Material	2,4-GHz-Dämpfung	5-GHz-Dämpfung
Stahlbeton 16 cm	≈ 20 dB	≈ 32 dB
Hochlochziegel 36 cm	≈ 26 dB	≈ 50 dB
Tondachziegel 1,3 cm	≈ 3 dB	≈ 8 dB
2-fache Wärmeschutzverglasung	≈ 33 dB	≈ 27 dB

Die Tabelle 7–5 zeigt deutlich, dass es keinen linearen Zusammenhang zwischen der auftretenden Materialdämpfung und der Frequenz gibt. Betrachtet man beispielsweise Hochlochziegel, so ergibt sich zwar zwischen 2,4 GHz und 5 GHz ein Unterschied von 3 dB, was dem Faktor 2 entspricht, aber bei Stahlbeton mit 16 cm Dicke liegt der Unterschied bereits bei 12 dB, was dem 16-fachen Dämpfungswert entspricht. Bei den dargestellten Dämpfungswerten muss man zudem berücksichtigen, dass beispielsweise Feuchtigkeit die Werte drastisch nach oben verändern kann. Zudem muss Glas sehr unterschiedlich betrachtet werden. Normales Glas ruft in der Regel geringe Dämpfungen von etwa 0,5 dB hervor, wohingegen Sicherheitsglas mit Metallgeflecht oder Glas mit einer metallisierten Sonnenschutzfolie hohe Dämpfungswerte von über 30 dB hervorrufen können.

Rechnet man das zuvor dargestellte Beispiel nochmals durch und berücksichtigt hierbei eine Leichtbetonwand mit einer Dicke von 11,5 cm, die bei 2,4 GHz eine Dämpfung von 12 dB und bei 5 GHz eine Dämpfung von 19 dB hervorruft, so ergeben sich die maximalen Distanzen wie in Abbildung 7–2 dargestellt.

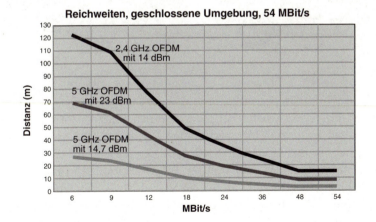

Abb. 7–2

Erzielbare Distanz

innerhalb einer

geschlossenen Umgebung

Aus dem Diagramm lässt sich entnehmen, dass die 5-GHz-Komponenten ohne TPC/DFS 3 bis 4 m, 5-GHz-Komponenten mit TPC/DFS etwa 10 m und 2,4-GHz-Komponenten etwa 16 m innerhalb geschlos-

Infrastrukturkosten

sener Umgebungen erzielen können. Dieses Beispiel zeigt deutlich, dass innerhalb geschlossener Gebäude die 2,4-GHz-Lösung vorteilhafter ist, während bei den 5-GHz-Komponenten die 802.11h-Erweiterung notwendig ist, um überhaupt brauchbare Distanzen erzielen zu können. Die erzielbaren Distanzen machen sich natürlich auch bei den Infrastrukturkosten bemerkbar. Je geringer die Distanz, desto kleiner ist die Ausdehnung der Funkzellen und umso mehr Funkzellen werden für die Versorgung einer bestimmten Fläche benötigt. Da die Anzahl der Funkzellen gleichbedeutend mit der Anzahl von Access Points ist, schlägt sich dies direkt in den Infrastrukturkosten nieder. Werden zwischen einer 802.11b- und 802.11g-Lösung etwa doppelt so viele Access Points benötigt, so liegt zwischen der 802.11g- und 802.11a/h-Lösungen nochmals der Faktor 2 bis 4. Der Vorteil ist im 5-GHz-Band die Tatsache, dass mehr Kanäle zur Verfügung stehen als im 2,4-GHz-Band. Deshalb erweist sich im 5-GHz-Band die Kanalwahl als weitaus unkritischer im Gegensatz zum 2,4-GHz-Band – das Problem der gegenseitigen Beeinflussung von Funkzellen, die auf denselben Kanälen arbeiten, liegt quasi nicht vor. Abbildung 7–3 zeigt als Vergleich die flächendeckende Versorgung über eine 802.11g- und 802.11a/h-Lösung.

Abb. 7–3

Flächendeckende Versorgung über 802.11g- und 802.11a/h-Lösungen

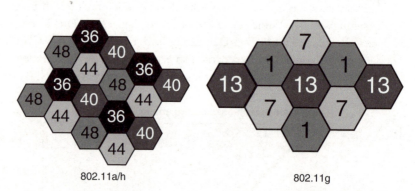

802.11a/h　　　　　　　802.11g

Im 5-GHz-Frequenzband hat man natürlich einen Performance-Vorteil, wenn man von einer bestimmten Dichte von WLAN-Stationen ausgeht. Da die 5-GHz-Funkzellen in der räumlichen Ausdehnung kleiner sind befinden sich weniger WLAN-Stationen in einer Funkzelle. Eine Funkzelle stellt immer ein Shared-Media dar, wobei sich die vorhandene Bandbreite auf die Anzahl der WLAN-Stationen aufteilt. Befinden sich in der 5-GHz-Funkzelle weniger WLAN-Stationen als in der 2,4-GHz-Funkzelle, steht jeder WLAN-Station auch mehr Bandbreite zur Verfügung.

7.1.3 Reichweitenreduzierung durch Signalreflexionen

Natürlich kann man die erzielbare Reichweite nicht nur anhand der Dämpfung festmachen, denn reflektierte Signale können zu Interferenzen und zum Multipath-Problem führen, wodurch Störungen und Reichweitenreduzierungen verursacht werden können. Interferenzen treten auf, wenn sich zwei zeitlich versetzte Funkwellen überlagern. Die Überlagerung kann durch ein reflektiertes Signal auftreten, wenn sich das reflektierte Signal mit dem direkten Signal des Senders überlagert. Zudem sind Interferenzen durch andere Funkzellen möglich, die auf demselben Kanal arbeiten. Je nach Lage der Wellenberge oder -täler kann es durch die Überlagerung (Interferenz) zu einer Auslöschung oder Addition der Signale kommen. Bei 0° Phasenverschiebung addieren sich die Wellen, bei 180° löschen sie sich aus. Dazwischen ist jeder andere Wert möglich. Abbildung 7–4 zeigt die Auswirkung von Interferenzen.

Signalreflexionen

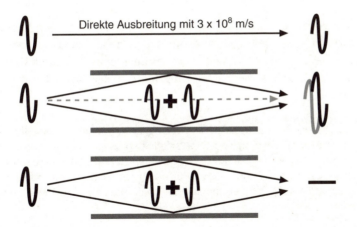

Abb. 7–4
Signalbeeinflussung durch Interferenzen

Für die Entstehung des Multipath-Problems (siehe Abschnitt 3.4) ist eine Umgebung umso unkritischer, je geringer die Varianz der Verzögerungszeiten (engl.: Delay Spread) ist, die die elektromagnetischen Wellen auf den unterschiedlich langen Übertragungswegen erfahren. Wie aus der folgenden Tabelle hervorgeht, kann eine WLAN-Komponente abhängig von der jeweiligen Datenrate Verzögerungszeiten von bis zu 350 ns verkraften.

Multipath-Problem

Tab. 7–6

Typische zulässige
Signalverzögerungszeiten
(Quelle: Cisco)

Datenrate	Maximal zulässige Varianz der Signalverzögerungszeiten
1 MBit/s	350 ns
2 MBit/s	300 ns
5,5 MBit/s	200 ns
6 MBit/s	400 ns
9 MBit/s	250 ns
11 MBit/s	130 ns
12 MBit/s	250 ns
18 MBit/s	220 ns
24 MBit/s	160 ns
36 MBit/s	100 ns
48 MBit/s	90 ns
54 MBit/s	70 ns

Aus der vorherigen Tabelle geht hervor, dass die auftretenden Verzögerungszeiten umso geringer sein dürfen, je höher die Datenrate ist. Tabelle 7–6 zeigt typische Signalverzögerungszeiten, die durch Reflexionen in den unterschiedlichen Umgebungen hervorgerufen werden können.

> Man sollte sich bei der Projektierung eines WLANs niemals auf eine theoretische Planung stützen, da sonst die Gefahr zu groß ist, dass die ermittelten Infrastrukturkosten von den realen Bedingungen zu stark abweichen, was zur Unzufriedenheit des Kunden führt. Für ein Angebot oder Kostenbedarfsermittlung sollte auf jeden Fall immer eine Funkausleuchtung zugrunde gelegt werden.

7.2　Funkausleuchtung

Funkausleuchtung　Möchte man ein WLAN umsetzen, so stellt sich neben der richtigen Parametrierung der Access Points vornehmlich die Frage, wie viele Access Points benötigt werden und an welchem Standort diese installiert werden müssen, um eine flächendeckende Versorgung im gewünschten Bereich zu gewährleisten. Eine pauschale Antwort auf diese Frage gibt es generell nicht. Zudem wird man in der Praxis auf das Problem stoßen, dass man ein WLAN nie theoretisch planen kann. Zwar helfen bei der Planung eines WLANs sicherlich Erfahrungswerte, die bei vorangegangenen WLAN-Projekten gesammelt werden konnten, jedoch können diese Erfahrungen eine Standortüberprüfung nicht ersetzen, sondern höchstens schneller zum Erfolg führen. Für die Standortüberprüfung wird eine so genannte Funkausleuchtung (engl.: Site Survey) durchgeführt. Hierzu können beispielsweise Utilities verwendet werden, die in der Regel zum Lieferumfang der WLAN-Adapter gehören. Die Utilities bieten dazu eine Anzeige der empfangenen Signalstärke und der Verbindungsqualität (siehe Abb. 7–5). Zudem lassen sich mit ihrer Hilfe Qualitätstests durchführen, indem testweise Frames übertragen und ihre Fehlerstatistiken angezeigt werden. Auch lässt sich die jeweils aktuelle Datenrate mit in die Qualitätsbeurteilung einbeziehen. Da die WLAN-Stationen ihre Datenrate bei einer Anhäufung von Übertragungsfehlern automatisch reduzieren, kann man davon ausgehen, dass die Empfangsqualität schlecht ist, wenn eine Station grundsätzlich mit geringer Datenrate arbeitet.

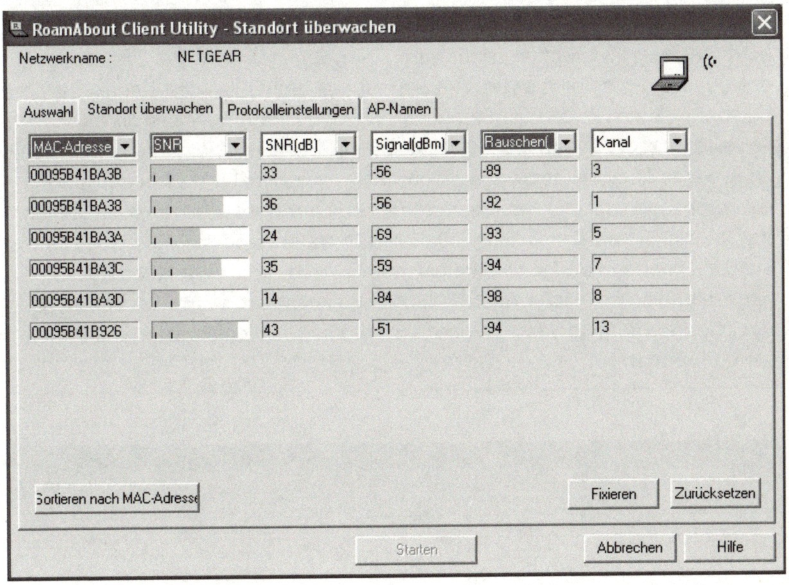

Abb. 7–5
Utility für die Standortüberprüfung und Funkausleuchtung

Für die Funkausleuchtung wird ein Access Point innerhalb des Gebäudes temporär platziert und danach geht man alle markanten Punkte innerhalb des Gebäudes ab. An den jeweiligen Punkten wird ein Verbindungstest zum Access Point durchgeführt und dokumentiert, wie die empfangene Signalstärke, die Verbindungsqualität, ob der Datenaustausch von dieser Stelle aus möglich war, mit welcher Datenrate die Daten übertragen wurden und wie die Fehlerstatistik ausgefallen ist. Gegebenenfalls muss während der Funkausleuchtung die Position des Access Points verändert werden, falls man bei den Verbindungstests feststellt, dass der gewählte Standort ungeeignet ist. Dasselbe gilt für

Praktische Funkausleuchtung

größere Gebäude, da hierbei in der Regel mehrere Access Points benötigt werden. In diesem Fall kann es auch sinnvoll sein, direkt mehrere Access Points für die Funkausleuchtung zu platzieren, denn dann hat man auch gleich die Möglichkeit, während der Funkausleuchtung die Überlappung der Funkzellen zu betrachten und zu kontrollieren, ob sie sich gegenseitig beeinflussen, wenn sie auf demselben Kanal arbeiten.

NetStumbler

Für die Funkausleuchtung bietet sich auch der Einsatz von NetStumbler an. NetStumbler ist eine WIN32-Application, die im Internet als Download unter http://www.netstumbler.com frei verfügbar ist. Dieses Utility ist eigentlich zum Aufsuchen von WLANs gedacht (siehe Abschnitt 8.4), jedoch bietet sie auch die Möglichkeit, mehrere Funkzellen in einer tabellarischen Übersicht anzuzeigen. Angezeigt werden die genutzten Kanäle, die Signalstärke in dBm, die Stärke des Rauschsignals in dBm und der Signal-Rausch-Abstand in dB. Diese Darstellung bietet bei der Funkausleuchtung eine ideale Übersicht über die vorhandene Umgebung, wobei mehrere Access Points gleichzeitig betrachtet werden können (siehe Abb. 7–6). So kann auch die Überlappung der Funkzellen betrachtet werden und eine eventuell falsche Kanalnutzung erkannt werden. Zudem kann man benachbarte WLANs ausfindig machen, so dass man deren spätere Einflüsse bei der Funkausleuchtung berücksichtigen kann. Dies ist gerade in städtischen, eng bebauten Gebieten und in Gewerbezonen wichtig, da hier die Wahrscheinlichkeit sehr groß ist. Neben der tabellarischen Darstellung liefert NetStumbler auch eine grafische Darstellung, bei der die Signalstärke und das Rauschsignal über einen Zeitstrahl angezeigt werden (siehe Abb. 7–7). Alle gemessenen Werte können abgespeichert werden, so dass die gesammelten Informationen auch protokolliert werden können.

Abb. 7–6

Tabellarische Umgebungsdarstellung von NetStumbler

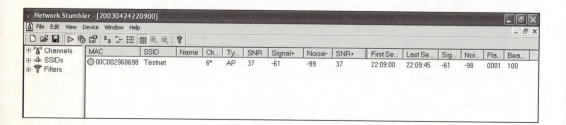

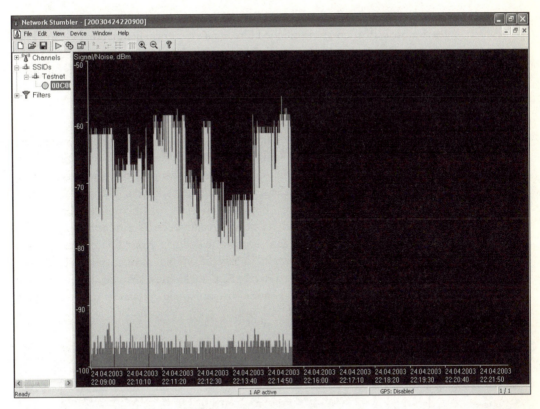

Abb. 7–7

*Grafische
Umgebungsdarstellung
von NetStumbler*

*Professionelle Site Survey
Utilities*

7.3 Professionelle Site Survey Utilities

Die zuvor dargestellte Methode der Funkausleuchtung hat den Nachteil, dass man bei größeren WLAN-Projekten schnell den Überblick verliert, denn sie bietet keine Möglichkeit für eine automatische und übersichtliche Dokumentation der Messergebnisse. Man ist letztendlich gezwungen, alle Messergebnisse von Hand in eine Tabelle oder einen Grundrissplan einzutragen. Abhilfe hierbei bieten so genannte Site Survey Utilities, wie sie beispielsweise von Ekahau oder AirMagnet angeboten werden. Diese Utilities bieten eine solide Grundlage für eine Funkausleuchtung, da sie eine grafische Darstellung von Signalstärke, Signal-Rausch-Abstand, erzielbaren Datenraten und Interferenzen bieten. Die Darstellung erfolgt bei diesen Utilities in einer Art Wetterkarte, in der die ermittelten Messwerte in unterschiedlichen Farben dargestellt werden. Dies ist besonders bei größeren WLAN-Projekten hilfreich, bei denen eine Vielzahl von Access Points benötigt wird. Die Site Survey Utilities lassen sich für die Funkausleuchtung, also WLAN-Planung und -Abnahmemessung, einsetzen und eignen sich ebenfalls für die Fehlersuche. Gerade bei der Fehlersuche erweisen sie sich auch als nützliche Hilfe, da sich eventuell auftretende Probleme sehr oft auf der untersten Ebene, also dem PHY-Layer, ansiedeln. Für einen fehlerfreien WLAN-Betrieb ist erst einmal eine gute und interferenzfreie Signalqualität Voraussetzung, was sich durch die Site Survey Utilities am besten überprüfen lässt.

Bei den Site Survey Utilities lassen sich Grundrisspläne des zu versorgenden Gebäudes oder Fläche hinterlegen. Sie scannen für die Messung fortlaufend alle Kanäle nach Beacon-Frames ab. Auf diese Weise erfassen sie die BSSIDs der Access Points und die jeweilige Signalstärke, mit denen die Beacons empfangen wurden. Während der Messung muss man in den hinterlegten Plan ortsabhängige Messpunkte setzen. Unterstützend kann im Außenbereich ein optionales GPS-Modem genutzt werden, das die jeweiligen Koordinaten an das Site Survey Utility übermittelt, sodass die Messpunkte automatisch erfasst werden. Mit Hilfe der jeweiligen Koordinaten können die Site Survey Utilities die Messergebnisse ortsabhängig erfassen und darstellen (siehe Abbildung 7–8 und 7–9).

Abb. 7–8

Grafische Darstellung der Signalstärke mit Ekahau

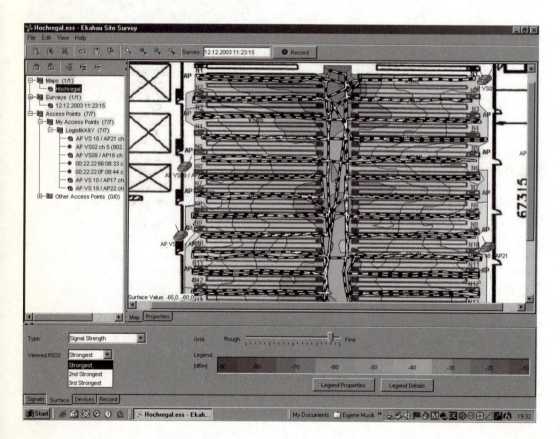

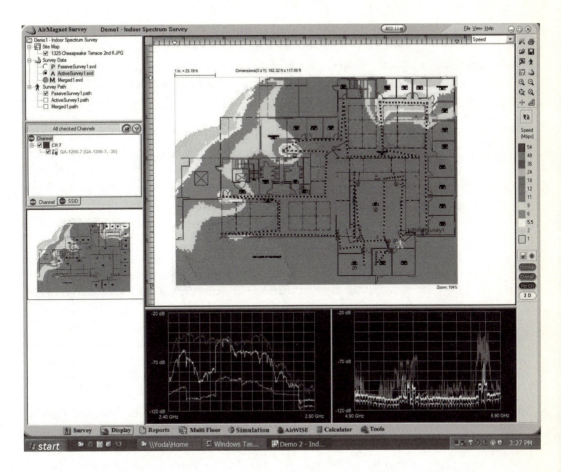

Abb. 7–9

Für die planerische Funkausleuchtung bieten die Site Survey Utilities eine Funktion, mit denen sich die Messergebnisse eines Access Points einfrieren lassen. Das Einfrieren ist notwendig, damit jeweils die Messergebnisse eines temporär platzierten Access Points festgehalten werden können, bevor seine Position verändert wird. Die jeweilige Ausprägung der Funkzelle, in Abhängigkeit von der Access-Point-Position, lässt sich somit messtechnisch erfassen und grafisch darstellen. Die einzelnen Messergebnisse können per Mausklick in den Grundrissplan ein- oder ausgeblendet werden, sodass sich im Nachhinein ein Gesamtergebnis mehrerer Access Points darstellen lässt. Hierbei besteht sogar die Möglichkeit, nachträglich die verwendeten Kanäle zu verändern, sodass sich die Interferenzen abhängig von den Access-Point-Kanaleinstellungen simulieren lassen und auf dieser Basis ein optimaler Kanalplan erstellt werden kann. Bei der Simulation kann sogar die Interferenzbeeinflussung abhängig von der Netzwerkauslastung betrachtet

Grafische Darstellung der erzielbaren Datenrate mit AirMagnet

Planerische Funkausleuchtung

werden. So lassen sich sukzessive die Funkzellen verschiedener Access-Point-Positionen erarbeiten und deren Idealpositionen ermitteln.

WLAN-Planungs-Utilities   Des Weiteren bieten die Site Survey Utilities optionale Erweiterungen, mit denen sogar theoretische Planungen von WLANs möglich sind. Hierzu lassen sich beispielsweise charakteristische Dämpfungswerte von Wänden, Decken und sonstigen Hindernissen hinterlegen und ihre Positionen in die Grundrisspläne einfügen, damit sie bei der Reichweitenbetrachtung berücksichtigt werden können. Die Funkzellenausdehnungen von Access Points können somit ohne vorherige Funkausleuchtung betrachtet werden. Auch wenn diese Ansätze viel versprechend sind und sich einige Universitäten mit der Entwicklung geeigneter Rechenmodelle beschäftigen, kann eine theoretische Planung niemals eine praktische Funkausleuchtung ersetzen. Es wird immer ein Hauptkriterium sein, dass man Probleme hat, ein Hindernis realistisch in Bezug auf die elektromagnetische Dämpfung zu charakterisieren. Auch wenn man die Daten einer Wand, wie beispielsweise Wanddicke, Materialdichte und Stahlanteil, vorliegen hat, so lassen sich anhand dieser Informationen noch lange nicht die Dämpfungswerte der Wand festlegen. Kritischer verhält sich dies noch bei Hindernissen wie beispielsweise unterschiedlich beladenen Regalen. Meine Erfahrungen haben gezeigt, dass die Planungs-Utilities heute lediglich bei einfachen Umgebungsbedingungen eine ausreichende Planungssicherheit bieten können. Natürlich bleibt in diesem Zusammenhang offen, was die Zukunft an Verbesserungen mit sich bringen wird.

Eine praktische Funkausleuchtung auf der Basis professioneller Site Survey Utilities sollte auf jeden Fall für die WLAN-Planung und Abnahmemessung größerer WLAN-Projekte durchgeführt werden, denn nur sie ermöglichen eine solide Planung und abschließende Überprüfung des errichteten WLANs. Jedoch muss man berücksichtigen, dass ein Site Survey alleine auch keine 100%ige Aussagekraft bietet, sondern zusätzlich sollten mit den jeweils später verwendeten WLAN-Clients Verbindungstests durchgeführt und die Anzahl der auftretenden Paketfehler (CRC-Fehler) geprüft werden, da diese beispielsweise durch Interferenzen verursacht werden können. Zudem bieten die zusätzlichen Kontrollen ein endgültiges Ergebnis, bei denen auch alle Unterschiede der WLAN-Komponenten berücksichtigt werden, wie zum Beispiel die Empfängerempfindlichkeit.

7.4 Vorbereitung der Funkausleuchtung

Vor der eigentlichen Funkausleuchtung sollte man auf jeden Fall die Gebäudepläne studieren, die verschiedenen Hindernisse charakterisieren und sich einen Überblick über die vorhandenen Distanzen verschaffen. Ist eine Sichtverbindung zwischen dem Access Point und den möglichen Stellen für die WLAN-Stationen vorhanden und liegen die Distanzen innerhalb der bekannten Grenzen, so ist eine Verbindung gewährleistet. Liegt dagegen ein Hindernis zwischen dem Access Point und den WLAN-Stationen, so kommt es auf die Dämpfungseigenschaften an. Ist die Dämpfung gering, so kann eine zuverlässige Datenübertragung möglich sein, falls die Distanz nicht so groß ist. Bei höherer Dämpfung sollte man jedoch davon ausgehen, dass hinter dem Hindernis ein weiterer Access Point platziert werden muss, um eine Datenübertragung bei hoher Datenrate zu ermöglichen. Massive tragende Trennwände, Stahlbetondecken, Aufzugsschächte sind beispielsweise für elektromagnetischen Wellen Hindernisse mit großer Dämpfung, die sich schlecht durchdringen lassen und zu einer merklichen Reichweitereduzierung beitragen können. Können dämpfende Hindernisse im Vorfeld ausgemacht werden, so lassen sich diese bei der Auswahl der geeigneten Installationsorte für die Access Points berücksichtigen. Dies kann auch bei der Funkausleuchtung hilfreich sein, wenn es darum geht, die temporären Standorte der Access Points zu bestimmen. Werden für die Funkausleuchtung bereits geeignete Standorte für die Access Points gewählt, kommt man in der Regel bei der Funkausleuchtung schneller an ein brauchbares Ergebnis. Des Weiteren sollte vor der Funkausleuchtung festgelegt werden, welche Bereiche des Gebäudes über das WLAN versorgt werden sollen. Hierbei muss auch die Dichte der WLAN-Stationen berücksichtigt werden. Ist die Dichte der WLAN-Stationen besonders hoch, muss gegebenenfalls ein weiterer Access Point platziert werden, obwohl eine Versorgung durch einen anderen Access Point bereits gewährleistet ist. So kann wieder, für die einzelnen WLAN-Stationen, eine höhere Bandbreite zur Verfügung gestellt werden. Auf jeden Fall müssen alle Standorte des zu versorgenden Bereiches auch geprüft werden, um über die Funkausleuchtung eine zuverlässige Aussage zu erhalten. Es sollte im Vorfeld auch geklärt werden, ob zum Zeitpunkt der Funkausleuchtung auch alle Bereiche zugänglich sind. Hierbei sollte auch daran gedacht werden, dass in Gebäuden mit hoher Deckenhöhe, wie zum Beispiel Lager- oder Produktionshallen, eventuell hohe Leitern oder Hebebühnen benötigt werden, um die Access Points an den bevorzugten Stellen überhaupt platzieren zu können.

*Vorbereitung der
Funkausleuchtung*

7.4.1   Wichtige Voraussetzungen für die Funkausleuchtung

Bei der Funkausleuchtung müssen auf jeden Fall dieselben Betriebsbedingungen vorliegen wie beim endgültigen Betrieb des WLANs. Dies gilt besonders für die WLAN-Komponenten, dass heißt, es sollten bei der Ausleuchtung dieselben Komponenten und Antennen verwendet werden, wie sie später installiert werden. Werden unterschiedliche WLAN-Komponenten verwendet, besteht die Gefahr, dass diese mit verschiedenen Sendeleistungen oder Abstrahleigenschaften arbeiten, so dass die gewonnenen Messparameter nicht der Realität entsprechen. Außer Frage steht natürlich in diesem Zusammenhang, dass zwischen der 2,4-GHz- und 5-GHz-Lösung massive Unterschiede vorliegen, da die unterschiedlichen Trägerfrequenzen die Ausbreitungscharakteristik wesentlich beeinflussen. Eine Funkausleuchtung für ein 2,4-GHz-WLAN muss deshalb mit 2,4-GHz-Komponenten und ein 5-GHz-WLAN mit 5-GHz-Komponenten durchgeführt werden. Dasselbe gilt für 802.11b- und 802.11g-Komponenten, da die erzielbare Reichweite immer von der Datenrate abhängig ist. Ebenfalls ist es wichtig, dass bei der Funkausleuchtung dieselben Beeinflussungen vorliegen wie bei dem endgültigen WLAN-Betrieb. In einem Büro sind zum Beispiel außerhalb der Bürozeiten weniger Störquellen aktiv, als wenn alle Mitarbeiter arbeiten. Hier können beispielsweise Monitore oder Bluetooth-Geräte Störungen hervorrufen, die bei einer Funkausleuchtung, die außerhalb der Bürozeiten durchgeführt wird, unerkannt bleiben und später für böse Überraschungen sorgen. Sehr oft wird auch der Fehler gemacht, dass eine Funkausleuchtung in einem Rohbau durchgeführt wird. In diesem Fall werden eventuell Dämmmateriale für Wärme- und Schallschutz, Elektroinstallationen, Wasser- oder Gasrohre und Möbelstücke nicht berücksichtigt. Dies kann ebenfalls das Testergebnis verfälschen, was bei dem späteren Betrieb des WLANs zu unbefriedigenden Resultaten führen kann.

7.4.2   Störquellenermittlung

Des Weiteren bieten die meisten Utilities, die mit den WLAN-Adaptern bereitgestellt werden, eine zusätzliche Anzeigemöglichkeit von Störquellen. Hiermit kann man im Vorfeld die einzelnen Kanäle betrachten und prüfen, ob sich bereits Träger auf den einzelnen Kanälen befinden oder nicht. Diese Information kann bei der richtigen Kanalauswahl hilfreich sein. Man muss hierbei allerdings berücksichtigen, dass diese Utilities nur funktionieren, wenn keine WLANs in der unmittelbaren Umgebung installiert und in Betrieb sind, da diese Utilities keine Differenzierung zwischen einem Trägersignal eines WLANs und einem Störsignal durchführen können. Abbildung 7–10 zeigt ein Utility, mit dem die einzelnen Kanäle betrachtet werden können.

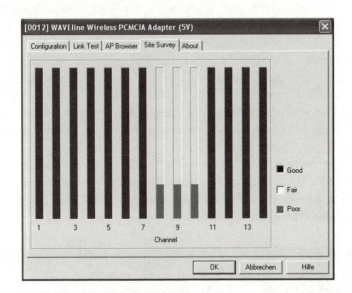

Abb. 7–10
Utility für die Anzeige von Störquellen

7.5 Spektrumanalyse

Spektrumanalyse

Die zuvor beschriebene Störquellenermittlung kann nur eine oberflächliche Aussage über eventuell vorhandene Störquellen liefern. Für eine detaillierte und zuverlässige Störquellenermittlung ist eine Spektrumanalyse unabdingbar. Eine Spektrumanalyse sollte auf jeden Fall durchgeführt werden, falls zu erwarten ist, dass sich im Versorgungsbereich des WLANs Störquellen oder Einrichtungen befinden, die dasselbe Frequenzband nutzen, jedoch mit anderen Übertragungsverfahren arbeiten. Diese Störquellen können mit WLAN-Adaptern nicht eindeutig ermittelt und dargestellt werden, da WLAN-Adapter ausschließlich Signale interpretieren können, die dasselbe Modulationsverfahren und die gleiche Kanalaufteilung verwenden. Ein Beispiel für nicht auffindbare Störquellen sind funkbasierende Videoüberwachungssysteme, die für die Bildübertragung ebenfalls das 2,4-GHz-ISM-Band verwenden.

Störquellen

Mit Hilfe der Spektrumanalyse können Störquellen ausfindig gemacht und lokalisiert werden. Hierzu bietet sich die Möglichkeit, herkömmliche Spektrumanalysatoren zu verwenden, die zum Teil jedoch sehr teuer und zudem schwer beziehungsweise klobig sind. Eine Alternative bieten neuerdings Lösungen, die auf speziellen WLAN-

Adaptern basieren und durch eine geeignete Software ergänzt werden. Diese Lösungen ergeben ein System, das im Bereich des 2,4-GHz-ISM-Frequenzbandes und 5-GHz-Bandes einem vollwertigen Spektrumanalyser entspricht. Der Vorteil liegt klar auf der Hand, denn mittels Software und spezieller WLAN-Karte lässt sich das Notebook in einen Spektrumanalyser verwandeln, sodass man bei der WLAN-Analyse kein separates und schlecht transportables Equipment einsetzen muss. Eine leistungsfähige Lösung bietet beispielsweise die Fa. Cognio, die im Paket einen speziellen WLAN-Adapter anbietet, der über ein patentiertes ISMS (Intelligent Spectrum Management System) ergänzt wird (siehe Abb. 7–11). So hat der Anwender ein System an der Hand, mit dem er WLAN-Spektrumanalysen durchführen und Interferenzquellen ausfindig machen kann. Hilfe hierbei bieten entsprechende tragbare

Abb. 7–11
WLAN-Spektrumanalyser
(Quelle: Cognio)

Richtfunkantennen, die als Sensor agieren und mit deren Hilfe man die Interferenzquelle über eine Richtungsanpeilung und die Beobachtung der Signalstärke problemlos lokalisieren kann.

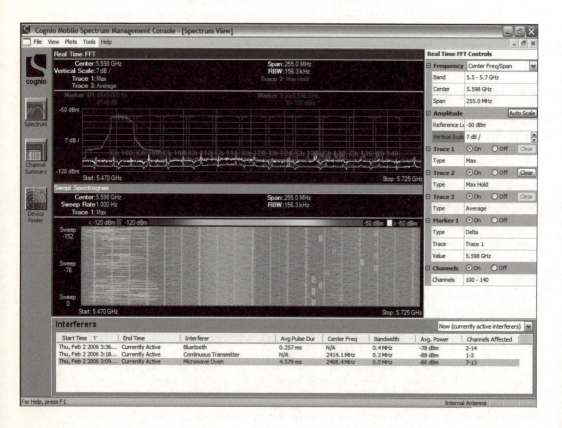

7.5.1 Richtige Platzierung von Access Points und Antennen

Wird ein Gebäude mit einer WLAN-Infrastruktur versehen, so ist die richtige Platzierung der Access Points entscheidend. Hinsichtlich der Reichweiten bietet die zuvor beschriebene Funkausleuchtung entscheidende Hinweise auf die benötigte Anzahl von Access Points. Die Access-Point-Platzierung sollte im Idealfall einen flächendeckenden Signal-Rausch-Abstand von 25 dB sicherstellen. Geht man von einem durchschnittlichen Rauschpegel von -92 dBm aus, so ergibt sich hieraus ein geforderter Signalpegel von -67 dBm. In den folgenden Abschnitten werden einige grundsätzliche Kriterien aufgeführt, die bei der Einrichtung eines WLANs zu berücksichtigen sind.

Richtige Access-Point- und Antennen-Platzierung

7.5.2 Stör- und Reflexionsquellen

Bei der Auswahl des Montageplatzes für Access Points gilt es, auf vorhandene Störquellen und Gegenstände mit hohen Dämpfungseigenschaften zu achten. Grundsätzlich sollte man Störquellen aus dem Weg gehen, da sie die Datenübertragung negativ beeinflussen können. Störquellen sind besonders in der Reichweite der Access Points als kritisch zu betrachten, da alle Frames über den Access Point ausgetauscht werden. Somit kann der gesamte Datenaustausch innerhalb der Funkzelle beeinflusst werden, falls sich eine Störquelle in unmittelbarer Nähe des Access Points befindet. Störquellen in Reichweite einer einzelnen WLAN-Station beeinflussen hingegen primär nur die betroffene WLAN-Station und nicht die gesamte Funkzelle. So ist beispielsweise ein Bluetooth-Gerät in unmittelbarer Nähe eines Access Points als kritischer zu betrachten als eines, das sich lediglich in der Nähe einer WLAN-Station befindet.

Stör- und Reflexionsquellen

Materialien mit hohen Dämpfungswerten können zu Reflexionen führen, wodurch Interferenzen entstehen können. Die unmittelbare Nähe von Aufzugschächten ist beispielsweise zu meiden, da hier immer mit einem großen Metallanteil zu rechnen ist. Zudem können die Elektromotoren oder die Schaltvorgänge in den Steuerungseinheiten des Aufzugs Störungen verursachen, die die Datenübertragung zeitweise beeinflussen können. Für die Montage der Access Points beziehungsweise deren Antennen gilt, dass sie nicht direkt an Stahlträgern, Stahlbetonsäulen oder Stahlbetonquerträgern montiert werden sollen. Das Metall oder der Metallanteil kann als Reflektor wirken, wodurch Reflexionen verursacht werden, die die Übertragungsqualität merklich beeinflussen können. Man sollte auf jeden Fall darauf achten, dass die Antennen eines Access Points frei stehen beziehungsweise hängen oder

Reflexionen

zum Metall mindestens einen Abstand aufweisen, der das Mehrfache der Wellenlänge beträgt. Des Weiteren sollte darauf geachtet werden, dass am Access Point keine Kabelrollen des Netzwerkkabels oder Stromkabels gebildet werden und diese in der direkten Nähe der Antennen platziert werden. In diesem Fall können über die Kabel Störungen auf die Antennen des Access Points eingestrahlt werden.

7.5.3 Polarisation

Polarisation

Falls der Access Point über interne Antennen verfügt, sollte ein besonderes Augenmerk auf die Montagerichtung beziehungsweise Ausrichtung der internen Antennen gerichtet werden. Die Ausrichtung sollte mit den Antennen der WLAN-Stationen möglichst übereinstimmen, da Unterschiede in der Polarisation zu einer drastischen Reduzierung der erzielbaren Reichweiten führen können. Ein einfacher Access Point mit internen Antennen besteht meistens nur aus einer Basisplatine, die im Gehäuse eingelegt ist. Auf der Basisplatine befindet sich ein PCMCIA- oder Cardbus-Slot, in den ein WLAN-Adapter eingeschoben ist. Berücksichtigt man die waagerechte Ausrichtung, die ein WLAN- Adapter üblicherweise in einem Notebook hat, so muss der Access Point liegend oder unter der Decke hängend betrieben werden. Nur in diesem Fall weisen die WLAN-Adapter des Access Points und der WLAN-Stationen dieselbe Ausrichtung auf. Wird hingegen ein Access Point mit interner Antenne senkrecht an die Wand montiert, so liegt bei der Polarisation eine Drehung von 90° vor. Natürlich ist in einem WLAN, in dem unterschiedliche WLAN-Stationen verwendet werden, die Auswahl der richtigen Polarisation oft schwierig, da in einem Notebook beispielsweise die WLAN-CardBus-Adapter waagerecht betrieben werden, während in einem PDA, der in der Regel senkrecht gehalten wird, die WLAN-Karte somit ebenfalls senkrecht betrieben wird. In einer heterogenen Umgebung sollte die Polarisation sich nach den am häufigsten vorkommenden WLAN-Stationen ausrichten. Verfügt der Access Point über zwei externe Antennen, sollte die eine vertikal und die andere horizontal ausgerichtet werden. So können Unterschiede in der Polarisation zwischen den WLAN-Stationen und dem Access Point kompensiert werden.

Zirkular polarisierende Antennen

Durch die Reflexionen, die durch Fußböden, Wände, Decken und Hindernisse verursacht werden, ändert sich auch zwangsläufig die Polarisation der auf den Empfänger eintreffenden elektromagnetischen Wellen. Die Wellen können dabei unterschiedlichste Einfallswinkel aufweisen. In Umgebungen mit einem hohen Anteil an Reflexionen bieten sehr oft auch zirkular polarisierende Antennen entscheidende Vorteile.

Gegenüber dem WLAN-Client, der entweder eine horizontale oder eine vertikale Polarisation aufweist, erhält man zwar erst einmal einen Verlust von etwa 3 dB. Jedoch ergibt sich der Vorteil, dass das empfangene Signal konstanter verläuft und nicht abhängig von der Wellenlänge wiederholt kleine Stellen aufweist, in denen die empfangene Signalstärke relativ gering ist. Dies macht sich besonders in Umgebungen mit vielen reflektierenden Hindernissen positiv bemerkbar. Typische Beispiele hierfür sind Lagerhallen mit Hochregalen, in denen Waren gelagert sind, die einen hohen Metallanteil aufweisen, wie Lagerhallen typischer Lebensmitteldiscounter, in denen beispielsweise Lebensmitteldosen oder vakuumverpackte Kaffeetüten gelagert sind.

7.5.4 Funkschatten

Generell liefern normale Büroumgebungen, Lagerhallen oder Produktionsstätten selten optimale Bedingungen für die Ausbreitung elektromagnetischer Wellen. Hindernisse mit hohen Dämpfungseigenschaften, die unmittelbar vor einem Access Point in Abstrahlrichtung platziert sind, können Funkschatten hervorrufen. Sonstige Hindernisse mit hoher Dämpfung, die sich in Reichweite der Access Points befinden, führen zu Reflexionen, wodurch fast schon ein Wellenchaos entsteht, womit der Empfänger einer WLAN-Komponente zu kämpfen hat. Funkschatten sind Bereiche, die durch einen Access Point nicht direkt versorgt werden können. Der Bereich des Funkschattens kann jedoch unter Umständen über reflektierte Signale versorgt werden. Die reflektierten Signale können allerdings beim Empfänger unterschiedlich verzögert oder mit schwacher Signalleistung ankommen. Liegt eine Versorgung über reflektierte Signale vor, kann diese unter Umständen nicht immer sichergestellt werden, falls die Reflexionen durch bewegliche Hindernisse hervorgerufen werden. Wird die Position dieser Hindernisse verändert, kann die Versorgung innerhalb des Funkschattenbereiches abbrechen. Zudem kann es zu Effekten kommen, die nicht reproduzierbar sind. Man sollte immer versuchen, an jeder Stelle eine direkte Sichtverbindung zwischen den WLAN-Clients und einem der Access Points zu schaffen. Der Einsatz von Antennen kann dazu beitragen, Funkschatten zu vermeiden. Soll beispielsweise ein Hochregallager über ein WLAN flächendeckend versorgt werden, so bietet sich der Einsatz von Richtfunkantennen an. Die Richtfunkantennen werden so angeordnet, dass sie in die Gänge zwischen den Regalen abstrahlen. Sind relativ lange Gänge vorhanden, wird gegebenenfalls auf beiden Seiten des Gangs ein Access Point mit Richtfunkantenne platziert (siehe Abb. 7–9).

Funkschatten

Abb. 7–12

*Ausleuchtung eines
Hochregallagers*

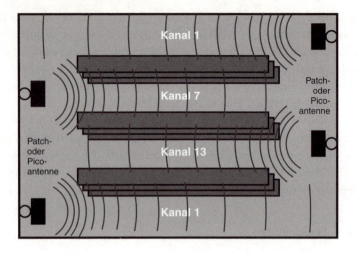

7.5.5   Leckkabel

Leckkabel   Eine Antennenalternative für Hochregallager oder längere Flurkorri-
dore bieten so genannte Leckkabel. Bei einem Leckkabel handelt es
sich um ein gewollt elektromagnetisch undichtes Koaxialkabel, das in
regelmäßigen Abständen Schlitze aufweist und somit eine Antennen-
funktion bietet. Leckkabel haben sich beispielsweise im Tunnelbau
etabliert, um eine lückenlose Versorgung mit Funksignalen sicherzustellen. Auch für den WLAN-Bereich gibt es entsprechende Leckkabel-
Lösungen, die in kritischen Umgebungen eine durchgehende WLAN-
Versorgung sicherstellen können. Diese Lösung ist allerdings aufwendig und mit hohen Installationskosten verbunden.

7.5.6   Kanalwahl

Kanalwahl   Funkzellen sollten etwa eine Überlappung von 10 % bis 20 % aufweisen, damit Funklöcher vermieden werden. Im 2,4-GHz-Frequenzband
ist natürlich die geringe Anzahl der zur Verfügung stehenden Kanäle
problematisch. Man muss hierbei beachten, dass die Funkzellen, die
auf demselben Kanal arbeiten, sich nicht überlappen dürfen, damit
gegenseitige Beeinflussungen ausgeschlossen werden können. Die
Beeinflussung durch diese Art von Interferenzen ist von der Netzwerkauslastung abhängig. Je höher die Auslastung ist, desto höher sind
auch die Interferenzen. Zwischen den Funkzellen, die auf demselben
Kanal arbeiten, sollte ein minimaler Abstand von etwa 20 dB vorhanden sein. Dies bedeutet in der Praxis, dass die Beacon-Frames von entfernten Funkzellen, die auf demselben Kanal arbeiten, am Rande der

betrachteten Funkzelle mit maximal -87 dBm empfangen werden sollten, wenn man von der zuvor dargestellten Signalversorgungsanforderung von -67 dBm ausgeht (siehe Abb. 7–13).

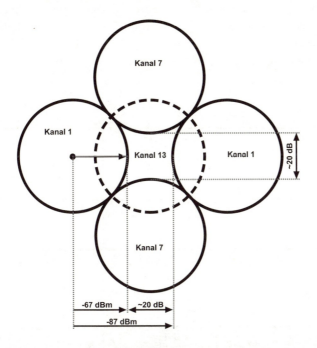

Abb. 7–13

Minimaler Abstand zwischen Funkzellen

> In einem WLAN, in dem VoIP eingesetzt wird, sollten ausschließlich beziehungsweise idealerweise nur Funkkanäle verwendet werden, die sich nicht überlappen, damit ein verzögerungsfreies und zuverlässiges Roaming gewährleistet werden kann. Des Weiteren schränken einige Hersteller von WLAN-VoIP-Produkten die Anzahl der nutzbaren Kanäle ein, indem die Produkte beispielsweise nur Kanal 1, 6 und 11 verwenden, um Roaming-Verzögerungen zu reduzieren. Beim Einsatz von WLAN-VoIP-Produkten sollte geprüft werden, ob eine Kanaleinschränkung vorhanden ist, und dies sollte bei Kanalplanung entsprechend berücksichtigt werden.

Für die Einhaltung des Mindestabstands zwischen den Funkzellen, die auf demselben Kanal arbeiten, kann gegebenenfalls der Einsatz externer Antennen hilfreich sein, die für eine gewisse Richtfunkcharakteristik sorgen, um die Überlappung von Funkzellen zu vermeiden. Hier kann zudem auch die Dämpfung der Hindernisse ausgenutzt werden, um die notwendige Entkopplung zu erzielen. Das beste Beispiel hierfür ist die Versorgung eines mehrstöckigen Gebäudes. Um ein dreistöckiges Gebäude auszuleuchten, bei dem pro Etage drei Funkzellen benötigt werden, muss man die Kanäle für die einzelnen Funkzellen so wählen, dass die Funkzellen mit denselben Kanälen so weit wie möglich auseinander liegen. Dies erreicht man auf den einzelnen Etagen durch eine versetzte Verwendung der verschiedenen Kanäle und die Ausnutzung der hohen Dämpfungseigenschaften der Gebäudedecken. Wie in Abbildung 7–14 zu sehen ist, werden im Erdgeschoss von links nach rechts die Kanäle 13, 1, 7, auf der 1. Etage die Kanäle 1, 7, 13 und auf der 2. Etage die Kanäle 7, 13, 1 verwendet.

Abb. 7–14

Beispiel für eine Kanalverteilung über mehrere Etagen

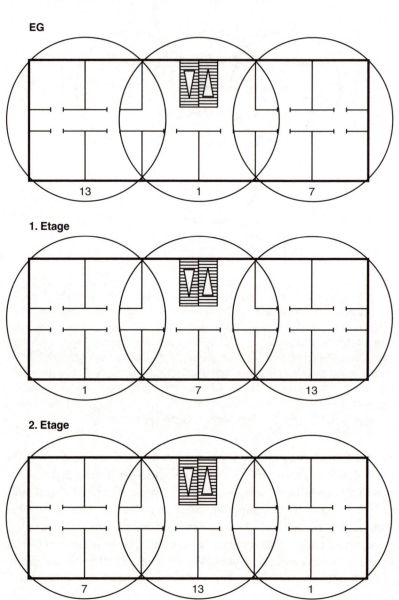

Betrachtet man die Kanalverteilung in Abbildung 7–14, so liegen die Funkzellen, die mit gleichen Kanälen arbeiten, so weit wie möglich auseinander. Zudem liegt zwischen denselben Kanälen die Gebäudedecke, bei der von einer hohen Dämpfung auszugehen ist. Man erzielt über die Kanalwahl, die Distanz und die Materialdämpfung eine zuverlässige Entkopplung der einzelnen Funkzellen. Unter dieser Voraussetzung kann man von einer störungsfreien und fehlerfreien Datenübertragung ausgehen.

Bei größeren 2,4-GHz-WLAN-Projekten stößt man bei der Kanalauswahl schneller an die Grenzen, da nur drei unabhängige Kanäle zur Verfügung stehen. Ein alternativer Ansatz bietet sich bei der Nutzung der Kanäle 1, 5, 9 und 13. Hier hat man nur noch eine Kanalbandbreite von 20 MHz zur Verfügung, wobei beispielsweise bei dem DSSS/CCK-Verfahren 22 MHz benötigt werden. Wenn man jedoch die Signalform eines DSSS/CCK-Signals betrachtet (siehe Abb. 3–4), so wird die maximale Bandbreite tatsächlich nur im unteren Bereich des Signals benötigt. Diese Tatsache kann man sich zu Nutze machen, wenn die Access Points, die auf demselben Kanal arbeiten, untereinander einen ausreichenden Abstand aufweisen, sodass eine Kanalüberlappung über die abgefallenen Signalpegel verhindert wird. In diesem Fall lassen sich vier interferenzfreie Kanäle nutzen, was die Kanalaufteilung eines 2,4-GHz-WLANs wesentlich vereinfachen kann.

> Bei der Einrichtung eines WLAN-Hotspots für internationale Nutzer sollten vorzugsweise die Kanäle 1, 6 und 11 verwendet werden und nicht die Kanäle 1, 7 und 13. Werden zum Beispiel WLAN-Produkte verwendet, die für den amerikanischen Markt eingestellt sind, so können diese Produkte eventuell nicht den Kanal 13 verwenden, da laut FCC nur Kanäle 1 bis 11 für die Nutzung freigegeben sind.

7.5.7 RF-Management

Im Bereich der Logistik hat man beispielsweise oft das Problem, dass die zu versorgende Umgebung einer großen Dynamik ausgesetzt ist, d.h. dass die Menge und die Art der eingelagerten Ware große Unterschiede aufweisen können. In diesen Fällen ist es oft sehr schwer, einen Kompromiss zwischen den Interferenzproblemen und den notwendigen Signalstärken zu finden. Es entstehen Probleme, da sich die Größen der Funkzellen mit dem Beladezustand verändern und somit nur schwer vorhersagen lassen. Entweder dimensioniert man die Access-Point-Dichte und damit verbunden die Signalstärke hoch, sodass bei einem hohen Beladezustand eine ausreichende Versorgung mit hoher

RF-Management

Signalstärke gewährleistet werden kann oder man plant zu wenig Access Points ein, sodass bei einem hohen Beladezustand die Signalstärke gegebenenfalls nicht ausreicht. Problematisch ist es, dass sich die Interferenzthematik genau umgekehrt verhält, d.h., eine große Anzahl von Access Points kann bei einem niedrigen Beladezustand zwischen den Access Points, die auf demselben Kanal arbeiten, zu massiven Interferenzen führen. Eine endgültige Lösung kann hier ein so genanntes RF-Management bieten, d.h. dass die Access Points und WLAN-Clients ihre Sendeleistung dynamisch anpassen. Einige Hersteller bieten derzeit bereits erste Lösungen für das RF-Management an. Man muss jedoch hierbei vorsichtig sein, wenn diese Lösungen in komplexen Umgebungen genutzt werden, in denen die Clients ihre Positionen sehr oft wechseln und zusätzlich die Umgebung ihre Charakteristik schnell und fortlaufend verändert, wie es zum Beispiel in einem Hochregallager sicherlich der Fall ist. Geht man von den bisherigen statischen WLAN-Infrastruktur-Lösungen aus, so bleibt nur die Entscheidung zwischen einer durch Signalstärke dominierenden oder einer interferenzfreien Lösung übrig. Bei der Entscheidungsfindung ist der Einsatzfall und die damit verbundene Anforderung an die Bandbreite beziehungsweise Netzwerkauslastung entscheidend. Plant man beispielsweise eine WLAN-Infrastruktur innerhalb eines Lagers, kann man in der Regel von einer geringen Bandbreitenanforderung ausgehen, da meistens nur Barcode-Informationen übertragen werden, die Daten also auf einer geringen Framelänge und damit verbundenen Netzwerkauslastung basieren. In diesem Fall sollte man auf jeden Fall den Schwerpunkt auf die höhere Signalstärke auslegen. Anders sieht es bei einer Umgebung aus, bei der über das WLAN VoIP übertragen werden soll. Hier ist es notwendig, eine möglichst interferenzfreie Infrastruktur bereitzustellen, da es auf geringe Latenzzeiten ankommt, die eine möglichst interferenzfreie Umgebung voraussetzen.

7.5.8   Automatische Kanalwahl

Automatische Kanalwahl

Viele Access Points bieten eine Option für eine automatische Kanalwahl. Diese Funktion basiert darauf, dass der Access Point nach dem Start erst alle Kanäle scannt und versucht, einen Kanal zu finden, auf dem keine Beacon-Frames oder sonstigen Frames empfangen werden. Er versucht auf diese Weise einen freien Kanal zu finden oder wenigstens bei der Kanalwahl die jeweils benachbarten Kanäle und deren Auswirkungen auf die Interferenzen zu berücksichtigen. In einer professionellen WLAN-Umgebung, in der mehrere Access Points installiert sind, sollte diese Option auf jeden Fall deaktiviert werden, da nach einem Reset oder Neustart sonst die Gefahr besteht, dass die Access Points jedes Mal einen neuen Kanal auswählen. Besonders kritisch ist dies nach einem Stromausfall, da dann die Funktion völlig versagen kann, da die Bootzeiten der einzelnen Access Points nicht voraussehbar sind und sehr unterschiedlich ausfallen können. Demnach kann die Erkenntnis über freie Kanäle sehr unzuverlässig sein. Anders sieht es bei WLAN-Switch-Lösungen aus, bei denen die zentrale Managementeinheit die Kontrolle über eine mögliche Kanalvergabe hat und diese geordnet, also sukzessive und kontrolliert, durchführen kann.

7.5.9 Bandbreite

Bei der Errichtung eines WLANs sollte man die Bandbreite berücksichtigen. Für die Gesamtbetrachtung ist es wichtig, dass sich die Bandbreite auf die Anzahl der WLAN-Stationen in etwa aufteilt. Deshalb sollten sich in jeder Funkzelle dauerhaft maximal 20 bis 30 aktive WLAN-Stationen aufhalten. Falls die neuen Datenraten bis 54 MBit/s nicht genug Bandbreite liefern, sollte gegebenenfalls durch die Platzierung zusätzlicher Access Points die Dichte der Funkzellen erhöht werden. In diesem Zusammenhang muss die Sendeleistung an den Access Points gegebenenfalls verringert werden oder mit Antennen gearbeitet werden, die einen kleineren Gewinn aufweisen. Auf diese Weise erhält man kleinere Funkzellen, und den einzelnen Stationen wird mehr Bandbreite zur Verfügung gestellt, wenn man von einer bestimmten Client-Dichte pro Fläche ausgeht. Eine höhere Dichte von Access Points ist natürlich auch mit höheren Kosten verbunden. Kritischer verhält es sich mit der verfügbaren Bandbreite sobald über das WLAN VoIP verwendet wird, um beispielsweise mobile WLAN-Telefone zu betreiben. Hierbei geht es allerdings nicht nur um die Bandbreite, sondern auch um die Latenzzeiten, die im Durchschnitt mit der Anzahl von Clients steigt. Cisco empfiehlt beispielsweise für VoIP-WLAN-Lösungen, maximal sieben Clients pro Funkzelle zu betreiben. Muss ein WLAN möglichst kostengünstig realisiert werden, so werden die Access Points eher in größeren Abständen installiert. Geringere Datenraten und, damit verbunden, geringere Bandbreiten sind dann allerdings in Kauf zu nehmen.

Bandbreite

7.6   Performance-Betrachtungen

Performance-
Betrachtungen

Plant man ein WLAN, so wird neben der flächendeckenden Versorgung oder Reichweite die erzielbare Performance als Leistungskriterium in Betracht gezogen. Heutige WLAN-Lösungen bieten in Abhängigkeit von der Distanz maximale Bruttodatenraten von 11 MBit/s (802.11b) oder 54 MBit/s (802.11g oder 802.11a). Bei der Performance-Betrachtung sind jedoch nicht die Bruttodatenraten, sondern die Nettodatenraten entscheidend, denn die erzielbare Nettodatenrate liefert ausschließlich eine Aussage über die Zeit, die für die Übertragung einer bestimmten Datenmenge benötigt wird. Vergleicht man ein WLAN mit einem herkömmlichen LAN, so stellt man fest, dass im WLAN-Bereich ein weitaus größerer Overhead vorhanden ist, der zu Lasten der erzielbaren Nettodatenrate geht. Ein 802.11b-Adapter kann eine maximale Nettodatenrate von etwa 5,8 MBit/s erzielen, falls die Daten mit dem TCP/IP-Protokoll übertragen werden. Dieser Wert setzt jedoch ideale Umgebungsbedingungen voraus. Schlecht implementierte Treiber, Interferenzen und nicht zuletzt benachbarte Stationen, die sich in derselben Funkzelle aufhalten, beeinflussen die maximal erzielbare Nettodatenrate einer betrachteten WLAN-Station. Die theoretisch maximal erzielbare Nettodatenrate lässt sich anhand einer Datenübertragung darstellen, die beispielsweise mit TCP realisiert wird. Hierbei wird der höchste Wert erzielt, wenn die Daten mit der größten Framelänge übertragen werden, da im diesen Fall das Verhältnis zwischen Nutzdaten und Protokoll-Overhead am größten ist. Für die Datenübertragung mit einer typischen Nutzdatenlänge von 1460 Bytes werden folgende Zeiten benötigt:

Übertragungsdauer
Nutzdaten

- 18 Byte lange Präambel, die mit einer Datenrate von 1 MBit/s übertragen wird: 144 µs
- 6 Byte langer PLCP-Header, der mit 1 MBit/s übertragen wird: 48 µs
- 34 Bytes MAC-Header und FCS, die mit 2 MBit/s übertragen werden: 136 µs
- 48 Bytes LLC-, SNAP- und TCP/IP-Header, der mit 11 MBit/s übertragen wird: 34,91 µs
- 1460 Bytes Nutzdaten, die im TCP-Segment mit 11 MBit/s übertragen werden: 1061,82 µs
- Inter Frame Space: 10 µs

In der Summe ergibt dies für die Übertragung des TCP-Segmentes eine benötigte Dauer von 1434,73 µs. Sobald der Empfänger das Datenframe fehlerfrei empfangen hat, wird dies auf der MAC-Ebene durch ein ACK-Frame bestätigt. Für die Übertragung des ACK-Frames wird folgende Zeit benötigt:

- 18 Byte Präambel: 144 µs
- 6 Byte PLCP-Header: 48 µs
- 14 Bytes ACK-Frame, die mit 2 MBit/s übertragen werden: 56 µs
- Interframe Space: 10 µs

Übertragungsdauer ACK-Frame

Für das ACK-Frame ergibt sich eine benötigte Dauer von 258 µs. Auf der TCP-Ebene sendet der Empfänger ebenfalls eine Bestätigung aus. Für diese Bestätigung wird folgende Dauer benötigt:

- Präambel, PLCP-Header, MAC-Header und FCS, wie zuvor dargestellt: 328 µs
- 48 Bytes für den LLC-, SNAP- und TCP/IP-Header inklusive dem TCP-ACK: 34,91 µs
- Interframe Space: 10 µs

Übertragungsdauer TCP-ACK

Dies ergibt zusammen für die Übertragung des TCP/IP-ACK eine Dauer von 372,91 µs. Zudem wird auf dem MAC-Layer das TCP/IP-ACK nochmals bestätigt, wofür ebenfalls die ACK-Dauer von 258 µs benötigt werden. Somit ergibt sich für die Übertragung eines TCP/IP-Frames eine benötigte Gesamtdauer von 2323,64 µs. Während dieser Dauer werden insgesamt 1536 Bytes TCP/IP-Daten und 1460 Bytes Nutzdaten übertragen. Daraus ergibt sich für TCP/IP ein Datendurchsatz von 5,36 MBit/s (1536 Bytes × 8 Bits/Byte: 2323,64 µs) und ein Nettodatendurchsatz von 5,02 MBit/s (1460 Bytes × 8 Bits/Byte: 2323,64 µs). Arbeitet man jetzt anstelle der langen Präambel mit der Short-Preamble, so werden für die Übertragung der Präambel und des PLCP-Headers nicht 192 µs (144 µs + 48 µs), sondern jeweils nur 96 µs benötigt. Daraus ergibt sich bei den 4 übertragenen Frames eine Einsparung von 384 µs. Durch die Einsparung reduziert sich die benötigte Dauer auf 1939,64 µs. Der TCP/IP-Datendurchsatz erhöht sich somit auf 6,35 MBit/s und der Nettodatendurchsatz auf 6,02 MBit/s, was in etwa eine Steigerung von 19 % ausmacht. Die dargestellten Werte sind natürlich rein theoretisch, da in der dargestellten Betrachtung ein zusätzlicher Overhead, der beispielsweise durch die Beacon-Frames verursacht wird, und die Verzögerungen durch die Backoff-Wartezeiten, die beim Medienzugriff von den Stationen berücksichtigt werden, nicht einkalkuliert sind. Berücksichtigt man die Tatsache, dass heute die meisten 802.11b-Komponenten die Short-Preamble unterstützen, so bestätigt sich bei der Datenrate von 11 MBit/s in der Praxis die Nettodatenrate von etwa 5,8 MBit/s. Dieser Wert lässt sich mit gängigen Performance-Messprogrammen, wie beispielsweise NetIO,

Gesamtübertragungs-dauer

unter Idealbedingungen ermitteln. Tabelle 7–7 zeigt typische Werte für die erzielbare Nettodatenrate bei der Datenrate von 1 bis 54 MBit/s.

Tab. 7–7
Theoretisch erzielbare
Nettodatenraten

Standard	Datenrate	Übertragungs-verfahren	Nettodatenrate
802.11	1 MBit/s	DSSS	0,82 MBit/s
802.11	2 MBit/s	DSSS	1,59 MBit/s
802.11b	5,5 MBit/s	CCK	3,44 MBit/s
802.11b	11 Mbit/s	CCK	5,8 MBit/s
802.11b/g	54 Mbit/s	DSSS/OFDM	14,4 MBit/s
802.11g	54 Mbit/s	OFDM	24,4 MBit/s
802.11a	54 Mbit/s	OFDM	24,4 MBit/s

Aus der Tabelle 7–7 wird ersichtlich, dass die erzielbare Nettodaten-rate drastisch sinken kann, falls ein WLAN-Adapter wegen schlechter Sende-/Empfangsqualität die Datenrate reduzieren muss, um noch eine fehlerfreie Datenübertragung gewährleisten zu können.

Performance-Einbuße
Protection-Mechanismus

Des Weiteren ist der Einbruch der erzielbaren Datenrate von 802.11b/g auf 14,4 MBit/s interessant, obwohl die Daten mit einer Datenrate von 54 MBit/s übertragen werden. Dieser Einbruch lässt sich auf den zusätzlichen Oberhead des Protection-Mechanismus zurückführen. Über den Protection-Mechanismus wird, wie in Abschnitt 4.6.6 dargestellt, die Abwärtskompatibilität zwischen neuen 802.11b/g-Stationen und den älteren Stationen nach 802.11 und 802.11b sicher-gestellt. Der Protection-Mechanismus wird auf den WLAN-Kompo-nenten durch den so genannten Mixed Mode aktiviert. Ist der Mixed Mode auf den Access Points aktiviert, werden die Beacon-Frames nach dem alten Übertragungsverfahren via DSSS/CCK mit einer Datenrate von 1 bis 11 MBit/s übertragen. Auf diese Weise sinkt die erzielbare Nettodatenrate auf etwa 18,8 MBit/s. Sobald eine 802.11- oder 802.11b-konforme WLAN-Station innerhalb der Funkzelle aufgenom-men wurde, wird die eigentliche Datenübertragung zudem generell über das RTS/CTS-Verfahren eingeleitet. Die RTS-/ CTS-Frames wer-den hierbei ebenfalls nach dem alten Übertragungsverfahren via DSSS/CCK mit einer Datenrate von 1 bis 11 MBit/s übertragen. Wel-che Datenrate hierbei verwendet wird, ist von den WLAN-Stationen abhängig, die sich in der Funkzelle aufhalten. Die eigentliche Datenü-bertragung findet dann zwischen 802.11b/g-Stationen in Abhängigkeit von der Distanz mit der Datenrate von 6 bis 54 MBit/s nach dem OFDM-Verfahren statt, oder wenn an der Datenübertragung eine ältere WLAN-Station beteiligt ist, mit 1 bis 11 MBit/s nach dem

DSSS/CCK-Verfahren. Wird mit der Datenrate von 54 MBit/s gearbeitet, sinkt die Nettodatenrate wegen der mit geringerer Datenrate ausgesendeten Beacon-, und RTS-/CTS-Frames auf etwa 14,4 MBit/s. Diese drastische Reduzierung von 24,4 MBit/s auf 14,4 MBit/s muss man im 2,4-GHz-Bereich für die Abwärtskompatibilität in Kauf nehmen. Kann man bei einem neu zu installierenden 802.11g-WLAN davon ausgehen, dass sich ältere WLAN-Stationen nicht in Reichweite des WLANs aufhalten, so sollte man den Mixed Mode nicht aktivieren. So verhindert man die dargestellten Performance-Einbußen, die durch den Mixed Mode hervorgerufen werden.

Werden Daten auf der vierten Protokollebene nicht mit TCP, sondern mit UDP übertragen, wird auf dieser vierten Ebene des OSI-Schichtenmodells kein ACK-Verfahren verwendet. Die Daten werden ausschließlich auf der MAC-Ebene bestätigt. Hierdurch steigt natürlich die Nettodatenrate ebenfalls an, in dem zuvor dargestellten theoretischen Beispiel auf zirka 6,9 MBit/s. Es ist natürlich nur schwer kalkulierbar, welche Nutzdaten mit TCP oder UDP übertragen werden. In der Praxis lassen sich deshalb durchschnittliche Nettodatenraten nur durch Messungen über einen längeren Zeitraum ermitteln.

TCP versus UDP

Bei der Performance-Betrachtung ist ebenfalls zu berücksichtigen, dass je nach Konfiguration der WLAN-Komponenten ein zusätzlicher Overhead vorhergerufen werden kann, der zu Lasten der erzielbaren Nettodatenrate geht. Geht man bei der betrachteten TCP/IP-Datenübertragung davon aus, dass die 11-MBit-Datenübertragung über das RTS/CTS-Verfahren eingeleitet wird, werden zusätzlich zwei Frames übertragen. Hierbei handelt es sich um das RTS- und das CTS-Frame, wobei diese beiden Frames auf der MAC-Ebene nicht über ein ACK-Frame bestätigt werden. Hierdurch erhöht sich die benötigte Übertragungszeit folgendermaßen:

RTS/CTS-Performance-Einbuße

- 18 Byte Präambel: 144 µs
- 6 Byte PLCP-Header: 48 µs
- 20 Bytes RTS-Frame, die mit einer Datenrate von 11 MBit/s übertragen werden: 14,55 µs
- Interframe Space: 10 µs
- 18 Byte Präambel: 144 µs
- 6 Byte PLCP-Header: 48 µs
- 14 Bytes CTS-Frame, die mit einer Datenrate von 11 MBit/s übertragen werden: 10,18 µs
- Interframe Space: 10 µs

Übertragungsdauer RTS-/ CTS-Frame

In der Summe ergibt sich für die Kombination der RTS-/CTS-Frames eine zusätzliche Übertragungsdauer von 428,73 µs, wenn man die Datenrate von 11 MBit/s voraussetzen kann. Die zusätzliche Übertragungsdauer kommt zweimal zum Tragen, da die Übertragung des TCP-Segments und das dazugehörige TCP-ACK jeweils getrennt über das RTS/CTS-Verfahren eingeleitet werden. Addiert man diese zusätzliche Übertragungsdauer von 857,46 µs auf die benötigte Übertragungsdauer von 2323,64 µs, so ergeben sich 3181,1 µs. Die TCP/IP-Datenrate reduziert sich somit auf 3,86 MBit/s und die Nettodatenrate auf 3,67 MBit/s. Dies führt zu einer Reduzierung auf 72 % bei der TCP/IP-Datenrate und 73 % bei der erzielbaren Nettodatenrate. Somit kann man festhalten, dass beispielsweise die Aktivierung des RTS/CTS-Verfahrens zu einer Performance-Einbuße von etwa 30 % führen kann. Man sollte deshalb das RTS/CTS-Verfahren in einer 802.11b-Umgebung nur aktivieren, wenn das Hidden-Station-Problem vorliegt oder zu erwarten ist.

7.6.1 Fallstricke – TCP/IP im Wireless LAN

Problem Flusskontrolle IP ist ein verbindungsloses paketorientiertes Protokoll der dritten Schicht des OSI-Referenzmodells. Auf der vierten Schicht wird normalerweise Transmission Transport Protocol (TCP) oder User Datagram Protocol (UDP) betrieben. UDP ist ein verbindungsloses Protokoll und besitzt keine Mechanismen zur Fehlererkennung und -korrektur sowie zur Flusskontrolle. Dagegen ist TCP ein verbindungsorientiertes und verlässliches Protokoll, mit Fehlererkennung, -korrektur und Flusskontrolle. Im Gegensatz zu UDP können die aufgesetzten Applikationen bei der Verwendung von TCP immer sicher sein, dass die Daten vollständig und ohne Fehler übertragen werden. Der Preis dafür ist eine langsamere Übertragung auf einer schlechten oder fehlerbehafteten Verbindungsstrecke.

Sliding Window Durch ausgefeilte Fenstertechnik (Sliding Window) behebt TCP diesen Nachteil. Da für jedes abgeschickte Segment eine Quittung (Acknowledgement) erwartet wird, wäre es unnötige Verschwendung von Bandbreite, immer nur ein Segment zu senden und dann auf das ACK zu warten. TCP hingegen nutzt ein Sendefenster, das es ihm erlaubt, mehrere Segmente auf den Weg zu schicken und die Acknowledgements hintereinander abzuwarten. Ist ein Acknowledgement empfangen, schiebt TCP das Fenster weiter. Für jedes abgesandte Segment startet TCP einen separaten Timer, der das eventuelle Ausbleiben des Acknowledgement anzeigt und dann ein Retransmission für verlorene Segmente einleitet.

Mit Hilfe von Congestion Avoidance (Verstopfungsvermeidung), Multiplicative Decrease und Slow Start passt TCP sich den Gegebenheiten an und sorgt dafür, dass das Netzwerk nicht überlastet wird. Multiplicative Decrease senkt den erzeugten Verkehr, Congestion Avoidance sorgt für ein vorsichtiges Erhöhen des erzeugten Verkehrs und Slow Start startet bei einer neuen Verbindung oder nach erkannter Verstopfung der Leitung nur langsam den erzeugten Verkehr. Für jedes erfolgreich quittierte Segment erweitert TCP das Congestion Window um ein weiteres Segment. Das Congestion Window kann man sich als Überlagerung des Sendefensters vorstellen, das dadurch weiter eingeschränkt wird. So ist bereits nach vier Round-Trip-Times das Congestion Window für 16 Segmente offen. Dem gebietet dann die Congestion Avoidance Einhalt, denn ansonsten gäbe es gleich wieder eine Verstopfung, und das Spiel ginge von vorne los.

Congestion Avoidance

Heutige LANs haben in Abhängigkeit vom Übertragungsmedium eine extrem geringe Bitfehlerrate (10^{-6}). Die TCP-Mechanismen zur Fehlererkennung und -korrektur sowie zur Flusskontrolle sind eigentlich für kabelgebundene Netzwerke mit geringer Fehlerrate ausgelegt. Ein drahtloses LAN hat nicht die geringe Fehlerrate und geringe Verzögerung (Delay) wie ein kabelgebundenes Netzwerk. Auch wenn die Bitfehlerrate inzwischen ebenfalls Werte von 10^{-5} bis 10^{-3} erreicht, sind die WLANs nicht mit dem kabelgebundenen Netz zu vergleichen. Das heißt jedoch nicht, dass TCP mit Fehlern nicht klarkommt, ganz im Gegenteil: die Mechanismen zur Fehlerkorrektur und -erkennung sind sehr mächtig. Die Mechanismen zur Fehlererkennung und -korrektur in den unteren Schichten des OSI-Modells im WLAN (siehe Abschnitt 4.2.3) tragen außerdem zu einer Erhöhung des Delay bei. Diese wird in Extremfällen von TCP als Congestion (Verstopfung im Netzwerk und damit in Routern) interpretiert. Während die ausgefeilten Mechanismen der WLANs für eine fehlerfreie Übertragung der Daten in den unteren Schichten sorgen, geht die Transportschicht unter Umständen davon aus, dass Daten nicht vollständig vorliegen. Timer laufen ab, und Retransmissions werden auf der vierten Schicht ebenfalls eingeleitet.

Delay

Diese Timer passt TCP durch Messung der Round-Trip-Time (RTT) dynamisch an. RTT beschreibt dabei die Zeit, die ein Segment zur Übertragung benötigt, zuzüglich der Zeit für das darauf folgende Acknowledgement des Empfängers. Diese Zeit wird nur genommen, wenn das Paket direkt, also ohne Retransmission, bestätigt wurde (Karns Algorithmus). Nach einem festgelegten Zeitraum fehlerfreier Übertragung haben sich die Retransmission Timer von TCP auf entsprechend niedrige Werte eingestellt.

Round-Trip-Time

Gibt es nun eine kurze Störungsphase beziehungsweise schlechte Übertragungsbedingungen, sorgen die WLAN-Mechanismen der unteren Schichten für eine fehlerfreie Übertragung durch MAC-Retransmissions. Sie erhöhen damit die Verzögerung respektive die Round-Trip-Time von TCP. Es reagiert dann entsprechend mit ablaufenden Timern und Retransmissions, die allerdings überflüssig sind, denn die WLAN-MAC-Layer sorgt ja eigentlich bereits für eine korrekte Datenübertragung. TCP meint nun, eine Congestion erkannt zu haben, denn es interpretiert Verluste oder abgelaufene Timer grundsätzlich auf diese Art. Die Timer werden also neu und länger eingestellt, das Congestion Window wird reduziert, Slow Start und Congestion Avoidance werden eingeleitet, der Durchsatz fällt dramatisch. Bleiben gleich mehrere Acknowledgements aus beziehungsweise laufen mehrere Timer ab, ist das Congestion Window schnell bis auf ein Segment geschlossen.

Da TCP jeden Fehler beziehungsweise jedes ausbleibende Acknowledgement als Congestion interpretiert, kann TCP auf die Situationen in einem WLAN nicht korrekt reagieren. Betrachtet man den Durchsatz auf der dritten und vierten Schicht gleichzeitig, so stellt man fest, dass der Durchsatz auf der dritten Schicht nicht so dramatisch wie bei TCP einbricht, wenn schlechtere Bedingungen im WLAN herrschen. Demzufolge hätte also TCP gar nicht reagieren müssen – macht dies aber aufgrund seiner Architektur trotzdem. Somit ist TCP in seiner momentanen Implementation nicht gerade die optimale Lösung für Wireless LANs. Messungen an der Technischen Universität Berlin belegen dieses Verhalten von TCP. An guten Positionen der Access Points folgt der Durchsatz von TCP dem von IP, natürlich abzüglich des Overheads durch die Header. An schlechten Positionen ist der Durchsatz von IP niedriger – allerdings bricht der Durchsatz auf der TCP-Ebene ein, obwohl bessere Werte erreichbar wären, wie der Durchsatz von IP zeigt. Derzeit wird über diverse Lösungen nachgedacht, um dieses Dilemma zu beheben.

7.6.2   Reichweitenbedingte Performance-Reduzierung

Reichweitenbedingte Performance-Reduzierung

Sollten sich WLAN-Stationen am Rande einer Funkzelle befinden, so kann eine fehlerfreie Datenübertragung mit hoher Datenrate nicht mehr sichergestellt werden, was die Nettodatenrate merklich beeinflussen kann. Können die Daten nicht erfolgreich übertragen werden, was der Sender anhand des fehlenden ACK-Frames erkennt, wird das Frame mit derselben Datenrate ein zweites Mal übertragen. Schlägt dieser Versuch wieder fehl, so wird eine erneute Übertragung mit geringerer Datenrate durchgeführt. Dies wird so lange wiederholt, bis die niedrigste Datenrate von 1 MBit/s (802.11b) oder 6 MBit/s (802.11g und 802.11a) erreicht wird und ein zweifacher Übertragungsversuch ebenfalls fehlschlägt. Wird hingegen eine Frameübertragung mehrmals erfolgreich durchgeführt, wird die Datenrate so lange schrittweise gesteigert, bis die maximale Datenrate wieder erzielt wird.

> Man sollte bei den WLAN-Komponenten die Übertragungsrate niemals fest einstellen und die automatische Einstellung verwenden, damit die Komponenten selbst ein Optimum zwischen erzielbarer Distanz und Datenrate finden können. Bei einer WLAN-Station, bei der die Datenrate auf das Maximum fest eingestellt ist, besteht die Gefahr, dass die Verbindung vollständig abreißt, wenn sich die Station am Rande einer Funkzelle befindet.

7.6.3 Störungsbedingte Performance-Reduzierung

Auch Störungen können dazu beitragen, dass Daten erneut übertragen werden müssen und demnach die Nettodatenrate negativ beeinflusst wird. Ein typisches Beispiel sind Mikrowellengeräte, die im selben Frequenzband wie das WLAN arbeiten. Ein Mikrowellengerät ist generell abgeschirmt, arbeitet jedoch mit relativ hoher Leistung, wobei nicht ausgeschlossen werden kann, dass ein Teil der Leistung durch Öffnungen abgestrahlt wird. Deshalb ist in der näheren Umgebung eines Mikrowellengerätes mit einer Beeinträchtigung des WLAN-Betriebs zu rechnen. Mikrowellen arbeiten mit Impulsen, die in einem 50 Hz-Versorgungsspannungsnetz eine Impulsdauer von 10 ms sowie eine Ruhephase von 10 ms haben. Überlagern sich die Impulse mit den übertragenen Daten, so werden diese gestört. Einige 802.11b-WLAN-Produkte verfügen über eine so genannte Microwave-Oven-Robustness-Funktion, die bei Bedarf aktiviert werden kann. Betrachtet man die Dauer, die für die Übertragung eines 1508 Byte langen Datenteils benötigt wird, so liegt diese bei 12,392 ms (bei 1 MBit/s), 6,360 ms (2 MBit/s), 2,521 ms (5,5 MBit/s) und 1,424 ms (bei 11 MBit/s). Vergleicht man die Werte mit der Ruhephase von 10 ms, in der die Daten problemlos übertragen werden können, so ist bei einer höheren Datenrate die Wahrscheinlichkeit geringer, dass die Daten gestört werden. Eine Datenübertragung mit 1 MBit/s wird dagegen auf jeden Fall gestört, da die Übertragungsdauer von 12,392 ms länger ist als die Ruhephase des Mikrowellengerätes von 10 ms. Die Oven-Robustness-Funktion sorgt dafür, dass die Stationen nicht in die Datenrate von 1 MBit/s zurückfallen und dass die Datenrate generell nicht so schnell verringert wird, falls von den WLAN-Komponenten Fehler in der

Störeinflüsse durch Mikrowellengeräte

Datenübertragung festgestellt werden. Das verhindert, dass in problematischen Situationen die Datenrate heruntergeregelt wird, wodurch die benötigte Dauer für die Übertragung eines Frames ansteigt und die Wahrscheinlichkeit einer Störung zwangsläufig höher wird.

7.6.4 Zukünftige Performance-Steigerung

Block-Acknowledgement-Mechanismus

Eine Performance-Steigerung verspricht, neben den höheren Datenraten von bis zu 54 MBit/s, zukünftig der in Abschnitt 4.9 beschriebene Block-Acknowledgement-Mechanismus, der durch die 802.11e-Erweiterung eingeführt wird. Auf der MAC-Ebene wird dann nicht mehr jedes Frame durch ein ACK bestätigt, sondern mehrere Frames gemeinsam. Dies soll die Nutzung des Übertragungsmediums optimieren und die Performance im Schnitt um etwa 30 bis 100 % steigern, wobei sich dies natürlich nur bei der Übertragung größerer Datenblöcke wesentlich bemerkbar macht. Einen ersten Vorgeschmack darauf liefert der Prism-GT-Chipsatz, der unter dem Produktnamen Nitro den in der 802.11e-Erweiterung vorgesehenen Block-Acknowledgement-Mechanismus bereits in etwa implementiert hat. Nach Angaben des Herstellers soll sich durch Nitro in einer reinen 802.11g-Umgebung der erzielbare Datendurchsatz um 50 % steigern.

Turbo-Modus

Neben der Nitro-Lösung gibt es noch Hersteller, die für ihre WLAN-Komponenten mit einer erzielbaren Datenrate von 100 MBit/s werben. Beispielsweise spricht der Hersteller U.S.Robotics vom so genannten Turbo-Modus. Die 100 MBit/s werden durch zwei Maßnahmen erzielt. Zum einem verwendet man das PBCC-Übertragungsverfahren, welches in der 802.11g-Erweiterung als Option vorgesehen ist. Zum anderem wird innerhalb der MAC-Frames die verwendete Nutzdatenlänge vergrößert. Werden im Durchschnitt innerhalb eines Frames maximal 1500 Bytes übertragen, so wird diese Datenlänge auf 4000 Bytes verlängert. Die Verlängerung wird allerdings nur bei Frames angewendet, die mit einer Datenrate von mehr als 11 MBit/s übertragen werden, da sonst wegen der längeren Übertragungsdauer die Gefahr einer Beeinflussung zu groß ist. Durch die Nutzung von PBCC und der Datenlänge von 4000 Bytes ergibt sich in etwa eine Bruttodatenrate von 100 MBit/s. Netto soll dadurch ebenfalls eine Verdopplung der Datenrate erzielt werden.

7.6.5   Performance-Betrachtungen bei Richtfunkstrecken

Betrachtet man eine Richtfunkstrecke, die über zwei Access Points auf- *Richtfunkstrecken*
gebaut wird, so kann sich hier ein konzeptionelles Performance-Pro-
blem ergeben. Die WLAN-Richtfunkstrecke ist keine Richtfunkstrecke
im herkömmlichen Sinne der Nachrichtentechnik, da die Daten nicht
in einer Richtung, sondern in zwei Richtungen übertragen werden.
Hierzu steht als Übertragungsstrecke ein Shared-Medium zur Verfügung, wobei die beiden Access Points um den Medienzugriff konkur-
rieren. Deshalb können die Daten über die Richtfunkstrecke nur im
Halbduplex-Modus übertragen werden, also während einer Zeiteinheit nur in die eine oder andere Richtung. Zudem kann beim Medienzugriff einer der beiden Access Points benachteiligt sein, so dass für
dessen Daten große Verzögerungszeiten entstehen können. Dies wäre
der Fall, wenn der gegenüberliegende Access Point öfter beim konkur-
rierenden Medienzugriffsversuch gewinnt und somit häufiger den
Medienzugriff erhält. Befindet sich an den beiden Enden der WLAN-
Richtfunkstrecke jeweils nur eine Station, so wird dieses konzeptio-
nelle Problem durch deren Request-Reply-Verhalten nicht auffallen. In
der Praxis befinden sich jedoch an den beiden Enden der WLAN-
Richtfunkstrecke ganze (W)LANs mit mehreren Stationen. Deshalb
kann man nicht von einem geordneten Übertragungsverhalten ausgehen, bei dem erst ein Frame in die eine Richtung und anschließend eins
in die andere Richtung übertragen wird.

Als besonders problematisch kann sich hierbei die Verzögerung *Channel-Bonding-*
erweisen, die möglicherweise für die Daten eines Access Points auftre- *Verfahren*
ten kann. Dies kann enorme Qualitätsprobleme hervorrufen, wenn
man zum Beispiel via Voice-over-IP eine TK-Anlage über eine 802.11b-
Richtfunkstrecke koppelt. Durch die auftretenden Verzögerungen
können in der Sprache Echoeffekte hervorgerufen werden, obwohl die
vorhandene Bandbreite von 11 MBit/s für die Sprachübertragung ausreichen würde. Um dieser Problematik aus dem Weg zu gehen, sollte
man zwei getrennte WLAN-Richtfunkstrecken aufbauen und über
diese jeweils die Daten nur in eine Richtung übertragen. Dadurch verhindert man das Auftreten von Kollisionen und unnötige Verzögerungen. Diese Lösung entspricht dann in etwa einer Vollduplex-Übertra-
gungsstrecke, wie man sie aus dem geswitchten Ethernet-Bereich
kennt. Es gibt Hersteller, die Access Points mit zwei WLAN-Interfaces
anbieten, die gebündelt werden können, wobei ein Interface zum
Datenempfang und das andere zum Datensenden reserviert werden
kann. Hierbei spricht man vom so genannten Channel-Bonding-Ver-
fahren. Des Weiteren kann es vorteilhaft sein, wenn man vor die

Access Points jeweils einen Router setzt, die Quality-of-Service berücksichtigen. Dies führt dazu, dass Broadcast-Frames nicht über die Richtfunkstrecke übertragen werden und somit mehr Bandbreitenreserven für die eigentlichen Daten verbleiben. Werden zudem die Sprachdaten gegenüber zeitunkritischen Frames priorisiert, so kann den Sprachdaten ein Vorrang eingeräumt werden, wodurch kritische Verzögerungen verhindert werden können.

7.7   WLAN-Parameter

WLAN-Parameter
Einige Hersteller von WLAN-Komponenten bieten Konfigurationsmenüs, in denen erweiterte Parameter für das Funk-Interface eingestellt werden können. Des Weiteren können bei einigen Access Points über einen Telnet-Zugang mit versteckten Befehlen erweiterte Parameter verändert werden. Einige WLAN-Adapter bieten erweiterte Einstellmöglichkeiten in der Registry oder durch das Editieren von INI-Dateien. Die erweiterten Parameter bieten – vorausgesetzt, dass entsprechende Fachkenntnisse vorhanden sind – die Möglichkeiten, ein WLAN zu optimieren und auf die jeweils vorhandenen Umgebungsbedingungen anzupassen. In den folgenden Abschnitten sind einige Parameter und deren Auswirkungen aufgeführt, die zu einer Optimierung eines WLANs beitragen können.

7.7.1   Erweiterte Datenrateneinstellung

Datenraten
Es gibt Access Points, bei denen die zu verwendenden Datenraten separat eingestellt werden können. Hierbei kann man zwischen Aktiv (Enable), Basic (Require) oder Deaktiv (Disable) wählen. Zu verwendende Datenraten sind auf Aktiv zu stellen, wobei jedoch mindestens eine Datenrate auf Basic gestellt werden muss. Über Basic werden die Basic-Service-Set-Datenraten festgelegt, mit denen Beacon-, Management-, Broadcast- und Multicast-Frames übertragen werden. Hierbei gilt, dass die Beacon- und Management-Frames immer mit der geringsten konfigurierten Basic-Service-Set-Datenrate übertragen werden und die Broadcast- und Multicast-Frames mit der höchsten Basic-Service-Set-Datenrate. Jede Station, die in die Funkzelle aufgenommen werden möchte, muss die Datenraten unterstützen, die mit Basic deklariert worden sind. In der Regel sind das die Datenraten 1 und 2 MBit/s (802.11b) oder 6 und 9 MBit/s (802.11g und 802.11a). Die Idee, die sich dahinter verbirgt, ist die, dass bei der Verwendung einer geringen Datenrate sichergestellt ist, dass auch die Clients am Rande einer Funkzelle die Beacon-, Management-, Broadcast- und Multicast-Fra-

mes empfangen können. Bei der Festlegung der Basic-Service-Set-Datenraten sind die WLAN-Clients zu berücksichtigen. Setzt man in einem WLAN, in dem 802.11b- und 802.11b/g-Komponenten gemeinsam betrieben werden sollen, die 802.11g-Datenraten auf Basic, so führt dies dazu, dass sich die älteren 802.11b-Komponenten nicht mehr assoziieren können, da sie die Anforderung in Bezug auf die Basic-Service-Set-Datenraten nicht unterstützen.

Es ist ein häufiger Fehler die 1, 2, 5,5 und 11 MBit/s als Basic-Service-Set-Datenrate zu deklarieren. Dies führt dazu, dass beispielsweise Beacon-Frames mit 1 MBit/s und Broadcast-Frames mit 11 MBit/s übertragen werden. Man kann in diesem Fall davon ausgehen, dass ein Client, der sich am Rand einer Funkzelle befindet, zwar die Beacon-Frames empfängt, jedoch nicht die Broadcast-Frames. Hier ist zu berücksichtigen, dass Broadcast-Frames vom Empfänger grundsätzlich nicht bestätigt werden, also der Sender den ausbleibenden Empfang nicht erkennen kann und die Datenrate nicht reduziert wird, damit der Client die Broadcast-Frames empfangen kann. In einem Microsoft-Netzwerk sind jedoch beispielsweise die Broadcast-Frames ein elementarer Bestandteil für die Bekanntgabe vorhandener Server-Dienste und somit Voraussetzung für einen fehlerfreien Netzwerkbetrieb. Meine Erfahrungen haben gezeigt, dass Fehlkonfigurationen der Datenraten zu temporär hängenden Systemen bis hin zum vollständigen Absturz des Client-Betriebssystems führen können.

Des Weiteren wird sehr oft der Fehler gemacht, dass man versucht, über die Datenrateneinstellung die Größe der Funkzellen zu beeinflussen. Man geht dabei davon aus, dass die Funkzellenausdehnung kleiner wird, wenn man die niedrigen Datenraten deaktiviert. Auch wenn sich die erzielbare Reichweite der übertragenen Frames durch die höhere Datenrate verringert, sollte eine Funkzellenausdehnung ausschließlich über die Konfiguration der Sendeleistung vorgenommen werden, das ausgesendete Signal wird durch die höhere Datenrate nicht schwächer, weist also abhängig von der Entfernung dieselbe Signalstärke auf. Lediglich der Empfänger ist bei den höheren Datenraten nicht mehr in der Lage, ab einer gewissen Entfernung die übertragenen Informationen zu interpretieren. Die Beeinflussung benachbarter Funkzellen durch das ausgesendete Signal bleibt aber.

7.7.2   Tx-Power

Viele Access Points und WLAN-Clients bieten die Möglichkeit, die Sendeleistung einzustellen und somit die Ausdehnung einer Funkzelle festzulegen. Hierbei ist der Gewinn von eventuell externen Antennen

Tx-Power

zu berücksichtigen. Es muss auf jeden Fall sichergestellt sein, dass die maximal zulässige Sendeleistung unter Berücksichtigung des Antennengewinns nicht überschritten wird.

7.7.3   Diversity

Diversity   Access Points oder WLAN-Client-Adapter, die über die Anschlussmöglichkeit von zwei Antennen verfügen, bieten oft die Einstellungsmöglichkeit für die Diversity-Funktion. Diese lässt sich entweder ein- oder ausschalten, wobei bei einer Abschaltung auf die Nutzung des richtigen Antennenausgangs geachtet werden muss. In der Regel ist in diesem Fall der Antennenanschluss zu verwenden, der mit Primär gekennzeichnet ist. Bei einigen WLAN-Produkten bietet sich zusätzlich die Möglichkeit, die Nutzung auf einen bestimmten Antennenanschluss festzulegen. Falls die WLAN-Komponente mit nur einer Antenne betrieben wird, muss die Konfiguration des verwendeten Antennenanschlusses auf jeden Fall auf den bestückten Antennenanschluss angepasst werden.

7.7.4   Short-Präambel

Short-Präambel   Bei einer Vielzahl von Access Points lässt sich die Nutzung der Short-Präambel konfigurieren. Per Default-Einstellung ist die Short-Präambel in der Regel bei den heutigen Access Points aktiviert. Eine Konfigurationsänderung ist vielleicht notwendig, falls ältere 802.11-DSSS-Clients verwendet werden, die noch keine Short-Präambel unterstützen.

7.7.5   Short Slot Time

Short Slot Time   Seit der 802.11g-Erweiterung gibt es die Option der Short Slot Time, mit der sich die Slot Time von 20 μs auf 9 μs reduzieren lässt, falls in einer Funkzelle nur 54-MBit/s-Clients betrieben werden. Mit Hilfe dieser Option lässt sich die Performance eines WLANs verbessern, da von der Slot Time die verschiedenen Interframe Spaces (siehe Abschnitt 4.2.4) abgeleitet werden. Mit einer kürzeren Slot Time lassen sich die Längen der verschiedenen Interframe Spaces verkleinern, wodurch die effektiv verfügbare Bandbreite erhöht wird. Die Short-Slot-Time-Option kann jedoch bei der Nutzung von 802.11b-Komponenten eventuell Probleme verursachen, weshalb abhängig von den verwendeten WLAN-Clients eine entsprechende Access-Point-Konfiguration sinnvoll sein kann.

7.7.6 Maximale Clients

Bei einigen Access Points bietet sich die Möglichkeit, die Anzahl der *Maximale Clients*
maximal zulässig assoziierten Clients zu konfigurieren. Auf diese
Weise kann eine Art Bandbreitenmanagement vorgenommen werden.
Wird die Anzahl der maximalen WLAN-Clients überschritten, so wird
der Access Point keiner weiteren Assoziierung zustimmen, wodurch
der anfragende Client angehalten wird, sich mit einem anderen verfügbaren Access Point zu assoziieren. Möchte man diese Option nutzen,
so muss sichergestellt sein, dass an jeder Stelle mindestens zwei Access
Points verfügbar sind, da sonst die Gefahr besteht, dass die Clients die
Verbindung zum Netzwerk verlieren.

7.7.7 Multiple SSIDs

Heute bieten die meisten Access Points die Möglichkeit, mehrere SSIDs *Multiple SSIDs*
einzurichten. In diesem Fall werden die SSIDs verschiedenen VLANs
zugeordnet. So lassen sich die Einschränkungen von Broadcast-Domä-
nen auf die WLAN-Infrastruktur ausdehnen. Dies kann sich zum
einem positiv auf die Bandbreite und zum anderen auf die Betriebszeiten akkubetriebener WLAN-Clients auswirken. Je weniger Broadcasts
in die Funkzellen übertragen werden, desto geringer ist die Zeit, in
denen die Clients im Empfangsmodus anstatt im Sleepmodus betrieben
werden müssen. Da der Empfangsmodus gegenüber dem Sleepmodus
einen höheren Leistungsverbrauch aufweist, wirkt sich in der Summe
eine geringe Empfangszeit positiv auf die Standzeit eines Akkus aus.

Des Weiteren können Multiple SSIDs auch in heterogenen Client-
Umgebungen vorteilhaft sein, falls nicht alle Clients dieselben Verschlüsselungsverfahren unterstützen. In der Regel können auf der Seite
der Access Points die SSIDs an unterschiedliche Verschlüsselungsverfahren gebunden werden. So lassen sich quasi Client-Gruppen mit
unterschiedlichen Sicherheitsverfahren bilden.

7.7.8 Beacon Interval

Der Beacon Interval legt den Abstand zwischen den ausgesendeten *Beacon Interval*
Beacon-Frames fest, die von den Access Points in den regelmäßigen
Abständen ausgesendet werden. Dieser Parameter lässt sich unter
Umständen an den Access Points einstellen. Ein Standardwert für den
Beacon Interval beträgt 100, was einem Abstand von 102,4 ms
($100 \times TU$; $TU = 1024$ µs) entspricht. Verkleinert man den Beacon
Interval, so kann dies den WLAN-Stationen beim Roaming entgegen-

kommen, die ständig zwischen den Funkzellen wandern und dabei kurze Wechselzeiten erwarten. Praktisches Beispiel hierfür sind Gabelstapler, die über eine WLAN-Anbindung gesteuert werden und sich fahrend zwischen den einzelnen Funkzellen bewegen, die eine größere Lagerhalle ausleuchten. Wird der Beacon Interval reduziert, geht dies natürlich zu Lasten der erzielbaren Nettodatenrate, da durch die Beacon-Frames ein Overhead generiert wird. Vergrößert man hingegen den Beacon Interval, steigt die erzielbare Nettodatenrate. Zudem kann die Power-Save-Funktion der WLAN-Stationen durch einen größeren Beacon Interval optimiert werden. Denn für die Power-Save-Funktion ist das DTIM Window entscheidend, das ein Vielfaches vom Beacon Interval darstellt. Ist das DTIM Window größer, so wird die Zeitspanne länger, in der die WLAN-Stationen im Stromsparmodus verharren können, bei dem weder der Sende- noch der Empfangsteil aktiv sein müssen. Ein größerer Beacon Interval führt allerdings bei der Roaming-Funktion zu längeren Verzögerungszeiten.

7.7.9   RTS/CTS-Threshold

RTS/CTS-Threshold   Über den RTS/CTS-Threshold kann festgelegt werden, ab welcher Framelänge die Datenübertragung über das RTS/CTS-Verfahren eingeleitet wird. Typischer Wert für den RTS/CTS-Threshold ist 2346 Bytes. Das bedeutet praktisch, dass das RTS/CTS-Verfahren abgeschaltet ist, denn nur wenige Frames überschreiten die Länge von 1542 Bytes. Liegt ein Hidden-Station-Problem vor oder ist dies zu erwarten, sollte der RTS/CTS-Threshold verringert werden, um das RTS/CTS-Verfahren zu aktivieren. Dies ist besonders bei großen Funkzellen wichtig, die über Antennen am Access Point bereitgestellt werden, um eine große Fläche auszuleuchten. Ein praktisches Beispiel hierfür wäre ein Unigelände, bei dem mit Hilfe von Omni-Antennen, mit einer geringen Anzahl von Access Points das gesamte Areal versorgt wird. Die WLAN-Stationen verfügen in der Regel über keine speziellen Antennen und haben dennoch eine Verbindung zu einem Access Point. Zwangsläufig führt dies zu der Tatsache, dass die WLAN-Stationen sich untereinander nicht sehen, also das Hidden-Station-Problem vorliegt. Werden hierbei noch größere Dateien ausgetauscht, bewirkt das Hidden-Station-Problem eine drastische Performance-Reduzierung. Um in diesem Beispiel dem Hidden-Station-Problem entgegenzuwirken, sollte auf jeden Fall der RTS/CTS-Mechanismus aktiviert werden. Auf welchen Wert der RTS/CTS-Threshold verringert werden soll, lässt sich unter Umständen anhand von Fehlerstatistiken festmachen, falls sie Übertragungsfehler in Abhängigkeit von der Framelänge anzeigen. Andernfalls muss man nach der Try- und Error-Logik vorgehen und sich schrittweise einem geeigneten Wert nähern. In diesem Fall beginnt man am besten mit dem Wert von 512 Bytes. Führt dies zum Erfolg, kann man schrittweise versuchen, den Wert zu erhöhen. Man sollte bei der Aktivierung des RTS/CTS-Verfahrens allerdings den entstehenden Overhead berücksichtigen (siehe Abschnitt 7.6). Auf die Aktivierung des RTS/CTS-Verfahrens sollte verzichtet werden, wenn kein Hidden-Station-Problem zu erwarten ist oder nur sehr kurze Frames übertragen werden.

7.7.10 Fragmentation-Threshold

Mit dem Fragmentation-Threshold wird die Schwelle für die Fragmentierung eingestellt. Daten, die länger sind als der Fragmentation-Threshold, durchlaufen den Fragmentierungsprozess und werden in kleinere Einheiten unterteilt und in mehreren kleineren Frames übertragen. Ein typischer Wert für den Fragmentation-Threshold ist 2346 Byte, was einer Deaktivierung der Fragmentierung entspricht. Liegen Interferenzen vor, so kann es vorteilhaft sein, die Daten nicht zusammenhängend in langen Frames zu übertragen, sondern in kleineren Teileinheiten. Das verringert die Wahrscheinlichkeit, dass die Frames während der Übertragung beeinflusst werden. Natürlich ist eine Fragmentierung auch mit einem größeren Overhead verbunden; die Nettodatenrate sinkt also zwangsläufig. Auf welchen Wert der Fragmentation-Threshold beim Auftreten von Interferenzen eingestellt werden sollte, lässt sich eventuell wieder durch die Fehlerstatistik herausfinden. Andernfalls hilft nur die Versuchsmethode.

Fragmentation-Threshold

7.7.11 Listen Interval

Über den Listen Interval wird die Anzahl der Beacon-Intervalle festgelegt, die verstreichen müssen, bevor eine Station vom Stromsparmodus in den aktiven Betriebsmodus übergeht, um zwischengespeicherte Frames abzurufen beziehungsweise zu empfangen. Ein typischer Wert für den Listen Interval liegt bei 200 (200 TUs; TU = 1024 µs), was einer Dauer von 204,8 ms entspricht. Eine Verkleinerung des Listen Intervals führt zu einer schnelleren Zustellung von Unicast-Frames, wodurch sich allerdings der Leistungsverbrauch der WLAN-Stationen erhöht.

Listen Interval

7.7.12   DTIM Window

DTIM Window   Das DTIM Window legt die Anzahl der Beacon-Intervalle fest, die zwischen den DTIM-Aussendungsphasen liegen. Dieser Parameter wirkt auf die Einstellungen des Stromsparmodus ein und lässt sich gegebenenfalls am Access Point konfigurieren. Ein typischer Wert für das DTIM Window liegt bei 4. Während der DTIM-Aussendungsphasen senden die Access Points ihre zwischengespeicherten Broadcast- und Multicast-Frames aus. Demnach müssen alle WLAN-Stationen während der DTIM-Aussendungsphase vom Stromsparmodus in den Empfangsmodus gehen, um gegebenenfalls Broadcast- und Multicast-Frames empfangen zu können. Wird die Einstellung des DTIM Windows vergrößert, kann sich dies auf den Leistungsverbrauch der WLAN-Stationen positiv auswirken. Allerdings nimmt man hierbei in Kauf, dass die Verzögerungszeiten für die Broadcast- und Multicast-Frames größer werden. Zudem wird der Buffer auf den Access Points stärker in Beschlag genommen, da unter Umständen mehr Broadcast- und Multicast-Frames zwischengespeichert werden müssen. Somit lässt sich natürlich die Buffer-Belegung optimieren, falls eine kleinere Einstellung für DTIM Window gewählt wird. Das geht wiederum zu Lasten des Leistungsverbrauchs auf den WLAN-Stationen.

7.7.13   ATIM Window

ATIM Window   Das ATIM Window legt die Dauer nach dem Empfang eines Beacon-Frames fest, die eine WLAN-Station gegebenenfalls im Empfangsmodus verbleibt, um zwischengespeicherte Frames von einem Access Point (Infrastruktur-Netzwerk) oder einer anderen WLAN-Station (Ad-hoc-Netzwerk) zu empfangen. Wird das ATIM Window verkleinert, so wirkt sich dies natürlich positiv auf den Leistungsverbrauch der WLAN-Stationen aus, da sie wieder schneller in den Stromsparmodus übergehen. Vergrößert man hingegen das ATIM Window, so kann die Verzögerung für Frames geringer werden, da sie schneller an die WLAN-Station ausgesendet werden können. Zudem wird beispielsweise die Belegung des Frame Buffers auf den Access Points optimiert, da im Buffer Platz für Frames anderer Stationen geschaffen wird.

7.7.14   Active Scan Timer

Active Scan Timer   Der Active Scan Timer legt die Wartezeiten nach dem Aussenden eines Probe-Request-Frames fest, die eine WLAN-Station nach dem Empfang eines Probe-Response-Frames wartet. Wird der Active Scan

Timer verringert, so wird schneller auf einen anderen Kanal gewechselt, um dort ebenfalls ein Probe-Request-Frame auszusenden. Die benötigte Dauer für den gesamten Scan-Prozess reduziert sich dadurch.

7.7.15 Passive Scan Timer

Über den Passive Scan Timer wird festgelegt, wie lange eine Station einen Kanal beim passiven Scanning abhört, um ein Beacon-Frame zu empfangen. Wird der Passive Scan Timer verkleinert, wird die benötigte Zeit für den passiven Scan-Prozess verringert. Hierbei besteht allerdings die Gefahr, dass auf dem einen oder anderen Kanal fälschlicherweise keine Funkzelle entdeckt wird. Eine Vergrößerung des Passive Scan Timer kann die Wahrscheinlichkeit für das Auffinden von Funkzellen erhöhen, jedoch verlängert sich dadurch die Gesamtdauer für den Scan-Prozess.

Passive Scan Timer

7.7.16 Long Retry Limit

Über das Long Retry Limit werden die Wiederholungsversuche für das Aussenden von Frames festgelegt, deren Länge größer oder gleich als der RTS/CTS-Threshold ist. Ein typischer Wert für das Long Retry Limit ist 16, womit 16 eventuelle Wiederholungen für die Framesaussendung festgelegt werden. Wird nach der letzten Wiederholung die erfolgreiche Frameübertragung nicht über ein ACK bestätigt, gilt die Frameübertragung als gescheitert und das Frame wird verworfen. Wird das Long Retry Limit reduziert, wird das Frame früher verworfen, wodurch weniger Sendebuffer benötigt werden. Ein größeres Long Retry Limit führt zu mehr Wiederholungen der Frameaussendung, wodurch unter Umständen die Frameübertragung trotz schlechter Umgebungsbedingung erfolgreich abgeschlossen werden kann. Hierbei kann jedoch das Problem eines kurzzeitigen Performance-Einbruches entstehen, weil die höheren Protokolle, wie beispielsweise TCP, auf die Verzögerung reagieren.

Long Retry Limit

7.7.17 Short Retry Limit

Über das Short Retry Limit werden die Wiederholungsversuche für das Aussenden von Frames festgelegt, deren Länge kleiner ist als der RTS/CTS-Threshold. Ein typischer Wert für das Short Retry Limit ist 16, womit 16 eventuelle Wiederholungen für die Frameaussendung festgelegt werden. Das Short Retry Limit hat auf die Aussendung kurzer Frames dieselbe Auswirkung wie das Long Retry Limit auf längere Frames.

Short Retry Limit

7.7.18   Association Timeout

Association Timeout

Mit dem Association Timeout wird die zulässige Zeitspanne für die Ausführung eines Assoziierungsprozesses festgelegt. Ein typischer Wert für den Association Timeout ist 500. Das entspricht einem Wert von 512 ms (500 TUs; TU = 1024 µs). Ist der Assoziierungsprozess nicht nach der durch den Association Timeout festgelegten Zeitspanne abgeschlossen, gilt die Assoziierung als gescheitert und wird abgebrochen. Wird der Wert für den Association Timeout reduziert, wird die Wartezeit auf ein Association-Response-Frame verringert und reagiert schneller auf einen gescheiterten Assoziierungsprozess, indem ein neues Association-Request-Frame ausgesendet wird. Eine Erhöhung des Association-Timeout-Parameters kann bei einer hohen Netzwerkauslastung ein wiederholtes Scheitern der Assoziierungsprozesse verhindern.

7.7.19   Reassociation Timeout

Reassociation Timeout

Mit dem Reassociation Timeout wird die zulässige Zeitspanne für die Ausführung eines Reassoziierungsprozesses festgelegt. Ein typischer Wert für den Reassociation Timeout ist 500, was einem Wert von 512 ms entspricht. Der Reassociation-Timeout-Parameter hat für den Reassoziierungsprozess dieselbe Funktion wie der Association-Timeout-Parameter für den Assoziierungsprozess.

7.7.20   Authentication Timeout

Authentication Timeout

Über den Authentication Timeout wird die maximale Zeitspanne festgelegt, in der der Authentifizierungsprozess abgeschlossen sein muss. Ein typischer Wert für den Authentication Timeout ist 2000, was einer Dauer von 2,048 Sekunden entspricht. Ist der Authentifizierungsprozess nicht nach dem durch den Authentication Timeout festgelegten Zeitraum abgeschlossen, gilt die Authentifizierung als gescheitert und wird abgebrochen. Wird der Wert für den Authentication Timeout reduziert, verringert sich die Wartezeit bis zum Abschluss des Assoziierungsprozesses. Eine Erhöhung des Authentication-Timeout-Parameters kann bei einer hohen Netzwerkauslastung ein wiederholtes Scheitern des Authentifizierungsprozesses verhindern.

8 WLAN-Sicherheit

Mit den heutigen Produkten ist es eigentlich nicht schwer, ein WLAN in Betrieb zu nehmen und einen Datenaustausch zwischen zwei und mehreren Stationen zu realisieren. Den Access Point montieren, gegebenenfalls an das vorhandene Netzwerk oder das DSL-Modem anschließen, auf den Stationen jeweils einen WLAN-Adapter installieren und fertig. Die Daten lassen sich per Funk und ohne lästige Netzwerkkabel zwischen den Stationen austauschen. Eigentlich eine tolle und komfortable Angelegenheit, denn für den Anwender verhält sich mehr oder weniger alles wie im herkömmlichen drahtgebundenen Netzwerk. Doch der kleine, aber feine Unterschied wird oft schlicht und einfach übersehen. Die Daten werden in einem WLAN nicht über das verhältnismäßig gut abgeschirmte und abgegrenzte Netzwerkkabel übertragen, sondern fliegen regelrecht frei durch die Luft. Besonders tückisch ist es, dass sich die tatsächliche Ausbreitung der elektromagnetischen Wellen nicht vorhersagen lässt. Hindernisse wie Wände minimieren zwar die Reichweite, jedoch kann man nicht davon ausgehen, dass die Empfangsmöglichkeit auf das Gebäude oder das Firmengelände beschränkt ist. Bei einem herkömmlichen drahtgebundenen Netzwerk ist eine physikalische Verbindung zum Netzwerk notwendig, um die Daten abzuhören, bei einem WLAN reicht eine gewisse Nähe und gegebenenfalls eine zusätzliche Antenne aus. Szenarien, bei denen ein Hacker vom Parkplatz aus mitlauscht und sich auf diese Weise einen Zugang ins WLAN verschafft hat, sind längst keine Seltenheit mehr und wurden bereits des Öfteren in der Presse publiziert. Ein Umdenken in puncto Sicherheit ist auf jeden Fall erforderlich, wenn man Daten drahtlos übertragen möchte. Das folgende Kapitel beschreibt die Sicherheitsfunktionen der WLAN-Produkte, ihre Konfiguration, Einsatzmöglichkeiten und Risiken. Zudem wird aufgezeigt, wie man nach dem heutigen Stand der Technik eine sichere drahtlose Datenübertragung umsetzen kann.

8.1   Angriffsszenarien und Sicherheitsmechanismen

Datensicherheit   Wer Daten über ein unsicheres Medium, wie beispielsweise Funk, überträgt, kann seine Daten durch eine Verschlüsselung gegen unbefugtes Mithören schützen. Hierbei ist es wichtig, dass der verwendete Verschlüsselungsalgorithmus und der dazugehörige Schlüssel den möglichen Angriffen widerstehen können. Wie sicher ein Verschlüsselungsalgorithmus tatsächlich ist, lässt sich allerdings selbst von einem Experten kaum beurteilen. Für die Sicherheit des Schlüssels liefern oftmals das Schlüsselmanagement und der Benutzer das größte Sicherheitsloch, was eine nicht kalkulierbare Gefahr sein kann.

Angriffsszenarien   Fast alle Maßnahmen, die zur Sicherheit eines WLANs dienen, sind in der Regel mit einem Verzicht auf Bequemlichkeit verbunden. Sicherheit beginnt in den Köpfen der Administratoren und der Anwender eines WLANs. Zum Schutz vor eventuellen Angriffen ist es unabdingbar, sich mit den möglichen Strategien und Vorgehensweisen potenzieller Angreifer wenigstens in den Grundzügen auseinander zu setzen und vertraut zu machen. Mögliche Angriffsszenarien auf die übertragenen Daten sowie Ressourcen lassen sich in folgende fünf Gruppen einteilen:

Sniffen   ■ Sniffen: Die übertragenen Daten werden mitgelauscht und ausgewertet. So können beispielsweise versendete E-Mails oder übertragene Textdokumente durch unbefugte Dritte gelesen und ihre Informationen verwertet werden.

Spoofing   ■ Spoofing: Hierunter versteht man das Vortäuschen einer zulässigen Identität. Ziel ist es, über eine falsche Identität eine Zugangsbeschränkung zu umgehen und einen Zugriff auf das WLAN zu erhalten, um auf Ressourcen oder Daten zugreifen zu können.

Hijacking   ■ Hijacking: Sich in eine Sitzung einklinken, die Daten entgegennehmen, manipulieren und danach zum eigentlichen Ziel weiterleiten, ohne dass der Empfänger die Datenmanipulation bemerkt. In diesem Fall spricht man auch von der Man-in-the-Middle-Attacke.

Brute-Force-Attacken   ■ Brute-Force-Attacken: Ein Passwort, Kennwort oder ein geheimer Schlüssel werden so lange ausprobiert, bis man sie herausgefunden hat. Hierzu werden speziell entwickelte Programme verwendet, die systematisch alle möglichen Kombinationen durchprobieren. Je nach Länge des Passwortes, Kennwortes oder Schlüssels und der Rechenleistung des angreifenden Systems dauert dies unterschiedlich lang.

Denial-of-Service-Attacken   ■ Denial-of-Service-(DOS-)Attacken: Angriffe auf vorhandene Ressourcen, um diese zu überlasten, damit sie den Anwendern nicht mehr zur Verfügung stehen.

Ein grundsätzliches Problem im WLAN-Bereich ist, dass solange Daten nur abgehört werden, man dies in der Regel gar nicht feststellen kann. Erst wenn auf Ressourcen zugegriffen oder Daten manipuliert werden, wird der Hackerangriff auf das WLAN offensichtlich – dann ist es meistens auch schon zu spät. Die Möglichkeit für einen Hacker ist von den verwendeten Sicherheitsmechanismen abhängig.

Auch wenn die vorhandenen 802.11-Sicherheitsmechanismen etwas in Verruf geraten sind, bieten sie einen gewissen Schutz. Man muss relativieren, inwieweit Daten für Dritte tatsächlich interessant sind und ob wirklich jemand dafür versuchen wird, den Aufwand zu betreiben, um die vorhandenen Sicherheitsbarrieren zu überwinden. Für das Überwinden der verwendeten Sicherheitsmechanismen werden eine gewisse Zeit und ein technischer Aufwand benötigt.

Hacker-Motivation

Die Daten eines Privatanwender, der ausschließlich im Internet surft und ein paar E-Mails austauscht, sind sicherlich nicht interessant genug, dass sich ein Hacker mehrere Stunden damit beschäftigt, den geheimen Schlüssel für die übertragenen Daten zu knacken. Hier besteht höchstens die Gefahr, dass jemand einen über WLAN genutzten Internetzugang mitverwendet, um Online-Kosten für einen eigenen Internetzugang zu sparen. Dies kann natürlich besonders ärgerlich werden, wenn der Internetzugang nicht in Form einer Flatrate angemietet ist und somit hohe Online-Kosten anfallen können. Des Weiteren kann es kritisch werden, wenn der unberechtigte Mitnutzer gesetzeswidrige Daten über den Internetzugang überträgt, die unter Umständen bei einer strafrechtlichen Verfolgung dem Mieter des Internetzugangs zur Last gelegt werden. Anders sieht es natürlich aus, wenn ein Privatanwender über das WLAN Homebanking betreibt. Hier werden PIN (Personal Identification Number) und TAN (Transaktionsnummer) übertragen, die ein potenzieller Angreifer nutzen kann, um Zugang auf das Bankkonto des Privatanwenders zu erhalten. Zudem werden offene WLANs auch gerne verwendet, um über einen vorhandenen Internetzugang SPAM (massenhafte Versendung und Belästigung durch E-Mails) zu verbreiten. Gegebenenfalls kann es dabei zu großem Ärger kommen, falls sich beispielsweise jemand über den massenhaften Empfang von SPAM-Mails beschwert. Der Betreiber eines offenen WLAN hat in diesem Fall oft nicht die Möglichkeit, zu beweisen, dass die SPAM-Mails nicht von ihm stammen. Dies kann juristische Folgen haben, falls es zu einer Unterlassungsklage kommt.

Sicherheitsanspruch

Besonders kritisch kann es für die Datensicherheit aussehen, falls sensible Daten über das WLAN übertragen werden, wie beispielsweise aus den Bereichen Forschung und Entwicklung, Finanzen oder Medizin. Können geheime Entwicklungsdaten mitgelauscht und entschlüs-

Sensible Daten

selt werden, so kann dies für eine Firma einen enormen wirtschaftlichen Schaden anrichten. Genauso wenig werden es die Kunden eines Steuerberaters begrüßen, wenn ihre finanzielle Situation offengelegt wird, weil die Informationen während der Übertragung im WLAN abgefangen werden. Auch würden die Patienten einer Arztpraxis es nicht willkommen heißen, wenn jeder auf die persönlichen Daten zugreifen und sich ein Bild über die gesundheitliche Situation machen kann. Dies sind typische Bereiche, bei denen man in Frage stellen sollte, ob die 802.11-Sicherheitsmechanismen tatsächlich ausreichen, um die notwendige und erwartete Sicherheit überhaupt zu gewährleisten.

8.1.1   802.11-Sicherheitsmechanismen

802.11-Sicherheitsmechanismen

Um eine gewisse Sicherheit im WLAN zu erzielen, ist es auf jeden Fall wichtig, dass man die vorhandenen WLAN-Bordmittel, die heute von den gängigen WLAN-Produkten zur Verfügung gestellt werden, tatsächlich nutzt. Sonst ist dies vergleichbar mit dem Parken eines offenen Cabriolets, bei dem man den Zündschlüssel stecken lässt – tolle Sache, jeder der vorbeikommt, kann mal eine kleine Spritztour unternehmen. Trotz aller Warnungen werden jedoch oft die verfügbaren WLAN-Sicherheitsbordmittel aus Bequemlichkeit oder Unkenntnis nicht genutzt. Es ist dabei zu berücksichtigen, dass alle WLAN-Komponenten im Auslieferungszustand so konfiguriert sind, dass die Sicherheitsmechanismen deaktiviert sind. Fünf Sicherheitsregeln sollte man auf jeden Fall berücksichtigen, wenn man ein WLAN in Betrieb nimmt. Dies sind:

WEP-Verschlüsselung

■ WEP-Verschlüsselung aktivieren: Auch wenn die WEP-Verschlüsselung heute nicht mehr als zuverlässig betrachtet wird, bietet sie eine gewisse Sicherheit für die übertragenen Daten. Um sie zu knacken, bedarf es immerhin noch eines gewissen Aufwandes, der ein paar Stunden in Anspruch nehmen kann (siehe Abschnitt 8.2).

Shared-Key-Authentifizierung

■ Shared-Key-Authentifizierung deaktivieren: Damit nicht jeder einfach auf das WLAN zugreifen kann, sieht der 802.11-Grundstandard eine Zugangsbeschränkung über das Shared-Key-Verfahren vor. Hierbei ist allerdings zu berücksichtigen, dass das Shared-Key-Verfahren zusätzliche Sicherheitsrisiken für den geheimen WEP-Schlüssel mit sich bringt, denn während des Authentifizierungsprozesses lässt sich der WEP-Schlüssel relativ einfach knacken (siehe Abschnitt 8.2). Stützt man sich bei der Datenverschlüsselung ausschließlich auf das WEP-Verfahren, so raten Kritiker, das Shared-Key-Verfahren nicht zu verwenden.

- Zugangskontrolle via ACL (Access Control List) nutzen: Mit der ACL können Sie eine weitere Zugangsbeschränkung implementieren. So schafft sie eine einfache Zugangsbarriere, an der nur WLAN-Stationen vorbeikommen, deren MAC-Adresse in der ACL gelistet ist.

ACL-Zugangskontrolle

- SSID darf keine Rückschlüsse auf die Firma oder Organisation zulassen: Wird als SSID der Firmenname verwendet, so kann ein Hacker auf Anhieb erkennen, ob eventuell über das gefundene WLAN interessante Daten übertragen werden oder nicht. Ist die Neugierde erst einmal geweckt, so wird unter Umständen der notwenige Aufwand in Kauf genommen, um einen Angriff auf das WLAN zu starten. Lässt hingegen die SSID keine Rückschlüsse auf die Firma zu, so kann der Hakker nicht so einfach erkennen, ob es sich bei dem gefundenen WLAN um das gesuchte handelt oder ob ein Potenzial für interessante Daten und Informationen vorliegt.

SSID

- Default-Administrator-Passwort ändern: Die MAC-Adresse der Access Points entspricht der BSSID der Funkzellen. Anhand der MAC-Adresse lässt sich der Hersteller des Access Points ausfindig machen. Die 6 Byte lange MAC-Adresse setzt sich aus einer eindeutigen OUI und einem Teil zusammen, das vom Hersteller verwaltet wird. Die OUI ist beim IEEE registriert und kann unter http://standards.ieee.org/regauth/oui/index.html abgerufen werden. Ist der Hersteller des Access Points bekannt, so ist es relativ einfach, auf der Homepage des Herstellers die Handbücher der Produkte herunterzuladen. In den Handbüchern sind die Defaultpasswörter für den Administratorzugang hinterlegt. Mit Hilfe des Administratorpassworts kann der administrative Zugang auf den Access Point erfolgen und die Konfiguration problemlos geändert werden. So kann beispielsweise die ACL erweitert werden, um einen Zugang auf die Funkzelle zu erlangen. Des Weiteren kann auch die Konfiguration des Access Points geändert werden, so dass der normale Betrieb nicht mehr möglich ist.

Administrator-Passwort

8.1.2 War Driving

War Driving ist eine geläufige Bezeichnung für Leute, die mit WLAN-Equipment herumfahren, nach WLANs Ausschau halten und mit einfachen Mitteln versuchen, in die aufgespürten WLANs einzudringen. Hierbei handelt es sich um einen Trend aus den USA, dem meist jugendliche Hacker verfallen sind. Eigentlich ist dies nur ein moderner Freizeitspaß, der jedoch für Firmen in einem Desaster enden und enorme Schäden verursachen kann. Die Presse publizierte bereits

War Driving

mehrmals, wie einfach es ist, ein WLAN aufzuspüren und in dieses einzudringen. Zudem wurde durch War Driving festgestellt, dass bei
weniger als 20 % der entdeckten WLANs Sicherheitsverfahren aktiviert sind und die meisten somit völlig offen sind. Dies deckt das
größte Sicherheitsmanko im WLAN-Bereich auf, nämlich mangelhaf-
tes Sicherheitsverhalten aus Unkenntnis oder Bequemlichkeit.

War Dialing

> Der Begriff War Driving ist eine Abwandlung des Begriffs War Dialing, der sei-
> nen Ursprung in dem Kultfilm War Games von 1983 hatte. In diesem Film
> wählt ein Schüler namens Matthew Broderick mittels eines Modems wahllos
> Telefonnummern an, um schlecht geschützte Einwahlstellen in Firmennetz-
> werke zu finden. Dieser Versuch gelingt ihm auch; allerdings entpuppt sich
> die angewählte Gegenseite als ein Computer der amerikanischen Raketen-
> verteidigung, der zur Steuerung strategischer Atomwaffen dient. Kurz vor
> Ende des Films kann glücklicherweise der dritte Weltkrieg noch verhindert
> werden, da der Computer erkennt, dass keiner den Krieg gewinnen kann.

NetStumbler War Driving konzentriert sich vornehmlich auf offene oder extrem
schlecht geschützte WLANs, die für den Zugang zum Internet genutzt
werden können. Neben dem relativ harmlosen Zugriff bietet War Driving natürlich auch die Basis für einen richtigen Hackerangriff, der auf
vorhandene Netzwerkressourcen und die übertragenen Daten abzielt.
War Driving wird besonders in Ballungszentren durchgeführt, in
denen bereits eine große WLAN-Abdeckung vorhanden und somit die
Trefferquote entsprechend hoch ist. So trifft sich beispielsweise die
War-Driving-Gemeinde in regelmäßigen Abständen in Berlin, um
einen Erfahrungsaustausch und einen Wettbewerb durchzuführen,
nach dem Motto »Wer findet die meisten offenen WLANs«. Die War
Driver verwenden zum Aufspüren der WLANs lediglich ein Notebook,
einen WLAN-Adapter mit externem Antennenanschluss, eine Richt-
funk- oder Omni-Antenne und eine spezielle Software, die die aufge-
fundenen WLANs angezeigt. Antennen sind oft selbst gebastelt, zum
Teil aus einfachen Konservendosen oder Pringles-Chipsdosen. Die
bekannteste War-Driving-Software ist der so genannte NetStumbler,
der im Internet unter www.netstumbler.com frei verfügbar ist.
NetStumbler scannt kontinuierlich alle Kanäle nacheinander durch
und zeigt gefundene WLANs beziehungsweise gefundene Access
Points an. Neben den gefundenen Access Points wird die SSID, die
Kanalnummer, die Signalstärke, die Höhe des Rauschsignals, der
Signal-Rausch-Abstand und ob WEP aktiviert ist im NetStumbler dargestellt (siehe Abb. 8–1). Mit der letzten Information wird angezeigt,
ob die 802.11-Sicherheitsmechanismen verwendet werden.

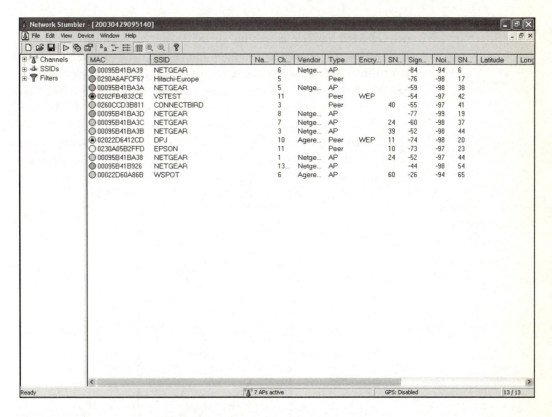

Wird der NetStumbler mit einem Global-Positioning-System (GPS)
gekoppelt, kann die genaue Position des WLANs in Längen- und Breitengrad problemlos protokolliert werden. Die gewonnenen Informationen werden dann oft an eine zentrale Instanz weitergeleitet, die eine
Karte erstellt, in der alle aufgespürten WLANs eingezeichnet sind. So
findet man beispielsweise unter http://www.netstumbler.com mehrere
Karten, in denen weltweit alle aufgespürten und gemeldeten WLANs
eingezeichnet sind. Eine tolle Sache für Hacker, denn die brauchen jetzt
nur im Internet auf der Karte interessante WLANs in ihrer Nähe zu
suchen. Um WLANs aufzuspüren, muss man sich in ihrer Nähe befinden, wofür die War Driver bestimmte Gebiete abfahren oder zu Fuß
abgehen (War Walking).

Zudem werden aufgefundene WLANs durch spezielle Kreidezei-
chen an der Gebäudewand oder auf dem angrenzenden Bürgersteig für
andere kenntlich gemacht. Andere WLAN-Nutzer, die vielleicht gerade
ein WLAN benötigen, oder Hacker haben es so einfacher, WLANs zu
finden. Man spricht hier auch vom War Chalking, wobei Chalking
vom englischen Begriff chalk, also Kreide, abgeleitet ist. War Chalking
bezeichnet also das Aufsuchen und anschließende Kennzeichnen von

Abb. 8–1

*Access Points können
mit dem NetStumbler
aufgespürt werden*

WLAN-Positionen

War Chalking

WLANs. Die War-Chalking-Symbole liefern vier wichtige Informationen. Hierbei handelt es sich um die SSID, die zur Verfügung gestellte Bandbreite, die verwendete Kanalnummer und die benötigte Zugriffskontrolle. Zwischenzeitlich gab es eine Vielzahl von Symbolen, die für das War Chalking verwendet wurden, um die verschiedenen WLANs und ihre Sicherheitsmechanismen zu kennzeichnen. Heute werden nur noch drei Symbole verwendet, um ein aufgespürtes WLAN kenntlich zu machen. Eins kennzeichnet ein offenes WLAN, ein weiteres ein durch WEP gesichertes WLAN und das letzte Symbol ein geschlossenes und sicheres WLAN. Abbildung 8–2 zeigt diese drei Symbole.

Abb. 8–2
War-Chalking-Symbole
(Quelle: http://www.
warchalking.org)

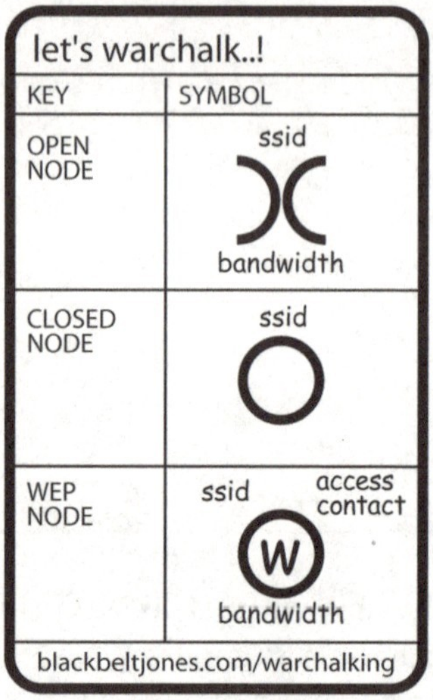

Spätestens dann, wenn man am Firmengebäude ein War-Chalking-Symbol vorfindet, das ein offenes oder WEP-gesichertes WLAN kennzeichnet, sollte man über die eingesetzten Sicherheitsmechanismen nachdenken und sie gegebenenfalls verbessern.

Rechtliche Situation

> In Deutschland ist das Anzeichnen entsprechender Symbole rechtlich als kritisch zu betrachten oder sogar verboten. Insgesamt ist die rechtliche Situation hinsichtlich des War Drivings auch noch nicht abschließend geklärt. Für die rechtlichen Konsequenzen ist auf jeden Fall entscheidend, ob ein War Driver versucht hat, in das WLAN einzudringen, also einen richtigen Hacker-Angriff initiiert hat oder lediglich nach WLANs Ausschau gehalten hat. Ein Hacker-Angriff ist umso kritischer, wenn bewusst vorhandene Sicherheitsbarrieren durchbrochen wurden.

8.2 Problemfall WEP

Für die Verschlüsselung von Nutzdaten sieht der 802.11-Grundstandard das WEP40-Verfahren vor. WEP steht für Wired Equivalent Privacy und sollte für drahtlos übertragene Daten eine vergleichbare Sicherheit liefern wie im drahtgebundenen Netzwerk – so die Theorie. Dazu muss WEP die drei Bereiche Abhörsicherheit, Zugangskontrolle und Datenintegrität abdecken. Später wurde von den führenden Herstellern von WLAN-Produkten das WEP128-Verfahren ins Leben gerufen, um die Sicherheit von WEP zu erhöhen. WEP128 ist heute in allen gängigen WLAN-Produkten verfügbar, so dass man WEP128 quasi als Standard betrachten kann. Neben der Verschlüsselung von Nutzdaten liefern WEP40 und WEP128 die Basis für das Shared-Key-Verfahren. Nur die WLAN-Stationen, die über den geheimen WEP-Schlüssel verfügen, können sich am Access Point authentifizieren.

WEP-Sicherheit

Dass WEP40 und WEP128 keine vergleichbare Sicherheit zu einem drahtgebundenen Netzwerk bieten können, ist in der Netzwerkbranche längst bekannt. Bedingt durch die vorhandenen Sicherheitsrisiken, übersetzt man in Fachkreisen WEP auch spöttisch »Warum eigentlich Privatsphäre?«. Die größten Schwachstellen von WEP sind:

- Die Länge des Initialisierungsvektors ist mit 24 Bit viel zu kurz.
- Die Schlüssellänge von 40 oder 104 Bit ist ebenfalls zu kurz.
- Das WEP-Verfahren entspricht einem symmetrischen Verschlüsselungsverfahren; es sieht jedoch kein Schlüsselmanagement für die Verteilung der geheimen WEP-Schlüssel vor.
- Das Authentisierungsverfahren kann geknackt werden.
- Das Authentisierungsverfahren authentifiziert keine Benutzer, sondern den WLAN-Adapter.
- Der für die Integritätskontrolle verwendete Algorithmus ist wirkungslos, da er problemlos modifiziert werden kann.
- Frame-Inhalte können wegen der schwachen Integritätskontrolle verändert werden, auch wenn der WEP-Schlüssel unbekannt ist.

Die primären Schwachstellen sind der Initialisierungsvektor und die Funktion, die er bei der Verschlüsselung des Chiffrierstroms übernimmt. Der Initialisierungsvektor und der geheime WEP-Schlüssel selbst bieten eine Angriffsfläche für die verschiedenen Angriffsmethoden auf den geheimen WEP-Schlüssel, die Weak-Attacke, die Brute-Force-Attacke und die Dictionary-Attacke.

Schwachstelle Initialisierungsvektor

Das für WEP verwendete Verschlüsselungsverfahren basiert auf zwei Stufen, einem Schlüsselfestlegungsalgorithmus und einem Pseudo-Random-Number-Generator (PRNG). Der WEP-Schlüsselfestlegungs-

WEP-Verfahren

algorithmus verwendet entweder einen 64-Bit-Schlüssel, der sich aus einem 40 Bit geheimen Schlüssel und einem 24 Bit langen Initialisierungsvektor zusammensetzt, oder einen 128-Bit-Schlüssel, der sich aus einem 104 Bit geheimen Schlüssel und einem 24 Bit langen Initialisierungsvektor zusammensetzt. Aus dem 64 Bit beziehungsweise 128 Bit langen Schlüssel wird eine Zustandsreihe gebildet, die als WEP-Seed bezeichnet wird. Der PRNG nutzt die WEP-Seed, um einen pseudozufälligen Strom von Chiffrierbits zu generieren, die zur eigentlichen Verschlüsselung der Nutzdaten verwendet werden. Für die Bildung der Chiffrierbits verwendet der PRNG die RC4-Stream-Chiffre, die von der Firma RSA Security Inc. (siehe http://www.rsasecurity.com) entwickelt wurde. Über den Klartext wird vor der Verschlüsselung eine Checksumme gebildet, woraus der Integrity Check Value (ICV) erzeugt wird. Dieser wird der Klartextnachricht angehängt. Die eigentliche Verschlüsselung wird durch eine XOR-Verknüpfung zwischen der Bitfolge, die sich aus dem Klartext und der ICV zusammensetzt, und dem Strom von Chiffrierbits durchgeführt. Anschließend werden der Initialisierungsvektor und die verschlüsselten Daten im Nutzdatenteil des Frames übertragen. Der Empfänger nimmt die verschlüsselten Frames entgegen und wertet den Initialisierungsvektor aus. Aus dem empfangenen Initialisierungsvektor und dem geheimen WEP-Schlüssel bildet der Empfänger den für die Entschlüsselung des Frames notwendigen Strom von Chiffrierbits. Nach der Entschlüsselung wird abschließend noch über den ICV die Datenintegrität überprüft. Beim WEP-Verfahren handelt es sich um ein symmetrisches Verschlüsselungsverfahren, bei dem Sender und Empfänger über denselben WEP-Schlüssel verfügen müssen, damit eine Ver- und Entschlüsselung zwischen den Kommunikationspartnern durchgeführt werden kann. Die geheimen WEP-Schlüssel müssen wegen eines fehlenden Schlüsselmanagements vom Administrator auf jeder WLAN-Komponente in Form eines Passwortes manuell eingegeben werden.

8.2.1   Umgehen des WEP-Schlüssels

Weak-Attacke

Die Weak-Attacke basiert darauf, schwache Initialisierungsvektoren ausfindig zu machen, die den WEP-Schlüsselfestlegungsalgorithmus in einen bestimmten Zustand versetzen, so dass Rückschlüsse auf den eigentlich geheimen WEP-Schlüssel gezogen werden können. Die Methode zur Bestimmung von schwachen Initialisierungsvektoren kann in der Darstellung »Weaknesses in the Key Scheduling Algorithm of RC4« von Scott Fluhrer, Itsik Mantin und Adi Shamir nachgelesen werden (siehe http://www.drizzle.com/~aboba/IEEE/rc4_ksaproc.pdf).

Aus diesem Dokument geht hervor, dass bei der Schlüsselgenerierung durch den verwendeten RC4-Algorithmus in jeweils 256 gebildeten Schlüsselströmen ein schwacher Strom von Chiffrierbits auftritt. Schwach bedeutet in diesem Fall, dass die erzeugte Sequenz von Chiffrierbits, die über einen schwachen Schlüssel beziehungsweise Initialisierungsvektor erzeugt wird, mit dem Schlüssel mehr korreliert ist, als eigentlich vorgesehen. Zudem lassen sich über die Nutzdaten, die über einen schwachen Schlüssel verschlüsselt wurden, Rückschlüsse auf den RC4-Schlüssel ziehen. In den Ausführungen von Fluher, Mantin und Shamir wird ein Verfahren beschrieben, mit dem der geheime RC4-Schlüssel zurückgerechnet werden kann. Für die Berechnung sind lediglich der verwendete Initialisierungsvektor und die ersten zwei Bytes der verschlüsselten Nutzdaten notwendig.

Schlüsselbyteschätzung

Jedes verschlüsselte Frame, das einen schwachen Initialisierungsvektor beinhaltet, lässt Rückschlüsse auf ein Schlüsselbyte zu, auf dessen Basis eine anschließende Schätzung des betrachteten Schlüsselbytes erfolgen kann. Bei der Schätzung liegt die Trefferwahrscheinlichkeit bei etwa 5 %. Je mehr Frames mit schwachem Initialisierungsvektor zur Verfügung stehen, desto leichter können die Schlüsselbytes geschätzt werden. Gängige Utilities, wie beispielsweise Airsnort und WEPCrack, nutzen schwache Initialisierungsvektoren aus, um den geheimen WEP-Schlüssel zu knacken. In einem WLAN mit mittlerer Netzwerkauslastung müssen, um den geheimen WEP40-Schlüssel zu knacken, zirka 5 bis 10 Millionen verschlüsselte Frames abgefangen und geschätzt werden, was je nach Netzwerkauslastung mehrere Stunden bis Tage in Anspruch nimmt.

WEPplus

Als Gegenmaßnahme für eine Weak-Attacke haben einige Hersteller ein Verfahren implementiert, das dafür sorgt, dass jeder Initialisierungsvektor verworfen wird, aus dem sich ein schwacher Strom von Chiffrierbits ergibt. Dieses Verfahren wird als WEPplus bezeichnet. Vorteil bei WEPplus ist, dass die Standardkompatibilität zu WEP beibehalten wird, da für die Ver- und Entschlüsselung der Nutzdaten die Generierung der Initialisierungsvektoren letztendlich keine konkrete Bedeutung hat. Befinden sich innerhalb eines WLANs nur Komponenten, die WEPplus unterstützen, so werden schwache Initialisierungsvektoren gänzlich vermieden.

Gleiche Initialisierungsvektoren

Initialisierungsvektoren sind auf jeden Fall als kritisch zu betrachten, wenn sie wiederholt verwendet werden. Normalerweise bietet die Länge von 24 Bits 2^{24} = 16777216 verschiedene Initialisierungsvektoren. Wegen der Länge von 24 Bits wird es bei einem Access Point mit hoher Netzwerkauslastung einige Stunden dauern, bis der Initialisierungsvektor tatsächlich wiederholt verwendet wird. Befinden sich aber mehrere Access Points und Stationen in einem WLAN, so verringert sich die Zeit, bis Frames aufgefangen werden können, die mit demselben Initialisierungsvektor verschlüsselt wurden. Eine Wiederholung nach ein bis zwei Stunden ist in einem größeren WLAN bereits realistisch. Die Problematik des zu kurzen Initialisierungsvektors betrifft das WEP40- und WEP128-Verfahren gleichermaßen, da beide WEP-Verfahren auf gleich langen Initialisierungsvektoren basieren. Des Weiteren ist es kritisch, dass bei den meisten WLAN-Komponenten der Initialisierungsvektor zurückgesetzt wird, wenn sich die Komponente neu initialisiert. Eine Neuinitialisierung wird bei jedem Start einer WLAN-Station durchgeführt oder auch bei vielen Komponenten nach dem Auftreten einer Kollision. Zudem setzen viele WLAN-Komponenten nach der Initialisierung den Initialisierungsvektor einfach auf 0 und inkrementieren diesen bei jedem weiteren zu verschlüsselnden Frame um 1. Somit ist die Wahrscheinlichkeit relativ hoch, dass man unmittelbar nach der Initialisierungsphase viele verschlüsselte Frames auffängt, deren Verschlüsselung auf demselben Initialisierungsvektor basiert. Dies ist beispielsweise zum Arbeitsbeginn möglich, da hier alle WLAN-Stationen eingeschaltet und ihre Initialisierungsvektoren neu initialisiert werden.

Entschlüsselung   Wenn zwei Klartextnachrichten auf der Basis desselben Initialisierungsvektors, also mit demselben Strom von Chiffrierbits, kodiert werden, bieten die beiden Klartextnachrichten eine Angriffsfläche für eine unbefugte Entschlüsselung. In diesem Fall kann der für die Verschlüsselung verwendete XOR-Prozess den Schlüsselstrom heraustrennen, wodurch sich ein XOR der beiden Klartextnachrichten ergibt. Der Grund hierfür ist einfache Mathematik. Betrachten wir dies an einem Beispiel mit dem Schlüssel s, den Klartextnachrichten k1 und k2 und den verschlüsselten Nachrichten v1 und v2. Die jeweils verschlüsselte Nachricht ergibt sich aus den Formeln:

- v1 = k1 XOR s
- v2 = k2 XOR s

Stellt ein Hacker nun fest, dass beide Nachrichten mit demselben Initialisierungsvektor verschlüsselt wurden, so braucht er die beiden Nachrichten nur abzufangen und eine einfache Berechnung durchzuführen:

- v1 XOR v2 = k1 XOR s XOR k2 XOR s

oder umgestellt:

- v1 XOR v2 = k1 XOR k2 XOR s XOR s

Da sich die beiden XOR-Verknüpfungen mit s gegenseitig aufheben, ergibt sich:

▪ v1 XOR v2 = k1 XOR k2

Nun hat der Hacker schon fast gewonnen, da er jetzt eine XOR-Verknüpfung von zwei Klartextnachrichten besitzt. Er kennt zwar die beiden noch nicht, jedoch kann er sie mit Hilfe einfacher stochastischer Verfahren herausfinden. Wenn der Hacker nun ein bekanntes Paar von k1 und v1 zugrunde legt, kann er k2 berechnen, ohne den verwendeten Schlüssel zu kennen.

▪ k2 = k1 XOR (v1 XOR v2)

Auf diese Weise lässt sich in vielen Fällen der Inhalt beider Klartextnachrichten ermitteln. Sobald ein Teil einer Klartextnachricht zufällig geraten werden konnte, liegt automatisch der entsprechende Teil der anderen Klartextnachricht vor.

Brute-Force-Attacke

Die Brute-Force-Attacke basiert darauf, alle möglichen Schlüssel durchzuprobieren. Die benötigte Zeitdauer für eine Brute-Force-Attacke ist im Wesentlichen von der Schlüssellänge und der Rechenleistung des angreifenden Systems abhängig. Für WEP40 und WEP128 geht man im ersten Schritt von einer Schlüssellänge von 64 oder 128 Bits aus, somit gibt es theoretisch 2^{64} oder 2^{128} in Frage kommende Schlüssel. Bei WEP128 würden heutige Rechner mehrere Trilliarden Jahre benötigen, um den gesamten Schlüsselraum zu prüfen. Also nicht unbedingt eine praktikable Lösung, um einen geheimen WEP-Schlüssel schnell zu entdecken.

Angriffspunkt SNAP-Header

Man kann heute davon ausgehen, dass im WLAN-Bereich die höheren Protokolle TCP/IP-basierend sind. Deshalb kann man voraussetzen, dass im Datenteil aller Frames ein SNAP-Header vorgestellt ist, der immer die gleichen Anfangswerte von 0xAAAA030000 liefert (siehe Abschnitt 9.4). Diese Tatsache vereinfacht die Überprüfung des gewählten WEP-Schlüssels wesentlich. Es müssen nämlich nur die ersten fünf Bytes der extrahierten Daten mit dem aktuellen WEP-Testschlüssel entschlüsselt und auf Gleichheit geprüft werden. Um Rechenzeit zu sparen, prüft beispielsweise das Utility WepAttack sogar nur das erste Byte (0xAA). Werden die Daten primär über das IPX-Protokoll übertragen, muss die Prüfung auf 0xFF oder 0xE0 durchgeführt werden.

Dictionary-Attacke

Bei der Dictionary-Attacke geht man davon aus, dass viele WLAN-Administratoren ein einfach zu merkendes Passwort für die Generierung der WEP-Schlüssel benutzen. Diese Gefahr ist besonders groß, da der 802.11-Standard kein Schlüsselmanagement für die Verteilung der Schlüssel vorsieht und deshalb der WEP-Schlüssel auf jeder Komponente eines WLANs per Hand eingetragen werden muss. Deshalb werden sehr oft einfach zu merkende Passwörter verwendet, wie beispielsweise der Name der Freundin, der Ehefrau, eines Kindes oder des Hundes. Somit bietet es sich an, den geheimen WEP-Schlüssel durch eine Dictionary-Attacke herauszufinden. Bei der Dictionary-Attacke werden typische Wörter aus einer Wortliste durchprobiert und getestet, ob der passende WEP-Schlüssel dabei ist. Dazu wird ein verschlüsseltes Frame aufgezeichnet, testweise entschlüsselt und beispielsweise die ersten fünf Bytes des Nutzdatenteils auf den Inhalt 0xAAAA030000 geprüft. Mit der heutigen Rechenleistung kann ein durchschnittlicher Rechner mehrere tausend Wörter pro Sekunde testen. Für diverse Sprachen sind aktuelle Wortlisten erhältlich, die mehrere hunderttausend Wörter umfassen, die aus verschiedenen Quellen stammen. Zudem gibt es auch spezielle Wortlisten, die auf einen bestimmten Themenbereich wie beispielsweise Literatur, Film oder Naturwissenschaften zugeschnitten sind. Bestätigt sich die Tatsache, dass ein leicht zu merkendes Wort für die Schlüsselgenerierung verwendet wurde, kommt man mit der Dictionary-Attacke schneller an den geheimen WEP-Schlüssel als mit der Brute-Force-Attacke. Um dieser Gefahr aus dem Weg zu gehen, sollten als Passwörter willkürlich gewählte Zeichenfolgen verwendet werden.

Schlüsselgenerierung   Für die Dictionary-Attacke kann entscheidend sein, wie der WEP-Schlüssel generiert wird. Für diese Generierung gibt es drei Verfahren, nämlich die direkte Eingabe über hexadezimale Ziffern, das ASCII-Mapping-Verfahren oder die funktionsbasierte Schlüsselgenerierung. Die Eingabe der WEP-Schlüssel erfolgt über entsprechende Menüs, die sich im Konfigurationsbereich der Access Points oder WLAN-Adapter befinden. In diesen Menüs können in der Regel vier verschiedene WEP-Schlüssel über Passwörter eingetragen werden, wobei immer nur ein WEP-Schlüssel als Sendeschlüssel aktiviert werden kann (siehe Abb. 8–3).

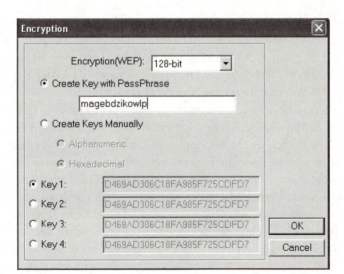

Abb. 8–3
Typisches Eingabemenü
für WEP-Schlüssel

> Die Schlüsselauswahl legt für die jeweilige Station den WEP-Schlüssel fest, der für die Frame-Aussendung verwendet wird. Da bis zu vier WEP-Schlüssel eingetragen werden können, wird zwischen den korrespondierenden Statio-nen die Verwendung von zwei WEP-Schlüsseln ermöglicht. Hierzu muss zum Beispiel am Access Point der erste Schlüssel als Sendeschlüssel ausgewählt werden und auf den Client-Stationen der zweite Schlüssel als Sendeschlüs-sel. In diesem Fall müssen auf beiden Seiten in den jeweiligen Schlüsselfel-dern dieselben Schlüssel eingetragen werden. Die Sicherheit lässt sich auf diese Weise etwas erhöhen, da die Wiederholung der WEP-Schlüssel viel später vorkommt.

Für die direkte hexadezimale Eingabe müssen die Passwörter bei WEP40 über zehn hexadezimale Ziffern und bei WEP128 über 26 hexadezimale Ziffern eingegeben werden. Beim ASCII-Mapping-Ver-fahren werden die einzelnen Zeichen des Passwortes in Hexwerte gewandelt. Das Passwort muss bei WEP40 über fünf alphanumerische Zeichen eingegeben werden und bei WEP128 über 13 alphanumerische Zeichen. Es gibt Hersteller, bei denen fehlende Charakter einfach durch den Hexwert 0x00 aufgefüllt werden. Ein Nachteil beim ASCII-Map-ping-Verfahren ist, dass zur Erzeugung des WEP-Schlüssels ausschließ-lich der Bereich des druckbaren ASCII-Zeichensatzes zur Verfügung steht. Demnach ergeben sich pro ASCII-Zeichen nur 94 Möglichkeiten. Der Schlüsselraum verringert sich dadurch auf 94^5 = 7339040224 oder 94^{13} = 4473650959253981738866 2784 verschiedene WEP-Schlüssel anstelle von 2^{40} oder 2^{104} verschiedene WEP-Schlüssel. Brute-Force-Attacken führen beispielsweise bei WEP40 durch das ASCII-Mapping-

Passworteingabe

Verfahren 150-mal so schnell zum Erfolg, als wenn die Eingabe der Passwörter über hexadezimale Zeichen erfolgt. Auch bietet ein WEP-Schlüssel, der durch ASCII-Mapping-Verfahren generiert wurde, eine größere Angriffsfläche für die Dictionary-Attacke, da in der Regel die Passwörter von Begriffen oder Namen abgeleitet sind.

Funktionsbasierende Schlüsselgenerierung

Anders sieht es aus, wenn der WEP-Schlüssel durch eine funktionsbasierte Schlüsselgenerierung erzeugt wurde. Bei diesem Verfahren wird der WEP-Schlüssel über einen bestimmten Algorithmus generiert. Hierfür ist meistens nur die Eingabe eines Passwortes notwendig, woraus automatisch vier unterschiedliche WEP-Schlüssel abgeleitet werden. Der Vorteil hierbei ist, dass auch tatsächlich der gesamte Schlüsselraum ausgenutzt werden kann und dieser nicht nur auf die druckbaren ASCII-Zeichensätze beschränkt ist. Solange der Algorithmus zur Schlüsselgenerierung nicht bekannt ist, wird zudem die Dictionary-Attacke erschwert. Wenn jedoch der Algorithmus bekannt ist, kann er in der Angriffs-Utility nachgeahmt und die Dictionary-Attacke wieder problemlos durchgeführt werden. Werden die WEP-Schlüssel über eine funktionsbasierte Schlüsselgenerierung erstellt, kann es jedoch zu Kompatibilitätsproblemen zwischen Produkten unterschiedlicher Hersteller kommen, da diese unter Umständen verschiedene Algorithmen für die Schlüsselgenerierung verwenden. In diesem Fall hilft nur, auf die funktionsbasierte Schlüsselgenerierung zu verzichten und die vier Passwörter wieder per Hand über hexadezimale Ziffern einzutragen.

8.2.2   Schwachstellen der WEP-Authentifizierung ausnutzen

WEP-Authentifizierung

Die Shared-Key-Authentifizierung basiert auf dem Challenge-Response-Verfahren. Der Access Point generiert einen 128 Byte langen Text und sendet diesen an die WLAN-Station (Challenge). Die WLAN-Station verschlüsselt den empfangenen Text mit ihrem WEP-Schlüssel und sendet den verschlüsselten Text an den Access Point zurück (Response). Der Access Point entschlüsselt wiederum den verschlüsselten Text (Response) mit seinem WEP-Schlüssel und führt anschließend einen Vergleich zwischen dem gesendeten und dem empfangenen Text durch. Stimmen beide überein, so gilt die WLAN-Station als authentifiziert. Gelingt es nun einem Angreifer, eine vollständige Authentifizierung mitzusniffen, kann dieser sich ebenfalls beim Access Point authentifizieren, obwohl er eigentlich nicht im Besitz des geheimen WEP-Schlüssels ist. Er braucht lediglich eine XOR-Verknüpfung zwischen dem zuvor aufgezeichneten Challenge und Response durchzuführen und erhält dadurch den Strom von Chiffrierbits, der für die Verschlüsselung des Challenge-Textes verwendet wurde. Zudem kann der verwendete Initialisierungsvektor leicht ermittelt werden, da er aus der Antwort-Frame des Access Points einfach ausgelesen werden kann. Damit liegen dann ein gültiger Strom von Chiffrierbits und der dazugehörige Initialisierungsvektor vor. Der Angreifer braucht jetzt nur noch einen Authentification-Request-Frame an den Access Point auszusenden und erhält dann als Antwort ein Authentification-Response-Frame mit einem Challenge-Text. Dieser wird nun mit dem zuvor ermittelten Strom von Chiffrierbits verschlüsselt und als Response an den Access Point zurückgeschickt, wobei vor den verschlüsselten Challenge-Text der dazugehörige Initialisierungsvektor gesetzt wird. Der Access Point wird den empfangenen Challenge-Text als Authentifizierung akzeptieren, da er davon ausgeht, dass der Text tatsächlich verschlüsselt wurde und die Verschlüsselung auf demselben WEP-Schlüssel basiert.

Können mehrere vollständige Authentifizierungen aufgezeichnet werden, erhält ein Angreifer mehrere Kombinationen aus Initialisierungsvektoren und den dazugehörigen Strömen von Chiffrierbits. Diese Informationen können ebenfalls für die Dechiffrierung von Nutzdaten verwendet werden, da für die Verschlüsselung der Daten und für die Authentifizierung derselbe WEP-Schlüssel verwendet wird. Das Authentifizierungsverfahren ist demnach nicht nur unsicher, sondern liefert sogar ein zusätzliches Sicherheitsrisiko für die übertragenen Daten, die eigentlich durch die WEP-Verschlüsselung geschützt sein sollten.

Das Authentifizierungsverfahren wird zudem als kritisch betrachtet, da keine Anwender, sondern die WLAN-Komponenten authentifiziert werden. In allen WLAN-Komponenten ist der WEP-Schlüssel an einem bestimmten Ort abgespeichert. Viele Hersteller von WLAN-Adaptern legen beispielsweise den WEP-Schlüssel in der Registry des Windows-Betriebssystems ab – teilweise sogar als unverschlüsselten Klartext. Wird nun ein Notebook entwendet oder geht verloren, kann mit diesem Notebook problemlos in das WLAN eingedrungen werden. Wenn der WEP-Schlüssel unverschlüsselt auf dem Notebook abgelegt ist, kann er sogar ausgelesen und in andere Systeme eingetragen werden, mit denen Angreifer dann ebenfalls einen Angriff auf das WLAN durchführen können. Kommt ein Firmen-Notebook abhanden, so bleibt dem sicherheitsbewussten Administrator nichts anderes übrig, als die verwendeten WEP-Schlüssel innerhalb des gesamten WLANs zu ändern. Dies kann natürlich wegen des fehlenden Schlüsselmanagements zu einer Sisyphus-Arbeit werden, wenn es sich um ein großes WLAN mit mehreren Access Points und vielen WLAN-Stationen han-

*Fehlende
Benutzerauthentifizierung*

delt, auf denen der neue Schlüssel per Hand eingegeben werden muss. Deshalb wird dies auch in den seltensten Fällen tatsächlich umgesetzt.

8.2.3 Datenmanipulation

Datenmanipulation Das Integrity Check Value (ICV) wird über ein 32 Bit langes CRC-Verfahren gebildet. Das CRC-Verfahren wurde lediglich dazu entwickelt, Übertragungsfehler zuverlässig zu erkennen. Für die Sicherstellung der Datenintegrität ist das CRC-Verfahren jedoch keinesfalls geeignet, da der Algorithmus bekannt ist und somit für manipulierte Nutzdaten problemlos neu berechnet werden kann. Der Empfänger wird nach einer Neuberechnung der CRC nicht erkennen, dass die Daten manipuliert wurden. Des Weiteren sind der CRC-Algorithmus und der RC4-Algorithmus linear, wodurch innerhalb verschlüsselter Frames bitweise Änderungen innerhalb des ICV möglich sind, auch wenn der WEP-Schlüssel nicht bekannt ist. So lassen sich die Checksummen für die geänderte Nachricht aus der ursprünglichen Nachricht und der eigentlichen Änderung getrennt berechnen. Ändert nun ein Hacker einige Bits einer verschlüsselten Nachricht, kann er die Checksumme für die Änderung berechnen und diese an der richtigen Stelle des Ciphertextes verknüpfen. Eine gezielte Änderung des Ciphertextes ist problemlos möglich, da die Position des ICV am Frame-Ende bekannt ist. Die manipulierte Nachricht erhält auf diese Weise wieder einen gültigen ICV; der Empfänger kann nun die Manipulation nicht mehr erkennen.

Frame-Umleitung Die Frame-Manipulation kann beispielsweise ausgenutzt werden, um Frames zu einem anderen Ziel umzuleiten. Dies ist problemlos möglich, da die Positionen der IP-Zieladresse innerhalb des Frames genau bekannt sind. Kennt man die IP-Adresse der eigentlichen Zielstation, so weiß man genau, inwieweit der Frame-Inhalt verändert werden muss. Wird die IP-Zieladresse verändert, so übernimmt gegebenenfalls der Access Point noch die Entschlüsselung der Frames und schickt die unverschlüsselten Frames auf einen Server, auf den der Hacker Zugriff hat.

8.2.4 MAC-Spoofing

MAC-Spoofing Neben dem Knacken des WEP-Verschlüsselungsverfahrens gibt es auch die Möglichkeit, mit Hilfe des Spoofings eine falsche Identität vorzutäuschen, um so Zugang ins WLAN zu erhalten. Durch Sniffen kann man relativ schnell feststellen, welche MAC-Adressen in einem WLAN genutzt werden und somit zulässig sind. Heutige Betriebssysteme und Treiberimplementierungen bieten in der Regel die Möglichkeit eine MAC-Adresse frei zu konfigurieren, wodurch die MAC-Adresse des WLAN-Adapters ersetzt wird. Somit kann man problemlos ein MAC-Spoofing durchführen und die ACL-Zugangsbeschränkung umgehen. Wählt man eine zulässige MAC-Adresse, so erhält man dadurch problemlos den Zugang zum WLAN. Probleme kann es höchstens geben, wenn die MAC-Adresse vom eigentlichen Besitzer und vom Hacker gleichzeitig verwendet wird. Der Hacker muss also immer darauf achten, dass er eine MAC-Adresse wählt, die zum Zeitpunkt des Angriffs nicht benutzt wird. Um die Gefahr der doppelten MAC-Adressenverwendung zu vermeiden, starten viele Hacker ihren Angriff nach der Arbeitszeit oder in der Mittagspause.

8.3   WLAN-Sicherheitsrisiken aufdecken

Es bedeutet einen großen Schritt in Richtung Sicherheit, wenn man das Vorhandensein bestimmter Sicherheitsrisiken erkennt. Sicherheitsrisiken lassen sich am besten überprüfen, indem man dieselben Utilities und Methoden verwendet wie potenzielle Hacker. Nicht selten kommen Sicherheitsexperten aus dieser Gruppe oder zeichnen sich durch ein fachbezogenes Know-how aus. Neben dem bereits erwähnten NetStumbler sind die am häufigsten verwendeten Utilities:

Sicherheitsrisiken aufdecken

- Airsnort: Dies ist eine frei verfügbares Linux-Utility, das den WEP-Schlüssel knacken kann. Es kann für eine passive Weak-Attacke verwendet werden (siehe http://airsnort.shmoo.com/). Erforderten bislang Hackerangriffe fast schon akademische Kenntnisse, so ermöglichen Utilities wie Airsnort einen Angriff, ohne dass die genauen Hindergründe der Schwachstellen bekannt sind. Hackerangriffe können somit von jedermann problemlos durchgeführt werden – was natürlich ein zusätzliches Gefahrenpotenzial darstellt.

Airsnort

- WEPCrack ist vergleichbar mit Airsnort und ebenfalls zum Aufdecken des WEP-Schlüssels geeignet. Man verwendet dieses Utility ebenfalls für Linux-Plattformen (siehe http://wepcrack.sourceforge.net/).

WEPCrack

- WEPAttack ist ein Utility für Linux-Plattformen, mit dem eine passive Dictionary-Attacke durchgeführt werden kann (siehe http://sourceforge.net/projects/wepattack/). Es benötigt zwischengespeicherte Frames, die in einem PCAP-kompatiblen Format gespeichert sein können. Bei dem PCAP- Format handelt es sich um ein von verschiedenen Sniffern unterstütztes Dateiformat.

WEPAttack

Wellenreiter ▦ Wellenreiter ist vergleichbar mit dem NetStumbler. Es ist für eine Linux-Plattform programmiert. Mit dem Wellenreiter können Access Points aufgesucht und Managementinformationen der Funkzellen betrachtet werden (siehe http://www.wellenreiter.net).

WAVEMON ▦ WAVEMON ist vergleichbar mit dem Wellenreiter und bietet gleiche Funktionen, Aufsuchen von Access Points und Betrachtung von Managementinformationen der Funkzellen. Zudem werden die Signalstärke, die Höhe des Rauschsignals und der Signal-Rauschabstand dargestellt (siehe http://www.jm-music.de/projects.html).

PrismStumbler ▦ PrismStumbler ist ebenfalls mit dem Wellenreiter vergleichbar. Mit PrismStumbler können die Informationen der Beacon-Frames aufgefangen werden, um damit Access Points aufzusuchen. PrismStumbler basiert auf einer kleinen Benutzeroberfläche und kann dadurch problemlos auf einem PDA betrieben werden (siehe http://prismstumbler.sourceforge.net).

Asleap ▦ Bei Asleap handelt es sich um ein Utility, mit dem mittels Brute-Force-Attacke das eigentlich geheime LEAP-Passwort (siehe Abschnitt 8.5.6) über mitgeschnittene Frames ermittelt werden kann.

Reichweitenüberprüfung Um ein Gefühl dafür zu bekommen, ob das installierte WLAN von außen überhaupt sichtbar ist, sollte man nach der Installation einfach mal um das Gebäude oder des Firmengeländes laufen und prüfen, inwieweit die Funksignale außerhalb der Grenzen empfangen werden können. Verwenden Sie dazu Richtfunkantennen mit hohem Antennengewinn, damit auch noch schwache Signale empfangen werden können. So kann man sich auf einfachste Art und Weise ein Bild machen, ob War Driver überhaupt in der Lage sind, ein WLAN aufzuspüren oder nicht.

Potenzielle Angriffe testen Möchte ein Administrator sich einen Überblick über die tatsächliche Sicherheit verschaffen, so kann er einen Schritt weiter gehen und mit den aufgeführten Utilities einen Probeangriff durchführen. Ist ein Angriff möglich, so weiß er, dass ein Gefahrenpotenzial vorliegt. Ist ein Angriff nicht möglich, darf jedoch der Administrator trotzdem nicht davon ausgehen, dass sein WLAN wirklich sicher ist. Hacker verwenden immer neue Utilities oder leistungsfähigere Systeme, um die Sicherheitssysteme zu umgehen.

Rogue Access Points Oft weiß ein Administrator gar nicht, wie viele Access Points in der Firma installiert sind. Heute sind häufig nicht genehmigte Access Points, so genannte Rogue Access Points, in einem Netzwerk vorhanden. Durch den Preisverfall der Hardware und die unkomplizierte Installation kommen immer mehr Mitarbeiter auf die Idee, einen eigenen Access Point zu installieren, ohne die IT-Abteilung darüber zu informieren. Das geschieht in der Regel ohne böse Absicht. Die Mitarbeiter wollen mit ihrem Notebook drahtlos ins Netz gehen, um mobiler und flexibler zu sein. Dass dadurch unter Umständen sämtliche Sicherheitsbarrieren geöffnet werden, ist ihnen selten bewusst. Um dieser Gefahr aus dem Weg zu gehen, sollte ein Administrator in regelmäßigen Abständen überprüfen, ob alle Access Points als zulässige Access Points identifiziert werden können und sich keine Rogue Access Points im (W)LAN befinden. Diese Vorsichtsmaßnahme betrifft alle Administratoren, unabhängig davon, ob sie ein LAN oder WLAN technisch betreuen. Die Überprüfung kann beispielsweise über den NetStumbler oder Protokollanalyser durchgeführt werden. Des Weiteren gibt es heute eine Vielzahl von Überwachungs-Utilities die das WLAN fortlaufend überwachen und Rogue Access Points aufdecken können. Für die Überwachung werden die empfangenen Beacon-Frames mit einer zuvor angelegten Liste, in der alle zulässigen Access Points beziehungsweise Beacon-Frames aufgeführt sind, verglichen. Werden Beacon-Frames von einem nicht bekannten Access Point empfangen, so wird der entsprechende Access Point als Rogue Access Point eingestuft und dessen Standort gegebenenfalls anhand der Signalstärke bestimmt.

8.4   Maßnahmen zur Steigerung der Sicherheit

Um die Sicherheit eines WLANs zu erhöhen, sollten neben den bereits erwähnten Grundsätzen folgende Maßnahmen befolgt werden:

Sicherheitssteigerung

■ Überreichweiten sollten nach Möglichkeit verhindert werden, um das Auffinden eines WLANs zu erschweren. Dazu sollte gegebenenfalls mit Richtfunkantennen oder einer geringeren Sendeleistung gearbeitet werden, damit auch tatsächlich nur die vorgesehene Nutzfläche durch das WLAN ausgeleuchtet wird.

Überreichweiten verhindern

■ Zwischen dem drahtgebundenen Netzwerk und dem WLAN sollte eine Firewall geschaltet werden, die Angriffe auf das drahtgebundene Netzwerk verhindert. In herkömmlichen LANs wurden bislang Firewalls eingesetzt, um einem Angriff aus dem Internet, also von außen, entgegenzuwirken. Ein LAN sollte von innen über eine Firewall geschützt werden, falls das LAN eine WLAN-Erweiterung erhält. Es ist allerdings zu berücksichtigen, dass eine Firewall ohne permanente Überwachung, fortwährende Überprüfung und Anpassung ihrer Regelsätze, mit denen sie den Zugriff auf das Netzwerk kontrolliert, kaum einen anhaltenden und tatsächlichen Sicherheitsgewinn liefert. Eine stetige Aktualisierung der Firewall in Bezug auf die steigenden Sicherheitsrisiken sollte auf jeden Fall durchgeführt werden.

Firewall

Regelmäßige Änderung
der WEP-Schlüssel

▨ Falls WEP als Sicherheitsverfahren verwendet wird, sollten die WEP-Schlüssel regelmäßig geändert werden. So wird sichergestellt, dass ein geknackter WEP-Schlüssel nur kurzeitig Zugang ins WLAN gewährt.

SSID-Bekanntgabe
abschalten

▨ Das Aussenden der SSIDs, die ihr Netzwerk identifizieren und innerhalb der Beacon-Frames übertragen werden, sollten deaktiviert werden. Dazu bieten viele Access Points die SSID-Broadcast-Option.

Manuelle
IP-Adressenvergabe

▨ Eine automatische Zuteilung der IP-Adressen via DHCP sollte innerhalb eines WLANs nicht verwendet werden, stattdessen sollte den WLAN-Stationen eine feste IP-Adresse zugeordnet werden. Werden IP-Adressen automatisch vergeben, wird einem Hacker automatisch eine IP-Adresse zugeteilt, mit der problemlos ein Zugriff im Netzwerk erfolgen kann. Bei einer festen Zuordnung von IP-Adressen muss ein Hacker erst den verwendeten IP-Adressraum in Erfahrung bringen, bevor er einen Zugriff auf das Netzwerk erlangen kann.

Kleiner IP-Adressraum

▨ Der verwendete IP-Adressraum sollte möglichst klein gewählt werden. Damit sind weniger IP-Adressen vorhanden, die von den Hackern verwendet werden können, um auf das WLAN zuzugreifen.

Protokollierung

▨ Die erfolgten WLAN-Zugriffe sollten generell protokolliert werden, um nachträgliche Analysen zu ermöglichen.

Intrusion Detection
System

▨ Ein Intrusion Detection System (IDS) sollte je nach Wichtigkeit der intern erreichbaren Systeme verwendet werden, damit Angriffe zuverlässig erkannt und kurzfristig Gegenmaßnahmen eingeleitet werden können.

VPN

▨ Der Schutz durch das WEP-Verfahren reicht in der Regel nicht aus, um die Sicherheit für sensible Daten tatsächlich zu gewährleisten. Falls die WLAN-Komponenten keine besseren Sicherheitsverfahren unterstützen, können für eine erhöhte Sicherheit VPN-Verbindungen verwendet werden, die auf kryptografisch sicheren Methoden beruhen, wie beispielsweise IPSec (siehe Abschnitt 8.8).

Administration

Ein zusätzliches Sicherheitsfeature bieten Access Points, die sich nur von der drahtgebundenen Seite aus konfigurieren lassen. Hierdurch wird sichergestellt, dass keine Konfigurationsänderung von außen über das WLAN erfolgen kann, falls die WLAN-Sicherheitsinstanzen versagen beziehungsweise überwunden werden.

Zeitgesteuerte
Access Points

Zudem gibt es Access Points, die über ein internes Zeitmanagement verfügen. Hierüber kann der aktive Zeitraum der Access Points gesteuert werden. Die Idee, die sich dahinter verbirgt, ist die, dass außerhalb der Geschäfts- oder Betriebszeiten die Access Points nicht aktiv sind und Beacon-Frames nicht ausgesendet werden. Somit ist es schwieriger, WLANs aufzusuchen, zumal, wenn man berücksichtigt, dass War-Driving-Aktivitäten in der Regel abends oder am Wochenende stattfinden. Zur höheren Sicherheit des WEP-Verfahrens kann jedoch das Zeitmanagement nicht beitragen, denn werden keine Nutzdaten übertragen, was in der Regel außerhalb der Betriebszeiten der Fall ist, so werden auch keine verschlüsselten Daten übertragen. Somit werden außerhalb der Betriebszeiten auch keine Informationen für das Errechnen des geheimen WEP-Schlüssels geliefert. Allerdings lässt sich die Netzwerksicherheit etwas erhöhen, da außerhalb der Betriebszeiten kein Zugriff auf das Netzwerk erfolgen kann. Verfahren, bei denen bekannte Klartextnachrichten ins WLAN eingebracht werden, um den WEP-Schlüssel zu errechnen, lassen sich somit außerhalb der Betriebszeiten nicht durchführen.

8.4.1   802.11i-Erweiterung

Das IEEE hatte natürlich die Sicherheitsrisiken des WEP-Verfahrens ebenfalls erkannt und zielstrebig an Verbesserungen gearbeitet. Es wurde eine entsprechende Arbeitsgruppe für die 802.11i-Erweiterung gebildet. Durch 802.11i werden Erweiterungen an der MAC-Schicht vorgenommen, die als »MAC Enhancements for Enhanced Security« bezeichnet werden. Ziel der 802.11i-Erweiterung ist es, einheitliche und herstellerübergreifende Sicherheitsverfahren zu definieren, mit denen die drahtlose Datenübertragung den heutigen Sicherheitsansprüchen gerecht werden kann. *802.11i*

Das wesentliche Problem bei der Definition der 802.11i-Erweiterung war es, dass man sicherstellen musste, dass auch ältere Produkte in einem WLAN weiterhin betrieben werden können. So waren unter anderem Sicherheitsverfahren notwendig, die sich auf den älteren WLAN-Produkten implementieren lassen. Aus diesem Grund hatte man in der 802.11i-Erweiterung ein optionales Verschlüsselungsverfahren eingeführt, das auf dem bestehenden WEP-Verfahren basiert, jedoch dessen Sicherheitsmankos so weit wie möglich beseitigt. Die optionale Übergangslösung wird als Temporary Key Integrity Protocol (TKIP) bezeichnet und soll sich größtenteils über ein Firmware- und/oder Treiberupdate auf bestehende WLAN-Produkte implementieren lassen. Hierdurch soll sichergestellt werden, dass auch ältere WLAN-Produkte eine sichere Datenübertragung gewährleisten können und sich somit weiterhin verwenden lassen, wenn es um die Übertragung von sensiblen Daten geht. Für eine geschützte Datenübertra- *TKIP*

gung wird zudem eine sichere Frame-Integritätsprüfung beziehungs-
weise ein Message Integrity Check (MIC) benötigt, mit dem eine
Datenmanipulation zuverlässig ausgeschlossen werden kann. Bei der
Nutzung von TKIP wird das MIC über einen speziell entwickelten
Hash-Algorithmus realisiert, der Michael genannt wird.

AES-CCMP   Des Weiteren definiert die 802.11i-Erweiterung ein endgültiges
Verschlüsselungsverfahren, das auf dem Advanced Encryption Standard (AES) basiert und in einem Modus Anwendung findet, der als
Counter-Mode/CBC-MAC Protocol (AES-CCMP) bezeichnet wird.
AES entspricht dem Verschlüsselungsalgorithmus, der heute vom National Institute of Standards and Technology (NIST) empfohlen wird
und den Sicherheitsanforderungen entspricht, die in der FIPS PUB
140-2 (Federal Information Processing Standards Publication) festgeschrieben sind. Die Implementierung von AES-CCMP ist im WLAN-
Bereich als Hardwarelösung vorgesehen, weshalb für die Nutzung von
AES-CCMP neue WLAN-Chipsätze vorausgesetzt werden. Man kann
jedoch heute davon ausgehen, dass die modernen WLAN-Chipsätze,
die etwa seit 2003 entwickelt wurden, die Hardwarevoraussetzungen
erfüllen und somit eine Vielzahl der neueren WLAN-Produkte AES-
CCMP bereits unterstützen. Wird in der 802.11i-Erweiterung
TKIP/MIC als optionale Übergangslösung betrachtet, so ist die Unterstützung von AES-CCMP bei 802.11i-konformen WLAN-Produkten
vorgeschrieben.

AKM   Die 802.11i Erweiterung stützt sich jedoch nicht ausschließlich
auf sichere Verfahren für die Datenverschlüsselung und Sicherstellung
der Frame-Integrität, sondern sieht zudem die Verwendung eines
erweiterten Authentifizierungsverfahrens vor. Das erweiterte Authentifizierungsverfahren soll die eindeutige Authentifizierung der WLAN-
Stationen sicherstellen und bietet zudem Algorithmen für ein automatisches Schlüsselmanagement, wobei diese in der 802.11i-Erweiterung
zusammenfassend als Authentication and Key Management (AKM)
bezeichnet werden. Für das AKM stützt sich die 802.11i-Erweiterung
entweder auf Authentifizierungsverfahren, die im 802.1X-Standard
spezifiziert sind und auf dem Extensible Authentication Protocol
(EAP) basieren, oder auf einen so genannten Pre-Shared Key (PSK).
Ersteres wird in größeren WLANs verwendet, in denen ein Authentifizierungsserver zur Verfügung steht und letzteres für kleinere WLANs
ohne Authentifizierungsserver.

Die drei tragenden Sicherheitssäulen der 802.11i-Erweiterung lassen sich wie folgt zusammenfassen:

- Das optionale Verschlüsselungsverfahren TKIP, das sich größtenteils auf ältere WLAN-Produkte über ein Firmware- und/oder Treiberupdate implementieren lässt und durch eine Frame-Integritätsprüfung, die auf Michael basiert, kombiniert wird.
- Das endgültige Verschlüsselungsverfahren, AES-CCMP, das von allen 802.11i-konformen WLAN-Produkten unterstützt werden muss.
- Die Nutzung eines erweiterten Authentifizierungsverfahrens für WLAN-Stationen und Algorithmen für ein automatisches Schlüsselmanagement. Man spricht hier von Authentication and Key Management (AKM).

RSN

WLANs, die die neuen Sicherheitsfeatures laut 802.11i unterstützen, werden IEEE zufolge als Robust Security Network (RSN) bezeichnet. Ein RSN zeichnet sich auf der Ebene des 802.11-Standards durch Funktionen aus, die die übertragenen Daten vor einem unberechtigten Zugriff und Manipulation schützen. Zudem greift die 802.11i-Erweiterung auf die Dienste des 802.1X-Standards zurück, wodurch eine Authentifizierung und kontrollierte Netzzugänge bereitgestellt werden. Funktionen der 802.11i-Erweiterung und des 802.1X-Standards greifen in einem RSN ineinander, um ein Schlüsselmanagement bereitzustellen. Innerhalb eines RSN werden die Assoziierungen zwischen den Stationen als Robust Security Network Association (RSNA) bezeichnet, wenn die Authentifizierung und Assoziierung zwecks Austauschs der dynamischen Schlüssel mit einem 4-Wege-Handshake kombiniert werden. Für ein RSN ist es entscheidend, dass alle Stationen eine RSNA nutzen und die übertragenen Daten via AES-CCMP oder TKIP/MIC geschützt werden. Unterstützen die WLAN-Komponenten nur das schwache und optionale WEP-Verfahren, werden diese als Pre-RSNA-Komponenten bezeichnet. Laut der 802.11i-Erweiterung ist jetzt auch das WEP128-Verfahren in den WLAN-Standard als optionale Sicherheitslösung aufgenommen worden. WEP40 und WEP128 werden jedoch nicht mehr empfohlen, wenn es um eine sichere Datenübertragung geht.

8.4.2 Wi-Fi Protected Access

WPA

Die 802.11i-Arbeitsgruppe hatte es sich nicht einfach gemacht und mehr als drei Jahre an der 802.11i-Erweiterung gearbeitet, bevor diese endlich am 24. Juni 2004 definitiv verabschiedet wurde. Da die Netzwerkindustrie auf die Sicherheitsmankos reagieren musste, hatte die Wi-Fi Alliance einen ersten und entscheidenden Schritt in Richtung eines einheitlichen und zeitgemäßen Sicherheitsstandards vollzogen. Resultat war die Definition von Wi-Fi Protected Access (WPA), die im Oktober 2003 veröffentlicht wurde und als Quasisicherheitsstandard betrachtet werden kann. WPA ist letztendlich nichts anderes als ein Subset der 802.11i-Erweiterung (Stand 2003), das TKIP als Verschlüsselungsverfahren und Michael zur Integritätsprüfung vorsieht. Was die Authentifizierung betrifft, so lässt WPA, wie die 802.11i-Erweiterung, zwei Möglichkeiten zu, nämlich WPA-Personal und WPA-Enterprise. WPA-Enterprise setzt einen Authentifizierungsserver voraus, der einer Client-Server-Authentifizierung dient und einen dynamischen Schlüsselaustausch ermöglicht. Hierbei greift man auf Authentifizierungsverfahren zurück, die im 802.1X-Standard spezifiziert sind und auf dem EAP basieren. Für kleinere WLANs, bei denen kein Authentifizierungsserver vorausgesetzt werden kann, ist WPA-Personal definiert worden. Bei WPA-Personal wird ein PSK für die Authentifizierung und die dynamische Schlüsselgenerierung zugrunde gelegt.

WPA2   Im September 2004 wurde von der Wi-Fi Alliance eine neue WPA-Version ins Leben gerufen, die als Wi-Fi Protected Access 2 (WPA2) bezeichnet wird und sich an die zwischenzeitlich verabschiedete 802.11i-Erweiterung anlehnt. Was die Verschlüsselung betrifft, so entspricht WPA2 der vollständigen Implementierung der 802.11i-Erweiterung, da als Verschlüsselungsverfahren nicht mehr TKIP, sondern AES-CCMP genutzt wird. Generell kann man sagen, dass WPA2 mit 802.11i gleichzusetzen ist. Jedoch unterscheiden sich WPA2 und 802.11i in der Detailbetrachtung durch ein paar Eigenschaften, die in der Implementierung gefordert sind und die laut 802.11i unterstützt werden müssen und ein schnelleres Roaming ermöglichen sollen. Dieses wird vornehmlich benötigt, wenn über sichere WLAN-Verbindungen VoIP übertragen werden soll, wobei kleine Latenzzeiten bei der Datenübertragung unabdingbar sind.

Wie bei WPA wird bei WPA2 zwischen den Varianten WPA2-Personal und WPA2-Enterprise unterschieden, die sich ebenfalls in der Authentifizierungsmethode unterscheiden, also ob für die Authentifizierung ein PSK oder ein Authentifizierungsserver genutzt wird. In der Tabelle 8–1 sind die vier WPA-Varianten zusammengefasst.

Tab. 8–1
WPA-Varianten

WPA-Variante		WPA	WPA2
Personal-Mode	Authentifizierung	PSK	PSK
	Verschlüsselung	TKIP/MIC	AES-CCMP
Enterprise-Mode	Authentifizierung	802.1X/EAP	802.1X/EAP
	Verschlüsselung	TKIP/MIC	AES-CCMP

Folgend werden die genutzten Authentifizierungsverfahren, das Schlüsselmanagement, TKIP, Michael und AES-CCMP detailliert dargestellt. Bei den Darstellungen wird vorwiegend auf die 802.11i-Erweiterung Bezug genommen, Unterschiede zu WPA(2) werden explizit hervorgehoben.

8.5 Authentifizierung und Schlüsselmanagement

Bevor man auf die eigentliche Datenverschlüsselung und Integritätssicherstellung der 802.11i-Erweiterung eingeht, sollte man einen detaillierten Blick auf die verwendeten Authentifizierungsmethoden und das Schlüsselmanagement werfen, da diese einen elementaren Bestandteil der 802.11i-Sicherheit darstellen.

Bei den folgenden Betrachtungen wird von einem Infrastruktur-Netzwerk (ESS) ausgegangen und auf die Darstellung der Abweichungen in einem Adhoc-Netzwerk bewusst verzichtet, da sie in der Regel eher selten vorkommen.

In erster Linie greift die 802.11i-Erweiterung für die Authentifizierung und den Austausch des geheimen Schlüssels auf Authentifizierungsverfahren zurück, die im 802.1X-Standard spezifiziert sind. Als Alternative ist jedoch für kleinere WLANs, wie man sie im Privat- oder SoHo-Bereich vorfindet, ein so genanntes Pre-Shared-Key-Verfahren spezifiziert worden. Mit Hilfe des PSK-Verfahrens kann ebenfalls eine Identitätsprüfung und ein dynamischer Schlüsseltausch zwischen den beteiligten WLAN-Stationen durchgeführt werden, ohne dass innerhalb des Netzwerks ein Authentifizierungsserver vorhanden ist. Beide Ansätze bieten bei der richtigen Umsetzung eine zuverlässige Sicherheit, wobei die Variante mit dem Authentifizierungsserver den Vorteil einer zentralen Administration hat und deshalb Anpassungen in der Regel einfacher umgesetzt werden können.

8.5.1 802.1X-Authentifizierung

Der 802.1X-Standard beschreibt eine umfassende, als Port Based Network Access Control bezeichnete Authentifizierung, die ursprünglich für herkömmliche drahtgebundene LANs entwickelt wurde. Nach den Definitionen des ursprünglichen 802.1X-Standards vom 14. Juni 2001 hatten sich einige Angriffsflächen bei der Authentifizierung über ein WLAN geboten, die durch eine neue, am 15. November 2004 als IEEE-802.1X-2004-Standard verabschiedete Version des 802.1X-Standards behoben wurde. In dieser Version des 802.1X-Standards

802.1X

wird speziell auf Anforderungen einer WLAN-Infrastruktur eingegangen, die sich auf den notwendigen Informationsaustausch für die Schlüsselbildung beziehen.

Die 802.1X-Authentifizierung stützt sich letztendlich auf drei Instanzen, den Supplicant, den Authenticator und den Authentifizierungsserver, deren Rollen bei der Authentifizierung klar verteilt sind. Bezogen auf eine WLAN-Infrastruktur übernimmt die WLAN-Station die Rolle des Supplicants, der Access Point die des Authenticators. Die Aufgaben des Authentifizierungsservers übernimmt ein vorhandener oder zusätzlich zu installierender Server der LAN-Infrastruktur. Der Authentifizierungsvorgang wird vom Client eingeleitet. Er erbittet (Bittsteller, engl. Supplicant) den Zugang zum Netzwerk über den Authenticator, der die Anfrage an den zentralen Authentifizierungsserver weiterreicht. Bei einer erfolgreichen Authentifizierung des Clients weist der Authentifizierungsserver den Authenticator an, den Zugang zum Netzwerk für den Client freizugeben.

RADIUS   Als Authentifizierungsserver kommt in der Regel ein RADIUS-Server zum Einsatz, dessen Serverfunktion, Protokolle und Erweiterungen in den RFCs 2865 bis 2869 beschrieben sind. Bei der Bezeichnung RADIUS ist allerdings in der Detailbetrachtung zu berücksichtigen, dass man eine funktionale Trennung zwischen dem RADIUS-Server und dem RADIUS-Protokoll vornehmen muss.

Der Authentifizierungsserver ist das Kernstück eines RSN, denn er führt die Authentifizierung aller WLAN-Stationen und Access Points durch und ermöglicht die automatische Verteilung der dynamischen Schlüssel. In Zusammenhang mit der RADIUS-Authentifizierung spricht man auch von den drei großen »AAA«, diese stehen für (Authentication, Authorization and Accounting):

AAA
- ■ Authentifizierung (wer ist der Benutzer?)
- ■ Autorisierung (was darf der Benutzer?)
- ■ Accounting (welche Ressourcen hat der Benutzer verwendet?)

Heute unterstützen fast alle gängigen Access Points die 802.1X-Features und können somit als Authenticator fungieren. Ein Authenticator stellt die Zugangspunkte (Ports) zum Netzwerk bereit und dient als EAP-Proxy, indem er eine sichere Verbindung zum Authentifizierungsserver herstellt. Die Verbindungen zum Authentifizierungsserver werden in der Regel über Sicherheitsprotokolle wie beispielsweise RADIUS (Remote Authentication Dial-In User Service) oder TLS (Transport Layer Security) realisiert. EAP-Pakete werden für die Übertragung zwischen dem Supplicant und dem Authenticator mit EAPOL (EAP over LANs, siehe Abschnitt 8.5.5) transportiert. Die Funktion des EAP-Proxy ist es, die EAP-Pakete des Supplicants entgegenzunehmen und an den Authentifizierungsserver weiterzuleiten und umgekehrt. Die EAP-Pakete werden bei der Weiterleitung vom Supplicant zum Authentifizierungsserver von EAPOL in RADIUS umgewandelt oder in umgekehrter Übertragungsrichtung von RADIUS auf EAPOL, natürlich vorausgesetzt, dass als Authentifizierungsserver ein RADIUS-Server und somit das RADIUS-Protokoll verwendet wird. Der Authenticator verhält sich bei der Weiterleitung der EAP-Pakete transparent; demnach lassen sich in der Regel neue EAP-Methoden nutzen, ohne dass wesentliche Modifizierungen am Authenticator vorgenommen werden müssen.

> Der Default-RADIUS-Port für Authentifizierungsanfragen ist der UDP-Port 1812 und für Accounting-Anfragen der UDP-Port 1813. Gegebenenfalls muss innerhalb der Netzwerkinfrastruktur sichergestellt werden, dass diese Ports nicht gesperrt sind, damit eine Authentifizierung ausgeführt werden kann. Dies ist beispielsweise bei WLAN-Switches der Fall, bei denen man Sicherheitspolicies definieren kann, die den Datenaustausch zwischen dem drahtgebundenen Ethernet-Interface und dem WLAN regeln.

Der Supplicant wird über eine Client-Authentifizierungssoftware *Supplicant* abgebildet, die auf den WLAN-Stationen installiert sein muss. Bei Windows XP gehört beispielsweise ein lauffähiger Supplicant seit dem Service Pack 2 zum Umfang des Betriebssystems. Es gibt auch Firmen, die sich auf die Entwicklung von Sicherheitsclients spezialisiert haben, wie beispielsweise Meetinghouse, die den AEGIS-Client anbieten, oder Funk Software, die den Odyssey-Client vermarkten. Der AEGIS- und Odyssey-Client sind für alle gängigen Betriebssysteme verfügbar, wie zum Beispiel für Windows 98, W2K, Win CE; zudem gibt es vom AEGIS-Client noch Versionen, die unter Win NT oder Linux laufen. Des Weiteren gibt es für Linux Open-Source-Supplicants, wie beispielsweise den Xsupplicant, oder freie verfügbare Linux-Versionen, wie beispielsweise den wpa_supplicant. Somit lassen sich annähernd alle Systeme unabhängig vom Betriebssystem in ein RSN einbinden.

> Um den Supplicant von Win XP zu verwenden, muss unter den Netzwerkeigenschaften die Option »Windows zum Konfigurieren der Einstellungen verwenden« aktiviert sein. In diesem Fall müssen alle Einstellungen für die Verschlüsselung und Authentifizierung unter den Netzwerkeigenschaften des Betriebssystems vorgenommen werden.

Heute gibt es allerdings eine Vielzahl von WLAN-Karten, bei denen über das mitgelieferte Treiber-Paket ein Supplicant mitinstalliert wird, so beispielsweise der AEGIS-Client bei den 802.11abg-WLAN-Adaptern von Cisco oder Proxim. Alle notwendigen Einstellungen für die Verschlüsselung und Authentifizierung lassen sich dann über das Utility des WLAN-Adapters vornehmen. In diesem Fall ist es jedoch für die fehlerfreie Funktion wichtig, dass unter den Netzwerkeigenschaften von Win XP die Option »Windows zum Konfigurieren der Einstellungen verwenden« deaktiviert ist.

8.5.2   802.1X-Zugangspunkte

802.1X-Zugangspunkte So genannte 802.1X-Ports bilden innerhalb der WLAN-Stationen und der Access Points die logischen Zugangspunkte zum Netzwerk. Über die 802.1X-Ports wird letztendlich festgelegt, ob ein Datentransfer zugelassen wird oder nicht. Hierfür sind zwei unterschiedliche Zugangspunkte zum LAN implementiert, ein unkontrollierter Port und ein kontrollierter Port. Der unkontrollierte Port ermöglicht den Datenaustausch unabhängig davon, ob bereits eine Autorisierung erfolgt ist oder nicht. Der kontrollierte Port hingegen bietet nur einen uneingeschränkten Datenaustausch nach einer positiven Autorisierung. Vor der Authentifizierung kann die so genannte Port Access Entity (PAE) über den kontrollierten Port lediglich die für die Authentifizierung notwendigen Daten übertragen. Generell können die Ports eines auf 802.1X basierenden Netzwerks in drei unterschiedlichen Modi operieren:

Authentication off/Port on ■ In der Betriebsart Authentication off/Port on wird keine Authentifizierung vorausgesetzt.

Authentication on/Port off ■ Bei der Betriebsart Authentication on/Port off handelt es sich um den am stärksten eingeschränkten Zugangsmodus. Der Benutzer muss sich zunächst an der Schnittstelle authentifizieren, bevor eine Verbindung zum Netzwerk hergestellt wird. Jeglicher Datenaustausch, der nicht für die Authentifizierung notwendig ist, wird geblockt. Erst nach erfolgreicher Authentifizierung kann der Benutzer unbeschränkt Daten ins Netzwerk übertragen.

Authentication on/Port on ■ Bei dem Modus Authentication on/Port on with default policy ist zwar die Authentifizierung an der Schnittstelle erforderlich, die Betriebsart erlaubt jedoch eine eingeschränkte Übertragung bestimmter Dateninhalte. So kann der Benutzer noch vor der Authentifizierung auf grundlegende Dienste wie beispielsweise DHCP und DNS zugreifen. Des Weiteren können auf allen Ports, an denen sich nichtauthentifizierte Benutzer befinden, für den Datenaustausch niedrigere Prioritäten eingeräumt werden, bis sich der Benutzer erfolgreich authentifiziert hat.

> Bei den folgenden Betrachtungen wird davon ausgegangen, dass als Authen-
> tifizierungsserver ein RADIUS-Server zum Einsatz kommt.

8.5.3   Extensible Authentication Protocol

Für die Authentifizierung wird auf das Extensible Authentication Protocol (EAP) zurückgegriffen. EAP beschreibt dazu in einem einfachen Request-Response-Verfahren den Austausch der Authentifizierungsdaten vom Benutzer zum Authentisierungsserver und dessen Antwort. Bei EAP handelt es sich um eine Erweiterung des Point-to-Point Protocols (PPP). Die Authentifizierung wird in der Regel immer dann initiiert, sobald der Supplicant erstmals auf den Port des Authenticators zugreift und ein EAP-Start-Frame aussendet. Der Authenticator fordert daraufhin den Benutzer auf, sich zu authentifizieren. Diese Authentisierungsinformationen werden zunächst an den Port des Authenticators weitergeleitet. Sobald der Authenticator diese Daten empfangen hat, leitet er sie an einen RADIUS-Server weiter. Der Authentisierungsserver führt einen Vergleich anhand der hinterlegten Benutzerprofile durch. Er entscheidet, ob der Benutzer den gewünschten Zugriff auf die angefragten Dienste erhält oder nicht. Im Falle einer abgelehnten Authentifizierung erhält der Authenticator eine entsprechende Information, die ihn veranlasst, den Port nicht zu aktivieren (Authentication on/Port off) beziehungsweise das Standard-Systemverhalten beizubehalten (Authentication on/Port on with default policy). Somit wird dem Benutzer der Zugriff auf den angefragten Dienst verwehrt. Bei erfolgreicher Authentifizierung sendet der RADIUS-Server eine Meldung mit der Funktionsbezeichnung »RADIUS/EAP Success« zurück. Der Authenticator schaltet daraufhin den entsprechenden Port für den Benutzer für den uneingeschränkten Datenaustausch frei.

EAP

8.5.4   EAP-Nachrichten

Die EAP-Kommunikation ist relativ einfach gehalten und basiert lediglich auf vier verschiedenen EAP-Nachrichtentypen, mit deren Hilfe ein Request-Response-Verfahren umgesetzt wird. Die verwendeten EAP-Nachrichten beinhalten ein 1 Byte langes Code-Feld, ein 1 Byte langes Identifier-Feld, ein 2 Byte langes Length-Feld und ein Datenfeld, dessen Länge variabel und von der jeweiligen EAP-Nachricht sowie der genutzten EAP-Methode abhängig ist (siehe Abb. 8–4). Über den Inhalt des Code-Feldes wird der Typ der EAP-Nachricht festgelegt, wobei einer von vier Typen spezifiziert wird. Der Inhalt des Identifier-Felds repräsentiert eine individuelle Nummer, anhand der die zusam-

EAP-Nachrichten

Abb. 8–4
Aufbau der EAP-Nachricht

| Code 1 Byte | Identifier 1 Byte | Length 2 Byte | Data 1-n Byte |

menhängenden EAP-Request- und EAP-Response-Nachrichten erkannt und identifiziert werden können, die zu einem Authentifizierungsvorgang gehören. Da das Identifier-Feld nur eine Länge von einem Byte hat, können pro Port maximal 256 Authentifizierungen vorgenommen werden. Über das Length-Feld wird die Länge der EAP-Nachricht angegeben, wobei die Längenangabe neben dem Datenteil auch den Header berücksichtigt. Folgende EAP-Nachrichten können während einer Authentifizierung Anwendung finden:

EAP-Request
- EAP-Request (Code 1): Diese EAP-Nachricht wird verwendet, um Nachrichten vom Authenticator zum Supplicant zu übertragen.

EAP-Response
- EAP-Response (Code 2): Die EAP-Response-Nachrichten finden Anwendung, wenn Nachrichten vom Supplicant zum Authenticator gesendet werden.

EAP-Success
- EAP-Success (Code 3): Über die EAP-Success-Nachricht wird dem Supplicant mitgeteilt, dass die Authentifizierung erfolgreich abgeschlossen werden konnte.

EAP-Failure
- EAP-Failure (Code 4): Mit Hilfe der EAP-Failure-Nachricht wird dem Supplicant ein negativer Authentifizierungsversuch quittiert.

Die EAP-Request- und EAP-Response-Nachrichten beinhalten zusätzlich ein 1 Byte langes Type-Feld, über das diese in zusätzliche Subtypen aufgeteilt werden. Das Type-Feld legt fest, welche Informationen über die EAP-Request- oder Response-Nachricht transportiert werden. Über den Inhalt 1 werden beispielsweise EAP-Request/Identity- und EAP-Response/Identity-Nachrichten spezifiziert, mit denen der Authentifizierungsserver den Namen des Supplicants abfragt und der Supplicant entsprechend antwortet. Zudem wird über den Inhalt des Type-Feldes die verwendete EAP-Methode (siehe Abschnitt 8.5.6) angegeben. Mit Hilfe der Angabe im Type-Feld kann der Supplicant entscheiden, ob er die EAP-Methode unterstützt. Unterstützt der Supplicant die spezifizierte EAP-Methode nicht, so sendet er eine EAP-Response-Nachricht vom Typ 3. Hierbei handelt es um ein so genanntes Negative Acknowledge (NAK). Über die Typ-2-Nachrichten können Benachrichtigungen im Klartext an den Benutzer übertragen werden, die ihn beispielsweise auffordern, ein Passwort einzugeben.

Typ-Nummer	EAP-Subtypen oder Methoden
1	Request/Identity
2	Notify
3	NAK
4	EAP-MD5
13	EAP-TLS
17	LEAP
18	EAP-SIM
21	EAP-TTLS
25	PEAP
43	EAP-FAST

Tab. 8–2
Typ-Nummer
verschiedener
EAP-Subtypen und
Methoden

8.5.5 EAP over LANs

EAP wurde ursprünglich für die Authentifizierung von Benutzern entwickelt, die sich remote via DFÜ-Verbindung auf einen Server oder in
ein Netzwerk einwählen. Deshalb enthält die ursprüngliche EAP-Definition (RFC 2284), die im März 1998 veröffentlicht wurde, keinerlei
Beschreibungen, die den Transport der EAP-Nachrichten innerhalb
eines LANs regeln. An dieser Stelle greift der 802.1X-Standard, der für
den Transport der EAP-Nachrichten EAP over LANs (EAPOL) spezifiziert. Alle EAP-Nachrichten, die der Authenticator vom Authentifizierungsserver empfängt, werden in ein EAPOL-Frame gekapselt und in
diesem Format an den Supplicant übertragen. Zudem sendet der Supplicant seine EAP-Nachrichten als EAPOL-Frames zum Authenticator,
der die EAP-Nachrichten entpackt und in ein Protokoll kapselt, das
zwischen dem Authenticator und dem Authentifizierungsserver verwendet wird. Erst mit Hilfe von EAPOL wird EAP für den Einsatz
innerhalb eines LANs oder WLANs nutzbar. EAPOL sieht mehrere
mögliche Typen von Frames vor:

EAP over LANs

■ EAPOL-Packet (Typ 0): Für den Transport der EAP-Nachrichten
sind die so genannten EAPOL-Packet-Frames vorgesehen, in denen
die eigentlichen EAP-Nachrichten für den Transport innerhalb
eines LANs beziehungsweise WLANs eingekapselt werden.

EAPOL-Packet

■ EAPOL-Start (Typ 1): Für die Anmeldung in einem WLAN muss
ein Supplicant erst einmal die MAC-Adresse des Authenticators
ermitteln. Hierfür sendet der Supplicant ein Frame vom Typ
EAPOL-Start an die Multicast-Adresse 00-80-C2-00-00-03, die
speziell für den Authenticator reserviert ist und nicht über Bridges
weitergeleitet wird. Über das EAPOL-Start-Frame kann der Suppli-

EAPOL-Start

cant prüfen, ob ein Authenticator vorhanden ist und teilt diesem gleichzeitig mit, dass sich der Supplicant anmelden möchte. Der Authenticator reagiert daraufhin mit einer EAP-Request/Identity-Nachricht, die innerhalb eines EAPOL-Packet-Frames zum Supplicant übertragen wird.

EAPOL-Logoff ▪ EAPOL-Logoff (Typ 2): Über das EAPOL-Logoff-Frame kann der Supplicant dem Authenticator mitteilen, dass er das Netzwerk verlassen möchte.

EAPOL-Key ▪ EAPOL-Key (Typ 3): Die EAPOL-Key-Frames dienen der Aushandlung beziehungsweise dem Austausch der temporären und geheimen Schlüssel. EAPOL-Key-Frames kommen hierzu beim so genannten 4-Wege-Handshake oder 2-Wege-Handshake zum Einsatz, über die die temporären Schlüssel zwischen dem Authenticator und Supplicant ausgehandelt werden (siehe Abschnitt 8.5.12 und 8.5.13).

EAP-Encapsulated-ASF-Alert ▪ EAP-Encapsulated-ASF-Alert (Typ 4): Mit Hilfe des EAP-Encapsulated-ASF-Alert-Frames können Fehler- oder Warnmeldungen, beispielsweise über SNMP-Traps, über einen Port übertragen werden, der sich in einem nichtautorisierten Status befindet.

EAPOL-Frames EAPOL-Frames sind einfach aufgebaut und beinhalten lediglich vier Felder (siehe Abb. 8–5): das 1 Byte lange Protocol-Version-Feld, das 1 Byte lange Packet-Type-Feld, das 2 Byte lange Packet-Body-Length-Feld und Packet-Body-Feld, das nur beim Typ 0, 3 und 4 vorhanden ist und dessen Länge von dem jeweiligen EAPOL-Frame abhängig ist. Der Inhalt des Protocol-Version-Feldes spezifiziert die Version von EAPOL und ist derzeit auf 1 gesetzt. Über das Packet-Type-Feld wird der Typ des EAPOL-Frames spezifiziert. Der Inhalt des Packet-Body-Length-Feldes gibt die Länge des EAPOL-Packet-Body-Feldes an. Ist der Inhalt des Packet-Body-Length-Felds auf 0 gesetzt, so wird angegeben, dass kein Packet-Body-Feld vorhanden ist. Das Packet-Body-Feld beinhaltet die eigentliche EAP-Nachricht.

Abb. 8–5
Aufbau EAPOL-Frame

Protocol Version 1 Byte	Packet Type 1 Byte	Packet Body Length 1 Byte	Packet Body 1-n Byte

802.1X-Frames werden über die Ethernet-Typangabe 88-8E spezifiziert, Pre-Authentication-Frames (siehe Abschnitt 8.5.16) über die Ethernet-Typangabe 88-C7. Gegebenenfalls muss innerhalb der Netzwerkinfrastruktur sichergestellt werden, dass diese Frametypen nicht gesperrt sind, damit eine Authentifizierung erfolgreich ausgeführt werden kann.

8.5.6   EAP-Methoden

EAP wurde ursprünglich im RFC 2284 spezifiziert, wobei die eigentliche Authentifizierungsmethode über verschiedene EAP-Methoden
beschrieben wird. Später erfolgte mit Veröffentlichung der RFC 3748
eine Anpassung der EAP-Definition, durch die Sicherheitslücken durch
die Beseitigung einiger Interpretationsunklarheiten geschlossen wurden. Gängige EAP-Methoden sind beispielsweise EAP-MD5 (EAP-
Message Digest Algorithm), LEAP (Lightweight-Extensible Authentication Protocol), EAP-TLS (EAP-Transport Layer Security Protocol),
EAP-TTLS (EAP-Tunnelled Transport Layer Security Protocol), EAP-
PEAP (EAP-Protected Extensible Authentication Protocol), EAP-SIM
(EAP-Subscriber Identity Module) und EAP-FAST (EAP-Flexible
Authentication via Secure Tunneling). Jede EAP-Methode hat ihre Vor-
und Nachteile. Es ist von Fall zu Fall abzuwägen, welche Methode ein-
gesetzt werden sollte. Folgend werden die Eigenschaften der verschiedenen EAP-Methoden dargestellt:

EAP-Methoden

- EAP-MD5 (EAP-Message Digest Algorithm): Hierbei handelt es
  sich um die einfachste EAP-Authentisierungsmethode, die in RFC
  1321 als Message-Digest-Algorithmus beschrieben ist. EAP-MD5
  verwendet dieselben Challenge-Handshake-Protokolle wie das
  PPP-basierende CHAP (Challenge Handshake Authentification
  Protocol), wobei die Anfragen und die Antworten via EAP übertragen werden. Bei EAP-MD5 werden der Benutzername und das
  Passwort über einen MD5-Hashing-Algorithmus kodiert, allerdings ohne dass sich Sender und Empfänger vorher gegenseitig
  authentifizieren. Der Benutzer kann also nicht sicher sein, mit dem
  richtigen Authentifizierungsserver zu kommunizieren. Somit dient
  EAP-MD5 ausschließlich der sicheren Identifizierung des Benutzers, der auf eine Netzwerkressource zugreifen möchte. EAP-MD5
  ist deshalb im WLAN-Bereich für eine Authentifizierung nicht
  geeignet, da eine Men-in-the-Middle-Attacke nicht ausgeschlossen
  werden kann.

EAP-MD5

- LEAP (Lightweight-EAP): Entspricht einer proprietären Lösung,
  die von Cisco entwickelt wurde und sich an den 802.1X-Standard
  anlehnt. LEAP wurde von Cisco für die speziellen Anforderungen
  im WLAN-Bereich entwickelt und kam vornehmlich in WLAN-
  Netzwerken zum Einsatz, die auf einer Cisco-Infrastruktur basieren, da LEAP nur von Cisco Access Points unterstützt wird. Es
  wurde aber von Cisco nie veröffentlicht. LEAP wird deshalb auch
  oft als Cisco EAP bezeichnet. Es konnte aber mit Hilfe von Paketa-
  nalysen rekonstruiert werden und wurde auf diese Weise im Inter-

LEAP

net veröffentlicht. Zudem gibt es einige Client-Hersteller, die bezüglich LEAP mit Cisco ein Lizenzabkommen haben. Somit gibt es heute auch von anderen Herstellern eine Vielzahl von Clients, die ebenfalls LEAP unterstützen. Bei LEAP müssen sich WLAN-Client und Access Point gegenseitig authentifizieren, wobei das verwendete Challenge-Response-Verfahren auf einer modifizierten Version des MS-CHAPv2 (Microsoft Challenge Authentication Protocol Version 2) basiert. Nach der Authentifizierung ist eine sichere Aushandlung eines Sitzungsschlüssels möglich, wobei dieser dynamisch und benutzerabhängig erstellt werden kann. Die dynamischen Schlüssel erzeugt Cisco über ein eigenes Key-Hashing-Verfahren. Dazu wird aus dem Initialisierungsvektor und dem dynamisch erzeugten Schlüssel ein Hash-Wert gebildet. Dieser wird wiederum als Schlüssel verwendet, wobei er mit dem Initialisierungsvektor kombiniert wird. Nachdem die Schwächen des WEP-Verfahrens bekannt waren, hatte Cisco LEAP als die Sicherheitslösung für den WLAN-Bereich propagiert. Jedoch sind heute auch die Schwächen des LEAP bekannt, denn im August 2003 hatte Joshua Wright auf der Defcon 9 das Tool Asleap vorgestellt, das mittels einer Wörterbuchattacke das Passwort von mitgeschnittenen Frames ermitteln kann. Cisco wies anfänglich darauf hin, dass LEAP bei der Wahl ausreichend komplexer Passwörter sicher sei, was sicherlich auch der Fall ist. Jedoch empfiehlt Cisco heute den Einsatz von EAP-FAST, wenn es um die Übertragung sensibler Daten geht.

EAP-TLS ■ EAP-TLS (EAP-Transport Layer Security Protocol): EAP-TLS entspricht einer Kombination von EAP und SSL (Secure Sokket Layer), die in RFC 2716 definiert ist. EAP-TLS verlangt eine gegenseitige zertifikatsbasierte Authentisierung zwischen Server und Client. Demnach setzt EAP-TLS Zertifikate voraus, die erstellt und auf den WLAN-Clients verteilt werden müssen. Das macht die Implementierung und das Management sehr aufwändig. Im WLAN-Bereich wird EAP-TLS nur für die Authentifizierung und für die Aushandlung der dynamischen Schlüssel verwendet. EAP-TLS unterstützt dabei sowohl benutzerbasierte und dynamisch generierte Schlüssel wie auch die automatische Schlüsselerneuerung in kurzen Intervallen.

EAP-TTLS ■ EAP-TTLS (EAP-Tunnelled Transport Layer Security Protocol): Dies ist eine erweiterte Variante von EAP-TLS. Bevor sich der Benutzer gegenüber dem Server authentisieren muss, wird über ein Serverzertifikat ein sicherer TLS-Tunnel zwischen WLAN-Station und Authentisierungsserver aufgebaut. Über diesen sicheren TLS-

Tunnel kann sich dann der Benutzer beim Authentisierungsserver mittels Benutzername/Passwort identifizieren. Demnach werden, wie bei den im Internet üblichen SSL-Authentisierungen, nur serverseitige Zertifikate zur gegenseitigen Authentisierung des Benutzers und des Servers benötigt. Es entfällt so die umständliche Notwendigkeit eines Benutzerzertifikats, was die Umsetzung und das Management wesentlich vereinfacht. Die Authentifizierung kann mit einem beliebigen Authentifizierungsverfahren erfolgen. Da keine Benutzerzertifikate benötigt werden, eignet sich EAP-TTLS für eine Authentifizierung innerhalb eines Hotspots. Der Nachteil von EAP-TTLS ist, dass es nicht zum Umfang von Windows XP gehört und deshalb beispielsweise der AEGIS- oder Odyssey-Client installiert werden muss, um EAP-TTLS nutzen zu können.

- EAP-PEAP (EAP-Protected Extensible Authentication Protocol): *EAP-PEAP*
Dies ist eine EAP-Methode, die ebenfalls einer erweiterten Variante von EAP-TLS entspricht und von Cisco, Microsoft und RSA ins Leben gerufen wurde. Die Authentifizierung läuft ähnlich ab wie bei EAP-TTLS. Im ersten Schritt wird ein sicherer Tunnel zwischen Client und Authentifizierungsserver aufgebaut, zuerst ohne dass eine Client-Authentifizierung erfolgt. Nach dem Tunnelaufbau erfolgt im zweiten Schritt die eigentliche Authentifizierung, entweder über eine Klartext-Passwort-Authentifizierung nach MS-CHAPv2 oder eine Token-Authentifizierung nach GTC (Generic Token Card). Über den Tunnel ist gegenüber einem potenziellen Angreifer während der Authentifizierung eine vollständige Anonymität sichergestellt und zudem die Sicherheit der EAP-Identifizierung und EAP-Success-Nachrichten gegeben. Je nach verwendeter Authentifizierungsmethode wird PEAP auch in zwei Versionen unterschieden, bei EAP-MS-CHAPv2 als PEAPv0 und bei EAP-GTC als PEAPv1. PEAP ist weit verbreitet, da es beispielsweise zum Betriebssystemumfang von Windows XP ab Service Pack 1 gehört.

- EAP-SIM (EAP-Subscriber Identity Module): Durch EAP-SIM wird *EAP-SIM*
eine Authentifizierung über die auf einer SIM-Karte gespeicherten Informationen ermöglicht. So kann man sich beispielsweise über Mobiltelefone oder entsprechende Modem-Karten in einer 802.1X-Hierarchie authentifizieren, um ein WLAN-Interface für eine sichere Datenübertragung nutzen zu können. Dies ist zum Beispiel für den Bereich der Hotspots interessant. Hier authentifizieren sich die Benutzer über ihre SIM-Karte, die in der Modem-Karte eingesetzt ist. Neben der Zugangskontrolle kann auch die Abrechnung der Dienstleistung, die für die Bereitstellung des Internetzugangs erfolgt, über die Handyrechnung getätigt werden.

EAP-FAST ■ EAP-FAST (EAP-Flexible Authentication via Secure Tunneling): Bei EAP-FAST handelt es sich um eine neue EAP-Methode, die von Cisco entwickelt wurde. Um die Akzeptanz und Verbreitung zu erhöhen, hat Cisco EAP-FAST beim IETF als EAP-Vorschlag eingereicht. Zwischenzeitlich hat EAP-FAST vom IETF den Status eines informativen Drafts bekommen. Cisco hat EAP-FAST als Alternative für das LEAP entwickelt und wollte damit eine EAP-Lösung anbieten, die einen sicheren passwortgeschützten Zugang zum Netzwerk ermöglicht, ohne dass für dessen Umsetzung digitale Zertifikate benötigt werden. EAP-Fast bietet eine Authentifizierung, die über einen sicheren Tunnel geschützt ist, der vor der eigentlichen Authentifizierung über ein symmetrisches Verschlüsselungsverfahren gebildet wird. Somit bietet EAP-FAST einen zuverlässigen Schutz vor Man-in-the-Middle-Attacken, Wörterbuchattacken und Replay-Attacken.

Zusammenfassend sind in Tabelle 8–3 alle EAP-Methoden und deren Eigenschaften dargestellt.

Tab. 8–3
EAP-Methoden

EAP-Methode	Re-Keying	Gegenseitige Authentifizierung	Client-Zertifikate notwendig	Getunnelt	Standard	WPA-kompatibel
MD5	Nein	Nein	Nein	Nein	Ja	Nein
LEAP	Ja	Ja	Nein	Nein	Nein	Ja
TLS	Ja	Ja	Ja	Neln	Ja	Ja
TTLS	Ja	Ja	Nein	Ja	Ja	Ja
PEAP	Ja	Ja	Nein	Ja	Ja	Ja
SIM	Ja	Ja	Nein	Nein	Ja	Ja
FAST	Ja	Ja	Nein	Ja	ja/nein	Ja

Für die Sicherheit der Authentifizierung ist im WLAN-Bereich primär entscheidend, dass eine gegenseitige Authentifizierung erfolgt, denn nur so kann eine Man-in-the-Middle-Attacke ausgeschlossen werden. Somit kommt für eine Authentifizierung EAP-MD5 als EAP-Methode nicht in Frage. Nach heutiger Betrachtungsweise sind die sichersten EAP-Methoden EAP-TTLS, PEAP und EAP-FAST. Welche EAP-Methode eingesetzt werden kann, ist oft von dem verwendeten Client-Betriebssystem beziehungsweise dem installierten Supplicant abhängig. Man muss in diesem Zusammenhang prüfen, ob die Systeme die EAP-Methode unterstützen oder mit welchem Aufwand sich die EAP-Methode installieren lässt. Dabei muss man natürlich für alle Clients, die in einem RSN betrieben werden sollen, einen gemeinsamen Nenner finden. Dies ist oft schwierig in einer heterogenen Umgebung, in der beispielsweise PDAs und Industrie-PCs zum Einsatz kommen, denn erfahrungsgemäß unterstützen einige PDAs mit der Basisinstallation weder WPA(2) noch eine große Auswahl der EAP-Methoden. Als Überblick zeigt Tabelle 8–4 beispielhaft verschiedene Clients beziehungsweise Supplicants und die von ihnen jeweils unterstützten EAP-Methoden.

Supplicant	Betriebssystem	EAP-Methoden
Microsoft-Supplicant	Windows XP	MD5, TLS und PEAP
AEGIS-Client	Win 98, NT, 2K, XP, CE, Linux	MD5, LEAP, TLS, TTLS, PEAP, SIM und FAST
Odyssey-Client	Win 98, 2K, XP, CE	MD5, LEAP, TLS, TTLS, PEAP, SIM und FAST
Xsupplicant	Linux	MD5, LEAP, TLS, TTLS, PEAP, SIM und FAST (FAST ist in Planung)
wpa_supplicant	Linux und Windows	MD5, LEAP, TLS, TTLS, PEAP, SIM und FAST

Tab. 8–4

Unterstützte EAP-Methoden verschiedener Clients

In welcher Variante die WLAN-Sicherheit innerhalb einer RSN genutzt wird, wird über die Beacon-Frames, Probe-Response-Frames und Association-Request-Frames mitgeteilt beziehungsweise ausgehandelt. Hierüber wird festgelegt, welches Verschlüsselungsverfahren (AES-CCMP, TKIP, WEP40 oder WEP128) verwendet wird und welches Authentifizierungsverfahren (Authentication and Key Management Protocol, kurz AKMP), also 802.1X oder PSK, Anwendung findet.

8.5.7   RSN-Informationselement

Die 802.11i-Erweiterung definiert für die Aushandlung der Sicherheitsmethoden ein Informationselement, mit dessen Hilfe die verwendeten Verschlüsselungen, die Authentifizierungsverfahren und gegebenenfalls zwischengespeicherte PMKs angegeben werden können. Letzteres kommt zum Tragen, wenn eine Pre-Authentifizierung verwendet wird (siehe Abschnitt 8.5.16). Das Informationselement hat eine minimale Länge von 22 Bytes und ist in neun Felder aufgeteilt (siehe Abb. 8–6).

RSN-Informationselement

Abb. 8–6

RSN-Informationselement

Element ID	Length	Version	Group Cipher Suite	Pairwise Cipher Suite	Pairwise Cipher Suite List	AKM Suite Count	AKM Suite List	RSN Capabilities	PMKID Count	PMKID List
1 Byte	1 Byte	2 Byte	4 Byte	2 Byte	4-x Byte	2 Byte	4-x Byte	2 Byte	2 Byte	16-x Byte

x = Länge richtet sich nach Anzahl der Informationen

Das RSN-Informationselement wird durch die Element-ID 48 spezifiziert. Darauf folgt das Length-Feld, das die Länge des Informationselements angibt, wobei die Längenangabe erst ab dem Group-Cipher-Suite-Feld gerechnet wird. Das Version-Feld beinhaltet zurzeit den Inhalt 00-01 und gibt die Version des Informationselements an. Daraufhin folgt das Group-Chipher-Suite-Feld mit der Information zum Verschlüsselungsverfahren für die Broadcast- und Multicast-Frames. Die Angabe erfolgt über die OUI 00-0F-AC und einen Suite-Type-Selector laut Tabelle 8–5. Dann erfolgt eine Information über die paarweise angewendeten Verschlüsselungsverfahren der Unicast-Frames, wobei mehrere genannt werden können. Dazu erfolgt durch das Pairwise-Chiper-Suite-Feld erst eine Angabe über die Anzahl der Verschlüsselungsverfahren und danach folgt eine Liste mit einer Spezifikation der einzelnen verwendeten Verfahren. Die Angabe des Verschlüsselungsverfahrens erfolgt wieder über die OUI 00-0F-AC und einen Suite-Type-Selector laut Tabelle 8–5. Anschließend werden eine oder mehrere Authentifizierungsmethode(n) angezeigt. Es folgt also erst eine Angabe über die Anzahl der möglichen Authentifizierungsmethoden, die über den Inhalt des AKM-Suite-Count-Felds angezeigt werden. Die Authentifizierungsmethoden werden anschließend über ein AKM-Suite-List-Feld spezifiziert, wobei die jeweilige Information über die OUI 00-0F-AC und einen AKM-Suite-Selector laut Tabelle 8–6 erfolgt. Abschließend kann die mögliche Verwendung einer Pre-Authentifizicrung über ein RSN-Capabilities-Feld angegeben werden. In diesem Fall werden über das Informationselement die jeweiligen PMKIDs angegeben. Dazu gibt das PMKID-Feld die Anzahl der PMKIDs an; danach folgt die Angabe der einzelnen PMKIDs über die PMKID-List-Felder.

Tab. 8–5
Cipher-Suite-Selector

OUI	Suite Type	Bedeutung
00-0F-AC	0	Use group cipher suite
00-0F-AC	1	WEP40
00-0F-AC	2	TKIP
00-0F-AC	3	Reserviert
00-0F-AC	4	CCMP – default in RSNA
00-0F-AC	5	WEP128 (WEP104)
00-0F-AC	6–255	Reserviert

OUI Suite	Suite-Type	Bedeutung	
		Authentifizierungstyp	**Schlüsselmanagement**
00-0F-AC	0	Reserviert	Reserviert
00-0F-AC	1	Laut 802.1X oder PMKSA Caching	Laut 802.1X oder PMKSA Caching
00-0F-AC	2	PSK	RSNA-Schlüsselmanagement unter PSK-Verwendung
00-0F-AC	3-255	Reserviert	Reserviert

Tab. 8–6
AKM-Suite-Selector

8.5.8 Schlüsselhierarchie

Im Vergleich zu der flachen Sicherheitsarchitektur von WEP kommen in der RSN-Architektur verschiedene geheime Schlüssel zum Einsatz, die von einer Schlüsselhierarchie abgeleitet werden, die sich über mehrere Ebenen erstreckt. Bei der Betrachtung der Schlüsselhierarchie unterscheidet man zwischen den verschiedenen Kommunikationsformen, die in einem WLAN auftreten können. Zum einem gibt es Unicast-Frames, die ausschließlich zwischen einer Station und einem Access Point ausgetauscht werden, und zum anderen Multicast- oder Broadcast-Frames, die vom Access Point an mehrere Stationen übertragen werden. Für die Übertragung der Unicast-Frames wird ein individueller paarweiser Schlüssel benötigt, der nur der betroffenen Station und dem Access Point bekannt ist. Eine Station muss einen paarweisen Schlüssel vorhalten, während der Access Point für jede assoziierte Station einen paarweisen Schlüssel bereithalten muss. Für den Austausch der Multicast- und Broadcast-Frames wird hingegen ein Gruppenschlüssel benötigt, der allen beteiligten Stationen bekannt sein muss und vom Access Point an die Stationen verteilt wird, die in einem Vertrauensverhältnis zum Access Point stehen.

Schlüsselhierarchie

8.5.9 PMK und PTK

Für die Unicast-Frames ist die oberste Ebene der Schlüsselhierarchie der Pairwise Master Key (PMK), der eine Länge von 256 Bits hat. Bei der Nutzung eines Pre-Shared Key wird der PMK von dem PSK abgeleitet. Wird ein Authentifizierungsserver genutzt, so wird der PMK zwischen dem Authentifizierungsserver und den Supplicants ausgehandelt. Danach sendet der Authentifizierungsserver den PMK an den jeweiligen Authenticator. Entscheidend für die Sicherheit ist, dass der PMK niemals über die WLAN-Verbindung übertragen wird. Der PMK wird von den ersten 256 Bits des so genannten AAA-Keys abgeleitet, der das Ergebnis eines Handshake-Protokolls ist, bei dem der AAA-

PMK

Key über ein asymmetrisches Verschlüsselungsverfahren zwischen dem Authentifizierungsserver und dem Supplicant ausgehandelt beziehungsweise berechnet wird. Für den AAA-Key gilt ebenfalls, dass er nicht über eine WLAN-Verbindung übertragen wird, sondern lediglich Informationen, mit deren Hilfe die beteiligten Stationen den AAA-Key berechnen können.

PTK   Der Pairwise Transient Key (PTK) wird mit Hilfe einer Pseudozufallsfunktion (Pseudo Random Function, PRF) berechnet, in die der PMK, die MAC-Adresse des Authenticators und eine Nonce (Zufallszahl) des Supplicants (SNonce) sowie eine des Authenticators (ANonce) einfließen. In Abhängigkeit von dem verwendeten Verschlüsselungsverfahrens hat der PTK eine unterschiedliche Länge: bei AES-CCMP eine Länge von 384 Bits und bei TKIP von 512 Bits (siehe Abb. 8–7). Der PTK wird wiederum in drei oder fünf Schlüssel unterteilt, einen EAPOL-Key Encryption Key (KEK), einen EAPOL-Key Confirmation Key (KCK), den 128 Bit langen temporären Schlüssel (engl.: Temporary Key, TK) zur Datenverschlüsselung und, für den Fall, dass die TKIP/MIC genutzt wird, in zwei 64 Bit lange MIC-Schlüssel. Der KCK wird von den Bits 0 bis 127 des PTKs abgeleitet, der KEK wird von den Bits 128 bis 255 gebildet und der TK wird von den Bits 256 bis 383 (AES-CCMP) oder den Bits 256 bis 511 (TKIP) abgeleitet. Bei Verwendung von AES-CCMP wird der 128 Bit lange TK für die AES-Verschlüsselung und MIC-Berechnung verwendet. Wird TKIP/MIC verwendet, erfolgt noch mal eine Unterteilung des TKs. Von den Bits 0 bis 127 des TKs wird der temporäre Schlüssel für die Datenverschlüsselung abgeleitet, der für den Durchlauf der 1. und 2. Phase der TKIP-Mixing-Funktion (siehe Abschnitt 8.6.1) benötigt wird. Der temporäre MIC-Schlüssel, der für die MSDUs verwendet wird, die vom Authenticator zum Supplicant übertragen werden, wird von den Bits 128 bis 191 des TKs abgeleitet. Der MIC-Schlüssel, der für die Integritätssicherstellung der MSDUs genutzt wird, die vom Supplicant zum Authenticator übertragen werden, wird von den Bits 192 bis 255 des TKs abgeleitet. KCK fließt in die Berechnung der Integritätskontrolle der EAPOL-Key-Frames ein, er stellt die Integrität der EAPOL-Key-Frames sicher. Der KEK wird für die Verschlüsselung des Datenfelds von EAPOL-Key-Frames verwendet.

Abb. 8–7

Paarweise
Schlüsselhierarchie

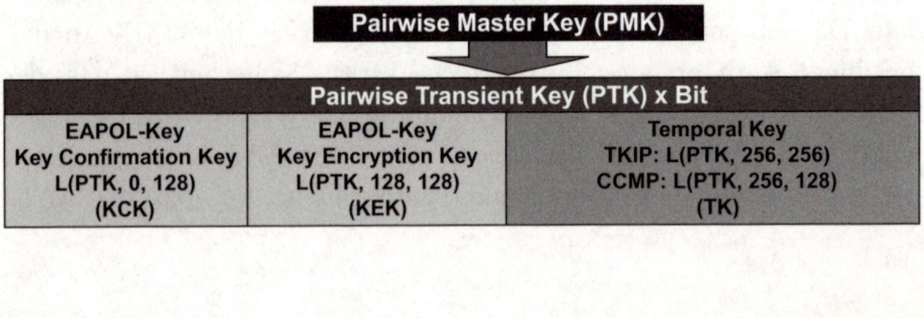

Pairwise Master Key (PMK)		
Pairwise Transient Key (PTK) x Bit		
EAPOL-Key Key Confirmation Key L(PTK, 0, 128) (KCK)	EAPOL-Key Key Encryption Key L(PTK, 128, 128) (KEK)	Temporal Key TKIP: L(PTK, 256, 256) CCMP: L(PTK, 256, 128) (TK)

8.5.10   GMK und GTK

Der Group Master Key (GMK) entspricht der oberen Schlüsselhierarchie, von der der Group Transient Key abgeleitet wird (siehe Abb. 8–8), der für den Austausch von Broadcast- oder Multicast-Frames verwendet wird. Je nach verwendetem Verschlüsselungsverfahren hat der GTK eine Länge von 128 Bits (AES-CCMP) oder 256 Bits (TKIP). Der GTK wird über eine Pseudozufallsfunktion gebildet, in der eine ANonce, die MAC-Adresse des Authenticators und der GMK einfließen. Der GMK wird vom Authenticator erstellt und nach einem bestimmten Intervall neu generiert, wobei sich in der Regel das Intervall auf den Access Points über einen Zeitwert oder die Frame-Anzahl einstellen lässt. In einer ESS hat jede BSS einen eigenen GMK, von dem wiederum der GTK abgeleitet wird, der dann von allen Stationen der Funkzelle verwendet wird.

GMK

Abb. 8–8
Schlüsselhierarchie für
Gruppenschlüssel

8.5.11   Ablauf der EAP-Authentifizierung

Es ist ein entscheidender Sicherheitsfaktor einer RSN, dass sich alle Teilnehmer authentifizieren und anschließend individuelle paarweise Schlüssel (PMKs) zwischen den Kommunikationspartnern ausgetauscht werden. Innerhalb eines ESS stehen sich als Kommunikationspartner in der Regel ein Access Point und ein Client gegenüber. Wird innerhalb des RSN ein Authentifizierungsserver verwendet, so erfolgen die Authentifizierung und der Austausch des PMKs mit Hilfe der EAP-Authentifizierung. Anschließend wird ein 4-Wege-Handshake durchgeführt, über den PTK und GTK generiert und ausgetauscht werden.

EAP-Authentifizierung

Vor der EAP-Authentifizierung führen die WLAN-Stationen eine Open-System-Authentifizierung und eine herkömmliche Assoziierung zum Access Point durch. Die Open-System-Authentifizierung leistet jedoch keinen Beitrag zur Sicherheit, sondern wurde lediglich beibehalten, da die älteren WLAN-Produkte die Open-System-Authentifizierung während des Verbindungsaufbaus zum Access Point voraussetzen, wenn keine Shared-Key-Authentifizierung aktiviert ist. Anders sieht es mit der Assoziierung aus, denn diese wird unter anderem dazu benutzt, die verwendeten Sicherheitsmethoden auszuhandeln.

Nach der Assoziierung sendet die Station eine EAP-Start-Nachricht an den Access Point (siehe Abb. 8–9), um die EAP-Authentifizierung einzuleiten. Daraufhin sendet der Access Point eine EAP-Request-Identity-Nachricht, über die der Authenticator die Identität des Supplicants (WLAN-Station) erfragt. Zudem öffnet der Authenticator einen unkontrollierten 802.1X-Access-Port, über den die EAP-Nachrichten zwischen der WLAN-Station und dem Authentifizierungsserver ausgetauscht werden können. Die Station schickt nun eine EAP-Response-Nachricht an den Authentifizierungsserver, in der Informationen über die Client-Identität enthalten sind. Falls eine EAP-Methode mit gegenseitiger Authentifizierung verwendet wird, schickt nun der Authentifizierungsserver seine Identitätsinformationen an die Supplicants. Anschließend erfolgt ein Austausch mehrerer EAP-Nachrichten zwischen dem Authentifizierungsserver und dem Supplicant, wobei der genaue Ablauf der EAP-Authentifizierung von der verwendeten EAP-Methode abhängig ist. Über die EAP-Authentifizierung authentifiziert sich also die Station beim Authentifizierungsserver, zudem wird ein PMK generiert. Der PMK wird anschließend vom Authentifizierungsserver über einen sicheren Kanal zum Access Point übertragen, damit der Authenticator und der Supplicant über denselben PMK verfügen, über den anschließend von den Kommunikationspartnern der PTK abgeleitet werden kann. Dieser Status wird als Pairwise Master Key Security Association (PMKSA) bezeichnet.

Die PMKSA ist bidirektional, sie definiert für die assoziierten Partner alle sicherheitsrelevanten Parameter und hat eine bestimmte Lebensdauer. Die Lebensdauer kann in der Regel am Authentifizierungsserver über ein Session-Timeout-Attribut oder Exported-Key-Lifetime-Parameter konfiguriert werden, wobei laut IETF der Defaultwert für die Lebensdauer acht Stunden betragen soll. Nach Ablauf der PMKSA-Lebensdauer muss eine neue PMKSA ausgehandelt werden. Eine PMKSA wird über einen Pairwise Master Key Identifier (PMKID) eindeutig gekennzeichnet. Der PMKID hat eine Länge von 128 Bits und wird über einen HMAC-SHA1-Algorithmus berechnet, in den der PMK, der PMK-Name, die Adresse des Authenticators und die Adresse des Supplicants mit einfließen. HMAC steht für »Keyed-Hashing for Message Authentication«, eine kryptografische Hash-Funktion, die die Authentizität einer Nachricht sicherstellt und auf SHA-1 basiert. HMAC wurde im Februar 1997 durch den RFC 2104 spezifiziert. SHA-1 (Secure Hash Algorithm) entspricht einem sicheren Hash-Algorithmus, der am 17. April 1995 von der NIST in der FIPS-PUB-180-1 standardisiert wurde.

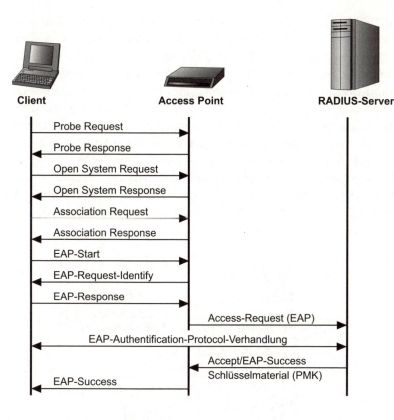

Abb. 8–9

Ablauf der Assoziierung am Access Point und der anschließenden Authentifizierung via EAP

8.5.12 4-Wege-Handshake

Nach erfolgreichem Abschluss der EAP-Authentifizierung wird in einer ersten Phase mittels eines 4-Wege-Handshake-Verfahrens der PMK bestätigt und ein für die Sitzung vorübergehend gültiger PTK erstellt. Der 4-Wege-Handshake wird eingeleitet, indem der Authenticator ein EAPOL-Key-Frame an den Supplicant sendet, in dem ein ANonce enthalten ist. Daraufhin bildet der Supplicant mit Hilfe der ANonce und der SNonce einen PTK, der für die aufgebaute Sitzung verwendet wird. Anschließend schickt der Supplicant ein EAPOL-Key-Frame an den Authenticator, in dem die SNonce, das Informationselement des (Re)Association-Request-Frame und eine MIC des EAPOL-Key-Frames enthalten sind. Danach bildet der Authenticator den PTK mit der Hilfe der SNonce und der ANonce. Des Weiteren führt der Authenticator eine Überprüfung der MIC durch, die über das EAPOL-Key-Frame zuvor empfangen wurde. Der Authenticator sendet anschließend ein EAPOL-Key-Frame an den Supplicant, in dem die ANonce, eine MIC, das Informationselement des Beacon-Frames oder

4-Wege-Handshake

Probe-Response-Frame und ein verschlüsselter GTK enthalten sind. Zudem wird über das EAPOL-Key-Frame bekannt gegeben, dass die temporären Schlüssel (PTK und GTK) installiert werden sollen. Der Abschluss des 4-Wege-Handshake erfolgt durch ein EAPOL-Key-Frame, indem der Supplicant dem Authenticator die Installation der temporären Schlüssel bestätigt (siehe Abb. 8–10). Anschließend öffnet der Access Point seinen 802.1X-Access-Port für die Unicast-Datenframes. Nun verfügen die beiden Kommunikationspartner (Client und Access Point) über denselben PTK und GTK, also die Voraussetzung für einen gesicherten Datenaustausch für Unicast-, Multicast- und Broadcast-Frames. Der Standard bezeichnet diesen Status auch als Pairwise Transient Key Security Association (PTKSA) und Group Transient Key Security Association (GTKSA).

Abb. 8–10
Generierung von PTK und GTK zwischen WLAN-Station und Access Point

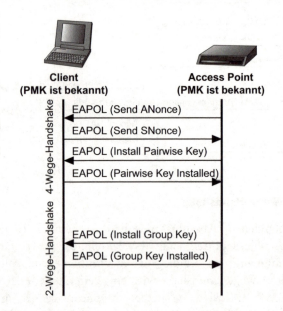

8.5.13   2-Wege-Handshake

2-Wege-Handshake Des Weiteren sieht die 802.11i-Erweiterung noch einen 2-Wege-Handshake für die Erneuerung des GTKs vor, über den während einer Sitzung ein neuer GTK zwischen dem Authenticator und dem Supplicant ausgetauscht werden kann. Der Authenticator generiert den GTK und packt diesen zusammen mit einer MIC in ein EAPOL-Key-Frame, das an den Supplicant übertragen wird. Der Datenteil des EAPOL-Key-Frames ist über den KEK verschlüsselt. Der Supplicant überprüft die MIC, entschlüsselt und entpackt den GTK. Der empfangene GTK wird über ein

EAPOL-Key-Frame bestätigt, das dieser abschließend an den Authenticator schickt (siehe Abb. 8–11). Für den Austausch des GTKs wird lediglich ein 2-Wege-Handshake benötigt, da auf die Schutzfunktion des zuvor ausgetauschten PTKs zurückgegriffen werden kann.

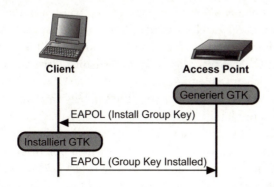

Abb. 8–11

GTK-Erneuerung zwischen WLAN-Station und Access Point

8.5.14   PTKSA und GTKSA

PTKSA und GTKSA sind das Ergebnis des 4-Wege-Handshakes, sie stehen jeweils für den Sicherheitskontext, der letztendlich der Zusammenfassung aller sicherheitsrelevanten Parameter entspricht. Die PTKSA beinhaltet den PTK, einen Pairwise Cipher Suite Selector (eine Festlegung der verwendeten Verschlüsselungsverfahren), die MAC-Adresse des Supplicants und die MAC-Adresse des Authenticators. Die PTKSA greift bidirektional und wird von den Verbindungspartnern für die Frame-Aussendung und den Frame-Empfang verwendet. Da die PTKSA von der PMKSA abgeleitet wird, ist die Lebensdauer der PTKSA von der Lebensdauer der PMKSA abhängig.

PTKSA und GTKSA

Die GTKSA wirkt nur unidirektional, da echte Broadcast- und Multicast-Frames nur von den Access Points ausgesendet werden können. Die GTKSA beinhaltet einen Richtungsvektor, der angibt, ob der GTK zum Senden oder Empfangen verwendet wird. Zudem beinhaltet die GTKSA einen Group Cipher Suite Selector, den GTK, die MAC-Adresse des Authenticators.

> Neben der PTKSA beschreibt die 802.11i-Erweiterung noch eine Station Key Security Association (STAKeySA), die den Sicherheitskontext zwischen zwei Stationen in einem Infrastruktur-Netzwerk beschreibt. Die STAKeySA ermöglicht zwischen diesen beiden einen direkten und gesicherten Datenaustausch. Diese SA-Form wird hier nicht weiter beschrieben, da diese Kommunikationsform eher selten vorkommt.

8.5.15 Pre-Shared Key

Pre-Shared Key Als Alternative für die 802.1X-Authentifzierung sieht die 802.11i-Erweiterung die Nutzung eines Pre-Shared Key vor. Der PSK wird aus einer Passphrase gebildet, die auf allen Stationen manuell mit einer Länge von acht bis 63 Zeichen eingetragen werden muss. Die maximale Länge von 63 Zeichen wurde übrigens gewählt, damit eine klare Unterscheidung zwischen der Passphrase und dem 64 Zeichen (256 Bit) langen PSK vorliegt. Man sollte auf jeden Fall eine Passphrase auswählen, die sich aus einem unsinnigen Satz bildet. Sie sollte nach Möglichkeit aus einer Mischung von Buchstaben mit ungewöhnlicher Groß-/Kleinschreibung, Zahlen und nichtalphabetischen Sonderzeichen bestehen. Es muss sichergestellt sein, dass sich die Passphrase nicht einfach erraten lässt, damit sich für einen potenziellen Angreifer keine Möglichkeit ergibt, sie über eine Wörterbuchattacke herauszufinden Eine schwer zu erratende Passphrase, wie beispielsweise 2QSB!7v#3y-f5zy)m5,h hält einem Angriff über eine Wörterbuchattacke sicherlich problemlos stand. Zudem steigt die Sicherheit mit der Länge, weshalb man nach Möglichkeit nicht mit einer kurzen, acht Zeichen langen Passphrase arbeiten, sondern die volle Länge nutzen sollte. In der 802.11i-Erweiterung wird für eine Passphrase eine Mindestlänge von 20 Zeichen empfohlen. Pro Zeichen wird eine Sicherheit von etwa 2,5 Bits erzielt, d.h., die Länge von n Zeichen bietet eine Sicherheit von n * 2,5 + 12 Bits. Bei einer 20 Zeichen langen Passphrase kann also ein Angriff im Allgemeinen erst nach 2^{62} Versuchen erfolgreich durchgeführt werden.

Mit einer Verknüpfung aus der Passphrase, SSID und SSID-Länge, die 4096-mal nach einem so genannten PBKDFv2-Verfahren vermischt wird, wird ein PSK mit der Länge von 256 Bit gebildet. Das PBKDFv2-Verfahren basiert auf der Password Based Key Derivation Function (PBKDF) der Version 2, die in dem Public-Key Cryptography Standard (PKCS) 5, Version 2.0, beschrieben ist. Bei PKCS handelt es sich um einen Kryptografiestandard, der von RSA entwickelt wurde und in RFC 2898 spezifiziert ist. Die Berechnung des PSK lässt sich nach folgender Formel zusammenfassen:

■ PSK = PBKDF2(Passphrase, SSID, SSID-Länge, 4096, 256)

Die Formel besagt, dass über eine Hash-Funktion, die über die Passphrase, SSID, SSID-Länge durchgeführt wird, der notwendige PSK gebildet wird. PMK und PSK sind letztendlich dasselbe. Entscheidend ist jedoch die Tatsache, dass der PSK nur verwendet wird, um die geheimen und temporären Sitzungsschlüssel abzuleiten und nicht für die eigentliche Verschlüsselung von Nutzdaten. Dies ist eine entschei-

dende Sicherheitssteigerung gegenüber den WEP-Verfahren, bei denen
der PSK, also der eingegebene geheime Schlüssel, direkt für die Datenverschlüsselung und gegebenenfalls auch für die Authentifizierung verwendet wird.

Laut 802.11i wird vom PSK beziehungsweise PMK der PTK abgeleitet, von dem die temporären Schlüssel für die Verschlüsselung der
Unicast-Frames gebildet beziehungsweise ausgetauscht werden. Die
Kommunikationspartner verwenden wiederum nach der Assoziierung
den bereits beschriebenen 4-Wege-Handshake, um den PTK und GTK
auszutauschen beziehungsweise zu generieren.

8.5.16 Roaming-Verzögerungen

In Verbindung mit den neuen Verschlüsselungsverfahren kommen
immer wieder Diskussionen über die größeren Verzögerungen beim
Roaming auf, die durch die Authentifizierung und den Schlüsseltausch
hervorgerufen werden. In diesem Zusammenhang können jedoch die
Handshake-Verfahren für den PTK und GTK allgemein vernachlässigt
werden, da sie nur über kurze Frames erfolgen und im Bruchteil von
Sekunden ausgetauscht werden. Als kritischer Faktor für die Roaming-
Verzögerungen muss allerdings die 802.1X-Authentifizierung betrachtet werden, da sie, je nach verwendeter EAP-Methode, über mehrere
größere Frames erfolgt, die über den Authenticator mit dem Authentifizierungsserver ausgetauscht werden müssen. Die 802.11i-Erweite-
rung sieht deshalb zwecks Optimierung zwei Verfahren vor, um die
Roaming-Verzögerungen zu minimieren: das PMKSA-Caching-Ver-
fahren und das Pre-Authentication-Verfahren.

Roaming-Verzögerungen

PMKSA-Caching

Das PMKSA-Caching kann die Roaming-Verzögerung optimieren,
wenn eine Station bereits einmal über einen Access Point eine 802.1X-
Authentifizierung durchgeführt hat. Für die Umsetzung des PMKSA-
Caching speichern die Access Points und die Stationen den PMKSA für
einige Zeit zwischen, wobei die PMKSAs jeweils über die PMKID eindeutig gekennzeichnet werden. Möchte sich die Station erneut bei
einem zuvor genutzten Access Point assoziieren, können die Station
und der Access Point auf den beim letzten Mal vom RADIUS-Server
ausgehandelten PMKSA zurückgreifen, wodurch die 802.1X-Authen-
tifizierung übersprungen und direkt mit dem 4-Wege-Handshake
begonnen werden kann. Die Identifizierung des PMKSA erfolgt in diesem Fall über die PMKID. Die Station teilt über den Re-Assoiciation-
Frame die PMKIDs der zwischengespeicherten PMKSAs mit. Der

PMKSA-Caching

Access Point prüft anhand der PMKIDs, ob er den notwendigen PMKSA noch zwischengespeichert hat. Verfügen Supplicant und Authenticator noch über den PMKSA, kann die Authentifizierung übersprungen und der 4-Wege-Handshake unmittelbar nach der Reassoziierung eingeleitet werden. Da beim 4-Wege-Handshake eine neue ANonce und SNonce benutzt wird, kommt auf jeden Fall bei der Reassoziierung ein anderer PTK zum Einsatz als bei der letzten Assoziierung.

Pre-Authentication

Pre-Authentication Bei dem Pre-Authentication-Verfahren versuchen die Stationen vor dem eigentlichen Roaming bereits eine Authentifizierung über den neuen Access Point durchzuführen. Sobald eine Station merkt, dass die Verbindung zum Access Point schlechter wird, und über einen Access-Point-Scanning herausgefunden hat, zu welchem Access Point sie wechseln möchte, führt sie im Hintergrund bereits eine 802.1X-Authentifizierung über den neuen Access Point durch. Die 802.1X-Authentifizierung wird in diesem Fall über den alten Access Point, mit dem die Station zu diesem Zeitpunkt noch verbunden ist, und dem Distributionssystem beziehungsweise dem drahtgebundenen LAN durchgeführt. Auf diese Weise kann die Station nach dem Roaming, also der Assoziierung mit dem neuen Access Point, ebenfalls direkt mit dem 4-Wege-Handshake beginnen.

Durch PMKSA-Caching und Pre-Authentication können die Verzögerungen beziehungsweise die Unterbrechungen beim Roaming in einen Bereich von 100 ms gebracht werden. Auf diese Weise wird die 802.11i-Erweiterung den Anforderungen beim Übertragen von VoIP-Daten gerecht, bei dem Latenzzeiten von maximal 200 ms auftreten dürfen, damit die Sprachqualität nicht nachhaltig beeinflusst wird.

> PMKSA-Caching und Pre-Authentication ist in der Definition von WPA(2)-Enterprise nicht vorhanden und ist nur in der 802.11i-Erweiterung spezifiziert.

Des Weiteren bieten einige Hersteller noch proprietäre Verfahren an, die ebenfalls niedrige Roaming-Zeiten für eine Authentifizierung über einen Authentifizierungsserver bieten. Beispielsweise hat Cisco hierfür den Wireless Domain Service (WDS) eingeführt.

8.5.17 RSN-Migration

Einige WLAN-Produkte namhafter Hersteller unterstützen die Möglichkeit für eine sanfte Migration auf die neuen Verschlüsselungsverfahren, indem für die Migrationsphase ein Mischbetrieb mit dem herkömmlichen WEP-Verfahren und den neuen Verschlüsselungsverfahren möglich ist. Die Migration lässt sich in diesem Fall an den Access Points einstellen, die neben WEP die Aktivierung eines zweiten Verschlüsselungsverfahrens bieten. Unicast-Frames werden dann entweder nach dem neuen Verschlüsselungsverfahren verschlüsselt oder nach dem WEP-Verfahren. Welches Verschlüsselungsverfahren für die Unicast-Frames angewendet wird, ist in diesem Fall von der Station abhängig, also davon, welches Verschlüsselungsverfahren sie unterstützt und wie sie konfiguriert ist. Broadcast- und Multicast-Frames werden hingegen weiterhin über WEP verschlüsselt, da während der Migrationsphase ausschließlich davon ausgegangen werden kann, dass WEP von allen Stationen unterstützt wird.

RSN-Migration

Führt man in einem WLAN beispielsweise eine schrittweise Migration von WEP auf TKIP/MIC durch, so ist es wichtig, dass auf allen Stationen des WLANs der WEP-Schlüssel ab dem zweiten Schlüsselfeld (Key 1) eingetragen wird und nicht im ersten Schlüsselfeld (Key 0). Die Stationen, die TKIP/MIC nutzen, verwenden die erste Schlüssel-ID (Key 0) für die Kennzeichnung des PTKs. Wäre der WEP-Schlüssel im ersten Schlüsselfeld eingetragen, so käme es bei der Schlüsselkennzeichnung zwangsläufig zu einer Kollision zwischen PTK und WEP-Schlüssel.

8.6 TKIP

TKIP stützt sich auf den RC4-Algorithmus, der bereits bei WEP verwendet und unter den Sicherheitsanalytikern stark kritisiert wurde. Die Weiterverwendung des RC4-Algorithmus war jedoch die entscheidende Grundlage dafür, dass sich TKIP auf eine bestehende WLAN-Hardware implementieren lässt. So hat die 802.11i-Arbeitsgruppe den RC4-Algorithmus bewusst beibehalten und die Sicherheitsrisiken des WEP-Verfahrens beseitigt, die primär in der Bildung des Schlüssels (WEP-Seed) beziehungsweise des zugrunde gelegten IVs liegen, der dem RC4-PRNG zwecks Generierung der Chiffrierbits zugeführt wird. Die erhöhte Sicherheit von TKIP ergibt sich letztendlich aus zwei Verfahren, dem Re-Keying und dem Per Frame Encryption Keying, wobei letzteres auch als Per Packet Keying (PPK) bezeichnet wird. Entscheidend für die Sicherheit ist, dass bei TKIP sichergestellt wird, dass jede

TKIP

Frame-Verschlüsselung auf einem anderen Strom von Chiffrierbits basiert, wobei sich dieser nicht, wie bei WEP, nach kurzer Zeit wiederholen oder über den IV abgeleitet werden kann. Maßgeblich hierfür ist die Tatsache, dass bei jedem Aufbau einer Assoziierung zwischen den Verbindungspartnern ein neuer, individueller, geheimer Schlüssel ausgetauscht wird. Anders als bei WEP wird also nicht mehr mit einem festen statischen Schlüssel gearbeitet, sondern mit einem dynamischen Schlüssel, der in regelmäßigen Abständen zwischen den WLAN-Stationen neu ausgetauscht wird. Zudem wird bei TKIP mit einem verlängerten IV gearbeitet, der von 24 Bit auf 48 Bit verlängert wurde. Der IV wird nach einer Initialisierung auf 1 gesetzt und mit jedem übertragenen Frame um 1 inkrementiert. Durch den verlängerten IV ist sichergestellt, dass sich dieser, über den Zeitraum einer Assoziierung, nicht wiederholen kann. Ginge man von einer theoretischen Frame-Rate von 10.000 Frames pro Sekunde aus, so würde sich der 48 Bit-lange IV erst nach 892 Jahren wiederholen. Abgesehen davon, dass so eine hohe Frame-Rate erst gar nicht auftreten kann, steht somit außer Diskussion, dass sich während einer Assoziierung der IV wiederholen kann.

Der verlängerte IV setzt sich aus einem 32 Bit langen IV (IV32) und einem 16 Bit langen IV (IV16) zusammen. IV16 und IV32 werden wiederum in jeweils 1 Byte lange Felder unterteilt, die als TKIP Sequence Counter (TSC) bezeichnet werden und TSC0 bis TSC5 bilden. Von IV16 wird TSC0 und TSC1 abgeleitet und von IV32 TSC2 bis TSC5. Die Unterteilung des IV in die TSCs bildet letztendlich die Grundlage des PPK, das über eine so genannte TKIP-Mixing-Funktion realisiert wird. Abbildung 8–12 zeigt die Unterteilung des 48 Bit-langen IVs in TSC0 bis TSC5.

Abb. 8–12
Unterteilung des 48 Bit
langen IVs

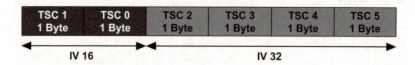

8.6.1   TKIP-Mixing-Funktion

TKIP-Mixing-Funktion   Die TKIP-Mixing-Funktion entspricht einer Hash-Funktion, deren Ergebnis über zwei Phasen gebildet wird. In der ersten wird der vorliegende 128 Bit lange temporäre Schlüssel (die ersten 128 Bits des TKs) mit der MAC-Adresse der sendenden WLAN-Station (TA) und den oberen 4 Bytes des TSC (IV32) vermischt, was sich in der Funktion TTAK := Phase1 (TK, TA, TSC(IV32)) beschreiben lässt. Das Ergebnis hat dann eine Länge von 80 Bits und wird als TKIP Mixed Transmit

Address and Key (TTAK) bezeichnet. In der zweiten Phase wird das TTAK-Ergebnis nochmals mit dem temporären Schlüssel (die ersten 128 Bits des TKs) und den unteren 2 Bytes der TSC (IV16) vermischt, was sich über die Funktion WEP-Seed := Phase2 (TTAK, TK, TSC(IV16)) darstellen lässt. Das Ergebnis hat eine Länge von 128 Bits und entspricht dem individuellen Schlüssel (WEP-Seed), wobei es sich hierbei um den bereits beschriebenen Per-Frame-Key oder Per-Packet-Key handelt. Der Per-Packet-Key wird dem RC4-PRNG für die Bildung des Chiffrierbitstroms zugeführt. Die Datenverschlüsselung erfolgt anschließend, wie beim WEP-Verfahren, über eine einfache XOR-Funktion zwischen den Chiffrierbits und den eigentlichen Daten. Für die eigentliche TKIP-Datenverschlüsselung werden also die alten WEP-Funktionsblöcke weiterhin genutzt, erweitert durch neue Funktionsblöcke, die die TKIP-Mixing-Funktion bereitstellen (siehe Abb. 8–13).

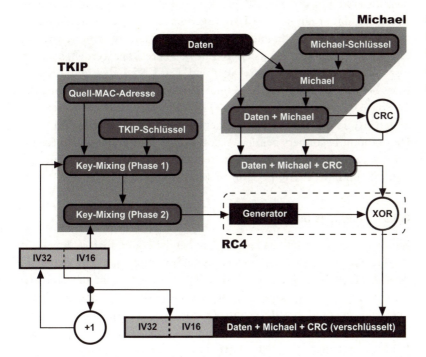

Abb. 8–13
Die Kombination von neuen und alten Funktionsblöcken unter TKIP

8.6.2 TSC

Für die Sicherheit von TKIP ist entscheidend, dass in die Bildung des temporären Schlüssels die MAC-Adressen des Senders und des Empfängers mit einfließen. Zudem wird bei der Berechnung des TTAK-Ergebnisses die MAC-Adresse der sendenden Station nochmals

TSC

berücksichtigt. Somit ist auf jeden Fall sichergestellt, dass auf jeder Assoziierung unterschiedliche WEP-Seeds generiert werden, auch wenn IV16 und IV32 neu initialisiert werden und dadurch auf 0x0001 beziehungsweise 0x00000000 gesetzt sind. Somit ist garantiert, dass der Per-Frame-Key in einem RSN bei jedem übertragenen Frame individuell ist und sich tatsächlich nicht wiederholen kann.

Für die Umsetzung des PPK ist der IV16 entscheidend, da der IV16 dem unteren Teil der Sequenznummer entspricht, die bei jedem Frame um 1 inkrementiert wird. Für die effiziente Umsetzung der TKIP-Mixing-Funktion ist die Unterteilung der TSC und die Implementierung der Sequenznummer maßgeblich. Für den oberen Bereich der Sequenznummer, die über den Inhalt von TSC2 bis TSC5 repräsentiert wird, gilt, dass diese um 1 inkrementiert werden muss, nachdem der Inhalt von TSC0 und TSC1 von 0xFFFF auf 0x0000 übergelaufen ist. Die WLAN-Stationen erkennen am Überlauf von TSC0 und TSC1, dass die erste Phase der TKIP-Mixing-Funktion erneut berechnet werden muss, damit ein neues TTAK-Ergebnis mit dem geänderten Inhalt von TSC2 bis TSC5 gebildet werden kann. Die rechenintensive 1. Phase muss also nicht bei jedem Frame neu berechnet werden, sondern erst nach dem Überlauf von TSC0 und TSC1. Lediglich die 2. Phase muss bei jedem Frame neu berechnet werden. Über die Einsparung der 1. Phase wird die Effizienz der TKIP-Mixing-Funktion wesentlich gesteigert, da die notwendige Rechenleistung merklich reduziert wird. Dies kommt besonders bei den Access Points zum Tragen, da diese für jede assoziierte WLAN-Station die temporären Schlüssel, die Sequenznummer und die TTAK-Ergebnisse separat verwalten müssen.

8.6.3   Message Integrity Check

Message Integrity Check Ein nicht zu unterschätzendes Problem bei der Datenübertragung stellt die Gefahr der unbemerkten Datenmanipulation dar. Für den Fall, dass die Datenverschlüsselung über TKIP erfolgt, sieht die 802.11i-Erweiterung den Message Integrity Check (MIC) vor, der die Daten über eine sichere Integritätskontrolle vor einer eventuellen Manipulation schützt. Der MIC wird über eine kryptografische Einweg-Hash-Funktion gebildet, die Michael genannt wird. Der berechnete MIC hat eine Länge von 64 Bits. Bei der Berechnung des MIC wird einer der beiden temporären und geheimen MIC-Schlüssel mit eingerechnet, wobei der verwendete MIC-Schlüssel von der Übertragungsrichtung abhängig ist. Nur die beiden miteinander assoziierten WLAN-Stationen, die über die entsprechenden MIC-Schlüssel verfügen, können nach einem Frame-Empfang die Integritätsprüfung erfolgreich durchführen beziehungsweise für die Frame-Aussendung einen sinnvollen MIC erstellen.

Vor der Berechnung des MIC wird an die zu schützende MSDU ein Byte mit dem Inhalt 0x5a und vier bis sieben weitere Bytes mit dem Inhalt 0x00 angehängt, sodass die verlängerte MSDU ein Vielfaches von vier ergibt. Die angehängten Bytes werden jedoch nicht mit der MSDU übertragen, sondern sollen nur die MIC-Berechnung vereinfachen, die blockweise erfolgt. Der MIC wird über die gesamte MSDU gebildet, die die MAC-Adresse des Senders, die MAC-Adresse des Empfängers, ein Prioritätenfeld und die Nutzdaten beinhaltet. Hierdurch wird zusätzlich die Möglichkeit einer Redirect-Attacke verhindert, denn für eine Frame-Umleitung müssten die MAC-Adressen des Frames manipuliert werden.

MIC-Berechnung

Ein entscheidender Unterschied zwischen der MIC-Berechnung und der Berechnung des ICV von WEP zeigt sich bei einer fragmentierten Datenübertragung, denn der MIC wird über die ganze Nachricht (MSDU) und nicht über die jeweils in einen MAC-Frame eingefügten Fragmente (MPDU) berechnet. Der MIC wird beim Empfänger erst überprüft, wenn er die vollständige Nachricht aus den einzelnen Fragmenten wieder zusammengesetzt hat. Wurde auch nur ein Fragment verändert, wird die ganze Nachricht verworfen und entsprechende Gegenmaßnahmen werden eingeleitet. Die Verlagerung der Integritätskontrolle von der MPDU auf die MSDU hat den Vorteil, dass die Integritätskontrolle nicht zwangsläufig auf der Hardware-MAC-Ebene vorgenommen werden muss, sondern auch auf den Treiber verlagert werden kann. Dies ist besonders wichtig für die MIC-Implementierung auf ältere Hardware, da sich diese somit nachträglich erweitern lässt, natürlich nach Bereitstellung von entsprechender CPU-Leistung vom System.

Für die Integritätskontrolle wird nach dem Nutzdatenteil der MSDU zusätzlich ein 8 Byte langes MIC-Feld angehängt, das das Ergebnis der MIC-Berechnung beinhaltet. Das MIC-Feld wird zusammen mit den Nutzdaten über TKIP verschlüsselt. Der Empfänger führt nach dem Frame-Empfang und der Datenentschlüsselung ebenfalls eine MIC-Berechnung durch und vergleicht sein Ergebnis mit dem Inhalt des MIC-Felds. Stimmen die Ergebnisse überein, so kann der Empfänger davon ausgehen, dass die empfangene Nachricht während der Übertragung nicht manipuliert wurde. Stellt der Empfänger eine Abweichung zwischen seiner MIC-Berechnung und dem Inhalt des MIC-Feldes fest, verwirft er die empfangene Nachricht und wertet sie als MIC-Fehler.

Integritätskontrolle

8.6.4   Replay-Attackenschutz

Replay-Attackenschutz Mit der Hilfe der Sequenznummer, die über den IV16 abgebildet wird, ist bei der Nutzung von TKIP eine wiederholte Frameübertragung und somit eine Replay-Attacke ausgeschlossen. Wird ein Frame mit derselben Sequenznummer empfangen wie in einem zuvor empfangenen Frame, so wird es von der empfangenden WLAN-Station verworfen. Eine WLAN-Station verwaltet die Sequenznummer über einen entsprechenden Replay-Counter, wobei sie für jede Assoziierung einen separaten Replay-Counter bereitstellen muss. So muss beispielsweise ein Access Point in der Lage sein, für jede assoziierte WLAN-Station einen eigenen Replay-Counter zu verwalten. Der jeweilige Replay-Counter wird mit der TSC der empfangenen Frames verglichen. Empfängt eine Station ein Frame, dessen TSC-Inhalt gleich oder geringer ist als der Wert des Replay-Counters, so wird dies als Replay-Fehler gewertet.

8.6.5   MIC-Fehler

MIC-Fehler Treten wiederholt MIC-Fehler auf, wird eine Attacke im Sinne der Sicherheit nicht ausgeschlossen. Deshalb ist in der 802.11i-Erweiterung eine Protokollierung der MIC-Fehler vorgesehen. Der Standard schreibt vor, dass innerhalb von 60 Sekunden nur ein MIC-Fehler auftreten darf. Werden innerhalb von 60 Sekunden wiederholte MIC-Fehler festgestellt, wird sich die WLAN-Station selbst deassoziieren, oder der Access Point führt eine Deassoziierung aller WLAN-Stationen durch, die an ihm assoziiert sind. Wer die Deassoziierung durchführt, ist von der Übertragungsrichtung abhängig, also davon, welche Station als Empfänger fungiert hat und den MIC-Fehler feststellen konnte. Wird ein MIC-Fehler von einer Station erkannt, so teilt sie dem Access Point diesen über ein MIC-Failure-Report-Frame mit. Bei dem MIC-Failure-Report-Frame handelt es sich um ein EAPOL-Key-Frame, in dem die Bits MIC, Error, Request und Secure des Informationselementes gesetzt sind. Wurde der wiederholte MIC-Fehler vom Access Point erkannt und die Deassoziierung von ihm durchgeführt, wird eine Reassoziierung der entsprechenden Station innerhalb der nächsten 60 Sekunden vom Access Point nicht mehr zugelassen. Des Weiteren werden im Zuge der Deassoziierung PTK und GTK verworfen. Die entsprechende WLAN-Station muss sich somit erneut authentifizieren, bevor sie wieder Daten über das WLAN übertragen darf. Angriffsversuche werden auf diese Weise erschwert, da ein potenzieller Angreifer jeweils für 60 Sekunden blockiert wird. Innerhalb der 60 Sekunden werden keine unverschlüsselten oder mit TKIP verschlüssel-

ten Daten mehr akzeptiert, es sei denn, es handelt sich um Authentifizierungsdaten.

Nach einem wiederholt aufgetretenen MIC-Fehler müssen sich
letztendlich alle Stationen, die an einem Access Point assoziiert sind,
neu authentifizieren, da nicht nur der PTK der betroffenen Station verworfen wird, sondern alle PTKs und zusätzlich auch der GTK. Die
Neuauthentifizierung aller Stationen ist somit zwangsläufig notwendig, damit diese mit ihrem Access Point einen neuen PTK und GTK
aushandeln können. Der neu gebildete GTK wird erst nach 60 Sekunden für die Nutzung freigegeben. Somit sind alle Stationen eines Access
Points von einem wiederholt auftretenden MIC-Fehler betroffen und
können 60 Sekunden lang keine Nutzdaten übertragen.

Neuauthentifizierung

Damit tatsächlich aufgetretene Übertragungsfehler nicht falschli-
cherweise als MIC-Fehler gewertet werden, wird vom Empfänger vor
der MIC-Berechnung die FCS, der ICV und der TSC der jeweils relevanten MPDUs geprüft. Weist bei einer MPDU eine dieser drei Informationen Fehler auf, wird von einem tatsächlichen Übertragungsfehler
ausgegangen und kein MIC-Fehler registriert. Die Deassoziierung der
entsprechenden WLAN-Station wird in diesem Fall nicht ausgeführt
und eine ungewollte Blockierung vermieden.

Es ist allerdings ein nicht zu verschweigendes Problem der vom
MIC-Fehler abhängigen Deassoziierung, dass sich hier eine Angriffs-
möglichkeit für DoS-Attacken bietet. Ein potenzieller Angreifer kann
theoretisch MIC-Fehler generieren und dafür sorgen, dass der WLAN-
Zugriff für die Stationen eines Access Points jedes Mal für die Dauer
von 60 Sekunden blockiert ist. Natürlich muss man diese Aussage relativieren, denn die Umsetzung ist nicht so einfach. Ein Angriff kann nur
erfolgen, wenn im manipulierten Frame die richtige TSC enthalten ist,
da ansonsten das Frame vom Empfänger vor der MIC-Prüfung verworfen wird.

Die Implementierung von TKIP/MIC beziehungsweise die notwendigen
zusätzlichen Funktionsblöcke zu dem bisherigen WEP werden in der Regel
über Software-Treiber abgebildet, damit ältere Hardware unter sicheren Verschlüsselungsverfahren genutzt werden kann. Demzufolge wird von einem
System Prozessorleistung benötigt, weshalb die Performance etwas schlechter sein kann, falls TKIP/MIC anstelle von WEP genutzt wird.

8.6.6   TKIP-MPDU-Format

TKIP-MPDU-Format

Gegenüber der WEP-verschlüsselten MPDU wird der Header für die Nutzung von TKIP um 4 Bytes verlängert (siehe Abb. 8–14). Durch diese 4 Bytes wird letztendlich der IV32 repräsentiert, der über die jeweils 1 Byte langen Felder TSC2, TSC3, TSC4 und TSC5 gebildet wird. Der IV32 wird zwischen dem WEP-IV und den verschlüsselten Nutzdaten eingefügt. Zudem wird das 8 Byte lange MIC-Feld in den Nutzdatenteil eingefügt und zusammen mit ihm verschlüsselt. Generell wird das Format des ursprünglichen WEP-IVs innerhalb der TKIP-MPDU beibehalten. Die ersten drei Bytes bilden den IV, wobei das erste Byte TSC1 bildet und das dritte Byte TSC0. Das zweite Byte enthält die so genannte WEP-Seed, die einer veränderten Kopie von TSC1 entspricht und sich nach (TSC1 | 0x20) & 0x7F berechnet. Die WEP-Seed wird jedoch bei TKIP für die eigentliche Verschlüsselung nicht verwendet. Das vierte Byte des WEP-IVs ist in acht ein Bit lange Felder aufgeteilt. Hiervon sind Bit 0 bis Bit 4 reserviert, Bit 5 bildet das ExtIV-Feld und Bit 6 bis Bit 7 das KeyID-Feld. Das ExtIV-Bit signalisiert über den Inhalt 1, dass der IV über den IV32 verlängert wird, während der Inhalt 0 anzeigt, dass kein IV32 angehängt ist. Über das KeyID-Feld werden wie vorher die verwendeten Schlüssel angezeigt. Dabei ist das KeyID-Feld auf 0 gesetzt, wenn die Verschlüsselung auf TKIP basiert und der PTK für die Verschlüsselung verwendet wurde. Das KeyID-Feld erhält somit primär Bedeutung, wenn für eine sanfte Migration die Broadcast- oder Multicast-Frames beispielsweise über das bisherige WEP128 verschlüsselt werden. In diesem Fall kann über das KeyID-Feld angezeigt werden, welcher der oberen drei möglichen Schlüssel für die WEP-Verschlüsselung verwendet wurde.

Abb. 8–14
TKIP-MPDU-Format

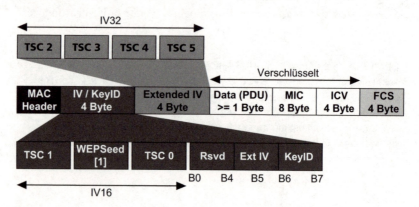

8.7 AES-CCMP

Als endgültige Sicherheitslösung sieht die 802.11i-Erweiterung ein *CCMP* Verschlüsselungsverfahren vor, das auf dem Advanced Encryption Standard (AES) basiert. Für die 802.11i-Erweiterung wurde der AES-Operationsmodus gewählt, das CTR/CBC-MAC Protocol (CCMP). Der CCM-Modus entspricht einer Kombination des Counter-Modes, der die Vertraulichkeit der Daten gewährleistet, des Cipher Block Chainings (CBC) und des Message Authentication Codes (MAC), die die Authentizität und Integrität der Daten sicherstellen. Der verwendete CCM-Modus ist in RFC 3610 spezifiziert. Anfänglich stand für die 802.11i-Erweiterung noch ein weiteres Verschlüsselungsverfahren zur Diskussion, das auf AES-OCB (Offset Codebook Block Mode) basiert und als Wireless Robust Authenticated Protocol (WRAP) bezeichnet wurde. AES-OCB bietet neben der Verschlüsselung gleichzeitig auch die Authentifizierung beziehungsweise Integritätskontrolle der Daten, zudem ist OCB sehr effizient und benötigt weitaus weniger Rechenleistung als CCM. Ein Problem dieses Verfahrens ist es allerdings, dass es sich hierbei um ein patentiertes Verfahren handelt und man deshalb Angst hatte, dass die Nutzung Lizenzzahlungen zur Folge hätte. Aus diesem Grund wurde das OCB-Verschlüsselungsverfahren bei der endgültigen 802.11i-Erweiterung nicht mehr vorgesehen und verschwand aus dem Entwurf der Standarderweiterung.

8.7.1 Rijndael-Algorithmus

AES basiert auf dem so genannten Rijndael-Algorithmus, der sich *Rijndael-Algorithmus* durch eine hohe Sicherheit und eine hohe Effizienz bei der Ver-/Entschlüsselung der Daten auszeichnet. Bei der RC4-Verschlüsselung erfolgt die Verschlüsselung Bit für Bit, wohingegen es sich bei dem Rijndael-Algorithmus um einen Blockchiffre handelt, bei dem die Daten immer blockweise verschlüsselt werden. Eigentlich sieht der Rijndael-Algorithmus verschiedene Block- und Schlüssellängen vor, jedoch wurde in der 802.11i-Erweiterung eine Länge von 128 Bits festgelegt, und die Daten wurden blockweise in 128 Bit lange Einheiten ver- und entschlüsselt (siehe Abb. 8–15). Bis heute sind keine erfolgreichen kryptoanalytischen Angriffe bekannt, mit denen der verwendete AES-Schlüssel geknackt werden konnte. Somit wäre ein Angriff ausschließlich über eine Brute-Force-Attacke möglich, bei der der gesamte Schlüsselraum durch Ausprobieren geprüft werden müsste. Bei einer Schlüssellänge von 128 Bit ergeben sich jedoch bereits $3,40282 \times 10^{38}$ mögliche AES-Schlüssel, sodass eine Brute-Force-Attacke aus heutiger Sicht praktisch als nicht durchführbar betrachtet werden kann. Geht man von der heutigen Rechenleistung durchschnittlicher Computer aus, würde man bei der Rechenleistung von 1000 Computern etwa fünf Trilliarden Jahre benötigen, um eine Brute-Force-Attacke erfolgreich anzuwenden.

Die 802.11i-Erweiterung sieht die Hardwareimplementierung von AES in den WLAN-Chipsätzen vor, damit weder WLAN-Stationen noch die Access Points Prozessorleistung für die Datenverschlüsselung und Entschlüsselung zur Verfügung stellen müssen. Heutige moderne WLAN-Chipsätze haben in der Regel bereits AES implementiert und können mit einem aktuellen Treiber- oder Firmwarestand CCMP unterstützen. Bei CCMP wird ebenfalls für die Datenverschlüsselung ein temporärer Schlüssel verwendet, der spätestens bei jedem Sitzungsaufbau zwischen den Kommunikationspartnern neu ausgehandelt wird. Die Schlüsselverteilung und Authentifizierung kann ebenfalls über eine EAP-Authentifizierung oder über einen PSK erfolgen.

Abb. 8–15
Frameverschlüsselung via CCMP

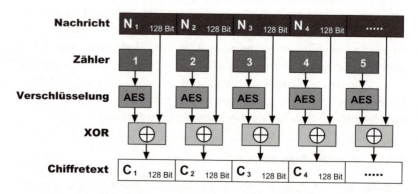

Anders als bei TKIP wird die Verschlüsselung nicht über die MSDUs, sondern auf der Ebene der MPDUs durchgeführt. Die MIC-Berechnung erfolgt über den Datenteil der MPDU und Informationen des Headers. Bei CCMP wird der temporäre Schlüssel für die Verschlüsselung und Integritätskontrolle verwendet, im Gegensatz zu TKIP/MIC, bei dem für die Verschlüsselung ein Schlüssel und in Abhängigkeit der Übertragungsrichtung für die Integritätskontrolle einer von zwei Schlüsseln zum Einsatz kommen. Kryptografisch betrachtet, stellt die Nutzung eines einzigen Schlüssels jedoch eine Schwachstelle dar, da ein Schlüssel niemals mehrfach verwendet werden soll. Um dies zu umgehen, wird bei jedem Frame ein 13 Byte langer Nonce-Wert verwendet, der in die Verschlüsselung und Integritätskontrolle (MIC-Berechnung) einfließt. Entscheidend ist, dass der Nonce-Wert während der Dauer einer Sitzung einmalig ist. Um diese Anforderung zu erfüllen, fließen in die Bildung des Nonce-Werts die MAC-Adresse des Senders und eine

Sequenznummer ein, die als Packet Number (PN) bezeichnet wird. Über die Berücksichtigung der Sender-MAC-Adresse ist sichergestellt, dass der Nonce-Wert auf einer Sitzung nur einmal auftreten kann, auch wenn sich die PN wiederholt. Eine Wiederholung der PN kann ja nicht ausgeschlossen werden, da sich während einer Sitzung immer zwei Kommunikationspartner gegenüberstehen, die sendeseitig jeweils ihre eigene PN verwalten.

8.7.2 CCMP-Replay-Schutz

Bei der PN handelt es sich um einen 48 Bit langen positiven Integerwert, der die Basis für einen Replay-Schutz bildet. Für die Umsetzung des Replay-Schutzes ist es entscheidend, dass sich die PN während der Nutzung eines temporären Schlüssels auf einer Übertragungsrichtung niemals wiederholen darf. Deshalb wird die PN bei jeder MPDU vom Sender um 1 inkrementiert und auf den Startwert 1 gesetzt, sobald der temporäre Schlüssel initialisiert oder erneuert wird. Zum Schutz gegen Replay-Attacken wird vom Empfänger für jede PTKSA, GTKSA und STAKeySA ein eigener PN-Replay-Counter verwaltet, mit den dazugehörigen empfangenen MPDUs inkrementiert und mit der empfangenen PN verglichen. Der PN-Replay-Counter wird bei der Schlüsselinitialisierung auf 0 gesetzt. Es wird von einem wiederholt empfangenen Frame ausgegangen, wenn die empfangene PN geringer oder gleich ist als der aktuelle Wert des PN-Replay-Counter.

CCMP-Replay-Schutz

8.7.3 CCMP-MIC-Berechnung

Die MIC-Berechnung erfolgt bei CCMP über das CBC-MAC-Verfahren mit Hilfe des Cipher Block Chainings. Hierzu werden die Daten in Blöcke unterteilt, wobei man bei der 802.11i-Implementierung für die MIC-Berechnung eine Blocklänge von 128 Bit nutzt. Bei der MIC-Berechnung werden der Nutzdatenteil der MPDU und Teile des MPDU-Headers, die als Additional Authentication Data (AAD) zusammengefasst werden, berücksichtigt. Für die AAD-Bildung werden die Bits des MPDU-Headers, die sich bei einer wiederholten Frameübertragung verändern können, auf einen festen Wert gesetzt. Des Weiteren wird das Duration-Feld nicht berücksichtigt, da sich dessen Inhalt, abhängig von der verwendeten Datenübertragungsrate, ändern kann. Somit wird bei der AAD-Bildung das MPDU-Frame-Control-Feld berücksichtigt, bei dem die Bits 4, 5, 6, 11, 12 und 13 auf Null und Bit 14 auf 1 gesetzt sind. Zudem werden die drei Adressfelder, das Sequence-Control-Feld, das Quality-of-Service-Control-Feld und, falls vorhan-

CCMP-MIC-Berechnung

den, das 4. Adressfeld mit einbezogen. Die AAD hat somit eine Länge von 22 oder 28 Bytes und stellt die Authentizität der MPDU sicher, da beispielsweise eine Änderung der Adressfelder das Ergebnis der MIC-Berechnung verändern würde. Gegebenenfalls werden bei der MIC-Berechnung Padding-Felder eingefügt, die dafür sorgen, dass die Daten einem Vielfachen von 128 Bits entsprechen und die zu schützenden Daten sich in volle Blöcke aufteilen lassen. Die Padding-Felder dienen jedoch ausschließlich der MIC-Berechnung und werden später nicht mit der MPDU übertragen.

Die MIC-Berechnung erfolgt, indem der erste Block via AES verschlüsselt und das Ergebnis dieser AES-Verschlüsselung mit dem zweiten Block XOR verknüpft wird. Dieses Ergebnis wird wiederum AES-verschlüsselt und anschließend mit den dritten Block XOR- verknüpft. Dieser Vorgang wird sukzessive bis zum letzten Block fortgeführt, sodass der gesamte zu schützende Bereich in die MIC-Berechnung einbezogen wird (siehe Abb. 8–16). Für die AES-Verschlüsselung wird der temporäre Schlüssel der jeweiligen Sitzung verwendet. Das Ergebnis der MIC-Berechnung hat abschließend die Länge von 128 Bits, wobei allerdings nur die oberen 64 Bits den Inhalt des MIC-Feldes bilden, das mit der MPDU übertragen wird.

Damit eine Wiederholung der MIC ausgeschlossen werden kann, fließt bei der MIC-Berechnung noch der Nonce-Wert mit ein. Er wird aus dem Prioritätenfeld, der MAC-Adresse des Senders und der PN gebildet und ist somit für die verschiedenen Sender und Frames immer unterschiedlich. Der Nonce-Wert kann auf beiden Seiten gebildet werden, da dem Sender und dem Empfänger die notwendigen Informationen vorliegen.

Abb. 8–16
CCMP-MIC-Berechnung

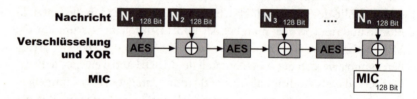

8.7.4 CCM-Verschlüsselung

CCM-Verschlüsselung Die CCM-Verschlüsselung erfolgt über den Nutzdatenteil der MPDU und über den eingefügten MIC-Wert. Für die Datenverschlüsselung wird die MPDU in 128 Bit lange Blöcke unterteilt, die der Verschlüsselung zugeführt werden. Bei der Verschlüsselung über den Counter-Modus erfolgt jedoch keine direkte Verschlüsselung der Blöcke, sondern ein Zähler, der für jeden Block hochgezählt wird, wird AES-verschlüsselt. Das Ergebnis dieses verschlüsselten Zählers wird dann mit den eigentlich zu verschlüsselnden Blöcken XOR- verknüpft, woraus sich die chiffrierte MPDU ergibt, die zum Empfänger übertragen wird (siehe Abb. 8–15). Entsprechen die zu verschlüsselnden Daten nicht dem Vielfachen von 128 Bits, ist ein Padding nicht notwendig, da in diesem Fall das Ergebnis des verschlüsselnden Zählers beim letzten Block einfach verkürzt werden kann, ohne das Ergebnis zu beeinflussen.

Damit der Zähler keine Schwachstellen für die Verschlüsselung bietet, wird für die Konstruktion des Zählerstartwerts ein Nonce-Wert zugrunde gelegt. Bei der Berechnung des Nonce-Werts fließt, wie bereits zuvor beschrieben, eine Verkettung aus einem Prioritätenfeld, der MAC-Adresse des Senders und der PN mit ein, damit der Nonce-Wert für die verschiedenen Sender und Frames immer unterschiedlich ist. Das Prioritätenfeld ist für zukünftige QoS-Implementierungen vorgesehen und wird zurzeit nicht genutzt, die Bits sind auf 0 gesetzt.

Die Anwendung des Counter-Modus bietet letztendlich zwei entscheidende Vorteile, die in der Sicherheit und Performance liegen. Würde man die Nachricht direkt blockweise mit AES verschlüsseln, könnte man dieselben Ergebnisse bei verschiedenen Blöcken nicht ausschließen, Mit Hilfe dieser Ergebnisse könnte man theoretisch Rückschlüsse auf den Schlüssel ziehen. Dies wäre beispielsweise der Fall, wenn sich in der Nachricht Teile wiederholen. Verschlüsselt man hingegen einen sich blockweise ändernden Zähler, so ist das Ergebnis einzigartig, und es lassen sich auf keinen Fall Rückschlüsse auf die Verschlüsselung ziehen. Außerdem hat dies den Vorteil, dass der Zähler schon verschlüsselt werden kann, bevor die eigentliche MPDU vorliegt.

8.7.5 CCMP-MPDU-Format

CCMP-MPDU-Format

Bei der Nutzung von CCMP verlängert sich der MPDU-Header um 8 Bytes (siehe Abb. 8–17). Zudem werden weitere 8 Bytes für das MIC-Feld benötigt, die in den Nutzdatenteil eingefügt werden, nachdem diese zusammen mit den Nutzdaten verschlüsselt wurden. Demnach verringert sich die maximale Länge des Nutzdatenteils auf 2296 Bytes. Der bisherige IV beinhaltet PN0 und PN1, die durch die unteren beiden Bytes des IVs abgebildet werden. Das 3. Byte des IVs ist reserviert, wird nicht verwendet, und die Bits sind entsprechend auf 0 gesetzt. Die ersten 4 Bits des KeyID-Bytes sind ebenfalls reserviert. Das ExtIV-Feld signalisiert über den Inhalt 1, dass der verlängerte IV folgen und CCMP verwendet wird. Die restlichen 3 Bits des KeyID-Bytes bilden das KeyID-Feld, mit dem der verwendete Schlüssel angezeigt werden kann. Bei der Nutzung von CCMP ist die KeyID auf 0 gesetzt. KeyID 1 bis 3 können für die Anzeige von Broadcast- oder Multicast-Schlüsseln verwendet werden. Der obere Teil der PN, also PN2 bis PN5, wird über den erweiterten IV abgebildet. Wie bei TKIP wird bei CCMP ein 48 Bit langer IV verwendet, über den eine wiederholte Frameübertragung erkannt und Replay-Attacken verhindert werden können.

Abb. 8–17
CCMP-MPDU-Format

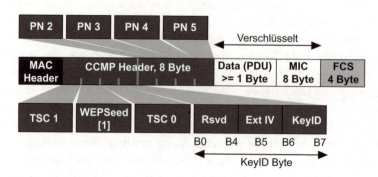

8.8   Virtual Private Network im WLAN

VPN im WLAN

Bis 802.11i-Sicherheitsverfahren beziehungsweise WPA(2) verfügbar waren, boten für den WLAN-Bereich die so genannten Virtual-Private-Network-Lösungen (VPN) eine zuverlässige Sicherheitslösung. VPN ist bekannt aus dem Internetbereich, um eine sichere Ende-zu-Ende-Verbindung bereitzustellen. Dabei werden über Verschlüsselungsverfahren sichere Tunnel aufgebaut, um die eigentlichen Nutzdaten zu übertragen. Als VPN-Lösung kommt entweder das Layer 2 Tunneling Protocol (L2TP), Point to Point Tunneling Protocol (PPTP) oder IP Security Protocol (IPSec) in Frage. L2TP und PPTP sind mittlerweile als unsichere VPN-Verfahren verrufen. Anders sieht es mit IPSec aus, wobei hierbei das verwendete Verschlüsselungsverfahren entscheidend ist. Es kommen vorwiegend DES (Data Encryption Standard), Triple-DES oder AES zum Einsatz. DES basiert auf einem 56 Bit langen Schlüssel. Triple-DES verwendet quasi drei 56 Bit lange Schlüssel, woraus sich eine Schlüssellänge von 168 Bits ergibt. Bei AES-basierenden VPN-Lösungen kommt entweder ein 128 Bit, 192 Bit oder 256 Bit langer Schlüssel zum Einsatz. Vergleicht man DES, Triple-DES und AES miteinander, so stellt sich AES ganz klar als Favorit heraus aufgrund seiner Sicherheit und der effizienten Implementierung des Algorithmus. Möchte man eine sichere und effiziente VPN-Datenverschlüsselung innerhalb des WLANs implementieren, so sollte sie auf dem AES-Verfahren basieren. Man muss allerdings berücksichtigen, dass die Implementierung von VPN weitaus aufwändiger ist als die von WPA2, somit sollte man heute bevorzugt WPA2 einsetzen. Aufgrund der Vollständigkeit wird im Folgenden die Implementierung von VPN-Lösungen innerhalb eines WLANs aufgezeigt.

Die VPN-Lösungen werden im WLAN-Bereich über einen VPN-Server und VPN-Clients implementiert. Als VPN-Server kommen in der Regel dedizierte Hardwarelösungen zum Einsatz, die eine ausreichende Rechenleistung bieten, um zeitgleich für mehrere WLAN-Stationen VPN-Tunnel bereitstellen zu können. Es gab aber auch Hersteller, die die VPN-Server-Funktion auf den Access Points abbildeten. Hier besteht jedoch das Problem, dass die Rechenleistung der Access Points relativ gering ist und deshalb nur eine geringe VPN-Bandbreite bereitgestellt werden kann. Des Weiteren kann sich die VPN-Implementierung auf den Access Point beim Roaming negativ auswirken, da bei jedem Wechsel des Access Points eine neue VPN-Verbindung aufgebaut werden muss. Deshalb ist eine dedizierte VPN-Server-Lösung zu bevorzugen. Auf den WLAN-Stationen wird in der Regel ein VPN-Client installiert, der die entsprechenden Verschlüsselungsalgorithmen bereitstellt. Diese VPN-Clients lassen sich so einstellen, dass nur noch verschlüsselte Daten übertragen werden. Die Daten können zwar weiterhin gesnifft werden, jedoch können sie ohne Kenntnis des geheimen Schlüssels nicht dekodiert werden, sodass die aufgezeichneten Daten für den Hacker unbrauchbar sind. Abbildung 8–18 zeigt die VPN-Implementierung innerhalb eines WLANs.

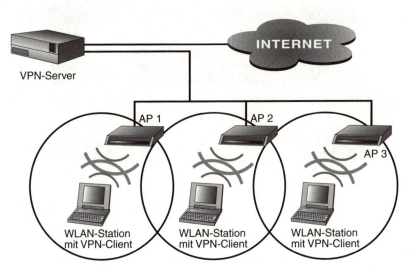

Abb. 8–18

VPN-Implementierung

Der Aufbau der VPN-Tunnel basiert auf entsprechenden Zertifikaten, die dem VPN-Server und dem VPN-Client bekannt sein müssen. Das Zertifikat enthält den geheimen Schlüssel, der für die Ver- und Entschlüsselung der Daten zugrunde gelegt wird, und dient gleichzeitig

VPN-Zertifikate

der Authentifizierung. Nur der VPN-Client, der über ein gültiges Zertifikat verfügt, ist in der Lage und berechtigt, einen VPN-Tunnel zum VPN-Server aufzubauen. Da der VPN-Server und die VPN-Clients die Rechenleistung für die Ver- und Entschlüsselung der Daten bereitstellen müssen, werden der Access Point und die WLAN-Adapter selbst entlastet. Performance-Einbrüche durch die Verschlüsselung, wie man sie bei WEP kennt, treten deshalb in der Regel nicht auf, vorausgesetzt, die WLAN-Station verfügt über eine ausreichende Prozessorleistung.

Um eine Richtfunkstrecke abzusichern, die zwei drahtgebundene LANs verbindet, wird auf beiden Seiten der Richtfunkstrecke jeweils ein VPN-Server installiert. Über diese beiden VPN-Server wird dann eine sichere VPN-Verbindung aufgebaut. Hierbei ist es wichtig, dass die VPN-Server genug Bandbreite bereitstellen, damit kein Flaschenhals entstehen kann. Dazu muss die bereitgestellte Bandbreite größer oder gleich der WLAN-Bandbreite sein. Abbildung 8–19 zeigt die Absicherung einer Richtfunkstrecke mit Hilfe von VPN-Servern.

Abb. 8–19
*Absicherung einer
Richtfunkstrecke*

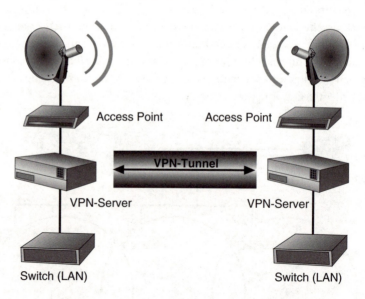

Befinden sich auf der einen Seite der Richtfunkstrecke ausschließlich ein paar WLAN-Stationen, so sollte man auf der Seite der Stationen auf den VPN-Server verzichten. Anstelle des VPN-Servers sollte auf den WLAN-Stationen jeweils ein VPN-Client installiert werden. In diesem Fall baut jede WLAN-Station einen eigenen VPN-Tunnel zum VPN-Server auf, wodurch sich Kosten einsparen lassen und sich wieder eine Ende-zu-Ende-Sicherheitslösung ergibt.

9　Fehleranalyse im WLAN

Fehleranalyse

Ein Wunschgedanke jedes Administrators ist ein Netzwerk ohne Fehler. Jedoch zeigt die Praxis allgemein, dass dies nur ein Wunschgedanke ist und von der Realität stark abweicht. Es gibt wohl kaum ein Netzwerk, in dem alles fehlerfrei läuft. Datenverluste und, damit verbunden, Performance-Einbußen oder die Nicht-Erreichbarkeit von einzelnen Stationen gehören in der Regel zum Alltag eines Administrators. Beklagen sich die Anwender über auftretende Fehler, so ist eine Fehleranalyse die einzige Möglichkeit, der Ursache auf den Grund zu gehen und die Fehlerquelle zu beseitigen. Es steht außer Frage, dass die Anzahl der potenziellen Fehlerquellen im WLAN-Bereich weitaus höher sind als im herkömmlichen drahtgebundenen Netzwerk. Im WLAN-Bereich fehlen Abgrenzungen, wie man sie in einem drahtgebundenen Netzwerk kennt. Deshalb können Störungen durch benachbarte Systeme nicht ausgeschlossen werden. Als Störquelle können andere WLANs in Frage kommen, die dieselben Kanäle verwenden. Dies kann innerhalb von Ballungsgebieten besonders oft im 2,4-GHz-Band vorkommen, wegen der geringen Anzahl der nicht überlappenden Kanäle. Ebenfalls kann beispielsweise der Betrieb von Bluetooth bei einem 2,4-GHz-WLAN Probleme verursachen, was die Datenübertragung und damit die erzielbare Performance nachhaltig beeinflussen kann. Des Weiteren hat man im WLAN-Bereich das Problem, dass man in der Regel mit mobilen Einrichtungen arbeitet, die nicht an einen festen Standort gebunden sind. Somit kann der Anwender den zuverlässig ausgeleuchteten Bereich eines WLANs verlassen. Befindet sich ein Anwender im Grenzgebiet eines WLANs, so ist eine Datenübertragung nur bedingt oder gar nicht mehr möglich. Der Anwender hat jedoch sehr oft nicht die notwendige Einsicht, dass ein zuverlässiger Datenaustausch nur innerhalb eines bestimmten Bereiches möglich ist. Zudem können trotz guter Ausleuchtung innerhalb eines WLANs an gewissen Stellen Störquellen vorhanden sein, die in deren unmittelbarer Umgebung einen fehlerfreien Datenaustausch verhindern. Typisches Beispiel hierfür sind Standorte unmittelbar neben Betriebskantinen, in denen die bereits negativ zitierten Mikrowellengeräte betrieben werden.

Im abschließenden Kapitel dieses Buches möchte ich Ihnen jedenfalls einige Grundsätze für die Fehleranalyse im WLAN mit auf dem Weg geben – natürlich immer in der Hoffnung, dass Ihnen die Fehlersuche erspart bleibt. Dieses Kapitel ist als Ergänzung der vorangegangenen Kapitel anzusehen beziehungsweise setzt voraus, dass der Inhalt dieser Kapitel als Basiswissen vorhanden ist.

9.1 Einkreisen von Fehlerquellen

Einkreisen von Fehlerquellen

Sollte es im Netzwerk einmal klemmen, ein fehlerfreier und schneller Datenaustausch schier unmöglich sein, so ist es wichtig, den Fehler sachlich zu analysieren, die Fehlerquelle einzukreisen und zu beseitigen. Der erste Schritt zur Fehleranalyse ist oft einfacher, als man tatsächlich denkt, und bezieht sich auf die richtige Identifizierung des Fehlers. Allein mit den oft haarsträubenden Fehlermeldungen der Anwender kann in den seltensten Fällen eine sinnvolle Fehleranalyse durchgeführt werden. Hierbei hilft in der Regel, den vom Anwender geschilderten Sachverhalt genauestens zu überprüfen und zu beobachten, wie sich der Fehler tatsächlich äußert. Hilfreich dabei ist, wenn man den Fehler nach einem gewissen Schema durchleuchtet. Dabei kommt es unter anderem auf eine gezielte Fragetechnik an, die inhaltlich folgende Punkte enthalten sollte:

- Wie oft tritt der Fehler auf ?
- Tritt der Fehler zu bestimmten Tageszeiten auf, z.B. während der Einloggphase aller Mitarbeiter zum Beginn der Arbeitszeit?
- Wann trat der Fehler zum ersten Mal auf?
- Wann trat der Fehler zum letzten Mal auf?
- Wurden in der letzten Zeit irgendwelche Änderungen am Netzwerk oder an der Arbeitsstation vorgenommen?
- Wird beim Auftreten des Fehlers eine Fehlermeldung angezeigt und wenn ja, welche?
- Welche Anwendungen, Stationen oder Server sind an dem Problem beteiligt, d.h. auf welche Ressourcen erfolgen kurz vor dem Auftreten des Fehlers Zugriffe?
- An welchem Standort tritt der Fehler auf?
- Sind andere elektrische Geräte beim Auftreten des Fehlers kurzzeitig in Betrieb?
- Lässt sich der Fehler reproduzieren?

Die Antworten auf die gestellten Fragen können bei der Fehlererkennung äußerst hilfreich sein. Tritt ein Fehler sehr häufig auf, so kann man davon ausgehen, dass ein tatsächlicher Grund vorliegt, der beseitigt werden sollte. Einem einmalig aufgetretenen Problem sollte zwar ebenfalls Aufmerksamkeit gewidmet werden, jedoch kann es sich hierbei um eine Kombination unglücklicher Ereignisse handeln, die zu dem einmaligen Auftreten des Fehlers geführt haben. Diese Gefahr besteht besonders im WLAN-Bereich, da hier eine feste Abgrenzung des Netzwerks fehlt. Tritt ein Fehler häufiger auf, so muss versucht werden, ihn an einem bestimmten Schema festzumachen. Dabei sollte als Erstes versucht werden, einzuordnen, wann das Problem auftritt. Geschieht dies immer nur zu einer bestimmten Tageszeit, lassen sich unter Umständen Parallelen zu einer bestimmten Lastsituation im Netzwerk oder zum Vorhandensein von tageszeitabhängigen Störquellen erkennen.

Störquellen

Auch die Antwort auf die Frage, wann der Fehler zum ersten Mal aufgetreten ist, kann interessant sein. Unter Umständen ist er nach einer vorgenommenen Veränderung aufgetreten. In diesem Fall kann davon ausgegangen werden, dass diese vorgenommene Veränderung im Netzwerk für den Fehler verantwortlich ist, und man sollte herausfinden, was verändert wurde. Hier besteht jedoch das Problem, dass oft auch inoffizielle Änderungen von den Anwendern vorgenommen werden, von denen die IT-Abteilung gar keine Kenntnis hat. Typisches Beispiel im WLAN-Bereich sind hierfür die Rogue Access Points. Durch die Installation der Rogue Access Points können Performance-Probleme auftreten, da unter Umständen auf denselben Kanälen gearbeitet wird wie die Access Points, die zum eigentlichen Firmennetz gehören. Zudem können Probleme in der Netzwerksicherheit auftreten, da durch die Installation der Rogue Access Points unter Umständen Tür und Tor für Angreifer von außen geöffnet werden.

Rogue Access Points

Man sollte ebenfalls herausfinden, welche Ressourcen oder Komponenten beim Auftreten des Fehlers beteiligt waren beziehungsweise welche beim Auftreten des Fehlers gerade benutzt wurden. Es kann sein, dass ein Fehler dann auftritt, wenn auf einen bestimmten Dienst eines Servers zugegriffen wird. Sind alle übrigen Zugriffe auf den Server ohne Probleme möglich, so kann man davon ausgehen, dass dieser bestimmte Dienst für den Auftritt des Fehlers verantwortlich ist. Ergänzen können hier auch angezeigte Fehlermeldungen, wobei diese jedoch gewöhnlich sehr oberflächlich beziehungsweise sehr global formuliert sind, ihr Informationsgehalt deshalb meist gering ist. Zudem kann auch ein Vergleich hilfreich sein, ob der Fehler nur dann auftritt, wenn man drahtlos auf die Ressourcen zugreift. Tritt das Problem bei

Verzögerungszeiten

einem drahtgebundenen Zugriff nicht auf, können beispielsweise die höheren Verzögerungszeiten aus dem WLAN-Bereich verantwortlich sein. Wichtig ist auch die Frage, ob sich der Fehler reproduzieren lässt. In diesem Fall kann man ihn einkreisen oder zu einem Zeitpunkt auftreten lassen, wenn entsprechende Messeinrichtungen im Netzwerk platziert sind. Des Weiteren ist im WLAN-Bereich die Bestimmung des Standorts entscheidend, an dem der Fehler auftritt. Man kann in einem WLAN nicht immer von einer hundertprozentigen und lückenlosen Versorgung ausgehen. Zudem können an bestimmten Stellen Störquellen vorhanden sein.

Fehlersuche   Lässt sich der Fehler mit Hilfe der Antworten festmachen, so kann man zur eigentlichen Fehlersuche übergehen. Dazu gibt es viele Möglichkeiten: die einfache Überprüfung der Verkabelung innerhalb des Distribution Systems, Prüfen der aktiven Komponenten, Auswerten der Netzwerkstatistiken, Überprüfung der externen Antennen, umfangreiche Protokollanalyse (die in einem separaten Abschnitt ausführlich beschrieben wird). Dabei gilt es allgemein, mit dem einfachsten Schritt zu beginnen.

9.1.1   Überprüfung der Verkabelung

Verkabelungsüberprüfung   Es mag zwar auf den ersten Blick paradox erscheinen, dass man in einem WLAN auch gegebenenfalls die Verkabelung überprüfen muss. Aber betrachtet man ein Infrastruktur-Netzwerk, so wird man feststellen, dass in der Regel das Distribution System drahtgebunden ausgeführt ist. Hierbei wird meistens auf das vorhandene Ethernet zurückgegriffen. Die meisten Access Points verfügen über einen TP-Anschluss, der mit Datenraten von 10 MBit/s oder 100 MBit/s betrieben werden kann. Für die Überprüfung der drahtgebundenen Seite kann die Link-LED des Access Points hilfreich sein. Ist der Access Point an das Netzwerk angeschlossen und betriebsbereit, so sollte die Link-LED leuchten. Leuchtet die Link-LED nicht, so gilt es, den Weg zur nächsten aktiven Komponente, also die Verkabelung, zu überprüfen. Hier wird man bei der Verbindungsüberprüfung zwischen zwei aktiven Komponenten oft feststellen, dass lediglich ein Patch- oder Anschlusskabel bewusst oder unbewusst herausgezogen wurde. Auch Kabelbrüche an den Verbindungsstellen sind ebenfalls eine mögliche Fehlerquelle. Die Stelle eines Kabelbruchs lässt sich mit Hilfe einer TDR-Messung (Time Domain Reflectometer) als Entfernungsangabe ausfindig machen, die in etwa die Lokalisierung der Fehlerstelle zulässt. So wird vermieden, die gesamte Kabelstrecke auszutauschen. Eine präzise Überprüfung der Kabelstrecken lässt sich auch durch eine erneute Abnahmemessung und den anschließenden Vergleich mit dem ersten Abnahmeprotokoll durchführen. Dadurch lassen sich Parameter ermitteln, die sich durch den Alterungsprozess verschlechtert haben. Je nachdem, welcher Parameter sich verschlechtert und wie Art und Grad der Verschlechterung aussehen, kann ein Rückschluss auf eine mögliche Fehlerquelle gezogen werden.

9.1.2 Überprüfung der aktiven WLAN-Komponenten

Neben der Verkabelung können natürlich auch die aktiven WLAN-Komponenten Probleme verursachen, d.h. einen Datenaustausch verhindern oder verlangsamen. Bei der Überprüfung der aktiven Komponenten müssen die Funktionsweise der WLAN-Komponenten beobachtet und analysiert werden. Die mitgelieferten Handbücher sind hierbei sicherlich von Nutzen. Es ist deshalb sinnvoll, die Handbücher nach Installation der aktiven WLAN-Komponenten generell zu archivieren.

Komponenten-überprüfung

Erste Hinweise auf die Funktion der aktiven WLAN-Komponenten bieten die LEDs, die diverse Statusinformationen anzeigen. Bei den Access Points sind vier LEDs, die Status-LED, Link-LED, die Traffic-LED sowie die WLAN-LED wichtig. Die WLAN-Client-Adapter verfügen in der Regel nur über eine Status-LED und über eine Traffic-LED. Ob die LEDs der aktiven WLAN-Komponenten separat oder kombiniert ausgeführt sind, erklärt sich durch die Beschriftung der LEDs oder lässt sich aus der Dokumentation der aktiven WLAN-Komponenten entnehmen.

LED-Anzeige

Die erste Information erfolgt über die Status-LED, die einen fehlerfreien Betrieb anzeigen sollte. Leuchtet sie nicht, so weist dies beispielsweise auf einen Initialisierungsfehler des Access Points hin. Bei den modularen Access Points kann dies auftreten, wenn ein Hersteller fremder WLAN-Adapter in den Access Points eingesetzt wird, oder wenn die Firmware-Version des Access Points nicht mit der Hardware-Version des WLAN-Adapters übereinstimmt. Zudem können auch Konfigurationsfehler zu einem Initialisierungsproblem führen. Oft hilft hierbei nur noch ein Reset, bei dem die Herstellereinstellungen wieder aktiviert werden.

Status-LED

Bei den WLAN-Client-Adaptern kann der Initialisierungsfehler auf einen fehlerhaften oder falschen Treiber zurückzuführen sein. Des Weiteren hat man beim Betriebssystem Windows XP oft das Problem, dass sich Betriebssystem und Kartentreiber nicht einig sind, wer die Kontrolle des WLAN-Adapters übernimmt, was zu Funktionsfehlern führen kann. Hierzu gibt es eine Option, unter den erweiterten Eigen-

Initialisierungsproblem unter Windows XP

schaften des Netzwerkadapters, die abhängig vom verwendeten WLAN-Adapter aktiviert oder deaktiviert werden muss. Bei der Option handelt es sich um die Einstellung »Windows zum Konfigurieren der Einstellung verwenden«, die sich über eine entsprechende Checkbox steuern lässt (siehe Abb. 9–1). Ob diese Option aktiviert oder deaktiviert werden muss, sollte aus der Dokumentation des WLAN-Adapters hervorgehen. Gegebenfalls muss man die Verwendung dieser Option ausprobieren, falls der WLAN-Adapter unter Windows XP nicht fehlerfrei arbeitet.

Abb. 9–1
Windows XP
WLAN-Einstellungen

> Die Einstellung »Windows zum Konfigurieren der Einstellungen verwenden« muss bei der Verwendung von WPA aktiviert sein, falls kein anderer Supplicant installiert ist (siehe Abschnitt 8.5.1).

Link-LED Über die Link-LED wird angezeigt, ob auf der drahtgebundenen Seite eine aktive Verbindung zur gegenüberliegenden Komponente vorhanden ist. Diese LED ist natürlich nur auf Access Points vorhanden, die über einen Ethernet-Anschluss verfügen. Eine Verbindung kann unter Umständen nicht aufgebaut werden, falls die unterstützte Datenrate oder der Übertragungsmodus mit der gegenüberliegenden Komponente nicht übereinstimmen. Normalerweise unterstützen die Ethernet-Komponenten die Auto-Negotiation-Funktion (siehe Rech, Ethernet, Heise-Verlag), durch die eine automatische Einstellung der Datenrate und des Übertragungsmodus erfolgen sollte, um einen erfolgreichen Verbindungsaufbau zu garantieren. Gegebenenfalls sollte überprüft werden, ob auf beiden Seiten der Verbindungsstrecke die Auto-Negotiation-Funktion aktiviert ist oder die Einstellungen von Datenrate und Übertragungsmodus übereinstimmen.

Die Traffic-LED zeigt an, ob ein Datenaustausch über die WLAN-Komponente durchgeführt wird. Je nach Ausführung der Access Points ist die Traffic-LED für die drahtgebundene als auch drahtlose Seite kombiniert ausgeführt oder durch zwei getrennte LEDs. Die Traffic-LED kann nur als Hinweis für eine aktive Datenübertragung herangezogen werden. Die Leuchtdauer der Traffic-LED ist wegen der langsamen Wahrnehmungsfähigkeit des menschlichen Auges viel länger als die für die Datenübertragung benötigte Zeit. Deshalb liefert die Traffic-LED weder einen Rückschluss über die Anzahl der übertragenen Frames noch über die Auslastung des jeweiligen Interfaces.

Traffic-LED

Die WLAN-LED zeigt Aktivitäten auf der drahtlosen Seite an. Bei einem Access Point sollte die WLAN-LED kurzzeitig aufleuchten, sobald sich eine Station in der Funkzelle des Access Points befindet. Ein funktionsfähiger Access Point muss aber auch in regelmäßigen Abständen ein Beacon-Frame aussenden, unabhängig davon, ob sich eine Station in seiner Funkzelle befindet oder nicht. Demnach sollte die WLAN-LED eines funktionsfähigen Access Points generell in kurzen Abständen aufleuchten. Auf der WLAN-Station sollte ebenfalls in regelmäßigen Abständen die WLAN-LED aufleuchten, falls sich die Station in der Reichweite eines Access Points befindet und Beacon-Frames empfängt.

WLAN-LED

9.1.3 Auswerten der Netzwerkstatistiken

Neben den LEDs bieten die meisten Access Points auch Softwaretools, über die der Status der Access Points im Netzwerk in der Form von Statistiken abgefragt werden kann. Der Zugriff mit dem Softwaretool kann hierbei über die drahtgebundene oder drahtlose Seite erfolgen. Weiterhin bieten heute eine Vielzahl von Access Points HTML-basierende Oberflächen, die mit einem Web Browser dargestellt werden und auf denen ebenfalls Statistiken abgefragt werden können. Die Netzwerkstatistiken der Access Points bieten Informationen von der drahtgebundenen als auch von der drahtlosen Seite. Hierbei werden die Anzahl der übertragenen Frames und fehlerhaft übertragene Frames angezeigt. Die Anzeige erfolgt meistens abhängig von der Framelänge,

Netzwerkstatistiken

wodurch sich Rückschlüsse für eine notwendige Fragmentierung oder Aktivierung des RTS/CTS-Verfahrens ziehen lassen.

9.1.4   Überprüfung externer Antennen

Externe Antennen Werden die aktiven WLAN-Komponenten mit externen Antennen betrieben, ist damit eine zusätzliche Fehlerquelle vorhanden. Mögliche Fehlerursachen sind schlecht konfektionierte oder falsch verlegte Antennenkabel. Bei der Verlegung der Antennenkabel wird oft der zulässige Biegeradius nicht berücksichtigt. Wird mit einem zu kleinen Biegeradius gearbeitet, so werden die elektrischen Eigenschaften nicht eingehalten. Zudem kann in ein Antennenkabel, das im Außenbereich verlegt wird, Feuchtigkeit einziehen, die die elektrischen Eigenschaften des Antennenkabels negativ beeinflusst. Oft sind auch die verwendeten Miniaturstecker und -buchsen defekt. Es bricht schon mal der PIN ab, über den die Seele des Antennenkabels verbunden wird. Die elektrischen Eigenschaften der Miniatur-Steckgesichter MC-Card, MMCX oder U.FL können sich verschlechtern, wenn diese Steckgesichter mehrmals ein- und ausgesteckt werden. Oft wird auf der Antennenseite unterschätzt, dass man sich hier im Hochfrequenzbereich befindet, bei dem mit 2,4 GHz oder 5 GHz gearbeitet wird. Minimale Übergangswiderstände oder induktive sowie kapazitive parasitäre Einflüsse können in diesen Frequenzbereichen verheerende Folgen hervorrufen, die einen fehlerfreien Betrieb unmöglich machen. Zudem ist die richtige Auswahl von Antennen und Antennenkabeln entscheidend. Wählt man eine Antenne mit falscher Impedanz, so wird der größte Teil der eingespeisten Leistung reflektiert und nicht von der Antenne abgestrahlt. Die angestrebten Reichweiten können dann in der Regel nicht erzielt werden. Wird ein falsches oder zu langes Antennenkabel verwendet, sind unter Umständen die Dämpfungswerte auf dem Antennenkabel zu hoch. Oft wird der Fehler gemacht, dass ein einfaches RG-58-Kabel mit einer Dämpfung von mehr als 1 dB/m als Antennenkabel verwendet wird oder dass ein WLAN-taugliches Antennenkabel mit 0,46 dB/m über eine Länge von 10 bis 15 m verwendet wird. Bei einer zu hohen Dämpfung kann die angestrebte Reichweitensteigerung, die durch einen bestimmten Antennengewinn der Antenne erzielt werden soll, in der Praxis nicht realisiert werden. Das 5-GHz-Band ist generell als kritischer zu betrachten. Hier kommt es auf eine weitaus größere Sorgfalt beim Konfektionieren der Stecker und auf die fachgerechte Verlegung der Antennenkabel an.

Fresnel-Zone Bei den Richtfunkstrecken wird oftmals unterschätzt, dass eine Sichtverbindung und die Fresnel-Zone frei von Hindernissen sein müssen. Hier können auch jahreszeitabhängige Einflüsse maßgeblich sein. Eine Richtfunkstrecke, die im Winter einwandfrei läuft, muss im Sommer noch lange nicht funktionieren, wenn sich zwischen den Antennen Laubbäume befinden. Fehlendes Laub ermöglichen im Winter den Betrieb, während die Blätter im Sommer den Bereich der Fresnel-Zone verschließen und einen Datenaustausch verschlechtern oder unmöglich machen.

Beim Einsatz von externen Richtfunkantennen wird zudem oft die Diversity-Funktion nicht berücksichtigt. Werden Richtfunkantennen verwendet, so muss die Diversity-Funktion abgeschaltet werden, indem einer der beiden vorhandenen Antennenausgänge für die Nutzung fest eingestellt wird. Ansonsten lassen sich sporadische Verbindungsabbrüche nicht ausschließen.

Diversity-Funktion

9.1.5   Ping-Verbindungstest

Für die Überprüfung der aktiven Komponenten kann man sich in einem TCP/IP-basierenden WLAN ein nützliches Tool namens Ping zunutze machen. Beim Ping handelt es sich um ein Diagnosetool, mit dem eine IP-Verbindung zu einer entfernten Station überprüft werden kann. Der Ping-Befehl prüft die Verbindung, indem ein spezielles ICMP-Echo-Paket (Internet Control Message Protocol) zur entfernten Station geschickt wird. Über dieses ICMP-Echo-Paket wird die entfernte Station aufgefordert, eine bestimmte Anzahl von entsprechenden ICMP-Antwort-Paketen zurückzuschicken. Durch den Erhalt der ICMP-Antworten erhält man die Bestätigung, dass die Verbindung zur entfernten Station in Ordnung ist. Erhält jedoch die Station kein ICMP-Antwort-Paket (Defaultwert bei Windows XP 4000 ms), so werden Time-out-Fehlermeldungen generiert. Der Ping-Befehl ist heute auf jeder Betriebssystemplattform zu finden und verfügbar, nachdem der TCP/IP-Stack durch die Installation des TCP/IP-Protokolls mit installiert worden ist.

Ping

Um die Verbindung zu einer entfernten Station zu überprüfen, geht man beispielsweise auf einem Windows-Rechner auf die Kommandozeilenebene und gibt den Befehl `ping [IP-Adresse der entfernten Station]` ein. Voraussetzung dafür ist natürlich, dass Sie die IP-Adresse der entfernten Station kennen und dass auf Ihrer Station und der entfernten Station die TCP/IP-Protokollsuite installiert ist. Ist dies der Fall und eine Verbindung zur entfernten Station ist vorhanden, so sollten Sie als Antwort auf den Ping-Befehl dreimal die Meldung `Reply from [IP-Adresse] bytes=32 time= ...ms` erhalten. Typische Antwortzeiten sollten im Bereich von 2 ms liegen. Hierbei muss man allerdings

Ping-Befehl

berücksichtigen, dass beim Roaming höhere Antwortzeiten auftreten können. Die Höhe der Antwortzeit während des Roamings ist auch von der Infrastruktur (Anzahl der Switches und Router) abhängig, über die die Access Points untereinander verbunden sind.

Der Vorteil vom Ping liegt darin, dass man nicht nur die Verbindung selbst, sondern alle Instanzen zwischen den Stationen hoch bis zur dritten Ebene des OSI-Layers testet. Man kann demnach über den Ping eine Aussage treffen, dass die Verbindung selbst, der Treiber des WLAN-Adapters und das IP-Protokoll auf der dritten Ebene richtig arbeiten. Dazu gehören natürlich alle zwischengeschalteten Access Points, Router und Switches, die richtig arbeiten müssen, um die IP-Datagramme zielgerichtet weiterleiten zu können.

Ping-Optionen Per Default werden durch den Ping-Befehl Daten mit der Größe von 32 Bytes zwischen den Stationen ausgetauscht. Die Länge der Daten lässt sich allerdings beim Ping-Befehl über einen optionalen Parameter vergrößern, so dass man die Verbindungen und die Stationen auf das Verhalten mit größeren Datenmengen überprüfen kann. Eine ausführliche Beschreibung der Ping-Optionen erhält man, indem man auf der Kommandozeilenebene einfach ping eingibt.

Neben dem einfachen Ping-Befehl, der in der Regel Bestandteil der Betriebssystemplattform ist, gibt es noch komfortablere Ausführungen dieses Diagnosetools. Viele Hersteller von WLAN-Adaptern liefern

Abb. 9–2
Diagnosetool mit
Ping-Funktion

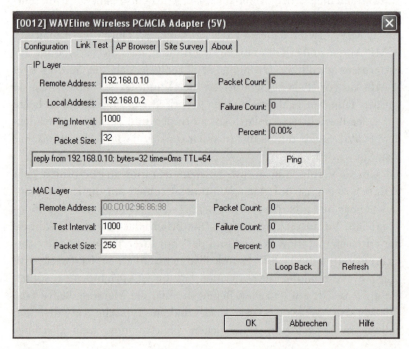

mit ihren Adaptern ein Utility, das unter anderem die Ping-Funktion als Verbindungstest bereitstellt. In diesem Fall lässt sich der Ping über eine benutzerfreundliche Oberfläche ausführen, die einfach durch Mausklick konfiguriert und bedient werden kann (siehe Abb. 9–2).

9.2   WLAN-Fehlerquellen

Betrachtet man ein WLAN, das sich in der Regel aus einer Vielzahl von Komponenten zusammensetzt, die von unterschiedlichen Herstellern stammen, so ist es manchmal schon erstaunlich, dass es überhaupt problemlos laufen kann. Es ist auf jeden Fall wichtig, dass alle verwendeten Komponenten mit dem 802.11-Standard und dessen Erweiterungen 100 %ig konform sind. Eine zusätzliche Sicherheit über die Standardkonformität von Komponenten gibt das Wi-Fi-Logo. Hier hat man Komponenten vorliegen, die unter Laborbedingungen ihre Kompatibilität zu Komponenten anderer Hersteller bereits unter Beweis gestellt haben (siehe Abschnitt 6.7.1). Des Weiteren ist es natürlich auch wichtig, dass die Komponenten richtig und innerhalb ihrer Leistungsgrenzen betrieben werden. Besonders die Reichweite ist entscheidend, denn bei zu großen Distanzen können Übertragungsfehler auftreten, die die Performance nachhaltig beeinflussen oder den Datenaustausch völlig abbrechen lassen.

WLAN-Fehlerquellen

Wie stabil und zuverlässig ein Infrastruktur-Netzwerk läuft, hängt zum großem Teil auch von der Konzeption und von der Planung des WLANs ab. Eine fachmännische Funkausleuchtung, bei der auch alle potenziellen Störquellen ermittelt werden, ist dringend erforderlich. Die Funkausleuchtung kann mit speziellen Utilities erfolgen, die in der Regel Bestandteil des Lieferumfangs der WLAN-Client-Adapter sind, oder man verwendet professionelle Site Survey Utilities wie Ekahau oder AirMagnet (siehe Abschnitt 7.3). Zudem bieten die meisten Utilities eine zusätzliche Anzeigemöglichkeit von Störquellen, oder man nimmt einen geeigneten Spektrumanalyser zur Hand. Zudem bieten die meisten Utilities eine zusätzliche Anzeigemöglichkeit von Störquellen. Hiermit kann man im Vorfeld die einzelnen Kanäle betrachten und prüfen, ob sich bereits ein Träger auf den einzelnen Kanälen befindet oder nicht. Diese Information kann bei der richtigen Kanalauswahl hilfreich sein. Möchte man Störquellen genau aufspüren, so benötigt man einen Spektrumanalysator, mit dem man bestimmte Frequenzbereiche genau betrachten kann. Hiermit ist es nicht nur möglich, Störquellen nachzuweisen, sondern man hat teilweise auch die Möglichkeit, die Art der Störquelle herauszufinden, da viele Störquellen durch

Funkausleuchtung

ein bestimmtes Frequenzmuster geprägt sind. Bestes Beispiel hierfür sind Bluetooth oder die Mikrowelle.

Bluetooth   Bluetooth lässt sich anhand des Frequenzmusters erkennen, das durch das FHSS-Verfahren geprägt ist. Hierbei wird alle 625 µs ein Wechsel der Kanäle vorgenommen. Die Center-Frequenzen der Kanäle haben jeweils einen Abstand von 1 MHz zur benachbarten Center-Frequenz. Jeder Kanalwechsel erfolgt über mindestens 6 Kanäle, wodurch beim Wechsel ein Abstand von mindestens 6 MHz realisiert wird.

Mikrowelle   Bei der Mikrowelle, die mit einer 50-Hz-Wechselspannung betrieben wird, liegt eine Periodendauer von 20 ms vor. Die 20 ms sind in eine positive und negative Halbwelle aufgeteilt, wobei eine Halbwelle die Dauer von 10 ms hat. Eine Mikrowelle heizt periodisch über die Zeitdauer von einer Halbwelle, die von einer Pausenzeit vor der nächsten Halbwelle gefolgt wird. Auf dem Spektrumanalysator kann man die abgestrahlte Energie im 2,4-GHz-Band über die Pulsdauer von 10 ms bei einer Periodendauer von 20 ms in der Regel deutlich erkennen.

> Eine Mikrowelle blockiert vorwiegend den oberen Kanalbereich des ISM-Bands, da die Mikrowelle bei 2,45 GHz arbeitet. Laut Mikrowellennorm darf eine Mikrowelle im Abstand von 5 cm eine Leckstrahlung mit einer Leistungsflussdichte von 5 mW/cm² (5 W/m²) aufweisen; so kann eine Mikrowelle auch im Abstand von mehreren Metern ein 2,4-GHz-WLAN noch beeinflussen.

WLAN-spezifische   Lassen sich die auftretenden Fehler nicht durch einfache Maßnahmen
Probleme   einkreisen und beseitigen, muss eine detaillierte Fehleranalyse durchgeführt werden, um dem eigentlichen Problem auf den Grund zu gehen. Die am häufigsten auftretenden Probleme im WLAN-Bereich sind:

- schlechter Datendurchsatz
- lange Verzögerungszeiten
- häufig auftretende Kollisionen
- CRC- oder PLCP-Fehler
- häufig wiederholte Paketaussendung
- Verwendung eines falschen WEP-Schlüssels
- Verwendung einer falschen SSID
- Long oder Short Präambeleinstellung
- Probleme mit dem Power-Save-Modus
- Überlastung der vorhandenen Bandbreiten
- Interferenzen
- Funklöscher
- Interoperabilität
- Roaming-Probleme
- Sicherheitsprobleme

Die meisten der aufgelisteten Probleme können durch eine Protokollanalyse nachgewiesen und analysiert werden. Dabei werden die übertragenen Daten aufgezeichnet und decodiert dargestellt. Auf diese
Weise lässt sich genau prüfen, welche Frames zwischen den Stationen
ausgetauscht werden und welche Informationen die übertragenen
Frames beinhalten. Bedingt durch das WLAN-ACK-Verfahren kann
man sogar teilweise erkennen, ob die Frames erfolgreich beim Empfänger angekommen sind.

9.3   Protokollanalyse

Die Protokollanalyse ist wohl die aufschlussreichste und detaillierteste   *Protokollanalyse*
Möglichkeit einer Fehleranalyse. Mit ihrer Hilfe kann man den Daten-
verkehr aufs Bit genau darstellen und analysieren. Natürlich kann man
mit dem Datenstrom, der Bit für Bit dargestellt wird, direkt nichts
anfangen. Deshalb wird die Protokollanalyse mit Hilfe von Protokollanalysatoren durchgeführt, mit denen sich Statistikinformationen
sammeln, Frames aufzeichnen und ihre Inhalte übersichtlich darstellen
lassen. Die Qualität eines Protokollanalysators zeigt sich darin, wie
übersichtlich er die decodierten Frames darstellen kann und welche
zusätzlichen Statistiken er bietet.

Bei der Protokollanalyse geht es allgemein darum, den Datenstrom   *Betrachtete Schichten*
auf den unteren vier Schichten des OSI-Referenz-Modells darzustellen
und zu analysieren. Für die Analyse im WLAN-Bereich sind natürlich
die Informationen der unteren beiden Schichten von maßgeblicher
Bedeutung. Blickt man das erste Mal auf den Bildschirm eines Protokollanalysators, erkennt man durch die umfangreich dargestellten
Informationen nichts. Zudem sind Protokollgrundlagen von WLANs
noch nicht so geläufig, dass alle Netzwerkadministratoren damit vertraut wären. Deshalb haftet der WLAN-Protokollanalyse oft der
Mythos eines großen Geheimnisses an, das nur speziellen Fachkräften
vorbehalten ist. Dennoch haben auch Netzwerkadministratoren nach
kurzem Einarbeitungsaufwand eine realistische Chance, bei der
WLAN-Protokollanalyse den notwendigen Durchblick zu erzielen.
Um die gewonnenen Informationen sinnvoll interpretieren zu können,
ist in erster Linie ein Basiswissen der WLAN-Kommunikationsabläufe
von großer Bedeutung. Dazu gehören beispielsweise das clientseitige
Aufsuchen von Funkzellen und die Assoziierung innerhalb einer Funkzelle. Hat man diese Hürde erst einmal genommen, kommt man bei
der Protokollanalyse nach einer kurzen Trainingsphase schnell ans
Ziel. Als Hilfestellung werden später in diesem Kapitel einige typische
WLAN-Kommunikationsabläufe dargestellt.

9.3.1   Ausführungen von Protokollanalysatoren

Hardware-
Protokollanalysatoren

Bei den Protokollanalysatoren wird grundsätzlich zwischen Hardware- und Software-Protokollanalysatoren unterschieden. Die Hardware-Protokollanalysatoren basieren auf einem speziellen Betriebssystem und verfügen über intelligente Netzwerkkarten, auf denen entweder eigene Prozessoren oder ASICs vorhanden sind, die den Hauptprozessor des Analysesystems von der eigentlichen Verarbeitung der Messdaten entlasten. Durch diese Entlastung sind die Hardware-Analysatoren grundsätzlich schneller als Software-Analysatoren und in der Lage, die Messdaten direkt, also in Echtzeit, nach ihrem Eingang zu verarbeiten und zu decodieren. Anders als bei Ethernet, wo heute sogar Datenraten von 1 GBit/s und 10 GBit/s auftreten können, läuft der Datenstrom im WLAN-Bereich eher gemächlich dahin. Deshalb sind hochleistungsfähige Hardware-Analysatoren im WLAN-Bereich nicht unbedingt erforderlich, und man findet bei der WLAN-Protokollanlyse in der Regel nur Software-Analysatoren vor.

Software-
Protokollanalysatoren

Als Software-Protokollanalysatoren stehen entweder kommerzielle oder freie Versionen zur Verfügung. Marktführer bei den professionellen und kommerziellen Software-Protokollanalysatoren sind der Sniffer von der Firma Network Associates (http://www.sniffer.com) und der AiroPeek oder AiroPeek NX von der Firma WildPackets (http://www.WildPackets.com), sowie der Observer von Network Instruments (http://www.networksinstruments.com).

Ethereal

Als kostenloser Protokollanalyser bietet sich Ethereal an, der als Open Source verfügbar ist (http://www.ethereal.com). Ethereal ist primär für die Protokollanalyse innerhalb eines Ethernet-Netzwerks ausgelegt, wobei zusätzlich eine Vielzahl von Protokollen der höheren Schichten unterstützt werden. Als Betriebssystemplattform kommen entweder Linux- oder die gängigen Windows-Betriebssysteme in Frage. Als Wireless-Adapter können alle Adapter eingesetzt werden, die auf dem PRISM-II-Chipsatz basieren. Der WLAN-Adapter muss im so genannten Monitor Mode betrieben werden, damit alle Frames, unabhängig von ihrer Adressierung, eingelesen werden. Wird Ethereal auf Linux betrieben, so bietet sich der Vorteil, dass der verwendete Linux-wlan-ng-Treiber in der Form angepasst werden kann, so dass auch die 802.11-Frames vollständig decodiert und angezeigt werden können (weitere Informationen dazu findet man unter http://www.ethereal. com/faq.html). Diese Möglichkeit bietet sich jedoch nicht für die Windows-Betriebssystemplattformen. Dabei können die 802.11-Frames nicht im Rohformat dargestellt werden. Deshalb ist Ethereal in Windows-Umgebungen für die WLAN-Protokollanalyse nur bedingt geeignet.

Im Folgenden werden einige Beispiele zur Fehleranalyse aufgezeigt; für die Erstellung der Beispiele wurden der Sniffer von Network

Associates, kurz NAI, der Airopeek von Wildpackets und Observer von Network Instruments, kurz NI, verwendet.

9.3.2 Systemanforderungen für Protokollanalyser

Die Protokollanalyser können nur mit bestimmten WLAN-Adaptern betrieben werden, da das vollständige Mitschneiden der Daten spezielle Kartentreiber voraussetzt. Diese Kartentreiber sind Bestandteil des Lieferumfangs der Protokollanalyser und NI und sorgen dafür, dass auch defekte Frames, die sonst von dem normalen Kartentreiber abgefangen werden, an die höheren Schichten weitergeleitet werden. NAI, Wildpackets liefern für ihre Protokollanalysatoren jeweils spezielle Kartentreiber. Während der Protokollanalyser in Betrieb ist, kann die Station nicht mehr regulär über den WLAN-Adapter auf das WLAN zugreifen, um beispielsweise Daten zu übertragen. Als Betriebssystemplattform werden Microsoft Windows 98 SE, Windows NT 4.0, Windows 2000 oder Windows XP vorausgesetzt. Als Hardwareplattform eignet sich natürlich am besten ein Tablet-PC oder Notebook, da man hiermit standortunabhängig arbeiten und sich problemlos innerhalb des WLANs bewegen kann. Eine Mindestrechenleistung einer Pentium III CPU mit 600 MHz Taktrate, 256 MByte Arbeitsspeicher und 125 MByte freiem Festplattenspeicher werden vorausgesetzt. Neben der Notebook-/PC-Lösung bietet NAI auch eine Variante des Sniffers an, die auf einem PDA in Verbindung mit einem Compact Flash Adapter Spectrum21 Model 4121 der Firma Symbol Technologies unter dem Betriebssystem Windows CE 3.0 betrieben werden kann (siehe Abb. 9–3). Hiermit hat man einen handlichen Protokollanalysator zur Verfügung. Jedoch ist die Anzeigemöglichkeit, bedingt durch das kleine Display der PDAs, sehr eingeschränkt. Die gewonnenen Daten können allerdings nach der Protokollanalyse problemlos auf ein anderes System mit größerem Display übertragen und ausgewertet werden.

Systemanforderungen

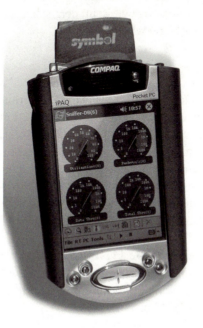

Abb. 9–3

Protokollanalysator für PDAs unter Windows CE

9.3.3   Standortfrage

Analysestandort Entscheidend ist der Standort des Protokollanalysators, denn nur bei einer richtigen Platzierung ist auch gewährleistet, dass der gesamte Datenverkehr mitgeschnitten werden kann und man einen realistischen Überblick über die übertragenen Daten erhält. Innerhalb eines Infrastruktur-Netzwerks sollte der Protokollanalysator direkt neben dem Access Point, der zu betrachtenden Funkzelle, angeordnet werden. Allerdings muss man aufpassen, wenn der Access Point mit externen Antennen arbeitet. Externe Antennen können zu einer höheren Empfangsqualität führen, so dass der Access Point Daten von weit entfernten Stationen empfangen kann. Verfügt die Station, auf der der Protokollanalysator installiert ist, nicht über dieselben Antennen wie der Access Point, was in der Regel der Fall ist, so kann es vorkommen, dass der Protokollanalysator nur einen Teil der an den Access Point adressierten Daten empfängt. Deshalb sollte man sich vor Beginn der eigentlichen Protokollanalyse einen Überblick verschaffen, ob alle Stationen nicht nur in der Reichweite des Access Points stehen, sondern auch in der Reichweite des Protokollanalysators. Gegebenenfalls sollte dessen Standort in die Richtung geändert werden, in der die zu überwachenden Stationen angeordnet sind. Innerhalb eines Ad-hoc-Netzwerks ist allgemein der Mittelpunkt der Funkzelle der am besten geeignete Standort für den Protokollanalysator. Hier besteht in der Regel nicht die Problematik von unterschiedlichen Antennen, da in einem Ad-hoc-Netzwerk in den seltensten Fällen mit externen Antennen gearbeitet wird.

9.3.4   Channel Surfing

Channel Surfing Einen ersten allgemeinen Überblick kann man sich über die so genannte Channel-Surfing-Funktion des Protokollanalysers verschaffen, bei dem nacheinander fortlaufend alle Kanäle gescannt werden. Hierbei wird die jeweilige Anzahl der übertragenen Frames und ihre durchschnittliche Signalstärke aufgelistet sowie die Anzahl der übertragenen Frames getrennt nach der Datenrate und dem Frametyp. Somit erhält man innerhalb eines Infrastruktur-Netzwerks schnell eine Gesamtübersicht der übertragenen Daten und der installierten Funkzellen. Die Channel-Surfing-Funktion lässt sich im Tool Menü, unter Options, 802.11, einstellen. Hier kann zum einen die Channel-Surfing-Funktion aktiviert werden und zum anderem eingestellt werden, welche Kanäle gescannt werden sollen sowie die jeweilige Scan-Dauer (siehe Abb. 9–4).

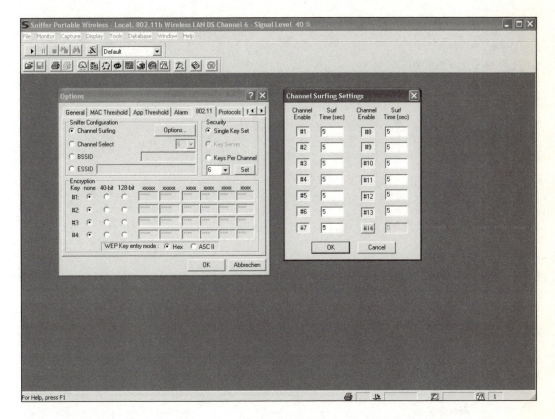

Die Anzeige der Channel-Surfing-Statistiken kann im Menü Global Statistics, Channel Surfing, abgerufen werden. In Abbildung 9–5 ist ein Beispiel für die Anzeige der Channel-Surfing-Funktion dargestellt. Bei diesem Beispiel sieht man, dass auf Kanal 6 eine Funkzelle entdeckt wurde, wobei das empfangene Signal eine durchschnittliche Stärke von 34 % aufweist. Zudem wurde auf Kanal 5 und 7 ebenfalls ein Signal von 31 % und 29 % entdeckt. Schaut man sich dazu den decodierten Datenstrom an, so sieht man, dass auf allen drei Kanälen die Beacon-Frames desselben Access Points empfangen wurden und bei den Beacon-Frames auf Kanal 5 und 7 die Fehlermeldung Channel Mismatch angezeigt wird. Dieses Ergebnis ist ein Indiz für Reflexionen, die dazu führen, dass die Daten des Access Points auf dem eigentlich eingestellten Kanal und auf den jeweils unmittelbar benachbarten Kanälen empfangen werden.

Abb. 9–4

Einstellung Channel-Surfing-Funktion (am Sniffer)

Channel-Surfing-Statistiken

In der Titelzeile des Programmfensters wird permanent der aktuelle Kanal, der zur Zeit gescannt wird, und die Signalstärke des empfangenen Signals angezeigt. Dies gilt auch, wenn der Protokollanalyser auf einen Kanal fest eingestellt ist.

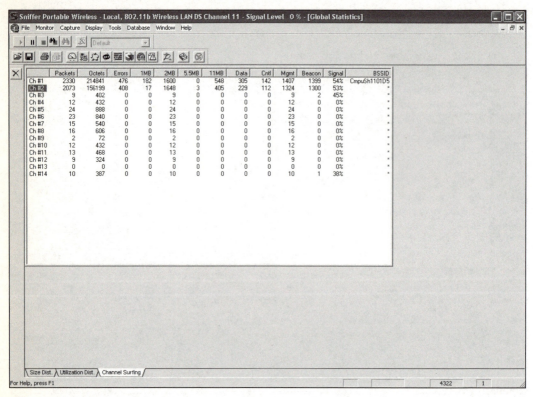

	Packets	Octets	Errors	1MB	2MB	5.5MB	11MB	Data	Cntl	Mgmt	Beacon	Signal	BSSID
Ch #1	2330	214841	476	182	1600	0	548	305	142	1407	1399	54%	CmpuSh1101D5
Ch #2	2073	156199	408	17	1648	3	405	229	112	1324	1300	53%	"
Ch #3	9	402	0	0	9	0	0	0	0	9	2	45%	"
Ch #4	12	432	0	0	12	0	0	0	0	12	0	0%	"
Ch #5	24	888	0	0	24	0	0	0	0	24	0	0%	"
Ch #6	23	840	0	0	23	0	0	0	0	23	0	0%	"
Ch #7	15	540	0	0	15	0	0	0	0	15	0	0%	"
Ch #8	16	606	0	0	16	0	0	0	0	16	0	0%	"
Ch #9	2	72	0	0	2	0	0	0	0	2	0	0%	"
Ch #10	12	432	0	0	12	0	0	0	0	12	0	0%	"
Ch #11	13	468	0	0	13	0	0	0	0	13	0	0%	"
Ch #12	9	324	0	0	9	0	0	0	0	9	0	0%	"
Ch #13	0	0	0	0	0	0	0	0	0	0	0	0%	"
Ch #14	10	387	0	0	10	0	0	0	0	10	1	38%	"

Abb. 9–5

Channel-Surfing-Statistiken (am Sniffer)

Alternativ zur Channel-Surfing-Funktion kann im Tool Menü, unter Options, ebenfalls eine feste Kanaleinstellung oder die Auswahl einer bestimmten BSSID oder SSID erfolgen. Damit kann veranlasst werden, dass der Protokollanalyser nur Frames eines bestimmten Kanals, BSSID oder SSID, mitschneidet.

Feste Kanaleinstellung

9.3.5 Dashboard

Die Analysewerkzeuge des Protokollanalysers sind im Wesentlichen in acht Bereiche aufgeteilt: Dashboard, Host Table, Matrix, Application Response Time, History, Protocol Distribution, Global Statistics, Capture Panel, Alarm Log und Address Book. Je nach Art der Analyse können die verschiedenen Bereiche einzeln oder kombiniert verwendet werden.

Dashboard

Das so genannte Dashboard dient der direkten Überwachung der Netzwerkauslastung (Utilisation), der Anzahl der übertragenen Frames (Packets/s), der fehlerhaften Frames (Errors/s) und dem Datendurchsatz (Throughput bps). Hauptbestandteil des Dashboards sind vier Anzeigen, ähnlich wie beim Tachometer, über die die vier genannten

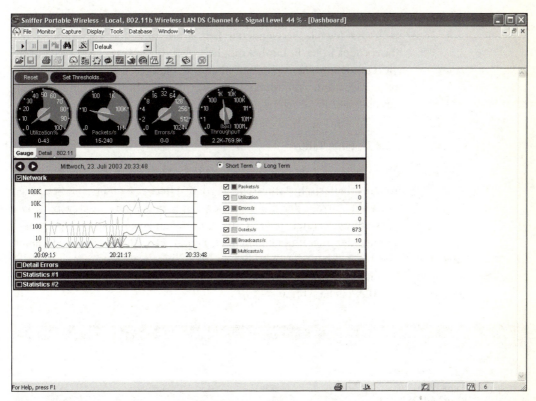

Abb. 9–6

Dashboard-Menü

(am Sniffer)

Parameter ständig aktualisiert angezeigt werden. Ergänzt wird die Anzeige durch Liniendiagramme, mit denen eine Darstellung der Messwerte über einen kurzen (Short Term) oder längeren (Long Term) Zeitraum in Form von Trendlinien möglich ist. Dies hilft im täglichen Einsatz sehr, da durch die grafische Darstellung mehr Daten auf einen Blick zur Verfügung stehen. Hilfreich ist zudem eine Anzeigefunktion. Bewegt man den Mauscursor über die Beschreibung einer Kurve, leuchtet die entsprechende Linie innerhalb des Diagramms zur schnelleren Identifikation auf. Über das Anklicken von Checkboxen kann individuell festgelegt werden, welche Liniendiagramme und Parameter über die jeweiligen Liniendiagramme grafisch angezeigt werden. Die darstellbaren Parameter sind in vier Bereiche Network, Detail Errors, Statistics #1 und Statistics #2 unterteilt. Unter Network können globale Parameter wie beispielsweise Packets/s oder Errors/s angezeigt werden. Im Bereich Errors können die anzuzeigenden Fehler einzeln selektiert werden, wobei beispielsweise Fehlerstatistiken wie CRC/s, PLCP/s und WEP ICV/s ausgewählt werden können. Statistics #1 bietet die Möglichkeit, die einzelnen Frametypen, beispielsweise Managementframes und Kontrollframes, separat aufzuschlüsseln.

Unter Statistics #2 ist eine Aufgliederung der übertragenen Frames nach der jeweils verwendeten Datenrate und der Verwendung der Short- oder Long-Präambel möglich. Auf diese Weise lassen sich aktuelle Trends und das Verhalten über einen längeren Zeitraum problemlos analysieren. Abbildung 9–6 zeigt das Dashboard-Menü mit entsprechenden Parametern.

9.3.6 Host Table

Host Table

Über die Host-Table-Option können die Aktivitäten der einzelnen Stationen tabellarisch dargestellt werden. Hierbei werden alle Stationen sowie die Anzahl der übertragenen Bytes und Frames dargestellt. Die Darstellung erfolgt jeweils als Summenanzeige und als getrennte Anzeige der aus- und eingehenden Daten. Hierdurch erhält man einen Überblick über die Aktivitäten der einzelnen Stationen. Bei der Anzeige hat man eine Auswahlmöglichkeit zwischen 802.11, MAC, IP und IPX (siehe Abb. 9–7).

Abb. 9–7
Anzeige der Host Table
(am Sniffer)

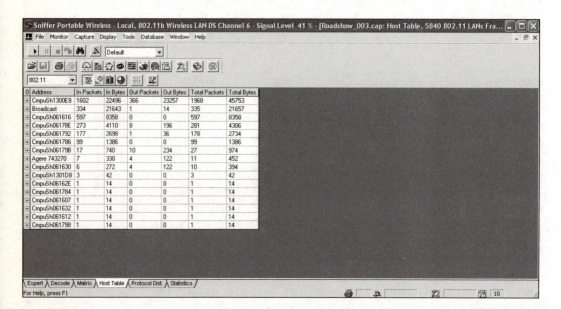

9.3.7 Matrix

Matrix

Über die Matrix-Option kann der Protokollanalyser eine grafische Übersicht der Kommunikationswege liefern. Hierbei werden auf einem Kreis alle Stationen aufgelistet und zwischen den Stationen, die untereinander Daten austauschen, Kommunikationslinien dargestellt. Fährt man mit der Maus über die dargestellten Kommunikationslinien, werden detaillierte Informationen angezeigt. Hierzu zählen beispielsweise der prozentuale Anteil in Bezug auf den gesamten Datenverkehr und die bereits übertragene Datenmenge in Bytes. Zudem ist eine detaillierte Anzeige möglich, bei der die aus- und eingehenden Frames nochmals untergliedert dargestellt werden. Dabei werden die Frames beispielsweise nach Beacon-Frames, ACK-Frames, Datenframes, Probe-Response-Frames und RTS-Frames unterschieden. Die Matrix Option bietet somit eine Gesamtübersicht über die Kommunikationsabläufe zwischen den einzelnen Stationen innerhalb des Netzwerks. Die Darstellung kann auf verschiedenen Ebenen erfolgen. Eine Auswahl zwischen 802.11-MAC, IP und IPX ist hierbei ebenfalls möglich. Abbildung 9–8 zeigt die Anzeige der Matrix-Option.

Abb. 9–8

Matrix-Anzeige

(am Observer)

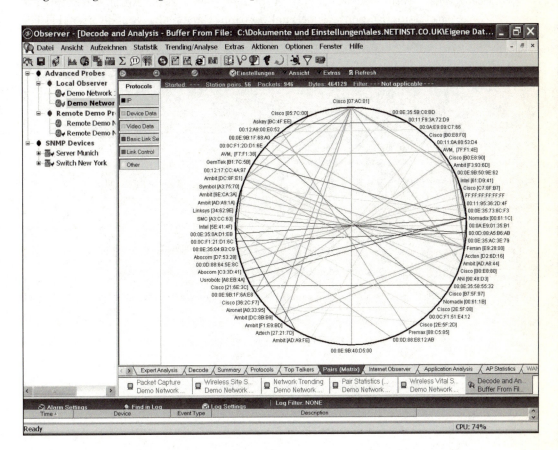

9.3.8   Application Response Time

Application Response
Time

Die Application-Response-Time-Funktion liefert Informationen auf der Anwendungsebene, wobei die Verzögerungszeiten zwischen der Anfrage und der darauf folgenden Antwort dargestellt werden. Hierbei handelt es sich um eine Anzeigemöglichkeit, die nicht in direktem Zusammenhang zur WLAN-Analyse steht. Dennoch bietet diese Funktion interessante Informationen, wenn nämlich innerhalb des WLANs vorwiegend Daten übertragen werden, die auf HTTP-Zugriffe, Telnet oder SNMP zurückzuführen sind. HTTP-Zugriffe kommen beispielsweise im WLAN-Bereich des Öfteren vor, denn WLAN-Einrichtungen werden sehr oft dazu verwendet, den Endanwendern einen drahtlosen Zugriff aufs Internet bereitzustellen. Das Beispiel hierfür sind die weitverbreiteten Hotspots. Abbildung 9–9 zeigt die Anzeige der Application-Response-Time-Funktion mit Darstellung von diversen HTTP-Zugriffen auf verschiedene Webserver.

Abb. 9–9
Application Response
Time
(am Sniffer)

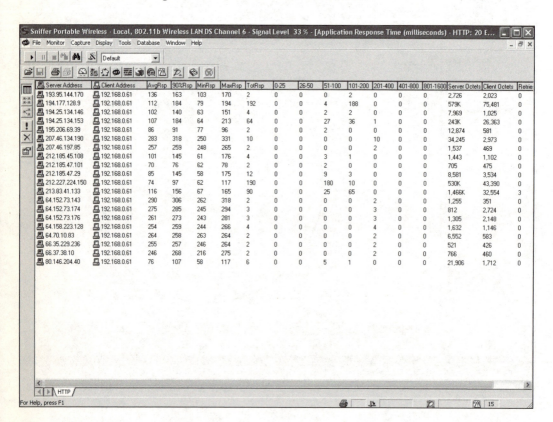

9.3.9   History

Die History-Funktion bietet die Darstellungsmöglichkeit für verschiedene Arten des Kommunikationsverhaltens, die über einen längeren Zeitraum als Diagramm dargestellt werden können. Als Diagrammtyp kann die Form eines Säulen-, Flächen-, Linien-, oder logarithmischen Liniendiagramms oder eine 3D-Darstellung ausgewählt werden. Welche Frametypen als History dargestellt werden sollen, kann individuell per Mausklick ausgewählt werden. Hierbei stehen die verschiedenen WLAN-Frametypen sowie unterschiedliche Framelängen zur Verfügung, wie auch Frames, die wiederholt übertragen wurden, fehlerhaft übertragen wurden oder solche, die abhängig von der verwendeten Datenrate sind. Somit stellt die History-Funktion ein ideales Analysetool zur Verfügung, mit dem sich Performance-Betrachtungen oder das Auftreten von Fehlern über einen längeren Zeitraum darstellen lassen (siehe Abb. 9–10).

History

Abb. 9–10
Anzeige der History-Option (am Sniffer)

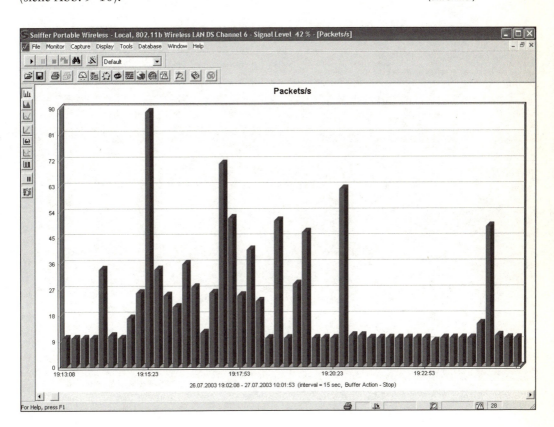

Protocol Distribution

Protocol Distribution Mit Hilfe der Protocol-Distribution-Option ist eine Anzeige der übertragenen Bytes sowie der Anzahl der Frames möglich. Die Anzeige erfolgt anhand der verschiedenen Protokolle. Eine Auswahl zwischen 802.11, MAC und IP ist dabei möglich. Wird die Option 802.11 ausgewählt, so erfolgt eine Aufgliederung in die unterschiedlichen WLAN-Frametypen wie beispielsweise Beacon-Frames, RTS-Frames oder Probe-Response-Frames. Bei der Option MAC erfolgt die Untergliederung in die übertragenen Nutzdaten der dritten Protokollebene, wie IP, IPX oder IP_ARP. Über die letzte Option IP kann eine Untergliederung der Nutzdaten ab der vierten Ebene abgerufen werden.

Abb. 9–11 Hiermit steht also eine statistische Anzeigemöglichkeit zur Verfügung, *Protocol-Distribution-* mit der man die Netzwerkauslastung auf den verschiedenen Protokoll- *Anzeige* lebenen betrachten kann. Abbildung 9–11 zeigt die Protocol-Distribu- *(am Sniffer)* tion-Anzeige in der 802.11-Option.

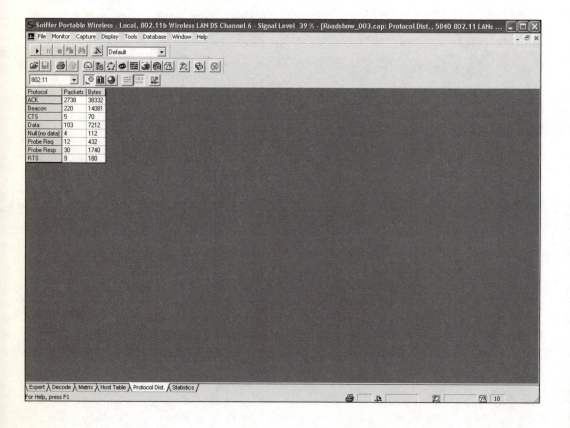

9.3.10   Global Statistics

Über die Global-Statistics-Funktion können allgemeine statistische Werte grafisch dargestellt werden. Die Global Statistics sind in drei Bereiche, die Size Distribution, Utilization Distribution und das bereits beschriebenen Channel Surfing aufgeteilt. Bei der Option Size Distribution werden die übertragenen Frames, abhängig von ihrer unterschiedlichen Länge dargestellt. So kann man feststellen, inwieweit bei der Datenübertragung die verschiedenen Framelängen auftreten. Diese Information kann Rückschlüsse auf die Effizienz der Datenübertragung liefern, denn je länger die einzelnen Frames sind, desto effizienter ist die Datenübertragung, da der Overhead bei längeren Frames geringer ist. Mit der Option Utilization Distribution kann die Verteilung der Netzwerkauslastung grafisch dargestellt werden. Hiermit lassen sich Rückschlüsse auf die Auslastung des WLANs durchführen. Ist der prozentuale Anteil der hohen Netzwerkauslastung anteilmäßig hoch, kann dies ein Indiz für eine überlastete Funkzelle sein. In diesem Fall kann die zusätzliche Platzierung eines weiteren Access Points sinnvoll sein, damit sich die Anzahl der Stationen auf zwei Funkzellen aufteilen kann. Abbildung 9–12 zeigt die Global-Statistics-Funktion in der Size-Distribution-Option.

Global Statistics

Abb. 9–12
Global Statistics Anzeige
(am Sniffer)

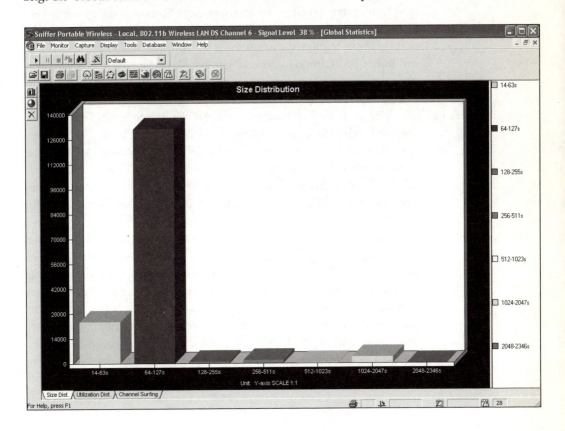

9.3.11   Capture Panel

Capture Panel

Die eigentliche Protokollanalyse wird im Protokollanalyser über den Capture Panel durchgeführt. Im Capture Panel werden die aufgezeichneten Frames tabellarisch aufgelistet. Führt man einen Mausklick auf ein Frame aus, so wird der Inhalt des Frames detailliert als decodierte Information dargestellt. Der Netzwerkadministrator erhält einen Hexdump und eine untergliederte Darstellung der einzelnen Informationen des Frames (siehe Abschnitt 4.5). Bei der Wireless-Protokollanalyse ist es wichtig, dass in jedem empfangenen Frame die Signalstärke, der Rauschpegel und die verwendete Datenrate angezeigt wird. Mit diesen drei Informationen lassen sich Rückschlüsse auf die Entfernung der Station zurückführen. Ist das Empfangssignal schwach, der Rauschpegel niedrig und die Datenrate gering, so kann man von einer weiten Entfernung der Station oder von vielen Hindernissen, die von den elektromagnetischen Wellen durchdrungen werden müssen, ausgehen. Ist dagegen das Empfangssignal hoch und der Rauschpegel niedrig, die Datenrate dennoch dauerhaft gering, so sollte man die Einstellung der jeweiligen Komponente überprüfen. Denn befinden sich eine oder mehrere Stationen innerhalb der Funkzelle, die ständig mit geringen Datenraten arbeiten, so bremsen diese Stationen die gesamte Performance innerhalb der Funkzelle. Zudem steigen die Verzögerungszeiten für alle Stationen zwangsläufig an. Sollte ein mittlerer Signalpegel, ein hoher Rauschpegel und eine geringe Datenrate vorliegen, so kann man davon ausgehen, dass Störquellen in der unmittelbaren Umgebung vorhanden sind, die die Datenübertragung nachhaltig beeinflussen.

Belegung Paketbuffer

Während der Protokollanalyse muss die Belegung des Paketbuffers im Auge behalten werden. Ist der Paketbuffer voll, kann dies zu einer unvollständigen Aufzeichnung führen, die bei der späteren Analyse und Auswertung eine Fehlinterpretation zur Folge haben kann. Als Hilfe bietet der Protokollanalyser zwei tachometerähnliche Skalen, die die Belegung des Paketbuffers anzeigen, nämlich die Anzahl der Frames und die prozentualen Belegung des Paketbuffers (siehe Abb. 9–13).

Anpassung Paketbuffer

Sollte die Größe des Paketbuffers nicht ausreichen, so kann dieser gegebenenfalls vergrößert werden, falls die Größe des Arbeitsspeichers der Station, auf der der Protokollanalyser betrieben wird, dies zulässt. Eine entsprechende Einstellung kann im Filter-Menü vorgenommen werden. Hier kann auch festgelegt werden, was geschehen soll, wenn der Paketbuffer voll ist. Dabei kann zwischen der Beendigung der Aufzeichnung oder dem Überschreiben des Paketbuffers gewählt werden. Ist die Überschreibung ausgewählt, so werden, wenn der Paketbuffer voll ist, die ältesten Frames automatisch überschrieben. Zudem kann

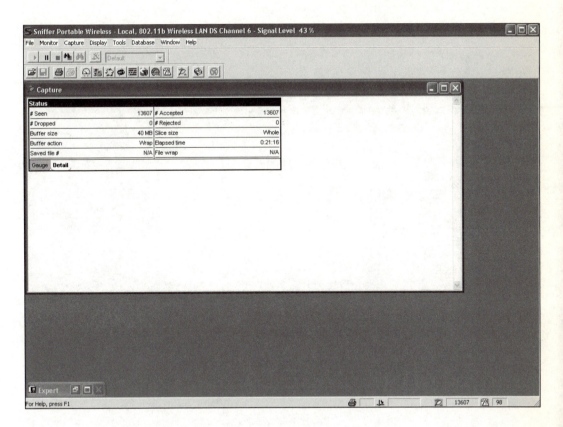

eine Option ausgewählt werden, bei der die aufgezeichneten Frames in eine angegebene Datei ausgelagert werden. Des Weiteren kann festgelegt werden, ob die Frames mit voller Länge oder nur bis zu einer bestimmten Länge aufgezeichnet werden sollen. Auf diese Weise kann ebenfalls die Ausnutzung des Paketbuffers optimiert werden, da die wichtigsten Informationen sich am Anfang des Frames befinden. Eine vollständige Aufzeichnung des Frames ist deshalb in der Regel nicht notwendig. Abbildung 9–14 zeigt das Menü, über das der Paketbuffer eingestellt werden kann.

Abb. 9–13

Kontrolle des Paketbuffers (am Sniffer)

9.3.12 Alarm Log

Über die Alarm-Log-Funktion können aufgetretene Alarmmeldungen angezeigt werden. Die Alarmmeldungen sind generell in die fünf Klassen Critical, Major, Minor, Warning und Informational unterteilt. Es gibt im Protokollanalyser zwei Bereiche, in denen die Alarm-Funktion abgebildet wird. Zum einen handelt es sich um den Expert-Bereich und zum anderem um den Monitor-Bereich. Für beide Bereiche sind für die

Alarm Log

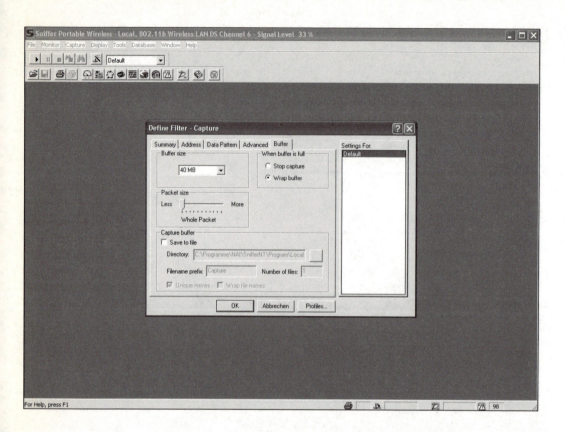

Abb. 9–14

Menü zur Einstellung des
Paketbuffers
(am Sniffer)

verschiedenen Parameter entsprechende Schwellwerte hinterlegt. Die
Schwellen können gegebenenfalls im Tools-Menü unter den Expert
Options oder unter Options angepasst werden. Hierbei muss man
jedoch genau wissen, welche Parameter man ändern kann und welche
eventuellen Auswirkungen dies bei der Fehleranalyse hat. In Verbindung mit den Monitor-Alarmmeldungen können auch verschiedene
Aktionen definiert werden, die mit dem Auftreten eines Alarms, vom
Protokollanalysator ausgeführt werden sollen. Als ausführbare Aktion
kommt die Versendung einer E-Mail, einer Pager-Nachricht, einer Bee-
per-Nachricht oder die Ausführung eines Skripts in Frage. Zudem
kann beim Auftreten eines Alarms die Ausführung einer Sound-Nach-
richt definiert werden, die einmalig oder in wiederholter Folge ausgeführt wird. Wie viele Alarmmeldungen in der Alarmauflistung registriert wurden, wird ständig aktualisiert im unterem Bereich des
Programmfensters angezeigt. Als Alarmoption stehen auch beispielsweise eine Rogue Access Point Option und eine Rogue Station Option
zur Verfügung. Hiermit lässt sich eine Alarmmeldung generieren,
sobald ein nicht genehmigter Access Point oder eine nicht genehmigte

Station innerhalb des WLANs entdeckt wird. Basis dieser beiden Rogue-Optionen sind Adressentabellen, in denen die bekannten Access Points beziehungsweise bekannten Stationen aufgelistet werden. Abbildung 9–15 zeigt die Anzeige der Alarm-Funktion.

Abb. 9–15

Anzeige Alarm-Funktion (am Sniffer)

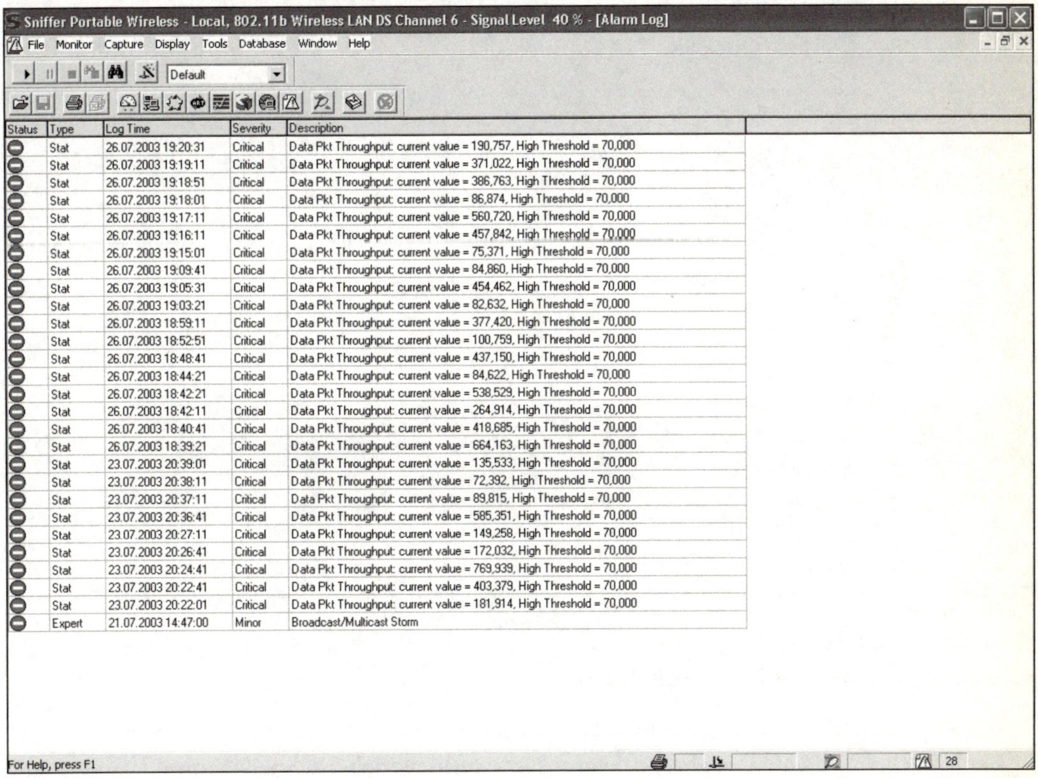

9.3.13 Address Book

Praktischerweise blendet der Protokollanalyser in die MAC-Adresse der mitgeschnittenen Frames die Herstellerbezeichnung des WLAN-Adapters ein. Die Zuordnung zum Hersteller führt der Protokollanalyser anhand der OUI (siehe Abschnitt 4.5) durch, worüber die Produkte eindeutig einem bestimmten Hersteller zugeordnet werden können. Des Weiteren bietet der Protokollanalyser die Möglichkeit, für bekannte MAC-Adressen einen bestimmten Namen zu vergeben, der dann anstelle der MAC-Adressen angezeigt werden kann. Dies kann besonders bei größeren WLANs eine große Hilfe bei der Identifizierung der Station sein. Die Pflege der bekannten Adressen erfolgt im Address-Book-Bereich. Abbildung 9–16 zeigt das Address Book mit aufgelisteten Adressen.

Address Book

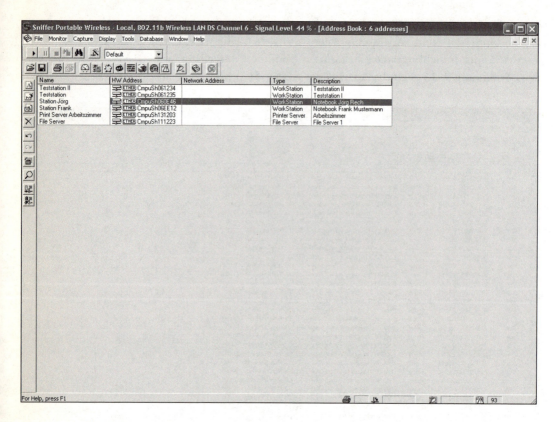

Abb. 9–16
Address-Book (am Sniffer)

9.3.14   Paketfilter

Paketfilter   Lässt man einen Protokollanalysator ein paar Minuten laufen, so werden während eines Netzwerksbetriebs schnell tausend und mehr
Frames aufgezeichnet. Hierdurch entsteht zum einem das Problem,
dass man schnell die Übersicht verlieren kann, und zum anderen, dass
der vorhandene Pufferspeicher nur eine Analyse über eine relativ kurze
Zeit zulässt. Deshalb sehen die meisten Protokollanalysatoren Mechanismen zur Datenreduzierung vor. Diese Mechanismen greifen entweder während der Datenaufzeichnung oder nach der eigentlichen Datenaufzeichnung. Die Datenreduzierung wird entweder über den Capture-
Filter oder den Display-Filter umgesetzt. Über den Capture-Filter kann
im Vorfeld festgelegt werden, welche Daten überhaupt aufgezeichnet
und im Pufferspeicher abgelegt werden. Hierzu bieten die Protokollanalysatoren eine Einschränkung auf den Datenverkehr bestimmter
Stationen, entweder auf Protokollebene oder auf bestimmte Datenpatterns innerhalb des Frames. Führt man über den Capture-Filter Einschränkungen durch, so kann bei gleichbleibendem Pufferspeicher die

Dauer der Protokollanalyse verlängert werden. Um die Übersichtlich-
keit der mitgeschnittenen Frames zu erhöhen, können die dargestellten
Frames zusätzlich über einen Display-Filter eingeschränkt werden.
Hierbei handelt es sich um eine Nachfilterung, die ausschließlich der
besseren Übersicht dient oder dazu genutzt werden kann, um einen
Fehler sukzessive einzukreisen. Die Auslastung des Pufferspeichers
wird über die Display-Filter nicht optimiert.

Die Einschränkung der Stationen erfolgt über die MAC-Adressen
der Stationen. Hier kann die Kommunikationsrichtung ebenfalls zur
Filterung zugrunde gelegt werden. So kann beispielsweise festgelegt
werden, dass nur Frames, die von Station X nach Station Y übertragen
werden, vom Protokollanalysator dargestellt werden. Über die proto-
kollabhangige Selektierung können Frames ausgewählt werden, die
beispielsweise SNMP Managementinformationen (Simple Network
Management Protocol) enthalten. Zudem ist eine Einschränkung
anhand der Framelänge möglich, indem entsprechende Schwellwerte
gesetzt werden. Auf diese Weise können Frames ausgewählt werden,
deren Länge eine gewisse Byteanzahl unterschreitet oder überschreitet.
Eine weitere Selektierung kann über die Datenpatterns erfolgen. Über
sie kann eine bestimmte Bytefolge festgelegt werden, die an einer
bestimmten Stelle (Offset) innerhalb des Frames auftreten muss, damit
das Frame ausgewählt wird. Bei der Filterdefinition lassen sich mehrere Datenpatterns festgelegen, die über Boole'sche Algebra miteinander logisch verknüpft werden können. Die Festlegung der Datenpatterns und ihrer Offsets wird erleichtert, indem man innerhalb der
dargestellten Frames mit der Maus Markierungen vornimmt, die bei
der Filtersetzung einfach und bequem per Drag-and-Drop übernommen werden können. Abbildung 9–17 zeigt das Filter-Menü für die
Festlegung der Datenpatterns.

Über die Definition von Filtern kann auch die Aufzeichnung der   *Aufzeichnungstrigger*
übertragenen Daten automatisch gestartet oder gestoppt werden.
Somit kann der Protokollanalyser auf einen bestimmten Trigger reagieren und im Fehlerfall die relevanten Daten eigenständig aufzeichnen, damit der Fehler später analysiert werden kann. Zudem lassen
sich die definierten Trigger mit einer Alarmmeldung verknüpfen, über
die der Netzwerkadministrator beim Auftreten eines Fehlers informiert werden kann. Somit kann der Protokollanalyser hervorragend
zur Langzeitüberwachung eines WLANs eingesetzt werden.

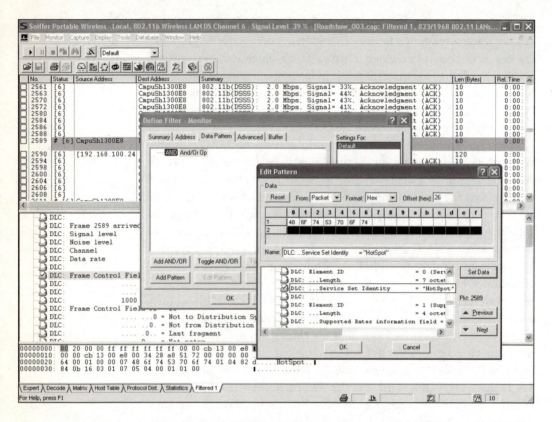

Abb. 9–17

Filter-Menü (am Sniffer)

9.3.15   WEP-Entschlüsselung

WEP-Entschlüsselung

Daten, die via WEP verschlüsselt sind, können mit dem Protokollanalyser ebenfalls decodiert werden. Dazu lässt sich im Option-Menü des Protokollanalysers der aktuelle WEP-Schlüssel eintragen. Mit Hilfe des WEP-Schlüssels ist der Protokollanalyser in der Lage, die eigentlich verschlüsselten Daten der höheren Schichten zu decodieren und im Rohformat darzustellen. Nur auf diese Weise ist eine Analyse auf den höheren Schichten überhaupt umsetzbar.

9.4   Beispiele einer WLAN-Protokollanalyse

Beispielszenarien

Es ist sinnvoll, innerhalb eines fehlerfreien Netzwerkbetriebes den Datenverkehr mit einem Protokollanalysator zu prüfen, um den Ablauf der WLAN-Kommunikation besser zu verstehen und Vergleichswerte für eine eventuelle spätere Fehleranalyse zu gewinnen. Bekannte Kommunikationsabläufe können dann bei der Fehleranalyse den vorhandenen Kommunikationsabläufen gegenübergestellt werden. Im Folgenden sind einige wichtige Beispiele der WLAN-Kommunikation dargestellt.

Betrachtet man ein decodiertes Frame innerhalb des Capture Panels genau, so fällt auf, dass der Inhalt in verschiedene Schichten unterteilt angezeigt wird. Grundsätzlich wird der PHY-Header nicht dargestellt. Dafür werden die genaue Uhrzeit beim Empfang des Frames, die Signalstärke, der Rauschpegel, die Datenrate und die Kanalnummer im Kopfteil des decodierten Frames als zusätzliche Informationen angegeben. Managementframes und Kontrollframes werden auf der Data-Link-Control-Ebene (DLC) dargestellt. Abbildung 9–18 zeigt als Beispiel ein decodiertes ACK-Frame mit zusätzlichen Informationen.

Framedarstellung

Abb. 9–18

Decodiertes ACK-Frame

(am Sniffer)

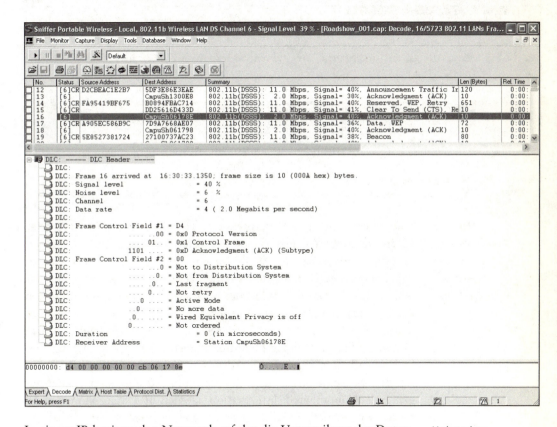

In einem IP-basierenden Netzwerk erfolgt die Unterteilung der Datenframes nach Data Link Control (DLC), Logical Link Control (LLC), Sub Network Access Protocol (SNAP), IP, UDP oder TCP und den Anwendungsdaten der höheren Schichten (siehe Abb. 9–19). Abweichend von Ethernet wird im WLAN-Bereich grundsätzlich eine 802.2-LLC-Verkapselung angewendet, um bei der Übertragung der Nutzdaten die Protokolle der höheren Schichten zu transportieren. Hierbei

Verkapselung

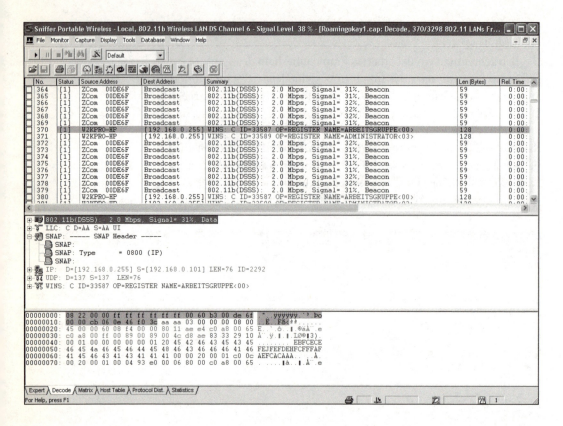

Abb. 9–19
Unterteilung der
IP-basierenden
Datenframes
(am Sniffer)

kommt entweder das Verkapselungsverfahren nach RFC 1042 oder IEEE 802.1h zum Tragen. Beide Verfahren werden ähnlich umgesetzt und sind Derivate von SNAP. Demnach werden die MAC-Adressen an den Beginn des verkapselten Frames gesetzt und danach steht der SNAP-Header. Der SNAP-Header ist in vier Teile unterteilt. Im ersten Teil befindet sich der Destination Service Access Point (DSAP), der von dem Source Service Access Point (SSAP), dem Control-Feld und dem Organizationally Unique Identifier (OUI) gefolgt wird. DSAP und SSAP beinhalten jeweils die Adresse 0xAA, das Control-Feld den Inhalt 0x03, um eine so genannte Unnumbered Information anzuzeigen. Als Unnumbered Information werden IP-Datagramme spezifiziert, die schnellstmöglich weitergeleitet werden sollen. Wird die Verkapselung nach RFC 1042 angewendet, ist der Inhalt des OUI auf 0x00-00-00 gesetzt, bei der Verkapselung nach IEEE 802.1h auf 0x00-00-F8. Nach dem SNAP-Header folgt das Type-Feld, das ebenfalls beim herkömmlichen Ethernet-Frame übertragen wird. Mit Inhalt 0x0800 werden beispielsweise IP-Datagramme spezifiziert und mit 0x0806 das Address Resolution Protocol (ARP).

Bei den Protokollen IPX/SPX und NetBIOS wird der Nutzdatenteil direkt auf dem LLC-Header aufgesetzt. DSAP und SSAP sind bei IPX/SPX auf 0xE0 und bei NetBIOS auf 0xF0 gesetzt. In beiden Fällen entspricht der Inhalt des UI-Felds ebenfalls dem Wert 0x03.

9.4.1 Beacon-Frames

Beacon-Frames sind ein elementarer Bestandteil der WLAN-Kommunikation. Durch das Aussenden der Beacon-Frames gibt ein Access Point seinen Dienst bekannt und teilt den Stationen mit, unter welchen Voraussetzungen die Stationen Bestandteil seiner Funkzelle werden können. Erst durch den Empfang von Beacon-Frames sind die Stationen in der Lage, Funkzellen aufzufinden. Innerhalb der Beacon-Frames werden wichtige Parameter der Funkzelle bekannt gegeben. Die wichtigsten Informationen sind die Datenraten, die SSID, die BSSID, die Kanalnummer, die Anforderung, dass für Datenframes die WEP-Verschlüsselung verwendet werden muss, und ob die Short Preamble verwendet werden darf oder nicht. Betrachtet man die Datenraten, so wird hierbei zwischen Datenraten unterschieden, die von den Stationen unterstützt werden müssen, damit sie Bestandteil der Funkzelle werden können, und Datenraten, die optional unterstützt werden können. Datenraten, die unterstützt werden müssen, werden als Basic Service Set Basic Rate bezeichnet, und optionale Datenraten werden als Not Basic Service Set Basic Rate gekennzeichnet.

Beacon-Frame

Während der datenübertragungsfreien Zeit werden ausschließlich Beacon-Frames vom Access Point ausgesendet, wobei der Abstand zwischen den einzelnen Beacon-Frames 102,4 ms beträgt, der über das Beacon Interval von 100 abgeleitet wird. Der Abstand kann leicht variieren, falls das Beacon-Frame wegen eines belegten Übertragungsmediums etwas verzögert ausgesendet werden muss. Ein Beacon-Frame hat in der Grundversion im 802.11b-konformen WLAN eine Länge von 60 Bytes. In der Regel werden hierbei die Beacon-Frames mit der Grunddatenrate von 2 MBit/s übertragen, damit sichergestellt ist, dass der Inhalt der Beacon-Frames von allen Stationen ausgewertet und interpretiert werden kann. Bei der Datenrate von 2 MBit/s und einer Länge von 60 Bytes wird das Übertragungsmedium für die Aussendung eines Beacon-Frames jeweils für die Dauer von 432 µs (192 µs für PHY-Header und 240 µs für den MAC-Teil) belegt. An diesem Beispiel wird der Overhead deutlich, der im WLAN-Bereich allein durch das Aussenden der Beacon-Frames verursacht wird.

Beacon-Overhead

> Die Management-Frames und Datenframes werden von den Access Points über die Sequence Number gemeinsam durchnummeriert. Ausgenommen hierbei sind die Kontroll-Frames. Somit kann man anhand der Sequence Number problemlos erkennen, ob einzelne Management-Frames oder Datenframes bei der Übertragung verloren gegangen sind.

9.4.2 Scanning

Scanning-Prozess

Für den Scanning-Prozess, über den die Stationen eine Funkzelle auffinden können, gibt es zwei Möglichkeiten. Entweder arbeiten die Stationen aktiv oder passiv. Wird das Passive Scanning angewendet, lauschen die Stationen nach Beacon-Frames und werten die Informationen der Beacon-Frames aus. In diesem Fall kann man natürlich nicht mit einem Protokollanalysator direkt prüfen, ob die Beacon-Frames von einer bestimmten Station empfangen wurden oder nicht.

Abb. 9–20

Beantwortung eines Probe-Request-Frames (am Airopeek)

Man kann höchstens Rückschlüsse über den darauf folgenden Kommunikationsablauf ableiten. Anders sieht es beim aktiven Scanning aus. Hier sendet die Station ein Probe-Request-Frame aus, worauf der entsprechende Access Point ein Probe-Response-Frame aussenden

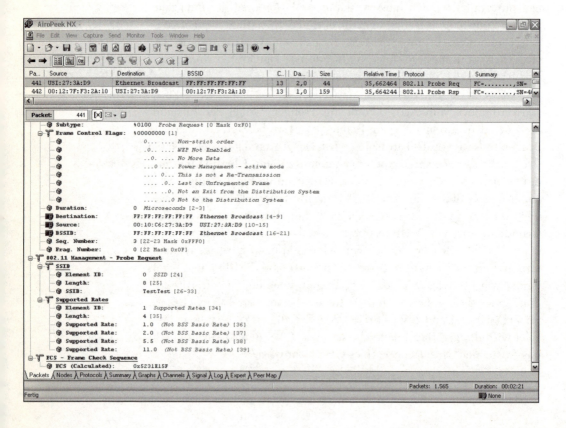

sollte (siehe Abb. 9–20). Es findet also eine Request-Reply-Kommunikation statt. Sollte der Access Point nicht auf das Probe-Request-Frame antworten, so kann irgendein geforderter Parameter nicht übereinstimmen. Dies können unterschiedliche SSIDs sein oder die Tatsache, dass von der Station nicht alle geforderten Datenraten unterstützt werden. In diesem Fall hilft ein Vergleich der Informationen, die in den regelmäßig ausgesendeten Beacon-Frames und dem Probe-Request-Frame der anfragenden Station enthalten sind. Sind hier Abweichungen vorhanden, so kann dies die Ursache sein, warum der Access Point die Anfrage nicht durch ein Probe-Response-Frame beantwortet.

9.4.3   Authentication

Ist innerhalb des WLANs die Shared-Key-Authentifizierung aktiviert, so durchlaufen die Stationen vor einer Assoziierung einen Authentifizierungsprozess. Der Authentifizierungsprozess läuft, wie in Kapitel 4 beschrieben, in vier Schritten ab. Interessant ist hierbei die Tatsache, dass jedes Authentification-Frame durch den Empfänger über ein

Authentifizierung

Abb. 9–21

Authentifizierungsprozess

(am Sniffer)

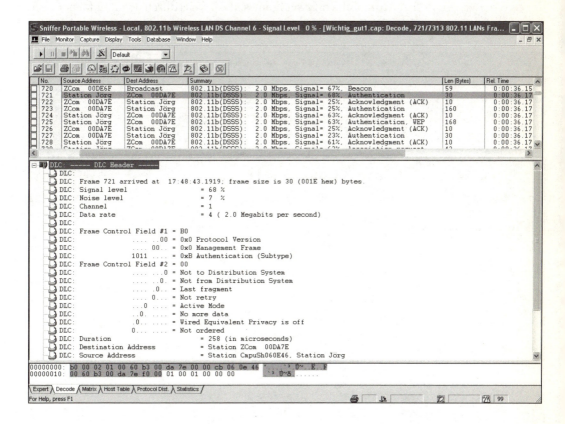

ACK-Frame bestätigt wird. Insgesamt werden also während der Authentifizierung acht anstatt vier Frames ausgetauscht (siehe Abb. 9–21).

Reason Codes Sollte die Authentifizierung fehlschlagen, so lässt sich die Ursache innerhalb des letzten Authentification-Frames anhand des Reason Codes erkennen. Der Reason Code 0x00-00 entspricht einer erfolgreichen Authentifizierung; alle anderen Werte des Reason Codes deuten auf eine fehlerhafte Authentifizierung hin. Die genaue Ursache kann aus Tabelle 4–9 entnommen werden.

9.4.4 Assoziierung

Assoziierung Jede Station innerhalb eines Infrastruktur-Netzwerks durchläuft bei der Anmeldung an einem Access Point einen Assoziierungsprozess. Dasselbe gilt bei einem Wechsel der Funkzelle, wobei man allerdings nicht von Assoziierung, sondern von der Reassoziierung spricht. Beide Prozesse sind jedoch ähnlich, wobei in der Detailbetrachtung unterschiedliche Frame-Typen verwendet werden, die jedoch im Endeffekt

Abb. 9–22 denselben Informationsinhalt aufweisen. Die Assoziierung erfolgt über
Assoziierungsprozess den Austausch von zwei Frames, die jeweils durch den Empfänger über
(am Sniffer) ein ACK-Frame bestätigt werden. Zuerst sendet die beantragende Sta-

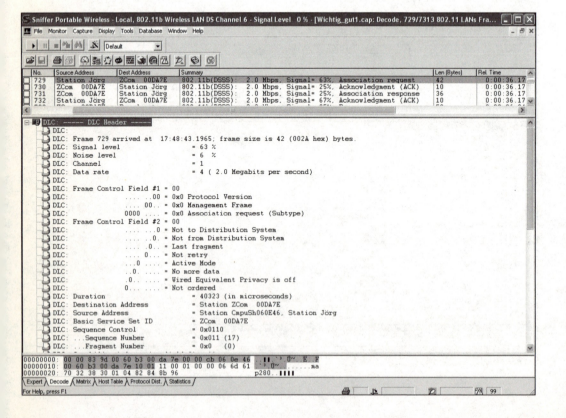

tion ein Association-Request-Frame aus, worauf der Access Point ein Association-Response-Frame versendet (siehe Abb. 9–22).

Wird die Assoziierung vom Access Point abgelehnt, so lässt sich die Ursache am Association-Response-Frame erkennen, in dem der Reason Code die genaue Ursache für die Ablehnung angibt. Der Reason Code 0x00-00 bedeutet eine erfolgreiche Assoziierung, wohingegen alle anderen Codes die Ursache einer erfolglosen Assoziierung angeben. Eine genaue Auflistung der Ursachen können Sie Tabelle 4–10 in Kapitel 4 entnehmen.

9.4.5 Datenaustausch über den Access Point

Betrachtet man den Datenaustausch innerhalb einer Funkzelle, in der ein Access Point platziert ist, so stellt man fest, dass der Datenaustausch zwischen den Stationen über den Access Point geht. Dies hat den Vorteil, dass sich durch den Einsatz eines Access Points die Ausdehnung einer Funkzelle in der Radiusbetrachtung verdoppelt. Die Stationen müssen nicht mehr in direkter Reichweite zueinander stehen, sondern es reicht aus, wenn jede Station in Reichweite zum Access Point steht, damit ein Datenaustausch zwischen den Stationen einer

Indirekter Datenaustausch

Abb. 9–23

Indirekte Datenübertragung über den Access Point (am Sniffer)

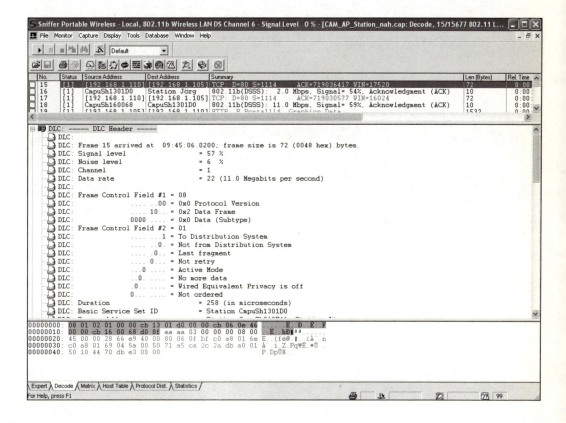

Funkzelle möglich ist. Der Protokollanalysator zeigt den Kommunikationsablauf deutlich auf. Die Stationen leiten die einzelnen Frames an den Access Point weiter, worauf der Access Point der sendenden Station den fehlerfreien Empfang im Idealfall bestätigt. Der Access Point leitet daraufhin das Frame an die eigentliche Zielstation weiter. Die endgültige Zielstation bestätigt dann nach erfolgreichem Frame-Empfang den Erhalt des Frames durch ein entsprechendes ACK-Frame (siehe Abb. 9–23).

Der Protokollanalysator stellt die indirekte Datenübertragung über den Access Point auf der dritten und vierten Ebene des OSI-Referenz-Modells auf den ersten Blick als wiederholte Datenübertragung dar. Man kann jedoch an der Absenderadresse des ACK-Frames den Kommunikationsweg über den Access Point deutlich erkennen (siehe Abb. 9–24).

Abb. 9–24

Eindeutiges Indiz für den indirekten Datenaustausch (am Sniffer)

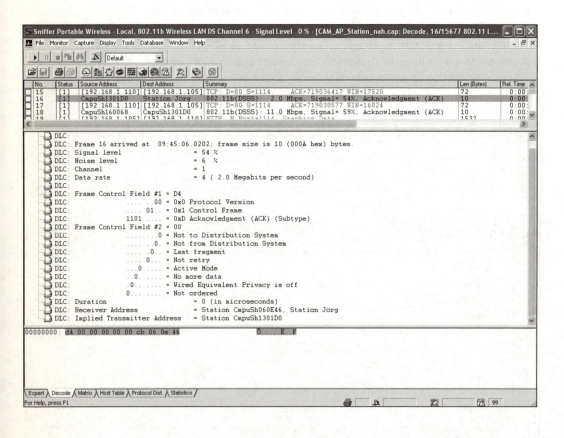

9.4.6   Datenaustausch zwischen Access Points

Es kann ebenfalls ein Datenaustausch zwischen Access Points auftreten. Dies ist beispielsweise der Fall, wenn man Richtfunkstrecken aufbaut oder Access Points betreibt, die auf der einen Seite eine normale Funkzelle bereitstellen, in der Stationen aufgenommen werden können, und die Daten dieser Funkzelle dann wiederum an einen anderen Access Point weitergeleitet werden können. Bei den Frames, die zwischen den Access Points ausgetauscht werden, ist auffällig, dass alle vier Adressfelder verwendet werden. Des Weiteren sind hierbei die To DS und From DS Flags von großer Bedeutung, um die Kommunikationsrichtung der übertragenen Frames festzulegen (siehe Abb. 9–25).

Datenaustausch zwischen Access Points

Abb. 9–25

Datenaustausch zwischen zwei Access Points (am Sniffer)

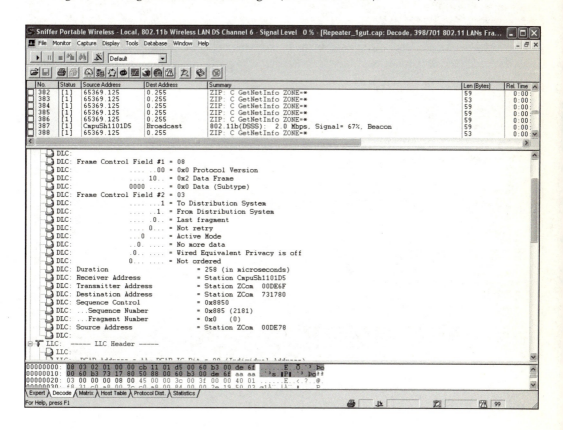

9.4.7   Wiederholte Datenaussendung

Es lässt sich problemlos verfolgen, dass ein Frame mehrmals übertragen werden musste, bis die Zielstation den fehlerfreien Empfang des Frames bestätigt hat. Bei dem dargestellten Beispiel ist auch zu erkennen, dass für die fehlerfreie Datenübertragung die Reduzierung der Datenrate notwendig war. Dies kann ein Indiz für eine zu große Distanz oder zu viele Hindernisse sein, die bei der Datenübertragung überwunden werden müssen.

Abb. 9–26
Wiederholte
Datenaussendung
(am Airopeek)

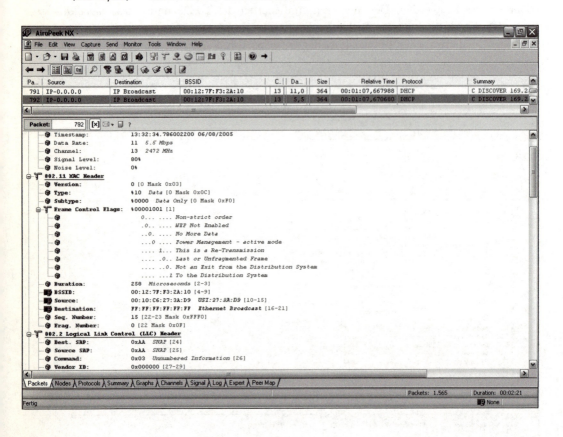

Abkürzungen

AA	Authenticator Address
ACK	Acknowledgment
AES	Advanced Encryption Standard
AID	Association Identifier
AIFS	Arbitration Interframe Space
AKMP	Authentication and Key Management Protocol
AP	Access Point
ARIB	Association of Radio Industries and Businesses
AS	Authentication Server
ATIM	Announcement Traffic Indication Message
BAPT	Bundesamt für Post und Telekommunikation
BMPT	Bundesministeriums für Post und Telekommunikation
BPSK	Binary Phase Shift Keying
BSS	Basic Service Set
BSSID	Basic Service Set Identification
CCA	Clear Channel Assessment
CCK	Complementary Code Keying
CCM	Controlled Contention Mechanismus
CCMP	CCM Protocol
CDMA	Code Division Multiple Access
CF	Contention Free
CFP	Contention Free Period
CP	Contention Period
CRC	Cyclic Redundancy Code

CS	Carrier Sense
CSMA/CA	Carrier Sense Multiple Access/Collision Avoidance
CSMA/CD	Carrier Sense Multiple Access/Collision Detection
CTS	Clear to Send
CW	Contention Window
DA	Destination Address
DBPSK	Differential Binary Phase Shift Keying
DCF	Distributed Coordination Function
DECT	Digital Enhanced Cordless Telecommunication
DES	Data Encryption Standard
DFS	Dynamic Frequency Selection
DIFS	Distributed (Coordination Function) Interframe Space
DLL	Data Link Layer
DoD	Department of Defense
DQPSK	Differential Quadrature Phase Shift Keying
DS	Distribution System
DSAP	Destination Service Access Point
DSS	Distribution System Service
DSSS	Direct Sequence Spread Spectrum
DTIM	Delivery Traffic Indication Message
EAP	Extensible Authentication Protocol
EAPOL	EAP over LANs
EAP-TLS	EAP Transport Layer Security
EDCF	Edhanced Distribution Coordination Function
EIFS	Extended Interframe Space
EIRP	Equivalent Isotropically Radiated Power
ERP	Extended Rate PHYs
ER-PBCC	Extended Rate PBCC
ERP-DSSS/CCK	Extended Rate PHY DSSS/CCK
ERP-OFDM	Extended Rate PHY OFDM
ESS	Extended Service Set
ETSI	European Telecommunications Standards Institute
FCC	Federal Communications Commission
FCS	Frame Check Sequence

FDMA	Frequency Division Multiple Access
FER	Frame Error Ratio
FFT	Fast Fourier Transform
FHSS	Frequency Hopping Spread Spectrum
FIFO	First in – First out
FTP	File Transfer Protocol
GFSK	Gaussian Frequency Shift Keying
GI	Guard Interval
GPRS	General Packet Radio Service
GSM	Global System for Mobile Communications
HC	Hybrid Coordinator
HCF	Hybrid Coordination Function
HiperLAN	High Performance Radio Local Area Network
HomeRF	Home Radio Frequency
IBSS	Independent Basic Service Set
ICV	Integrity Check Value
IEEE	Institute of Electrical and Electronical Engineers
IETF	Internet Engineering Task Force
IFFT	Inverse Fast Fourier Transform
IFS	Interframe Space
IP	Internet Protocol
IPX	Internetwork Packet Exchange
IR	Infrared
ISM	Industrial Scientific and Medical
IV	Initialization Vector
LAN	Local Area Network
LLC	Logical Link Control
LRC	Long Retry Count
LSB	Least Significant Bit
MAC	Medium Access Control
MIB	Management Information Base
MIC	Message Integrity Code
MMPDU	MAC Management Protocol Data Unit
MPDU	MAC Protocol Data Unit

MPT	Ministry of Post and Telecommunication
MSB	Most Significant Bit
MSDU	MAC Service Data Unit
N/A	Not Applicable
NAV	Network Allocation Vector
NCP	Netware Core Protocol
NIST	National Institute of Standards and Technology
NonERP	Non Extended Rate PHYs
NTP	Network Time Protocol
OFDM	Orthogonal Frequency Division Multiplexing
OUI	Organizationally Unique Identifier
PAE	Port Access Entity
PBCC	Packet Binary Convolutional Code
PC	Point Coordinator
PCF	Point Coordination Function
PDA	Personal Digital Assistant
PDU	Protocol Data Unit
PER	Packet Error Rate
PHY	Physical (Layer)
PHY-SAP	Physical Layer Service Access Point
PIFS	Point (Coordination Function) Interframe Space
PING	Packet Internet Gopher
PLCP	Physical Layer Convergence Protocol
PLME	Physical Layer Management Entity
PMD	Physical Medium Dependent
PMD-SAP	Physical Medium Dependent Service Access Point
PN	Pseudo-Noise (Code Sequence)
PPDU	PLCP Protocol Data Unit
PPM	Pulse Position Modulation
PRNG	Pseudo Random Number Generator
PS	Power Save (Mode)
PSDU	PLCP SDU
PSK	Pre-Shared Key
QAM	Quadrature Amplitude Modulation

QPSK	Quadrature Phase Shift Keying
RA	Receiver Address
RegTP	Regulierungsbehörde für Telekommunikation und Post
RF	Radio Frequency
RSN	Robust Security Network
RSNA	Robust Security Network Association
RSSI	Received Signal Strength Indication
RTS	Request to Send
RX	Receive oder Receiver
SA	Source Address
SAP	Service Access Point
SDMA	Space Division Multiple Access
SDU	Service Data Unit
SFD	Start Frame Delimiter
SIFS	Short Interframe Space
SLRC	Station Long Retry Count
SME	Station Management Entity
SMT	Station Management
SMTP	Simple Mail Transport Protocol
SNAP	Sub Network Access Protocol
SNMP	Simple Network Management Protocol
SQ	Signal Quality
SRC	Short Retry Count
SSAP	Source Service Access Point
SSID	Service Set Identifier
SSRC	Station Short Retry Count
STA	Station
TA	Transmitter Address
TBTT	Target Beacon Transmission Time
TCP	Transmission Control Protocol
TDD	Time Division Duplex
TDMA	Time Division Multiple Access
TIM	Traffic Indication Map
TK	Temporal Key

TKG	Telekommunikationsgesetz
TKIP	Temporal Key Integrity Protocol
TLGebV	Telekommunikations-Lizenzgebührenverordnung
TLS	Transport Layer Security
TPC	Transmit Power Control
TSF	Timing Synchronization Function
TU	Time Unit
TX	Transmit oder Transmitter
TXE	Transmit Enable
TXOP	Transmission Opportunity
UDP	User Datagramm Protocol
UMTS	Universal Mobile Telecommunication System
U-NII	Unlicensed National Information Infrastructure
WAN	Wide Area Network
WDS	Wireless Distribution System
WEP	Wired Equivalent Privacy
WLAN	Wireless Local Area Network
WM	Wireless Medium
WPAN	Wireless Personal Area Network
WWAN	Wireless Wide Area Network

Literatur

Bartels, Oliver; **Standard-Streit, Zwei Lager ringen um das nächstschnellere WLAN**, c't 21/05, S.164.

Block, Karsten; Hölzel, Hans J; Wölfing, Ludwig; Zachert, Peter; **Kontaktlose Signalverarbeitung**, 1999, Bildungsverlag EINS, Troisdorf.

Dr. Arnold, Alfred; **Jenseits von WEP, WLAN-Verschlüsselung durchleuchtet**, c't 21/04, S.214.

Ahlers, Ernst; **Siebenohr, Reichweitensteigerung mit Mehrfachantennen**, c't 10/05, S. 79.

Ahlers, Ernst; **Perfekte Wellen, MIMO-WLAN-Geräte beschleunigen den Funkdurchsatz**, c't 8/05, S.128

Heiskala, Juha; Terry, John; **OFDM Wireless LANs, A Theoretical and Practical Guide**, 2002, Sams, Indianapolis.

Kauffels, Franz J; **Lokale Netze**, 2003, 15. Aufl., Verlag moderne Industrie, Bonn.

Lienemann, Gerhard; **TCP/IP-Grundlagen – Protokolle und Routing**, 2003, 3., aktualis. u. überarb. Aufl. 2003, Heise, Hannover.

Lüders, Christian; **Mobilfunksysteme – Grundlagen, Funktionsweise, Planungsaspekte**, 2001, Vogel, Würzburg.

Nett, Edgar; Mock, Michael; Gergeleit, Martin; **Das drahtlose Ethernet – Der IEEE 802.11 Standard: Grundlagen und Anwendung; Datacom Akademie**, 2001, Addison Wesley, München.

Opitz, Rudolf; Ahlers, Ernst; **Datenweitwurf – Wie man die Reichweite von WLAN-Netzen erhöht**, c't 18/2001, S. 134, Heise, Hannover.

Rech, Jörg: **Ethernet – Technologien und Protokolle für die Computervernetzung**, 2002, Heise, Hannover.

Rothammels Antennenbuch., 12. aktualisierte Auflage, 2001, DARC Verlag, Baunatal.

Schulte, Gerrit; **Wellenreiter – Technik und Standardisierung von drahtlosen Netzen**, c't 6/99, S. 222, Heise, Hannover.

Schwab, Adolf J; **Elektromagnetische Verträglichkeit**, 1996, 4., neubearb. Aufl., Springer-Verlag, Heidelberg.

Siering, Peter; **WLAN-Wegweiser – Was man zum Aufbau eines 802.11b-Funknetzes braucht**, c't 18/2001, S.122, Heise, Hannover.

Sietmann, Richard; **Luftbrücken über Berlin, Vermaschte WLAN-Zellen funken parallel zum Festnetz**, c't 26/05, S. 204.

Siyan, Karanjit; **Inside TCP/IP**, 1997, 3rd ed., New Riders, Indianapolis.

Trikaliotis, Spiro; Hiertz, Guido; **Maschenfunk, Gemeinsamkeiten und Unterschiede von WLAN und Mesh-Netzen**, c't 2/06, S. 198.

Stevens, Richard W; **TCP/IP Illustrated Volume 1–3 – The Protocols; The Implementation; TCP for Transactions, HTTP, NNTP, and the UNIX Domain Protocols**, 2002, Addison Wesley, Boston.

Taschenbuch der Hochfrequenztechnik; 1. Band *Grundlagen*, 1992, 5., überarb. Aufl., Springer-Verlag, Heidelberg.

Taschenbuch der Hochfrequenztechnik; 2. Band *Komponenten*, 1992, 5., überarb. Aufl., Springer-Verlag, Heidelberg.

Taschenbuch der Hochfrequenztechnik; 3. Band *Systeme*, 1992, 5., überarb. Aufl, Springer-Verlag, Heidelberg.

Normen und Spezifikationen:

ANSI/IEEE Std 802.11, Part 11: Wireless LAN Medium Access Control (MAC) and Physical Layer (PHY) Specifications, Institute of Electrical and Electronics Engineers, Inc, New York, USA, 1999.

ANSI/IEEE Std 802.1D, Part 3: Media Access Control (MAC) Bridges, Institute of Electrical and Electronics Engineers, Inc, New York, USA, 1998.

ETSI EN 300 328-1 V1.2.2 (2000-07): Electromagnetic compatibility and Radio spectrum Matters (ERM), Wideband Transmission systems; data transmission equipment operating in the 2,4 GHz ISM band and using spread spectrum modulation techniques; Part 1: Technical characteristics and test conditions, Brüssel, 2000.

ETSI EN 300 328-2 V1.2.1 (2001-12): Electromagnetic compatibility and Radio spectrum Matters (ERM); Wideband Transmission systems; Data transmission equipment operating in the 2,4 GHz ISM band and using spread spectrum modulation techniques; Part 2: Harmonized EN covering essential requirements under article 3.2 of the R&TTE Directive, Brüssel, 2001.

ETSI EN 301 893 Draft V1.2.1 (2002-07): Broadband Radio Access Networks (BRAN); 5 GHz high performance RLAN; Harmonized EN covering essential requirements of article 3.2 of the R&TTE Directive; Brüssel, 2002.

IEEE Std 802.1Q: IEEE Standards for Local and Metropolitan Area Networks: Virtual Bridged Local Area Networks, Institute of Electrical and Electronics Engineers, Inc, New York, USA, 1998.

IEEE Std 802.11a, Part 11: Wireless LAN Medium Access Control (MAC) and Physical Layer (PHY) Specifications, High-Speed Physical Layer in the 5 GHz Band, Institute of Electrical and Electronics Engineers, Inc, New York, USA, 1999.

IEEE Std 802.11b, Part 11: Wireless LAN Medium Access Control (MAC) and Physical Layer (PHY) Specifications, Higher-Speed Physical Layer Extension in the 2.4 GHz Band, Institute of Electrical and Electronics Engineers, Inc, New York, USA, 1999.

IEEE Std 802.11d, Part 11: Wireless LAN Medium Access Control (MAC) and Physical Layer (PHY) Specifications, Amendment 3: Specification for Operation in additional Regulatory Domains, Institute of Electrical and Electronics Engineers, Inc, New York, USA, 2001.

IEEE Std 802.11e: Enhance the 802.11 Medium Access Control (MAC) to improve and manage Quality of Service, provide classes of service. Consider efficiency enhancements in the areas of the Distributed Coordination Function (DCF) and Point Coordination Function (PCF), Institute of Electrical and Electronics Engineers, Inc, New York, USA, 2005.

IEEE Std 802.11f: Trial-Use Recommended Practice for Multi-Vendor Access Point Interoperability via an Inter-Access Point Protocol Across Distribution Systems Supporting, Institute of Electrical and Electronics Engineers, Inc, New York, USA, 2003.

IEEE Std 802.11g: Wireless LAN Medium Access Control (MAC) and Physical Layer (PHY) Specifications: Further Higher-Speed Physical Layer Extension in the 2.4 GHz Band, Institute of Electrical and Electronics Engineers, Inc, New York, USA, 2003.

IEEE Std 802.11h: Wireless LAN Medium Access Control (MAC) and Physical Layer (PHY) Specifications: Spectrum and Transmit Power Management Extensions in the 5 GHz Band in Europe, Institute of Electrical and Electronics Engineers, Inc, New York, USA, 2003.

IEEE Std 802.11i: Wireless Medium Access Control (MAC) and Physical Layer (PHY) Specifications: Medium Access Control (MAC) Security Enhancements, Institute of Electrical and Electronics Engineers, Inc, New York, USA, 2004.

IEEE Std 802.1X: Standard for Local and Metropolitan Area Networks, Port-Based Network Access Control, Institute of Electrical and Electronics Engineers, Inc, New York, USA, 2004.

IEEE Std 802.3, Part 3: Carrier Sense Multiple Access with Collision Detection (CSMA/CD) Access Method and Physical Layer Specifications, Institute of Electrical and Electronics Engineers, Inc, New York, USA, 2000.

Specification of the Bluetooth System, Specification Volume 1, Version 1.1, Bluetooth SIG, USA, 2001.

Specification of the Bluetooth System, Specification Volume 1, Version 1.2, Bluetooth SIG, USA, 2003.

Telekommunikationsgesetz (TKG), BRD, 1996 und 2004.

Verfügung 122/1997 im Amtsblatt 14/1997; RegTP; Bonn, 1997.

Verfügung 154/1999 im Amtsblatt 22/1999; RegTP; Bonn, 1999.

Verfügung 35/2002 im Amtsblatt 22/2002; RegTP; Bonn, 2002.

Verfügung 89/2003 im Amtsblatt 25/2003; RegTP; Bonn, 2003.

Sonstige Veröffentlichungen:

Atheros; Whitpaper; **Getting the Most out of MIMO,** Juni 2005.

Andren, C.; **A Comparison of Frequency Hopping and Direct Sequence Spread Spectrum Modulation for IEEE 802.11 Applications at 2.4 GHz,** Harris Semiconductor, Palm Bay, Florida, 1997.

Boggs, D. R.; Mogul, J. C.; Kent, C. A.; **Measured Capacity of an Ethernet: Myths and Reality,** ACM SIGCOMM '88 Symposium on Communications Architectures & Protocols, California 94301, USA, 1988.

Cisco 7920 Wireless IP Phone, Design and Deployment Guide, Oktober 2005.

Complementary Code Keying Made Simple, Application Note 9850.1, Intersil, USA, 2000.

c'thema 01 Netzwerke, Stand Februar 1999, Heise, Hannover, 1999.

FIPS PUB 140-2, Security Requirements for Cryptographic Modules, National Institute of Standards and Technology, Mai 2005.

Fluhrer, Scott; Mantin, Itsik; Shamir, Adi; **Weaknesses in the Key Scheduling Algorithm of RC4;** Cisco Systems, Inc., USA, 2000.

Gutachten zur EMVU-Belastung durch das WLAN, Universität Bremen, Bremen, 2001.

IEEE P802.11, Wireless LANs, WWiSE Proposal: High throughput extension to the 802.11 Standard, Juni 2005.

IEEEP 802.11, Wireless LANs, TGn Sync TGn Proposal MAC Simulation Methodology, Juni 2005.

Introduction to NDIS 5.0, http://www.microsoft.com/hwdev/devdes/ndis5.html, USA, 1998.

Johnsson, Martin; **HiperLAN/2 – The Broadband Radio Transmission Technology Operating in the 5 GHz Frequency Band,** HiperLAN/2 Global Forum, USA, 1999.

Klostermann, D.; **FunkLAN im medizinischen Umfeld, Betrachtungen zur Sicherheit beim Einsatz von FunkLANs in medizinischen Einrichtungen,** FunkConsult, Senden, 1999.

Mangold, Stefan; Choi, Sunghyun; May, Peter; Klein, Ole; Hiertz, Guido; Stibor, Lothar, **IEEE 802.11e Wireless LAN for Quality of Service,** 1, RWTH Aachen, Aachen, 2001.

Mores, Dr. Robert; **Kanalcodierung – Faltungscodierung**, FH Hamburg, Hamburg, 2002.

Multipath Measurement in Wireless LANs, Application Note 9895, Intersil, USA, 2000.

Postel, Patrick; Zuleger, Holger; **Sicherheitsempfehlungen für Public Wireless Hotspots**, ECOVerband der deutschen Internetwirtschaft e.V., , Köln, 2003.

Processing Gain for Direct Sequence Spread Spectrum Communication Systems and PRISM, Application Note 9633, Intersil, USA, 1996.

Qi, Yulin; **Indoor Network Planning for IEEE 802.11 based WLANs**, Nokia Network, USA, 2002.Scholz, Peter; **Mobilfunk-Antennentechnik**, KATHREIN-Werk AG, Rosenheim, 1999.

Sezgin, Aydin; **Space-Time Codes for MIMO**, Technischen Universität Berlin, Juni 2005.

Stubblefield, Adam; Ioannidis, John; Rubin, Aviel D; **Using the Fluhrer, Mantin, and Shamir Attack to Break WEP**, AT&T Labs, Technical Report TD-4ZCPZZ, USA, 2001.

Wireless Network Security, 802.11, Bluetooth and Handheld, National Institute of Standards and Technology, Special Publication 800-48, November 2002.

Wright, Joshua; **Weaknesses in LEAP Challenge/Response**, 2003.

Wübben, Dirk; **Viterbi-Algorithmus**, Universität Bremen, Bremen, 2002.

WWiSE Regulatory Compliance, Presentation.

802.11 TGs, Simple Efficient Extensible Mesh Network, Presentation.

802.1X Still Evolving as a Standard, White Paper, Meetinghouse Data Communications, August 2004.

Index

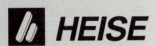

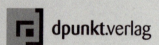

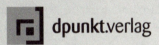

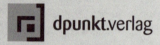

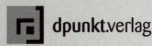

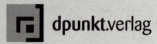

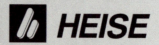

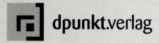